地球の歩き方J08 ● 2023~2024年版

千葉
Chiba

●地球の歩き方編集室●

CHIBA  CONTENTS

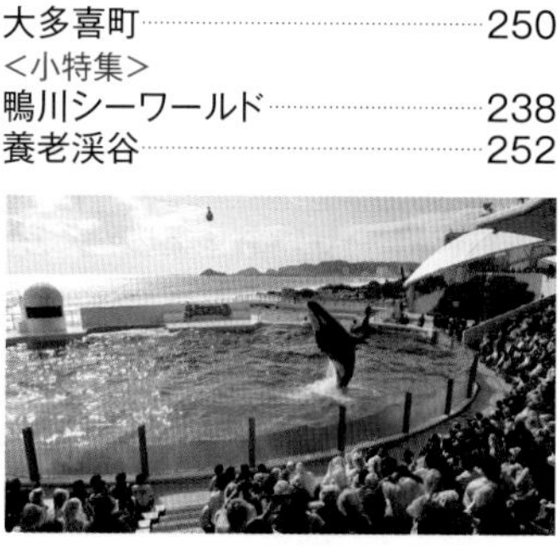

ふさの国だより

取り外して持ち歩ける
別冊マップ

エリアガイドの見方

人口は千葉県発表の市町村別人口（2022/9/1時点）の数値、面積は国土地理院令和2年全国都道府県市区町村別面積調査（10月1日時点）のデータです。

歴史と自然に彩られた千葉県の県庁所在地

千葉市（ちばし）

人　口：約97.2万人（1位）
面　積：271.8㎢（3位）

千葉市立郷土博物館。千葉氏の居城があったと伝わる亥鼻城跡に建つ

市章

下総の豪族・千葉氏の月星の紋章に、図案化した千葉の「千」の字を加えたもの。

千葉市への行き方

東京駅 — JR総武線快速（所要39分）— 千葉駅
東京駅 — JR京葉線（所要31分）— 海浜幕張駅 —（所要9分）— 千葉みなと駅 —（所要9分）— 蘇我駅

千葉県の県庁所在地は、日本三大貿易港のひとつ千葉港を擁する港湾都市。海岸部は広大な埋め立て地で、人工海浜の総延長は4320mと日本一の長さだ。

平安時代後期に豪族の大椎常重（おおじつねしげ）が、現在の緑区大椎町から中央区亥鼻付近に本拠を移し、「千葉」を名乗ったのが地名の由来とされる。常重の息子の常胤（つねたね）は、房総に逃れた源頼朝の味方となり、鎌倉幕府創設に尽くした人物として有名だ。明治時代になると廃藩置県により、当時千葉町と呼ばれていたこの地に県庁が置かれたことから、県名も千葉県となった。1992（平成4）年に全国で12番目の政令指定都市となり、現在、中央区・花見川区・稲毛区・若葉区・緑区・美浜区の6つの区で構成されている。

小ネタ
「千葉」が付く駅は12
交通の要衝でもある千葉には、駅名に千葉がつくものが12もある（鉄道会社を考えなければ10）。JR東日本の駅が、千葉、本千葉、東千葉、西千葉、千葉みなと、京成電鉄の駅が、京成千葉、千葉中央、新千葉、千葉寺、千葉都市モノレールの駅が千葉、千葉公園、千葉みなと。

140　ミニ情報　1871（明治4）年に実施された廃藩置県により、千葉県には3つの県が生まれた。木更津県、印旛県、新治県だ。その後木更津県と印旛県が合併し千葉県が誕生。千葉市に県庁所在地が置かれたのは、ふたつの県の間だったからだ。

市章とその由来を紹介しています。

原則として東京駅から鉄道を利用した場合のアクセス手段とおよその所要時間を示しています。ただし鉄道がない場所や鉄道以外の交通手段が一般的な場合は、別の行き方も記載しています。アクセス手段や所要時間はさまざまなので、あくまでも一例としてご利用ください。

それぞれの土地にまつわる、ちょっとおもしろい、雑学的なネタをまとめています。

口コミや本文で紹介できなかった補足情報など。

データ欄の記号

MAP 別冊P.5-A1
別冊地図上の位置を表示

住　住所
TEL　電話番号
フリー　フリーダイヤル

営開　営業時間または開館時間。24時間出入り自由な場所は（見学自由）（入園自由）などと記載
休　定休日
決まった定休日がない場合は不定休。年末年始や臨時の休日については基本記載しない
料　料金（税込み）
P　駐車場の有無

交　鉄道やバスなど、公共交通機関を利用する場合の最寄り駅と駅からのおよその所要時間。駅から徒歩20分以上かかる物件については駅から車を使った場合の時間
IN　チェックインの時間
OUT　チェックアウトの時間
客室　客室数
URL　URL（http://、https://は省略）

地図の記号

本書掲載物件

- 体験
- 見どころ
- グルメ
- ショップ
- ホテル
- 道の駅
- P.000 掲載ページ

鉄道

- 新幹線
- JR線
- 私鉄線
- ロープウェイ

道路

- 高速・有料道路
- 51 国道
- 24 県道・一般道

記号

- 千葉県庁
- 市区役所・町村役場
- 宿泊施設
- 学校
- 寺
- 神社
- 空港
- 郵便局
- 警察署／交番
- 消防署
- 銀行
- 病院
- 山頂
- 信号
- ガソリンスタンド

コンビニエンスストア

- セブン-イレブン
- ファミリーマート
- ローソン

ファストフード・カフェ

- マクドナルド
- ドトール

ローカルアイコン

- ピーターパン
- マロンド
- サフラン
- 房の駅

年号について

本書では原則的に年号表記を西暦（和暦）年としています。一部平成以降の年号については西暦のみを記載しているものもあります。

■本書の特徴

本書は、日帰り旅行から滞在型の旅まで、千葉県をじっくり楽しみたい方のためのガイドブックです。旅行者の方はもちろん、県民の方にも千葉の新たな魅力を発見していただけるよう情報を充実させるとともに、できるだけ使いやすいものを心がけて作りました。

■掲載情報のご利用に当たって

編集部では、できるだけ最新で正確な情報を掲載するように努めていますが、現地の規則や手続きなどがしばしば変更されたり、またその解釈に相違が生じたりすることもあります。このような理由に基づく場合、または弊社に重大な過失がない場合は、本書を利用して生じた損失や不都合などについて、弊社は責任を負いかねますのでご了承ください。また、本書をお使いいただく際は、掲載されている情報やアドバイスがご自身の状況や立場に適しているか、すべてご自身の責任で判断のうえご利用ください。

■取材および調査期間

この本は2022年5～10月の取材をもとに編集されています。記載の住所、料金などのデータは基本的にこの時点のものです。料金については原則として税込で表示、定休日についてはゴールデンウイーク、お盆休み、年末年始を省略しています。ホテルのチェックイン、チェックアウトについては基本的なプランの時間を記載しています。プランやお部屋のタイプによって時間が異なる場合があります。また、時間の経過とともにデータの変更が生じることが予想されるとともに、新型コロナウイルス感染症拡大防止のため、営業時間等の変更や臨時休業などが実施される可能性があります。そのことをお含みおきのうえ、事前に最新の情報を入手されることをおすすめします。

■発行後の情報の更新と訂正、旅のサポート情報について

発行後に変更された掲載情報や訂正箇所は、『地球の歩き方』ホームページ「更新・訂正情報」で可能なかぎり案内しています（ホテル、レストランにおける料金の変更などは除く）。また、「サポート情報」もご旅行の前にお役立てください。

URL book.arukikata.co.jp/support/

ジェネラルインフォメーション

千葉県の基本情報

❖ 県章

カタカナの「チ」と「ハ」を図案化したもの。1909（明治42）年12月28日に千葉県のシンボルとして制定された。都道府県章のなかでも長く使われている県章で、1889（明治22）年に制定された旧東京市の市章を受け継ぎ、1943（昭和18）年に制定された東京都の紋章を別にすれば、都道府県章のなかで最古といえる。

❖ 県旗

地色は希望と発展を表す空色。中央のマークは白抜きに、県花・菜の花をイメージした薄黄色で縁取った県章を配置している。1963（昭和38）年7月29日に制定された。

❖ 千葉県の歌

若々しく成長する千葉県を象徴し、県民の郷土を愛する心が育まれることを願い制作。歌詞は一般公募で集まった535編から鈴木弥太郎氏の作品を採用し、作曲家の長谷川良夫氏が作曲して1964（昭和39）年12月に発表された。

❖ 県の花…菜の花

1954（昭和29）年4月、NHKが中心となって一般公募して選ばれた。県の花として正式に制定されてはいないが、県民に広く親しまれている。菜の花は春に鮮やかな黄色い花を咲かせるアブラナ科の花で、千葉では菜の花畑が随所で見られる。

❖ 県の木…マキ

千葉県の気候風土に合い、街路、公園、庭木で植樹されるなど「県民の目によく触れる木」として選定。1966（昭和41）年9月29日に指定された。

❖ 県の鳥…ホオジロ

県内の林周辺や農耕地、河川敷などにすむスズメ目の鳥。木の頂や電線などの高所で胸を張って「チチッ、チチッ」と鳴く。1965（昭和40）年5月10日に指定された。

❖ 県庁所在地

千葉市中央区

❖ 千葉県の面積

5156.74km²
※日本の面積
37万7973.74km²
※国土交通省国土地理院
※2022（令和4）年7月1日現在

❖ 千葉県の人口

総数：627万5278人
男：310万9278人
女：316万6000人
※住民基本台帳
※2022（令和4）年10月1日現在

❖ 日本の人口

1億2483万人
※総務省統計局
※2022（令和4）年10月1日現在

❖ 千葉県知事

熊谷俊人（第21代）
※2022（令和4）年10月現在。知事の任期は4年で、千葉県全域からひとりを選出するための千葉県知事選が行われ、千葉県民の投票によって決まる。

❖ 千葉県の予算

2022（令和4）年度の当初予算は一般会計と特別会計、公営企業会計を合わせて4兆3166億1000万円となっている。そのうち一般会計は前年度比10.2％減の2兆1772億6500万円。税収が一般会計歳入予算に占める割合は40.7％となっている。
※千葉県ホームページより

千葉県の構成

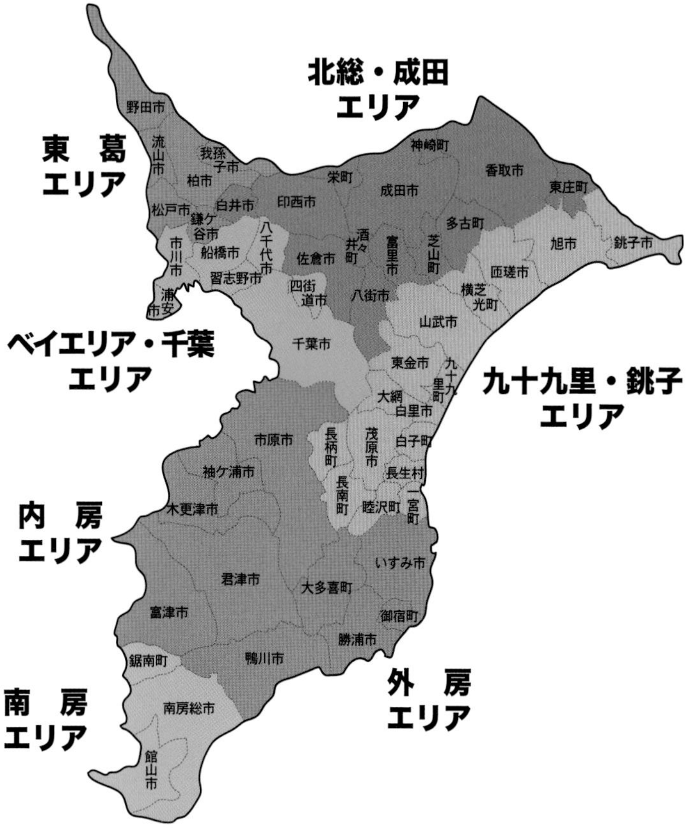

❖ 千葉県を7つの地域に分けてご紹介
54の市町村のエリア分けについては、観光地の位置などを考慮し、本書独自に設定しています。

●ベイエリア・千葉地域（7市）
千葉市、船橋市、市川市、浦安市、習志野市、四街道市、八千代市

●内房地域（5市）
市原市、袖ケ浦市、木更津市、君津市、富津市

●南房地域（2市1町）
鋸南町、南房総市、館山市

●外房地域（3市2町）
鴨川市、勝浦市、大多喜町、御宿町、いすみ市

●銚子・九十九里地域（7市7町1村）
銚子市、旭市、匝瑳市、横芝光町、山武市、九十九里町、大網白里市、東金市、白子町、長生村、一宮町、長柄町、長南町、睦沢町、茂原市

●北総・成田地域（7市6町）
香取市、東庄町、神崎町、成田市、栄町、芝山町、多古町、富里市、八街市、佐倉市、酒々井町、印西市、白井市

●東葛地域（6市）
松戸市、柏市、鎌ヶ谷市、野田市、流山市、我孫子市

祝祭日

❖ 県民の日

6月15日	県の人口が500万人を突破したことを記念し、1984（昭和59）年に制定。県民の日を決める際に一般公募を行ったところ、1873（明治6）年に当時の木更津県、印旛県の両県が合併して千葉県誕生の日とされている6月15日に決まった。

❖ 国民の祝日

元日　1月1日	年のはじめを祝う。
成人の日　1月の第2月曜日	おとなになったことを自覚し、みずから生き抜こうとする青年を祝いはげます。
建国記念の日　2月11日	建国をしのび、国を愛する心を養う。
天皇誕生日　2月23日	天皇の誕生日を祝う。
春分の日　3月20または21日	自然をたたえ、生物をいつくしむ。
昭和の日　4月29日	激動の日々を経て、復興を遂げた昭和の時代を顧み、国の将来に思いをいたす。
憲法記念日　5月3日	日本国憲法の施行を記念し、国の成長を期する。
みどりの日　5月4日	自然に親しむとともにその恩恵に感謝し、豊かな心をはぐくむ。
こどもの日　5月5日	こどもの人格を重んじ、こどもの幸福をはかるとともに、母に感謝する。
海の日　7月の第3月曜日	海の恩恵に感謝するとともに、海洋国日本の繁栄を願う。
山の日　8月11日	山に親しむ機会を得て、山の恩恵に感謝する。
敬老の日　9月の第3月曜日	多年にわたり社会につくしてきた老人を敬愛し、長寿を祝う。
秋分の日　9月22または23日	祖先をうやまい、なくなった人々をしのぶ。
スポーツの日　10月の第2月曜日	スポーツを楽しみ、他者を尊重する精神を培うとともに、健康で活力ある社会の実現を願う。
文化の日　11月3日	自由と平和を愛し、文化をすすめる。
勤労感謝の日　11月23日	勤労をたっとび、生産を祝い、国民たがいに感謝しあう。

※内閣府ホームページより
- 「国民の祝日」は、休日とする。
- 「国民の祝日」が日曜日に当たるときは、その日後においてその日に最も近い「国民の祝日」でない日を休日とする。
- その前日及び翌日が「国民の祝日」である日（「国民の祝日」でない日に限る。）は、休日とする。

おもな地方都市からの移動時間

→P.434

❖ 飛行機（地方空港から成田国際空港へ）

仙台　約1時間
大阪（伊丹）　約1時間30分
広島　約1時間30分
福岡　約2時間

❖ 長距離バス（地方駅から千葉県内）

仙台　約7時間
名古屋　約7時間
大阪　約9時間
京都府　約8時間30分
広島　約14時間

発展している幕張メッセ周辺

風情ある街並みが残る成田山表参道

気候

千葉県は日本列島のほぼ中央に位置し、東西約100km、南北約134kmで一部が太平洋に突き出た半島。千葉県南部の房総半島は太平洋に面し、西は一部東京湾に臨み、北西は江戸川を隔てて東京都と埼玉県に接している。北は利根川を境に茨城県に接していて、四方を海と川に囲まれている。半島の東方沿岸沿いに黒潮が流れているため、気候は温帯地方の温暖な海洋性気候。地形の特徴としては全体の標高が低く、丘陵の大部分が200m以下。最高点の愛宕山（あたごやま）でも408mだ。平均海抜は49mで、全国的にみても日本一の平らな県といえる。

千葉市と鴨川市の気温／降水量

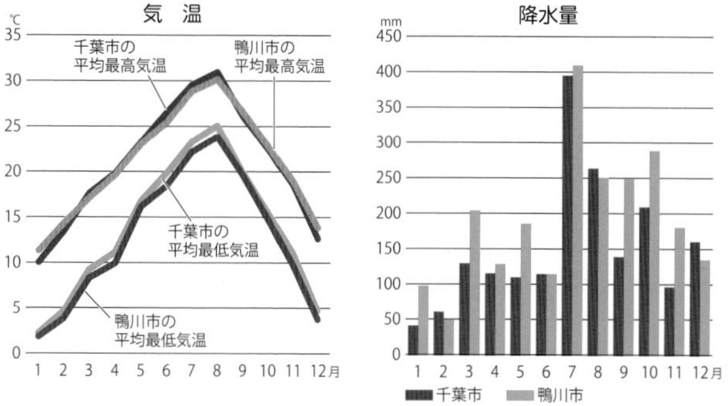

※気象庁気象統計情報より

安全とトラブル

千葉の治安は一般的に良好だが、大規模イベントや海水浴シーズンなど、多くの人が集中する時期やエリアがあるので、トラブルに巻き込まれないように気をつけよう。千葉でも台風や豪雨などの自然災害による被害が発生している。公共交通機関の計画運休が実施されることがあるので、気象情報をチェックしよう。また、地震による被害も想定されるエリアなので地震が起きたときの行動を確認しておこう。

●千葉県警察本部
TEL 043-201-0110
URL www.police.pref.chiba.jp/police_department/

▶ 安全情報 →P.446

その他

❖ 海水浴のルール

海に面した千葉では、各地域で海水浴におけるルールがある。館山市では海水浴場のマナー向上に関する条例を2015（平成27）年度に制定。合わせて、市内の各海水浴場をパトロールする「海水浴場監視員」を雇用し、違反行為の防止、指導に努めている。条例は遊泳区域内での水上オートバイの乗り入れ禁止のほか、海水浴場でのバーベキュー禁止、入れ墨の露出禁止、遊泳区域内へのペット入場禁止など10の禁止行為を設けている。

また勝浦市では、たき火やごみの投棄を禁止しているほか、スピーカーなどの音響機器を使って著しく大きな音楽を出すことなども条例で禁止している。ほかにも地域によってルールは異なる。遊びに行く際は事前によく確認し、ルールを守りながら楽しもう。

▶ 習慣とマナー →P.448

千葉 観光カレンダー

1月 2月 3月 4月 5月 6月

見る

菜の花
ハナショウブ・アヤメ
スイセン
桜
アジサイ
チューリップ
マリーゴールド

鴨川市の菜の花ロード

バラ（春）
東京ドイツ村 ライトアップ
濃溝の滝　ハートの光：
春秋彼岸前後３日の早朝
九十九谷の雲海

食べる

初カツオ
キンメダイ

マアジ
カタクチイワシ
アナゴ
タコ（外房）
タコ（内房）
イセエビ
イセエビ禁漁期間
アワビ禁漁期間
アワビ

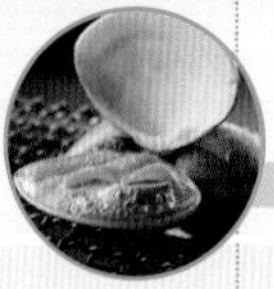

サザエ
サザエ禁漁期間
ハマグリ

食べる

ビ　ワ
イチゴ

ブルーベリー
イチゴ狩りも
（→ P.64）
メロン
レモン

体験する

潮干狩り
雪のない千葉の山は冬も
ハイキング OK （→ P.372 ～）
すだて

1月 2月 3月 4月 5月 6月

花の開花時期、魚介、フルーツなどの旬の目安を示している。
その年の天候や気候などにより、時期が前後することもあるので、必ず現地に確認のこと。

7月 8月 9月 10月 11月 12月

見る

ヒマワリ

サルビア

コスモス

スイセン

マリーゴールド

紅葉

ハートマークが見られるのは
1年のうち数日のみ
（→P.79・197）

バラ（秋）

東京ドイツ村 ライトアップ

雲海が見られるのは10～3月。条件は
●前日の日没までに降雨 ●前日夜から当日朝は無風
●前日と当日の気温差がマイナス10度

九十九谷の雲海

食べる

千葉はいつでも
魚がおいしい

戻りガツオ

キンメダイ

マアジ

アナゴ

カタクチイワシ

タコ（内房）

タコ（外房）

イセエビ

アワビ

アワビ禁漁期間

サザエ

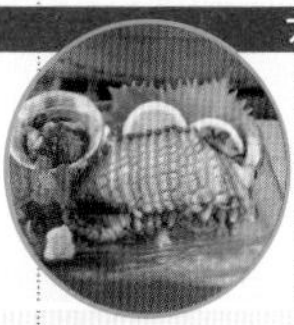

ハマグリ

海鮮の食べ方もいろいろ

食べる

ナシ

ブルーベリー

落花生

イチゴ

メロン

ブドウ

落花生狩りも
（→P.67）

パッションフルーツ

レモン

体験する

海水浴

潮干狩り

すだて

関東で最も遅くまで
紅葉狩りが楽しめる

7月 8月 9月 10月 11月 12月

千葉 祭り・イベントカレンダー

1月

上旬～下旬

成田山新勝寺初詣 成田市
正月三が日に約300万人もの参詣者が訪れる人気のお寺。元旦から1月28日まで毎日、大本堂で1時間ごとに新春御護摩祈祷が行われる。

金刀比羅神社 春季大祭 山武市
例年1月10日に実施。当日は祭典が行われるほか、模擬店も出店し参拝客でにぎわう。

髭撫祭 香取市
鎌倉時代から続く伝統的な祭り。祭り当番を引き継ぐ氏子間の儀式として、酒を飲み干して酒豪を競う。祭り当番が立派な髭をなでた回数だけ氏子が酒を飲むユニークな行事。1月上旬。

しろいたこあげまつり 白井市
白井総合公園で各自が持参したたこを揚げるイベント。会場では招福踊りや獅子舞、白井太鼓が披露される。1月上旬開催。

国府台天満宮辻切り 市川市
村に悪霊や病気が入るのを防ぐ正月の民俗行事。水穂のわらを使って大蛇を作り、御神酒を含ませて魂を入れる。毎年1月17日に開催。

2月

かつうらビッグひな祭り 勝浦市
毎年2月から3月にかけて約2週間にわたり、遠見岬神社など町内各所に全国から寄贈されたひな人形が飾られる。

しらこ温泉桜祭り 白子町
九十九里ビーチライン沿いに植えられた早咲きの桜「白子桜」の開花に合わせて、例年2月中旬から3月上旬まで開催。期間中は夜間ライトアップされている。

成田の梅まつり 成田市
2月中旬から3月上旬の約3週間にわたり開催。期間中は観梅の投句コンテスト、伝統音楽の演奏会、野点などが行われる。

和良比はだか祭り 四街道市
和良比皇産霊（わらびみむすび）神社の伝統行事で、「どろんこ祭り」として知られる。例年2月25日に開催。

坂田城跡梅まつり 横芝光町
千葉県最大級とされる坂田城跡の梅林で、毎年2月下旬から3月上旬にかけて開かれる。期間中は梅のもぎ取り体験や地元梅農家による手作り梅加工品の直売などが楽しめる。

3月

九十九里浜大漁イワシまつり 九十九里町
地元名産品を多数販売する「大市」やイワシみりん干しの無料配布、イワシの解体ショーなどが行われる。例年2月と3月に各1回開催。

頼朝桜竹灯篭まつり 鋸南町
源頼朝が現在の鋸南町竜島で再起を図ったという史実から河津桜を「頼朝桜」と呼んでいる。2月中旬～3月上旬の開花時期には竹灯篭ろうを灯し、夜桜を照らす祭りを毎年開催。

発酵の里こうざき酒蔵まつり 神崎町
300年以上も続く2軒の蔵元を中心に、周辺街道を会場としたイベント。酒蔵の見学や試飲ができる。3月中旬。

千葉城さくら祭り 千葉市
千葉城（亥鼻城）跡地にある亥鼻公園で、毎年3月下旬から4月上旬にかけて開催。復元された千葉城と桜が合わさった風情ある景色は必見。

清水公園さくらまつり 野田市
毎年3月下旬から4月上旬にかけて開かれる。「日本さくら名所100選」にも選ばれた公園で、約2000本のソメイヨシノが咲き誇る様は見事。

7月

上旬～下旬

成田祇園祭 成田市
約300年の歴史がある成田山の夏の風物詩。山車・屋台計10台と神輿1基が7月上旬の3日間にわたって新勝寺の表参道周辺を巡行する。

佐原の大祭（夏祭り） 香取市
関東三大山車祭りのひとつで、秋祭りと合わせてユネスコ無形文化遺産に登録。本宿地区を10台の山車が練り歩く。7月上旬の金・土・日曜。

南房総白浜海女まつり 南房総市
白装束に身を包んだ海女たちが松明を手に夜の海に入る「海女の大夜泳」が見もの。7月上旬。

鴨川市納涼花火鴨川大会 鴨川市
「日本の渚百選」にも選ばれた前原横渚海岸で7月29日に開催。スターマインなどの花火が、約1万発打ちあがる。

8月

八重垣神社祇園祭 匝瑳市
毎年8月4・5日に開催。八重垣神社を中心に計20基ほどの神輿が町内を練り歩く。

市川市民納涼花火大会 市川市
8月初旬、打ち上げ数1万4000発の花火大会。特に、オープニング5秒間での1000発打ちは大迫力。

館山湾花火大会 館山市
館山の穏やかな海岸「鏡ケ浦」で例年8月8日に開催される。海面から直接打ち上げられる、関東地方最大級の大きさを誇る8号玉の水中花火が名物。

木更津港まつり 木更津市
例年8月14・15日に行われる木更津最大の祭り。初日は「やっさいもっさい踊り」を披露、2日目は約1万発の花火が打ち上げられる。

YASSA フェスティバル 東金市
「やっさやっさ」のかけ声で踊る「やっさ踊り」をテーマにした行事。クライマックスには約700人がやっさ踊りを披露する。8月第3土曜日。

四街道ふるさとまつり 四街道市
盆踊り、灯ろう流し、よさこい演舞などが行われるほか、夜には約8000発の花火も。8月下旬開催。

9月

おんじゅく伊勢海老祭り 御宿町
イセエビの旬とされる毎年9～10月頃に開催。会場でイセエビを味わえるほか直売所、つかみ取りコーナーも設置。

海上八幡宮の例大祭 銚子市
旧暦の8月15日、中秋の名月の日に実施。神輿渡御や流鏑馬神事も行われる。

上総十二社祭り 一宮町
毎年9月8日から14日にかけて行われる、旧上総国一宮の玉前神社を中心とする寄合い祭り。

成田伝統芸能まつり 成田市
成田山とその周辺を会場に、徳島の阿波踊りや盛岡のさんさ踊りなど日本の伝統芸能が披露される。例年9月14・15日に開催。

大原はだか祭 いすみ市
毎年9月下旬に2日間行われる。上半身裸の男衆が神輿を担いで海の中を駆ける「汐ふみ」が見もの。

ベイサイドジャズ千葉 千葉市
プロ・アマ問わずさまざまなジャズの演奏を海沿いで聴くことができる。千葉市の秋の一大音楽イベント。9月末開催。

各地に古い歴史をもつ伝統的な祭りやちょっとユニークな祭りがある千葉。
バラエティ豊かなイベントもぜひ訪れてみたい。
※毎年決まった日時に行われる行事もあるが、年によって変更されることもあるので現地に確認のこと。

4月

佐倉チューリップフェスタ　佐倉市
3月下旬から4月中旬にかけて開催。期間中は毎日、専用会場内に咲くチューリップを球根ごと掘ることができる。土日はストリートオルガンの演奏、観光船で遊覧なども楽しめる。

関宿城さくらまつり　野田市
火縄銃の演武、野点の会、真剣を使っての演武が行われるなど見どころ多数。4月上旬。

成田太鼓祭　成田市
成田山新勝寺と表参道一帯を舞台に、和太鼓や伝統音楽が演奏されるイベント。毎年4月中旬の土・日曜に開催。

神崎寺の火渡り修行　神崎町
山伏姿の僧が炎のなかを素足で渡り、災難などを焼き尽くす行事。一般人も火を避けて歩行可能で、例年4月29日に神崎寺で行われる。

5月

人形感謝祭　木更津市
平野山高蔵寺で行われる、ひな人形などの人形供養。南房総の初夏の風物詩として、県内外から人形やぬいぐるみを持参した参加者が訪れる。5月中旬の友引の日。

白子たまねぎ祭り　白子町
辛みが少なく、みずみずしい白子町の特産「白子たまねぎ」を掘り取りして、収穫体験できるイベント。

水郷佐原あやめ祭り　香取市
約8ヘクタールの広大な敷地に、400品種150万本のハナショウブが色とりどりに咲き乱れる。さっぱ舟で巡ることも可能。5月下旬～6月下旬。

6月

源氏ぼたる観賞の夕べ　いすみ市
ゲンジボタルが多く生息する「源氏ぼたるの里」として知られる山田川で、ホタルの光が織りなす幻想的な風景を楽しめる。ホタルの生育状況により、5月下旬～6月上旬に実施。

勝浦港カツオまつり　勝浦市
新鮮な勝浦産カツオが販売されるほか、会場には魚介類や水産加工品など約60店の模擬店が並ぶ。5月下旬～6月上旬。

紅花フェスティバル　長南町
毎年6月に5万本の紅花が開花する長福寿寺で開かれるイベント。紅花の販売や紅花染めの実演、紅花アイスの販売など催しが多数。

県民の日　6月15日

富里スイカロードレース大会　富里市
富里の名産品・スイカで渇いたのどを潤しながら走るユニークなマラソン大会。6月下旬開催。

玉前神社夏越大祓　一宮町
例年6月30日、境内に設置された大きな茅の輪をくぐり、罪や穢れを除く「茅の輪くぐり神事」が行われる。

上旬～下旬

10月

大多喜お城まつり　大多喜町
大多喜城の城下町を武者行列や神輿、手作りの鎧を身に着けた甲冑隊や鉄砲隊が練り歩く。前夜祭も含め2日間にわたって行う。10月上旬開催。

飯高檀林コンサート　匝瑳市
国指定の重要文化財となっている飯高寺の講堂を舞台に行われるコンサート。地元住民らによる実行委員会が企画し、30年以上の歴史をもつ。10月上旬。

佐原の大祭（秋祭り）　香取市
日本三大囃子「佐原囃子」の音を響かせ、小江戸と呼ばれる佐原の町を練り歩く。秋祭りでは14台の山車が新宿地区を進む。10月第2土曜と前後の3日間。

佐倉の秋祭り　佐倉市
佐倉の城下町を10月中旬の3日間にわたり、山車や御神酒所、神輿が盛大に練り歩く。佐倉囃子に合わせた「えっさのこらさえっさっさ」のかけ声や踊りは佐倉ならでは。

棚田の夜祭り　鴨川市
「日本の棚田100選」にも選ばれた大山千枚田を、10月下旬から1月までライトアップするイベント。

11月

千葉湊大漁まつり　千葉市
サザエやアジなど千葉の海の幸を味わえるフードイベント。毎年11月に千葉ポートパーク周辺で開催。

ジャパン・バード・フェスティバル　我孫子市
手賀沼周辺で11月上旬の2日間にわたって行われる、鳥をテーマにした日本最大級の祭典。野鳥写真展や野鳥講座、鳥の見学会などさまざまな催しがある。

亀山オータムフェスティバル　君津市
色づくのが本州一遅い亀山の紅葉を楽しめる祭り。地元の高校生による吹奏楽や和太鼓の演奏、クラフト作り体験など多様な催しがある。11月上旬～12月上旬。

芝山はにわ祭　芝山町
多くの埴輪が出土している芝山町で、地元の小・中学生たちが古代人に扮して儀式やパレードを行う祭り。毎年11月の第2日曜に開催。

高家神社庖丁式　南房総市
全国的にも珍しい料理の神様を祀る高家神社で、11月23日に秋の新穀感謝祭として執り行われる包丁の奉納神事。

12月

香取神宮　団碁祭　香取市
12月7日に行われる新穀で団子を作って奉納する五穀成熟感謝の祭り。終了後、団子は参拝者に配られ、この団子を食べると風邪をひかないと伝えられている。

水仙まつり　鋸南町
「日本三大水仙の里」といわれる鋸南町で、12月上旬から2月上旬まで開催。

大本山法華経寺 除夜の鐘　市川市
境内に祖師堂や法華堂などの重要文化財が残るお寺。鐘つきは一般参加可能で、23時頃から先着1000人まで整理券を配布する。

上旬～下旬

千葉を旅する モデルプラン

PLAN 1 ◈ 2泊3日
PLAN 2 ◈ 日帰り
PLAN 3 ◈ 1泊2日

PLAN 1 内房から外房へ！ 2泊3日で房総半島の観光スポットを巡ろう

内房から外房まで、各地の観光スポットをギュッと詰め込んだ旅行プランを紹介。

Day 1

START!

川崎浮島JCT（東京湾アクアライン）

車で約20分

9:00 立ち寄って旅行気分を上げよう
海ほたるPA

まずは海ほたるPAへ。東京湾アクアライン上にあるため、展望台デッキから東京湾を360度見渡すことができる。おみやげ物や海産物を扱うショップ、フードコートを見ていたら、旅行のテンションも上がってくるはず。→ P.192

週末は渋滞に注意！

なめらかなカーブが美しい東京湾アクアライン

車で約45分

11:00 動物とのふれあい＆体験
マザー牧場

昼前に到着。乳牛の乳しぼりを体験したり、こぶたのレースを見たりと楽しもう。おなかが空いたら名物のジンギスカンを味わって。昼食後は花畑を歩いたり、ジップラインに挑戦したりとまだまだ巡りたいところだらけ。

→ P.208

ランチはココ

上／いちばん人気メニューのジンギスカン
左／牧場ではさまざまな動物とふれあえる

車で約30分

14:30 地獄のぞきは外せない
鋸山（のこぎりやま）

スリルと絶景を味わえる！

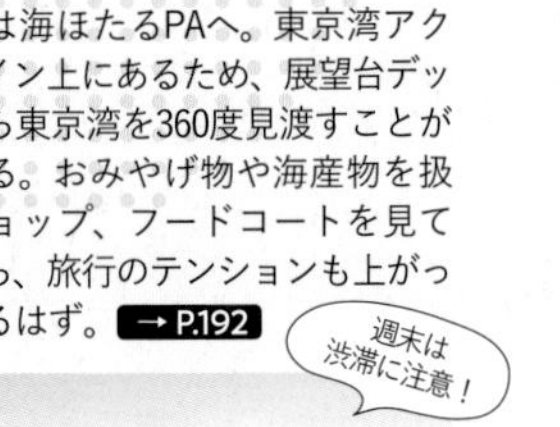

山中に関東有数の古刹「日本寺」があるので、名所を巡りながら参拝しよう。崖からせり出した岩場に立ち、景色を見下ろす「地獄のぞき」はスリル満点。ロープウエイで山頂へ向かえば簡単に散策できる。

→ P.216

上／天気がよければ岩場の先端からは富士山を見渡せる
下／総高31.05mと日本最大級の磨崖仏

車で約30分

17:00 絶景とショッピングを満喫
館山

館山着。富士山と夕日の絶景スポットとして知られる「北条海岸」や、館山の漁を学べる博物館やおみやげコーナーが入った「"渚の駅"たてやま」に寄ってみよう。景色や買い物を楽しんだら、本日の宿へ。

RECOMMEND HOTEL
海が見える温泉宿に泊まりたい

南房総の海に面した絶景リゾートホテル。全室に天然温泉の露天風呂が付くので、観光や山歩きで疲れた足をゆっくり癒やせる。

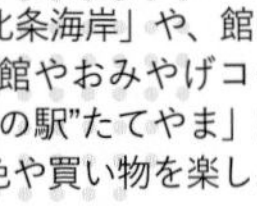

THE SHINRA（館山市）→ P.416

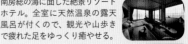

Day 2

START!

9:00

館山と南房総を結ぶ花の道
房総フラワーライン

房総フラワーラインを通って…

春は菜の花、夏はマリーゴールドなど季節の花が咲く道を通ろう。→P.223

菜の花が道の両脇を黄色に染める

車で約60分

10:00

大迫力のジャンプを見よう
鴨川シーワールド

海の王者・シャチをはじめ、イルカやアシカ、ベルーガといった海の動物たちの迫力あるショーを見ることができる水族館。シャチが泳ぐ姿を見ながら食事のできるレストランもあるので、入店してみよう。→P.238

Kamogawa SEAWORLD

ランチはココ
迫力あるシャチにドキドキ

右／コース料理も楽しめるレストラン「オーシャン」
左／展示数が約800種1万1000点にも上る水族館

車で約15分

14:00

神秘の鯛は浮上するか
鯛の浦遊覧船 MAP 別冊P.37-C2

「日蓮聖人の化身」とも伝わる神秘の鯛を見ることができる遊覧船。船上から見る周辺の景勝地の眺めは格別。

住鴨川市小湊 183-8　TEL 04-7095-2318
営8:30～15:50（4～8・10月）、～15:20（3・9月）、～14:50（11～2月）　休不定休　料大人1200円、子供600円　Pなし　交 JR安房駅から徒歩約20分

遊覧船は不定期運行なので、当日の運航を事前に確認しよう

車で約1分

創建は1276（建治2）年と伝えられている

15:15

全国信徒の参拝の地
誕生寺

遊覧船近くの誕生寺へ。日蓮聖人の生誕地に創建された日蓮宗の大本山で、1706（宝永3）年に建立された県内最大規模の仁王門は必見。参拝したら勝浦へ向かおう。→P.240

車で約25分

16:45

海産物以外も魅力
勝浦

勝浦に着いたら、おみやげ屋でご当地グルメ「勝浦タンタンメン」のインスタントラーメンや、勝浦銘菓「鳴海焼き」を買うのがおすすめ。海産物以外のおみやげも充実している。

RECOMMEND HOTEL

海の幸を堪能できる宿がオススメ

勝浦沖で取れた新鮮なカツオのほか、キンメダイやイセエビなどの贅沢な海の幸を揃えている。国指定文化財にも登録された歴史ある旅館だが、家庭的な雰囲気が魅力。
URL katsuura-matsunoya.com/

旅館 松の家（勝浦市）

Day 3

START!

8:00
勝浦湾東端で海を望もう
八幡岬・勝浦灯台

最終日は八幡岬からスタート。八幡岬は勝浦湾の東側に突き出た細長い半島で、岬先端の展望広場からは勝浦灯台や太平洋を見渡すことができて気持ちがいい。朝から爽快な気持ちで次のスポットへ向かおう。

八幡岬公園→P.244

初日の出もよく見える

崖と山に囲まれた要害として、かつて勝浦城が築城された

車で約5分

8:45
上ったら良いことあるかも
遠見岬神社

遠見岬神社に到着。御祭神は房総半島を開拓したとされる天冨命（あめのとみのみこと）で、境内には上ると「富が咲き幸せになる」と伝わる60段の「冨咲の石段」がある。石段に約1800体のひな人形を飾る「かつうらビッグひな祭り」も人気。→P.243

必見！かつうらビッグひな祭り

左／勝浦の繁栄を見守ってきた神社
上／ずらりと並んだひな人形は見事

車で約5分

アサリの串焼きや豚汁を買って朝食にするのもいい

9:30
日本三大朝市のひとつ
勝浦朝市

1591（天正19）年の開催以降、430年以上続く歴史ある朝市。多いときには40軒の露店が並び、取れたての魚介類や農作物、加工品などを販売する。魚のおいしい焼き方を教わるなど、店主と気兼ねなく話せるのも朝市ならでは。

→P.243

車で約15分

11:00
人気店の味を食べておこう
元祖 勝浦式担々麺 江ざわ

ランチは勝浦のご当地グルメ・勝浦タンタンメン発祥の店「江ざわ」で食べよう。醤油ベースに自家製ラー油を加えた担々麺で、辛さとうま味のバランスがちょうどいい。開店前から行列ができるほど人気のため、余裕をもって訪問したい。

→P.401

ランチはココ

真っ赤なスープが細麺によく絡む

車で約25分

左／房総随一の名瀑とされる「粟又の滝」
右／養老川沿いに整備された「滝めぐり遊歩道」

13:00
渓谷歩きで癒やされる
養老渓谷

おなかを満たしたら、養老渓谷を散策しよう。落差30mの名瀑・粟又の滝周辺は「滝めぐり遊歩道」が整備され、大小さまざまな滝がある。清流を感じながら渓谷を歩き、雄大な滝を見て癒やされたい。

→P.252

車で約60分

FINISH!

17:00
海ほたるPA

ただいま！

PLAN 2

千葉駅周辺日帰り観光。海あり、動物あり、千葉の魅力を1日で満喫しよう

千葉の中心部・千葉駅周辺に集まる観光名所を余すことなく巡ろう。

START!

9:00

モノレールで空中散歩
JR千葉駅

日帰り観光はJR千葉駅からスタート。動物公園までは千葉都市モノレールに乗って向かおう。線路にぶら下がって走行する懸垂型モノレールで、乗るだけでも楽しい気分に。

モノレールで動物公園駅まで約12分 ＋ 動物公園駅から徒歩1分

懸垂型モノレールとして営業距離は世界最長を誇る

モノレールの車体が描かれたマグカップ(900円)はおみやげに

モンキーゾーンに来てね
独特の四足歩行「ナックルウォーク」が見られるかも

9:15

キュートな動物がいっぱい
千葉市動物公園

立ち姿が話題となったレッサーパンダ「風太くん」がいる動物園。世界中の多種多様なサルを集めた「サル比較舎」や、乗馬体験やウサギへのエサやりができる「ふれあい動物の里」など楽しみいっぱいだ。

→P.144

モノレールで千葉みなと駅まで約17分 ＋ 千葉みなと駅から徒歩8分

12:30

巨大水槽の前でランチを
ケーズハーバー

レストランやカフェ、ダイビングショップが入った施設で、建物の一部が旅客船ターミナルになっている。高さ8.5mの巨大水槽を眺めながら食事ができるレストランで昼食をとろう。

ランチはココ

旅客船の乗船券は1階で購入

MAP 別冊 P.16-B3
住 中央区中央港1-20-1
TEL 各店舗による
営 レストラン 11:00～23:00、カフェ～18:00
休 無休

徒歩約10分

14:00

有名な画家の作品も
千葉県立美術館

昭和を代表する日本画家の東山魁夷、フランス画家のミレーやコローなど国内外の優れた芸術家の作品が展示されている。約1万坪の敷地には展示室が全8室あり、絵画のほか書や彫刻、工芸品と展示物はさまざま。

→P.143

段差がなく入りやすい
屋外の芝生や四季の花々が美しい

徒歩約5分

15:30

千葉港のシンボルに
千葉ポートタワー

1986年、千葉県民500万人突破を記念して建てられた

美術館から歩いて到着。高さ125mのタワーで、見晴らしのいい日には東京湾越しに富士山や東京スカイツリーを一望できる。3階の展望レストランや、「恋人の聖地」認定の2階サンセットプロムナード、週末に出る屋台にも寄っておきたい。→P.142

徒歩約12分

千葉みなと駅

モノレールで約5分

FINISH!

17:30

JR千葉駅

PLAN3

小江戸の風情を感じる北総で千葉の歴史を学ぶ1泊2日旅

小江戸の町並みや名刹、博物館など千葉の歴史を体感できるスポットを紹介。

Day 1

START!

9:00 **篠崎 IC**（京葉道路）

車で約1時間

ナウマンゾウの模型は実物大

好奇心わく展示がいっぱい！

10:00 歴史を楽しく深く学べる

国立歴史民俗博物館

歴史学、考古学、民俗学関連のさまざまな資料が展示される、日本最大規模の博物館。「歴博」の愛称で親しまれ、常設展示だけでなく随時開催される企画展も人気。館内にレストランがあるので、ひと休みしていこう。

→ P.320

ランチはココ

12:00 古代米を使った「古代カレー」1000円

車で約45分

昔ながらの体験も充実

NHK 大河ドラマ『いだてん』の撮影も行われた

13:30 江戸時代にタイムスリップ

千葉県立房総のむら

博物館に続き歴史を体感したい。房総のむらは江戸後期から明治初期までの房総地方の町並みを再現した施設。武家屋敷や商家に上がれるほか、機織りの実演やそば打ち、茶の湯体験など多様な催しがあって楽しい。

→ P.364

車で約20分

16:30 観光も食べ歩きも

成田山参道

JR成田駅前から成田山新勝寺まで約800m続く表参道。参道沿いには150店以上の飲食店やみやげ店が並び、つい立ち寄ってしまう。旅に疲れた参詣客をもてなしてきた成田山伝統のウナギ料理も味わおう。

→ P.30・304

夕食はココ

「菊屋」の「鰻重（1尾）」は3800円

RECOMMEND HOTEL

宿は和の趣ある旅館をチョイス！

成田山新勝寺の目の前にある旅館「若松本店」に宿泊。新勝寺の観光に便利なうえ、境内を一望できる部屋もあり、この立地ならではのお楽しみがある宿。

URL wakamatsuhonten.jp/

旅館　若松本店（成田市）

Day 2

START!

9:00

成田山のお不動さま
成田山新勝寺

2日目は成田山新勝寺からスタート。1080年余りの歴史をもち、年間1000万人以上の参詣者が訪れる全国有数の寺院。開山以来毎日絶えず行われている御護摩祈祷もあるので、大本堂に上がって祈願するのもいい。→P.28・304

成田山の表玄関として参詣客を迎える総門

車で約20分

操縦シミュレーターも体験できる（要整理券有料）

10:30

飛行機好き以外も楽しめる
航空科学博物館

実物の飛行機が展示されている。大迫力の大型可動模型の操縦体験、元操縦士・整備士による有料ガイドツアー、多種多様なデザインの小型機約20機が集まる屋外展示など見どころたくさん。

→P.313

車で約40分

13:10

江戸情緒あふれる街
佐原の町

「北総の小江戸」と呼ばれる佐原に到着。江戸時代から続く商家や古い町並みが残り、散策だけでも楽しい。観光用のサッパ舟に乗って小野川を進む「舟めぐり」も人気。昼食は和の趣がある店で食べるのもいい。

→P.22

ランチはココ

甘味喫茶「いなえ」の「かき玉のおうどん」800円が人気

国の重要伝統的建造物群保存地区にも選定された町

車で約7分

16:20

由緒ある総本社で参拝
香取神宮

全国に約400社ある香取神社の総本社で、近年はパワースポットとしても注目されている。祭神は日本書紀に登場する建国の神、経津主大神（ふつぬしのかみ）。春は桜、秋には紅葉が美しく見ごたえ十分。→P.84・297

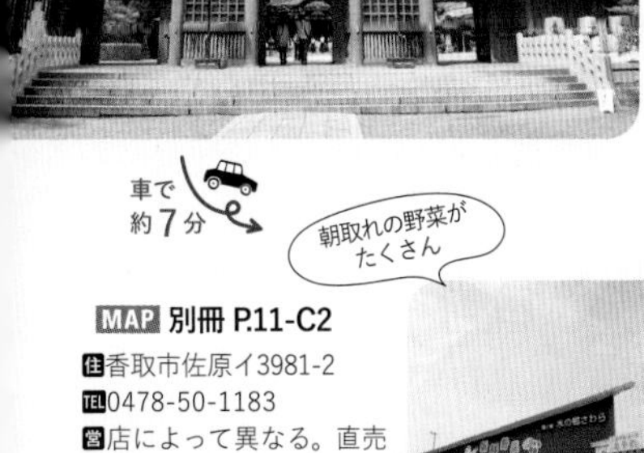

御神木の大杉も見てみて

国の重要文化財に指定されている楼門

車で約7分

17:15

みずみずしい野菜がたくさん
道の駅 水の郷さわら

目前に利根川が広がる道の駅。直売所では地元産の朝取り野菜のほか、特産品やおみやげも豊富に揃えている。定食やピザなど飲食店4店が並ぶフードコートもあるので、休憩してから帰ろう。

朝取れの野菜がたくさん

施設内には防災教育展示もある

MAP 別冊 P.11-C2
住 香取市佐原イ3981-2
TEL 0478-50-1183
営 店によって異なる。直売所8:00～18:00
休 無休
P あり
交 JR佐原駅から徒歩15分

車で約1時間

FINISH!

19:00

篠崎 IC
（京葉道路）

映画のセットのような町並みを訪ねて

小江戸 佐原の歩き方

江戸時代に水運業で栄えた佐原。時代が変わって物流の主役が鉄道や車になると、町のにぎわいも時代の流れとともに消えていった。江戸風情を感じる町並みが失われないように、貴重な建物を保存すべきという声が上がり、1996（平成8）年、関東地方で初めて「重要伝統的建造物群保存地区」に登録された。そして今、佐原はレトロな町の散策が楽しい千葉県随一の人気スポットだ。

歴史保存地区
佐原散策

忠敬通り（県道 55 号線）が小野川に架かる忠敬橋を中心に周囲数ブロックが保存地区。どこへも徒歩圏内なので、のんびりと散策しながら古い町並みを眺めてみよう。

上／佐原駅から忠敬橋は徒歩約 11 分　右／小野川沿いの風景

小野川周辺
重要伝統的建造物保存地区

中村屋商店
なかむらやしょうてん

江戸末期 1855（安政 2）年建築の店舗は忠敬橋の目の前にあり、「まちぐるみ博物館」のひとつとして、連鶴の展示も行なう。明治時代に建てられた隣の蔵は、雑貨店としておみやげ探しにもぴったり。

上／代々荒物や雑貨を扱ってきた商家
下／和雑貨の店。手ぬぐいがおすすめ

MAP 別冊 P.44-B3
住 香取市佐原イ 1720　TEL 0478-55-0028　営 10:00 ～ 16:00　休 水曜　P なし　交 JR 佐原駅から徒歩 11 分

佐原三菱館
さわらみつびしかん

レトロな外観でいい雰囲気のレンガ造りの洋館は 1914（大正 3）年に建てられた銀行。隣接した佐原町並み交流館はエリアの案内所になっているので、まずここに立ち寄ってみよう。

上／三菱館は内部見学可能
下／町並み交流館内のジオラマは見応えあり

MAP 別冊 P.45-C3
住 香取市佐原イ 1903-1　TEL 0478-52-1000　開 10:00 ～ 17:00　休 第 2 月曜（祝日の場合は翌日）　P なし　交 JR 佐原駅から徒歩 15 分

福新呉服店
ふくしんごふくてん

佐原まちぐるみ博物館の第 1 号

1804（文化元）年創業で、現在も営業中の呉服屋。建物は 1895（明治 28）年に建てられたもので、典型的な昔の商店の造りになっていて映画の撮影で利用されることも。店内にはしゃれた和小物も並ぶ。

左／店奥の中庭や土蔵などが見学できる　右／昔の生活道具の展示も

MAP 別冊 P.44-B3
住 香取市佐原イ 505　TEL 0478-52-3030　営 10:30 ～ 17:30　休 水曜（不定休）　P なし　交 JR 佐原駅から徒歩 15 分

植田屋荒物店
うえだやあらものてん

江戸中期、1759（宝暦 9）年創業。カゴやザル、器といった生活雑貨などの道具を販売している。店の奥にある蔵にも商品満載。こちらもぜひ見学したい。

上／小野川沿いにある白壁の蔵
下／店舗は忠敬橋のすぐ隣にある

MAP 別冊 P.44-B3　住 香取市佐原イ 1901
TEL 0478-52-2669　営 10:00 ～ 17:00　休 不定休
P なし　交 JR 佐原駅から徒歩 11 分

正上醤油店
しょうじょうしょうゆてん

1832（天保 3）年に建てられた店舗は町でもっとも古い類の建物。店の創業はそれより前で、現在の当主は 10 代目。醤油のほか、佃煮などを販売。

上／歴史ある建物はさすがの重厚感
下／店内には古い道具が展示されている

MAP 別冊 P.45-C3　住 香取市佐原イ 3406
TEL 0478-54-1642（いかだ焼き本舗正上）　営 9:00 ～ 17:00　休 無休　P あり　交 JR 佐原駅から徒歩 11 分

ミニ情報　「佐原まちぐるみ博物館」とは、1998（平成10）年頃、福新呉服店のお雛様や道具類の展示をきっかけに広がり、現在40軒もの商家で各店に残る自慢の品を展示して訪れる人を楽しませようとする取り組みのこと。

江戸情緒を味わう 船の旅

小野川は、利根川の支流。かつて川沿いに多くの商家と倉庫が立ち並び、あちこちの河岸で荷物の上げ下ろしが行われていた。舟の上から往時のにぎわいを想像してみよう。

小野川沿岸を舟でのんびり散策しよう

1艘に10人前後の乗客なのでゆったりしている

小江戸さわら舟めぐり（こえどさわらふなめぐり）

伊能忠敬旧宅前、ジャージャー橋のそばが出発地点。古い町並みを舟の上から見上げながら下流に進み、成田線の線路を越えた先でUターン。ガイド兼任の船頭さんが舟を操りながら町並みの説明をしてくれる。 → P.295

目線が変わって景色が新鮮

ジャージャー橋（じゃーじゃーばし）

樋橋（とよはし）が正式名称。もとは小野川を挟んで東側から西側に水を送るための樋（とよ＝水道）で、あふれた水が小野川に流れ落ちる音が名前の由来。毎日9:00〜17:00、30分ごとに、当時の様子を再現して水が流れ落ちている。

→ P.296

上／1996（平成8）年、環境省の日本の音風景100選に選ばれた　右／歩くほどの速度で進む舟から風景を眺める

鯉は4匹。川から飛び出してきたような躍動感のある像

開運橋（かいうんばし）

成田線が小野川を渡る陸橋の近く、忠敬橋から下って3番目の橋。下から見るとわかりづらいが、欄干の端に鯉の像が飾られていて、この鯉を撫でると運が開けるという噂が。このあたりは保存地区ではないが、佐原の町の日常が垣間見られる。

佐原の祭り

ユネスコ無形文化遺産に登録された伝統行事や水郷の町にふさわしい華やかなイベントが行われる佐原。やはり歴史のある町には歴史のある祭りがある。

150万本のあやめが咲き誇る

あやめ祭り（あやめまつり）

5月下旬〜6月中旬

町の中心から車で約15分。利根川と常陸利根川の間の田園地帯にある水郷佐原あやめパークが舞台。「さっぱ舟」に乗った花嫁と花婿をお披露目する「嫁入り舟」が祭りのハイライトだ。

夏祭り 7月中旬
秋祭り 10月中旬

佐原の大祭（さわらのたいさい）

→ P.368

小野川の東側のエリアは八坂神社がある「本宿」で、夏祭りを開催。西側は諏訪神社がある「新宿」で、秋祭りを開催。それぞれ勇壮な山車が町を練り歩き、「佐原の大祭」はこれらの総称だ。

伊能忠敬翁

佐原が生んだ遅咲きのヒーロー

伊能忠敬の旧宅と記念館

佐原の商家の主人は、齢五十にして隠居し新たな人生を歩み始めた。そしてその後半生をかけて、日本全土を歩いて測量し、正確な日本地図『大日本沿海輿地全図』を作り上げた。

いのうただたかきゅうたく

伊能忠敬旧宅

江戸時代に建てられた国指定の史跡。伊能忠敬は30年余りこの建物で、米や薪、炭などの販売と醸造業を営んでおり、名主として村の行政にもかかわっていた。建物の母屋は忠敬自身が設計したといわれ、江戸時代の典型的な商家の造りがよくわかる。

→ P.296

伊能忠敬の生涯

1745(延享2)年に九十九里の漁村に生まれた忠敬は、17歳で佐原の伊能家に婿養子として入る。伊能家当主となった忠敬は商才を発揮し、家の財産を3倍まで増やした。50歳で隠居し、それから本格的に測量を学び、74歳で亡くなるまで、日本地図の作成に情熱を傾けた。

①

②

③

①建物があるのはジャージャー橋の前
②店舗の裏には書院があり、こちらの内部も見学できる　③忠敬のいた場所には本人のパネルが置かれている

いのうただたかきねんかん

伊能忠敬記念館

忠敬の生涯を知ることができる博物館。商人として生きた前半生にも触れているが、地図作りに人生をかけた後半生の詳細な展示が興味深い。特に現在の地図とほとんど変わらない『大日本沿海輿地全図』(伊能図)の正確さには驚かされる。 → P.296

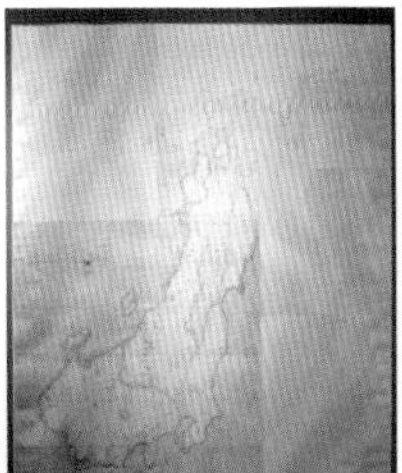
①

②

③

①現代の地図とほとんど変わらない東北地方の伊能図　②晩年の忠敬の肖像　③このぼり旗を掲げて測量作業をしていた

上／保存地区の景観に合った瓦屋根に土蔵のような外観の記念館　下／測量隊が使っていたたくさんの道具のレプリカも展示

体験

ちょっと立ち寄って
佐原の歴史を体感

いろいろ飲める♡♡

東薫酒造（とうくんしゅぞう）

利き酒

1825（文政 8）年の創業。伝統の味を引き継ぐ日本酒からユニークなリキュールまで幅広い品揃え。日本酒から作る化粧品もおすすめ。

MAP 別冊 P.44-A2
住 香取市佐原イ 627　TEL 0478-55-1122
営 10:00 ～ 16:00(見学は～ 15:30)
休 無休（要電話確認）　P あり　交 JR 佐原駅から徒歩 10 分　※蔵内部の見学は 2022 年 10 月現在休止中

上／ショップがあるのはこの建物の隣
下／巨大な緑のタンクに原酒が貯蔵されている

水郷佐原山車会館（すいごうさわらだしかいかん）

山車見学

忠敬橋から香取神宮方面に歩いて 4 分。八坂神社の境内にある建物に「佐原の大祭」で町を練り歩く実物の山車が展示されている。下から見上げるだけでなく、2 階から山車を見下ろすことができ、その大きさを実感できる。昔の山車の飾りや写真などの展示もなかなか興味深い。 → P.299

上／展示される山車は夏祭り・秋祭りの前後に変更される

馬場本店酒造（ばばほんてんしゅぞう）

展示見学

創業は天和年間（1681 ～ 1683）の、300 年以上続く蔵元。店の古い建物（一部見学可）からもその歴史が伝わる。日本酒だけでなく、みりんも人気。

MAP 別冊 P.44-B3
住 香取市佐原イ 614-1　TEL 0478-52-2227　営 9:00 ～ 17:00　休 不定休　P あり　交 JR 佐原駅から徒歩 10 分

上／歴史を感じる煙突がなかなか絵になる
下／酒造りに使われてきた古い道具の展示

みやげ

長年受け継がれる伝統の味、
和装小物などがたくさん

雑貨選び楽しい！

中村屋商店

雑貨・小物など

→ P.23

左／香取在住野口氏の切り絵を使った、**中村屋特注房州うちわ 1430 円**
右／ウサギのしっぽがかわいい。**手ぬぐい「のぞき窓」1320 円**

馬場本店酒造

酒・みりんなど

→ P.26

江戸時代後期から製法を守り続ける**手作りの最上白味醂 600mℓ 930 円**

油茂製油（あぶもせいゆ）

日本に現存する最古の油屋

油など

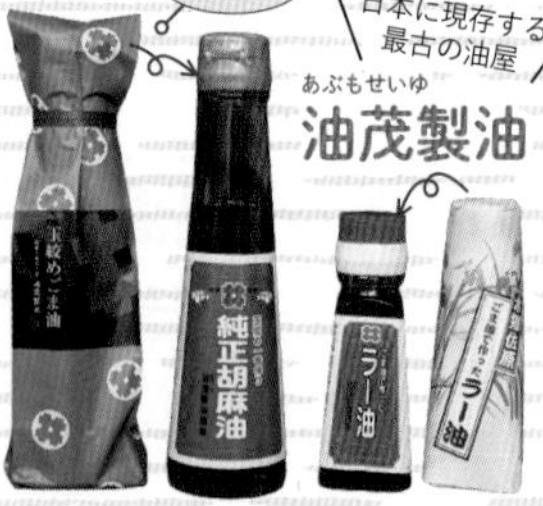

左／石臼で搾る秘伝製法。遮光の為の和紙包装もすてき。**玉絞め一番搾りごま油　100g 500 円**
右／秘伝のごま油に 8 種の香辛料を加えたごま油で作った**ラー油　450 円**

MAP 別冊 P.45-C3
住 香取市佐原イ 3398　TEL 0478-54-3438
営 9:30 ～ 17:00　休 不定休
P あり　交 JR 佐原駅から徒歩 10 分

東薫酒造

酒・雑貨など

→ P.26

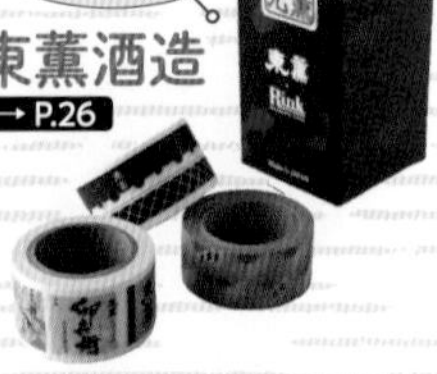

東薫酒造代表銘柄や土蔵がモチーフの**マスキングテープ 3 個入 500 円**

植田屋荒物店

→ P.23

日用品・雑貨など

穂先が細くしなやか、卓上で使うのに便利な**座敷箒［小］800 円**

いかだ焼き本舗正上

醤油・いかだ焼など

→ P.23

かつて霞ケ浦で取れたワカサギを佃煮にした佐原名物。**若さぎいかだ焼き 220 円**

グルメ

古い町並みには伝統的な和食
だけでなくおしゃれな洋食も合う

かきょうあん
香蕎庵

ランチは蕎麦、夜はフレンチ

開運橋のすぐ横。佐原らしい古民家を改装した店で、昼は手打ちそば、夜は地元の食材を取り入れたフレンチが食べられる。

上／手打ち蕎麦のコース料理は昼の部　右／牛肉はかずさ和牛　左／個室完備で貸し切りも可能

MAP 別冊 P.44-B1
住香取市佐原イ 3844-2　TEL 0478-79-6101　営 11:30 ～ 14:30（蕎麦がなくなり次第終了）、17:30 ～ 22:00　休火・水曜のランチ　P あり　交 JR 佐原駅から徒歩 7 分

上／ランチ、ディナーとも料理はコースのみ。日本酒とのペアリングも　下／畳にテーブル席のダイニング

れすとらん るあん
Restaurant LE UN

料理とともに時間と空間を味わう

フレンチをベースに地元食材を生かした自由な発想で作られる創作料理を、古民家にしつらえた和モダンな空間で楽しめる。

MAP 別冊 P.44-A3
住香取市佐原イ 1708-2
TEL 0120-210-289(VMG総合窓口)
営 11:30 ～ 15:00（L.O.14:00)、17:30 ～ 22:00（L.O.20:00)
休不定休　P あり　交 JR 佐原駅から徒歩 12 分

甘味

町歩きの合間にちょっと一息

VMG CAFÉ

小野川を眺めながらティータイム

中村屋商店 →P.23 で営業。地元食材を使ったスイーツとこだわりの紅茶は散策の合間の休憩にぴったり。

MAP 別冊 P.44-B3
住香取市佐原イ 1720　TEL 0120-210-289（VMG 総合窓口）　営 11:00 ～ 16:00　休火曜　P なし　交 JR 佐原駅から徒歩 11 分

上／地元産紅はるかのモンブラン（サツマイモは季節で変わる）　下／2 階席もあり

いなえ

佐原でかき氷を食べるなら

明治期の商家をリノベーション。ショップとギャラリーを併設した、かき氷が人気の甘味処。食事もできる。

MAP 別冊 P.44-B3
住香取市佐原イ 511　TEL 0478-54-7575　営 10:30 ～ 17:00、夏季 10:00 ～ 17:30　休水曜　P なし　交 JR 佐原駅から徒歩 10 分

上／上品な甘さの和三盆とさわやかなすだちの酸味が人気　下／歴史を感じる店構え

かふぇ ねたいも
CAFE NETAIMO

佐原で人気の芋ぺちーの

香取産のサツマイモで作ったフラッペ。「さわら町屋館」にて販売。

MAP 別冊 P.44-B3
住香取市佐原イ 499-1 さわら町屋館内
TEL なし　営 10:00 ～ 17:00　休月曜
P なし　交 JR 佐原駅から徒歩 10 分

初詣の参拝者数、お寺では全国1位！

成田山の歩き方

「成田のお不動さま」と親しまれている真言宗智山派の大本山。1年を通じて多くの参拝者でにぎわい、特に初詣の人出はお寺としては全国1位。いくつもの伽藍を参拝し、成田山公園で四季の移ろいを感じ、参道で名物を食す。成田山観光スポットとしての人気も全国トップクラスだ。

江戸時代から成田詣は庶民最大の楽しみ

創建は平安時代。不動明王を参拝するために、源頼朝などの鎌倉武士から江戸時代には徳川将軍家の人々や水戸光圀なども訪れた由緒のある寺。一方人気歌舞伎役者市川團十郎と縁のある寺として、江戸時代にはたくさんの庶民も訪れるようになった。現在も初詣や節分などの行事だけでなく、お願い事、厄除け、お祓いなどで「お不動さま」をお参りにくる人が絶えない。

いろいろ選べる成田山のお守り

いろいろなお守りがある成田山。大本堂に向かって左にある受付で御朱印もいただける。

身代御守（紙包み）災難除、身体健全

出世開運御守 昇進出世

厄除御守 厄除

千年以上続く護摩供養

成田山新勝寺（なりたさんしんしょうじ）

境内にある数多い堂塔伽藍を巡って御利益を授かろう。おすすめ参拝コースをご紹介。

圧倒的な大きさの大本堂をはじめ、境内には重要文化財に登録されているお堂や塔、緑豊かな公園など見どころ多数。まずお不動さまをお参りしてから成田山を巡ってみよう。 →P.304

❶ 総門（そうもん）

2008（平成20）年に建立。大本山にふさわしい重厚感のある高さ15mの門。

欄間に十二支の木彫り

自分の干支の下を通ると御利益があるという

❷ 仁王門（におうもん）

石畳の先にある国指定重要文化財である仁王門は1830（天保元）年建立。左右から参拝者を見下ろす二尊の金剛像、大提灯など、しっかり見ておきたい。

大錫杖（だいしゃくじょう）

錫杖とは修行者が行脚の際にたずさえる杖

成田山でいただける6つの御朱印

境内にある6つのお堂で異なる御朱印がいただける。御朱印帳を持参しよう。

大本堂　釈迦堂　光明堂　平和大塔　醫王殿　出世稲荷

成田山新勝寺MAP

出世稲荷
大本堂に向かって左手の階段の上。

平安時代から絶えることなく続けられてきた祈祷。揺らめく炎に護摩木を投入し、願い事を祈願する。

❸ 三重塔（さんじゅうのとう）

極彩色の装飾が施された高さ25mの塔は、1712（正徳2）年に建立された国指定重要文化財。

各層の垂木（屋根の下の部分）は一枚板で造られた他ではあまりない珍しい造り。

❹ 大本堂（だいほんどう）

護摩祈祷が行われる新勝寺で最重要の建物。まずはここを訪れご本尊の不動明王に参拝する。1968（昭和43）年建立。

❺ 釈迦堂（しゃかどう）

大本堂の左奥にある1858（安政5）年に建立された重要文化財。かつてはこのお堂が本堂だった。

❻ 額堂（がくどう）

たくさんの絵馬が額で飾られた高床式の建物は1861（文久元）年の建立。重要文化財。

❽ 醫王殿（いおうでん）

新しい総檜造りの美しいお堂は2017（平成29）年に建立された。

園内には大きな池があり滝が流れる

❼ 光明堂（こうみょうどう）

重要文化財で建立は1701（元禄14）年。釈迦堂の前はここが本堂だった。

成田山参道からも目印になる大塔

❾ 平和大塔（へいわのだいとう）

不動明王が鎮座する成田山で最も高い（58m）建物。写経道場がある。

❿ 成田山公園（なりたさんこうえん）

境内の半分を占める緑豊かな公園。季節を感じながら散策したい。 →P.304

成田詣のにぎやかさが感じられる

成田山参道（なりたさんさんどう）

国際都市成田は江戸時代から続く門前町としての顔をもつ。その雰囲気を今に伝えているのが参道だ。

JR成田駅・京成線京成成田駅から新勝寺総門までの約800mの表参道は、成田山観光のもうひとつのハイライト。かつて江戸庶民たちもお参り後に食べる名物やみやげ探しが一番の楽しみだった。往時をイメージして参道を歩いてみよう。 →P.304

成田山参道 MAP

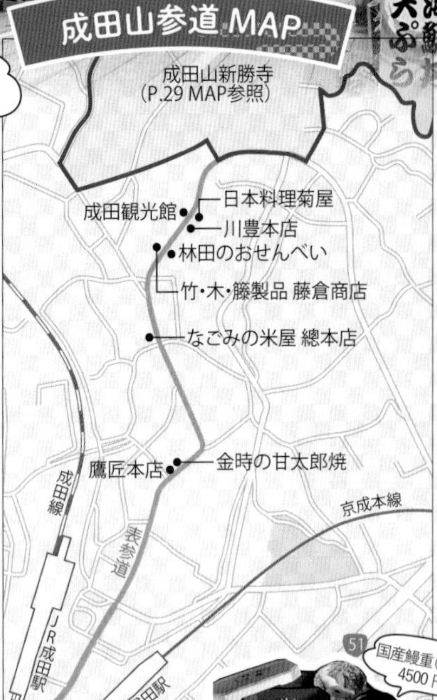

千葉有数のグルメスポット

成田名物グルメ

名物のウナギをはじめ、エスニック料理まで多彩な味が参道で楽しめる。

行列必至の人気店

川豊本店（かわとよほんてん）

明治初期に創業の老舗。料理はもちろん店先でウナギを捌く様子も参道の名物。

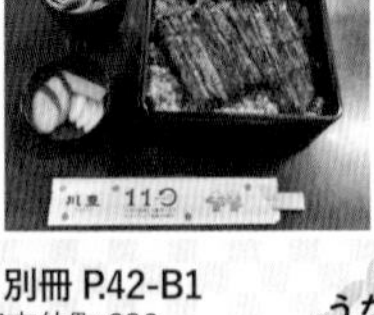

右上／注文を受けてから焼くウナギはホクホク
下／店はかなり広い

MAP 別冊 P.42-B1
住 成田市仲町 386
TEL 0476-22-2711
営 10:00～17:00（L.O.）、7～8月は L.O.18:00
休 無休　P なし

成田山のウナギ

利根川や印旛沼に近い成田は昔から川魚料理が名物。その伝統が今日まで続き、参道には約60軒ものウナギが食べられる店がある。

うなぎ以外のメニューも豊富

日本料理菊屋（にほんりょうりきくや）

評判の国産ウナギのほか、多彩な日本料理が楽しめる。遅い時間まで開いているのもうれしい。

駅に近い参道に支店あり

MAP 別冊 P.42-B1
住 成田市仲町 385　TEL 0476-22-0236
営 10:00 ～ 21:00　休 無休　P なし

職人の道具屋から名物菓子まで種類いろいろ

成田参道ショップ

みやげ探しが楽しい参道。成田名物の店はもちろんのこと、驚くほどさまざまな店が並んでいる。

箱もかわいい

左／ぴーなっつ最中8個詰1400円　下／店内は広々

一番人気の鬼おろし

日本全国から職人の道具を集めた

竹・木・籐製品 藤倉商店

たけ・き・とうせいひん ふじくらしょうてん

約3000点もの商品を扱う。多くが木や竹を用いた職人の手作りによる実用的な道具だ。

MAP 別冊 P.42-B2
住成田市幸町 488　TEL 0476-22-0372
営 9:00 ～ 17:00　休水曜（1・5・9月は無休）
P なし

左／台所周りで使う道具が多い　右／所せましと店先に並ぶ道具

千葉の定番みやげはこれ

なごみの米屋 總本店

なごみのよねや そうほんてん

形もかわいいぴーなっつ最中は誰もが知る千葉の定番みやげ。栗羊羹など他の和菓子も豊富に揃う。

MAP 別冊 P.42-B2
住成田市上町 500　TEL 0476-22-1661　営 8:00 ～18:00（年始は変更あり）　休無休　P あり

成田山御用達の漬物

鷹匠本店

たかしょうほんてん

鉄砲漬は瓜の中をくりぬき、シソの葉で巻いた唐辛子を入れて醤油とみりんで漬けたもの。そのほかの漬物も種類豊富。

MAP 別冊 P.42-B2
住成田市花崎町 525
TEL 0476-22-1255　営 9:00 ～ 17:00
休不定休　P なし

ご飯によく合う

上／やみつきになるおいしさ　右／大きな看板が目印

成田観光館には山車の展示もある

成田山新勝寺 ボランティアガイドと成田観光館

成田観光館は歴史や観光スポットの情報を提供。ボランティアガイドの申し込みは新勝寺境内。参道の階段を上ったすぐ右。

MAP 別冊 P.42-B1
住成田市仲町 383-1　TEL 0476-24-3232
営 9:00～17:00　休月曜（祝日の場合は翌平日）

おいしい、楽しい食べ歩き

成田参道食べ歩きグルメ

小腹を満たすプチグルメもたくさんある参道。ごみを捨てないなどのマナーを守って食べ歩きを楽しもう。

昔から表参道の名物

醤油の香ばしい香りに足が止まる

林田のおせんべい

はやしだのおせんべい

串にささった珍しい煎餅は食べ歩きにぴったり。形はよくないけれど焼きたての煎餅の味は申し分なし。

MAP 別冊 P.42-B2
住成田市幸町 490　TEL 0476-22-0138　営 9:00 ～ 17:00　休月曜（祝日の場合は翌日）　P なし

上／左がしょうゆ（100円）右がみたらし（150円）　下／店頭の煎餅も種類豊富

熱々につきヤケドに注意

金時の甘太郎焼

きんときのあまたろうやき

値段はどちらも150円

昭和20年代創業の大判焼きの店。商品は「あずきあん」と「しろあん」の2種類のみだが、それでもいつも行列の人気店。

MAP 別冊 P.42-B2
住成田市花崎町 527
TEL 0476-22-0823
営 9:00 ～売り切れまで
休無休　P なし

見た目はどちらも同じ

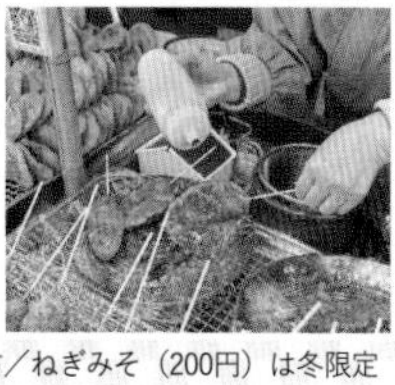

左／次々に煎餅が焼きあがる　右／ねぎみそ（200円）は冬限定

焼いている様子を店の外から眺めることができる

特集③ 浜風を受けながら新しい千葉を歩いてみよう

幕張新都心の歩き方

商業施設やイベント会場が密集し、県内外から多くの人が集う幕張新都心。広い道路、青空に伸びるビル群、おしゃれなショップやレストラン。ここも千葉の顔のひとつ。

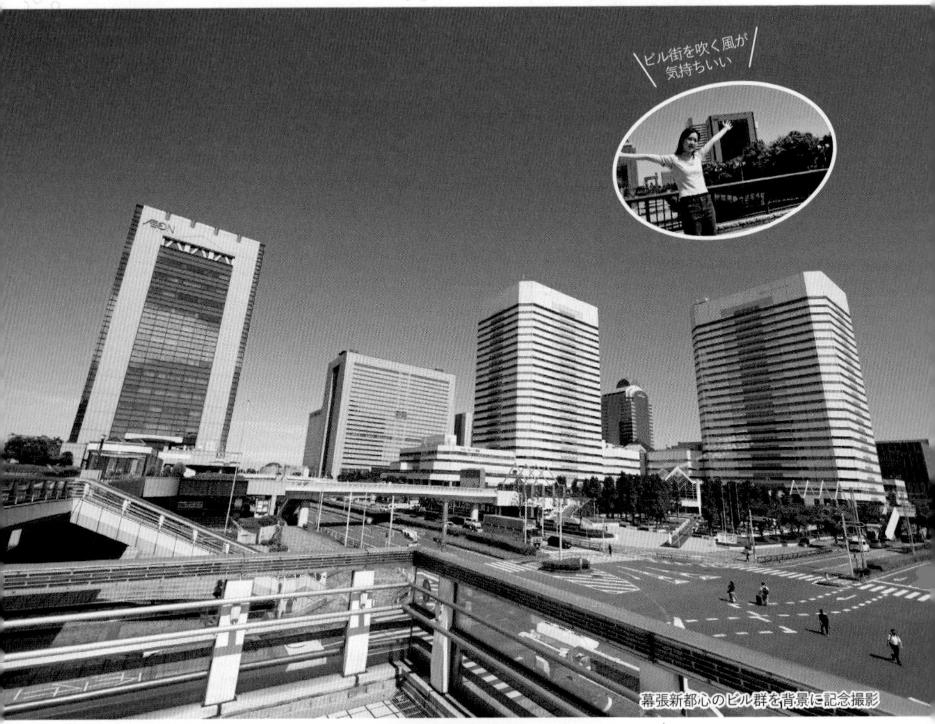

幕張新都心のビル群を背景に記念撮影

進化し続ける魅力ある都市

高層ビルが立ち並び、国内最大級の商業施設やスタジアムがある一方、緑が多く海辺にも近い幕張新都心は、最先端の千葉を感じる土地。ビジネスの集積地でありながら、駅前にはアウトレットがあり、大物アーティストのコンサート会場になる場所や、野球場、数多くのカフェやレストランもある楽しみにも事欠かないエリアだ。かなり広いエリアなので、目的地が決まっているなら徒歩でもいいが、いろいろなポイントを巡るなら自転車を借りて（→ P.141）回るのがいい。

千葉県企業局提供

幕張の歴史

終戦直後、食糧増産のために臨海部が埋め立てられたのが始まり。1975（昭和 50）年、東京一極集中に歯止めをかけようと業務機能をもつ住宅地「新都心」の建設が決定すると、駅や公園などの整備が進み、1989（平成元）年には幕張メッセが開設。世界各国から人が集まる国際都市となった。

ますます便利に

2023年に新駅「JR幕張豊砂(まくはりとよすな)」駅が開業予定

2023 年の春、JR 京葉線の新駅「幕張豊砂駅」が開業する。海浜幕張駅と新習志野駅のほぼ中間にあり、目の前にイオンモール幕張新都心があるため完成すればますます便利になりそうだ。駅舎は高架下に造られた平屋で、白い幕で覆われた屋根が特徴的。

新駅イメージ図（JR 千葉支社提供）

❶ タウンセンター地区

美浜区ひび野1丁目、2丁目

JR海浜幕張駅を中心にアウトレットやホテル、シネマコンプレックスなど人気の施設が集まった町の中核。若者や家族連れでにぎわう。

上／海浜幕張駅南口正面の「プレナ幕張」
左／ホテルが集まるゾーン

❷ 業務研究地区

美浜区中瀬1丁目、2丁目

大規模展示会が開催される幕張メッセがあり、周辺には国内外の名だたる企業のオフィスビルが立ち並ぶビジネスのエリア。

上／幕張メッセ
左／オフィスビルが建ち並ぶ

幕張新都心MAP

毎日約23万人もの人々が活動する幕張新都心。地区ごとに異なる特徴と魅力があり興味深い。

❸ 文教地区

美浜区若葉1～3丁目

大学が4校、高等学校が3校あるなど学問の場が整備されているほか、国際的な研究施設や研修施設も点在している地区。

放送大学正門

❹ 幕張ベイタウン・幕張ベイパーク

美浜区打瀬1～3丁目、若葉3丁目

街区ごとに整備された景観が美しい「幕張ベイタウン」と、商業複合施設やスポーツ施設がある「幕張ベイパーク」から成る都市型住宅街。

カラフルなマンションは海外の町のような雰囲気

❺ 幕張海浜公園

美浜区ひび野1・2丁目、美浜1丁目、豊浜1丁目

幕張海浜公園はA～Gの7つのブロックに分かれる。家族で遊べる広場や花が咲く遊歩道、スタジアムがあるなどそれぞれ異なる魅力がある。

広々とした芝生と花時計

❻ 拡大地区

美浜区豊砂の一部、習志野市芝園1丁目

イオンモールやコストコなど大規模商業施設が進出。幕張新都心の中心地を補完し、さらなる発展が期待される地域。

超大型店舗のイオンモール幕張新都心

Large Store

大型店舗で食べて・遊んで・ショッピング

大型ショッピングモールや充実したアウトレットがある幕張新都心はショッピングに最適。多種多様な店があるので思いおもいに楽しみたい。

広い施設は4つのモールに分かれている

ショッピングだけじゃない！

イオンモール幕張新都心（いおんもーるまくはりしんとしん）

国内最大級の規模を誇る大型ショッピングモール。約360店舗が出店し、吉本興業が運営する劇場や仕事体験テーマパーク「カンドゥー」もある。

MAP 別冊 P.40-A1
住千葉市美浜区豊砂1-1ほか TEL 043-351-7500（受付時間10:00～21:00） 営10:00～21:00（店舗・日時による） 休無休 P あり 交 JR海浜幕張駅から徒歩18分（幕張豊砂駅開業後、当駅が最寄り駅）

抱っこで犬が入れるお店も

電車で行けるアウトレットモール

三井アウトレットパーク 幕張

国内外のファッションブランドなど約140店舗が集まるアウトレット。アウトドア、キッチン用品も人気。海浜幕張駅の目の前でアクセス抜群。

左／低層で開放的な造りのアウトレット
右／海浜幕張駅南口を出てすぐ

MAP 別冊 P.40-B2
住千葉市美浜区ひび野2-6-1 TEL 043-212-8200（受付時間10:00～18:00） 営10:00～20:00（店舗・日時による）
休不定休 P あり 交 JR海浜幕張駅からすぐ

Event Venue

充実のイベント施設

国内外の人が集う展示会やプロアスリートの公式試合、人気歌手のコンサートなど、大規模イベントが開催される施設はこのエリアに集中。

Event Facility

日本最大級のイベント施設

幕張メッセ（まくはりめっせ）

国際展示場、国際会議場、幕張イベントホールの3施設から成る複合コンベンション施設。コンサートや式典、展示会など用途はさまざま。

MAP 別冊 P.40-B2
住千葉市美浜区中瀬2-1 TEL 043-296-0001
P あり 交 JR海浜幕張駅から徒歩5分

千葉ロッテマリーンズの本拠地

ZOZOマリンスタジアム（ぞぞまりんすたじあむ）

公認野球規則の条件を満たす大リーグ級のスタジアム。プロ野球の公式戦のほか、国際イベントやコンサートも開催される県民のシンボル的施設。 →P.94

夜のライトアップも楽しめる

休憩に便利なオープンスペース

メッセモール（めっせもーる）

業務研究地区の中心部にあり、南北に延びた細長い公園。木々や噴水があり、ゆとりをもって散策、休憩できる。

Oasis

幕張新都心のオアシス

国際交流が盛んで高層ビルやホテルが並ぶ幕張新都心だが、町を歩けば意外と整備された公園や緑地が多い。のんびり散策してみよう。

砂浜を
ゆったりと散歩

日本庭園を
散策
公園内の日本庭園「見浜園」は、入園料100円

潮風が気持ちいい都心の海

幕張の浜（まくはりのはま） MAP 別冊 P.40-B3

幕張海浜公園の南側にある人工海浜。遊泳禁止だが海を眺めて歩くだけでも楽しい。海の向こうに東京スカイツリーや富士山が望める。

幕張新都心の中心に位置する

千葉県立幕張海浜公園（ちばけんりつまくはりかいひんこうえん）

緑地も海も楽しめる広域公園。大芝生広場や花時計、日本庭園の「見浜園」など、見どころが多い。 → P.147

JFA夢フィールド 幕張温泉湯楽の里（まくはりおんせんゆらのさと）

JFA夢フィールド内にあるスポーツリラクゼーションスパ。目の前に海が望める露天風呂や岩盤浴で体を癒やそう。

MAP 別冊 P.40-B3
住 千葉市美浜区美浜26（JFA夢フィールド内） TEL 043-205-4126
営 9:00～24:00（受付終了23:00） 休 不定休 料 中学生以上1050円（土・休日・特定日1300円） 交 JR海浜幕張駅から徒歩20分、または駅南口から無料送迎バスあり（HP参照）

露天風呂から海を一望

ブレイク＆リラックスTIME

至福の一杯を楽しめる店

生豆から焙煎するハンドドリップコーヒー

Rainbow Cafe（れいんぼーかふぇ） MAP 別冊 P.41-C2

豆の種類が
豊富にある

エスニック雑貨店「マライカ」に併設されたカフェ。開放的な店内でおすすめのハワイアン料理とコーヒーを楽しんで。

住 千葉市美浜区若葉3-2-12 イオンスタイル幕張ベイパーク内 VILLAGE4棟 TEL 043-301-5977 営 11:00～19:00（L.O.フード18:00、ドリンク18:30） 休 無休 P あり 交 JR海浜幕張駅から徒歩8分

❶生豆をお好みに焙煎してもらい購入できる ❷焼きたてのワッフルは絶品 ❸雑貨店に併設のにぎやかな空間

千葉市内初のクラフトビール醸造所

MAKUHARI BREWERY（まくはりぶるわりー）

つくりたてビールは
格別のおいしさ

常時8種以上のクラフトビールを提供している。飲み口やホップの香りを比べてみて。

MAP 別冊 P.41-C2
住 千葉市美浜区若葉3-1-21 MAKUHARI NEIBORHOOD POD
TEL 043-307-1962 営 11:00～19:00（L.O.フード18:00、ドリンク18:30） 休 水曜 P あり 交 JR海浜幕張駅から徒歩15分

❶幕張ビアフライト（クラフトビールテイスティングセット）1100円 ❷アメリカ・ポートランドをイメージしている店内

絶景 花スポット巡り

海に囲まれ、温暖な海洋性気候の千葉では1年を通してさまざまな花が開花する。県内には100以上の花の名所があるが、ここでは見渡す限り花畑が広がる人気スポットをピックアップ。見頃に合わせて出かけよう。

ドイツの田園風景が広がる 内房

東京ドイツ村（とうきょうどいつむら）

→ P.188

見頃 マム◇10月下旬～11月中旬
ユリ◇6月下旬～7月中旬

マムは日本の菊が西洋に渡り、品種改良されて逆輸入された花。東京ドイツ村では5色のマムが咲き誇る

観覧車前にある「ゆり園」は、初夏には約30万輪のユリが咲き誇る

水色がさわやかな花畑！
Nemophila
あたり一面を彩るネモフィラは水色の絨毯

四季の花々に出合える観光牧場

内房

マザー牧場
（まざーぼくじょう）

→ P.208

見頃

菜の花◆2月中旬〜4月中旬
ネモフィラ◆4月中旬〜5月上旬

春色に心躍る！大スケールの菜の花畑はマザー牧場の春の風物詩

お花のなかを幸せドライブ！
Canola flower
フラワーラインでは時期により菜の花やマリーゴールドが迎えてくれる

花畑ドライブを満喫

南房

房総フラワーライン
（ぼうそうふらわーらいん）

→ P.223

見ごろ

菜の花◆1月〜2月
マリーゴールド◆7〜8月

館山市下町交差点から南房総市和田町まで約46kmの海岸沿いを走る道路が房総フラワーライン。1月から見頃が始まる菜の花や夏のマリーゴールドをはじめ、沿道には季節ごとに花が咲き、「日本の道100選」にも選ばれている。洲埼灯台や安房神社など近くに観光スポットも多く、ドライブにはぴったり。

住 館山市下町交差点から南房総市和田町までの海岸線道路　TEL 0470-22-2000（館山市観光協会）　交 JR館山駅から安房白浜行きバスで21分、相の浜下車、徒歩10分

鋸南町はスイセンの日本3大群生地のひとつ。稲わらとともに牧歌的な風景を醸し出している

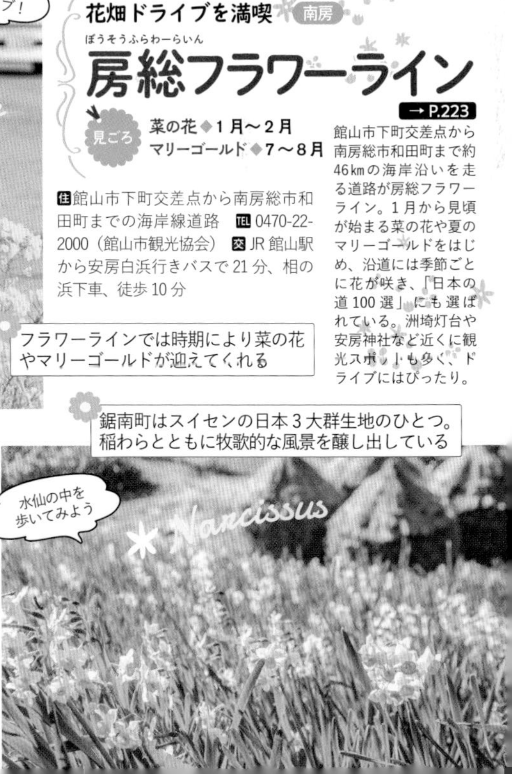
水仙の中を歩いてみよう
Narcissus

スイセンが彩る人気のハイキングコース

南房

江月水仙ロード
（えづきすいせんろーど）

→ P.215

見頃

スイセン◆
12月中旬〜1月末

江戸時代から水仙の栽培が盛んだった鋸南町、江月地区の水仙ロードは、約3km続く里山を歩くハイキングコースの往路。時期には町道の両脇に水仙の花が咲き乱れる。30~40分程度のコースで、可憐な花の柔らかい香りに包まれながら早春のウオーキングを楽しむことができる。

世界各国から集められた約800種7500株のバラが咲き乱れる園内

名品や原種など多くのバラの品種が揃う　ベイエリア

谷津バラ園（やつばらえん）

→P.173

見頃　バラ◆5月中旬～6月中旬、10月中旬～11月中旬

さまざまな色、形のバラがあり見ていて飽きない

実際に回る風車がシンボル　北総・成田

佐倉ふるさと広場（さくらふるさとひろば）

→P.323

見頃
チューリップ◆4月
佐倉チューリップフェスタ◆4月開催
ヒマワリ◆7～8月中旬
コスモス◆9～10月

関東最大級となる約80種55万本のチューリップが咲く園内

チューリップが有名だが、夏には約1万5000本が咲く「風車のひまわりガーデン」に様変わり。ゴッホの名前が由来の「ビンセント」という品種もある

広〜いラベンダー
畑は圧巻！
lavender

ラベンダー3種類約5500株が咲き、さわやかな香りが広がる農園

紫の絨毯を見に行こう　北総・成田

さくららべんだーらんど

佐倉ラベンダーランド

MAP 別冊 P.16-B1

住 佐倉市先崎233　TEL 043-463-1382　開 10:00〜16:00　休 無休　料 無料　P あり　交 京成線ユーカリが丘駅から佐倉市コミュニティバス（志津北側ルート）で先崎会館下車、徒歩約7分

見頃
ラベンダー◆5月下旬〜6月下旬
ラベンダーまつり◆6月上旬〜7月上旬

佐倉を花でいっぱいに、という思いから造られたラベンダー畑。高温・多湿の千葉県にありながら土壌の改良などを行い、現在約7000㎡もの広大な敷地に「濃紫早咲」「おかむらさき」「グロッソ」の3品種が咲き誇り、見頃には「ラベンダー祭り」が開催される。名物ラベンダーソフトクリーム（400円）も人気。

約400品種150万本の花菖蒲を中心に、アヤメ類の花々が咲く園内

Iris

サッパ舟に乗り、目線の高さであやめを観賞できる

のんびり
ゆったり花巡り♪

水郷の風景に溶け込む水辺の花々　北総・成田

すいごうさわらあやめぱーく

水郷佐原あやめパーク

→ P.298

見頃
あやめ◆4〜6月
あやめ祭り◆5月末〜6月開催
はす祭り◆7月〜8月開催

特集⑤

ローカル線の旅

房総半島をぐるり
1泊2日旅

1日目

小湊鐵道

市原市の五井駅から大多喜町の上総中野駅までを結ぶ全18駅の私鉄ローカル線。かわいらしいレトロなデザインが人気で、土日を中心に観光列車やトロッコ列車を運行している。春には線路周辺に菜の花や桜が咲き、車窓から春の景色を楽しめる。

無人駅が多くのどか

赤とクリーム色のツートーンが特徴

MAP 別冊 P.24-A2

小湊鐵道問い合わせ先
TEL 0436-21-6771（鉄道部運輸課）

小湊鐵道の乗り方

五井駅から養老渓谷駅まで走る列車は1、2時間に1本と少ないため、養老渓谷に行く際は要確認。「1日フリー乗車券」1840円や、有効日数2日間の「往復割引乗車券」（五井～養老渓谷駅間）1840円もあるので活用しよう。

●トロッコ列車で里山を満喫

五井駅から養老渓谷駅までの区間で運行している。大正時代の蒸気機関車を忠実に再現した4両編成の列車で、窓がなく開放的な「展望車両」もあり、自然豊かな里山の空気を体感できる。

クリーンディーゼルを搭載したトロッコ列車

トイレは女性のみ使える

●ユニークなトイレがある飯給駅

丸太の柵で囲まれた敷地の中に、ガラス張りのトイレがぽつんと設置されている。原っぱの中にあるため、開放的な気分を感じられる。

JR内房線　小湊鐵道　※Ⓣ：トロッコ列車停車駅

千葉駅 ― Ⓣ五井駅 ― Ⓣ上総牛久駅 ― 上総鶴舞駅 ― Ⓣ里見駅 ― 飯給駅 ― Ⓣ月崎駅 ― Ⓣ養老渓谷駅

上総鶴舞駅
ドラマのロケ地としても有名

月崎駅から徒歩1分
苔と山野草に覆われた「森ラジオ」は昔の駅の詰め所

登録有形文化財にも指定されている第一養老川橋梁

千葉のローカル列車は都心から近いにもかかわらず、豊かな自然のなかを走る癒やしの路線。レトロな列車に乗り込めば日頃の喧騒を忘れてのんびり過ごせそう。古い駅舎や車窓に広がるのどかな風景を満喫しよう。

いすみ鉄道

いすみ市の大原駅から大多喜町の上総中野駅までを結ぶ、全14駅の鉄道。国鉄型気動車「キハ」や、濃い緑と黄色が特徴の列車「いすみ」が走る。春は沿線の菜の花が開花し、黄色い列車との"共演"を撮ろうと多くの人が集まる。

「いすみ」は菜の花をイメージした列車

MAP 別冊 P.32-B3

いすみ鉄道問い合わせ先
TEL 0470-82-2161

いすみ鉄道の乗り方

運賃は降車時に支払うのシステム。車両の後ろドアから乗車して整理券を取り、降車時に運転手側の運賃箱へ現金を入れる。交通系ICカードは使用不可。大多喜駅以外は無人駅のため注意。大原駅と大多喜駅では券売機で切符を購入できる。

鉄道ファンでなくても見ていて楽しいコラボ

両車両を一度に眺める上総中野駅

上総中野駅はいすみ鉄道と小湊鐵道の接続駅で、タイミングが合えば異なる鉄道会社の列車が並ぶ珍しい光景を見ることができる。シャッターチャンス！

さまざまな取り組みで収入源確保

乗客から寄贈された古本の販売、枕木のオーナー制など、さまざまなユニークな取り組みもしている。

契約金を払えば枕木に名前プレートを設置できる

いすみ鉄道

上総中野駅 — 東総元駅 — 大多喜駅 — 上総中川駅 — 国吉駅 — 大原駅

大多喜駅はいすみ鉄道唯一の有人駅。観光案内所もある

観光案内所は大多喜駅から徒歩１分

ホームにあるおみくじ箱形の建物の中には手回し式のおみくじが

東総元駅構内

第二五之町踏切。鉄道ファンにも人気の高い撮影スポット

上総中川駅と国吉駅の真ん中あたり。どちらからも徒歩約 25 分

こちらもおすすめ！

房総横断記念乗車券を活用しよう

小湊鐵道の五井駅からいすみ鉄道の大原駅までの65.9kmをお得に横断できる割引切符。途中下車はできるが前進のみで、通過した駅には引き返せない。

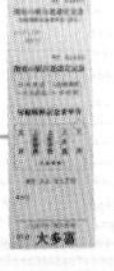

2日目

内房線

東日本旅客鉄道（JR東日本）の鉄道路線。千葉市の蘇我駅から東京湾に沿って南下し、太平洋沿岸の安房鴨川駅まで房総半島を半周している。海沿いを通るため、車窓から美しい海を眺めることができるのがうれしい。安房鴨川駅から千葉駅までの太平洋沿いを走る外房線もあるので、両路線を使って房総半島をぐるっと一周するのもいい。

海岸線を沿うように走るため気持ちいい

内房線(時刻・料金)問い合わせ先
TEL 050-2016-1600
JR東日本お問い合わせセンター
(6:00 ～ 24:00)

山生橋梁と電車を撮影

江見駅から太海駅までの海岸線をまたぐように架かる鉄道の橋。歴史的に貴重な建造物として「土木学会選奨土木遺産」にも認定されている。ゆるやかなカーブを描きながら橋上を走る電車をカメラに収めたい。

江見駅から徒歩30分

1924（大正13）年に竣工された歴史ある橋

南国ムードたっぷり！館山駅

白い壁にオレンジ色の屋根がかわいらしい、南ヨーロッパ風の外観の駅。国交省が主催した「関東の駅百選」にも選ばれている。

千葉県が誇る名勝、鋸山へ

浜金谷駅から徒歩10分

浜金谷駅から徒歩で鋸山へ行くことができる。標高329mの低名山で、関東屈指の古刹「日本寺」や崖の先端から景色を見下ろせる「地獄のぞき」、日本一の磨崖仏など名所をたどろう。

→P.216

スリルを味わえる地獄のぞき

JR外房線 JR内房線

大原駅 — 勝浦駅 — 安房鴨川駅（内房線起点） — 江見駅 — 館山駅 — 那古船形駅 — 浜金谷駅 — 木更津駅 — 袖ヶ浦駅 — 五井駅 — 蘇我駅 — 千葉駅

勝浦駅から徒歩3分

日本三大朝市のひとつ

那古船形駅から徒歩約15分

船形山の崖の中腹にある崖観音（大福寺）

木更津駅から徒歩約12分

高さ27m。日本一の高さを誇る中の島大橋

袖ヶ浦駅から路線バスで約10分

人気の「三井アウトレットパーク木更津」

旅の思い出に

ローカル線のおみやげ

ローカル線ならではのオリジナルなみやげを選ぼう。

いすみ鉄道

いすみ鉄道のおみやげは、大原駅、もしくは大多喜駅前の観光案内所「観光本陣」で購入可能。

い鉄揚げ 各380円
醤油・カレー味がある

M 1500円
S 980円

ツートントートバッグ
普段使いもできるしゃれたデザイン

各500円

里山トロッコ丸缶クッキー
トロッコ列車のイラストがキュート

小湊鐵道

手軽な菓子類にも小湊鐵道の列車があしらわれておみやげにぴったり。各駅で販売。

各400円

オリジナル缶入りドロップ
思い出に列車と同じカラーの缶を

内房線

「the Fish」(→ P.411)のマーケットプレイスでは「お土産市場」や「お魚市場」で房総のおみやげが何でも揃う。

the Fishは浜金谷駅から徒歩6分

見波亭とthe Fish外観

税込1404円

のこぎり山バウムクーヘン(3山)
店内で焼き上げる手作りバウムクーヘン

ぜひ食べてみたい

ローカル線の駅弁

旅のお供に房総のおいしいものが詰まった駅弁を。

1500円

いすみの宝石箱弁当
いすみ鉄道▶大原駅
11種類のおかずと天丼の贅沢弁当

1080円

さんが焼き弁当
内房線▶安房鴨川駅
地魚と薬味をたたいたなめろうを焼いた、郷土料理のお弁当

500円

あさり弁当
小湊鐵道▶五井駅
アサリご飯とおかずでボリューム満点。

立ち寄りカフェ

「こみなと待合室」by 五井駅

五井駅の目の前にあり、小湊鐵道直営のカフェスペースが併設された待合室。机やいすのほか、Wi-Fi環境やコンセントがあり充電もできる。通過する列車を眺めながらパンやコーヒーを味わいたい。

TEL 0436-21-2411　MAP 別冊 P.24-A2
営 9:00～19:00
土・日・祝日 9:00～17:00
休 無休

680円

安全第一カレー
カップで食べるカレー。交通も食も安全から、の思いからできたカレー。テイクアウトもOK

時刻表も電光掲示板で表示

五井駅の改札を出た渡り廊下の上からも小湊鐵道車両基地が見える

目の前に小湊鐵道が見える

関東最東端を走る日帰り旅

銚子電鉄は乗客の減少などによって何度も廃線の危機に見舞われてきたが、破綻寸前のたびに工夫を凝らしたアイディアで乗り切ってきた。ここでは銚子電鉄を救ってきた魅力の数々も合わせてご紹介。

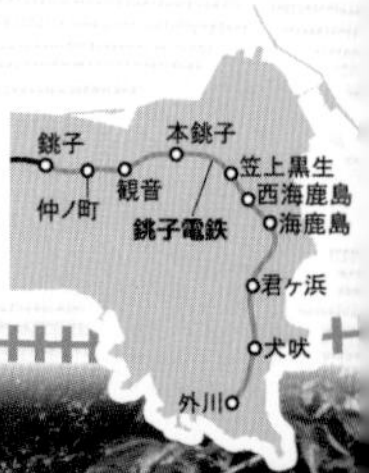

銚子電鉄

関東最東端の銚子市内を走る私鉄で、JRと共同使用の銚子駅から外川駅まで全10駅を通過する。ローカル線ながら食品販売やグッズ開発、レトロな装飾を施した「大正ロマン電車」を運行するなどユニークな企画を打ち出している。

緑あふれる木々の中を通る列車

本銚子駅から外川に向かう線路の両脇には木々が茂り、「恋人のトンネル」といわれるウクライナの田舎町にある緑のアーチ型のトンネルにそっくり

MAP 別冊 P.21-C1

銚子電鉄問い合わせ先
TEL 0479-22-0399（仲ノ町駅）
※交通系 IC カードは使用不可

仲ノ町駅には銚子電鉄の本社があり、車庫見学もできる

銚子電鉄の車体はさまざまな色のものがある

終着駅の外川駅でぬれ煎餅や鉄道グッズを購入できる

大正ロマン電車の窓はステンドグラスのよう

JR総武本線

JR東京駅 → 銚子駅（銚子電鉄起点） → 仲ノ町駅 → 観音駅 → 笠上黒生駅

房総特急列車は１日６本程度しか運行していないので、日帰り旅の場合、朝早くの便に乗ろう

笠上黒生駅から徒歩 16 分

一山いけす（→ P.388）で海鮮ランチ

観音駅から徒歩８分

全国屈指の水揚げを誇る銚子漁港

銚子電鉄の魅力

副業事業が収入の8割を占める銚子電鉄の取り組みはさまざまだ。

魅力1 それぞれの駅に愛称がついている

「かみのけくろはえ笠上黒生駅」や「ありがとう外川駅」など、不思議な文言がホームの看板に記載されているが、これはすべてネーミングライツによるもの。東日本大震災以降観光客が激減し、経営難になったことから駅名愛称の命名権を県内外の企業に販売したのだ。2015（平成27）年から愛称が使われ、ユニークなネーミングセンスがメディアやSNSで話題に。

笠上黒生駅もネーミングライツでこのとおり

魅力4 唯一の女性車掌は銚子電鉄のマドンナ

銚子電鉄唯一の女性車掌の袖山里穂さんは、2014（平成26）年に初の女性車掌として入社。銚子生まれ銚子育ちのうえ、愛らしいルックスで「アイドル車掌」として話題になった。切符は車内で手売りのため乗客との距離も近く、毎日世間話をするなど親しまれている。

2021（令和3）年にはアイドル車掌として、写真集も発売された

魅力2 車内をデコっておもてなし

「岩下の新生姜」を販売している岩下食品と連携して「ピンクニュージンジャー号」を運行している。車内にはピンク色のバルーンやぬいぐるみが飾られ、メルヘンな雰囲気がただよう。

全国のピンク好きから注目されているとか!?

魅力3 縁起のいい切符たち

存続の危機を何度も乗り越えてきた強運を受験生に分けようと「合格祈願切符」を発売している。「上り銚子」「本銚子」など縁起のいい切符は毎年人気。

毎年受験シーズンに発売している

魅力5 銚子電鉄を救う人気商品たち

経営の危機に直面し、2004（平成16）年に異例の「お願い文」とともにぬれ煎餅の販売を行い、経営難を乗り越えた銚子電鉄。その後も「味はおいしいが経営状況がまずい」と自虐ネタを入れた「まずい棒」や、ゲームシリーズ『アイドルマスター』とタイアップしたカレーを発売。話題性に富んだ商品は好評を得ている。

いわずと知れたお菓子たち

まずい棒
各10本入り 410円

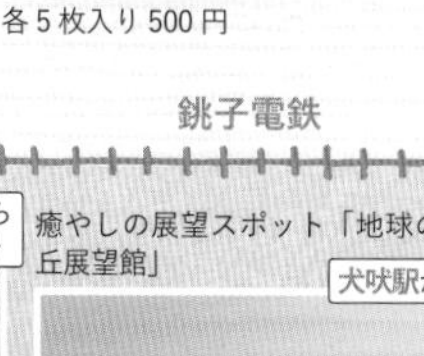

ぬれ煎餅
各5枚入り 500円

クリーミーでおいしい

銚電315（サイコー）バターチキンカレー
594円

銚子電鉄

君ヶ浜駅

君ヶ浜駅から徒歩2分

白砂青松の美しい君ヶ浜

犬吠駅

「世界灯台100選」に選ばれ、国の重要文化財にも指定された犬吠埼灯台

犬吠駅から徒歩10分

癒やしの展望スポット「地球の丸く見える丘展望館」

犬吠駅から徒歩18分

外川駅

特集 ⑥ 太古の千葉の姿を訪ねる

貝塚で知る 千葉

実は、千葉県は日本有数の貝塚数を誇る「貝塚の宝庫」。日本全体で貝塚は約 2700 ヵ所あり、そのうち千葉県では全体の 2 割を占める約 770 ヵ所もの貝塚が確認されている。国内最大級の加曽利貝塚をはじめ、さまざまな貝塚を観察してみよう。

国特別史跡

日本最大級の縄文貝塚

加曽利貝塚（かそりかいづか）

千葉

貝塚の中を覗いてみよう

①

「全国一の貝塚密集地帯」として知られる千葉県・東京湾岸にあり、総面積 15.1 ヘクタール（東京ドーム約 3 個分）にも及ぶ日本最大級の貝塚。縄文中期に造られた北貝塚と、縄文後期に造られた南貝塚からなり、貝塚の周りには当時のムラの跡が残る。現在は遺跡公園となっていて、敷地内には発掘時の状態で保存された竪穴住居跡や、貝層を観察できる施設、詳しい解説も聞ける博物館、復元集落などがある。学術的価値の高さから、2017（平成 29）年に県内で初めて国の特別史跡に指定された。

②

❶縄文後期の南貝塚の貝層断面を観察できる施設
❷縄文時代中期を代表する加曽利 E 式土器

MAP 別冊 P.16-B3

住 千葉市若葉区桜木 8-33-1 ほか　TEL 043-231-0129（千葉市立加曽利貝塚博物館）　開 博物館 9:00 ～ 17:00（入館は 16:30 まで）　休 博物館月曜（国民の祝日の場合は翌日休館）　P あり　交 JR 千葉駅から御成台車庫（市営霊園経由）行き、または都賀駅行きバスで 17 分、桜木町で下車、徒歩約 15 分

貝塚とは⁉

貝塚とは、古代人が捨てた貝殻が積み重なってできた遺跡。貝殻や魚の骨が多く発見されたためごみ捨て場などと考えられているが、ほかにも人骨や、貝塚で儀式を行った跡が見つかるなど謎が残る。土器や釣り針のほか、クジラの骨なども発見され、古代人の漁猟や採集、暮らしぶりがどのようなものだったのか想像するのもロマンがある。

国特別史跡・国指定史跡リスト

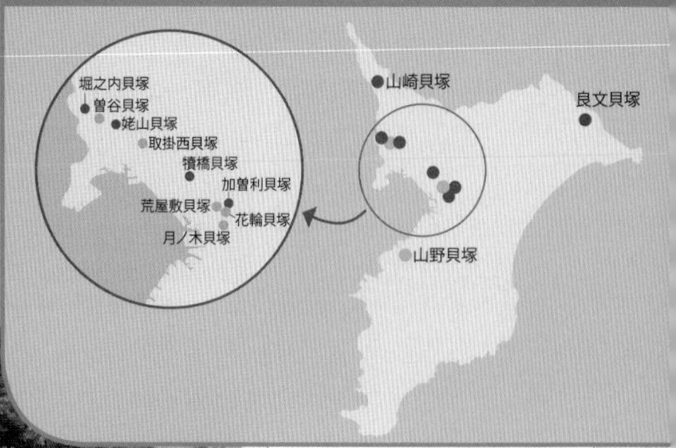

- 加曽利貝塚（千葉市）→ p.46
- 月ノ木貝塚（千葉市）
- 荒屋敷貝塚（千葉市）
- 犢橋貝塚（千葉市）→ p.47
- 花輪貝塚（千葉市）
- 堀之内貝塚（市川市）→ p.48
- 姥山貝塚（市川市）→ p.48
- 曽谷貝塚（市川市）
- 山崎貝塚（野田市）→ p.48
- 良文貝塚（香取市）→ p.48
- 山野貝塚（袖ケ浦市）
- 取掛西貝塚（船橋市）

写真提供：千葉市立加曽利貝塚博物館（❶、❷も同様）

再現された建物は内部を見学することができる

国指定史跡

縄文時代の貝殻を間近で観察

犢橋貝塚（こてはしかいづか） 千葉

標高26mの台地上にあって、規模が東西約200m、南北約160mの大貝塚。縄文後・晩期の貝塚とされ、オキアサリやハマグリなどの貝殻、シカやサルといった獣の骨が出土したほか、縄文人が埋葬したとされるイヌの骨も発見されている。現在は公園として一般開放している。園内には貝殻が露出している地表もあり、歴史を肌で感じられる場所だ。

写真提供：千葉市教育委員会（❷も同様）

❶上空から見る犢橋貝塚。住宅街にぽっかり空いた広場は子供たちの遊び場でもある
❷ここで発掘された人の顔が描かれた土版。専門的な学術調査は戦後から行われてきた

MAP 別冊 P.16-B2

住 千葉市花見川区さつきが丘1-18　TEL 043-245-5962（千葉市教育委員会）　開 見学自由　P あり　交 新検見川駅からさつきが丘団地行きバスで12分、さつきが丘第一下車すぐ

呪術品や埋葬人骨など出土

堀之内貝塚（ほりのうちかいづか）

市川

近くの考古
博物館にもぜひ
写真：市立市川考古博物館提供

フェンスに囲まれた敷地に住居跡や人骨が出土した場所を示す看板もある

国分川下流域の台地から斜面にかけて残る縄文後・晩期の貝塚。出土した特徴的な土器は「堀之内式土器」と命名され、縄文時代後期前半の土器として編年上の基準にされている。そのほか貝殻で作られた腕輪「貝輪」や土偶など、非実用的で呪術的な品も出土。貝層下からは竪穴住居跡や埋葬人骨も発見され、近くの考古博物館で観察できる。

MAP 別冊 P.15-C1

住 市川市北国分町 2885 ほか　TEL 047-701-8399（市川市教育委員会）　開 見学自由　P あり　交 北総鉄道北国分駅から徒歩 8 分

ミステリーが残る貝塚

姥山貝塚（うばやまかいづか）

市川

現在は公園となっていて、東屋で休憩できる

大柏川下流域左岸の台地上にある、縄文中期から後期の貝塚。縄文の住居跡が初めて完全な形で発掘された歴史的に重要な史跡で、100 人以上の人骨が見つかっている。住居跡 1 軒から計 5 体の人骨が床に横たわった状態で発見されており、その特異な状況からフグ中毒という死因や 5 人の関係が推測されている。

MAP 別冊 P.15-D1

住 市川市柏井町 1195 ほか　TEL 047-701-8399（市川市教育委員会）　開 見学自由　P あり　交 JR 船橋法典駅から市川霊園行きバスで 3 分、姥山貝塚公園下車、徒歩 5 分

利根川下流域で最大規模の貝塚

斜面に発見
された貝塚
写真：香取市教育委員会提供

縄文人の暮らしぶりがうかがえる

良文貝塚（よしぶみかいづか）

香取

利根川下流域に位置する貝塚。縄文後期のものとされ、台地の上に居住地を設けた縄文人が谷へ向かう斜面に大量の貝殻を放棄してできたと考えられる。ここから出土した「香炉形顔面付土器」は人間の顔が土器に表現された興味深い土器で、県の指定文化財に登録されている。貝層の見学施設も設けられている。

MAP 別冊 P.12-A3

住 香取市貝塚 2004-1 他　TEL 0478-50-1224（香取市教育委員会）　開 見学自由　P なし
交 JR 小見川駅から車で 10 分

遊歩道で貝塚散策も

山崎貝塚（やまざきかいづか）

野田

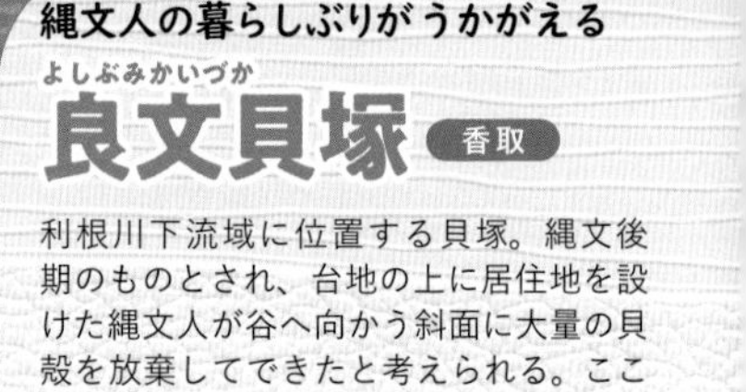

周辺は住宅地で町名は山崎貝塚町

江戸川につながる谷の最上流部の遊水地を囲むようにつくられた貝塚。形は南関東地方によく見られる、馬の蹄に似た「馬蹄形」。縄文中期から晩期まで各時期の土器が途絶えることなく出土したことから、長期にわたって安定した集落が営まれていたとされる。現在は史跡公園になっているので散策してみよう。

MAP 別冊 P.7-C1

住 野田市山崎貝塚町 26-4 ほか　TEL 04-7199-8595（野田市教育委員会）
開 見学自由　P なし　交 東武野田線梅郷駅から徒歩 15 分

世界に千葉の名前が知れ渡る!?
チバニアンって何？

養老川が削り取った谷で世界的な発見がなされた

左ページの貝塚が造られた時より、もっともっと前の時代、人類の祖先が地上に登場した頃に地球規模の重要な出来事があった。その証拠が発見されたのが、市原市南部、養老川により侵食され地層が露出した場所だ。

映画『ジュラシックパーク』の「ジュラ」は「ジュラ紀」の「ジュラ」。これは化石が多数発見されたスイス西部の「ジュラ山地」にちなんで名づけられたが、地質学では重要な発見がなされた場所が、そのまま地質年代の名称にされることが多い。約77万年前に起こった地球史上最も新しい地磁気逆転現象の証拠が良好に保存されている場所が千葉にあるとして、2020年1月、国際地質科学連合により、「チバニアン」の名称が正式に決定された。これにより77.4万年前から12.9万年前の地質年代の区分が「チバニアン（Chibanian、千葉時代）」となった。地球史に日本の地名が付けられたのは初めてのことだ。

上／国の天然記念物にも指定されている地層　右／希少な地層とゴールデンスパイクを観察しよう　左下／ゴールデンスパイクと呼ばれる金色の鋲

チバニアンビジターセンター
MAP 別冊 P.30-B2
住 市原市 田淵 1157
TEL 0436-41-9000（市原市教育委員会文化財課）
開 9:00 ～ 17:00（10 ～ 3 月は～ 16:00）　休 木曜　P あり
交 小湊鐵道月崎駅から徒歩約 30 分、または車で 5 分

場所は小湊鐵道の月崎駅から南東へ約 2km、徒歩 30 分のところ。ビジターセンターがあり、そこから森の中の小道を約 7 分歩くと養老川の河畔に着く。お目当ての地層は河原を少し歩いた先にある。雨で川が増水していると歩けないことがあり、雨が降っていなくても濡れていることがあるので要注意。地層には国際基準の指標であるゴールデンスパイクが設置されているが、見ただけではそのすごさはよくわからない。ガイドを付けることもできるのでビジターセンターに問い合わせしてみよう。

地磁気の逆転とは

地球は北極がＳ極、南極がＮ極の大きな磁石。コンパスの赤い針が北を示すのは、赤のＮ極が地球のＳ極に引かれるからだ。ところが長い地球の歴史で、このＳ極とＮ極が反対だったことがある。これが「地磁気の逆転」だ。この現象は何度も発生していて、最後に逆転して現在のようにＳ極が北側になったのが約 77 万年前のこと。その証拠がチバニアンだ。

この「地磁気の逆転」を、1926（大正 15）年に世界で初めて提唱したのが京都帝国大学教授の松山基範。彼は国内外 36 ヵ所の調査を経て、地球の磁場が逆転することを論文で発表した。当初世間の反応は芳しいものではなかったが、その後調査の精度や年代測定の技術の進歩にともない、地磁気逆転現象が地球史上何度も起こっていることが確認されている。

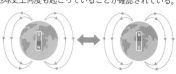

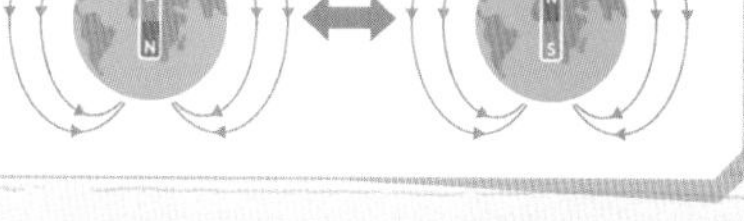

豊かな海の幸と風情を求めて

漁港を訪れる旅

黒潮（暖流）と親潮（寒流）がぶつかり、多種多様な魚が集まる房総沖。水揚げが盛んな県内７つの漁港を巡って取れたての海の幸を堪能しよう。

水揚げ量日本一

日本最大級の漁業基地

銚子漁港（ちょうしぎょこう）

銚子

年間約 20 〜 30 万トンの魚介類が取引され、水揚げ量日本一を誇る漁港。銚子沖は暖流「黒潮」と寒流「親潮」に加え、利根川から運ばれる栄養豊富な淡水が合わさる世界有数の漁場で、漁港ではサバやイワシ、サンマなど約 200 種にも及ぶ多種多様な魚介類が水揚げされている。卸売市場は 3 ヵ所あり、第 3 卸売市場近くには銚子ポートタワーやウオッセ 21 などの観光施設もある。

①

②

③

④

⑤

❶銚子漁港はマグロの水揚げ量も日本有数 ❷第 1 卸売市場、第 3 卸売市場は見学が可能 ❸漁港を見下ろす銚子ポートタワー。上から見ると日本一の漁港のスケールがよくわかる ❹ポートタワーからは漁船から直接トラックに水揚げする光景が見える ❺近くにある「ウオッセ 21」は魚介類の即売所。食事処もあるので取れたての魚介を味わおう※新型コロナウイルス禍で市場の見学は中止している（2022 年 10 月現在）

MAP 別冊 P.21-D1

住 銚子市川口町 2-6528

TEL 0479-22-3200　P あり

交 銚子電鉄観音駅から徒歩 15 分

イセエビやマダコが有名

大原漁港（おおはらぎょこう） いすみ

イセエビの水揚げ量日本一を誇る漁港。漁港の沖合に巨大な岩礁地帯「器械根」では身が締まったイセエビやアワビ、地魚が多く取れる。マダコも有名で、イセエビを餌に育ったマダコは明石のタコと並んで「日本の二大タコ」と称されるほど味がいい。漁港周辺は港町らしい情緒ある町並みだ。

❶漁港周辺はテレビや映画のロケ地として利用されることも ❷漁港には約 60 隻の釣り船も ❸朝市には珍しい魚も ❹名物の伊勢海老汁

MAP 別冊 P.32-B3
住 いすみ市大原 11574
TEL 0470-62-0111
P あり 交 JR 大原駅から徒歩 20 分

朝市情報

大原漁港「港の朝市」

毎週日曜 8:00 ～ 12:00

いすみ産の食材などを売る約 40 店舗が出店。購入した食材をバーベキューで味わえる

なんといってもカツオが有名

勝浦漁港（かつうらぎょこう） 勝浦

江戸時代から続く漁港は日本有数のカツオの水揚げ地。特に春から初夏に取れる「初ガツオ」は有名で、旬の時期には地元船だけでなく県外の大型漁船も勝浦沖に集まる。毎年 6 月には港の近くで「勝浦港カツオまつり」が開催され、カツオの販売や模擬店のほか、入札を体験できるなど見どころたくさん。漁港近くでは「日本三大朝市」のひとつである勝浦朝市が開かれる。

❶水揚げ量は銚子に次いで県内 2 位 ❷朝市の品物は昼前には売り切れてしまうことが多いので早めに行こう ❸クーラーボックス持参で取れたてのカツオを購入する人も ❹来場者でにぎわう朝市は月の前半は下本町朝市通り、後半は仲本町通りで開催

MAP 別冊 P.37-D1
住 勝浦市浜勝浦地先 TEL 0470-73-1311（勝浦漁業協同組合） P あり
交 JR 勝浦駅から徒歩 15 分

朝市情報

勝浦朝市

水曜以外毎日開催
6:30 ～ 11:00 頃

安土桃山時代から続く歴史ある朝市。鮮魚から雑貨類までバラエティに富む

水揚げ直後の
タチウオがどっさり

漁港直営の食事処が人気

保田漁港（ほたぎょこう） 鋸南

目の前には
東京湾が広がる

太平洋と東京湾をつなぐ、浦賀水道に面した漁港。海中の定まった場所に網を置いて回遊魚を誘い込む「定置網漁」が盛んで、観光客向けに見学ツアーも開催している。網いっぱいのアジやスズキ、サバなどが一挙に水揚げされる姿は迫力満点だ。漁港内には漁協直営の食事処「ばんや」（→ P.390）があり、リーズナブルでおいしいと人気で次々に客が訪れる。

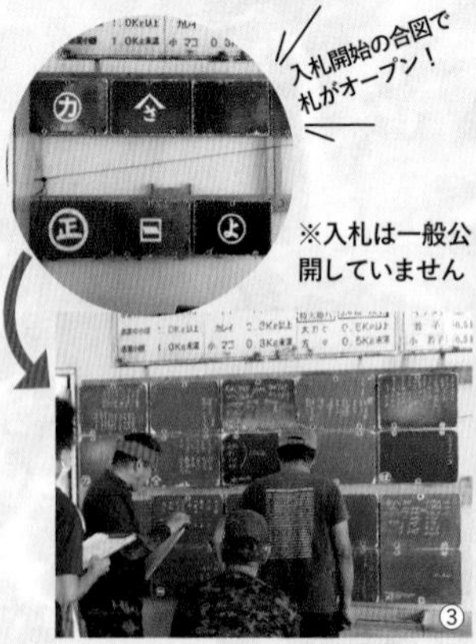
入札開始の合図で
札がオープン！

※入札は一般公開していません

❶水揚げ次第、入札に向けての仕分け作業に　❷同じ港内から早朝出発する定置網漁見学も人気　❸仕分けが終わると入札が始まる。開始前に各々が希望値を書き込んだ札を合図と同時に開き、高値を提示した業者が購入できるシステム　❹食事処「ばんや」店内。おすすめはホワイトボードをチェック　❺朝獲れの魚は新鮮そのもの　❻漁港併設の「ばんやの湯」は高濃度の炭酸泉が自慢だ

MAP 別冊 P.34-B1
住 鋸南町吉浜 99-5　TEL 0470-55-0528　P あり　交 JR 保田駅から徒歩 13 分

ミニ情報　房総半島で漁師料理として愛されているのが「アジのまご茶（茶漬け）」。船の上で漁師が「まごまごせず」に素早く食べられるよう、取れたてのアジをヅケにしてネギやショウガなどを軽くあえ、ご飯のうえにの↗

「海の駅」で
イワシ料理を！

イワシやハマグリを食べよう

かたがいぎょこう

片貝漁港　九十九里

九十九里浜のほぼ中央、作田川の河口にある漁港。全国一の銚子漁港同様に、九十九里の沖は黒潮と親潮が交じり合う好漁場で、かつて日本一の水揚げを誇ったイワシのほか、サバやアジなどの回遊魚、キンメダイやヒラメ・カレイ、このエリア特産のハマグリやナガラミなどの貝類を含め、豊富な魚介類が水揚げされる。

❶作田川の河口に位置する大きな漁港 ❷漁港近くの「海の駅」にはイワシが泳ぐ水槽もある ❸九十九里漁協直営の直売所もある。鮮度抜群でうたい文句は「水揚げ3分」

MAP 別冊 P.26-B1
住 九十九里町小関 TEL 0475-76-6171（九十九里漁業協同組合） P あり
交 JR 東金駅から車で 20 分

希少なクジラが揚がる港

わだぎょこう

和田漁港　南房総

全国で4カ所しかない捕鯨基地のひとつ。江戸時代から小型船による沿岸捕鯨が行われていた。シーズンの6～8月には計26頭のツチクジラが水揚げされ、漁港内で体長約10mのクジラ解体を見学できる。

釣りスポット
としても人気

❶南房総国定公園指定区域内にある漁港 ❷周辺の店でクジラの刺身や竜田揚げを味わいたい ❸威勢のいい掛け声とともに行われる解体作業

MAP 別冊 P.35-D3
住 南房総市和田町和田
TEL 0470-47-4111
P あり
交 JR 和田浦駅から徒歩 15 分

漁港の横を
高速道路が走る

市街地の真ん中にある漁港

ふなばしぎょこう

船橋漁港　船橋

東京湾奥部の船橋市に面し、都心から車で約30分の漁港。江戸時代には「御菜浦」として徳川将軍家に魚や貝を献上したほど豊かな海で、現在もスズキの漁獲量は日本有数だ。約1800ヘクタールの干潟「三番瀬」では冬に海苔が養殖されている。

❶都心近郊の漁港 ❷朝市には地元のパン屋や居酒屋なども出店 ❸漁港直営の直売所も

朝市情報

船橋漁港の朝市

毎月第3土曜日
9:00～11:00
漁港を会場に開催。お魚さばき教室が好評。船橋産の野菜やホンビノス貝が並ぶ

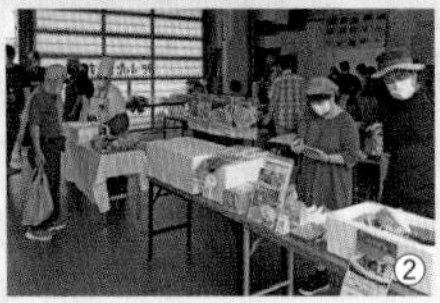

MAP 別冊 P.15-D2
住 船橋市湊町3地先 TEL 047-431-2041（船橋市漁業協同組合） P あり 交 JR 船橋駅から徒歩 20 分、または車で 5 分

せて魚のアラでとっただし汁をかけて食すソウルフードだ。簡単なので、新鮮なアジを購入し自分で料理してみるのもよい。

おいしいものがいっぱい！

千葉を味わう

漁業はもちろんのこと、全国有数の農業県であり、畜産業も盛んな千葉。各地でおいしいものに出合える、食べることが好きな人にはまさに天国！

千葉ブランド水産物

最高の魚介を食べたい人はぜひ覚えておきたい

豊かな自然と海に恵まれ、四季を通じて様々な水産物が水揚げされる千葉県。なかでも全国に誇りうるものを「千葉ブランド水産物」としてPRしている。旅の途中に出会ったら、ぜひ味わってみよう。

千葉ブランド水産物とは？

千葉県水産物のイメージアップを図るために、2006（平成18）年「千葉ブランド水産物認定制度」を開始。千葉県が優れた水産物を「千葉ブランド水産物」として認定しPRすることで消費拡大と魚価の向上を目指している。

太陽の味ちばの海
千葉ブランド水産物認定品

銚子（ちょうし）つりきんめ

通年　銚子

全国屈指の好漁場である銚子沖で水揚げされる、脂の乗りが良くうま味が強いキンメダイ。熟練の漁師が「立縄漁法」で一尾ずつていねいに釣り上げるため、傷もなく美しい。

上質な脂が乗った高級魚を堪能しよう

金色に輝く大きな目と鮮やかな赤色が特徴

つりきんめの炙り丼が人気

味わうならこんなお店　**海ぼうず（うみぼうず）**

店は銚子漁港の目の前にあり、近海の旬の地魚を食べられる。つりきんめは煮つけも刺身もおいしいが、「きんめ鯛のあぶり丼」は炙ることできんめの甘みと香ばしさを味わえる人気の一品だ。

鮮やかな赤が食欲をそそる

これもおすすめ！

上／きんめ鯛のあぶり丼（味噌汁、小鉢、香の物付）3100円
下／白身のトロともいわれる深海魚「あぶらぼうず」の照焼も名物

MAP 別冊 P.21-D1
住 銚子市新生町1-36-11　TEL 0479-25-3339
営 11:30～14:00、17:00～21:00、土・日・祝日 11:30～21:00　休 月・火曜　P あり
交 銚子電鉄観音駅から徒歩9分

外房イセエビ

4～5月
8～12月

勝浦・御宿・いすみ

身が引き締まり、濃厚なうま味の「外房イセエビ」

「伊勢海老」という名称から三重県と思う人が多いが、千葉県は漁獲量で三重県と肩を並べる一大産地。特に外房地域はエサとなる貝類やカニが豊富なため甘みがあり、身も引き締まったイセエビを育む。

外房の荒波に揉まれた「外房イセエビ」

イセエビ尽くしの定食を堪能

味わうなら こんなお店 **割烹かねなか**

外房イセエビを20年以上提供し続け、魅力を発信してきた店。一番人気の「伊勢海老定食」はイセエビの刺身、塩焼き、半身が入った味噌汁にご飯や小鉢が付いた贅沢な料理だ。弾力があり噛むほど甘みが広がる刺身は一度食べておきたい。

繁忙期は開店前から行列ができることも

イセエビを2尾半も使った「伊勢海老定食」4950円

MAP 別冊 P.32-B3
住 いすみ市大原1530-1
TEL 0470-63-1133
営 11:00～15:00(L.O.14:30)、17:00～20:30(L.O.19:45)
休 火曜、月1回水曜
P あり　交 JR大原駅から車で5分

房州 黒あわび

5/1～
9/15

南房総

コリコリとした食感と深い風味が特徴

房州産の黒アワビは「アワビの王様」と称されるほど肉厚で、歯応えがよく濃厚な味わい。海士（海女）による伝統的な素潜り漁で採取され、奈良時代の木簡にも名が残る歴史ある特産物だ。

古くから安房国の特産品として知られる最高級食材

千倉で150年続く寿司店

味わうなら こんなお店 **寿司と地魚料理 大徳家**

千倉漁港そばにある南房総市で最古となる寿司店。老舗だが、気さくな雰囲気で気持ちよく食事ができる。地元の海で取れた黒アワビはしっかりした歯応えと磯の風味を堪能できる。

左／黒アワビ（時価）の肝の苦みもたまらない　右／各ネタに老舗の技を感じる「おまかせ握り（かに汁付き）」3300円

MAP 別冊 P.39-D1
住 南房総市千倉町南朝夷1079　TEL 0470-44-1229
営 12:00～15:00(L.O.14:00)、17:00～21:00(L.O.20:00)
休 火曜（祝日の場合は翌日）　P あり
交 JR千倉駅から車で5分

勝浦産ひき縄カツオ

3～6月

勝浦

黒潮に乗って初ガツオが北上する春先が旬

勝浦は江戸時代からカツオ漁業の拠点として知られる産地だ。特に春先にひき縄漁法で釣り上げられるカツオは、その日に水揚げされるため鮮度抜群。「日戻りガツオ」と呼ばれ、透明感のある赤身とさわやかなうま味が特徴。

鮮度抜群の日戻りカツオを食べよう

カツオをさっぱりと味わおう

味わうなら こんなお店

割烹 中むら

右／腹や背の刺身がのった「かつお御膳」2750円　下／店内には仲買の免許を持つ店主が選んだ魚介が並ぶ

勝浦漁港の近くにある「割烹 中むら」。店主が直接選んだ新鮮なカツオを使った「かつお御膳」が人気だ。美しいルビー色をした刺身はショウガ醤油で食べるのもいいが、からしとネギ、ミョウガを乗せてさっぱりと味わうのがおすすめ。

MAP 別冊 P.37-D1　住勝浦市勝浦141-3　TEL 0470-73-3066　営 11:00～14:00、17:00～22:00　休不定休　P あり　交 JR 勝浦駅から徒歩 10 分

太東・大原産真蛸

12～1月

いすみ

噛むほど味が出るマダコ

エビやカニ、貝類などのエサが豊富な九十九里からいすみ沖で栄養を蓄え、冬場の旬の時期に水揚げされるマダコは、身が柔らかくうま味も抜群。約400年の歴史がある「タコつぼ漁」で取っている。

旬のマダコは甘みも歯ごたえも最高級

大原漁港に隣接する行列必至の人気店

味わうなら こんなお店

船頭の台所

右／たこ飯（1000円）のほかフグなどの炊き込み飯も。刺身などのメニューも豊富　下／建物のすぐ外を漁船が行き交う

名物はたこ飯。目の前の釜から立ち上る湯気を目で、漂うタコの香りを鼻で楽しみながら、炊き上がるまで約25分。待ち時間が長い分、釜の蓋を開ける瞬間の喜びはひとしお。

MAP 別冊 P.32-B3　住いすみ市大原10134-20　TEL 0470-62-0351　営 11:00～14:00　休月曜（祝日の場合は翌日）　P あり　交 JR 大原駅から車で 5 分

九十九里地はまぐり

11～8月

旭・九十九里

酒蒸しにするのもおすすめ

ハマグリの水揚げが盛んな九十九里浜で取れる、大きさ5㎝以上の肉厚なハマグリ。プリプリと弾力のある食感で、ぎゅっと詰まったうま味が特徴。濃厚なだしが出るのでお吸い物にもいい。

大ぶりの肉厚ハマグリを味わおう

海のうま味いっぱいの焼きハマグリ

味わうなら こんなお店

海食堂九十九里倉庫

九十九里では通年新鮮なハマグリを味わえる。自分で網で焼いて食べれば格別だ。熱々のふっくらとした身をほおばれば口いっぱいに貝のうま味が広がる。定食や一品料理も充実。

火が通ると勢いよく貝が開く

上／地蛤 中玉(5-9個)2640円（個数は季節や入荷により変動）　下／2階の座敷から九十九里浜が見える

MAP 別冊 P.26-B2
住九十九里町粟生 2359-138　TEL 0475-76-1988　営 11:00～15:00（土・日曜～16:00）、17:00～21:00（L.O.20:00）　休木曜（3～10月は木曜～15:00）　P あり　交 JR 東金駅から車で 18 分

大佐和漁協江戸前あなご

通年

富津

東京湾の富津沖で取られる「江戸前」のアナゴ。脂の乗りが良く、煮るとふわっと柔らかな食感に。筒を海底に沈めて誘い込む「アナゴ筒漁」で取っている。

江戸前の寿司や天ぷらに欠かせない

初夏から初秋にかけて、うまさが際立つ

富津名物「はかりめ丼」を味わう

味わうならこんなお店

味のかん七

これもおすすめ！

アナゴの側線が棒はかりの目盛りに似ているため富津ではかりめと呼ばれる。「かん七」のはかりめ丼はふっくらと煮たアナゴと特製たれでご飯がすすむ。

上／はかりめ丼（味噌汁、茶碗蒸し、小鉢、お新香付き） 1430円 右上／ボリューム満点な「穴子天丼」1430円

MAP 別冊 P.28-B2
住富津市千種新田1164
TEL 0439-65-1419
営 11:00 ～ 15:00、16:30 ～ 21:00 休火曜（祝日の場合は営業） P あり
交 JR大貫駅から徒歩15分（5名以上で送迎あり）

三番瀬ホンビノス貝

通年

船橋・市川

東京湾北部の船橋、市川沖にある三番瀬で2007(平成19)年頃から漁獲されるようになった新名物。粒が大きくて味が濃く、だしもしっかり取れる注目食材だ。

千葉県の新名物、おいしさに注目

クラムチャウダーにもよく合う

船橋食材を使うメニューが豊富

味わうならこんなお店

居酒屋 一九 西船橋店

ホンビノス貝のうま味をたっぷり含んだ自家製ホワイトソースが自慢のグラタン

地元船橋漁港から仕入れるホンビノス貝を、蒸し、焼き、揚げなどさまざまな料理で味わえる。肉厚の身と貝のうま味を楽しみたい。

ホンビノス貝のうま味をストレートに味わえる、王道の酒蒸し

MAP 別冊 P.15-D2 住船橋市西船4-26-3 TEL 047-432-1919 営月～金曜16:00～23:00(L.O.22:30)、土・日・祝日12:00～23:00(L.O.22:30) 休無休 P なし
交 JR西船橋駅から徒歩1分

そのほかの千葉ブランド水産物

外房つりきんめ鯛 10～6月

勝浦・鴨川・御宿

もちもちとした身と濃厚なうま味が特徴で、お造りや鯛しゃぶで味わうのがおすすめ。

いすみ産マダイ 10～3月

いすみ

荒波で鍛えられた天然のマダイ。刺身で食べると上品な脂が口の中に広がる。

鋸南町勝山漁協 養殖江戸前真鯛

通年 鋸南

鋸南町勝山漁協で育てられたマダイは身が締まり、ほどよい脂と甘みが特徴だ。

江戸前船橋瞬〆すずき 5～10月

船橋

「瞬〆」と呼ばれる神経抜きをしたスズキは鮮度抜群。癖のない上品な味わいだ。

竹岡つりタチウオ 12～2月

富津

竹岡産のタチウオは脂が乗った厚い身が特徴。旬の冬場は特に身質がいい。

外房あわび 5月1日～9月15日

勝浦・御宿

海藻が繁茂する岩礁地帯で育ったアワビは、濃厚なうま味と磯の香りが魅力。

残したい味と文化 千葉の郷土料理

特産物を使ったメニューや風土に合った郷土料理を食べるのも旅の楽しみのひとつ。各地域では伝承する活動も盛んで、最近ではメディアや SNS で話題のものも。

具の配置を考えて巻くのがコツ

祭り寿司ともいわれ、行事に欠かせない

太巻き寿司（ふとまきずし）

上総・下総地域を中心とした県内各地

野菜を具材にした冠婚葬祭に振る舞われる太巻き寿司。花や動物の形の切り口がかわいい。

海の上の漁師めしが人気のご当地グルメに

なめろう

房総半島沿岸地域

味噌や薬味を使った魚のたたき。皿まで舐めてしまうほどのおいしさからその名が付いた。

「なめろう」をじっくり焼き上げた一品

さんが焼き（さんがやき）

房総半島沿岸地域

なめろうをハンバーグのように俵形にして焼いたもの。千葉県内では学校給食のメニューとしても人気。

粒の大きい品種「おおまさり」

掘りたてすぐをゆでる、産地ならではの味

ゆで落花生（ゆでらっかせい）

県内全域（千葉市、八街市など）

取れたてを生のまま殻ごと塩ゆで。ホクホクの食感と甘みで、落花生生産量日本一の千葉県おすすめの食べ方。

創業約200年の寿司店考案の「漁師のプリン」

伊達巻寿司

銚子市

丸い棒の上に置いた厚焼き玉子を半月状にしてから、太巻き寿司にのせた銚子名物。

カリッとした歯触りとピリ辛が癖になる

瓜の鉄砲漬

成田市・香取市

瓜の真ん中をくり抜き、火薬に見立てたシソの葉を巻いた唐辛子を詰めた成田の定番みやげ。

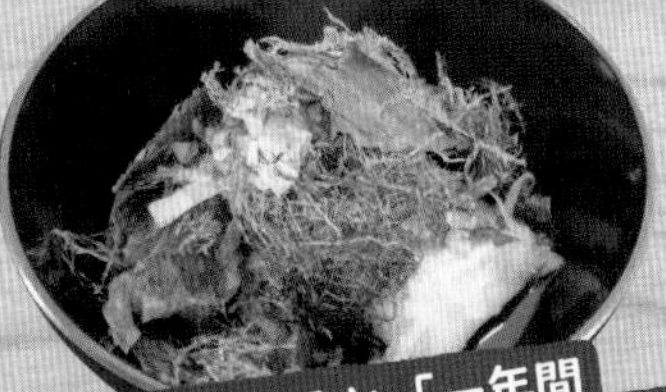

磯の香りたっぷりで今や希少な高級品

元旦に食べると「一年間幅を利かすことができる」

はば雑煮

上総地域、特に山武郡

希少なため、市場には出回らないご当地食材の海藻、ハバノリを干した「はば」を使った雑煮。

日持ちのしないイワシを保存食にした先人の知恵

イワシのゴマ漬け

九十九里町

塩漬けしたカタクチイワシを黒ゴマや唐辛子とともに2〜3日酢漬けにした九十九里浜の郷土料理。

南房総に根づく江戸期からの庶民の味

クジラ料理

南房総地域

くじらのたれ、刺身、ベーコン、竜田揚げなど

南房総・和田漁港の郷土料理。タレに漬けて一晩干した「くじらのたれ」は酒の肴にぴったり。

美味なるチーズ味の寄せ豆腐

「チッコカタメターノ」という名で近年話題

チッコ豆腐

南房総市　鴨川市

鴨川の酪農家の間では昔から作られていた、牛乳の初乳から作られたチーズ豆腐。

Show you Chiba

醤油・千葉

2大醤油タウン野田と銚子

千葉は都道府県別の醤油生産量が、２位の兵庫県の倍以上ある圧倒的な日本一の醤油県。その醤油生産の中心地が、千葉県のいちばん西にある野田といちばん東にある銚子だ。

千葉で醤油造りが盛んになったのは江戸時代のこと。醤油造りに欠かせないものは大豆、小麦、塩だが、野田と銚子はそれらの材料の上質なものを手に入れやすい場所にあり、それに加えて一大消費地である江戸に運搬する手段をもっていた。ふたつの町の醤油造りの伝統は今日まで続いており、それぞれの町に日本を代表する醤油メーカーがある。

千葉の醤油醸造の技術は江戸期を通じて県内各地に広がり、現在は大手だけでなく、北総、東葛エリアを中心に中小の醤油メーカーがたくさんある。それぞれ工夫を凝らしたオリジナルの醤油を製造しているので、数種類の醤油を用意して「利き酒」ならぬ「利き醤油」をしてみるのも楽しい。

千葉県3大醤油メーカーの工場見学

※2022年10月現在キッコーマン・ヒゲタ醤油の見学は休止中

醤油出荷量、日本一

キッコーマン 野田

もの知りしょうゆ館 →P.345

1917（大正６）年に設立された日本でシェアナンバー１の醤油メーカー。世界中で販売されており、日本を代表するブランドのひとつだ。創業の地で本社もある野田は、キッコーマンの企業城下町であり、醤油について楽しく学ぶことができる「もの知りしょうゆ館」がある。

上／東武野田線野田市駅のすぐ前にある醤油工場
右／御用蔵は宮内庁に納める醤油を製造

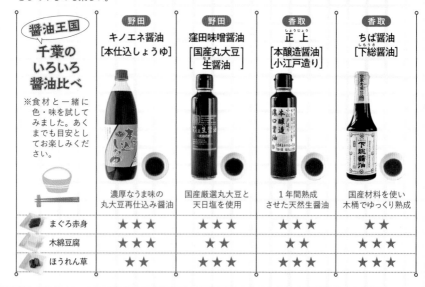

醤油王国 千葉のいろいろ醤油比べ

※食材と一緒に色・味を試してみました。あくまでも目安としてお楽しみください。

	野田	野田	香取	香取
	キノエネ醤油［本仕込しょうゆ］	窪田味噌醤油［国産丸大豆生（なま）醤油］	正上（しょうじょう）［本醸造醤油小江戸造り］	ちば醤油［下総（しもうさ）醤油］

	濃厚なうま味の丸大豆再仕込み醤油	国産厳選丸大豆と天日塩を使用	１年間熟成させた天然生醤油	国産材料を使い木桶でゆっくり熟成
まぐろ赤身	★★★	★★★	★★★	★★
木綿豆腐	★★★	★★	★★	★★★
ほうれん草	★★	★★★	★★★	★★★

醤油タウンスナップ

野田市の
醤油製造発祥の地の石碑

野田

野田市郷土博物館では
醤油にまつわる展示を見られる

銚子

JR 銚子駅ホームにある
醤油木樽のモニュメント

ヒゲタとヤマサのベンチが
仲良く並ぶ

\\ 銚子電鉄線路そばの巨大サイロ //

ヤマサ醤油 銚子

工場見学センター

紀州（和歌山）出身の濱口儀兵衛が江戸時代初期の 1645（正保 2）年に創業。約 20 分の映像で醤油が造られる過程を学んだあとは、大きな桶に入り醤油造りをバーチャル体験しよう。しょうゆ味わい体験館には昔の道具なども展示している。売店限定のしょうゆストラップも人気だ。

銚電の車窓から見える

上／工場の最寄り駅は銚子電鉄の仲ノ町駅
右上／しょうゆ味わい体験館には貴重な展示も

MAP 別冊 P.21-C1
住 銚子市北小川町 2570
TEL 0479-22-9809（工場見学センター） 開 9:00 ～ 16:00 休 土・日・祝日、夏期休暇など 料 無料 予 要予約 P あり 交 JR 銚子駅から徒歩 12 分

\\ 創業1616年の老舗 //

ヒゲタ醤油 銚子

わくわく工場見学

江戸の始め 1616（元和 2）年に第三代田中玄蕃が創業。関東で最も古い醤油醸造所だ。本社は東京で工場などは創業地の銚子にある。見学は 30 ～ 40 分ほど。映画上映後、一部工場内の見学や昔の道具などを展示する史料館を訪れる。創業 385 年を記念して制作したフレスコ画も必見。

左／工場の入口まで銚子駅から徒歩 12 分
下／史料館では昔の醤油樽などを展示

醤油運搬船を再現

MAP 別冊 P.21-C1
住 銚子市八幡町 516(工場)
TEL 0479-22-0080(事務所)
開 9:00～12:00/13:00～16:00
休 無休 料 無料 予 団体のみ要 P あり 交 JR 銚子駅から徒歩 12 分

東庄	銚子	銚子	山武	富津
入正（いりしょう）醤油 [澪（みお）つくし醤油]	小倉醤油 [五郎左衛門（ごろうざえもん）]	宝醤油 [宝印 生（なま）しょうゆ]	大髙醤油 [富士虎（ふじとら） こいくちしょうゆ]	宮醤油店 [木桶仕込（きおけじこ）み たまさ醤油]

秋田杉の大桶で仕込む天然本醸造	100 年以上使用する杉樽で 12 ヵ月熟成	加熱をせずに搾ったままの色と香り	有機丸大豆を使用しまろやかな味わい	良質な湧水を使い天然醸造の限定品
★★★	★★	★★	★★★	★★
★★★	★★★	★★★	★★★	★★★
★★	★★★	★★★	★★	★★★

海鮮だけじゃない

千葉の肉堪能レストラン

飼育に工夫をこらしたブランドポークやブランドビーフ、たくましく育ったジビエのおいしさを余すところなく味わえる店に訪れて。

豚肉

千葉県は豚産出額全国3位。なかでも旭市をはじめとする北東地域に養豚農家が多い。飼育に工夫をこらしたブランドポークの銘柄は20以上。

アンビコポーク

おまかせお得な豪快グリル
（ハーフ300g/1750円、レギュラー500g/2750円、プレミアム700g/3750円）
豚肉のいろいろな部位を食べることができる

シックな店内は、大きいガラス窓で開放的だ

アンビコポークを味わえる

pork kitchen UMBICO grill（ぽーくきっちんあんびこぐりる） 旭

提供する肉は自社農場のブランド豚「アンビコポーク」。グリル料理を中心に柔らかくうま味の深い豚をさまざまなメニューで味わえる。わさびソースや藻塩で厚切り肉をほおばりたい。

MAP 別冊 P.20-A1

住 旭市米込2263-1 TEL 0479-74-3915 営 11:00～15:00、18:00～23:00（L.O.各1時間前） 休 日曜 P あり 交 JR干潟駅から車で10分

地元旭の豚肉のみを使用したジューシーとんかつ

とんかつ大成（とんかつたいせい） 旭

地元旭産の豚肉のみを使うとんかつ専門店。柔らかくうま味の濃い肉を低温で熟成させた「完熟ロースかつ」や「厚切かつ」など、好みで選べるメニューが充実。

MAP 別冊 P.20-A1

住 旭市二1838-1 TEL 0479-64-2381 営 11:00～14:00、17:00～21:00 休 月曜（祝日の場合は翌平日） P なし 交 JR旭駅から徒歩14分

旭産豚肉

ロースかつ定食
（ご飯、味噌汁、お新香付き）1210円。一口噛めば甘みと肉汁が口いっぱいに広がる

衣サクッと肉ジューシー

フレッシュもつ

豚のモツ鍋
1人前580円。シメには豆腐やうどんも食べたい

新鮮モツはうまさが違う

豚もつ専門店の新鮮もつ鍋

おばこや 横芝光

豚肉産地だからこそ、新鮮そのもののもつを味わえる。もつ鍋のタレは、創業以来変わらぬ製法で何十種類もの材料をじっくりと煮込んだ秘伝の味だ。

MAP 別冊 P.19-C2

住 横芝光町宮川4368
TEL 0479-84-1012 営 15:00～21:00（L.O.19:30） 休 不定休
P あり 交 JR横芝駅から徒歩14分

牛肉

酪農発祥の地、千葉では肉牛の銘柄も20近くにも上る。それぞれ脂質やサシに特徴がある。

かずさ和牛

かずさ和牛一頭まるごと鹿野山極み盛
(4人前) 1万2000円。13種類の部位はボリューム満点。家族や友達と食べ比べてみよう

上／落ち着いた雰囲気の店内
下／併設のかずさ和牛工房では和牛のハンバーグやコロッケも人気

うま味をまとった脂を味わい尽くす

牛匠しらいし(ぎゅうしょうしらいし) 君津

但馬牛など優秀な和牛を掛け合わせ、安全な飼料を使い、手間を惜しまず育て上げた千葉県ブランドの黒毛和種、「かずさ和牛」。柔らかい肉質と、あっさりと飽きのこない脂は肉好きを唸らせる逸品。

シズル感たっぷり！

希少部位も味わえる

MAP 別冊 P.29-C2

住 君津市外箕輪1-10-18 TEL 0439-52-0122、フリーダイヤル 0120-09-2981
営 17:00～22:00 (L.O.21:20) 休 月曜 P あり 交 JR君津駅から中島行きバスで8分、県営住宅入口下車、徒歩1分

ジビエ

狩猟で得た野生鳥獣の肉をジビエといい、千葉県内で捕獲されたものは房総ジビエとして販売・レストランで提供されている。

鹿肉

君津産鹿のロースト
(150g) 1980円。2cmほどもある厚みで、肉のうま味とやわらかさをしっかり味わえる

自然派ワインも各種あります

ソムリエでもある店長の大塚さん

ジビエのうま味堪能

Bistro Récolte(びすとろれこると) 千葉

使う食材はほぼ千葉県産。君津のジビエ、一頭買いする豚肉、無農薬野菜などを生産者から直接仕入れ、おいしさをさらに引き出して提供。ランチの盛り合わせプレートも好評。

MAP 別冊 P.16-B3

住 千葉市中央区富士見2-13-1 第2山崎ビル1階
TEL 043-216-2402 営 11:30～15:00、17:00～22:30 (金曜～23:00)、土曜11:30～23:00、日曜、祝日11:30～22:00 (L.O.ランチ15分前、ディナー30分前) 休 火曜 P なし 交 JR千葉駅から徒歩7分、または京成千葉中央駅から徒歩5分

赤いオーニングが目印

猪肉

猪のパテ・ド・カンパーニュ
770円。あらびき猪肉とピスタチオの食感がいい

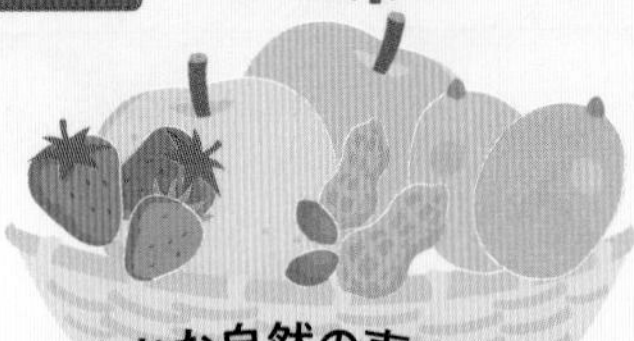

ゆたかな自然の恵みを味わう

味覚狩り

産地でしか味わえないフレッシュな味、希少な品種を楽しもう。

イチゴ 12月上旬～5月下旬

完熟を食べられるのがイチゴ狩りの魅力。栽培技術が発達し、かがまなくてもつみ取れる高設栽培が主流に。

関東最大級 山武エリア

山武でいちばん大きいイチゴ園 相葉苺園（あいばいちごえん）

食べ比べ最大15種類

1975（昭和 50）年に開園の作付面積 110 アール、大型ハウスが 40 棟ある規模の大きいイチゴ園。食べ比べできる品種が多く、相葉苺園オリジナルのシャーベットやアイスも販売している。

珍しいイチゴを食べてみて

相葉苺園の相葉さん

上／さまざまなイチゴが実っている様子にワクワク　下／いろいろ食べ比べ。白いイチゴは桃薫という品種

イチゴ狩り受付。直売所は国道 126 号沿いにあり、販売は 12 月上旬から

MAP 別冊 P.18-A3
住山武市湯坂 344　TEL 090-8046-0015　営 9:30 ～なくなり次第終了（当日 9：00 から整理券配布）　休不定休　料 40 分 2200 円（1/5 ～ 2 月※時期により変動。時間指定ネット予約の場合プラス料金 300 円）　P あり　交 JR 成東駅から徒歩 21 分

ストロベリーロード沿い 緑川苺園（みどりかわいちごえん） 山武

食べ比べ最大13種類

イチゴ園が連なる国道 126 号沿いにあり高設栽培をメインに大型ハウス 14 棟でイチゴ狩りができる。丹精込めて作られた完熟イチゴを味わえる。イチゴ色のかわいい直売所がある。

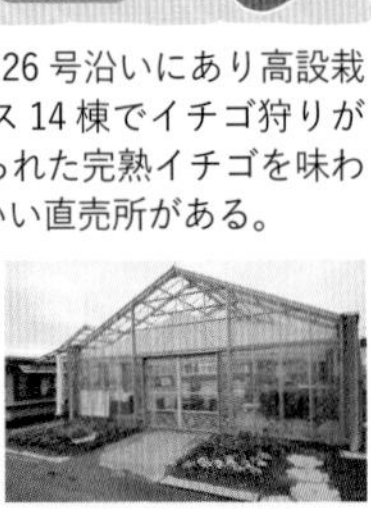

自家栽培のレモンも使用

上／状況に応じて味が深い土耕栽培に案内されることも　右／イチゴのおいしさを凝縮したジャムも人気

MAP 別冊 P.18-B3
住山武市富田 273　TEL 0475-82-4304　営 平日 9:30 ～ 12:00、土・日・祝日 9:00 ～ 14:00 なくなり次第終了　休火曜　料 40 分 2000 円（1/5 ～ 2 月※時期により変動。時間指定ネット予約の場合プラス料金 500 円）　P あり　交 JR 成東駅から車で 6 分

イチゴ狩りの定番エリア

南房総エリア

JA安房館野支店内 館山いちご狩りセンター

食べ比べ最大15種類

大型駐車場完備のイチゴ狩り施設。受付後、各農家に案内してくれる。

MAP 別冊 P.39-C1
住 館山市山本257-3
TEL 0470-22-3466 営 9:00～15:00、先着順（入園制限する場合あり）
休 開園中無休 料 30分6歳以上1650円（時期により変動） P あり
交 JR館山駅から車で10分

1月から5月上旬にかけてイチゴ狩りが楽しめる

東京からのアクセス良好

木更津エリア

図那いちご園

食べ比べ最大14種類

完熟のイチゴを選び直売もしている

「紅ほっぺ」など10種類以上を栽培するおいしさにこだわった農園。

MAP 別冊 P.23-D3
住 木更津市牛袋128 TEL 080-6520-1515
営 10:00～16:00（最終受付15:00。イチゴがなくなり次第終了） 休 木曜 料 30分1800～2200円（時期とネット予約の場合変動）
P あり 交 JR木更津駅から車で8分、JR久留里線祇園駅から徒歩15分

千葉県生まれのイチゴって?!

千葉県育成品種のイチゴ

イチゴ狩りができる施設は県内に約100ヵ所も。2017（平成29）年から本格販売された千葉県生まれの「チーバベリー」は注目の新品種。

チーバベリー

大粒でつやのよい赤さが特徴。甘みの強さとほどよい酸味があり、フレッシュ感がある

ふさの香

「きはる」と「とちおとめ」をかけ合わせた品種。桃のような香りと光沢がある

真紅の美鈴（くろいちご）

赤ワインのような深みのある色で、果肉の色も濃い。甘みが強く酸味控えめ

桜香

花も実も楽しめる「観賞用イチゴ」。通常イチゴの花は白だが、ピンクの花を咲かせる

つみたてイチゴのスイーツが人気

くろいちごCafe

茂原

くろいちごなどを手がける浦部農園が営むカフェ。くろいちごは果肉が柔らかく流通が難しいので希少な品種だが、カフェではくろいちごをはじめ、つみたてのイチゴをたっぷりと食べられるのが魅力だ。

4種のイチゴの「朝採れ完熟イチゴがどっさり乗ったパンケーキ」1400円

MAP 別冊 P26-A2
住 千葉県茂原市萱場3611
TEL 0475-34-1583
営 11:00～15:30（L.O.15:00）
※金曜はネット予約不可
休 木曜 P あり
交 JR本納駅から車で10分

日本初の「くろいちごソフトクリーム」

花のあしらいがすてきな店内

\生産量日本一！/ 日本ナシ

8月上旬〜10月中旬

実は、千葉県は日本ナシの生産量全国第1位。温暖な気候や水はけのよい火山灰土壌が生産に適しており、江戸時代から栽培されている。

50軒ものナシ直売所があるよ！
国道464号 Omachi nashi kaido
大町梨街道
市川市

100年以上の歴史あるナシ園
伊藤園（いとうえん） 市川

直売所での買い物やナシ狩り体験ができる、大町梨街道沿いの市川市のナシ園。高台にある広大な果樹園では、幸水、豊水、新高など多くの品種を栽培している。

MAP 別冊 P.15-D1
住市川市大町507 TEL 047-338-9286 営梨狩り9〜10月上旬、10:00〜16:00 休梨狩り期間中は無休 予要予約 料入園無料、収穫した梨は1kg 700〜900円（1グループ3kg以上） P あり 交 JR東松戸駅から徒歩16分、またはJR市川大野駅から大町駅行きバスで5分、下大町下車、徒歩3分

上／収穫時期には旬のナシが各種たわわに実る 下／梨狩り体験は事前に必ず電話予約を

手塩にかけた甘〜いナシだよ

白井市唯一、幸水のナシ狩りができる
小川梨園（おがわなしえん） 白井

全国有数のナシ産地である白井市で唯一、幸水のナシ狩りが楽しめるナシ園。甘いナシになるよう、米ぬかや有機肥料を使い土壌にこだわって栽培している。

左／ご夫婦で約40年、ナシ栽培を続ける小川さん 右／朝採れのナシが並ぶ直売所

MAP 別冊 P.8-A3
住白井市富塚1142-3 TEL 047-492-0807 または 090-3518-8515 営8〜10月、10:00〜16:00 休8/16 予HPから要予約、梨園から電話連絡がついた時点で予約確定 料入園料200円、収穫した梨は1kg 700〜850円で買い取り P あり 交各線新鎌ヶ谷駅から白井工業団地行き、または白井車庫行きバスで22分、白井第二小学校下車、徒歩1分

\明治期からの皇室献上品/ 房州びわ

5月中旬〜6月中旬

長崎県と並び、ビワの2大産地である千葉県の「房州びわ」。おもに南房総で収穫され、270年以上の歴史がある。

千葉県産は大粒でジューシー！

ビワを使ったスイーツやカレーが人気
道の駅 とみうら枇杷倶楽部（みちのえきとみうらびわくらぶ） 南房総

上／ビワ狩りは初夏に楽しめる 右／生のビワはもちろん、びわゼリーなどオリジナル商品も豊富

食べ放題のビワ狩りが楽しめる施設。レストランではビワのソフトクリームやドリンクなどオリジナルメニューが充実している。

MAP 別冊 P.34-B3 住南房総市富浦町青木123-1 TEL 0470-33-4611 営10:00〜17:00、土・日・祝日9:15〜 休無休（レストラン等年間数日休みあり） 料ビワ狩り2400〜2700円 P あり 交 JR富浦駅から徒歩15分

落花生の株を引っこ抜くのが楽しい

全国生産量のシェア8割を誇る

落花生

10月中旬～11月下旬

千葉県は、国内産の落花生のうち、約8割を生産している「ピーナッツ王国」。掘りたての生落花生を塩ゆでにして味わえるのは産地ならでは。

八街は落花生生産量日本一

新井梨園（あらいなしえん）

八街

生落花生「おおまさり」の収穫体験ができる観光農園。有機質肥料や堆肥を使うなど、土作りにこだわって栽培した落花生は形の美しさと強い甘みが自慢。収穫した落花生は量り売りで買い取ることができる。

MAP 別冊 P.17-D2

住八街市八街ろ 56-105　TEL 043-443-8871　営収穫体験 9 月下旬～10 月中・下旬 9:00 ～ 17:00（ナシ狩りは行っていない・サツマイモ掘りあり）　休不定休　料おおまさり収穫体験 1kg 1000 円　P あり　交 JR 八街駅から車で 15 分

おおまさりも収穫できる

小山農園（こやまのうえん）

成田

落花生の掘り取り体験のほか、ピザ窯を使用したピザ焼き、栗拾いなど自然を生かしたさまざまな体験ができる。減農薬栽培で育てた落花生「おおまさり」は大粒で、食べ応え抜群。

MAP 別冊 P.10-A3

住成田市十余三 151-6　TEL 0476-32-0428　営落花生掘り 9 月、10:00 ～ 16:00　料入園料 300 円、収穫量により買取　P あり　交 JR成田駅から佐原駅行きバスで 19 分、十余三共栄下車、徒歩 3 分

掘り取り作業も楽しい！

ひと株にたくさんの実がついている

ぼっちのある風景

千葉といえば落花生!! 品種ごとに味わおう

落花生の生産が盛んな千葉県には味や香り、柔らかさなどの特徴をもったさまざまな品種の落花生がある。それぞれの特徴を知って、実際に味わってみよう。

掘り立て時にしか味わえない落花生は甘くてほくほくもちもち

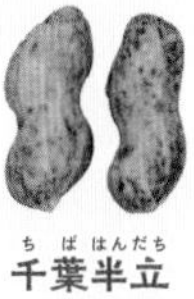

千葉半立（ちばはんだち）

千葉県を代表する最高級品種。やや小ぶりだが殻を割ると香ばしく、甘く濃厚な味わい。

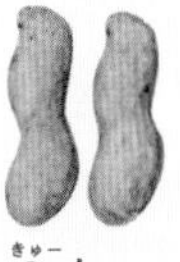

Q なっつ（きゅー）

県が開発した、はっきりとした甘みが特徴の落花生。名称の由来は「P を超える味」から。

ナカテユタカ

実は大きめで、甘みはあっさりとしている高級品種。煎ってもゆでてもおいしい定番の味。

郷の香（さとのか）

塩ゆでにして食べると絶品。ホクホクとした柔らかい食感で、おつまみとしても人気。

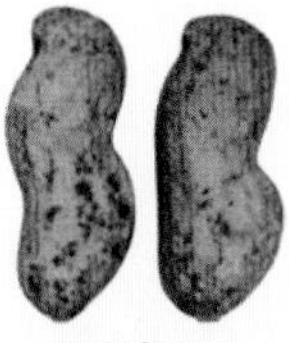

おおまさり

実の大きさが一般品種の約 2 倍と大ぶりな落花生。塩ゆでにするとまろやかでおいしい。

おいしい酒を求めて……

千葉の飲み歩き方

うまい酒あります
楽しい酒あります

おいしいものはおいしい酒とともに味わいたい。老舗酒蔵から、地ビール、ウイスキーなどますます充実する千葉の酒をご紹介。

酒蔵見学・試飲体験
開 10～4月、毎週土曜限定
時間 約60分　料 1980円　●HPから要予約

発酵の神秘を間近で見学

◎日本酒 酒蔵見学

生きた糀(こうじ)を扱う酒蔵を見学するときは、前日から納豆やヨーグルトなど発酵食品を食べるのは禁物です！

②

③

蔵人になった気分で

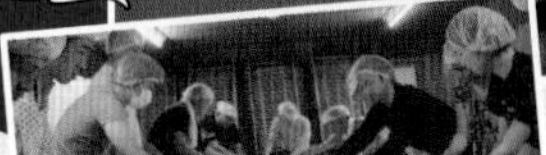
④

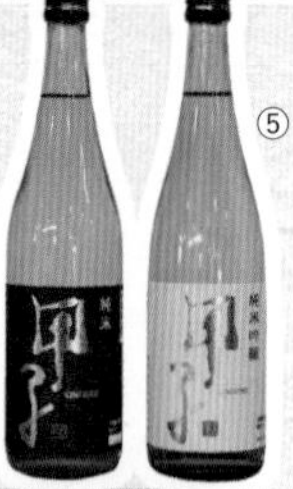
⑤

酒文化をさまざまに発信

飯沼本家(いいぬまほんけ)　酒々井

酒が湧く井戸の伝説がある酒々井町で、元禄年間に酒造りを始めた飯沼本家。ていねいな説明と試飲を楽しめる見学や、酒造り体験が人気だ。酒と食を楽しむレストランや朝市など、さまざまなイベントを通して日本酒の魅力を発信。立ち寄りたくなる酒蔵だ。

MAP 別冊 P.17-D2

住 酒々井町馬橋106　TEL 043-496-1111（代表）　営 [きのえね omoya]11:00～(L.O.14:00)、17:00～(L.O.21:00) [きのえねまがり家]10:00～18:00 (L.O.16:30)　休 [きのえね omoya] 水曜 [きのえねまがり家] 無休　P あり　交 JR南酒々井駅から徒歩10分

❶昭和蔵の前で説明をする鈴木さん　❷実際の醸造の様子を見学　❸イベント会場として使われている木造の明治蔵　❹酒造りを体験できる「MAKE SAKE PROJECT」も好評　❺代表銘柄「甲子（きのえね）」の純米酒と純米吟醸酒　❻飯沼本家の母屋を改装したレストラン「きのえね omoya」　❼季節感のある「二十四節気料理」を酒とともに味わう

⑥

⑦

酒蔵見学・試飲体験

開毎日　時間約 40 ～ 50 分　料 800 円

● HPか電話にて1週間前までに要予約

県内石高トップクラスの酒蔵

鍋店神崎酒造蔵（なべだな こうざきしゅぞうぐら）　神崎

1689（元禄 2）年に成田山門前にて酒造りを開始した鍋店。神崎酒造蔵はかつて関東灘と呼ばれるほど酒造りの盛んであった神崎町に造られた醸造所だ。広い敷地内をじっくりと見学し、試飲を楽しもう。直営店では限定商品も充実しており、好みの酒にきっと出合えるだろう。

MAP 別冊 P.10-B2

住神崎町神崎本宿 1916　TEL 0478-79-0161　営 10:00 ～ 17:00

休 無休　P あり　交 JR下総神崎駅から徒歩 15 分

❶発酵・熟成させるタンクの上部で説明をする森山さん　❷洗米する機械　❸貯蔵タンクで熟成させることで味が落ち着きまろやかな味わいの酒になる　❹使用されていた樽の木蓋のオブジェ　❺左から地元神崎のふさこがねを使用した特別純米「神崎蔵」、代表銘柄「不動」と「仁勇」　❻直営店の「鍋屋源五右衛門こうざき東蔵店」

酒造りの工程スナップ

酒造りは麹などの発酵と杜氏・蔵人の経験と技によるところが大きい、繊細で奥深い工程。適するところには機械を導入し、さらに安定した品質と供給が可能に。

❶米を精米、浸漬後、蒸米作り
❷もろみを搾る圧搾機
❸加熱・殺菌の後、約 6 ヵ月以上貯蔵・熟成

お気に入りの酒蔵と味を見つけよう 酒蔵リスト

大手メーカーを除いた 32 の酒蔵＆代表銘柄をご紹介。 ※自社敷地内で醸造を行わない酒蔵も含む

水も米も気候もよい千葉には酒蔵が各地にある。見学の可否などはさまざま。醸造の場では繊細な酵母菌を扱うので、訪れる場合は事前に確認したほうがよい。

アイコン凡例
- 売店あり
- 試飲可
- 見学可

東葛エリア

自然豊かで良質な水と利根川の水運を利用できるため、醤油をはじめとする醸造の町として発達したエリア、野田を有する

野田

窪田酒造
勝鹿

北総・成田エリア

江戸情緒を感じる成田や佐原、酒の伝説が残る酒々井、発酵の町神崎、城下町佐倉と酒蔵が多くあるエリア。

香取

飯田本家
大姫

香取

東薫酒造
東薫

香取

馬場本店酒造
糀善

神崎

鍋店 神崎酒造蔵
仁勇

神崎

寺田本家
五人娘

成田

滝沢本店
長命泉

酒々井

飯沼本家
甲子

佐倉

旭鶴
旭鶴

九十九里・銚子エリア

醸造の町銚子から九十九里浜伝いに山武までのエリア。山武には5軒の酒蔵がある。

銚子

石上酒造
銚子の誉

銚子

小林酒造場
祥兆

横芝光

青柳酒造
篠緑

山武

寒菊銘醸
九十九里

山武

花の友
花いちもんめ

山武

守屋酒造
舞桜

山武

梅一輪酒造
梅一輪

山武

東条酒造
東姫

大多喜城の城下町にある豊乃鶴酒造

内房エリア

名水で知られるエリアで、「名水百選」にも選ばれた久留里の地下水での酒造りが盛んな君津、大室山水系の湧き水を使う富津の酒蔵がある。

君津

宮崎酒造店（みやざきしゅぞうてん）
峯の精

君津

須藤本家（すどうほんけ）
天乃原

君津

藤平酒造（ふじひらしゅぞう）
福祝

君津

吉崎酒造（よしざきしゅぞう）
吉壽

君津

森酒造店（もりしゅぞうてん）
飛鶴

富津

小泉酒造（こいずみしゅぞう）
東魁盛

富津

和蔵酒造（わくらしゅぞう）
聖泉

外房エリア

棚田など里山の風景が広がるこのエリアでは山の清らかな水と、地場米を使った酒などが造られている。

一宮

稲花酒造（いなはなしゅぞう）
稲花

大多喜

豊乃鶴酒造（とよのつるしゅぞう）
大多喜城

いすみ

木戸泉酒造（きどいずみしゅぞう）
木戸泉

御宿

岩瀬酒造（いわせしゅぞう）
岩の井

勝浦

東灘醸造（あづまなだじょうぞう）
東灘

勝浦

吉野酒造（よしのしゅぞう）
腰古井

鴨川

亀田酒造（かめだしゅぞう）
寿萬亀

鴨川

秀楽酒造（しゅうらくしゅぞう）
秀楽

千葉の酒飲み比べSPOT

＼飲み放題スタイルでいろいろ味わえる／

日本酒プレミアムラウンジ 一献風月（いっこんふうげつ）

県内28の酒蔵の日本酒を、1時間からの飲み放題で試すことができる店。ずらりと並ぶ小瓶にはそれぞれの酒の情報が書かれたカードが用意されていて、読みながら飲めばさらに深く味わえるだろう。千葉駅中央改札を出てすぐの場所にあり、1杯からでも飲めるので気軽に立ち寄りたい。

お通しは日本酒とのペアリングを考えたイタリアン4種

化粧品のボトルのような100㎖の小瓶入り。色の違いもよくわかる

MAP 別冊 P.16-B3

住 千葉市中央区新千葉1-1-1 ペリエ千葉3階　TEL 043-441-3332　営 17:00～22:00、土・日・祝日12:00～（L.O.21：30）　休 ペリエ千葉に準ずる　料 60分1650円～、（別途テーブルチャージ550円／1人）　交 JR千葉駅から徒歩すぐ

画像提供：CHIBASAKE.COM

千葉の地ビールカタログ

カラフルなラベルがPOP！

アイコン凡例
できたてを飲める
通販あり

世界中で盛り上がる、小規模ブルワリーによるクラフトビール。千葉にも職人こだわりの個性豊かな地ビールがたくさん。地元の食材を使用したり、スポーツチームの応援ビールを造ったりと千葉愛あふれる地ビール醸造所をご紹介。

銚子ビール犬吠醸造所＆Taps

ちょうしびーるいぬぼうじょうぞうじょあんどたっぷす

銚子

犬吠埼の初日の出をモチーフにしたロゴは「始まり」を表現。さまざまな「始まり」を応援する思いを込めて造られたビールは、銚子の魚に合う銚子エールなど3種が定番商品。そのほか季節もののIPAなどもある。

MAP 別冊 P.21-D2

住 銚子市犬吠埼 9575-2　TEL 0479-21-3986　営 11:00～17:00　休 月・火曜（祝日の場合は翌平日）　P あり　交 銚子電鉄犬吠駅から徒歩 10 分

① One for All SMaSH［スマッシュ］ シングルモルト＆ホップのペールエール。麦芽とカスケードホップの味わいを堪能。600 円
② 銚子エール［アンバーエール］「銚子の魚に合うビール」がコンセプト。コクがある琥珀色のビール。600 円
③ Black Eye STOUT［スタウト］ バリスタ厳選コーヒーを使用して、しっかりとした苦みとほんのり酸味。600 円

KANKIKU BREWERY

かんきく ぶるわりー

山武

1883（明治16）年創業、山武地域の豊かな米と水で130年以上日本酒を造ってきた酒蔵が、その醸造技術を注いで造り上げた意欲的なビール。ミネラル分の多い地下水で仕込む切れのよいビールは6種類。

MAP 別冊 P19-C3

住 山武市松尾町武野里 11（寒菊銘醸）　TEL 0479-86-3050　営休 Facebook にて要確認　P あり　交 JR 松尾駅から車で 7 分、または JR 横芝駅から車で 10 分

① KUJUKURI OCEAN PALE ALE モルトの味と香りが主役のイングリッシュスタイルエール。銅色のような深い色みが美しい。407 円　② KUJUKURI OCEAN RICE ALE 千葉県産コシヒカリを使用。407 円　③ KUJUKURI OCEAN IPA 柑橘系ホップを惜しみなく使い、苦みをほどよく抑え香り高いビールに。407 円

佐倉

ろこびあ

ロコビア

千葉県随一の個性的な地ビールを醸造。通年販売する定番商品のほかに、季節醸造、特別醸造があり、さまざまな材料とレシピのビールを製造している。ネーミングもユニークな驚くほど多彩な商品がある。

MAP 別冊 P.16-B1

住 佐倉市上座 1193 番地 TEL 043-487-6914 営 10:00 ～ 20:00
休 無休 P あり 交 京成ユーカリが丘駅から徒歩 8 分

① **佐倉香りの生** 世界のさまざまな品評会でメダルを受賞。フルーツ系のさわやかな香りで苦みも控えめで飲みやすい。600 円 ② **佐倉櫻（さくらゴーゼ）** 佐倉の桜ビール！日本ではあまりなじみがないドイツスタイル「ゴーゼ」は塩と乳酸菌を使用し酸味が特徴。香りづけの桜葉がさわやか。600 円 ③ **国道 296 号成田街道 IPA** 醸造所に面する街道の名を冠する。苦みとキレが特徴。600 円

柏

こまいぬぶるわりー かしわびーる

こまいぬブルワリー 柏ビール

本場ドイツの資格をもった醸造長が、確かな醸造技術と上質な素材で柏の気候風土に合ったビールを製造している。ビールを“造る”のではなく“育てる”ことを心がける家族経営のブルワリー。

MAP 別冊 P.7-D2

住 柏市柏 5-8-15 TEL 04-7199-7774 営 17:30 ～ 22:00 (L.O.21:00) 休 月～木曜 P なし 交 JR 柏駅から徒歩 14 分

① **柏はじめ IPA［Red IPA］** 4 種のホップを使用し深いコクと香り。ラベルにはビールの豊かな味と冬に丸々したふくら雀のイメージを重ねて。680 円 ② **太陽のエール［HazyIPA］** 地元柏レイソルを応援。Hazy とはにごりのこと。きれいなオレンジ色。680 円 ③ **将門麦酒［BELGIAN］** アルコール度数高めでしっかりとした飲み応え。都内にある神田明神でも購入可。680 円

松戸

まつどびーる

松戸ビール

タヌキをモチーフにしたかわいらしいラベルが目印。松戸駅東口にできたてビールが楽しめるタップルームがある。ペールエールやIPAなどの定番のほか、地元農産物を使った季節限定のビールも。

MAP 別冊 P.15-C1

住 松戸市松戸 1151-2 TEL 047-711-7218 営 17:00 ～ 22:00、土曜、祝日 11:00 ～ 22:00、日 11:00 ～ 19:00
休 月曜（火曜の醸造日は休みあり） P なし 交 JR 松戸駅から徒歩 3 分

① **鬱金（うこん）［ペールエール］** 輝くようなウコン色。600 円 ② **紅鳶（べにとび）［IPA］** コクと華やかなホップの香りを楽しめる。紅鳶という赤褐色の、人気 No.1 ビール。650 円 ③ **月白・爽（げっぱく・そう）［セゾン］** 香りが豊かに広がる。ベルギー発祥のセゾンスタイルで苦み控えめ。600 円

船橋

ふなばしびーるじょうぞうじょ

船橋ビール醸造所

麦やホップなどビール造りの基本原料に、船橋産の野菜や果物をスパイスやアクセントとして使うことで、個性豊かな「地のものに合う」ビールを造り出す。船橋の食文化を豊かにするクラフトビール。

MAP 別冊 P.15-D2

住 船橋市西船4-29-9　TEL 047-437-8888　営 16:00～23:00、土・日・祝日12:00～（各L.O.フード30分前、ドリンク15分前）　休 無休（不定休あり）　P なし　交 JR西船橋駅から徒歩1分

① **船橋ホワイト［ホワイトエール］** 甘い香りとともに感じるさわやかさの正体は「船橋にんじん」の葉やコリアンダーシード。528円　② **船橋エール［アメリカンペールエール］** 3種類のホップの贅沢で深い味わい。琥珀色が美しい。528円　③ **船橋ブラック［スタウト］** ロースト大麦の香ばしさに船橋名産のホンビノス貝でコクをプラス。528円

浦安

まいはまぢびーるこうぼう はーゔぇすとむーん

舞浜地ビール工房 HARVEST MOON

「収穫の月」という名のビール。どんな料理にも合い、飽きのこない味わいのビールは、日本でも数少ない「マスター・ビアジャッジ」の称号をもつ職人が丹精込めて醸造。定番の5種に加え季節限定ビールも。

MAP 別冊 P.15-C3

ロティズ・ハウス

住 浦安市舞浜1-4 イクスピアリ4階　TEL 047-305-2525（イクスピアリ問い合わせ）　営 11:00～22:30　休 無休　P あり　交 JR舞浜駅から徒歩すぐ ※1F 成城石井でも販売あり

① **ピルスナー** キレがありさまざまな料理に合う定番ビール。462円　② **ペールエール** 琥珀色が美しく深い味わい。462円　③ **シュバルツ** 飲みやすさと香ばしさのバランスがよい。462円

千葉

まくはりぶるわりー

MAKUHARI BREWERY

クラフトビール人気を牽引するアメリカ西海岸スタイルのビールを提供。ポートランドの醸造設備と技術を導入している。お店の周辺にはスポーツ施設も多くヒートアップしたあとのクールダウンにもぴったり。全6銘柄ラインナップ。

MAP 別冊 P.41-C2

住 千葉市美浜区若葉3-1-21 MAKUHARI NEIGHBORHOOD POD　TEL 043-307-1962　営 11:30～15:00、17:00～21:30、土・日・祝日～22:00（各L.O.1時間前）　休 水曜　P あり　交 JR海浜幕張駅から徒歩17分

① **MAKUHARI PALE ALE** 軽く飲みやすいフルーティーな香りが広がる。550円　② **MAKUHARI IPA #2** 3種のホップで香りが豊かに広がる。715円　③ **MAKUHARI BLONDE ALE** モルト控えめで飲みやすい550円

鋸南

鋸南麦酒（きょなんびーる）

鋸山の麓に湧く中硬水の伏流水と地元産の米やレモン、甘夏、ショウガ、鋸南町にあるコーヒー屋の自家焙煎コーヒーなどを副材料に使って仕込む地産地消ビール。少量醸造のクラフトビールならではのこだわりが味わえる５種類のビールを製造している。

MAP 別冊 P.34-B1

住鋸南町吉浜 517-1 道の駅きょなん鋸南町観光物産センター内　TEL 0470-29-5454　営 10:00 ～ 17:00　休月曜　P あり　交 JR 保田駅から徒歩 20 分

① **ホワイトエールナルシス** 鋸南町産の甘夏と山椒がきいていてさわやか。580 円　② **サンセットイングリッシュビター** こちらも鋸南産のショウガがアクセントであと味キリッと。580 円　③ **トーキョーベイポーター** 鋸南町の「藁珈琲洞」の自家焙煎珈琲を使用。コクや香ばしさがあり、ほんのり酸味を感じる。580 円

南房総

安房麦酒（あわびーる）

造り手の個性が強く反映される上面発酵のエールビールやホワイトビール（ヴァイス）を少量生産。無濾過で、熱処理をしないフレッシュな味わいが楽しめる。定番の４種類のビールに加え見た目も鮮やかなブルーベリーエール（発泡酒）もある。

MAP 別冊 P.35-C3

住南房総市谷向 394-1　TEL 0470-36-4231　営店頭販売はなし

① **蛍まいヴァイス［ヴァイツェン］** 南房総市三芳地区で作られている米「蛍まい」を使用。白くにごり、すっきりとしたホワイトビール。605 円　② **ペールエール** すっきりとして飲みやすい。605 円　③ **アンバーエール** 麦芽を焦がしたカラメルモルトの香りが強い。605 円

できたてビールを楽しもう

ビールもお店も手造り
ならしのクラフトビール「むぎのいえ」

習志野市の谷津駅近くに 2017（平成 29）年にオープンしたブルワリー。常時７～８種類を味わえ、ビールに合うおつまみも充実。店内中央の４畳ほどの醸造スペースでは、さまざまなビールを週１回のペースで醸造しているのでいつ行っても新しい味を楽しめる。

MAP 別冊 P.15-D2

住習志野市谷津 4-6-33 K&Y 時遊館１階　TEL 047-429-8895　営 16:00 ～ 22:30、土曜 15:00 ～ 22:30、日・祝日 15:00 ～ 22:00（L.O. 食事１時間前、ドリンク 30 分前）　休火曜　P なし　交 京成線谷津駅から徒歩３分

上／ 50㎖、150 円から気軽に味を試せるのがうれしい　下／手造りの内装はウッディな雰囲気。小上がり、ロフト席もある

蒸留酒の一連の工程を敷地内で行う

まだまだあります

千葉の風土を生かした お酒エトセトラ

日本酒の酒蔵が造るウイスキーや原材料の栽培から手がけるスピリッツなど、こだわりの味わいは小規模生産で希少なものも多い。常に開放しているわけではないので訪れるには確認が必要だ。

月に数回オープンする無人販売所

元公営薬草園の蒸留所

ボタニカルブランデーなど

みとさややくそうえんじょうりゅうじょ

mitosaya 薬草園蒸留所 大多喜

公営薬草園の跡地に開かれた蒸留所。オーナーが南ドイツの蒸留家から学んだ技術で、敷地内に育つハーブや果実などを使ったブランデーやリキュールを造る。ボトルのラベルは毎年変わり、アート作品のように美しい。年に数回のオープンデイでは試飲などを楽しめる。→P.251

植物の魅力を引き出したスピリッツ

左／琥珀色が美しい「房総ウイスキー」
下／敷地内に久留里の銘水が湧く

千葉県発の地ウイスキー

ウイスキー

すどうほんけ

須藤本家 君津

銘水が湧く久留里の地で明治より日本酒を造る須藤本家。多様な食材を使った焼酎も手がけており、その技術も生かし 2018（平成 30）年千葉県初となるウイスキーを製造。年を経るごとに熟成する過程も楽しみ。

MAP 別冊 P.30-A2 住君津市青柳 16-10 TEL 0439-27-2024 営8:30～19:00 休無休 Pあり 交JR 久留里駅から徒歩 10 分

甘い香りが広がる

限定で初リリースしたホワイトラム「BOSO RHUM Prologue」

黄色がイメージカラー

サトウキビ栽培から蒸溜まで手がける

ラム

ぼうそうおおいぐらじょうりゅうじょ

房総大井倉蒸溜所 南房総

南房総の古民家に銅が輝く蒸留器をしつらえたラム蒸溜所。原材料のサトウキビは、戦後から昭和 50 年代まで行われていたサトウキビ作りを復活させ、ラム酒専用にオーガニックで栽培している。見学問い合わせは、ちくらつなぐホテルまで。

MAP 別冊 P.39-C1 住南房総市千倉町南朝夷 1019 TEL 0470-29-7370（ちくらつなぐホテル） 予見学は要予約（詳細は要問い合わせ） Pあり 交JR 千倉駅から車で 13 分

ていねいにブドウを育てる 2 代目園主齊藤さん

昭和５年創業のワイナリー

ワイン

さいとうぶどうえん

齊藤ぶどう園 横芝光

クラシカルなラベル

畑の草刈りにガチョウを用い、除草剤などを使わずにブドウ栽培をしてワインを造る醸造所。ワインは例年 11 月第 4 土曜から現地や一部店舗での数量限定販売のみの希少なもので完成を心待ちにするファン多数。

MAP 別冊 P.19-C2 住横芝光町横芝 1074 TEL 090-5349-4189 営販売は 11 月第 4 週末のみ Pあり 交JR 横芝駅から徒歩 7 分

落花生焼酎ぼっち

千葉県産落花生を使用した乙類焼酎に、すっきりした味わいの甲類焼酎をブレンド。今までにない味わいに、甘い香りと軽い飲み口のバランスのよさを楽しんで。

「ぼっち」とは収穫後野積みにした落花生のこと

〈問い合わせ〉千葉県酒類販売株式会社
TEL 043-227-4261

千葉のおいしいものが ここに来れば何でも揃う

房の駅（ふさのえき）

千葉県内の道の駅ならぬ「房の駅」。店内には千葉県の生産者による野菜や果物、地魚や加工品、菓子類など、地元産にこだわった吟味されたおすすめが並び、連日、地元客、観光客問わず多くの人が訪れる。

千葉県内の房の駅は現在千葉県内に12店舗。都内に1店舗。また、パン工房カフェや食堂、サラダデリも展開している

房の駅の売れ筋商品10選

メロン味やイチゴ味、チーズケーキ味も

Enjoy Peanuts

千葉県産ピーナッツに上質なショコラをコーティング。食感も楽しいコーティングはチョコレートやフルーツ、ワサビ味などから選べる、ポップな色合いも人気。

好きな味を自分で選べるよ

妖精の干し芋

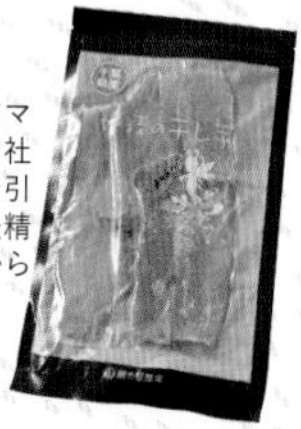

千葉県は全国でも有数のサツマイモ産地。甘い紅はるかを自社の房の駅農場でさらに甘みを引き出し、干し芋にする。「妖精の干し芋」はスライスしてから干し芋にする人気商品。

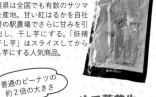

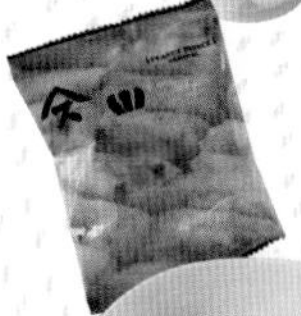

ピーナツ王子

細かい粒状の千葉県産ピーナッツとおかきのマリアージュ。おかきの食感とピーナッツの粒々感、ほどよい塩加減も加わってビールのお供にもおすすめの一品。

小分け入りで重宝

普通のピーナツの約2倍の大きさ

ゆで落花生 オオマサリ

「オオマサリ」は県でいちばん大きな落花生。大粒のオオマサリを殻ごと塩ゆでし、おつまみにぴったりのおみやげにした。あと引く絶妙の塩加減で、リピーター続出。

千葉銚子水揚げ ピリ辛いわし

千葉県銚子港で水揚げされたイワシを使い、ご飯にぴったりの甘辛の味付けに。一つひとつ手作業で佃煮にした取れたてのイワシは骨まで柔らかく食べられる。

ピーナツキング

千葉みやげの頂点を目指して開発された。千葉県産の落花生にこだわり、サクサク生地に丸ごと落花生をトッピング。香ばしい味わいが癖になる千葉みやげの王様。

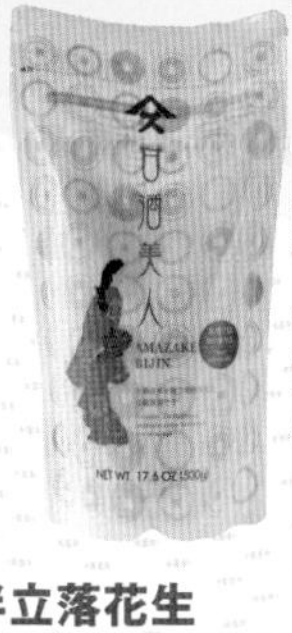

甘酒美人

老舗味噌店が自家製の麹と発酵技術で造り出した甘酒は、砂糖不使用の自然の甘さが魅力。夏は冷やし甘酒で、冬はじっくり温めると米のうま味が際立ちさらにおいしくなる。

野菜と和えると浅漬けに

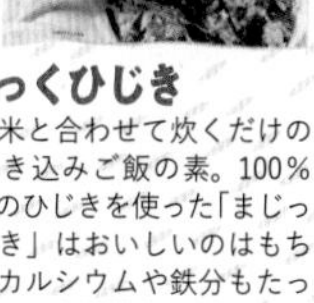

人気の加糖

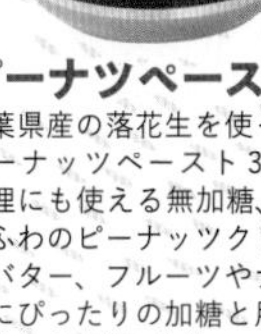

ピーナツペースト

千葉県産の落花生を使ったピーナッツペースト3種。料理にも使える無加糖、ふわふわのピーナッツクリームバター、フルーツやナッツにぴったりの加糖と用途に合わせて使い分け。

半立落花生

さまざまな落花生が揃う落花生王国の中でもいちばん人気の「半立落花生」は収量も少なく貴重な品種。カリッと噛んだときに広がる香りとコク、甘みが最高品種といわれるゆえん。

まじっくひじき

研いだ米と合わせて炊くだけの簡単炊き込みご飯の素。100％房州産のひじきを使った「まじっくひじき」はおいしいのはもちろん、カルシウムや鉄分もたっぷり取れて栄養満点。

ホッとする里山の風景と
グッとくる房総の絶景

千葉には息を飲むような絶景スポットがいっぱい。自然が織りなす神秘的で壮大な絶景、人間が営みの中で造り出した美しい絶景など、心震わす見どころが点在している。定番から穴場まで、各エリアの絶景スポットを訪ねてみよう。

エリア別

感動必至の景色を観に行こう
見ておきたい　千葉の風景

2

都会ならではの印象的なパノラマを

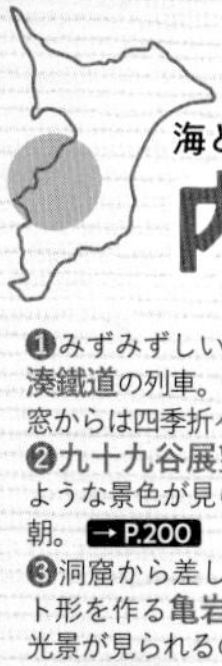

海と山と里の景色を愛でる

内房 Uchibo

❶みずみずしい緑の水田の中を進んでいく小湊鐵道の列車。千葉を代表するローカル線の車窓からは四季折々の風景が楽しめる。→P.40
❷九十九谷展望公園からの風景。水墨画のような景色が見られるのは冬季の雨上がりの早朝。→P.200
❸洞窟から差し込む光が水面に反射し、ハート形を作る亀岩の洞窟・濃溝の滝。こんな光景が見られるのは春分、秋分に近い数日間だけ。→P.197

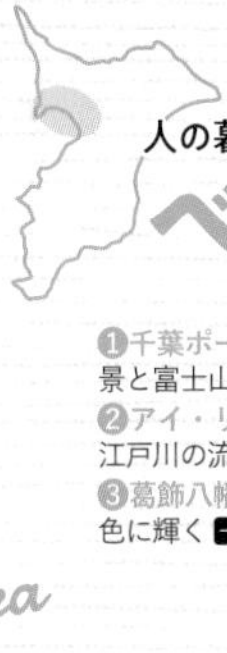

人の暮らしの側にある風景

ベイエリア Bay Area

❶千葉ポートタワーから見る東京湾の夕景と富士山のシルエット→P.142
❷アイ・リンクタウン展望施設から見た江戸川の流れ→P.163
❸葛飾八幡宮の千本公孫樹は晩秋に黄金色に輝く→P.161

温暖な気候も楽しむ

南房総

❶鳥居の向こうに見える神々しい富士山。洲崎神社には漁業の神様が祀られている。→P.231
❷館山の市街地を見下ろす城山公園は館山城を囲む桜が美しい。→P.230
❸千葉県最南端の野島崎から天の川を眺める。→P.225
❹温暖な南房総では生花栽培が盛ん。房総フラワーライン沿いにたくさんの花スポットがある。→P.223

Minami boso

Sotobo

❶外房を代表する景勝地鵜原理想郷。リアス海岸のダイナミックな風景が広がる。→P.245
❷関東で最も遅い紅葉が楽しめる養老渓谷。見頃は11月下旬から12月上旬。→P.252
❸御宿中央海岸に置かれた月の沙漠モニュメント→P.247
❹「日本の棚田百選」にも選ばれた大山千枚田 に日本の原風景を見る。→P.237

海辺も内陸も絵になる

外房

心に残る情景が
いたる所にあるエリア

1

2

ドラマチックな眺望を
訪ねる旅がしたい

人と地球の歴史に触れる

九十九里・銚子

❶地球の歴史に触れる景勝地屏風ケ浦。迫力の景観は約10kmにわたって続く。 →P.267
❷江戸時代、日本最大級の檀林（仏教僧の学問所）があった飯高寺 →P.272
❸君ヶ浜から見る日本一早い初日の出に照らされた犬吠埼灯台。 →P.260

Kujukuri & Choshi

3

訪れる人を優しく迎える
癒しの風景

歴史的な見どころが多い

北総・成田

❶「北総の小江戸」と呼ばれた佐原にある**水郷佐原あやめパーク**。

→P.298

❷武家屋の前を通り竹林のなかの古径を行くと**ひよどり坂**が現れる。

→P.322

❸満開の桜の下、**ひこうきの丘**で空を見上げる。

→P.314

Hokuso & Narita

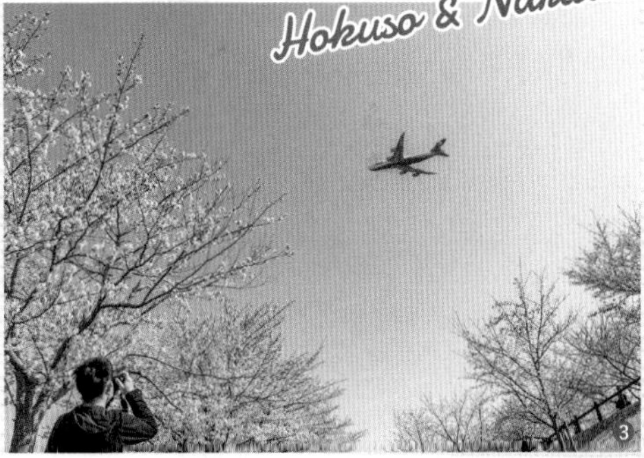

季節を感じる
景色に出合う

イベントに合わせて訪れたい

東葛

❶**利根運河**に吹く五月の風に乗って力強く泳ぐこいのぼり。→P.349

❷境内に5万本以上のアジサイが咲き乱れる**本土寺**。見頃は6月中旬から下旬。

→P.337

Tokatsu

神聖なる千葉の見どころを集めました

千葉のパワースポット10選

香取神宮や成田山新勝寺など全国的にも有名な神社、寺院が多い千葉県。
荘厳な神社仏閣を参拝し、美しい自然に囲まれた境内を歩けば、
心が癒やされて特別なエネルギーが湧いてくるはず。
御朱印帖を手に、各地の社寺を巡ろう。

朱色の楼門を抜けると現れる漆黒の拝殿

パワースポット❶ 北総・成田

全国 400 社の総本社

香取神宮（かとりじんぐう）

→P.297

関東屈指のパワーを持つとされる香取神社の総本社。祭神は勝運に強く、参拝者の決断を助けてくれるとされる経津主大神（ふつぬしのかみ）。境内には樹齢 1000 年以上とされる御神木や、地中深くに埋まり地震を抑えているとされる要石、源頼義公が心願成就の願掛けをしたことで三つ叉に分かれたと伝わる三本杉など神秘的なものが多くある。1700 年に徳川幕府によって造営され、国の重要文化財に指定されている本殿、楼門も必見だ。

〈御朱印情報〉

［墨書］崇拝、下総國一之宮
［印］香取神宮
◆明治以前、伊勢神宮のほかに「神宮」という名がついたのは、香取神宮と鹿島神宮の両宮のみ

黒漆塗の壁や柱、細部に施された金の装飾が美しい本殿

古代から信仰の対象とされてきた御神木

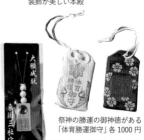

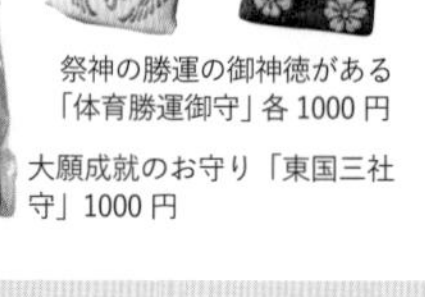

祭神の勝運の御神徳がある「体育勝運御守」各 1000 円

大願成就のお守り「東国三社守」1000 円

1968（昭和 43）年に建立された伽藍の中心

〈御朱印情報〉

[奉拝・俗称の墨蹟と朱印] 成田山の印　奉拝　下総国
[本尊名など] 不動明王
[印] 不動明王を表す梵字「カーン」の印
[寺号] 成田山新勝寺
[寺院の印] 成田山新勝寺印

パワースポット❷　北総・成田

開山以来毎日行われる護摩祈祷

なりたさんしんしょうじ

成田山新勝寺 → P.304

940（天慶 3）年に開山した真言宗智山派の大本山のひとつ。ご本尊は不動明王。千葉県のみならず全国トップクラスの参拝者数を誇る寺院で、成田周辺はもともとこのお寺の門前町として発達した。開山以来、毎日行われている護摩祈祷は成田山で最も重要な儀式。護摩祈祷が行われる大本堂のほか、国の重要文化財に登録されている「三重塔」や「釈迦堂」も見ておきたい。

彫刻が美しい「三重塔」

事業繁栄のほか、海上安全や学業向上などの御利益がある安房神社

パワースポット❸　南房

あらゆる仕事運を向上させる神様

あわじんじゃ

安房神社 → P.233

農業や金融業、デザイン職などあらゆる仕事を守り、発展させる力を持った御祭神を祀っている。新しく仕事を始める前に参拝し、商売繁盛や事業繁栄を願う起業家も多い。青々とした木々に囲まれた境内はすがすがしく、樹齢500 年と推定される御神木に近付けば強い生命力と御神気を感じることができるだろう。境内末社の厳島社は巨大な岩をくり抜いて祀ったもので、古代はこの岩で祭祀が行われていたともいわれている。

海食岸と呼ばれる岩塊をくり抜いて祀った厳島社

取り巻く環境、状況が円満になるよう祈願された「円満の和守」1000 円

〈御朱印情報〉

[墨書] 奉拝、安房神社
[印] 安房國一之宮、安房神社、匠総祖神
◆御祭神はあらゆるモノを生み出す力をもっている産業創始の神様。そこで勾玉の印のなかには「匠総祖神」と刻まれている

パワースポット❹ 南房

日本最大の磨崖仏は必見

日本寺（にほんじ） →P.216

鋸山の南斜面が境内になっている古刹。ご本尊が祀られている薬師本殿は山の中腹にある。薬師本殿の上に大仏があり、山頂へと向かう道中には千五羅漢道を中心に1553体の羅漢像が点在している。ほかにも高さ31.05mと日本一の大きさを誇る「磨崖仏」の大仏は、間近で見てその迫力を感じたい。売店では、名前を書いて奉納すれば願いが叶うとされる「お願い地蔵さん」も販売している。

ご本尊が祀られている薬師本殿

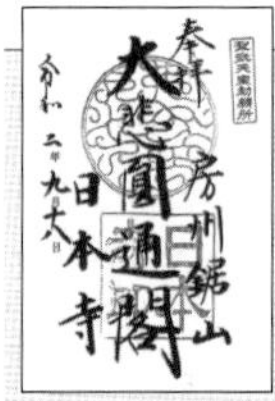

〈御朱印情報〉

[奉拝・俗称の墨蹟と朱印] 聖武天皇勅願所の印　奉拝
[本尊名など] 大悲圓通閣
[印] 三宝印と日本寺印
[寺号] 房州鋸山　日本寺

パワースポット❺ 外房

日蓮聖人立教開宗の地で参拝しよう

清澄寺（せいちょうじ） →P.240

771（宝亀2）年、不思議法師という僧侶によって開山された。日蓮聖人が出家、立教開宗したお寺としても有名。境内の南方には立教開宗を宣言した「旭が森」が広がり、日蓮聖人の銅像が設置されている。本堂の摩尼殿には光り輝く柏の木で造られた虚空蔵大菩薩が祀られ、その横には樹齢約800年、高さ47mにも及ぶ国指定天然記念物の大杉があり、厳かな雰囲気を感じることができる。

本堂と、右端にあるのが大杉

〈御朱印情報〉

[奉拝・俗称の墨蹟と朱印] 千光山　日蓮聖人開宗霊場印
[本尊名など] 旭日千光
[印] 日蓮聖人が当山で出家得度・立教開宗されたことを表す印
[寺号] 清澄寺
[寺院の印] 千光山清澄寺印

パワースポット❻ 九十九里・銚子

恋愛成就の女神が後押し

玉前神社（たまさきじんじゃ） →P.285

慈愛に満ちた女神による縁結びのパワーあふれる神社。春分と秋分の日には、日の出の位置と玉前神社を結んだ線の延長線上に縁結びの聖地とされる出雲大社が位置することから、「レイライン」（御来光の道）の起点とされている。境内には、裸足で歩くと大地のエネルギーを吸収できる「はだしの道」や、女神の守護を受けられる「御神水の井戸」がある。そのほか、順番に触れると御利益がある「子宝・子授けのイチョウ」もある。

玉依姫命（たまよりひめのみこと）を祀っている玉前神社

小さな鳥居から入り、玉砂利の小道を3周する「はだしの道」

〈御朱印情報〉

[墨書] 奉拝、玉前神社
[印] 御神紋、玉前神社、上總國一宮、季節の植物

雄株、雌株、子供イチョウの順に触れると御利益がある

開運の波にも乗れる「波乗守」1100円

女性の心と体の健康を守ってくれる「月日守」1100円

パワースポット⑦　九十九里・銚子

自然林の生命力感じる古刹

笠森観音（笠森寺）
かさもりかんのん（かさもりじ）

→ P.289

784（延暦 3）年に開山されたと伝わる古刹。ご本尊を祀る観音堂は日本で唯一の建築様式「四方懸造り」で造られた貴重なもので、国指定重要文化財に登録されている。観音堂の回廊から見渡せる房総の山々は見事。なかでも、観音山は「国指定天然記念物笠森寺自然林」として保護されていて、木々の生命力を感じる。参道には大木の「霊木子授楠」があり、根元の穴をくぐると子授けの御利益があると伝わる。

後一条天皇の勅願により建立された観音堂

〈御朱印情報〉

［拝・俗称の墨蹟と朱印］坂東第三十一番印　奉拝　上総國
［本尊名など］十一面観音を表す梵字「キャ」　大悲閣
［印］十一面観音を表す梵字「キャ」の印
［寺号］笠森寺
［寺院の印］大悲山笠森寺之印

パワースポット⑧　南房

海が収まる鳥居や海底神社に注目

洲崎神社
すのさきじんじゃ

→ P.231

創建は紀元前とされ、海に面する古社。漁業や航海の安全のほか、恋愛や安産に御利益がある女神、天比理乃咩命（あめのひりのめのみこと）が祀られている。源頼朝も再興を祈願したとされ、御利益が期待できる。海岸に立つ浜鳥居は鳥居の中に富士山と房総の海が収まるように見え、幻想的。ほかにも、神社からほど近い波左間の海底にある分社もおもしろい。水深 12 m の海底に建つ神社は何とも不思議。ダイビングして参拝ができる。

拝殿で手を合わせ、古社のパワーを感じて

〈御朱印情報〉

［墨書］奉拝、洲崎神社
［印］安房國一の宮、洲崎神社、奉祝
◆大きさは大小の 2 種類ある。神職不在時は随身門の中、左側に書き置きが用意してある

パワースポット⑨　外房

房総伊勢の宮で陽の気を受け取る

天津神明宮
あまつしんめいぐう

→ P.241

生命力を授けてくれる太陽の女神・天照皇大御神が祀られている神社。女神の明るい陽の気に触れて、見違えるほど元気になって帰る参拝客もいるという。拝殿右の小山の頂上に立つ諾冉（なぎなみ）神社はその名前の通りイザナギ・イザナミの夫婦神を祀る神社。神社まで 10 分程度の道は少し険しいが、恋愛成就の御利益があるため諦めずに参拝したい。頂上のお社の背後には鴨川の海が広がり、眺めもいい。

かつては伊勢神宮にならって社殿の建て替えを行っていた天津神明宮

〈御朱印情報〉

［印］房州天津、天津神明宮
◆墨書のないシンプルな御朱印は伊勢神宮と同じスタイル。社印は山桜の木から宮司が自ら彫り出したものを使用

パワースポット⑩　ベイエリア・千葉

国宝や重要文化財が多いお寺

中山法華経寺
なかやまほけきょうじ

→ P.158

1260（文応元）年、法華寺（現・奥の院）と本妙寺の両寺が合体し、現在の法華経寺となった。境内奥に位置する鬼子母神堂には日蓮聖人自作の「鬼子母神像」が安置されている。ほかにも国指定重要文化財に登録されている「祖師堂」や「法華堂」など、境内にある多くの貴重な文化財も見ておきたい。インド風にデザインされた聖教殿には、国宝の『立正安国論』や『観心本尊抄』など全 96 点もの聖教が所蔵されている。

県随一の大きさを誇る祖師堂。建築様式は比翼入母屋造

〈御朱印情報〉

［奉拝・俗称の墨蹟と朱印］本化菩薩　初転法輪聖教恪護法華道場
［本尊名など］正中山　流布此法　南無妙法蓮華経　広令増益
［印］下総中山　鬼子母神の印
［寺号］法華経寺
［寺院の印］正中山法華経寺之印

南房総に点在する名工の作品の数々

波の伊八を訪ねて

彫刻師「波の伊八」は寺の装飾などを手がけ、躍動感ある作品たちが魅力だ。なかでも波の作風は関西にまで伝わり、「関東に行ったら波は彫るな」とまで言われたほど。房総に残る作品を訪ねよう。

江戸後期の彫工、波の伊八

初代・波の伊八の名は武志伊八朗信由。1751（宝暦元）年に鴨川市下打墨に生まれ、73 歳で死去するまで房総半島を中心に多くの彫物を残す。その後「波の伊八」の名は 5 代 200 年にわたり受け継がれた。

伊八が生まれた地、鴨川の海

伊八の生誕地が近くにある

酒仙の図

7 人の仙人が楽し気に躍るさまがユーモラス

伊八の初期の作品が残る

金乗院（こんじょういん）

伊八の生誕地からほど近い金乗院には、伊八が 20 代の頃の作品が残されている。本堂の欄間『酒仙の図』のほか、欄間正面にあるほんのりと朱色が残る『向拝の竜』も迫力があり必見。

MAP 別冊 P.36-A2

住 鴨川市打墨 709　TEL 0470-92-2043　開 10:00 ～ 16:00　休 不定休　料 無料　P あり　交 JR 安房鴨川駅から金山車庫行きバスで 10 分、大日下車、徒歩 5 分

朱が鮮やかで伸びやかな龍

長福寺（ちょうふくじ）

伊八が師匠から独立した 38 歳頃の作品を本堂の欄間で見られる。中央に『波と龍』、左右が『雲と麒麟』で龍の尾に勢いがある。書にまつわる古刹で、篆刻による般若心経を展示。

波と龍

龍の太い尾がはみ出している

MAP 別冊 P.32-A3

住 いすみ市下布施 757　TEL 0470-66-1736　開 開堂～ 16:00　休 無休　料 300 円　P あり　交 JR 大原駅から車で 10 分

龍の生命力があふれ出す欄間

真野寺（まのじ）

霊力が強過ぎるために覆面をしている観音様がご本尊。その手前の欄間には伊八の龍が彫られている。商売繁盛に御利益があるという大黒様も祀られて、毎月開かれる大黒天祭とマルシェも好評。

本堂欄間に波と龍の彫刻

色鮮やかな天井画と伊八の彫刻

MAP 別冊 P.35-C3

住 南房総市久保 587　TEL 0470-46-2590　開 9:00 ～ 17:00　休 無休　料 無料　P あり　交 JR 千倉駅から車で 8 分

最高傑作ともいわれる作品は圧巻

飯縄寺（いづなでら）

本堂内の本尊手前の結界欄間に施された『牛若丸と大天狗の図』は高さ 1m、長さ 4m のケヤキの一枚板を彫ったもので、その大きさに圧倒される。寺の移転による本堂建立時に伊八は約 10 年にわたり滞在し本堂内の彫刻などを手がけた。

MAP 別冊 P.32-B2

住 いすみ市岬町和泉 2935-1　TEL 0470-87-3534

開 10:00 ～ 16:00　休 無休　料 300 円　P あり

交 JR 太東駅から車で 6 分

牛若丸と大天狗の図

迫力ある表現と繊細な技術に釘付けになる

飛龍と地龍

参拝者に語りかけてくるようにも見える龍たち

躍動感ある 2 体の龍が迎える

大山不動尊（おおやまふどうそん）（大山寺（おおやまじ））

本堂正面の勇壮な 2 体の龍は『飛龍』と『地龍』といい、伊八 52 歳の時の作品。今にも動き出しそうな躍動感がある。寺は奈良時代に建立された古刹。細い道路を上ったところにあり、鴨川市街地の眺望もよい。→ P.237

さまざまな題材が作品に

石堂寺（いしどうじ）

波に水鳥

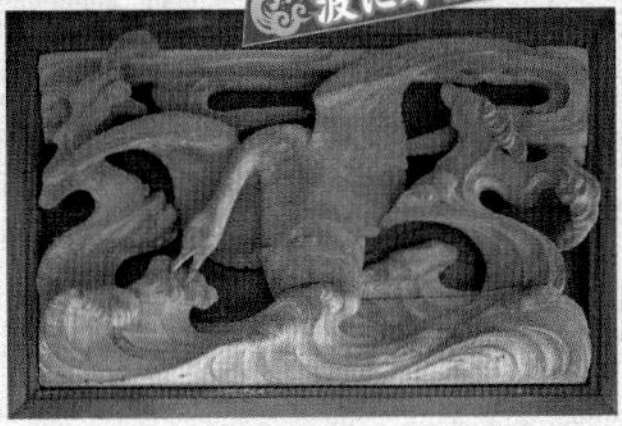

いきいきとした水鳥の生命力を感じられる

養老の滝

民話を題材にした作品

南房総最古の寺でその境内は広く、ゆっくりと散策を楽しめる。伊八作品は客殿の中に多数並んでおり、繊細な彫刻の技術や滑らかな木肌などを間近に見ることができる。→ P.224

伊八の「波」は必見

行元寺（ぎょうがんじ）

本堂に続く書院の欄間には葛飾北斎の『神奈川沖浪裏』の作風に影響を与えたといわれる『波に宝珠』があり、立体的な表現を鑑賞できる。

MAP 別冊 P.31-D2

住 いすみ市荻原 2136

TEL 0470-86-3816　開 10:00 ～ 16:00　休 無休　料 無料　予 事前に要連絡　P あり　交 JR 上総一ノ宮駅から車で 20 分

波に宝珠

伊八が馬に乗りながら海中に入り、うねる波の動きを真横から見続けたそう

特集 ⑬ ゆったりとした時と空間を楽しむ

『千葉×アートスポット』がおもしろい

多彩な絵画のコレクションと
美しい庭園が自慢

海や山の豊かな自然、歴史のある町並み、華やかなテーマパーク………。多彩な見どころが存在する千葉だが、アートスポットもなかなか充実している。それほど混雑することもないので、じっくり作品を鑑賞できるのがうれしい。

撮影：渡邉修 ①

アートスポット 1

でぃーあいしーかわむらきねんびじゅつかん

DIC川村記念美術館

佐倉

20世紀美術を中心に、17世紀のレンブラントから印象派の巨匠モネやルノワール、アメリカで興った抽象表現主義のポロック、ルイス、ライマンらの抽象絵画に加え、ステラやコーネルの箱作品を多数所蔵。充実のコレクション、周囲を取り巻く森と庭園、そしてヨーロッパの古城を思わせる建物が三位一体となり訪れる人をアートの世界に誘う千葉県屈指の美術館。

→P.323

注目ポイント

ウェブで展示作品をチェック！

年に数回開催される企画展とともに、「コレクション展示」も見逃せない。特に抽象表現主義の代表的な画家、ロスコの作品が展示された「ロスコ・ルーム」は必見だ。

②

③

④

⑤

❶建物は日本を代表するモダニズム建築家海老原一郎の手による ❷ヨーロッパの聖堂を思わせるエントランスホール ❸窓を通して見た外の景色も美術作品のよう ❹約3万坪の敷地に自然散策路が広がる。ゆっくりと散歩したい ❺自然光を巧みに取り入れた展示室が作品の存在感をひきたてる

Photo by Osamu Watanabe ©Cy Twombly Foundation

アートスポット 2

ちばけんりつびじゅつかん
千葉県立美術館

千葉

千葉県にゆかりのある作家の作品を中心に収蔵。佐倉出身で、明治期の日本洋画壇に大きな足跡を残し、教育者としても知られる浅井忠の作品は特に充実している。約2800点の作品を収蔵し、絵画だけでなく、版画、彫刻、書なども。さまざまなテーマの企画展のほか、アマチュア画家の作品展示なども行われる。 →P.143

浅井忠の作品に注目！

❶展示スペースは全部で8つ。平屋建てで段差もないので車いすでも楽に見学できる　❷1974（昭和49）年に開館。れんが造りのような外観が特徴的な美術館は、約1万坪の広大な敷地に建つ　❸庭に面した展示室。建物の外と中に彫刻が　❹屋外には全部で24点もの彫刻が展示されている

注目ポイント

ワークショップも充実

絵画や彫刻、陶芸などのワークショップや実技講座などのプログラムが1年を通じて開催されている。

アートスポット 3

ちばしびじゅつかん
千葉市美術館

千葉

近世から近代の日本の絵画や版画を中心としたコレクションを収蔵。北斎や歌麿、伊藤若冲といったよく知られた画家のものも。作品だけでなく建物そのものも見どころで、1階の「さや堂ホール」は1927（昭和2）年に建てられた旧川崎銀行の建造物をそのまま建物に組み込む形で建設された。図書室やワークショップルームを併設する。

→P.143

子供から大人まで楽しめる

❶昭和初期のレトロな雰囲気に満ちた「さや堂ホール」　❷11階建ての建物すべてが美術館　❸アーティストとともに空間をつくることができる展示も　❹企画展だけでなく常設展の展示替えも頻繁に行われるのでさまざまな作品に触れられる

注目ポイント

食事も楽しめる

最上階の11階には千葉市街の眺望が楽しめるレストラン、地下には千葉の地酒や小鉢が豊富な酒処がある。

「超写実」という
表現方法に感動

アートスポット 4

ほきびじゅつかん
ホキ美術館

千葉

絵画の表現手法としては主流ではない「超写実主義」。見たままを細部に至るまで再現した絵画は、一見すると写真と同じに見えるが、実際に作品の前に立ってみると絵画ならではの存在感とその超絶技巧に圧倒されてしまう。約500点の収蔵作品のうち、120点ほどが3つのフロアに分かれて展示されている。

→P.148

❶入口の反対側から見た美術館。展示作品だけでなく建物そのものもしっかり鑑賞したい　❷展示スペースは細長い廊下のようになっている　❸大作が並ぶ地下の展示フロア　❹道路側から見る美術館。住宅街にあって異質のオーラを放っている

注目ポイント

併設施設にも注目

併設する人気のイタリアンレストラン「はなう」（要予約）やミュージアムショップにも立ち寄りたい。

アートスポット 5

いちはらこはんびじゅつかん
市原湖畔美術館

市原

1995（平成7）年に「市原市水と彫刻の丘」として開館。高滝湖に面した立地に建つ現代アート中心の企画展をメインとした美術館。「現代アート」と聞くとやや敷居が高く感じられるが、地域の子供たちの作品を展示したり、ワークショップやイベントを開いたり、地域とアートを結びつけるさまざまな活動も行っている。 →P.184

湖上のアートにも注目！

❶外観も見応えがある　❷湖を見下ろす併設レストラン　❸常設展示室。市原市名誉市民で銅版画家深沢幸雄の作品を中心に展示　❹高滝湖に浮かぶ作品　❺藤原式揚水機は恒久展示物のひとつ

注目ポイント

外国からの作品も

地域密着の美術館でありながら世界にも目を向けており、積極的に外国のアーティストを招聘し企画展などを行っている。

外観は石切り場をイメージ

アートスポット6

のこぎりやまびじゅつかん
鋸山美術館

富津

名前のとおり鋸山の麓にある美術館で、彫刻作品などの常設展示のほか、年2、3回展示替えが行われる企画展が見どころ。テーマは日本画や浮世絵から現代アート、地元ゆかりのアーティストまでと幅広い。音楽イベントも行われ、別館の鋸山資料館では鋸山の歴史を学べる。小規模ながら見どころ満載の美術館だ。 →P.207

注目ポイント

鋸山を眺めてみよう

展示品のひとつのように、美術館の庭園の先にギザギザの尾根が連なる鋸山が見える。

❶切り出された房州石のような外観で、地域に密着したモダンな建物　❷展示替えが多いので訪れるたびに違うアートに触れられる

ネコ好きにも大人気

アートスポット7

まつやまていえんびじゅつかん
松山庭園美術館

匝瑳

絵画、版画、彫刻、壁画……、多方面に才能を発揮しているアーティスト此木三紅大氏のアトリエ。氏のコレクションの幅も広く、内外の著名な作家の絵画や彫刻だけでなく、茶道具や琴のコレクションまであり、四季折々の美しい景色を見せてくれる庭園も見どころだ。またたくさんのネコがいる美術館としても知られる。 →P.272

注目ポイント

「猫スタッフ」が出迎え

たくさんの保護ネコを飼っていて、館内のいろいろなところで「猫スタッフ」に合える。

❶紅葉が美しい庭園には企画展示館や茶室がある　❷ネコをテーマにした作品も多数

アートスポット8

いちかわしひがしやまかいいきねんかん
市川市東山魁夷記念館

市川

日本画壇の巨匠、東山魁夷は終戦直後から1999（平成11）年に亡くなるまで、半世紀以上市川市に住んでおり、そのゆかりの場所に建てられた記念館。完成した作品だけでなく、試作・習作、下絵のほか、東山魁夷の関連資料などの展示も見られる。作品が完成に至るまでの画家の迷いや努力の跡が展示品から伝わってくる。 →P.158

巨匠ゆかりの品を多数展示

❶収蔵品は日本画が29点、版画やリトグラフが337点、その他画家にまつわる資料も　❷建物併設のカフェも人気がある

注目ポイント

建物はドイツ風の洋館

ドイツ留学は東山魁夷の人生に大きな影響を及ぼした。そのため建物もドイツ風のデザインに。

特集⑭ 好きなチームを球技場まで応援しに行こう！

千葉のプロスポーツ

千葉には野球、サッカー、バスケットボールなど、日本のトップレベルのチームが勢ぞろい。地域に根差して活動するチームも多く、スタジアムやアリーナに来場して選手たちが活躍する姿を応援したい。

球場でタッチを交わす選手たち

プロ野球

2月にキャンプが始まり、例年3月末から公式戦143試合を行うレギュラーシーズン。期間中にセ・パ交流戦やオールスターゲームも行われる。秋のクライマックスシリーズを経て、日本シリーズでチャンピオンが決まる。

ガンバレ マリーンズ!!

マスコットのマーくん

名選手を輩出してきた初代パ・リーグ王者

ちばろってまりーんず

千葉ロッテマリーンズ

千葉県をホームタウンとするパ・リーグ所属のプロ野球球団。1950（昭和25）年に発足し、チーム名や本拠地の変遷を経て1992（平成4）年から千葉のチームになった。初代パ・リーグ王者で、日本シリーズ優勝は4回、リーグ優勝は5回。2022（令和4）年には本拠地のZOZOマリンスタジアムで佐々木朗希選手が完全試合を達成した。

野球専用の人工芝を使用。照明や大型ビジョンはLEDを採用

海に面した多目的野球場

ZOZOマリンスタジアム

幕張海浜公園にある多目的野球場で、千葉ロッテマリーンズが本拠地として使用。年間72試合の公式戦が開催され、打ち上げられたボールが海風に流されるなどスリリングな試合が楽しめる。コンサートやイベントも行われる。

MAP 別冊 P.40-A2

収容数 約3万人

追加情報 毎年夏に行われる全国高校野球選手権大会の千葉県大会の開催地のひとつ。開会式や準決勝以上の試合も行われる。

住 千葉市美浜区美浜1

TEL 043-296-1189（テレホンサービス）

P 近隣駐車場あり

交 JR海浜幕張駅から徒歩15分

地元に根差した活動で親しまれる球団

ほっかいどうにっぽんはむふぁいたーず

北海道日本ハムファイターズ（ファーム）

北海道日本ハムファイターズの下部組織で、イースタン・リーグに所属。1997（平成9）年から、鎌ケ谷市に設立された「ファイターズタウン」を拠点にしている。タウンには鎌ケ谷スタジアムや室内練習場、選手寮があり、在籍する選手は地元住民との交流や地域を盛り上げるイベントに参加するなど地域密着で活動している。

ファーム戦で活躍する選手たち

ダルビッシュ有選手、大谷翔平選手なども練習した球場

公式試合や花火大会を開催

鎌ケ谷スタジアム

「鎌スタ」の愛称で親しまれているスタジアム。東京ドームとほぼ同じ面積のグラウンドを有する球場で、イースタン・リーグ公式戦も開催される。毎年夏には花火大会が開催されるなど地元民にも親しまれている。

MAP 別冊 P.15-D1

収容数 2400人　追加情報 週末には、野球スコアのつけ方レクチャーや、選手と一緒にベースランニングができるイベントなどユニークな催しを実施。

住 鎌ケ谷市中沢459　TEL 0570-005-586

P あり　交 東武野田線鎌ヶ谷駅から徒歩30分　※有料試合開催時のみシャトルバス運行（料金100円）

Jリーグ

ゴール裏１階の立見席「柏熱地帯」は熱く激しい応援の中心地 ©KASHIWA REYSOL

Jリーグは２月下旬に開幕し、12月初旬に閉幕するプロサッカーリーグ。１年間を通して勝ち点が最も多いチームが優勝する１シーズン制を採用。同じ部内（J1・J2・J3）のチームとホーム＆アウェイで１回ずつ、総当たり戦で対戦する。

試合もサポーターの
応援も熱気あふれる

柏レイソル（J1）

かしわれいそる

柏市をホームタウンとする、Jリーグ加盟のプロサッカークラブ。前身は日立製作所本社サッカー部で、1995（平成7）年にJリーグへ加盟した。J1リーグ優勝は１回、天皇杯優勝は１回、ルヴァンカップ優勝は２回。「レイソル」はスペイン語の「REY」（王）と「SOL」（太陽）を組み合わせたもので、「太陽王」を意味する。

柏を拠点に「強く、愛されるクラブ」を目指すチーム ©KASHIWA REYSOL

チームカラーの黄色で染まる

三協フロンテア柏スタジアム

柏レイソルの本拠地で、1986（昭和61）年に設立されたサッカー専用の球技場。「日立台」の愛称がある。2012（平成24）年にホーム席とビジター席の場所が入れ替わり、ホーム側には２階席が増設された。

MAP 別冊 P.7-D3

収容数 1万5109人 追加情報 ホームのゴール裏１階にある観客席は「柏熱地帯」（はくねつちたい）と呼ばれ、特に盛り上がる。一緒に熱烈な応援をしてみよう。
住 柏市日立台1-2-50 TEL 04-7162-2201
P あり 交 JR柏駅から名戸ヶ谷／新柏駅行きバスでホーム側は緑ヶ丘、ビジター側は日立台下車すぐ

Jリーグ発足時から続く歴史あるクラブ

ジェフユナイテッド市原・千葉（J2）

じぇふゆないてっどいちはら・ちば

©JEFUNITED

市原市と千葉市をホームタウンとするJリーグ所属のクラブ。前身は古河電気工業サッカー部で、Jリーグ発足時から加盟している。イビチャ・オシム元監督が率いた2005（平成17）年にナビスコ杯（ルヴァンカップ）で優勝し、Jリーグに旋風を起こした。

ハイタッチをする選手たち ©JEFUNITED

雨に濡れない屋外球技場

フクダ電子アリーナ

蘇我スポーツ公園にある球技場で、「ジェフユナイテッド市原・千葉」のホームスタジアム。ピッチと観客席の距離が近く、試合の迫力を味わうことができる。座席の９割に屋根がかかっているため雨でも安心。

MAP 別冊 P.24-B1

収容数 1万9781人 追加情報 アリーナ周辺には、サッカーやラグビーができる人工芝の広場やテニスコートのほか、グラウンド、ゴルフパーク、ボードエリアもある。そのほか、会議やパーティーに利用できる部屋もある。
住 千葉市中央区川崎町1-20 TEL 043-208-5577
P あり 交 JR蘇我駅から徒歩８分

サポーターの応援で湧くスタジアム ©JEFUNITED

なでしこリーグ優勝の女子トップチーム

ジェフユナイテッド市原レディース（WEリーグ）

じぇふゆないてっどいちはられでぃーす

2021（令和3）年に開幕した国内初の女性プロサッカーリーグ「WE LEAGUE」に加盟するクラブ。1992（平成4）年に発足し、2017（平成29）年になでしこリーグカップで優勝。中学生からミセスまで約100人が所属するレディースのトップチーム。

熱戦を繰り広げる選手たち ©JEFUNITED

Bリーグ

全60試合の公式リーグ戦が開催されるプロバスケットボールのBリーグ。9月から5月までがレギュラーシーズン。上位8チームによるトーナメント「チャンピオンシップ」が開催され年間王者が決まる。

満員で熱気あふれるアリーナ

©CHIBAJETS FUNABASHI/PHOTO:Keisuke Aoyagi（他 2 点も）

チームマスコットのジャンボくん

エースとして活躍する富樫勇樹選手

高い人気と実力が揃った船橋発の名チーム

千葉ジェッツ（ちばじぇっつ）（B1）

船橋市をホームタウンとするB.LEAGUE所属のプロバスケットボールチーム。2010（平成22）年に活動を始めて2017、18、19年と天皇杯を3連覇し、2020-21年シーズンのB.LEAGUEでは優勝した。また、B.LEAGUE開幕から4シーズン連続で観客動員数1位を達成するなどファンから根強い人気がある。

華やかな演出を楽しもう 船橋アリーナ

習志野台にある総合体育館で、千葉ジェッツのメインアリーナ。試合の日はコートの床全面を巨大スクリーンにして映像を映す「プロジェクションマッピング」のほか、照明や音楽、炎を使った演出もあり華やか。

MAP 別冊 P.16-A1

収容数 4240人　追加情報 バスケットボールやバレーボールのコート、プール、弓道場などがあり、多種多様なスポーツを楽しめる。ダンスやアーチェリーを1回500円で指導してもらえるワンコインレッスンもある。

住 船橋市習志野台 7-5-1　TEL 047-461-5611　P あり
交 東葉高速線船橋日大前駅から徒歩8分
※ 2024年春、ホームアリーナを「（仮称）LaLa arena TOKYO-BAY（ららアリーナ 東京ベイ）」へ移転予定

千葉市拠点の勢いのある若手クラブ

アルティーリ千葉（あるてぃーりちば）（B2）

千葉市をホームタウンとするプロバスケットボールクラブ。2020（令和2）年に設立され、2021-22シーズンのB3リーグで準優勝を達成。発足からわずか1年でB2リーグに昇格した勢いのあるクラブ。名前には「バスケットボールを通じて関わる全ての人々を魅了し、人々の日常を豊かにする」という思いが込められている。

クラブカラーのブラックネイビーに染まる会場

盛り上がるプレーを見せる選手たち

ダンスや映像にも注目 千葉ポートアリーナ

アルティーリ千葉がホームとする多目的アリーナ。230インチの大型モニターがあり、試合中のライブ中継も充実している。また試合だけでなく光や音、映像を活用した演出やパフォーミングサポーター「Aills」のダンスにも注目。

MAP 別冊 P.16-B3

収容数 7512人　追加情報 国際スポーツ大会やコンサートが行われる「メインアリーナ」と、スポーツイベントや展示会などで使用される「サブアリーナ」がある。ほかにも成人式や部活動、地域の行事で使われるなど千葉市民なら一度は利用する施設。

住 千葉市中央区問屋町 1-20　TEL 043-241-0006　P あり
交 JR 千葉駅から徒歩 15分

第1章

交通ガイド

千葉県内の交通 完全攻略

千葉県を旅行するならさまざまな交通機関を賢く使い分けたい。自由に巡る場合はレンタカーがおすすめだが、鉄道やバスなども充実しており、車窓からの風景を眺めながら移動を楽しむのもおすすめだ。

鉄道

鉄道はおおむね県全体を網羅。特に北西部は路線や運行本数が多く、不便を感じることはない。一方、県南部はどちらも比較的少ないので、時刻表を見て効率よく移動しよう。九十九里エリアでは列車が内陸部を走るため、沿岸部に行く場合はバスやタクシーなどを使う必要がある。おもな鉄道会社をご紹介。

千葉県の交通を支える大動脈

JR東日本

乗車券 150円〜
ICカード 147円〜

千葉県内には以下の9路線と、**鹿島線**（県内は香取駅と十二橋駅のみ）を合わせた10路線が通っている。都心からベイエリアには総武線（各駅停車・快速）や京葉線で、東葛エリアには常磐線でアクセスが可能。また、内房線と外房線を乗り継ぐと房総半島を一周できる。

総武本線

東京駅から千葉駅を経て銚子駅にいたる本線と、御茶ノ水駅と錦糸町駅を結ぶ支線がある。千葉駅を境に以下の3つの運行系統がある。

●総武線（快速）

千葉駅から東京駅を経て神奈川県の久里浜駅にいたる。東京駅から大船駅までは東海道本線、大船駅から久里浜駅までは横須賀線を運行する。

●総武線（各駅停車）

千葉駅から御茶ノ水駅を経て三鷹駅にいたる。御茶ノ水駅から三鷹駅までは中央線を運行。快速とともに首都圏を代表する通勤路線。

●総武本線

千葉駅から佐倉駅、成東駅を経て銚子駅にいたる。駅の案内板などでは路線名と同じ「総武本線」と表記されることが多い。

外房線

千葉駅から上総一ノ宮駅を経て太平洋側を南下し安房鴨川駅にいたる。東京駅と安房鴨川駅を結ぶ特急「わかしお」が運行。

常磐線※

東京の日暮里駅から東葛エリアを経て宮城県の岩沼駅にいたる。松戸駅〜天王台駅の10駅が千葉県。成田線や地下鉄千代田線と直通運転あり。

成田線※

佐倉駅から成田駅、佐原駅を経て松岸駅にいたる本線のほか、我孫子駅と成田駅、成田駅と成田空港駅を結ぶ支線がある。

東金線

外房線の大網駅から東金駅を経て総武本線の成東駅にいたる、わずか5駅の路線。日中の一部列車は外房線の千葉方面へ直通運転を行う。

内房線※

蘇我駅から東京湾側を南下、鴨川駅より東進し安房鴨川駅にいたる。東京駅と君津駅を結ぶ特急「さざなみ」が運行。

久留里線

内房線の木更津駅から内陸に向かい、久留里駅を経て上総亀山駅にいたる、千葉県内のJRで唯一の非電化路線。久留里駅〜上総亀山駅は特に本数が少ない。

武蔵野線※

東京の府中本町駅から埼玉県を経て西船橋駅にいたる。南流山駅以東の7駅が千葉県。西船橋駅から京葉線直通の列車が運行。

京葉線

東京駅と蘇我駅を結ぶ本線と、西船橋・市川塩浜・南船橋の3駅をデルタ形に結ぶ支線がある。武蔵野・外房・内房線と直通運転あり。

※…これらの路線の区間は、運行系統と必ずしも一致しないので注意が必要

地上も走る千葉の地下鉄

東京メトロ 東西線 Ⓣ

乗車券 170円〜
ICカード 168円〜

東京の中野駅と西船橋駅を結ぶ地下鉄路線。浦安駅以東の6駅が千葉県で、この区間はすべて高架上を走る。各駅停車と快速があり、快速は浦安駅と西船橋駅に停車。それより先は、東葉高速線の直通運転で東葉勝田台駅、およびJR総武本線直通で津田沼駅にいたる列車も運行。

本八幡駅で各線に乗り換え

都営地下鉄 新宿線 Ⓢ

乗車券 180円〜
ICカード 178円〜

東京の新宿駅と本八幡駅を結ぶ地下鉄路線。終点の本八幡駅のみ千葉県で、東京都交通局の駅で唯一都外にある。本八幡駅ではJR総武本線のほか、京成本線（京成八幡駅）に乗り換えが可能。

ミニ情報 JR鹿島線の終点は、鹿島サッカースタジアム駅。サッカーの試合開催時のみ客車が停車する臨時駅だ。鹿島線は利根川や霞ヶ浦の美しい景色を楽しめる路線で、鹿島神宮の近くを通る。香取神宮と合わせて訪れるのもいい。

都心から成田空港に向かうJR特急の成田エクスプレス

内房線を走る特急新宿さざなみ1号

鴨川市にある山生（やもめ）橋梁（→P.367）は日本初の鉄筋コンクリートT型梁形式の橋梁

上総中野駅ではいすみ鉄道と小湊鐵道の列車が並んで停車することも

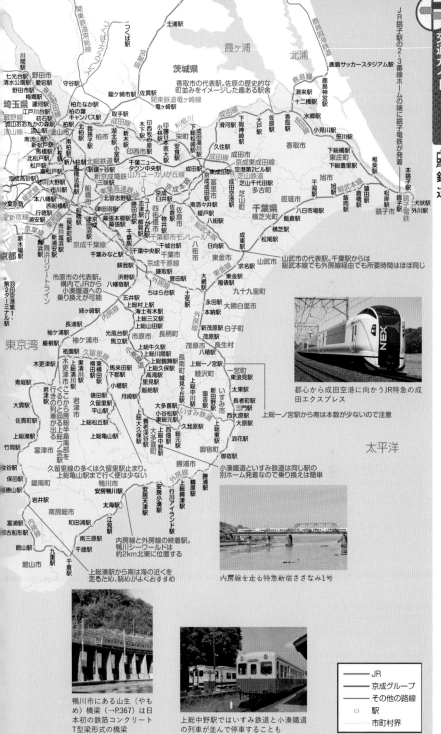

千葉県を走る私鉄の最大手

京成電鉄

乗車券	140円〜
ICカード	136円〜

千葉県内では以下の4路線と、**東成田線**（京成成田駅と東成田駅の2駅を結ぶ）を合わせた5路線が運行。東京23区の東部からベイエリアを経て北総エリアにアクセスが可能。

本線

東京の京成上野駅から青砥駅、京成高砂駅、京成津田沼駅、京成成田駅を経て成田空港駅にいたり、通勤輸送や成田山新勝寺、空港への輸送を担う。国府台駅以東が千葉県。

千原線

千葉中央駅からちはら台駅までの6駅の路線で、千葉市の中心部と千原台ニュータウンを結ぶ。すべての列車が千葉線と直通運転を行っている。

千葉線

京成津田沼駅から京成千葉駅を経て千葉中央駅にいたる路線で、一部は新京成線と直通運転。JR総武本線とほぼ並行して走り、京成千葉駅でJR（千葉駅）に乗り換えが可能。

成田空港線（成田スカイアクセス）

東京の京成高砂駅と成田空港駅を結ぶ。京成上野駅発着のスカイライナーや、京急羽田空港第1・第2ターミナル駅発着のアクセス特急などがこの路線を経由する。

旧陸軍の演習線を再利用

新京成電鉄

乗車券	150円〜
ICカード	147円〜

新京成線

松戸駅から八柱駅、新鎌ケ谷駅、北習志野駅、新津田沼駅を経て京成津田沼駅にいたる路線。京成津田沼駅から京成千葉線と直通運転を行い、千葉市中心部へのアクセスに便利。旧陸軍の鉄道連隊が設けた演習線を整備し再利用した路線のため、カーブが多い。

東京から千葉ニュータウンへ

北総鉄道

乗車券	210円〜
ICカード	203円〜

北総線

京成高砂駅から東松戸駅、新鎌ケ谷駅、千葉ニュータウン中央駅を経て印旛日本医大駅にいたり、矢切駅以東が千葉県。京成成田空港線と路線を共用している。京成高砂駅から京成本線、京成押上線、都営地下鉄浅草線、京急本線と直通運転を行う。

千葉県西部を縦断する

東武鉄道

乗車券	150円〜
ICカード	147円〜

野田線

埼玉県の大宮駅から野田市駅、柏駅、新鎌ケ谷駅を経て船橋駅にいたる。東武鉄道で唯一千葉県を通る路線で、川間駅以東が千葉県。もともとは野田町駅（現・野田市駅）から柏駅まで醤油を運ぶために建設された。愛称は「東武アーバンパークライン」。

ミニ情報　新京成電鉄の路線は、旧陸軍鉄道連隊が敷設した松戸線の一部が、戦後京成電鉄に払い下げられたものを利用している。鉄道連隊は、占領地域における鉄道の敷設や破壊を任務としていた。多様な地形に対応する演習とし↗

東西線直通で都心にアクセス

東葉高速鉄道

乗車券	210円～
ICカード	210円～

東葉高速線

1996（平成8）年開業の第三セクター路線で、西船橋駅から北習志野駅を経て八千代市の東葉勝田台駅にいたる。西船橋駅から東京メトロ東西線と直通運転を行い、都心へのアクセスを担う。東葉勝田台駅で京成本線の勝田台駅に乗り換えが可能。

東葛を走る第二の常磐線

首都圏新都市鉄道 つくばエクスプレス

乗車券	170円～
ICカード	168円～

つくばエクスプレス（常磐新線）

2005（平成17）年開業の首都圏新都市鉄道が運営する路線で、東京の秋葉原駅から東葛エリアを経て茨城県のつくば駅にいたる。南流山駅から柏たなか駅までの5駅が千葉県にあり、南流山駅ではJR武蔵野線に、流山おおたかの森駅では東武野田線に乗り換えが可能。

レトロな雰囲気が漂う

銚子電鉄

乗車券	180円～
ICカード	使用不可

銚子電気鉄道線

全長6.4kmの単線路線で、銚子駅から銚子半島を時計回りに走り、約20分で外川駅にいたる。もともとは犬吠埼への観光輸送と、外川漁港からの鮮魚の輸送、仲ノ町駅からのヤマサ醤油の荷物輸送を目的として敷設された。銚子駅でJRに乗り換えが可能。 ➡P.44、263

市原市の臨海部と内陸部を結ぶ

小湊鐵道

乗車券	140円～
ICカード	使用不可

小湊鐵道線

市原市の五井駅から内陸部に向かい、上総牛久駅、養老渓谷駅を経て大多喜町の上総中野駅にいたる路線。五井駅でJR内房線に乗り換えが可能。また上総中野駅でいすみ鉄道に乗り継ぎ、房総半島を横断できるが、同駅発着の本数は少ないので注意。 ➡P.40、181

いすみ市と大多喜町を結ぶ

いすみ鉄道

乗車券	190円～
ICカード	使用不可

いすみ線

いすみ市の大原駅から大多喜駅を経て上総中野駅にいたる路線。もともとはJRの木原線だったが、1988（昭和63）年に第三セクターの路線となった。大原駅でJR外房線に、上総中野駅で小湊鐵道に乗り換えが可能。 ➡P.41、249

て、また既定の距離を満たすために曲線の多い線路を敷設したといわれる。整備されて現在のルートとなっているが、路線はいまだにかなり蛇行している。

鉄道乗り換えガイド

慣れない土地で電車をスムーズに乗り換えるのは難しい。ふたつの同じ、または似た名前の駅が、意外に離れていることもある。現地で慌てないためにも、主要駅での乗り換えについて知っておこう。

千葉駅

- **JR総武線**（各駅停車・快速）、**総武本線、内房線、外房線、成田線**
- **千葉都市モノレール**
- **京成千葉線**〔京成千葉駅〕

JR➡モノレール
JR千葉駅の「中央改札」を出て直進し、エスカレーター脇のモノレール連絡通路を進む。千葉都市モノレール千葉駅の「中央改札口」まで約30秒。

JR➡京成
上記と同じルートをたどり、千葉都市モノレール千葉駅の「中央改札口」を通らずにさらに奥へと続く連絡通路を進むと、京成千葉駅の「モノレール改札」にいたる。

モノレール➡京成
千葉都市モノレールの千葉駅「南口改札」と京成千葉駅の「モノレール改札」はすぐ近くにあり、数秒で乗り換えが可能。

総武本線、外房線ほか　千葉駅 JR ⟷（徒歩2分）⟷ 京成千葉線　京成千葉駅 京成 ⟷（徒歩10分）⟷ 京成千葉・千原線　千葉中央駅 京成 ⟷（徒歩10分）⟷ 外房線ほか　本千葉駅 JR

津田沼駅

- **JR総武線**（各駅停車・快速）
- **新京成線**〔新津田沼駅〕
- **京成本線・千葉線**〔京成津田沼駅〕

JR➡新京成
JR津田沼駅の「北口」を出て、目の前の通りを右に行くと新京成線の新津田沼駅がある。改札口までは約5分。

JR➡京成
JR津田沼駅と京成津田沼駅は約1.1km離れている。京成津田沼駅までは徒歩で向かうほか、新津田沼駅に行き新京成線に乗って向かう方法や、JR津田沼駅の南口から京成バスで向かう方法がある。

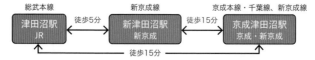

総武本線　津田沼駅 JR ⟷（徒歩5分）⟷ 新京成線　新津田沼駅 新京成 ⟷（徒歩15分）⟷ 京成本線・千葉線、新京成線　京成津田沼駅 京成・新京成
津田沼駅 JR ⟷（徒歩15分）⟷ 京成津田沼駅

本八幡駅

- **JR総武線**（各駅停車）
- **都営地下鉄新宿線**
- **京成本線**〔京成八幡駅〕

JR➡都営地下鉄
JR本八幡駅のメインの改札口を出て直進して、シャポー（駅ビル内の商業施設）内に入る。さらに進んだ先で右に曲がり、案内に従い地下へ降りると、約3分で都営地下鉄の本八幡駅改札に着く。

JR➡京成
JR本八幡駅のメインの改札口から北口に出て北に向かい、踏切の手前を左に曲がる。京成八幡駅まで350m、徒歩約5分。

都営地下鉄➡京成
都営地下鉄本八幡駅の北側の改札を出てA6出口へ向かう。地上に出るとすぐ京成八幡駅のエスカレーターがある。改札まで所要約4分。

新鎌ヶ谷駅

- **北総線**
- **京成成田空港線**
- **新京成線**
- **東武野田線**〔新鎌ケ谷駅〕

北総鉄道／京成➡東武
北総鉄道と京成は駅を共用している。東武新鎌ケ谷駅は北総鉄道／京成の新鎌ヶ谷駅北口を出て右に曲がり、50mほど西へ歩いた場所にある。所要約1分。店が並ぶ高架下を通って行くことも可能。

東武➡新京成
東武新鎌ケ谷駅の北口を出て高架に沿って50mほど西へ進み、案内に従って高架下へ。改札口まで所要約2分。

北総鉄道／京成➡新京成
駅構内に専用改札口があり乗り換えが可能。

ミニ情報 JR総武本線と京成電鉄の本線・千葉線はほぼ平行して走っているので、多くの駅で乗り換えが可能。上記以外でも、市川駅／市川真間駅、西船橋駅／京成西船駅、船橋駅／京成船橋駅間はどれも徒歩圏内だ。

間違いやすい路線

名称が似ていてまぎらわしい路線や、途中で行き先が分かれる路線などを紹介。利用の際に注意すべきポイントを知っておけば、間違いを回避してスムーズに目的地にたどり着けるだろう。

名前は似ているが始発着駅が異なる3つの列車

▶JR 総武線（快速） 総武線（各駅停車） 総武本線

路線としての「総武本線」を運行する列車の系統には、おもに「総武線（快速）」「総武線（各駅停車）」「総武本線」の3種類があり、それぞれで始発着駅（→P.98）が異なり、しばしば混乱の原因となる。特に千葉駅は3系統すべての起点となっているので注意が必要。

途中で枝分かれする路線

▶JR 成田線 総武本線

どちらも千葉駅を出発し、佐倉駅を経て銚子方面に向かうのは同じだが、佐倉駅より先のルートが異なる。成田・佐原・香取方面に行くには成田線を、成東・旭方面に行くには総武本線を利用しよう。

路線名と運行系統が異なる列車

▶JR 京葉線 武蔵野線

路線としては西船橋駅を境に北が武蔵野線、南が京葉線と分かれている。ただし、新松戸方面から西船橋駅を経て東京方面もしくは南船橋・海浜幕張駅に向かう列車も、運行系統としては「武蔵野線」と案内されることが多い。

グループ会社同士での乗り換え

▶京成電鉄 京成本線　新京成電鉄 新京成線

京成電鉄と新京成電鉄は、どちらも京成グループではあるが別の会社。京成津田沼駅にはどちらの路線も乗り入れているが、新津田沼駅を通るのは新京成線のみなので注意。また、京成津田沼駅のほか、新鎌ヶ谷駅でも2社間での乗り換えができる。

鉄道旅行プランニング ヒント

千葉への旅行を思い立ったら、便利な列車やお得なチケットをチェックしてみよう。各鉄道会社では1日乗車券などのお得な切符を用意しているので、沿線の見どころを巡るのにもってこいだ。

東京から外房・内房へ行くのに便利なJR特急

意外に時間がかかる房総への移動も、特急を利用すれば乗り換えもなく快適だ。東京からは以下の3便が定期運行を行っている。これらのほか、土・日曜、祝日を中心に新宿を出発する「新宿さざなみ」や「新宿わかしお」などの臨時特急もある。

名称	おもな運行区間（所要時間）	運行日	おもな停車駅
わかしお	東京～安房鴨川（約2時間）	毎日	海浜幕張、蘇我、大原、勝浦
しおさい	東京～銚子（約1時間50分）	毎日	錦糸町、千葉、佐倉
さざなみ	東京～君津（約1時間10分）	平日	蘇我、五井、木更津

「サンキュー♥ちばフリーパス」

例年9～11月に発売

千葉県内の主要駅と神奈川県の久里浜駅で購入できる周遊パス。連続する2日間に県内のJRと鉄道4社、バス6社、東京湾フェリーが乗り放題となる。大人3970円、子供1980円。ほかに、東京都区内発の「サンキュー♥ちばフリー乗車券」もある。

成田詣には「成田開運きっぷ」を

「成田開運きっぷ」は、京成線の各駅と京成成田駅との往復割引切符。運賃が1～2割引となり、成田山表参道の約80の施設や店舗で切符を提示すると、割引やプレゼントなどの特典を受けられる。京成線各駅の自動券売機で販売しており、当日のみ有効。

人気の鉄道で房総半島を横断、「房総横断記念乗車券」

五井駅と大原駅をつなぐ、小湊鐵道といすみ鉄道の列車を乗り継いで、房総半島の横断ができる。通常運賃よりも割安になるほか、各駅で途中下車ができるのも魅力（あと戻り不可）。大人1730円、子供870円、当日のみ有効。

1日フリー乗車券を活用しよう

乗り降り自由なフリー切符は旅の強い味方。多くの鉄道会社が1日乗車券を用意しているので、沿線に行きたい場所が多い場合は便利。

おもな1日フリー乗車券

名称	鉄道会社・路線名	料金	備考
京成線ワンデーパス	京成電鉄	大人2000円、子供1000円	期間限定販売。対象店舗などでの優待特典あり。
流鉄流山線一日フリー乗車券	流鉄	大人500円、子供250円	購入当日のみ有効。
弧廻手形	銚子電鉄	大人700円、子供350円	対象店舗などでの優待特典あり。購入当日のみ有効。
ホリデーフリーきっぷ	千葉都市モノレール	大人630円、子供320円	土・日曜、祝日、年末年始、GW期間中のみ利用可能。2-DAYフリーきっぷもある。
1日フリーきっぷ	ディズニーリゾートライン	大人660円、子供330円	定期的にデザインが変わる。2～4日フリーきっぷもある。

ミニ情報　JRの普通列車が1日乗り放題になる「青春18きっぷ」で回るのもおすすめ。春、夏、冬と利用可能期間が決まっており、5枚セット券が1万2050円。JR東日本のおもな駅の指定席券売機やみどりの窓口で購入できる。

運行距離数km、短いからこそ愛される

千葉の短距離路線

千葉県にはさまざまな目的のために建設された短い路線がある。どれも個性豊かで、思わず乗ってみたくなるものばかり。周辺の見どころと合わせて巡れば、充実した1日になること間違いなしだ。

都心にいちばん近いローカル鉄道として人気の流鉄流山線

流山住民の足として親しまれる

流鉄流山線（6駅5.7km）

乗車券 130円～ ICカード使用不可

MAP 別冊P.7-C2

松戸市の馬橋（まばし）駅と流山駅を11分で結ぶ単線で、1916(大正5)年に開業。すべての列車がワンマン運転の各駅停車で、上下線ともに1時間に3～4本ほど運行。馬橋駅でJR常磐線に乗り換えが可能。

沿線の見どころ

流山駅

流山万華鏡ギャラリー＆ミュージアム➡P.349

万華鏡作家・中里保子氏のギャラリー。建物は明治時代に建てられた見世蔵。

平和台駅

一茶双樹記念館➡P.349

江戸時代に建てられた商家の屋敷と庭園。俳人小林一茶が何度も訪れた。

2駅だけの日本一短い鉄道路線

芝山鉄道（2駅2.2km）

MAP 別冊P.18-B1

乗車券 200円 ICカード使用不可

成田空港の建設で不利益を被った芝山町地域のため、地元の要請により誕生した路線で、東成田駅と芝山千代田駅を結ぶ。全列車が京成東成田線と直通運転を行い、芝山町から成田市とその周辺へのアクセスを担う。

九十九里海岸方面に延伸される可能性もある

沿線の見どころ

東成田駅

成田国際空港➡P.308

成田市、芝山町、多古町にまたがる日本最大の国際空港。東成田駅から徒歩で約10分。

芝山千代田駅

成田空港温泉 空の湯

充実した設備が自慢の天然温泉。屋上に露天風呂があり、飛行機を眺めながら湯につかれる。

MAP 別冊P.18-B1 住山武郡芝山町香山新田27-1 TEL0479-78-2615 開11:00～23:00 休無休 料大人平日1000円～、休日1200円～ Pあり 交芝山鉄道芝山千代田駅から徒歩5分

ミニ情報 芝山鉄道の東成田駅は、現・成田空港駅ができるまでは、空港の最寄り駅としてにぎわった場所。しかし現在利用者は少なく「秘境駅」とも呼ばれるほどだ。独特な雰囲気が漂うレトロな駅構内は一見の価値がある。

営業距離が世界最長の懸垂型モノレール

千葉都市モノレール

（19駅15.2km） MAP 別冊P.17-C3

乗車券 200円〜
ICカード 199円〜

千葉みなと駅から千葉駅を経て県庁前駅にいたる1号線と、千葉駅から都賀駅を経て千城台駅にいたる2号線からなり、すべて千葉市内を走る。千葉みなと駅でJR京葉線、都賀駅でJR総武本線に乗り換えが可能。

大きな車体がぶら下がる様子は迫力満点で、かつ近未来的だ

千葉公園駅

千葉公園➡P.143

春は桜、初夏は大賀ハス、秋は紅葉など四季の自然を楽しめる16ヘクタールの総合公園。

千葉みなと駅

千葉ポートタワー➡P.142・159

「恋人の聖地」に認定された人気のデートスポット。展望フロアから東京湾を一望できる。

桜木駅

加曽利貝塚
➡P.46・146

ドーナツ形の北貝塚と、馬のひづめ形の南貝塚からなる日本最大級の貝塚。

県庁前駅

亥鼻公園➡P. 145・363

かつて千葉氏の亥鼻城があった場所で、現在は天守閣造りの千葉市立郷土博物館が建つ。

山万が運営する新交通システム

山万ユーカリが丘線（6駅4.1km）

乗車券 200円
ICカード 使用不可

車両の愛称は「こあら号」。冷房がないため、夏にはおしぼりとうちわのサービスがある

MAP 別冊P.16-B1

佐倉市のニュータウン・ユーカリが丘を開発した不動産会社が運営。軌道方式は自動案内軌条式（AGT）。ユーカリが丘駅を発着駅とし、ニュータウン内をラケット形にループする独特な環状線だ。

女子大駅

千手院

奈良時代創建の真言宗の寺院で、本尊は千手観音菩薩。参道に樹齢約600年の椎の木が立つ。

MAP 別冊P.16-B1

住 佐倉市井野152　TEL 043-487-2803　開 参拝自由　P あり　交 山万ユーカリが丘線女子大駅から徒歩9分

路線名はディズニーリゾートライン

舞浜リゾートライン

（4駅5.0km） MAP 別冊P.15-C3

乗車券 260円
ICカード 260円

舞浜リゾートラインが2001（平成13）年に開業したモノレール。JR京葉線の舞浜駅に隣接するリゾートゲートウェイ・ステーションを起点に、東京ディズニーリゾート内を反時計回りに13分で1周する。

窓やつり革、シートなどにミッキーがいっぱい

ミニ情報 山万ユーカリが丘線の駅のひとつに「女子大駅」がある。これは開業当時、近くに和洋女子大学のキャンパスが移転する予定だったことから付いた駅名だ。その後計画が中止となり、予定地には研修棟や宿泊棟などがあるのみ。

道路

千葉県を旅するうえで最も便利な交通手段が車。出発や乗り継ぎの時間を気にする必要がなく、電車やバスが通っていない見どころへも楽にアクセスでき、荷物を載せて移動ができる。千葉県には観光に便利な高速道路のほか、眺めのよい海辺や山中の道も多く、気持ちのいいドライブを楽しめる。

主要高速道路

千葉県を走る高速道路は、おもに東京から放射状に延びる道路と、それに続く各道路からなる。以下に代表的なものを挙げているが、ほかに常磐自動車道、新空港自動車道、首都高速湾岸線、銚子連絡道路、東京外環自動車道も千葉県内を通る。外房エリアには高速道路がないので移動時間に余裕をみておこう。

内房エリアを南北に走る

館山自動車道 E14※

（千葉市中央区～富津市）

館山道とも呼ばれる、ほぼ全線4車線の道路。蘇我ICの南から富津竹岡ICまでの約56km区間をいい、北は京葉道路に、南は富津館山道路に接する。富津館山道路と合わせて南房総市の富浦ICまで行くことができる。

木更津JCTからは、東京湾アクアライン方面に行くことも可能。また、木更津南JCTで分岐しており、富津竹岡ICへは本線を利用し、富津岬方面へは支線を利用する。

サービスエリア（SA）やパーキングエリア（PA）は少なく、市原SAと君津PAのみ。

成田や佐原、銚子方面に行くなら

東関東自動車道 E51

（市川市～茨城県潮来市）

首都高速湾岸線に続く道で、東関東道または東関道とも呼ばれる。市川市の高谷JCTに始まって北東に向かい、香取市に接する茨城県の潮来ICまで約75km続く。全線開通すれば、水戸市の南に位置する茨城町JCTが終点となる。なお、高谷JCTから成田ICまでは全6車線、そこから潮来までは4車線となる。千葉市の宮野木JCTからは京葉道路に、大栄JCTからは首都圏中央連絡自動車道（圏央道）に入ることが可能。PAは湾岸幕張、酒々井、大栄、佐原の4ヵ所にある。

東京から千葉へ向かう大動脈

京葉道路 E14

（東京都江戸川区～千葉市中央区）

高速道路としては篠崎ICから始まり、東へ向かって千葉市まで延びる。宮野木JCTで東関東自動車道に、千葉東JCTで千葉東金道路に入ることが可能。また、蘇我ICから南で館山自動車道に接続しており、内房や房総半島南部へ向かうにも便利だ。

千葉市と東金市を結ぶバイパス

千葉東金道路 E82

（千葉市中央区～東金市）

千葉東JCTで京葉道路から分岐して東へ向かう、約16kmの有料道路。九十九里エリアに向かうために便利な道で、全4車線。終点近くの東金JCTから首都圏中央連絡自動車道（圏央道）に入ることができる。中間地点に唯一のPA、野呂PAがある。

海底と海上を走る、見どころいっぱいの道

東京湾アクアライン CA

（神奈川県川崎市～木更津市）

東京湾の中央部を横断する全長約15kmの有料道路。川崎浮島JCTから海ほたるPA（木更津人工島）までが海底トンネルで、そこから木更津JCTにかけてが橋梁となっている。グルメやショッピング施設が充実する海ほたるPAは、観光スポットとして人気。

1都4県にまたがる建設途中の大幹線道路

首都圏中央連絡自動車道 C4

（神奈川県茅ヶ崎市～成田市、山武市～木更津市）

一般に圏央道の名で知られる、東京圏を囲む環状高速道路。千葉県では木更津JCTから松尾横芝ICまでと、大栄JCTから神崎ICまでの区間で、松尾横芝ICと大栄JCT間は2024年度に開通予定。（2022年11月現在、県内のPAは高滝湖の1ヵ所のみ）

※ E14 等の表示は高速道路等の路線番号（ナンバリング）を示しています。

ミニ情報 2022年現在、千葉県のナンバープレートの数は10で、全国では北海道や東京都と並び1位タイ。そのうち、ご当地ナンバーの数は6で単独1位だ。ご当地ナンバーでは各市にちなんだ図柄入りのデザインを選ぶこともできる。

九十九里浜に沿って延びる17.2kmの九十九里有料道路

房総半島内陸部の移動に便利な圏央道

花と海を眺めながらのドライブを楽しめる房総フラワーライン

東京湾アクアラインは海ほたるPA西側の9.5kmが海底トンネルとなる

- 高速道路・有料道路
- 国道
- その他の道路
- 柏IC 木更津JCT IC・JCT
- 市原SA SA・PA
- 16 128 国道番号
- 市町村界

東京からの方面別アクセス

東京から千葉の各地に車で行く場合は、高速道路を有効に活用したい。京葉道路または東関東自動車道でベイエリアに入るか、常磐自動車道で東葛エリアに入るか、東京湾アクアラインで内房エリアに入るのがおもなアクセス方法だ。船旅も楽しみたいなら三浦半島から東京湾フェリーという選択肢もある。

※緑色の区間は有料道路を表す
※高速料金は平日昼間の普通車（ETCあり）のもの

木更津・富津・館山方面

沖ノ島まで
約**1**時間**40**分、**100.9**km

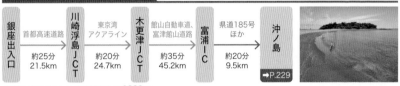

出発	経路	所要時間	距離	到着
銀座出入口	首都高速道路	約25分	21.5km	川崎浮島JCT
川崎浮島JCT	東京湾アクアライン	約20分	24.7km	木更津JCT
木更津JCT	館山自動車道、富津館山道路	約35分	45.2km	富浦IC
富浦IC	県道185号ほか	約20分	9.5km	沖ノ島

➡P.229

¥銀座出入口から富浦ICまで **3390**円

大多喜・勝浦方面

かつうら海中公園まで
約**1**時間**50**分、**100.8**km

出発	経路	所要時間	距離	到着
銀座出入口	首都高速道路	約25分	21.5km	川崎浮島JCT
川崎浮島JCT	東京湾アクアライン	約20分	24.7km	木更津JCT
木更津JCT	圏央道	約15分	19.7km	市原舞鶴IC
市原舞鶴IC	国道297号ほか	約50分	34.9km	かつうら海中公園海中展望塔

➡P.244

¥銀座出入口から市原鶴舞ICまで **2480**円

東金・九十九里方面

九十九里ビーチタワーまで
約**1**時間**20**分、**74.2**km

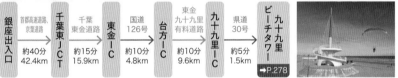

出発	経路	所要時間	距離	到着
銀座出入口	首都高速道路、京葉道路	約40分	42.4km	千葉東JCT
千葉東JCT	千葉東金道路	約15分	15.9km	東金IC
東金IC	国道126号	約10分	4.8km	台方IC
台方IC	東金九十九里有料道路	約10分	9.6km	九十九里IC
九十九里IC	県道30号	約5分	1.5km	九十九里ビーチタワー

➡P.278

¥銀座出入口から東金ICまで **1750**円
¥台方ICから九十九里ICまで **210**円（ETC利用不可）

流山・野田方面

清水公園まで
約**55**分、**40.2**km

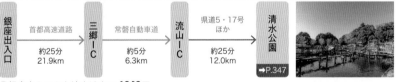

出発	経路	所要時間	距離	到着
銀座出入口	首都高速道路	約25分	21.9km	三郷IC
三郷IC	常磐自動車道	約5分	6.3km	流山IC
流山IC	県道5・17号ほか	約25分	12.0km	清水公園

➡P.347

¥銀座出入口から流山ICまで **1240**円

成田・香取・銚子方面

犬吠埼灯台まで
約**2**時間**30**分、**125.8**km

出発	経路	所要時間	距離	到着
銀座出入口	首都高速道路、京葉道路	約35分	33.5km	宮野木JCT
宮野木JCT	東関東自動車道	約20分	28.4km	成田JCT
成田JCT	東関東自動車道	約15分	21.3km	佐原香取IC
佐原香取IC	国道356号ほか	約1時間20分	42.6km	犬吠埼灯台

➡P.260

¥銀座出入口から佐原香取ICまで **2740**円

ミニ情報 東京から銚子の犬吠埼灯台へは上記のほかに、首都高速道路、京葉道路、千葉東金道路、銚子連絡道路、国道126号を経由して行くルートもある。

ドライブ お役立ち情報

レンタカーの効率的な利用方法は？　休憩するならどこがいい？　泊まりがけの旅行でも、気分転換のお出かけでも、車で千葉県を訪れる際に知っておくと、きっと役立つ情報をご紹介。単なる休憩所にとどまらない、千葉らしさを存分に味わえる便利な施設もいっぱいだ。

レンタカー活用法

旅行に便利なレンタカー。公共交通機関を利用して目的地付近まで行き、そこから借りることもできるなど、自由度が高い。なかでもJRとレンタカーを組み合わせた「レール＆レンタカーきっぷ」を利用すれば、同乗者全員のJR線の乗車券が20％、特急料金やグリーン料金などが10％の割引になり、レンタカーも特別料金となりお得だ。また、車を借りたのとは別の場所で返却する「乗り捨て」をしようと考えている場合は、会社により大きく料金が異なるので確認しておきたい。たとえばJRの駅レンタカーは営業所間の距離が50kmまでなら無料（一部の営業所は乗り捨て不可）で、トヨタレンタカーは千葉県内の営業所間なら無料となる。

立ち寄りたいSAとPA

ドライブ中の休憩に欠かせないサービスエリア（SA）とパーキングエリア（PA）。千葉県にはSAが1ヵ所、PAが10ヵ所あり、東京湾アクアラインにある海ほたるPA（→P.192）もそのひとつ。通常、SAのほうが設備が整っていると思いがちだが、SA並みに施設が充実しているPAも多い。こまめに休憩を取り、無理のない運転を心がけよう。

- 市川PA（首都高速湾岸線 上り）
2020年夏にリニューアルしたきれいなPA。ショップには自衛隊グッズのコーナーもある。
- 幕張PA（Pasar幕張）（京葉道路 上り／下り）
上りは千葉気分、下りは東京気分をコンセプトに、ショップや飲食店が集まる。
- 湾岸幕張PA（東関東自動車道 上り／下り）
下り線のフードコートでは、本格中華や千葉の食材を使った千葉丼が人気。
- 野呂PA（千葉東金道路 上り／下り）
上り線に「文学の森」、下り線には「くぬぎの森」が隣接し、ペットとともに散策できる。
- 市原SA（館山自動車道 上り／下り）
上下線ともにドッグラン施設があり、無料で利用できる。一般道からも行くことが可能。
- 酒々井PA（東関東自動車道 上り／下り）
成田空港から約14km。東京や千葉のみやげが揃い、ソフトクリームが人気のPA。

道の駅を利用しよう

ショップや飲食店、駐車場、トイレなどを備えた道の駅は、ドライブ途中に気兼ねなく休憩できる便利な施設。千葉県には29ヵ所の道の駅があり、関東地方でも多いほうに入る。なかには千葉らしい特色を生かしたユニークな道の駅もあるのでぜひ立ち寄ってみたい。

- 保田小学校（鋸南町）→P.215
廃校となった小学校の校舎を利用。「里山食堂」では教室で給食メニューを味わえる。宿泊も可能。
- とみうら 枇杷倶楽部（南房総市）
房州ビワを使ったカレーやソフトクリームが人気。冬から春にかけてはイチゴ狩りもできる。
- ちくら潮風王国（南房総市）
大きな生けすがあり、新鮮な魚介類を購入可。港には漁船の第一千倉丸がある。千田のお花畑は隣。
- ローズマリー公園（南房総市）→P.223
洋風庭園があり、シェイクスピアの生家など、中世イギリスの建物が再現されている。
- みのりの郷東金（東金市）
県内最大級の植木と苗の店があるほか、冬から春にかけてはイチゴ狩りも楽しめる。
- 発酵の里こうざき（神崎町）→P.410
醤油や味噌、納豆などの発酵食品を販売し、食堂のメニューに取り入れた利根川沿いの道の駅。

Pasar幕張下り

ミニ情報　海ほたるPAを訪れた際は、そのままUターンして出発地に戻ることが可能。この場合は東京湾アクアライン片道分の通行料を徴収される。海ほたる駐車場の混雑状況はTwitterで確認ができる。

バス

目的地までの複雑な乗り換えが必要なく、運賃も手頃なバス。千葉県へは全国各地からの長距離バスが運行しているほか、県内を網の目のように路線バスが走り、鉄道が走っていない場所へ行くときには主要な公共交通手段となる。上手に活用して千葉の旅を快適なものにしよう。

千葉への路線（長距離バス）

各地から千葉県に向かうバスは種類が豊富で、そのほとんどが東京を経由。夜行バスしか運行していないこともあるが、翌朝到着してすぐに動けるので時間を有効に使える。目的地によっては、いったん東京に出て鉄道や別のバスに乗り換えたほうが、効率よく移動できる場合もある。

全国各地から千葉へ

おもな出発地点 全国35都府県の主要都市
おもな到着地点 東京ディズニーリゾート、成田空港

関東や東海・北陸地方はもちろんのこと、遠いところでは東北や関西、中国・四国地方からも千葉県へのバスが運行している。数千円で長距離移動ができ手頃なうえ、目的地によっては乗り換えも最小限にできるというメリットがある。東京ディズニーリゾートまでの所要時間は、仙台から7〜8時間、名古屋から7〜9時間、大阪から8〜10時間。関東近県以外からの便は基本的に日をまたぐ夜行バスだ。

夜行バス利用の際は疲れを残さないよう、仕切りカーテンの有無やシートの広さ、フルリクライニングの可否、女性専用車かどうかなど、快適さにもこだわって車両を選びたい。トイレやブランケット、充電コンセント、空気清浄機の有無など、サービスもさまざまなのでバスを選ぶ際の参考にしよう。

東京から千葉へ

おもな出発地点 東京駅八重洲南口、羽田空港、バスタ新宿、品川駅
おもな到着地点 千葉市、房総半島南部、銚子方面、九十九里方面などの各地

東京都からは千葉県内の各方面に向かうバスが出ている。東京駅八重洲南口からは、成田空港行きのエアポートバスが日中10〜30分間隔で運行しており、予約なしで乗車可能。房総半島南部に向かう場合も新宿（バスタ新宿）や東京駅から館山や安房白浜、あるいは鴨川などに向かう便があり、バスのほうが鉄道と比べて時間短縮でき、料金も安い場合がある。このほか、東京ディズニーリゾートはもちろん、鴨川シーワールド、三井アウトレットパーク木更津や酒々井プレミアムアウトレットなど、東京からのバスで直接行けるスポットも多い。

千葉県内主要駅への運賃・料金早見表

出発地＼目的地	千葉市へ	館山市へ	鴨川市へ	銚子市へ	成田空港へ
東京駅から	京成バス 運賃**1050**円〜 所要約**1**時間	JRバス関東 運賃**2550**円〜 所要約**2**時間	京成バス 運賃**2600**円 所要約**2**時間**20**分	京成バスほか 運賃**2700**円 所要約**2**時間**20**分	京成バス **1300**円 所要約**1**時間**10**分
千葉駅から	—	日東交通 運賃**1680**円〜 所要約**1**時間**40**分	千葉中央バス 運賃**1880**円 所要約**2**時間	直通運行なし	直通運行なし

運賃と所要時間は到着地や経由地、運行会社、時期などにより変わる

ミニ情報　長距離バスでの出発前や到着後に時間が空いたら、漫画喫茶で過ごすのもおすすめ。24時間営業でシャワーやコインランドリー、乾燥機が利用できるところもあり、快適に過ごすことができる。

県内の路線（路線バス）

房総半島の内陸部や最南端など、鉄道が運行していない場所へ行くのに便利な路線バス。路線によっては運行本数が少ないこともあるので、あらかじめ時刻を確認しておこう。車両中央のドアから乗車し、降車の際に運賃を支払うのが基本。交通系ICカードが使えないこともあるので現金は持参すること。

千葉県内の主要駅から観光地への路線バス

◆京成バス 幕01 歩かずに幕張メッセや球場に行くなら

連節バスを導入。ZOZOマリンスタジアム行きのほかに、免許センター、医療センター、幕張メッセ中央行きなどがある。プロ野球開催時には幕張本郷駅からスタジアムへの臨時直通バスも運行。

幕張本郷駅 ↔ 海浜幕張駅 ↔ タウンセンター（└県立幕張海浜公園） ↔ 幕張メッセ（東口）（└幕張メッセ） ↔ ZOZOマリンスタジアム（└ZOZOマリンスタジアム）

¥幕張本郷駅～ZOZOマリンスタジアム　所要**21**分　大人**270**円（ICカード**263**円）

◆日東交通バス 木更津鴨川線 房総スカイラインを走り房総半島を縦断

多くの見どころの近くを通るが、本数は1日5往復と少ない。

イオンモール木更津 ↔ 木更津駅西口 ↔ クルックフィールズ入口（└KURKKU FIELDS） ↔ ロマンの森共和国（└ロマンの森共和国） ↔ サン・ラポール（└清和県民の森） ↔ 安房鴨川駅 ↔ 鴨川シーワールド（└鴨川シーワールド） ↔ 亀田病院

¥木更津駅西口～鴨川シーワールド　所要約**1**時間**30**分　大人**1370**円

◆日東交通バス 富津線 富津公園に行く際に利用したい

1日16往復運行しており、年末年始は減便する。

木更津駅西口 ↔ 南町（└證誠寺） ↔ 神門（└人見神社） ↔ 青堀駅 ↔ 富津公園（└富津公園）

¥木更津駅西口～富津公園　所要約**40**分　大人**630**円

◆ジェイアールバス関東 洲の崎線 館山市内の房総フラワーラインを走る

南房パラダイスや相の浜まで行く便は1日3往復と少ないので注意。

館山駅（└JR館山駅） ↔ 城山公園前（└館山城・八犬伝博物館） ↔ 宮　城（└赤山地下壕跡） ↔ 洲の埼灯台前（└洲埼灯台） ↔ 洲の崎神社前（└洲崎神社） ↔ 南房パラダイス（└アロハガーデンたてやま） ↔ 相の浜

¥館山駅～洲の崎灯台前　所要**25～38**分　大人**490**円

◆ジェイアールバス関東 南房総本線 房総半島の最南端へ

国道410号線を通って安房白浜へ向かう。

館山駅 ↔ 砂山口（└萬徳寺） ↔ 安房神社前（└安房神社） ↔ 宮前（└館山野鳥の森） ↔ 相の浜 ↔ 布良崎神社（└青木繁「海の幸」記念館・小谷家住宅） ↔ 野島埼灯台口（└野島崎、白浜海洋美術館） ↔ 安房白浜

¥館山駅～野島埼灯台口　所要約**40**分　大人**610**円

◆小湊鐵道バス 養01 鉄道で養老渓谷へ行く際に重宝する

1日4～5便と少ないが、一部小湊鐵道に連絡しており利用しやすい。年末年始は運休する。

養老渓谷駅 ↔ 温泉郷入口（└観音橋、立國寺） ↔ 弘文洞入口（└共栄・向山トンネル） ↔ 原ノ台（└幻の滝） ↔ 粟又ノ滝（└粟又の滝） ↔ 粟又・ごりやくの湯（└ごりやくの湯）

¥養老渓谷駅～粟又・ごりやくの湯　所要約**20**分、大人**400**円

◆ジェイアールバス関東 多古本線 一部区間でフリー切符も利用できる

さくらの山、ひこうきの丘、芝山千代田駅、第1・2ターミナルに停車する便は限られる。

JR成田駅 ↔ 成田山前（└成田山新勝寺） ↔ さくらの山（└成田市さくらの山） ↔ ひこうきの丘（└ひこうきの丘） ↔ 航空科学博物館（└航空科学博物館、成田空港 空と大地の歴史館） ↔ 芝山千代田駅 ↔ 第2ターミナル（└成田空港） ↔ 第1ターミナル（└成田空港） ↔ 南中（└日本寺） ↔ 八日市場駅

¥JR成田駅～航空科学博物館　所要**30～40**分　大人**540**円

ミニ情報　小湊鐵道バス 養01のフリー乗車区間（養老渓谷駅～粟又ノ滝）では、好きな場所で手を挙げて乗車する、もしくはブザーを押して下車することが可能。

水上交通

房総半島に行くなら、東京湾を航行する船も移動手段に加えてみよう。三浦半島から房総半島への海路は古代東海道の一部で、源頼朝もこのルートで安房に渡った。東京湾を行き交う船や、左右に迫る半島の景色も楽しい。潮風に吹かれながらのクルーズは、千葉の旅に彩りを添えてくれる。

気軽に楽しめる東京湾の船旅

東京湾フェリー

久里浜港 神奈川県横須賀市
↕
金谷港 富津市

三浦半島と房総半島間の11.5kmを約40分で渡るフェリー。「かなや丸」と「しらはま丸」の2隻が運航しており、通常1日14往復する。船上では周囲を行き交う外国船を眺めたり、船上グルメを味わったりして、船旅を満喫できる。運賃は大人片道900円、往復1600円で、6歳以上12歳未満の子供は半額。往復チケットは7日間有効だ。6m未満の普通車は片道4400円、往復7800円（運転者1名を含む）。ほかにもオートバイや自転車も運べる。

URL www.tokyowanferry.com

季節限定運航の「海のジェット機」

東海汽船 春の季節運航

竹芝客船ターミナル 東京都港区
↕
館山 館山市 ↔ **伊豆大島** 東京都大島町 ↔ **熱海** 静岡県熱海市

2月上旬から3月下旬までの約2ヵ月間にわたり、高速ジェット船「セブンアイランド」が毎日運航。東京～館山間を75分、館山～伊豆大島間を55分、伊豆大島～熱海間を45分で結ぶ。高速ジェット船はジェットエンジンで海水を吹き出し、船体を浮き上がらせて航行。時速約80kmの高速で移動できるが、波の影響を受けないのでほとんど揺れることがない。料金や出発時間については確認を。

URL www.tokaikisen.co.jp

サイクリングコースは→P.380へ

自転車

海と川に四方を取り囲まれ、高低差の少ない千葉県は、サイクリングにうってつけの場所。レンタサイクルやシェアサイクルのサービスも充実しており、駅から少し離れた見どころを巡るにも便利だ。マイ自転車がある場合は、輪行もよいが解体せずに載せられる公共交通機関をうまく利用しよう。

都市部で使えるシェアサイクル

シェアサイクルサービス「HELLO CYCLING」が千葉県でも利用可能。アプリで会員登録をする、またはICカードを登録しておくだけで気軽に電動自転車を借りることができる。料金は千葉県の場合、利用開始から30分まで130円、その後15分延長するごとに100円。最長12時間まで利用でき、上限は1800円。返却は借りたステーション以外の場所でもOKで、乗り捨て料もかからない。千葉市418、市川市32、船橋市39、佐倉市1、習志野市49、八千代市21、浦安市6、四街道市1のステーションがある（2022年11月現在）。

→ P.141

便利な宅配レンタサイクル

「東京サイクリングツアー＆レンタサイクル」では、乗車日の前日夜に自転車を届けてくれ、好きな場所に乗り捨てできるサービスを実施。1日あたりロードバイクが5940～7920円、クロスバイクが4180円～4730円で、2日目からはそれぞれ半額となる（配送・乗り捨て料込み）。習志野、船橋、松戸、市川、千葉は追加料金不要で、それ以外での配送・乗り捨てには1kmあたり165円が加算される。

URL tokyo-cyclingtour.com

便利なB.B.BASE（BOSO BICYCLE BASE）

JR東日本が運行するサイクリスト向けの観光列車。滑りにくいゴム床を採用した広いシートの車両で、自転車を解体したり折りたたんだりせずに車内のサイクルラックに固定できる。5つの路線があり、土・日曜、祝日を中心に両国駅から千葉県（一部茨城県）の各方面に運行。乗車には目的地までの乗車券類のほかに、指定席券（大人840円、子供420円）が必要となる。

- **B.B.BASE 内房** 往路 両国駅～和田浦駅（南房総市）／復路 館山駅～両国駅
- **B.B.BASE 鹿野山** 往路 両国駅～君津駅／復路 竹岡駅（富津市）～両国駅

※往路は途中の木更津駅で久留里線の菜久留トレインに乗り換え可能。

- **B.B.BASE 外房** 往復 両国駅～安房鴨川駅
- **B.B.BASE 佐倉・銚子** 往復 両国駅～銚子駅
- **B.B.BASE 佐原・鹿島** 往復 両国駅～鹿島神宮駅

ミニ情報 B.B.BASEの出発地・両国には、ロードバイクやクロスバイクのレンタルを行う「B.B.BASEバイシクルステーション」がある。B.B.BASEの列車運行日に合わせて営業しており、レンタル料は1泊2日の場合4500～6000円。

第2章

千葉の海

千葉の魅力はなんといっても海。陸地の三方が海に囲まれ、太平洋に面した外房、東京湾に面した内房、と多様な表情を見せる。絶景を堪能し、ビーチ遊びを満喫。海沿いでは人気のカフェにも立ち寄ろう。

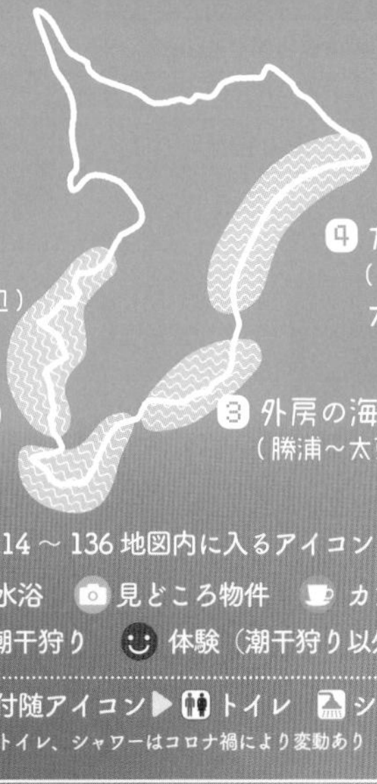

P.114 ～ 136 地図内に入るアイコン

海水浴　見どころ物件　カフェ
潮干狩り　体験（潮干狩り以外）

海水浴の付随アイコン▶ トイレ　シャワー

※トイレ、シャワーはコロナ禍により変動あり

富津岬から洲崎まで
ふたつの岬を結ぶ穏やかなエリア

1 内房の海（木更津〜沖ノ島周辺）

房総半島の内側に位置する内房は、
都心からも東京湾を渡ってすぐの海。
千葉の玄関口、木更津から富津漁港、沖ノ島まで、
見どころやおすすめ海水浴場がたくさんある。

木更津市

すだて実三丸（すだて遊び）→ P.118
江川海岸潮干狩場

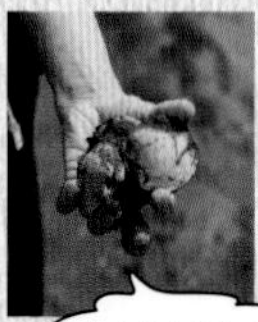

たくさん採れるカガミガイ

富津海岸潮干狩り場
富津新港
富津漁港
富津岬展望台（明治百年記念展望塔）
中の島展望台
富津海水浴場
大貫中央海水浴場
下洲海岸（海釣り体験）→ P.119
富津市
上総湊港海浜公園
音楽と珈琲の店 岬 → P.117
→ P.119 岩井海岸（観光地引網）
→ P.117 岡本桟橋（原岡桟橋）
→ P.119 豊岡海水浴場
原岡海水浴場
崖観音（大福寺）→ P.117
→ P.116 沖ノ島
沖ノ島海水浴場
北条海水浴場
SEA DAYS → P.119
北条桟橋 → P.116
→ P.119 たてやま・海辺の鑑定団（シュノーケル体験）
波左間海水浴場
館山市
館山湾
東京湾

展望塔に上ると砲台全体が見渡せる

中の島展望塔（富津元洲堡塁砲台跡）

富津元洲堡塁砲台跡（ふっつもとすほうるいほうだいあと）

富津岬公園内にある展望塔は富津元洲堡塁砲台跡の最高地に造られた。「ちば眺望百景」にも選ばれた穴場スポット。

MAP 別冊 P.28-B2
住 富津市富津 2280　TEL 0439-87-8887（富津公園管理事務所）　開 見学自由　P あり
交 JR 青堀駅から富津公園行きバスで 12 分、終点下車すぐ

砂浜だから足場も安心

下洲海岸でちょい投げ体験 → P.119

秋に下洲海岸で行われるイベント「ちょい投げ房総族」は初心者の参加も大歓迎。

穏やかな内房の海には遊び場がいっぱい

潮干狩り場がいくつもある木更津は、子供も大人も磯遊びができる千葉を代表する海の町だ。昔から伝わるすだて漁体験ではほかではお目にかかれない貴重な経験ができる。内房には砂地が多く、初心者や子供も安心して釣りができる釣り場があるので、アジやイワシ、クロダイなどいろいろな魚を狙えるのも魅力。館山湾に浮かぶ無人島の沖ノ島ではきれいな貝殻を探してみよう。絶景と海遊びが楽しめる内房は家族みんなで訪れたい。

千葉といえば地引網体験！

→ P.119

みんなでわいわい言いながら岩井海岸の「観光地引網」を楽しもう。

沖ノ島はサンゴ生息の北限域

→ P.116

南房総国定公園内にある沖ノ島は、約8000年前の縄文海中遺跡や、なかなか見ることができなくなったサンゴ、森林など貴重な自然が残る無人島。

トゲイボサンゴとソラスズメダイ

古くから木更津に伝わる「すだて漁」

→ P.118

古来より行われていた「すだて漁」は、海中に迷路のように立てたよしずの中に迷い込んだ魚を捕らえる漁法。現在行われているのは木更津市（金田地区）の海岸のみ。

このあたりでは昔から 海苔漁の閑散期に同漁場ですだて漁が行われてきた

現在もすだて漁は体験できる

1 内房の海（木更津～沖ノ島周辺）

ここが見どころ

東京湾に面した内房沿いには館山湾に浮かぶ無人島の沖ノ島やロケ地にも使われる原岡桟橋、夕景の美しい北条桟橋など見どころがいっぱい。

ワクワクがいっぱいの無人島

沖ノ島（おきのしま） 館山

木々に覆われ、周囲を岩礁に縁どられた1周約1kmの島には、本土との間に堆積した砂州の上を歩いて行くことができる。島の海岸線は変化に富み、季節を問わず磯遊びができ、夏は海水浴客でにぎわう。また、一帯はサンゴの北限地域でシュノーケリングもおすすめ。島の中にも神社や洞窟など見どころが多いので、あちこち探索してみよう。 →P.229

❶周囲は透明度の高い美しい海。海中には色鮮やかな魚をはじめとするさまざまな生き物が暮らす　❷島の西側には無数の貝殻が打ち上げられている場所がある。かわいいタカラガイを探してみよう　❸夏には多くの家族連れが海水浴に訪れ、砂州に海の家も登場する

富士山頂に沈む夕日は必見

北条桟橋（ほうじょうさんばし） 館山

毎年5月と7月の2回、富士山頂に太陽が重なる瞬間、黄色く光り輝くダイヤモンド富士が見られることで有名な北条桟橋。普段の日の夕焼けに染まる空に浮かぶ富士も絶景。

MAP 別冊 P.34-B3
住 館山市北条　TEL 0470-24-2402（館山市観光みなと課）　開 見学自由
P あり　交 JR 館山駅から徒歩7分

夕景の富士はインスタ映え必至

立つところによって眺めが変わる

上／まるで要塞のようにも見える展望塔　左／頂上から陸側を望む

五葉松をかたどった21.8mの高さの記念塔

富津岬展望台（明治百年記念展望塔）

ふっつみさきてんぼうだい

MAP 別冊 P.28-A2　富津

東京湾を挟んで約7km先に三浦半島の観音崎が見える展望塔は富津公園内にある。沖合には第一海堡（かいほ）、第二海堡と八景島が見える。晴れた日には遠くに富士山まで見渡せる。

富津公園→ P.205

※明治百年記念展望塔は、改修工事により2023（令和5）年3月末まで立ち入り禁止（2022年10月現在）

薄明のなか、遠くまで延びる桟橋に光る電灯の明かりが水面に映る美しい風景

フォトジェニックなスポットとして人気が高い

岡本桟橋（原岡桟橋）

おかもとさんばし　はらおかさんばし

南房総

正式名称は岡本桟橋だが、原岡海水浴場近くにあるためこの名で呼ばれている。海に突き出した150mもの桟橋は全国でも珍しい木製で、テレビCMなどにも使われる人気スポット。→ P.222

昼間は白い木製の桟橋がノスタルジックな雰囲気を醸し出す

地元の人から信心される朱塗りの観音堂

崖観音（大福寺）

がけかんのん　だいふくじ

館山

崖の中腹に浮かぶようにみえる観音堂は、本尊・十一面観世音菩薩を717（養老元）年、行基が海の安全と豊漁を祈願して山の岩肌に彫ったといわれる。本堂は1926（昭和元）年に再建。

→ P.227

崖観音は真言宗智山派の寺院

絶景海カフェ

音楽と珈琲の店 岬

おんがく　こーひー　みせ　みさき

鋸山から南、明鐘岬の突端にあり、モントリオール世界映画祭で受賞した映画『ふしぎな岬の物語』のロケ地にもなったカフェ。

ジャズをメインに、ロックやシャンソンなど音楽は店主のセレクト。

上／美しい夕景を楽しみながらおいしいコーヒーと音楽を堪能　中／ブレンドコーヒー550円。ほかに特製バナナアイス450円もある　下／外の席は特に夕暮れ時が人気

MAP 別冊 P.34-B1

住 安房郡鋸南町元名1　TEL 0439-69-2109
営 10:00～日没　休 無休　P あり
交 JR浜金谷駅から徒歩20分

ここが遊びどころ

「すだて漁」や「地引網」は一度体験をすると必ずまた参加したくなる！沖ノ島の貴重なサンゴを見るシュノーケリング体験や初心者でも楽しめる釣り体験など、内房の遊びどころを満喫しよう。

どんな魚が取れるかはお楽しみ。
昔からの漁法を体験！

すだて遊び（すだてあそび）

木更津　すだて実三丸

立てた簀（す）に魚を追い込み、干潮時に逃げ遅れた魚を捕まえる「すだて漁」。実際に体験してみると、スズキやカレイ、ヒラメなどおなじみの魚を取ることができる。貸し切りもあるが、乗合船なら何度も参加しているベテランさんから漁法のコツを教えてもらえる。捕まえた魚や貝は持って帰れるので、お刺身、炊き込みご飯、スープなど帰ってからもお楽しみが待っている。クーラーボックスはぜひ持参したい。

こんなに
大きな魚が捕れた
うおぉ！
①

②

狭い金網をくぐって
簀の中に入る
③

❶胸まである胴くつや網を貸してもらって漁に挑む　❷海中に簀(す)を立ててそこに入り込んだ魚を捕まえる　❸魚が逃げ出さないように人の出入り口も狭い

みんなで
乗り込んで、
いざ出発！
④

召し上がれ！
⑤

⑥

⑦

❹漁船・実三丸　❺天ぷらはお母さんが揚げてくれる　❻たくさんの料理が船内のテーブルいっぱいに並ぶ　❼取れたてを軽快にさばいていく

MAP 別冊 P.23-C3

●すだて実三丸　住木更津市中島 2178　TEL 0438-41-1780　開4～8月の昼間に潮の干満が大きい日に設定（HPから要予約）　料中学生以上8800円（食事付）　Pあり　交JR袖ヶ浦駅から車で約15分

すだて漁のあとは
潮が満ちるまで潮干狩り

潮干狩り（しおひがり）

木更津　すだて実三丸

船の中でお昼を食べたあと、帰りの船が動くまでのあいだに潮干狩りや干潟遊びができる。潮干狩りは水が引いた地面の穴の開いたところを狙うのがコツ。面白いように貝が採れ、ほかの生き物に出合えることも。

アクアラインが
すぐそこ
⑨

採れました！
⑩

❾遠くに「海ほたる」が見える　❿あっという間にたくさんの貝が採れる

昔の風情が残る入り江にある海水浴場

海水浴（かいすいよく）

富浦 豊岡海水浴場

富浦駅からもすぐの交通アクセスのよい豊岡海岸にある波のおだやかな入江の海水浴場。砂場だけでなく岩場もあり、磯遊びもできるので、小さな子供のいる家族連れに人気がある。2ヵ所あるトイレも好ポイント。

波も穏やかで家族連れに適した海水浴場

MAP 別冊 P.34-B3
住 南房総市 富浦町豊岡地先　TEL 0470-28-5307（南房総市観光協会）　開 入場自由　P あり　交 JR 富浦駅から徒歩10分

何が釣れるか楽しみ！

内房では初心者でも楽しく釣りができる！

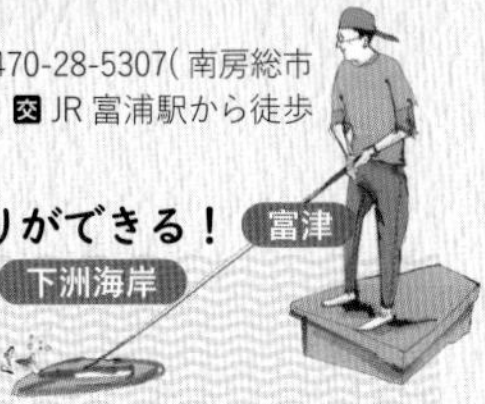

ちょい投げ釣り（ちょいなげつり）

富津 下洲海岸

富津岬の南に位置する下洲海岸では、オフシーズンになると安全な砂浜から竿を投げて釣る「ちょい投げ」が初心者や子供たちにも人気。キス、カレイ、ハゼなどが狙え、イベントも行われる。

MAP 別冊 P.28-B2
住 富津市富津　TEL 0439-80-1291（富津市観光協会）　P あり
交 JR 青堀駅から富津公園行きバスで終点下車、徒歩10分

一度にたくさんの魚が取れる

観光地引網（かんこうじびきあみ）

岩井 岩井海岸

みんなで網を力いっぱい引っ張ると大量の魚が掛かっている

網を船で沖あいに下ろして、浜に引き寄せる昔ながらの地引網漁を実際に体験できる。どんな魚が取れるのかワクワクしながら漁師になった気分で大漁を狙おう！

MAP 別冊 P.34-B2
住 南房総市 久枝・高崎地先　TEL 0470-28-5307（南房総市観光協会）
開 要問い合わせ　料 無料　P あり　交 JR 岩井駅から徒歩10分

美しい海の中をのぞいてみよう

わりと浅いところで見ることができるトゲイボサンゴ

シュノーケル体験（しゅのーけるたいけん）

沖ノ島 たてやま 海辺の鑑定団

フィンやマスクなどの装備をして海面から海の中を観察するアクティビティ。県内でも特に透明度の高い沖ノ島の海中をのぞけば感動必至の世界に出合える。

夏のプログラム・シュノーケリング体験

MAP 別冊 P.38-B1
住 館山市沼979　TEL 0470-24-7088　開 要問い合わせ　料 大人4500円～　P あり　交 JR 館山駅から館山航空隊行きバスで終点下車、徒歩約20分

絶景海カフェ

SEA DAYS（しーでいず）

北条海岸の目の前にあり、ガラス張りの窓から海が望める開放的なカフェ。2階のテラス席では海に沈む夕日を見ることができ、海一面が燃えるように染まっていく様は必見だ。

❶ヨガ、SUP、ランニングなど会員制フィットネスクラブも併設 ❷会員向けにSUP体験も実施

MAP 別冊 P.34-B3
住 館山市北条2307-52
TEL 0470-29-5380　営 10:00～17:00（L.O.16:30）　休 月・木曜（祝日の場合は翌営業日）　P あり　交 JR 館山駅から徒歩5分

2

夕日の絶景ポイント洲崎から
マリンパーク・鴨川シーワールドまで、海のお楽しみ満載

南房の海（洲崎～白浜～鴨川）

東京から100km圏内にあり、アクアラインを使えば渋滞がない限り都心からも1時間30分程度。見どころも多いのでぜひ訪ねてみよう。

富士山や伊豆七島が一望できるスケールの大きさが魅力

根本海岸 MAP 別冊 P.38-B2

キャンプ場もあり白浜の美しい、フラワーライン沿いの海水浴場。
住 南房総市白浜町根本 TEL 0479-28-5307（南房総観光協会） 開 入場自由 P 夏季のみあり 交 JR館山駅から安房白浜行きバスで根本海岸下車、徒歩5分

鳥居の間に富士山が見えることも

洲崎神社 →P.231

東京湾に突き出た場所にある漁業神。海のそばの浜鳥居からの眺めは絶景。

絶景、サーフスポット、水族館、とお楽しみが目白押し

海洋の影響を受け、夏は涼しく、冬は暖かい温暖な気候なので、1月初旬から露地には花々が咲き出す。穏やかな海では多くの魚が取れ、海の幸も豊富に揃う。無人島の仁右衛門島や鴨川松島といった景勝の地も多く、南房の突端にはふたつの灯台・洲埼灯台と野島埼灯台が車で30分程度の距離にあるので、見比べてみるのもおもしろい。凪いだ海なので海水浴に向いているが、サーフィンのメッカ、平砂浦海岸ではサーファーたちが日々、雄姿を披露している。千葉県を代表するスポット・鴨川シーワールドもこのエリアにある。

館山市

サーフィンだけでなく、釣りやウオーキングをしに訪れる人も

平砂浦海岸 →P.124

遊泳禁止だが、約6kmの砂浜が続く美しい海岸で、サーフポイントも多い。

洲埼灯台 →P.123
海底神社（洲崎神社・分社） 波佐間海中公園 →P.122
洲崎神社 →P.231
西川名オーシャンパーク →P.124
平砂浦海岸 →P.124
SURFCO →P.124
野島埼灯台 厳島神社（野島弁財天） 白浜海洋美術館 →P.123
白浜の屏風岩 →P.123
根本海岸
御神根島
野島崎海底透視船 →P.125

平砂浦海岸はサーフィンの聖地

南房の海（洲崎～白浜～鴨川）

弁天島には
徒歩で渡れるよ

鴨川松島 →P.241

日本三景・宮城県の松島からその名が付いた鴨川松島。新日本百景にも選ばれている。

鴨川シーワールド →P.238

千葉を代表する観光スポットで、海のレジャーランド。さまざまな海の動物たちのパフォーマンスが楽しい。

→P.238
鴨川シーワールド
前原海水浴場
魚見塚展望台
鴨川松島
鴨川市
太海海水浴場
→P.122 仁右衛門島渡船乗り場
江見海水浴場
太平洋
南房総市

ライフセーバーの
監視もあり安心

南千倉海水浴場 MAP 別冊 P.39-D1

青い海と白い砂浜のコントラストが美しい家族連れに人気の海水浴場。
住 南房総市千倉町南朝夷 1193 地先
TEL 0470-44-3581（南房総市観光協会千倉案内所） 開 入場自由 P あり 交 JR 千倉駅から白浜行きバスで南千倉下車、徒歩 5 分

魚見塚展望台から
見る鴨川松島

魚見塚展望台 →P.241

昔、漁師たちが魚の群れが沖合にやってくるのを確認していたことからこの名が付いた。鴨川市と太平洋を一望できる。

魚見塚展望台の
シンボルの女神像
『暁風』

南千倉海水浴場

ストロベリー・ポット
→P.125

いくつもの鳥居が
連なる

厳島神社 MAP 別冊 P.39-C2

ご祭神は市杵島姫命（いちきしまひめのみこと）。野島崎灯台の近くにあり、野島辨財天（のじまべんざいてん）と呼ばれている。
住 南房総市白浜町白浜 629 TEL 0470-38-2198 開 参拝自由 P あり 交 JR 館山駅から安房白浜行きバスで野島埼灯台口下車、徒歩 3 分

ここが見どころ

ノスタルジックな千葉県指定名勝・仁右衛門島や洗濯板のような奇景・屏風岩、南房シンボルのふたつの灯台など歴史を感じる名勝を巡ってみよう。

歴史のロマンを感じる個人所有の島

仁右衛門島（にえもんじま） 鴨川

面積約3万㎡の千葉県最大の島で、県の名勝に指定されている。平安末期頃から平野仁右衛門が住み、安房に逃れてきた源頼朝を救ったという伝説が残る。その子孫は代々仁右衛門を名乗り、現在39代目だ。島内には散策コースが設けられ、島主の住居や日蓮聖人が旭を拝したといわれる神楽岩、頼朝のかくれ穴などを、1時間程度で見て回ることができる。 →P.241

海岸から200mの場所に浮かぶ砂岩でできた島

手こぎの渡し船で島へ。客が1人でもいれば船を出してくれるが、荒天時は運休する

❶1704(宝永元)年に建て直されたと伝わる島主の住居の一部が公開されている ❷東側と南側には岩礁が多く、磯遊びや釣りをする人も ❸源頼朝が身を潜めたとされる洞窟に、正一位稲荷大明神が祀られている

魚と一緒にダイビング参拝

海底神社（洲崎神社・分社）

波左間海中公園の海底には世界でたったひとつの海底神社がある。洲崎神社の分社として1996(平成8)年に建立。お参りするにはダイビングライセンス(Cカード）と経験11本以上が必要。季節によってはジンベエザメやマンボウに出合える。

神社の水深は約12mある

通年見られるコブダイと一緒にお参りを

MAP 別冊 P.38-A1
●波左間海中公園
住 館山市波左間1012 TEL 0470-29-1648
料 2ボートダイビング1万7600円〜 P あり
交 JR館山駅から車で20分

南房にあるふたつの灯台

安全運航を願い、東京湾の入口を守る

洲埼灯台（すのさきとうだい） 館山

1919（大正 8）年にできた国の登録有形文化財に指定されている灯台。塔内に入ることはできないが、晴れた日には富士山や伊豆半島、三浦半島まで見える眺望台からの眺めはすばらしい。 → P.231

灯台に登ることはできないが、ビュースポットとして人気

八角形の美しい灯台

房総半島最南端の灯台

野島埼灯台（のじまざきとうだい） 南房総

登録有形文化財で、西洋式灯台で国内 2 番目に古い

1869（明治 2）年にフランス人技師によって設計された国内最初の西洋式 8 灯台のひとつ。岬の先端に「最南端の碑」が立つ。国内に 16 塔しかない、登って周囲を 360 度見渡すことができる灯台。中学生以上は入場料が必要。 野島崎→ P.225

MAP 別冊 P.39-C2 住 南房総市白浜町白浜 630 TEL 0470-38-3231（燈光会 野島埼支所） 開 9:00 ～ 16:30(10 ～ 2 月は～ 16:00、土・日・祝日は変更あり） 料 大人 300 円 P あり 交 JR 館山駅から車で 25 分

恋人と訪ねたい野島崎の夜景スポット

灯台近くの岩の上にある白いベンチ「ラバーズベンチ」。カップルで座ると幸せになれるといわれる。

降る星をいつまでも眺めていたい。滑りやすいので要注意

万祝と海の工芸美術を展示

白浜海洋美術館（しらはまかいようびじゅつかん） 南房総

南房総白浜にある千葉県で最も古い美術館。1965（昭和 40）年に網元の家で開館、1973（昭和 48）年 8 月に現在の地に移った。漁民文化に魅せられた柳八十一夫妻の収集品から海に関する美術を展示。 → P.225

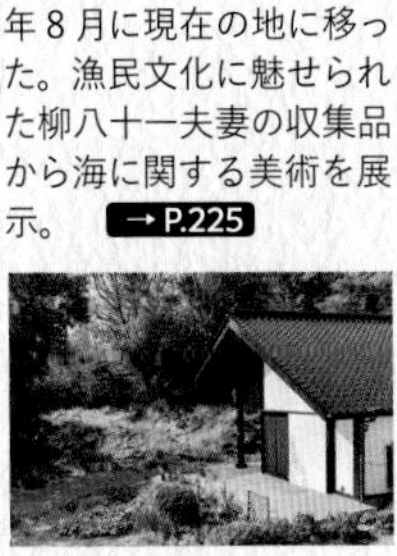

上／大漁の祝いに着たといわれる縁起のいい吉祥模様の万祝（まいわい） 右／美術館の向こうに小さく野島崎公園が見える

1955（昭和 30）年、千葉県天然記念物に指定

折りたたまれた屏風のような奇景を見せる

波に浸食されてできた地層はまるでアートのよう

白浜の屏風岩（しらはまのびょうぶいわ） 南房総

屏風岩は海岸の波打ち際に屏風のように直立した地層のこと。白浜の屏風岩は波のように大きくうねった「褶曲構造（しゅうきょくこうぞう）」で、波の浸食に強い泥板岩と弱い砂岩が交互に隆起し、不思議な奇景を作り出している。

MAP 別冊 P.38-B2 住 南房総市白浜町根本 TEL 0470-33-1091（南房総市商工観光部観光プロモーション課） 開 自由見学 P なし 交 JR 館山駅から安房白浜行きバスで 32 分、白浜の屏風岩下車、徒歩 1 分

ここが遊びどころ

平砂浦海岸は多くのサーファーが集まるサーフポイントが多く、サーフィンスクールも点在する。そのほかダイビングできるスポットや、泳ぎが苦手な人が楽しめる海底透視船もある。最近は美しい砂浜をウオーキングする人も多い。

多くのサーファーが訪れる
サーフィンの名所

平砂浦海岸（へいさうらかいがん）

館山

館山市の南西、伊戸から相浜にかけて約6kmの砂浜が弓なりに続く海岸。防砂用のクロマツ林と白い砂浜が美しいことから「白砂青松100選」にも選ばれている。海水がきれいでサーフィンやビーチコーミング、釣りなどさまざまに楽しめる。6月頃には砂浜一面に薄紅色のハマヒルガオの花が咲き、花のスポットとしても人気。

MAP 別冊 P.38-B1

住 館山市伊戸他　TEL 0470-22-2000（館山市観光協会）　開 入場自由　P なし　交 JR館山駅から車で17分

①

②

③

❶海岸周辺のスクールでサーフィンに挑戦できる　❷弓なりに続く砂浜とどこまでも青く広がる海が美しい　❸海岸にはサーフポイントが多い

上／ウエットスーツやアパレル用品も販売
右／初心者用のソフトボードやさまざまなサイズのボードを揃える

ボードも気軽にレンタル

サーフィンスクールSURFCO（さーふぃんすくーるさふこ）

館山

サーフボードの販売やレンタル、初心者向けのスクールを運営している。一般社団法人「日本プロサーフィン連盟」公認のプロサーファーも所属しているので、なんでも相談してみよう。

MAP 別冊 P.38-B1

住 館山市大神宮116-5
TEL 0470-28-2666　開 12:00～18:00、土・日・祝日9:00～18:00　料 スクール1万1000円
休 不定休　P あり　交 JR館山駅から車で20分

初心者もダイビングに挑戦

西川名オーシャンパーク（にしかわなおーしゃんぱーく）

館山

ダイビング体験ができる施設で、初心者でも西川名の海中を思う存分泳げる。透き通った海や立ち並ぶサンゴ礁を見たり、色とりどりの魚と一緒に泳いだりと海の世界を堪能しよう。

MAP 別冊 P.38-A1

住 館山市西川名849-4　TEL 0470-29-1411　開 8:00～17:00
料 1万6500円～（ボートダイブ）　休 1～3月水・木曜
P あり　交 JR館山駅から車で25分

沿岸の岩礁や浅いサンゴ礁域で見ることができるキンギョハナダイ

最南端の海を気軽に探索

のじまざきかいていとうしせん
野島崎海底透視船

南房総

野島崎の付け根から出航し、約 20 分かけて岬の西側を巡るグラスボート。船頭さんの解説を聞きながら、水中の様子や野島崎の眺めを楽しめる。船尾にはいつも看板犬のおと船長がいて乗船客に人気だ。天候や潮の状態による欠航が多いので、訪問前に電話で運航状況を問い合わせてみよう。

乗船受付は出航の 10 分ほど前に開始。海が荒れた日は欠航する

この看板が目印

海底の砂の模様や、カジメなどの海藻、その間を泳ぐ小魚などが見られる。運がよければウミガメに合えるかも！？

ここがハート型に見える！

海上からしか見られないハート岩は、緑色の東屋がハートの真ん中に来たときがシャッターチャンス

MAP 別冊 P.39-C2
住 南房総市白浜町白浜 626
TEL 0470-29-7755
開 9:30 ～ 15:30 の 30 分ごとに出航（12:00 のみ出航なし）
休 無休（荒天時運休）
料 800 円、子供 400 円、幼児無料
P あり（野島崎公園）
交 JR 館山駅から車で 25 分

一緒に船に乗り込むワン

ゴールデンレトリバーのおと船長と、船を操縦する野田さん

絶景海カフェ

ストロベリーポット

ミルクガラスを使ったアメリカ製、ファイヤーキング社のビンテージ食器

コレクターも多いカップ

南房総千倉の海を見渡せるカフェ。オープンデッキは見晴らしがよく、のどかな町並みと透き通る青い海が一望でき、見ていて気持ちがいい。オーナーは現役の海女さんで、漁の際に採取した天草を煮出して作る寒天は絶品。

目の前に千倉の海が広がる。オープンデッキはペット可

自家製寒天が入ったクリームあんみつ 550 円

コーヒーもファイヤーキングの食器で

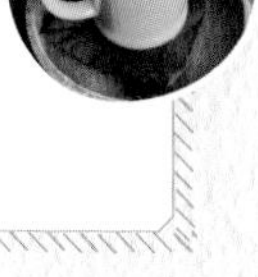

わたしたちに会いに来てね

カフェのオーナーは現役のアワビ漁の海女さん

MAP 別冊 P.39-D1
住 南房総市千倉町忽戸 549-1　TEL 0470-44-5552
営 11:00 ～ 16:00　休 火曜
P あり　交 JR 千倉駅から車で 5 分

3

勝浦から九十九里南端の太東埼まで続くリアス海岸沿い。
自然豊かな絶景や遊びどころがいっぱい

外房の海（勝浦〜太東埼）

千葉県南部、房州の太平洋側を外房といい、館山市の洲崎を含む場合もあるが、ここでは勝浦市の「おせんころがし」から太東岬までを指す。全域、南房総国定公園で、人気の海水浴場も各地に点在。

千葉の歴史が感じられるエリア

民間伝承・おせんころがし、庶民の台所として今に受け継ぐ勝浦朝市、江戸時代の出来事から建立となったメキシコ記念塔など歴史を感じる見どころも多い。

日本の民間伝承 おせんころがし

領民に重い年貢を課していた領主の父の行いを嘆いた13歳のおせんは、領民に無理強いしないよう、父を説得。願いはかなったが、数年後にはさらに領主は年貢の率を釣り上げた。領民たちの怒りを買った領主は秋祭りの夜、酔いつぶれたまま領民たちに簀巻きにされて崖から突き落とされてしまう。実はおせんが身代りになっていて、翌朝、崖の下で父の着物を着たおせんの遺体が見つかる。その後、この崖は「おせんころがし」とよばれるようになった。

上／おせんころがしは勝浦市の西端から鴨川市にかけて続く崖の総称
左／おせんの霊を慰めるために供養塔が立てられている

供養塔からは眺めもいい

興津海岸 →P.131

砂浜が広く散策にもおすすめ。地元の小学校では、砂浜マラソンも行われている。比較的波も穏やかなので、子供連れに人気の海岸。

守谷海岸

大潮の干潮時、渡島（わたしま）と砂浜がつながることもある守谷海岸。

MAP 別冊 P.37-D1
住 勝浦市 守谷地先　TEL 0470-73-2500（勝浦市観光協会）　開 入場自由　P あり
交 JR上総興津駅から徒歩10分

初心者でも歩けるハイキングコースがある

長い歴史の中で、太平洋の荒波に侵食されてできた典型的なリアス海岸の鵜原理想郷

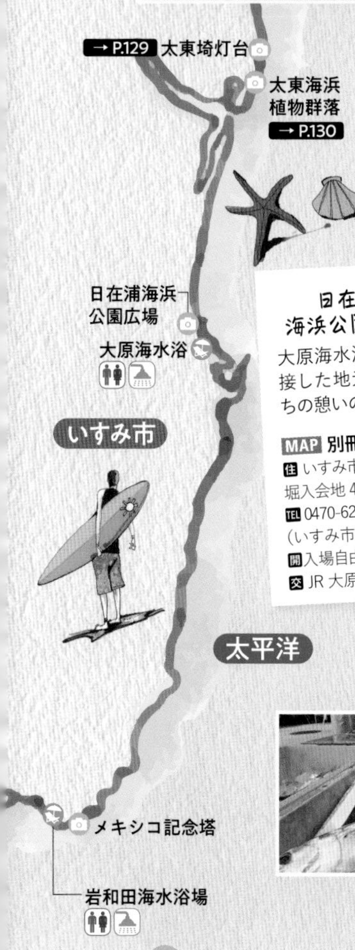
→ P.129 太東埼灯台
太東海浜植物群落 → P.130
日在浦海浜公園広場
大原海水浴
いすみ市
太平洋
メキシコ記念塔
岩和田海水浴場

太東海浜植物群落 → P.130

九十九里浜の南端に位置する 200 mほどの広さの太東海浜植物群落は、さまざまな花が咲き誇る国指定天然記念物。

昔から海岸特有の植物が多数自生

夏にはオレンジ色のスカシユリが満開に

日在浦海浜公園広場

大原海水浴場に隣接した地元の人たちの憩いの場。

MAP 別冊 P.32-A3
住 いすみ市新田若山深堀入会地 49-3
TEL 0470-62-1243（いすみ市水産商光観光課）
開 入場自由　P あり
交 JR 大原駅から徒歩 20 分

1989 年に造成された公園

ひときわ目立つ前衛的な塔

メキシコ記念塔
（日西墨三国交通発祥記念之碑）

1609（慶長 14）年、岩和田沖に座礁したメキシコに向かうスペイン船の乗員を日本人が助けたことからメキシコ、スペイン、日本の交流が始まり、1928（昭和 3）年に御宿町に記念塔が建てられた。

高さ約 17 mのオベリスク型の記念塔

MAP 別冊 P.37 勝浦～御宿
住 御宿町岩和田 702
TEL 0470-68-2513（御宿町産業観光課） 開 見学自由 P あり 交 JR 御宿駅から徒歩 30 分

カツオはいまや勝浦漁港の顔

春には初カツオ、秋には戻りカツオが主流。秋から春にかけてはキンメダイとマグロが水揚げされる

八幡岬公園

東屋から眺める穏やかな勝浦の海に癒やされる。

水戸光圀の祖母・お万の方の像が立つ

八幡岬の突端にある

→ P.244

官軍塚

戊辰戦争末期、熊本藩兵を乗せた米国船が難破。そのとき川津沖の住民が救助に当たったが、200 人の犠牲者が出てしまったことから供養のために建てられたのが官軍塚。

MAP 別冊 P.37 勝浦～御宿

官軍塚脇の碑に刻まれた歌は歌人・斎藤茂吉によるもの

住 勝浦市川津 1394 TEL 0470-73-2500（勝浦市観光協会） 開 見学自由 P あり 交 JR 勝浦駅から車で 10 分

ここが見どころ

千葉の絶景スポット、鵜原理想郷や家族で楽しめる勝浦海中公園センターのほか、名勝地、尾名浦や一面の花が美しい太東海浜植物群落など、ちょっとマニアックな見どころもある。

ここが
海中展望塔

勝浦市の明神岬一帯に広がる海岸線の美しいエリア

鵜原理想郷（うばらりそうきょう） 勝浦

初心者でも無理のないハイキングコースは、ゆっくり歩いても1時間30分程度で名勝ポイントを散策できる。起点から終点までは2.3km。駐車場から15分ほど上って、最初のポイントが「手弱女平（たおやめだいら）」。その先を進んで勝浦海中公園や八幡岬、鵜原海岸を望みながら漁船が停泊する終点「勝場港」に向かうと効率よく見て回ることができる。 →P.245

「鐘付きのデザインベンチ」で一服

上／昔から多くの文人たちが訪れ作品に記した　左／鐘付きベンチがある手弱女平はハイキングコースの途中にある絶景スポット

鵜原海岸に建つ「日本の渚百景」にも選ばれた鳥居

勝浦中央海岸

ここの海岸にも
鳥居が

MAP 別冊 P.37-D1
住 勝浦市墨名地先
TEL 0470-73-2500（勝浦市観光協会）
開 入場自由　P あり
交 JR勝浦駅から車で5分

勝浦の「ホテル三日月」の前の砂浜にも真っ赤な鳥居が建っている。これは南房総市、池ノ内の鳥居。海のそばにあった熊野神社が何度も災害に遭い、内陸部に移転。もともと神社があったこの砂地のあたりに鳥居が立てられた。

新鮮な野菜が
揃っているよ

上／朝市には野菜や果物も豊富に並ぶ
右／勝浦のカツオは関東上位の水揚げ量

430年以上の歴史を誇る

勝浦朝市（かつうらあさいち） 勝浦

江戸時代初期から続く勝浦朝市。始まりは漁師と農民の物々交換からというが、今も勝浦の朝市は漁村にありながら野菜や果物を扱う店も多く、時代を経て、今ではコーヒーを出す店もある。 → P.243

灯台前は気持ちのよい
公園になっている

「恋のヴィーナス岬」と呼ばれ親しまれている

太東埼灯台（たいとうさきとうだい） いすみ

終戦後 1950（昭和 25）年にできた灯台。1972（昭和 47）年に現在の場所に移築された。高さ 15.9m、白色円形の灯台で、約 41km 先まで照らす。灯台前からは太平洋の水平線を一望できる。 太東埼→ P.249

九十九里浜の最南端に建つ

日本海軍が使っていたレーダー設備の台座

外房の隠れた名勝地

尾名浦（おなうら） 勝浦

尾名浦は勝浦市の松部地区に広がる勝浦湾の西側にあり、海蝕と風化の繰り返しの末、できた洞。別名「めがね岩」と呼ばれ、湾内の景観を一層盛り上げる。

松部漁港と勝浦海中公園の中間地点にある

MAP 別冊 P.37-D1

住 勝浦市松部 1984　TEL 0470-73-2500（勝浦市観光協会）　開 入場自由　P なし　交 JR 鵜原駅から車で 3 分

房総の海と自然をテーマに展開

千葉県中央（ちばけんちゅうおう）博物館分館（はくぶつかんぶんかん）海の博物館（うみのはくぶつかん） 勝浦

房総半島の海と博物館近くの自然についての常設展示している。また海の生きものの映像を上映する研究室もある。収蔵品の展示や企画展も随時開催。ジオラマなど親子で楽しもう。 → P.244

美しい迫力満点の
骨格

中庭に展示されている体長 10.5m のツチクジラの骨格。ロビーの席から眺めることができる

ここが
見どころ
展望塔までは
海に架けられた白い橋を
渡っていく

海岸から沖合 60m のところに立つ

かつうら海中公園海中展望塔
（かつうらかいちゅうこうえんかいちゅうてんぼうとう）

勝浦

1980（昭和 55）年に開園した沖合 60m のところに立つ展望塔。海中窓からは 90 種類以上の魚など海の生物が観察でき、海底の様子も間近に眺めることができる。黒潮と親潮が交錯する太平洋を見ながら展望塔まで橋上散策するのも楽しい。

→ P.244

上／海中展望室からは魚や海底の様子もよく見える
左／展望塔の近くで磯遊び

緑の大地にオレンジの
スカシユリが映える

日本で初めて天然記念物に
指定されたなかのひとつ

太東海浜植物群落
（たいとうかいひんしょくぶつぐんらく）

いすみ

1920（大正 9）年に国の天然記念物に指定。当時は 50000 平方メートルの広さを誇ったが浸食で縮小されたことにより、その後防波堤が造られ、現在浸食はない。ハマヒルガオ、ハマボウフウなど海浜特有の植物が見られる。

MAP 別冊 P.32-B2
住 いすみ市 岬町和泉 4346 他　TEL 0470-62-2811（いすみ市生涯学習課）　開 入場自由　P あり　交 JR 太東駅から車で約 10 分

7～8 月はスカシユリの花が見事に咲き誇る

3 外房の海（勝浦〜太東崎）

ここが遊びどころ

太平洋を望む雄大な海岸線に人気があり、サーファーが多く集まる部原海岸をはじめ、海水浴場も多い。歴史的な跡地を訪ねたあとは思いっきり海遊びを満喫しよう。

❶まるで南国の海のように美しい部原海岸 ❷ビッグウエイブを乗りこなす ❸アカウミガメの産卵の跡

上級者向けの高い波も魅力

部原海岸（へばらかいがん） 勝浦

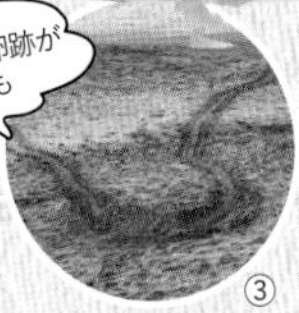

ウミガメの産卵跡が見えるかも

御宿と勝浦の間にある長さ約 2km の海岸で波が高く、サーフスポットとして全国的に人気。サーフィンの世界大会が何度も開かれている「サーフィンの聖地」として知られ、海岸沿いには無料駐車場やトイレ、シャワーもあるため利用しやすい。潮の流れが速く、海底が岩場のため遊泳は禁止されているので注意を。砂浜はウミガメが産卵に来るほどきれい。

MAP 別冊 P.37 勝浦〜御宿

住 勝浦市部原　TEL 0470-73-2500（勝浦市観光協会）　開 入場自由　P あり　交 JR 御宿駅から車で約 4 分

部原の波に乗りたいならここを訪ねよう

サンセットタウンサーフサイド 勝浦

1人で波に乗れるかな

海まで徒歩 1 分もかからない絶好のロケーションにあり、サーフボードのレンタルやサーファーの宿泊などを受け入れている施設。20 年以上続くサーフィンスクールも好評。

MAP 別冊 P.37 勝浦〜御宿

住 勝浦市部原 1928-25

TEL 090-3478-4576　営 早朝〜日没　休 不定休　料 サーフィンスクール 5000 円〜　P あり　交 JR 御宿駅から車で約 5 分

上／シャワーや風呂を有料で利用できる　下／初心者にも手厚くフォローする

興津海水浴場の両端には石積みの波止めがある

海水浴のオフシーズンは突堤が釣りスポットに

興津海岸（おきつかいがん） 勝浦

興津港そばの波が穏やかな海岸。千葉の海には珍しくサーファーがほとんどいない海岸で、オフシーズンは散策や釣りをしている人が多い。釣り場近くに無料の駐車場があるのもうれしい。

MAP 別冊 P.37-D1

住 勝浦市興津地先　TEL 0470-73-2500（勝浦市観光協会）　開 入場自由　P あり　交 JR 上総興津駅から徒歩約 3 分

絶景海カフェ

Banzai Cafe（ばんざいかふぇ）

上／2 階席からは勝浦の海を一望できる　右／国道 128 号沿いにあり、海が目の前

ヨガスタジオやダイビングショップを併設する勝浦の海が目の前のカフェ。絶景を眺めながらいただくコーヒーが人気だが、千葉県を代表するご当地グルメ、「勝浦タンタンメン」のパスタ版が食べられるのもお楽しみのひとつ。

オリジナルのタンタンパスタ。サラダ、ドリンク付きで 1200 円

MAP 別冊 P.37-D1

住 勝浦市松部 1545　TEL 0470-70-1580　営 11:30 〜 17:00(17:00 以降は予約制)　休 月・火曜　P あり　交 JR 鵜原駅から徒歩 16 分

4

白亜の灯台が立つ太東岬から
絶壁の景勝地・屏風ケ浦と犬吠埼までのエリア

九十九里浜（一宮～屏風ケ浦）

九十九里浜は太平洋沿いに続く日本でも類を見ないほど長い砂浜海岸。実際は太東岬から刑部岬までを指すが、本書では一宮から屏風ケ浦までを含む。

国内最大の砂浜海岸・九十九里浜と関東最東端の犬吠埼

日本を代表する砂浜海岸・九十九里浜の海沿いには海水浴場やマリンスポーツを楽しむ施設が多くある。海蝕崖の景勝地である屏風ケ浦は飯岡刑部岬から銚子マリーナの手前、名洗町まで連なる約 10㎞の断崖。壮大な屏風ケ浦の先は関東最東端に位置する犬吠埼灯台のある銚子へと続いているが、銚子にはジオパークが点在しているのでさまざまな年代の地層を気軽に見ることができる。マリンスポーツや魚獲り体験もでき、絶景も多いお楽しみが満載のエリア。

初日の出の人気スポット

片貝海水浴場

九十九里海岸の真ん中あたりにある海水浴場。遠浅で、どこまでも真っすぐに海岸線が続いている。オフシーズンにはサーフィン、ウエイクボードなど多くのマリンスポーツが楽しめる。

本来青いポストは速達用だが日本で唯一普通郵便も受け付ける

片貝の海から車で 4 分の「海の駅 九十九里」にある全国でも珍しい丸型の青いポスト
MAP 別冊 P.26-B1

住 山武郡九十九里町片貝地先
TEL 0475-70-3175（九十九里町産業振興課） 開 入場自由
P あり 交 JR 東金駅から本須賀行きバスで 20 分、西ノ下下車、徒歩 10 分

昼も夜も幻想的

昼と夜で表情が変わる

雀島（夫婦岩）

雀島エリアにある津々ヶ浦という浜に鎮座するふたつの岩「夫婦岩」。もともとひとつだった岩が浸食によってふたつになった。階段があり、干潮時は島に上がれる。 MAP 別冊 P.32-B2

住 いすみ市岬町和泉 TEL 0470-62-1243（いすみ市観光協会） 開 見学自由
P あり 交 JR 太東駅から車で 8 分

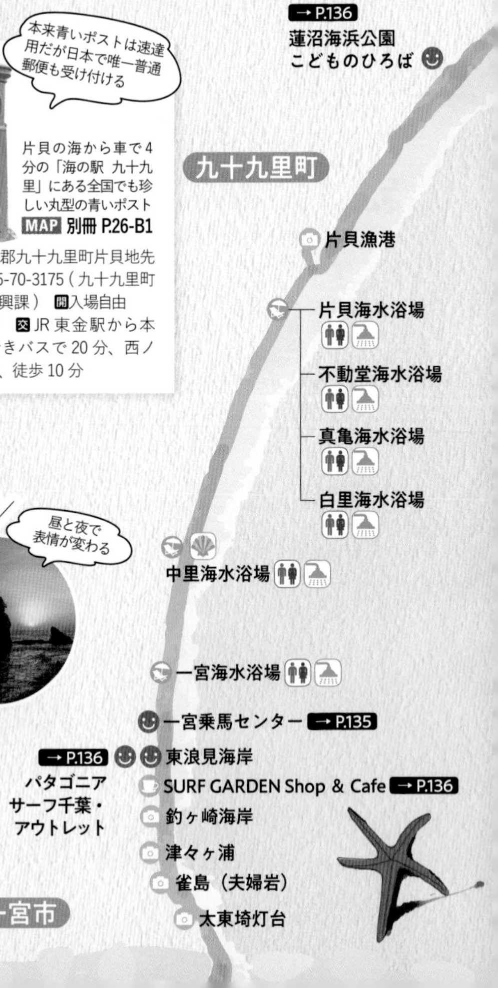

と犬吠埼

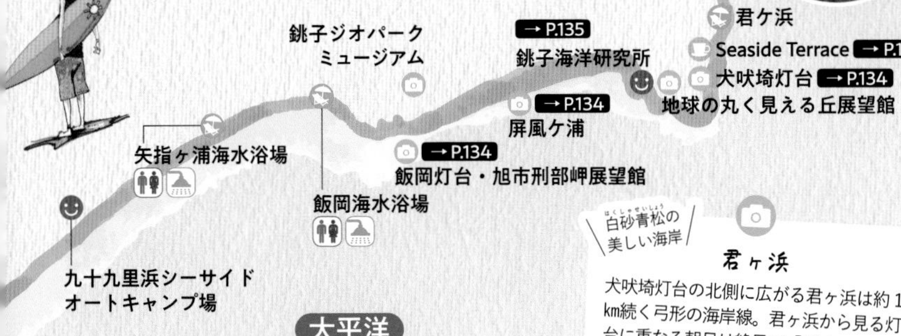

釣ヶ崎海岸

→ P.285

釣ヶ崎海岸はよい波が立つことで知られ、東京 2020 オリンピックのサーフィン競技の会場としても有名に。

白砂青松（はくしゃせいしょう）の美しい海岸

君ヶ浜

犬吠埼灯台の北側に広がる君ヶ浜は約 1㎞続く弓形の海岸線。君ヶ浜から見る灯台に重なる朝日は絶景で「ダイアモンド灯台」と呼ばれ、多くの文人に愛されてきた。1 年のうち 10 日ほどしか見られないが、撮影スポットとしても人気が高い。

MAP 別冊 P.21-D2

住 銚子市君ケ浜　TEL 0479-24-8708（銚子市観光プロモーション室）　開 入場自由　P あり　交 銚子電鉄君ヶ浜駅から徒歩 5 分

すぐ脇に犬吠埼灯台と複合商業施設「犬吠テラステラス」がある

波が砕けて白く見える自然現象 波の花

「波の花」は冬の寒い晴れた日に日本海沿岸などで見られる波の白い泡の塊で、海中のプランクトンや海藻が海水と混じり合い攪拌されてできる物質。千葉でも大きな嵐が去ったあとなどに、銚子にある犬岩に打ち寄せられてできた波の花を見ることができる。

左／石鹸の泡のように見えるが触るとねばねばしている　上／波の花は「銚子ジオパーク 犬岩」の手前で見ることができる

住 銚子市犬若　TEL 0479-21-6667（銚子ジオパーク推進協議会事務局）　開 見学自由　P あり　交 JR 銚子駅から千葉科学大学行きバスで 13 分、千葉科学大学下車、徒歩約 4 分　→ P.264

4 九十九里浜（一宮〜屏風ヶ浦）と犬吠埼

ここが見どころ

千葉県屈指の景勝地・屏風ケ浦や36km離れた海上からも確認できる犬吠埼灯台など外せないスポットが多く、すばらしい眺めを堪能できる。

国の名勝であり天然記念物の海食崖（かいしょくがい）

屏風ケ浦（びょうぶがうら）

屏風ケ浦は10kmに及ぶ落差約20〜60mの切り立った崖で、美しい縞模様の地層を見ることができる。麓には歩行者専用道路が設けられ、真下から望む姿に圧倒される。 → P.267

隣接する銚子マリーナからは遊歩道がでており、目の前に断崖絶壁を望むことができる

銚子のシンボル的存在

犬吠埼灯台（いぬぼうさきとうだい） 銚子

「日本の灯台50選」に選ばれた初点灯から150年近いれんが造りの西洋式灯台。「世界灯台100選」にも名を連ね、2020（令和2）年には国の重要文化財に選ばれている。 → P.260

上／イギリス人技師によって設計されたモダンな灯台で、1874（明治7）年に造られた　下／灯台に隣接する「犬吠テラステラス」にはカフェや銚子みやげのショップがあり便利

目の前に広がる絶景パノラマ

飯岡灯台・旭市刑部岬展望館（いいおかとうだい・あさひしぎょうぶみさきてんぼうかん） 旭

2018（平成30）年に千葉県初の「恋する灯台」に認定された飯岡灯台。灯台のある刑部岬からの眺望は「日本の朝日百選」「日本の夜景百選」「関東の富士見百選」など景勝地として数多くの認定がされている。

展望館の3階は展望デッキ「光と風のデッキ」

旭市刑部岬展望館〜光と風〜→ P.268

小型の灯台と、弧を描く九十久里浜を一望できる展望台からの眺め

ここが遊びどころ

海水浴場も釣り場も充実しているのは千葉の海ならでは。それ以外にも千葉を代表する地引網や野生のイルカやクジラを見るツアーなど、ほかでは体験できない遊びがいっぱい。

絶景海カフェ

しーさいどてらす
Seaside Terrace
MAP 別冊 P.21-D2

犬吠埼灯台近くにある複合商業施設「犬吠テラステラス」内にあり、目の前に銚子の海が広がる気持ちのいいカフェ。お食事ガレットやリッチなクレープも揃い、お茶だけでなくランチにもぴったり。

W ジェラートキャラメルピスタチオ。コーヒー付きで 680 円

太平洋を一望できる

住銚子市犬吠埼 9575（1 階）
TEL0479-21-7760　営10:00 ～ 17:00（夏期は～ 18:00）
休無休　P あり　交銚子電鉄犬吠駅から徒歩 7 分

施設の入口を入った左手が Seaside Trerrace

馬に乗って砂浜を歩こう

いちのみやじょうばせんたー
一宮乗馬センター
白子

全国的にも珍しい海辺にある乗馬センター。潮風を受けながら馬に乗って波打ち際を歩く「海岸コース」が人気で、馬上から望む海は爽快そのもの。

MAP 別冊 P.32-B1　住一宮町一宮 9963
TEL 0475-42-2851　開 9:00 ～ 17:00（7 月 15 日～ 8 月 31 日は 8:00 ～ 12:00、15:00 ～ 18:00）
休水曜　料海岸コース 20 分 4950 円ほか
P あり　交 JR 上総一ノ宮駅から送迎バスあり

初めてでも一宮海岸沿いでの乗馬ができる

銚子沖でザトウクジラに出会える感動体験！

ちょうしかいようけんきゅうじょ
銚子海洋研究所
銚子

野生のイルカやクジラが群れを成して泳いでいる姿を見るツアーを開催。カマイルカと遭遇できるのは親潮と黒潮が交錯する沖まで出ていく 3 ～ 4 時間の体験。そのほかスナメリに出合える沿岸イルカウォッチングもある。MAP 別冊 P.21-D2

住銚子市潮見町 15-9　TEL 0479-24-8870　開 9:00 ～ 18:00　休不定休　料沖合イルカウォッチングは大人 7500 円　P あり　交 JR 銚子駅から千葉科学大学行きバスで 11 分、千葉科学大学マリーナ前下車、徒歩約 2 分

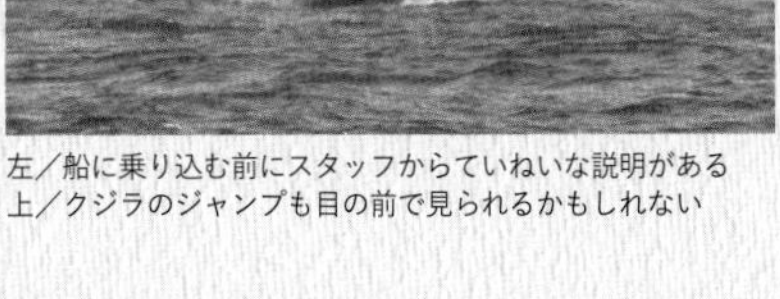

左／船に乗り込む前にスタッフからていねいな説明がある
上／クジラのジャンプも目の前で見られるかもしれない

ここが遊びどころ

大人も子供も楽しめる

はすぬまかいひんこうえん・こどものひろば

蓮沼海浜公園・こどものひろば

①

山武

九十九里浜に隣接し、レジャープールやスポーツ施設がある公園。園内「こどものひろば」にはゴーカートやミニトレイン、巨大遊具「ビッグウエーブ」など子供心をくすぐるアトラクションがいっぱい。

蓮沼海浜公園→ P.275

❶ 820m のコースを駆け抜ける本格ゴーカート ❷展望塔は公園のシンボル。最上階から太平洋を一望できる ❸総走行距離 2.1km と日本一の距離を誇るミニトレイン ❹体と頭を使って遊ぶ巨大創作遊具「ビッグウエーブ」

②

③

④

海まで徒歩３分のサーフブランドショップ

ぱたごにあさーふちば・あうとれっと

パタゴニアサーフ千葉・アウトレット

一宮

パタゴニアが世界の名だたるビーチで展開しているサーフストアで、こちらは世界で7店舗目に当たる。アウトレット商品のほか、サーフボードやウエットスーツもある。

MAP 別冊 P.32-A1

住 一宮町東浪見 7404　TEL 0475-40-6030　営 10:00 ～ 17:00　休 第 3 水曜　P あり　交 JR 東浪見駅から徒歩約 22 分、または車で 5 分

カナダ産レッドウッドを外壁に使った店舗。屋外には芝生が敷かれた休憩スペースもある

アウトレット価格で手に取りやすい商品が並ぶ

絶景海カフェ

さーふがーでんしょっぷあんどかふぇ

SURF GARDEN Shop & Cafe

東浪見海岸からすぐの九十九里ビーチライン沿いにあり、アパレルショップとカフェが併設された店。ショップではサーフ系ファッションやハワイアン雑貨などを扱い、カフェではハンバーガーやピザなどアメリカンな料理を味わえる。 MAP 別冊 P.32-A1

雰囲気も味もアメリカ西海岸を思わせる。チーズバーガー 1380 円

東浪見ビーチがすぐ前のショップ

キャップ 6380 円
T シャツ 4620 円

住 一宮町東浪見 7500-7　TEL Shop 0475-40-0011、Cafe 0475-40-0040　開 9:00 ～ 18:00、土・日曜、祝日 8:00 ～ 18:00　休 無休　P あり　交 JR 東浪見駅から徒歩約 20 分

第3章

エリアガイド

エリアナビ ベイエリア・千葉

県庁所在地の千葉市をはじめとする、東京湾沿岸部の北側とその内陸エリア。都心に近く、千葉県全人口の約45%が暮らし、テーマパークやショッピングモール、国際コンベンションセンターなどの魅力的な施設が集まっている。

1 自然にも恵まれた文化都市 千葉市

P.140 MAP 別冊 P.16～17・24～25・40～41

県内最大の人口を擁し、6つの行政区からなる政令指定都市。各地に公園が整備され緑豊かで、港やタワー、遊覧船からは海の眺めを楽しめる。美術館や博物館などの文化施設が多いのも特徴。また、日本最大級の縄文貝塚・加曽利貝塚など、歴史を感じさせる見どころも点在。

千葉港に立つ市のシンボル、千葉ポートタワー

2 東京湾の最奥部に位置する 船橋市

P.150 MAP 別冊 P.14～15・16

江戸時代から宿場町として栄え、現在は多くの鉄道路線が交差する県西部の交通の要衝。北西部には緑豊かな公園が整備され、南部の埋め立て地には「ららぽーと TOKYO-BAY」「IKEA」をはじめとする大型商業施設が多い。競馬場が2ヵ所ある日本で唯一の都市としても知られている。

季節の花と異国情緒ある風景が見られると人気のふなばしアンデルセン公園

中山法華経寺では節分に芸能人や力士なども参加して豆まきが行われる

3 「千葉の鎌倉」とも呼ばれる歴史ある町 市川市

P.156 MAP 別冊 P.15

江戸川を挟んで東京都江戸川区と向かい合う千葉県最西部の市のひとつ。かつては下総国の中心で国府や国分寺、国分尼寺が置かれ、日蓮宗五大本山のひとつ中山法華経寺をはじめとして寺社も多い。また、北原白秋や永井荷風など多くの文化人が暮らしたことでも知られる。

やりたいこと BEST 5

1. 東京ディズニーリゾート® で遊びたおす！➡ P.168
2. 幕張メッセでイベント狙い➡ P.34
3. ふなばしアンデルセン公園で異国情緒を満喫➡ P.152
4. 京成バラ園でバラを観賞➡ P.177
5. 千葉港めぐり観光船で東京湾巡り➡ P.142

谷津干潟は野鳥やカニなど水辺の生き物が見られる都会のオアシス

5 ラムサール条約に登録された干潟 習志野市

P.172 MAP 別冊 P.15・16

千葉街道の宿場町であった津田沼を中心に町が広がる。市の西部には埋め立てを奇跡的に免れた谷津干潟があり、渡り鳥が飛来する貴重な自然が残されている。干潟に隣接して谷津バラ園があるほか、旧御成街道の周辺には江戸時代の民家が残されており見学が可能。

徳川家康にまつわる言い伝えがあり、しだれ桜が有名な福星寺

6 四つ辻が地名の由来に 四街道市

P.175 MAP 別冊 P.16〜17

千葉市の北、成田街道と佐倉街道が交差する場所に発達した都市。江戸時代には佐倉藩の砲撃練習場があり、明治時代には軍の学校や練習場などの軍事関連施設が置かれ軍都としても栄えた。明治時代に立てられた地名発祥の碑や、かつての軍施設跡地、桜の名所などの見どころがある。

7 市の花「バラ」で町おこし 八千代市

P.176 MAP 別冊 P.16

下総台地の豊かな自然に恵まれた地で、印旛沼から流れ出た新川が市の中央を南北に貫く。国内有数の規模を誇る京成バラ園があることで知られ、バラ園と八千代緑が丘駅間の遊歩道にバラの苗木を植えて、日本一のバラ街道にする取り組みも進められている。

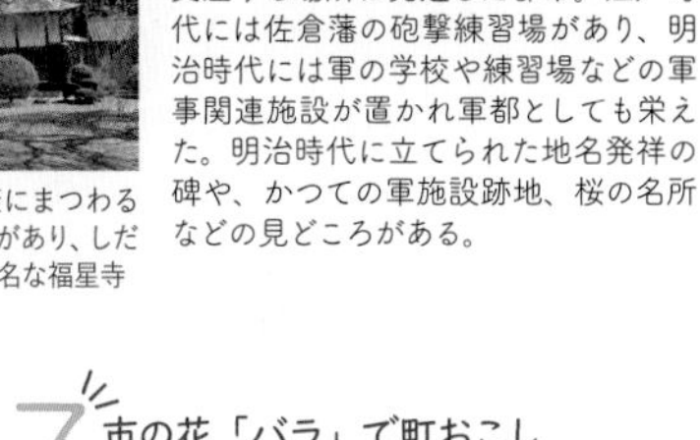
京成バラ園では 1600 品種 1 万株のバラが咲く

4 市面積の 4 分の 3 が埋立地で割合は全国一 浦安市

P.164 MAP 別冊 P.15

屋外展示が人気の浦安市郷土博物館

旧江戸川河口の三角州に位置する県内最小の自治体。区画整理された道路が延び、ショッピングモールが点在する。国内最多の入場者数を誇るテーマパーク、東京ディズニーリゾートが最大の見どころで、昭和の町並みが再現されタイムトリップ気分を味わえる浦安市郷土博物館も人気。

エリアナビの地図はすべて「国土数値情報（行政区域、鉄道、高速道路時系列、湖沼データ）」（国土交通省）（https://nlftp.mlit.go.jp/ksj/index.html）を加工して作成しています。駅や IC などは、主要なものをのぞき省略しています。

歴史と自然に彩られた千葉県の県庁所在地

千葉市（ちばし）

人　口：約97万2000人（1位）
面　積：271.8㎢（3位）

千葉市立郷土博物館。千葉氏の居城があったと伝わる亥鼻城跡に建つ

市章

下総の豪族・千葉氏の月星の紋章に、図案化した千葉の「千」の字を加えたもの。

千葉市への行き方

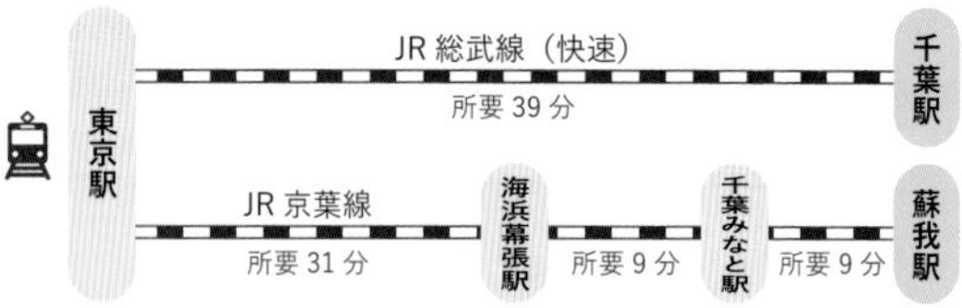

千葉県の県庁所在地は、日本三大貿易港のひとつ千葉港を擁する港湾都市。海岸部は広大な埋め立て地で、人工海浜の総延長は 4320m と日本一の長さだ。

平安時代後期に豪族の大椎常重（おおじつねしげ）が、現在の緑区大椎町から中央区亥鼻付近に本拠を移し、「千葉」を名乗ったのが地名の由来とされる。常重の息子の常胤（つねたね）は、房総に逃れた源頼朝の味方となり、鎌倉幕府創設に尽くした人物として有名だ。明治時代になると廃藩置県により、当時千葉町と呼ばれていたこの地に県庁が置かれたことから、県名も千葉県となった。1992（平成 4）年に全国で 12 番目の政令指定都市となり、現在、中央区・花見川区・稲毛区・若葉区・緑区・美浜区の 6 つの区で構成されている。

小ネタ

「千葉」が付く駅は 12

交通の要衝でもある千葉市には、駅名に千葉がつくものが 12 もある。JR 東日本の駅が、千葉、本千葉、東千葉、西千葉、千葉みなと、京成電鉄の駅が、京成千葉、千葉中央、新千葉、千葉寺、千葉都市モノレールの駅が千葉、千葉公園、千葉みなと。

ミニ情報　1871（明治 4）年に実施された廃藩置県により、千葉には 3 つの県が生まれた。木更津県、印旛県、新治県（にいはり）だ。その後木更津県と印旛県が合併し千葉県が誕生。千葉市に県庁所在地が置かれたのは、ふたつの県の間だったからだ。

歩き方

千葉駅から千葉発祥の地・亥鼻公園へ

6区のうち、県庁や市役所などの行政機関が集中し、県内交通の要衝となっているのが中央区。人口は市内最多で、千葉駅の南東側は人々でにぎわう繁華街となっている。

千葉駅を起点に歩き始めよう。JRの線路に沿って石畳のラ・ピエール通りを南へ。国道14号（千葉街道）を渡り、富士見本通りを西へ進む。この一帯は飲食店やカラオケ店などが並ぶにぎやかな繁華街だ。千葉都市モノレールの線路をくぐったところが千葉市中央公園。近くにあるもうひとつの公園、通町公園に面して、朱塗りの社殿をもつ妙見本宮 千葉神社が建っているので、まずはお参りしよう。

再開発もひと段落したJR千葉駅

千葉神社から国道126号を南へ向かうと、レトロな建物の千葉市立美術館がある。千葉市科学館も近いので訪れたい。国道をさらに南下すると、左手に城のような建物の千葉市立郷土博物館が見え、都川を越えると亥鼻地区に入る。千葉市発祥の地・亥鼻公園を、歴史に思いをはせながら散策しよう。ここからはモノレールで千葉港へ。ポートタワーの上から、東京湾に面して広がる街の眺めを楽しみたい。

他区にも見どころがいっぱい。足を延ばしてみよう

各区にさまざまな見どころがある千葉市。加曽利貝塚がある若葉区、幕張メッセのある美浜区、千葉市 昭和の森がある緑区など、公共交通機関と徒歩でたいがいの場所に行くことができる。

おさんぽプラン

① JR千葉駅
徒歩12分
② 妙見本宮 千葉神社 （→P.142）
徒歩4分
③ 千葉市美術館 （→P.143）
徒歩3分
④ 千葉市科学館 （→P.144）
徒歩7分
⑤ 亥鼻公園 （→P.145）
徒歩3分＋千葉都市モノレール30分
⑥ 千葉ポートタワー （→P.142）

小ネタ

千葉市章と初音ミク

千葉市の市章が、バーチャルアイドルの初音ミクに似ているとネット上で話題になったことから、千葉市は「千葉市×初音ミク」のコラボ事業を展開。市内のあちこちに初音ミクデザインを取り入れたり、グッズ販売などの企画を行ったりしている。幕張メッセの近くには初音ミク風デザインの市章のマンホールがある。

ふさの国だより

シェアサイクルで市内を回ろう

広いエリアに見どころが点在する千葉市は、自転車をうまく利用して回るのがおすすめ。全国でレンタサイクル業を行う「HELLO CYCLING」が千葉市にもあり、アプリで会員登録すれば誰でも電動アシスト付き自転車に乗ることができる。ステーションがあるのは主要な駅や観光スポット付近。アプリ上で検索し、予約をしておく。ステーションで指定の自転車を探し、予約時に発行された暗証番号を入力すると、開錠され乗車が可能となる。料金は15分ごとに70円で、最長12時間、上限は1000円。返却は「HELLO CYCLING」のステーションならどこでも可能だ。

HELLO CYCLING
URL https://www.hellocycling.jp

千葉ポートタワー
住 千葉市中央区中央港1丁目
TEL 043-241-0125
開 6～9月9:00～21:00、10月～5月9:00～19:00（土・日・祝日～20:00、最終入館30分前まで）
休 無休　P あり
料 大人420円、小・中学生200円、未就学児無料
交 JR千葉みなと駅から徒歩約12分

京葉工業地帯らしい工場の眺めも楽しめる

千葉港めぐり観光船
住 千葉市中央区中央港1-20-1 ケーズハーバー1階（千葉ポートサービス）
TEL 043-205-4333
開 出航11:30、13:30（チケット販売は各出航の30分前から）
休 無休（荒天時休）　料 大人1200円、小学生以下600円
P あり
交 JR千葉みなと駅から徒歩6分
※土・日・祝日の14:30には「幕張メッセ沖合遊覧コース」を、4～11月の第2、第4土曜には「工場夜景クルーズ」も催行

妙見本宮 千葉神社
住 千葉市中央区院内1-16-1
TEL 043-224-2211
開 6:00～18:00
休 無休
料 無料
P なし
交 JR千葉駅から徒歩12分

神紋の月星紋が配されたお守り（800円）

国際貿易港・千葉港のシンボル

千葉ポートタワー（ちばぽーとたわー）

MAP 別冊 P.16-B3

千葉港に立つ高さ125mの展望施設で、1986（昭和61）年にオープン。高さ113mの4階と105mの2階が展望フロアで、千葉市の町並みから東京湾、幕張新都心エリア、見晴らしのいい日には海ほたるや富士山までを一望できる。なかでも幻想的な夕暮れ時や、工場や町のネオンが輝く夜は見応え満点。3階には展望レストランがある。（→P.159）

一辺15mのひし形のタワー。クリスマスにはイルミネーションショーが行われる

海の上から工場見学を楽しもう

千葉港めぐり観光船（ちばこうめぐりかんこうせん）

MAP 別冊 P.16-B3

レトロな観光船「あるめりあ」で千葉港を巡る約40分間のクルーズ。コンテナターミナルや工場のタンクやクレーン、海に浮かぶタンカーなどの迫力ある光景を眺められる。甲板に出てカモメに直接スナック菓子をあげるのも楽しい。チケットは港の複合施設「ケーズハーバー」内で購入。日曜と祝日には、千葉ポートタワーとのお得な共通パスを販売している。

千葉港の歴史や町の様子などについて、説明を聞きながら見学できる

厄除け・開運の御利益で名高い

妙見本宮 千葉神社（みょうけんほんぐう ちばじんじゃ）

MAP 別冊 P.16-B3

北極星を神格化した「北辰妙見尊星王（妙見様）」を祀る神社で、1000（長保2）年の開創。社殿は日本初の2階建てで、1階の「金剛殿」、2階の「北斗殿」のどちらからも奥の本殿に参拝できる。毎年8月16～22日に行われる「妙見大祭」は北斗七星への願掛けの祭りで、「何かひと言願をかければ必ず達成される」と言い伝えられている。

鮮やかな朱塗りの社殿は1990（平成2）年に竣工した

古代ハスの花が咲く市民憩いの場

ちばこうえん
千葉公園

MAP 別冊 P.16-B3

体育館やプール、カフェなどがある大きな公園で、春は桜、秋は紅葉など、四季折々の自然のなかで散策やスポーツを楽しめる。南側に位置する綿打池（わたうちいけ）では水鳥を観察でき、春から秋にかけてはボート遊びが可能。また、約2000年前の遺跡から発掘され、発芽に成功した大賀ハスが池の北西に移植されており、6月上旬から7月上旬にかけて清楚な花を咲かせる。

大賀ハスの花は早朝に開き昼頃には閉じてしまう。なるべく早い時間帯に訪問を

千葉公園
住 千葉市中央区弁天3-1-1
TEL 043-279-8440（中央・美浜公園緑地事務所）
開 入園自由（ボートは3～11月の9:00～16:30）
休 ボート、売店は月曜（祝日の場合は翌日）
料 無料
P あり
交 JR千葉駅から徒歩10分

小ネタ
大賀ハスとは
1951（昭和26）年、現在の千葉市花見川区の落合遺跡で、ハスの実が3粒発掘された。植物学者の大賀一郎が、うち1粒を発芽・開花させることに成功。「大賀ハス」と命名され、千葉公園をはじめ国内外に分根された。大賀ハスは千葉県の天然記念物となっており、市の花でもある。

年に数回開催される企画展は要チェック

ちばけんりつびじゅつかん
千葉県立美術館

MAP 別冊 P.16-B3

浅井忠や東山魁夷など、千葉県にゆかりある芸術家の作品をメインに収集・展示する美術館。ミレーやコローといったバルビゾン派の絵画も見ることができる。（→P.91）

日本画や洋画のほか、彫刻や書、版画などを展示

千葉県立美術館
住 千葉市中央区中央港1-10-1
TEL 043-242-8311
開 9:00～16:30
休 月曜（祝日・振替休日の場合は翌日）
料 大人300円、高校・大学生150円（企画展を除く）、中学生以下・65歳以上無料
P あり
交 JR千葉みなと駅から徒歩10分

旧川崎銀行千葉支店の建物も必見

ちばしびじゅつかん
千葉市美術館

MAP 別冊 P.16-B3

房総ゆかりの作家の作品や日本の現代美術作品などを所蔵し、なかでも浮世絵のコレクションが充実していることで知られる。常設展は1ヵ月おきに展示替えされる。（→P.91）

1万点にも及ぶコレクションを月替わりで展示

千葉市美術館
住 千葉市中央区中央3-10-8
TEL 043-221-2311
開 10:00～18:00（金・土曜は～20:00、最終入館30分前まで）
休 第1月曜（祝日の場合は翌日）
料 大人300円、大学生220円、高校生以下・県内在住の65歳以上無料
P あり
交 JR千葉駅から徒歩約15分

千葉市科学館
住千葉市中央区中央4-5-1複合施設「Qiball（きぼーる）」内7階〜10階
TEL043-308-0511
開9:00〜19:00
休不定休
料常設展示510円、プラネタリウム510円、セット券820円
Pなし
交JR千葉駅から徒歩15分、または、京成線千葉中央駅から徒歩6分

新しいプラネタリウム体験ができる

直接触って科学を体験できる

千葉市科学館（ちばしかがくかん）

MAP 別冊P.16-B3

直接触れられる展示やワークショップ、講座などで科学を体験できる参加体験型科学館。「街の音クイズ」や「傾いた部屋」など感覚的に楽しめる展示のほか、日常で使う電化製品や携帯電話など身近な物に関わる展示もある。館内７階のプラネタリウムでは星空と大迫力のCG映像を掛け合わせた「ハイブリッド・プラネタリウム」が楽しめる。

ガラス張りの壁面が印象的な建物「きぼーる」内にある科学館

千葉市動物公園
住千葉市若葉区源町280
TEL043-252-1111
開9:30〜16:30（最終入園16:00）
休水曜（祝日の場合は翌日）
料700円（中学生以下無料）
Pあり
交千葉都市モノレール動物公園駅から徒歩１分

一瞬置物と思ってしまう動かない鳥ハシビロコウ

レッサーパンダの立ち姿や特殊な展示は必見

千葉市動物公園（ちばしどうぶつこうえん）

MAP 別冊P.16-B3

立ち姿で一躍有名になったレッサーパンダ「風太くん」が暮らす動物園。多種多様なサルの特徴を比較できる「サル比較舎」や140mの周回コースで高速疾走するチーターを観察できる「チーター展示場」など珍しい展示も魅力だ。段差を活用し、できるだけ檻や柵を使わない「パノラマ展示」によって動物を身近に感じることができる。

レッサーパンダは現在も園で一番の人気者

市民に愛される千葉市発祥の地

亥鼻公園（いのはなこうえん）

MAP 別冊P.16-B3

都川の河口に位置するイノシシの形をした丘、亥鼻台に整備された公園。平安時代末からこの地を支配した豪族・千葉氏の亥鼻城（→P.363）があった場所で、現在は「千葉城」と呼ばれている天守閣造りの千葉市立郷土博物館が建つ。博物館では中世から現代までの千葉氏と郷土の歴史に関する資料を展示し、企画展や特別展も開催。5階の展望室の回廊からは市街地を一望できる。

とても絵になる堂々とした天守閣を構える千葉城

亥鼻公園
住千葉市中央区亥鼻1-6
TEL043-279-8440
開入園自由
Pなし
交JR本千葉駅から徒歩15分、または千葉モノレール県庁前駅から徒歩10分

小ネタ
桜の名所
亥鼻城周辺にはソメイヨシノが約90本植えられ、桜の名所としても知られている。園内の一角にある「いのはな亭」は本格的な茶室と茶店で、周辺には日本庭園がある。毎年春には「千葉城さくら祭り」が開催される。

ナウマンゾウの化石やジオラマも

千葉県立中央博物館（ちばけんりつちゅうおうはくぶつかん）

MAP 別冊P.16-B3

「房総の自然と人間」をテーマにした総合博物館。常設展示は「房総の自然史」、「房総の歴史」、「自然と人間のかかわり」といった3つの主要な展示で構成されており、県内で発掘されたナウマンゾウの化石や小櫃川（おびつがわ）河口に広がる干潟のジオラマなどさまざまな展示がある。隣接された生態園は房総の代表的な森林、草地を再現したもので池には野鳥も生息しており、都市部にいながら房総の自然に触れることができる。

千葉のことを知るには最適の場所

千葉県立中央博物館
住千葉市中央区青葉町955-2
TEL043-265-3111
開9:00～16:30（最終入館16:00）
休月曜　料300円　Pあり（有料）
交JR千葉駅から千葉大学病院行き、南矢作行きバスで15分、中央博物館下車、徒歩約7分
URLchiba-muse.or.jp/NATURAL/

房総は多くの野生動物が暮らす土地

ふさの国だより

千葉市の繁華街の変遷

県庁所在地であり、複数のJR線、京成線、モノレールの起点でもある交通の要衝である千葉駅。駅周辺の繁華街は時代によってその場所が移り変わっているが、それには千葉駅の移転が関わっている。千葉駅の開業は1894（明治27）年だが、最初の千葉駅は現在の総武本線東千葉駅の近く、現在の位置から800mほど東にあった。1963（昭和38）年に現在の位置に移転するまで、駅前にあたる栄町は千葉県随一の繁華街だった。移転後は栄町のにぎわいは徐々に薄れ、繁華街の中心は徐々に南に移っていった。現在は千葉駅から京成線千葉中央駅までの間の東側がもっともにぎやかなエリアだ。ほかにもそごう千葉店の南側の「裏チバ」と呼ばれるエリアには、しゃれたショップやカフェが点在しており、駅西側の再開発地区にも注目が集まっている。駅東口周辺の大規模な再開発も進行中で、これからの千葉駅周辺の変貌の様子に注目していきたい。

国内最大級の貝塚で歴史を体感

かそりかいづか

加曽利貝塚

MAP 別冊P.16-B3

総面積15.1ヘクタールと国内最大級の貝塚として知られる。約7000年前から約2500年前までの縄文人の生活跡が残り、動物の骨や植物の残骸、人骨などが見つかっている。2017（平成29）年に国の特別史跡に指定された。現在は史跡公園となっていて、園内には博物館や貝層断面の観察施設があり、歴史を肌で感じられる。博物館では疑似発掘体験、縄文工作体験なども開催している。（→P.46）

実際の貝塚の断面が目の前に

加曽利貝塚

住千葉市若葉区桜木8-33-1
TEL043-231-0129
開9:00～17:00（最終入館16:30）
休月曜　料無料
Pあり　交JR千葉駅から御成台車庫（市営霊園経由）行き、都賀駅行きバスで17分、桜木町下車、徒歩約15分
※縄文体験プログラムはコロナ禍で中止（2022年10月現在）

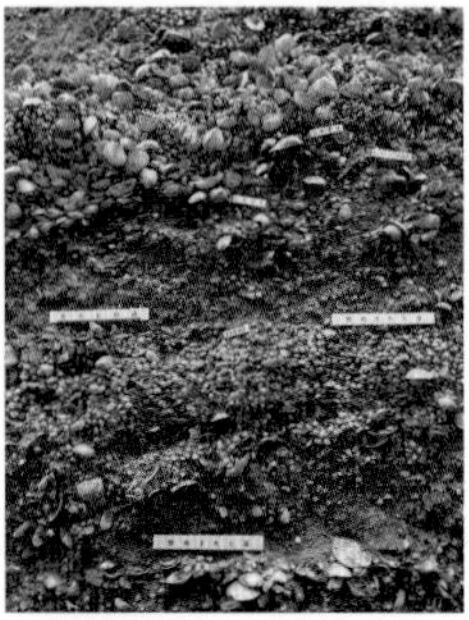

縄文時代の人々の生活がイメージできる展示

ラストエンペラーの実弟も過ごした

ちばしゆかりのいえ・いなげ

千葉市ゆかりの家・いなげ

MAP 別冊P.16-A3

明治中期に療養用の海水浴場として稲毛海岸が開設されると、多くの別荘が建てられた稲毛地区。「千葉市ゆかりの家・いなげ」もそのうちのひとつで、大正初期に建築。1937（昭和12）年には中国清朝のラストエンペラー愛新覚羅溥儀の実弟・溥傑と妻・浩が半年ほど新婚生活を送った。保養地としての稲毛の歴史を伝える貴重な建造物。

稲毛が別荘地だったことを物語る貴重な建物

千葉市ゆかりの家・いなげ

住千葉市稲毛区稲毛1-16-12
TEL043-244-5370
開9:00～16:30
休月曜（祝日の場合は翌火曜も休館）・祝日
料無料
Pあり
交京成線京成稲毛駅から徒歩7分、またはJR稲毛駅から徒歩14分

リニューアルが続く都市型ビーチ

いなげかいひんこうえん

稲毛海浜公園

MAP 別冊P.16-A3

東京湾沿岸に位置する長さ約3km、面積約43ヘクタールの総合公園。開園から40年が経過し、官民連携で「都市型ビーチの魅力ある公園」としてリニューアルされている。従来から地元民に愛される人工海浜「いなげの浜」のほか、ウッドデッキやグランピング施設、海の上で飲食できるカフェなど新設された施設は若者にも人気。大型遊具付きのプール「いなプー」にも注目だ。

千葉市唯一の海水浴場「いなげの浜」は季節を問わず人々でにぎわう

稲毛海浜公園

住千葉市美浜区高浜7-2-1
TEL043-279-8440
開入園自由
料無料（各施設利用の際は有料）
Pあり（有料）
交JR稲毛駅から稲毛海浜公園プール行きバスで10分、花の美術館下車、徒歩3分

海へ延びるウッドデッキ

三柱の神が祀られている神社

けみがわじんじゃ
検見川神社

MAP 別冊P.16-A3

創建は平安時代前期、869年ごろに全国で流行した疫病を鎮めるために素盞嗚尊（すさのおのみこと）を祀ったことが始まり。素盞嗚尊のほか、宇迦之御魂神（うかのみたまのかみ）、伊弉冉尊（いざなみのみこと）の三柱の神を祀っていることから「神祇三社検見川神社」と尊称される。古くから鬼門除、方位除、厄除の守護神を祀る神社として知られ、森羅万象の災禍を払い除く八方除総鎮護の神社として、全国から崇敬を集めている。

八方除けや恋愛成就の御利益で知られる

検見川神社
住 千葉市花見川区検見川町1-1
TEL 043-273-0001
開 参拝自由
P あり
交 JR新検見川駅から徒歩6分、または京成線検見川駅から徒歩1分

駅近くの高台にあり、かつては東京湾がすぐ近くに広がっていた

7つの特色あるシティパーク

ちばけんりつまくはりかいひんこうえん
千葉県立幕張海浜公園

MAP 別冊P.40-B2

国際都市である幕張新都心の中心に位置し、「みどりと海のシティパーク」をテーマにした広域公園。園内は7つのブロックに分かれ、それぞれZOZOマリンスタジアムや日本庭園「見浜園」、浜に面した広場があるなどブロックごとに特色がある。D～Fブロックの人工海浜の「幕張の浜」は、夏に開催される千葉市民花火大会の会場となる。

見浜園内の茶室「松籟亭（しょうらいてい）」ではお抹茶と季節のお菓子がいただける

千葉県立幕張海浜公園
住 千葉市美浜区ひび野2-116
TEL 043-296-0126
開 入園自由
（見浜園は8:00～17:00）
休 無休（見浜園以外）
料 無料（見浜園は入園料100 円、呈茶１杯600円）
P あり
交 JR海浜幕張駅から徒歩10分

ふさの国だより

民間飛行場発祥の地、稲毛

千葉市美浜区の稲毛海浜公園内にあった稲毛民間航空記念館は、2018（平成30）年をもって惜しまれながら閉館した。そもそもなぜこの場所に記念館ができたかのか。この場所は、今は緑豊かな公園だが、かつては遠浅の海が広がる干潟が広がっていた。周囲に障害物もない広くて平らな土地に、1912（明治45）年、日本で最初の民間飛行場が開設されたのだ。ライト兄弟が世界初の有人動力飛行を実現させたわずか9年後のこと。ところで記念館があった場所から約2.2㎞内陸にある稲毛公園内に民間航空発祥の地という記念碑がある。実はこの場所に飛行場の格納庫などがあり、記念館があった場所は干潮時に現れた滑走路があったところ。つまり記念碑の場所から先は、かつてはすべて海だったのだ。

民間航空発祥の地記念碑

冒険心くすぐる樹上アクティビティ

ふぉれすとあどべんちゃー・ちば

フォレストアドベンチャー・千葉

MAP 別冊P.25-C1

泉自然公園内に2018（平成30）年にオープンした森の中のレジャー施設。ハーネスを付けて樹上に造られたコースを進む。最長120m超のジップスライドを含む「アドベンチャーコース」（身長140cm以上）と、「キャノピーコース」（身長110cm以上・80分間の時間制）の、難易度の異なるふたつのコースがある。吊り橋を渡ったり、木々の間を滑空したり、気持ちのいい汗をかきながら大人も子供も楽しめる施設だ。

ロープにぶら下がり滑り降りるジップラインは大人気のアクティビティ

フォレストアドベンチャー・千葉
住千葉市若葉区野呂町108番地泉自然公園内
TEL090-5535-1230
営9:00～15:00（季節により変動）
休不定休
料アドベンチャーコース3800円、キャノピーコース2800円
Pあり
交JR千葉駅から成東駅行き、中野操車場行きバスで45分、泉公園入口下車、徒歩20分

広大な公園で花観賞やサイクリング

ちばし しょうわのもり

千葉市 昭和の森

MAP 別冊P.25-D2

東京ドーム約23個分の広大な敷地で、県内有数の規模を誇る公園。1975（昭和50）年４月に開園した。自然環境が良好で16万5000㎡の芝生広場や５万株のツツジ、菜の花やコスモスなどの四季の花が楽しめる。園内展望台からは九十九里平野と太平洋の水平線が一望できる。林の中を滑り降りる延長約109mのローラー滑り台やサイクリングコース、キャンプ場もあり、利用の仕方はさまざま。

「展望ゾーン」の展望台からは、空気の澄んでいる日には太平洋を見渡せる

千葉市 昭和の森
住千葉県千葉市緑区土気町34
TEL043-294-3845（昭和の森管理事務所）
開散策自由
料無料（各施設利用の際は有料）
Pあり
交JR土気駅からブランニューモール行きバスで3分、昭和の森西下車、徒歩5分、またはあすみが丘東4丁目下車、徒歩3分

絶好の環境で写実絵画を鑑賞

ほきびじゅつかん

ホキ美術館

MAP 別冊P.25-D1

日本初の写実絵画専門美術館。初代館長の故・保木将夫氏が選んだ日本の現代作家約60人による写実絵画が約500点所蔵されている。2010（平成22）年11月に開館した。ギャラリーは地上１階、地下２階の計500mにわたる回廊型で、明るさによらず色温度が一定のLED照明を使うなど絵画鑑賞に集中しやすい環境を整えている。館内レストランではイタリア料理とワインを堪能できる。

多くの建築家が見学にくる美術館の建物も一見の価値あり

ホキ美術館
住千葉市緑区あすみが丘東3-15
TEL043-205-1500
開10:00～17:30(最終入館17:00)
休火曜（祝日の場合は翌平日）
料入館料1830円（レストラン「パスタランチコース」3200円など）
Pあり
交JR土気駅からブランニューモール行きバスで4分、あすみが丘東4丁目下車すぐ

小特集 千葉県民のソウルRadio♪♪

『bayfm（べいえふえむ）』さんに聞きました！

bayfm78

社名：株式会社ベイエフエム
愛称：bayfm（ベイエフエム）
放送時間：臨時の放送メンテナンスを除き、24 時間 365 日
開局：1989 年 10 月 1 日
周波数：78.0MHz
中継局：銚子 79.3MHz/ 勝浦 87.4MHz/ 白浜 79.7MHz/ 館山 77.7MHz
公式サイト：https://www.bayfm.co.jp/

“LOVE OUR BAY” をキャッチフレーズに、幕張新都心のスタジオから千葉県と周辺地域にバラエティ豊かな番組を放送している FM ラジオ局。1989（平成元）年 10 月の開局以来、俳優や声優、アーティストなど多彩な DJ 陣が、こだわりの選曲と生活に役立つ情報を日々お届けしている。生活のお供として、千葉県民なら聴いておきたい番組多数。

人気番組「MOTIVE!!」のパーソナリティ、安東弘樹さん＆宮島咲良さんに聞きました。

番組 INFO

番組名：MOTIVE!!
毎週金曜日に、その週に起こった社会、スポーツ、芸能などの情報を幅広く紹介。さらに、リスナーの好奇心を刺激する注目のトレンド・トピックスを、DJ の安東弘樹と宮島咲良が生放送でお届けする情報エンタメ番組。
放送時間：金曜、9:00 ～ 12:41
メール：motive@bayfm.co.jp

Q あなたの「I LOVE♡千葉スポット」はどこですか？

A. 安東弘樹の TOP3

1位	2位	3位
刑部岬（ぎょうぶみさき）	金谷元名林道（かなやもとなりんどう）	大多喜城（おおたきじょう）
⇒ P.268	⇒ P.254	⇒ P.254

千葉はドライブが楽しい！

●編集部より
旭市にある刑部岬は九十九里浜の北端にあって、長い砂浜が一望にできるポイント。金谷元名林道は鋸南町にあるワイルドな林道※です。車好きな安東さんならではのチョイス。大多喜城は徳川四天王のひとり本多忠勝の居城で、桜の季節は特に絵になる美しい城です。
※ 2022 年 11 月現在土砂崩れのため通行止め

刑部岬から見る旭市街と九十九里浜

A. 宮島咲良の TOP3

1位	2位	3位
中山競馬場	松戸のラーメン激戦区	養老渓谷
⇒ P.151		⇒ P.252

おいしいものがいっぱい

●編集部より
有馬記念が行われる中山競馬場は馬券を買わずとも楽しめる競馬場。レースのない日は子供向けの体験プログラムを実施しています。松戸駅周辺と県道 281 号周辺はラーメン屋の密集地帯で、ラーメン好きには有名。養老渓谷は関東有数の紅葉スポットで、夏は川遊びや滝巡りが楽しめますよ。

数々の重賞レースが行われる中山競馬場

bayfm スタッフさんにも聞きました

Q 行きつけのお店はありますか？

A.「会員制 DJ SNACK 綾」です！

●スタッフより
「昭和レトロ感あふれる店で、扉を開けた瞬間そこはオトナの竜宮城！ すてきなバーカウンターと DJ ブースがあり、大人の遊び心をくすぐってくれます。DJ イベントも定期的に開催されていて、プロレスミーティングや邦楽祭といったマニアにはたまらないイベントも！ オススメはマスター特製のナポリタン（大盛り）です！」

会員制 DJ SNACK 綾
住 船橋市宮本 4-18-10
TEL 047-432-3188
営 19：00 ～ 24：00
休 日曜
交 京成線大神宮下駅から徒歩 3 分

●編集部より
会員になるのは簡単。会員に紹介してもらうか、SNS をフォローすれば会員になれます！

政令指定都市を除くと人口日本最大の「市」

船橋市（ふなばしし）

人　口：約62万3000人（2位）
面　積：85.6㎢（24位）

船橋港越しに見る船橋中心部の高層ビル

市章

「舟」の字を図案化したもので、船橋発展のシンボルとなっている。

船橋市への行き方

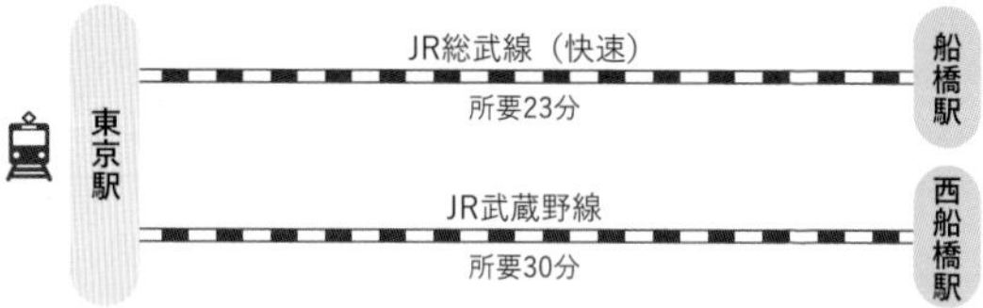

県内では千葉市に次いで2番目に大きな市である船橋市。昔から交通の要衝で、かつては江戸から東に向かう街道の、成田方面に行く成田街道と房総半島へ向かう房総往還に分かれる場所であった。また千葉県内には、東京から東に向かって県を横切る鉄道路線は多いが、県内を縦に走る路線は少ない。しかし船橋市には東武野田線（船橋駅）、武蔵野線（西船橋駅）など、縦に走る路線があり、鉄道が重要な移動手段である今日でも交通の拠点になっている。東京から20km圏内に位置し、交通手段も充実しているため、戦後たくさんの団地や住宅地が開発され人口が急増。大型商業施設も多く建設され、県庁所在地である千葉市の「県都」に対して、船橋市は「商都」と呼ばれている。

小ネタ
千葉県でいちばん忙しい駅
JR総武線各駅停車、武蔵野線、京葉線、東京メトロ東西線、東葉高速鉄道が乗り入れる西船橋駅は、県庁所在地の千葉駅や隣の船橋駅を押さえて、県内でいちばん乗降客数の多い駅。ただし駅周辺には大型の商業施設などはないので、その多くは西船橋駅で乗り換える乗客だ。

ミニ情報　船橋には「娯楽」の町としての歴史がある。公営ギャンブルは、中央競馬の中山競馬場、地方競馬の船橋競馬場、船橋オートレース場があり、古くは船橋ヘルスセンター、屋内スキー場「ザウス」などがあった。

歩き方

南部の繁華街から北東部の農業地帯まで土地柄いろいろ

船橋市は東京湾に面する南部から北東方面に広がっている。鉄道の拠点と前述しているが、実際路線が密な市南部から大きな見どころであるアンデルセン公園がある北東部に向かう路線はないので、この方面への足は路線バスだ。

船橋駅はJR総武線（快速・各駅停車）と東武野田線（アーバンパークライン）、徒歩2分の距離にある京成線京成船橋駅とがあり、駅の規模や周辺の繁華街のにぎわいは、市内の他の駅とは比較にならない。特に再開発が進む駅の南側、京成船橋駅周辺の飲食店の密集度は県内随一だ。この飲食店街を抜けて、船橋駅から徒歩約12分のところにあるのが船橋大神宮（意富比神社）で、かつての漁師町船橋の中心地はこの周辺だった。船橋大神宮から巨大商業施設「ららぽーとTOKYO BAY」は徒歩圏。ちょっと距離はあるがサッポロビール工場や、隣の習志野市にある谷津バラ園などが周辺の見どころだ。

レース観戦や馬との触れ合いを楽しむ

なかやまけいばじょう
中山競馬場

MAP 別冊P.15-D1

日本の競馬で最大のレース（1レースの売り上げ）である「有馬記念」やG1「皐月賞」などで有名な競馬場。この場所での最初のレースは100年以上前の1920（大正9）年という長い歴史があり日本の4大競馬場（東京競馬場、阪神競馬場、京都競馬場）のひとつ。レース観戦、馬券予想といった定番の楽しみ方はもちろん、レストランや屋台、乗馬体験など馬と触れ合えるイベントもあり、家族連れでも楽しめる。観戦時は「中山名物」とされるゴール前の高低差2.2mの上り坂「急坂」に注目。この坂で逆転劇が起こることも少なくなく、最後まで目が離せない。

春は周囲の桜もすばらしい美しい競馬場

おさんぽプラン

① JR船橋駅
徒歩12分
② 船橋大神宮 （→P.154）
徒歩17分
③ ららぽーとTOKYO BAY
徒歩40分
④ サッポロビール千葉工場 （→P.154）
徒歩30分
⑤ 谷津干潟自然観察センター （→P.173）
徒歩20分
⑥ 谷津バラ園 （→P.173）

船橋市のおもな見どころ

中山競馬場
住 船橋市古作1-1-1
TEL 047-334-2222
営 開催日9:00～17:00
休 月・火曜、祝日
料 200円（競馬開催日）
P あり
交 JR船橋法典駅から専用地下道（動く歩道設置）で徒歩10分
※乗馬体験はコロナ禍で中止している（2022年10月現在）

観覧席にもいろいろな種類がある

子供用の遊具もあり家族で楽しめる

小特集 1日遊べる、花とメルヘンの国

ふなばし アンデルセン公園

アンデルセン生誕の地・デンマークのオーデンセと姉妹都市の船橋市にある、アンデルセンがテーマの総合公園。豊かな自然と動物に出合え、楽しい遊具や異国風の建物があるなど、大人も子供も楽しめる。100種類5万株の花が咲く広大な園内を巡ってみよう。

MAP 別冊 P.16-A1

住船橋市金堀町 525　TEL 047-457-6627　開 9:30 ～ 16:00、時期により～ 17:00　休月曜（祝日・休み期間は開園）料大人 900 円、高校生（学生証提示）600 円、小・中学生 200 円、幼児 100 円、4 歳未満・65 歳以上（証明書提示）無料　P あり　交 JR 船橋駅、新京成線三咲駅からアンデルセン公園行きバスで終点下車、徒歩すぐ

攻略ポイント

！南ゲートがおすすめ
車で行く場合は、園内で一番広く、比較的空いている南駐車場に停めて、南ゲートから入場するのがおすすめ。

！前売り入園券の購入を
前売り券は1割引で購入できる。コンビニ、新京成電鉄の一部の駅、スマホ専用サービスのJTB電子チケットで販売している。

！テントの持ち込みOK
幅2.2m未満、奥行き2.2m未満、高さ1.5m未満のテントで、金属製の支柱でないもの、ロープで固定しないものなら持ち込み可能。

！年間パスポートも◎
1年に4回以上訪れる場合は年間パスポートを買うほうがお得。船橋市民なら年間パスポートをより安く購入できる。

！入園無料の日もあり
3月3日、4月2日、5月5日、6月15日は中学生以下が入園無料。なんと、10月第4日曜はすべての人が無料となる。

❶

人気の撮影スポット

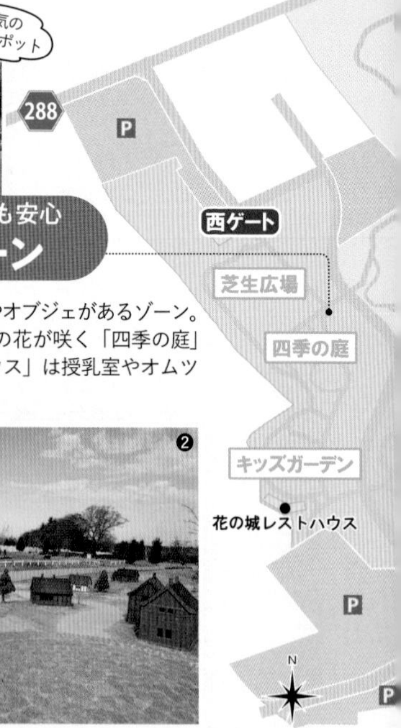

小さな子供連れでも安心

花の城ゾーン

童話をモチーフにした遊具やオブジェがあるゾーン。広い「芝生広場」や、季節の花が咲く「四季の庭」が魅力。「花の城レストハウス」は授乳室やオムツ替え台を完備している。

❷

❶花のアーチ「ハートのピアリー」 ❷アンデルセン生誕の地オーデンセの町並みを再現した「ミニチュアガーデン」

水辺に沿ってつくられた散策路を歩いて森林浴

園内グルメも充実

園内には多くのグルメ関連施設があり、訪れたら味わいたい名物がいっぱい。

レストランメルヘン
ミートボールなどがワンプレートになった「デンマークランチ」900円

アルトポンテ
梨や小松菜など船橋産の食材を使ったジェラートがおいしい店

カフェテキサス
デンマークチーズを挟んだ「アンデルセンバーガー」650円が人気

のどかな里山を散策 自然体験ゾーン

雑木林や湿地など自然の地形を生かしたゾーンで、散策路を歩いて水生昆虫や湿性植物を観察できる。また、田んぼでは田植えや稲刈りなどのイベントが開催される。

思いきり体を動かして遊べる ワンパク王国ゾーン

日本有数規模のフィールドアスレチックをはじめ、水遊びができる池やミニパターゴルフ場があり、ポニーや変形自転車にも乗れる広大なゾーン。

❶大すべり台を備えた「ワンパク城」 ❷ヤギやウサギがいる「どうぶつふれあい広場」 ❸初級から上級まで4コースある「森のアスレチック」

8つのアトリエで創作体験 子ども美術館ゾーン

版画や料理などの手作り体験ができるアトリエと、子供たちが童話を演じることができるアンデルセンスタジオからなる体験型施設。

※アンデルセンスタジオは2022年11月現在休止中

ものづくりの楽しさを実感できる

デンマークの農村にいる気分になる メルヘンの丘ゾーン

アンデルセンがテーマのゾーン。園のランドマークである風車など昔のデンマーク風の建造物や、童話をモチーフにした像や噴水がある。

❶アンデルセンと生誕地オーデンセについて紹介する「童話館」
❷デンマーク風のグッズを販売する「コミュニティーセンター」
❸1800年代のデンマークの農家が再現されている

船橋大神宮（意富比神社）
住船橋市宮本5-2-1
TEL047-424-2333
開参拝自由
Pあり
交京成線大神宮下駅から徒歩3分、またはJR船橋駅から徒歩12分

1880年、地元の漁業関係者により建設された灯明台

天照皇大御神が祀られている神社

ふなばしだいじんぐう（おおひじんじゃ）
船橋大神宮（意富比神社）
MAP 別冊P.15-D2

社伝によると、110（景行天皇40）年、日本武尊（やまとたけるのみこと）が東国平定の際に天照皇大御神（あまてらすすめおおみかみ）を祀って祈願したことが始まりとされる。境内には数多くの摂社が鎮座し、なかでも日本武尊、徳川家康、秀忠の三神が祀られている「常磐神社」や社殿が船の形をした「船玉神社」は多くの人に参拝されている。1895（明治28）年まで政府公認の私設灯台として活用された「灯明台」も必見。

豊漁と安全を願って船橋漁港で行われる水神祭もこの神社の祭り

ふなばし三番瀬海浜公園
住船橋市潮見町40
TEL047-435-0828
開9:00～17:00
休12月29日～1月3日
料入園無料（施設利用、潮干狩りは有料）
Pあり
交JR船橋駅、京成線京成船橋駅、JR二俣新町駅から船橋海浜公園行きバスで、終点下車すぐ

潮干狩りや自然体験で一日満喫

ふなばしさんばんぜかいひんこうえん
ふなばし三番瀬海浜公園
MAP 別冊P.15-D2

東京湾最奥部の干潟「三番瀬」に隣接し、春から初夏にかけて潮干狩りが楽しめる公園。干潟にはアサリのほか、小魚やカニも生息している。そのほか、自然体験ができる環境学習館、テニスコート、バーベキュー場などのレジャー施設があり、1日中満喫できる。三番瀬の干潟から東京湾までを一望できる展望デッキも人気。

芝生に囲まれた噴水広場もある

サッポロビール千葉工場マリンハウス
住船橋市高瀬町2
TEL047-437-3591
開10:00～17:00(最終入館16:30)
休月・火曜（祝日の場合は翌日、翌々日）
料黒ラベルツアー参加費500円
Pあり
交JR津田沼駅、京成線京成津田沼駅から車で約20分（シャトルバスもある）

併設の千葉ビール園では東京湾を眺めながら名物のジンギスカンが食べられる

工場見学でできたてビールを堪能

さっぽろびーるちばこうじょうまりんはうす
サッポロビール千葉工場マリンハウス
MAP 別冊P.15-D2

「サッポロ生ビール黒ラベル」のエキスパートが解説する試飲付きの工場見学ツアーに参加できる施設。ツアーではブランド秘話やおいしく飲むコツを聞きながらできたてのビールを試飲できるなど「黒ラベル」ファンにはたまらない。ほかにも、ビールの豆知識が学べるギャラリーやオリジナルグッズを販売しているマリンショップも。

千葉工場は関東エリアにおける黒ラベルの最大出荷拠点とされる

南極観測に貢献した観測船

なんきょくかんそくせんしらせ　ごーまるまるにー

南極観測船SHIRASE 5002

MAP 別冊P.15-D2

1983～2008年の間、日本と南極の間を25往復した南極観測船。2010（平成22）年から船橋港で一般公開されている。定期的なイベントやツアーに参加して乗船できるほか、研修や撮影利用できる（有料）。

「しらせ」の名は日本人で最初に南極を訪れた白瀬中尉から

縄文時代を専門とした博物館

とびのだいしせきこうえんはくぶつかん

飛ノ台史跡公園博物館

MAP 別冊P.15-D2

縄文時代早期の遺跡「飛ノ台貝塚」を保存し、遺跡のレプリカがある公園と、出土した土器や石器を展示する博物館が隣接している。1993（平成5）年、日本最古級の合葬人骨が発見され、全国的に注目された。

壁一面に展示されている土器は必見

基地の名残がある緑豊かな公園

ぎょうだこうえん

行田公園

MAP 別冊P.15-D1

扇形をした約12ヘクタールの公園。周囲の区画が直径約800mの円形になっているのは、かつて海軍の無線基地だった名残だ。公園は大通りによって東西に分かれ、東は遊具がある広場、西には日本庭園がある。

春には人気の花見スポットとなる緑豊かな公園

下総地方を代表する寄合祭りを開催

にのみやじんじゃ

二宮神社

MAP 別冊P.16-A2

住宅地の真ん中のオアシスのような鎮守の森。市内最大といわれる巨大なイチョウの木が境内に立つ二宮神社は、数え7年ごとに行われる「下総三山の七年祭り」で有名だ。弘仁年間（810～823年）、嵯峨天皇の勅創とされている。

本殿を囲む周辺の森は市街地にあるとは思えない静かさ

南極観測船SHIRASE 5002
住 船橋市高瀬町2京葉食品コンビナート南岸壁SHIRASE 5002
TEL 090-7635-5002
開 10:30～11:30（事前予約制）
休 月～水、土曜
料 大人1000円、中学生～20歳未満600円、小学生以下無料
P サッポロビール千葉工場との共同ツアー参加時のみ利用可
交 JR新習志野駅、またはJR津田沼駅からシャトルバス運行
※当面の間、サッポロビール千葉工場との共同ツアーのみ実施（2022年10月現在）

飛ノ台史跡公園博物館
住 船橋市海神4-27-2
TEL 047-495-1325
開 9:00～17:00（最終入館16:30）
休 月曜、祝日の翌日（土・日曜は除く）
料 110円
P あり
交 東武野田線新船橋駅から徒歩8分、東葉高速線東海神駅から徒歩12分、京成線海神駅から徒歩15分

行田公園
住 船橋市行田2-5
TEL 047-430-6229（9:00～17:00）
開 入園自由
P あり
交 JR西船橋駅から徒歩25分、または東武野田線塚田駅から徒歩10分

二宮神社
住 船橋市二山5-20-1
TEL 047-472-1213
開 参拝自由
P あり
交 JR総武線津田沼駅から京成バス「二宮神社行」に乗り、終点下車すぐ

たくさんの文豪が暮らした千葉随一の文教地区

市川市（いちかわし）

人　口：約48万2000人（4位）
面　積：57.5㎢（32位）

桜が美しい中山法華経寺の参道。CMやドラマの撮影などにも使われる絵になるスポット

市章

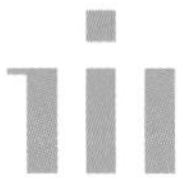

市川の市、ローマ字のi、市と同音の1、そして川を表したもの。

市川市への行き方

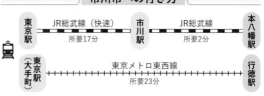

東京駅 — JR総武線（快速）所要17分 — 市川駅 — JR総武線 所要2分 — 本八幡駅

東京駅（大手町） — 東京メトロ東西線 所要23分 — 行徳駅

江戸川を挟んで東京都江戸川区に接し、県内で4番目に多い人口を擁する。市北西部は下総台地と呼ばれる隆起した土地で、ここからは旧石器時代の遺跡が多数発見されており、また周辺部は全国有数の貝塚の密集地帯。弥生時代、古墳時代の遺跡も周辺で発見されていて、県内で最も長く人が住んでいる土地のひとつと言えるだろう。その長い歴史からか、多数の古社、古寺が点在、教育施設である学校も多数あり県内随一の文教都市となっている。また歴史的な景観を維持、保存するための規制がある「風致地区」の面積が県内で最も広いのも市川市だ。その落ち着いた土地柄に引き付けられるように、多くの文人や芸術家がここに居を構えたことでも知られる。

小ネタ

超限定ご当地グルメ

日蓮宗の総本山のひとつ中山法華経寺は市川市を代表する名刹。山門から祖師堂のある境内までの石畳の参道は桜の名所としてよく知られている。この参道のもうひとつの名物が「きぬかつぎ」。小ぶりのサトイモを皮が付いたまま茹でた料理で、沿道の店先で売られている。

ミニ情報　市川にゆかりのある文化人にはこんな人が。【文学】幸田露伴、永井荷風、安岡章太郎、北原白秋、山本夏彦、井上ひさし、五木寛之【芸術】東山魁夷、山下清

歩き方

地域によって雰囲気がだいぶ異なる市川市

遺跡や貝塚が多数発見されている市の北部は、住宅街のなかに梨畑が広がるのんびりしたエリア。北総線や武蔵野線が通っているが、鉄道でのアクセスはあまりよくない。

にぎやかな本八幡駅北口。市役所はここから歩いて5分

市の中央部は基本的に住宅街。JR総武線と京成線が東西に並行して走り交通の便もいい。いちばんにぎやかなのは市川駅周辺ではなく、隣りの本八幡駅周辺。JR総武線各駅停車、都営地下鉄新宿線の駅で、北に約300mのところに京成線の八幡駅がある。市役所の最寄り駅も本八幡駅。この2本の鉄道の北側が昔からの住宅地で、大きなクロマツ（市の木）がそこかしこにある風致地区はこの辺りに多い。特に葛飾八幡宮の門前町として長い歴史をもつ八幡や隣接する菅野のエリアは県内屈指の高級住宅地だ。おさんぽプランの弘法寺から葛飾八幡宮に向かう道々でも感じることができる。

比較的新しいエリアにも歴史が見える

JR総武線の南側は比較的新しいエリア。北側と比べると区画整理がしっかりされていて、駅周辺を除けば高い建物も少ないので、開放的な住宅街という印象。さらに南側、京葉道路を越えると住宅地が少なくなり、湾岸線を越えた南側は工場地帯や倉庫街だ。

一方江戸川の西側はまた別の住宅街。妙典、行徳地区で、東京メトロ東西線の沿線だ。ここもしっかり区画整理された整然としたエリアだが、江戸時代、成田詣の人々は行徳まで船でやってきて、ここから行徳街道を陸路・成田に向かっていった。今でも行徳街道沿いには古い寺や建物があって、昔から続く行事や祭りが行われている。

アイリンクタウンの展望台から江戸川河口付近と行徳方面を望む

おさんぽプラン

① JR市川駅
バス10分＋徒歩5分
② 里見公園 （→P.162）
徒歩20分
③ 弘法寺 （→P.162）
徒歩38分
④ 葛飾八幡宮 （→P.161）
徒歩16分
⑤ 千葉県立現代産業科学館 （→P.161）

小ネタ 大町梨街道

市川市の名物といえば真っ先に挙げられるのが梨。市北部、大町の周辺は全国有数の梨の産地であり、特に国道464号沿いには約50軒もの梨農家が並んでいて「梨街道」と呼ばれている。収穫が始まる8月初旬から、梨街道沿いの農家は自分の畑で収穫した新鮮な梨の直売を開始する。それぞれの販売所が軒先に出しているのぼり旗が道沿いにずらり並ぶ光景はなかなか壮観だ。シーズンの前にネットで注文し、旬の時期に出荷してくれる農家もある。こちらのサイトでチェックしてみよう。
URL o-pear.net/index.html

梨街道沿いの梨園では収穫体験を実施しているところも多い

小ネタ 千葉で唯一の地下鉄が走る

千葉県内で「地下鉄」の路線があるのは、市川市以外には東京メトロ東西線が走る浦安市と船橋市。しかし東西線の千葉県内を走る部分はすべて地上を走っている。地下を走る地下鉄があるのは都営新宿線が走る市川市だけ。終点の本八幡駅ももちろん地下にある。

ミニ情報 千葉が生んだローカルスター「ジャガーさん」。すでに引退しジャガー星に帰還したジャガーさんだが、ご本人の肉声の構内アナウンスがJR本八幡駅で流れている。

市川市のおもな見どころ

貴重な国宝や重要文化財を所蔵する

中山法華経寺

MAP 別冊P.15-D1

1260（文応元）年に日蓮聖人が初めて説法をした場所が、現在の奥の院があるところ。後にこの場所に建立された法華寺が、中山の本妙寺と合体し現在の法華経寺となった。県内4ヵ所しかない国宝があるところで、日蓮聖人が北条時頼に建白した『立正安国論』や『観心本尊抄』といった国宝が保管されている（現在非公開）。国指定重要文化財の「五重塔」や「祖師堂四足門」、「法華堂」など貴重な建物の数々は必見。祖師堂は全国的にも珍しい比翼入母屋造りで、法華堂は宗門最古の仏堂とされる。桜の名所としても人気で、五重塔と桜のコラボレーションを撮影しに来る観光客も少なくない。そのほかツツジやハスなどの花も美しい。

重要文化財の祖師堂（2022年10月現在保存修理工事中）

中山法華経寺

住 市川市中山2-10-1
TEL 047-334-3433
開 参拝自由　P あり
交 JR下総中山駅から徒歩10分、または京成線京成中山駅から徒歩5分

弁柄塗りの外観が印象的な五重塔

境内には大仏像もある

市川市ゆかりの画伯の記念館

市川市東山魁夷記念館

MAP 別冊P.15-D1

日本画壇の巨匠、東山魁夷画伯の記念館。市川市は東山が生涯の大半を過ごしたゆかりの地で、作品展示を通してその業績を発信しようと2005（平成17）年に開館した。代表作『道』の試作などを所蔵。日本画や木版画といった作品のほか、東山魁夷の関連資料も展示している。館内ショップでは額絵、図録などを販売。

記念館はドイツ風のしゃれた建物

市川市東山魁夷記念館

住 市川市中山1-16-2
TEL 047-333-2011
開 10:00～17:00(最終入館16:30)
休 月曜（祝日の場合は翌平日）
料 520円（特別展は別料金）
P あり
交 JR下総中山駅から徒歩20分、または京成線京成中山駅から徒歩15分
改修工事により展示室、カフェは休室中（2022年10月現在）

小特集

千葉県の2大ビュースポット
アイ・リンクタウン展望施設 VS 千葉ポートタワー

「日本の夜景100選」にも選ばれている、市川市でいちばんの眺望が楽しめる場所。千葉市いちばんの展望スポットと比べてみよう。

アイ・リンクタウン展望施設

- 建物の高さ 160m
- 展望台の高さ 150m
- 飲食 45階(地上150m)の「アイ・リンク情報コーナー」にカフェスペースがある
- エレベーター シースルー
- 入場料 無料
- 眺め 江戸川 スカイツリー 富士山、電車 市川市街など

タワーマンションの最上階にある展望施設

千葉ポートタワー

- 建物の高さ 125m
- 展望台の高さ 113m 105m
- 飲食 3階(地上109m)に展望レストラン「シーガルキッチン」がある
- エレベーター シースルー
- 入場料 420円
- 眺め 海、工場地帯 富士山 千葉市街など

空を映した姿が絵になるガラスに覆われたタワー

上／南側の京葉工業地帯の中枢を眺める
下／見晴らしのいい日には富士山が見える

巨大なガラスのオブジェ

千葉ポートタワー → P.142

千葉港のシンボルである展望塔で、高さは32階建て相当で28～30階に当たる部分に展望施設やレストランがある。2～27階相当までは吹き抜け。日本有数の港の様子や東京湾越しの富士山などが眺められる。

上／北西方面の眺め。江戸川の流れがよくわかる
左／夕焼けバックのスカイツリーが絵になる

一日中楽しめる展望台

アイ・リンクタウン展望施設 → P.163

朝から夜遅くまでオープンしている無料の展望施設。市川の市街地はもちろんのこと、日本の中枢に密集するビル群も眺められる。夜景の美しさはいうまでもないが、遠く埼玉や群馬の山々が眺められる昼間、刻々と空の色が変わっていく夕方にも訪れてみたい。

モルモットきゃらばんが人気

市川市動植物園（いちかわしどうしょくぶつえん）

MAP 別冊P.15-D1

大町公園の一角にある市立の動植物園。動物園では、レッサーパンダなど人気の動物が見られるほか、マイクロブタと触れ合える「なかよしルーム」もある。清掃の際、モルモットが部屋から出て一列になって橋を渡る様子が「モルモットきゃらばん」と呼ばれ、話題に。園内を走る「ミニ鉄道」も人気で、1歳以上は1回110円で乗車できる。植物園では熱帯植物、多肉植物など約350種を観賞できる。

サルの仲間の展示が充実。大きなサル山もある

市川市動植物園
住動物園：市川市大町284番地1外、植物園：市川市大町213番11外
TEL動物園：047-338-1960、植物園：047-339-4411
開動物園 9:30～16:30（最終入園16:00）、植物園 9:30～16:30
休月曜（祝日の場合は翌日）
料動物園 440円、植物園 無料
Pあり（民間駐車場）
交JR市川大野駅から動植物園行きバスで13分、終点下車すぐ

コツメカワウソの展示「流しカワウソ」が見られるのもここ

レッサーパンダも人気者

自然の谷津やバラ園を散策

大町公園（おおまちこうえん）

MAP 別冊P.15-D1

動植物園から北に向かうと、谷形の地形「長田谷津」が見える。湿地や斜面林の中を散策できる公園となっていて、野生のヘイケボタルも生息。バラ園もあり、110種934株が植栽されて華やか。夏にはホタルの観察もできる。

豊かな自然にあふれ四季折々の風景が楽しめる

大町公園
住TEL市川市動物園と同じ
開9:00～17:00
Pなし　休無休
交北総鉄道大町駅から徒歩5分

森の中でターザンなど遊びを満喫

ありのみコース（ありのみこーす）

MAP 別冊P.15-D1

森の中に設置された本格的なフィールドアスレチックが楽しめる。ターザンロープやジャングルジム、イカダに乗る水路渡りなど40基のアスレチックがあり、思いっきり遊べる。

バーベキューなどの施設もあり家族で楽しめる

ありのみコース
住市川市大町226-1
TEL047-338-2050
営9:30～17:00
休月曜（祝日の場合は翌日）
料大人1000円、小・中800円、3歳以上500円
Pあり
交北総鉄道大町駅から徒歩5分、または新京成線くぬぎ山駅から徒歩15分

ミニ情報　日本国内に1000店舗以上、海外にも広く進出している日本の外食チェーンの草分け的存在「サイゼリヤ」。その1号店は本八幡駅の北口の近くにあった。

子供から大人まで楽しめる放電実験や竜巻発生装置

千葉県立現代産業科学館（ちばけんりつげんだいさんぎょうかがくかん）

MAP 別冊P.15-C2

産業に応用された科学技術を体感できる科学館。常設展示は「現代産業の歴史」「先端技術への招待」「創造の広場」の3つのテーマに分かれ、なかでも、迫力ある放電を観察できる「放電実験」や、渦巻きや竜巻の発生装置、科学実験を交えた人形劇などの展示は好奇心をくすぐる。夏期には直径23mのサイエンスドームでプラネタリウムが上映される。

「現代産業の歴史」に展示されたT型フォード

千葉県立現代産業科学館
住 市川市鬼高1-1-3
TEL 047-379-2000
開 9:00～16:30（最終入館16:00）
休 月曜（祝日の場合は翌日）
料 300円（プラネタリウム・企画展開催期間は500円）
P あり
交 JR下総中山駅、本八幡駅から徒歩15分、または地下鉄都営新宿線本八幡駅から徒歩20分

人気の科学実験はいつも満員

千本公孫樹（いちょう）や藪知らずは必見

葛飾八幡宮（かつしかはちまんぐう）

MAP 別冊P.15-C1

「八幡」の地名の由来ともなり、平安時代から鎮座する由緒ある神社。「はちまんさま」の愛称で、厄除開運、必勝、安産などの御利益があるとして地域住民から愛されている。国指定天然記念物で、樹齢1200年とされるイチョウ巨木「千本公孫樹」や境外にある禁足地「八幡の藪知らず」は全国的にも有名で、見逃せないスポット。年中行事の農具市も盛況だ。

千本公孫樹だけでなく参道のイチョウ並木も美しい

葛飾八幡宮
住 市川市八幡4-2-1
TEL 047-332-4488
開 9:00～16:00
休 無休
料 無料
P あり
交 JR本八幡駅から徒歩10分、または京成線京成八幡駅から徒歩5分

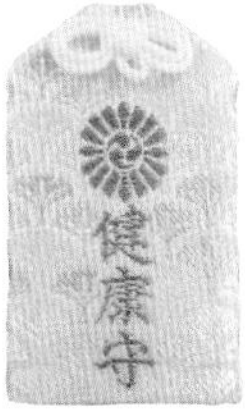

イチョウをモチーフにしたお守り800円

ふさの国だより

ミステリースポット、禁足地「八幡の藪知らず」

2020（令和2）年に完成したモダンな市川市役所の第一庁舎と千葉街道を挟んだ斜め前に、そこだけ別世界のような場所がある。背の高い竹林の真ん中にある小さな鳥居とお社。**「八幡の藪知らず」**と呼ばれる、昔から「足を踏み入れると二度と出てこられなくなる」と伝えられているスポットだ。この伝承は江戸時代の記録にも残っているが、その理由は不明。とはいえ地元ではこの地に畏敬の念を抱いており、今も立ち入ることはできない。

住 市川市八幡2-8

足を踏み入れていいのは小さな社の前だけ

里見公園

住市川市国府台3-9
TEL047-372-0062(園内管理事務所)
開入園自由
Pあり
交JR総武線市川駅または京成電鉄国府台駅から、京成バス「松戸駅行き」または「松戸営業所行き」に乗車し、「国府台病院」で下車　徒歩5分

園内の展望スポットからは東京スカイツリーと富士山が並んで見える

城址公園で旧跡をたどる

里見公園（さとみこうえん）

MAP 別冊P.15-C1

かつての国府台城跡で、北条氏と安房の里見氏が激戦した古戦場としても知られる公園。北原白秋の旧居「紫烟草舎」や、里見一族が使ったとされる「羅漢の井」など旧跡が複数あり、地域の歴史を感じられる。公園の東には下総国分寺跡、国分尼寺跡もあるため、寄り道するとよい。園内に咲く桜やバラ、四季の花も見事で、3月下旬から４月上旬は桜まつりが開かれる。

噴水を囲むバラ園は見どころのひとつ

弘法寺

住市川市真間4-9-1
TEL047-371-2242
開参拝自由
Pあり
交JR市川駅から徒歩15分、京成線国府台駅から徒歩10分、京成線市川真間駅から徒歩10分

江戸時代、「真間の紅葉狩り」としてにぎわった

しだれ桜や句碑が見どころ

弘法寺（ぐほうじ）

MAP 別冊P.15-C1

奈良時代の737（天平9）年、行基菩薩が里の娘・手児奈（てこな）の哀話を聞き、その心情を哀れに思って一棟の建物を建て、「求法寺（ぐほうじ）」と名付けて手厚く霊を弔ったことが始まり。祖師堂横の樹齢400年になるシダレザクラ「伏姫桜」は必見。江戸時代には紅葉の名所として知られ、水戸光圀も訪れたとされている。境内には小林一茶、水原秋桜子、富安風生などの句碑もある。

伏姫桜以外に境内には100本を超えるソメイヨシノがある

白幡天神社

住市川市菅野1-15-2
TEL047-322-1798
開参拝自由
Pあり
交京成線京成八幡駅から徒歩10分

文豪たちゆかりの天神さま

白幡天神社（しらはたてんじんじゃ）

MAP 別冊P.15-C1

源頼朝が下総に入った際、この地に源氏の御印の白旗を掲げたことが社名の由来とされる。文豪の永井荷風や寺田露伴とのゆかりが深い天神様としても知られ、境内にはふたりの文学碑も建立されている。毎年2月に行われている「湯の花祭り」は大釜に仕立てた熱湯を熊笹の大束でもって参詣客に振りかけ、1年の無病息災を願う奇祭。

拝殿にかかる社額は勝海舟の揮毫

ベイエリアで一番の眺望が楽しめる

アイ・リンクタウン展望施設

あい・りんくたうんてんぼうしせつ

MAP 別冊P.15-C1

　市川駅南口にあるふたつの高層ビルの西側の最上階（45階）にある展望施設。回廊のようになっており、南側は江戸川から東京湾、北側・東側は関東地方を取り巻く山々や市川市の町並み、そして西側は果てしなく続く東京のビル群が眺められる。朝から夜まで開いているので、いろいろな時刻での景色の見え方の違いも楽しめる。特に「日本夜景100選」にも選ばれている夜景は必見。

夕暮れ時の東京方面の景色

アイ・リンクタウン展望施設
住 市川市市川南1-10-1
TEL 047-322-9300
開 9:00～22:00（展望デッキは～21:00）
休 第1月曜（祝日の場合は翌平日）
料 無料
P なし
交 JR市川駅から徒歩3分

施設内には小さなカフェもある

バードウオッチングを満喫

市川市行徳野鳥観察舎

いちかわしぎょうとくやちょうかんさつしゃ

MAP 別冊P.15-C2

　千葉県の鳥獣保護区に指定されている行徳近郊緑地を望む木造2階建ての施設。2階にあるガラス張りの「観察スペース」からは野鳥や緑地など近郊の自然を一望できる。館内には近郊緑地に咲く花や野鳥など四季折々の自然を撮影した写真が解説付きで展示されていて、1階にはひと息つけるカフェもある。

館内では望遠鏡を貸出している

市川市行徳野鳥観察舎
住 市川市福栄4-22-11
TEL 047-702-8045
開 9:00～17:00
休 月曜（祝日の場合は翌平日）
料 無料
P あり
交 東京メトロ東西線行徳駅から新浦安駅行きバスで6分、福栄二丁目で下車、徒歩10分

渡り鳥が多い冬がいちばんたくさんの野鳥を眺められる

ふさの国だより

東京と千葉の領土問題とは？

　千葉県と東京都の間を流れる江戸川。その中央が都県境だ。ところが1919（大正8）年に「江戸川放水路」が建設され、江戸川は河口近くで流れがふたつに分かれてしまった。元の流れは「旧江戸川」となり、都県境も基本的にそのままだが、江戸川放水路の建設により川の流れが変わり、川の流れとそれまでの都県境が一致しなくなってしまった。東京都は流れの変化には関係なく都県境はそのままであると主張。一方千葉県は流れが変わったのだから、都県境もそれに合わせて変えるべきと主張。実は河口近くの分岐する中州の一部にそれまでの都県境がかかるため、東京都はその土地は東京に属すると言い、千葉は都県境が変わったのでその土地は千葉のものであると言い、領土未確定のまま今日にいたっている。

漁村からベッドタウン、アーバンリゾートの町へ

浦安市（うらやすし）

人　口：約16万4000人（11位）
面　積：17.3㎢（54位）

リゾート感が漂う町並みが魅力。ヤシの並木道が続く浦安市総合公園

市章

浦安の「U」の文字を東京湾のイメージで表現し、昇る太陽を組み合わせたもの。

浦安市への行き方

東京駅 — JR京葉線・武蔵野線（所要20分） — 新浦安駅

東京（大手町駅） — 東京メトロ東西線（所要20分） — 浦安駅

大型テーマパークや高層マンション群の風景で知られる浦安市。その地名は「安らかな魚浦」からきたもので、古くは遠浅の海を漁場としてきた漁村だった。昭和30年代後半から漁業権を一部放棄して海面埋立事業が始まり、地下鉄東西線の浦安駅が開業。第2期の埋立事業が行われると、市の総面積はかつての約4倍に拡大した。1983（昭和58）年には東京ディズニーランド® がオープンし、5年後にJR京葉線も開通。新浦安駅、舞浜駅周辺の整備も進み、ベイエリアの中核都市として大きく変貌を遂げた。市内は大きく分けて5つのエリア（元町地域、中町地域、新町地域、工業ゾーン、アーバンリゾートゾーン）からなり、それぞれが異なる歴史と魅力をもって発展を続けている。

小ネタ

昔から地元で愛されてきた焼きハマグリ、焼きアサリ

もともと漁村だった浦安市で愛されてきた名物グルメ。ここでの食べ方は酒蒸しでもなく貝ごと焼くわけでもなく、ハマグリもアサリも身を取り、串に刺した状態でしょうゆダレで焼き上げる一品。昔はこの地に、貝の加工場が多かったということも根付いたゆえん。

ミニ情報 東京メトロ東西線は、東京の地下鉄ながら千葉県内の区間（浦安から西船橋）が全線の半分近く（30.8km中14km）を占めており、地下鉄なのに千葉県内区間はすべて高架を走る。

歩き方

昔ながらの漁村の面影を探して元町地域を歩く

浦安が漁村の町として栄えた頃からの市街地、元町地域から町歩きを始めよう。東京メトロ東西線浦安駅を出て5分ほど歩くと、町のシンボルでもある境川に出る。水産業の最盛期には水面が見えないほど船がひしめいていた境川。この川に並行して続くフラワー通りは1965（昭和40）年頃まで浦安で最もにぎわいをみせた商店街で、通り沿いに旧宇田川家住宅や旧大塚家住宅、洋風建築の病院など歴史的建造物が立ち、昭和から続く飲食店などが点在している。境川沿いを進むこと約15分。東水門近くにある浦安市郷土博物館では、境川と浦安の古い町並みを再現した屋外展示が必見だ。そこからさらに20分ほど歩くとJR京葉線の新浦安駅に出る。

漁村から発展した浦安。JR京葉線新浦安駅は近代的

浦安の温泉施設や運動公園、遊歩道へ

JR京葉線の新浦安駅付近は第1期埋立事業で生まれた中町地域で、美浜交差点から海に向かって延びるシンボルロードを進むと第2期埋立事業でできた新町地域へと入る。浦安市で天然温泉が楽しめる大江戸温泉物語 浦安万華郷はこのエリアにある。JR舞浜駅から海側の地域はアーバンリゾートゾーンに区分され、東京ディズニーリゾート®の周辺にホテルが立ち並び、南東部には緑豊かな運動公園が広がる。海沿いには舞浜海岸遊歩道が整備され、ここからは東京湾の景色を楽しむことができる。

潮風を感じながら舞浜海岸沿いを散策するのもよい

おさんぽプラン

① 地下鉄浦安駅
↓ 徒歩5分
② 境川
↓ 徒歩2分
③ 旧宇田川家住宅 （→P.166）
↓ 徒歩1分
④ 旧大塚家住宅 （→P.166）
↓ 徒歩15分
⑤ 浦安市郷土博物館 （→P.166）

小ネタ

元町の勇壮な祭り、浦安三社例大祭

おおむね4年に1度、6月中旬の土・日曜に行われる浦安三社例大祭。三社は市内にある堀江の清瀧神社、猫実の豊受神社、当代島の稲荷神社のことで、神輿が登場したのは大正時代から。大小合わせて100基近くの神輿と山車が繰り出す。「マエダ、マエダ」という掛け声や「地すり」という神輿の担ぎ方が特徴だ。

海の神様が祀られている、清龍神社

浦安最古の神社、豊受神社

地域を守る稲荷神社

浦安市のおもな見どころ

漁師の町「浦安」にタイムスリップ

浦安市郷土博物館（うらやすしきょうどはくぶつかん）

MAP 別冊P.15-C2

かつて「漁師の町 浦安」として栄えた頃の浦安の生活を体験できる博物館。実際に漁業で使われた民具や船の展示ほか、博物館では珍しい水槽展示もあり、浦安の海や川に生息する魚を観賞できる。木造船の仕組みを紹介する展示室もあり、貝を採るための「マキ船」、投網漁で使われた「投網船」、海苔採り用の「ベカ舟」などさまざまな船を見ることができる。屋外には、1952（昭和27）年ごろの浦安の町並みを再現した展示場「浦安のまち」があり、必見。町の建物は入ることができ、歴史ある文化財も点在している。川も設けられ、実物のベカ舟に乗ることもできる。併設されたレストランで味わえる「あさりめし」も外せない。貝がらの絵付け、釜土炊き体験など各種イベントも定期的に開催。

境川乗船体験のイベントも（予約制）

浦安市郷土博物館
住浦安市猫実1-2-7
TEL047-305-4300
開9:30～17:00
休月曜（祝日の場合は翌日）、祝日の翌日
料無料　Pあり
交JR新浦安駅からおさんぽバス医療センター線で17分、健康センター・郷土博物館下車、徒歩1分

銭湯や船宿などを再現。懐かしい町並みを歩こう

昔の浦安の生活が残る古民家

浦安の文化財住宅（旧宇田川家住宅・旧大塚家住宅）（うらやすのぶんかざいじゅうたく（きゅううだがわけじゅうたく　きゅうおおつかけじゅうたく））

浦安に保存されている旧宇田川家住宅と旧大塚家住宅。旧宇田川家住宅は1869（明治2）年に建てられた関東風町屋造りの店舗付きで、年代が明確にわかる民家としては市内最古。旧大塚家住宅は江戸末期に建てたとされる茅葺屋根の民家。漁業と農業を営み、当時の漁家としては比較的大きい。水害対策の屋根裏部屋が残るなど当時の工夫が見られる貴重な文化財。

旧宇田川家住宅の屋内を見学できる

旧宇田川家住宅　MAP 別冊P.15-C2
住浦安市堀江3-4-8
TEL047-352-3881
開10:15～16:00(12～3月は～15:00)
休月・木曜（休日の場合は翌日）、休日の翌日　料無料　Pなし
交東京メトロ東西線浦安駅から徒歩10分

旧大塚家住宅　MAP 別冊P.15-C2
住浦安市堀江3-3-1
TEL047-354-5846
開10:15～16:00(12～3月は～15:00)
休月・木曜（祝日の場合は翌日）、祝日の翌日　料無料　Pなし
交東京メトロ東西線浦安駅から徒歩10分

旧大塚家住宅。境川に近い方に土間、遠い方に客座敷がある
©Dddeco

リゾート気分を楽しめる遊歩道

舞浜海岸遊歩道（まいはまかいがんゆうほどう）

MAP 別冊P.15-C3

東京湾沿いに延びる全長1520mの遊歩道。歩道と自転車道が整備され、ベンチやウッドデッキなどの休憩場所もある。海沿いでウオーキングを楽しめるほか、対岸には葛西臨海公園の観覧車やスカイツリーが見えるなど眺めもいい。東京ディズニーリゾート® の近くを通るため園内の音楽が聞こえたり、アトラクションが見えたりとファンにはたまらない。

東京湾を一望できる気持ちのいい遊歩道

舞浜海岸遊歩道
住 浦安市舞浜
TEL 047-712-6513（浦安市みどり公園課）
開 通行自由
P なし
交 JR舞浜駅から徒歩30分、または車で7分

温泉テーマパークを満喫

大江戸温泉物語 浦安万華郷（おおえどおんせんものがたり うらやすまんげきょう）

MAP 別冊P.15-C3

大江戸温泉物語グループでも最大規模の「浦安万華郷」。お風呂の種類は38種と多種多様で、なかでも家族連れやカップルが一緒に入浴できる水着着用の露天風呂「スパニワ」が人気。そのほか天然温泉や、ワイン色をした「コラーゲンの湯」も入っておきたい。館内は漫画コーナー、縁日もあって1日中満喫できる。宿泊も可能で、朝食バイキングでは約50種のメニューを揃えている。

滝と洞窟が楽しい「大滝の湯」は施設最大のお風呂

大江戸温泉物語 浦安万華郷
住 浦安市日の出7-3-12
TEL 047-304-4126
開 11:00～24:00（最終入館23:00）
休 無休
料 入館料(タオル付)平日1888円、土・日・祝日2218円
P あり
交 東京メトロ東西線浦安駅、またはJR新浦安駅から無料シャトルバス運行

とろりとした肌ざわりのコラーゲンの湯

漫画コーナーでまったり過ごすのもいい

ふさの国だより

日本一埋立地の多い自治体

浦安市は市の面積の約74%は埋立地で、日本一埋立地の多い自治体だ。1965（昭和40）年までの浦安市の面積は4.43㎢しかなかった。1959（昭和34）年頃、それまで盛んだった漁業が衰退し、海を埋め立てて住宅地と大規模遊園地を造る話が持ち上がった。その結果、1965～1980年にかけて埋め立て事業が行われ、浦安市の面積はかつての約4倍である、16.98㎢まで広がった。1983（昭和58）年に開園した東京ディズニーランド® のある舞浜地区は、すべて埋立地の上に造られている。

埋立地にはマンションも多く建設された

小特集 進化し続ける夢の国

東京ディズニーリゾート®

「東京ディズニーランド」と「東京ディズニーシー」は世代を問わず人気の2大テーマパーク。エンターテインメントに満ちあふれた体験が待っている。

パークのシンボルになっている「シンデレラ城」

MAP 別冊 P.15-C3

住 浦安市舞浜1-1 TEL 0570-00-8632（10:00～15:00）東京ディズニーリゾート・インフォメーションセンター 営 東京ディズニーリゾート・オフィシャルウェブサイトにて要確認 P あり 交 JR舞浜駅から徒歩すぐ

リゾートの歴史

1983年	4月15日、東京ディズニーランドが開園
1987年	ビッグサンダー・マウンテンがオープン
1988年	ショーベース（トゥモローランド）がオープン JR京葉線舞浜駅が開業
1992年	スプラッシュ・マウンテンがオープン
1992年	クリッターカントリーがオープン
1995年	東京ディズニーランド・エレクトリカルパレード・ドリームライツがスタート
1996年	トゥーンタウンがオープン
2000年	イクスピアリとディズニーアンバサダーホテルがオープン
2000年	ファストパス導入（当初はビッグサンダー・マウンテンのみ）
2001年	9月4日、東京ディズニーシーが開園 東京ディズニーシー・ホテルミラコスタがオープン
2001年	ディズニーリゾートラインが開業
2004年	ダッフィー登場（当初の名前はディズニーベア）
2006年	タワー・オブ・テラーがオープン
2008年	東京ディズニーランドホテルがオープン
2018年	開園35周年のアニバーサリーイベントを開催
2019年	デジタルファストパス運用開始（東京ディズニーリゾート・アプリを使用）
2020年	ニューファンタジーランドがグランドオープン
2022年	東京ディズニーリゾート・トイ・ストーリーホテルがオープン
2023年	開園40周年

事前に要チェック

東京ディズニーリゾート・アプリ

パークの情報を網羅したアプリで、アトラクションの待ち時間や現在地がわかる地図、スマートフォンで購入・表示できる電子チケット、施設の事前受付など、便利な機能を備えている。

東京ディズニーリゾートで楽しみたいこと6

アトラクションやパレードはもちろん、人気キャラクターと記念撮影できるグリーティングや、ここでしか買えないグッズなど外せない楽しみがたくさん。

1 昼と夜で見せる違う表情に注目 アトラクション&パーク

東京ディズニーランド
ジャングルクルーズ：ワイルドライフ・エクスペディション

東京ディズニーシー
メディテレーニアンハーバー

2 夢のようなエンターテインメントタイム パレード&ショー

東京ディズニーランド
東京ディズニーランド・エレクトリカルパレード・ドリームライツ

東京ディズニーランド
ドリーミング・アップ！

3 大好きなキャラクターが間近に！ キャラクターグリーティング

東京ディズニーランド
ミッキーの家とミート・ミッキー

4 パークならではのおすすめメニュー

東京ディズニーランド
ポップコーンのワゴンもキュート

おいしいものにもキャラクターがいっぱい

東京ディズニーランド
上／ベイマックスがかわいいカレープレート 1580 円 中央／グローブシェイプエッグチキンパオ 600 円 下／チーズハンバーグデニッシュ 500 円

5 連れて帰りたいグッズ

東京ディズニーシー
ジェラトーニのパスケース 1800 円

東京ディズニーシー
ダッフィーぬいぐるみ S 4000 円

6 憧れのホテルステイ →P.426

「東京ディズニーシー・ホテルミラコスタ」

東京ディズニーシー

ファンタジック＆ミラクルなアドベンチャーゾーン
東京ディズニーランドの7つのテーマランド

START

\ここから冒険の始まり/

メインエントランス

上／シンデレラのフェアリーテイル・ホール　下／空飛ぶダンボ

ミッキー形のグッズが人気
ワールドバザール

キャラクターがデザインされたキャンディなど、かわいいお菓子やグッズを揃えたショップが並ぶ。

ショップはパークの入口すぐにある

中世ヨーロッパの童話の町
ファンタジーランド

白雪姫やピーターパン、プーさんといった人気キャラクターによる楽しいスポットのほか、999 人の幽霊たちが住む怖い館もある。

猛獣や海賊に出会うかも
アドベンチャーランド

クルーズ船でジャングルを探検したり、海賊と出会ったり、蒸気機関車で開拓時代のアメリカ西部を巡ったりできる冒険の世界。

左／ウエスタンリバー鉄道　右／ジャングルクルーズ：ワイルドライフ・エクスペディション

開拓者気分で駆け抜けよう
ウエスタンランド

19 世紀、開拓期のアメリカ西部を再現。鉱山を駆け抜ける暴走列車のジェットコースターに挑戦しよう。

上／ビッグサンダー・マウンテン　下／蒸気船マークトウェイン号

最高時速 62km の急ダイブ
クリッターカントリー

丸太ボートで滝つぼへ落ちる「スプラッシュ・マウンテン」が人気。最大傾斜 45 度で急降下する。

スプラッシュ・マウンテン

ミッキーの家とミート・ミッキー

グリーティングもできる
トゥーンタウン

ディズニーキャラクターたちが住む町。ミッキーやミニーの家や、子供が遊べる公園がある。

宇宙の旅へ出かけよう
トゥモローランド

宇宙と未来がテーマ。暗闇を走り抜ける「スペース・マウンテン」では飛び交う星が見える。

スペース・マウンテン

START

ディズニーシーのシンボル

アクアスフィア

ホテルでの失踪事件に注意
アメリカンウォーターフロント

大都市ニューヨークと素朴な漁村ケープコッドをイメージ。恐怖のホテル「タワー・オブ・テラー」や豪華客船に行ってみよう。

上／コロンビア号　下／タワー・オブ・テラー

運河を優雅に巡る旅
メディテレーニアンハーバー

南ヨーロッパの古きよき港町。ショップやレストランが並ぶ東京ディズニーシーの玄関口では、ゴンドラに乗って運河を進むのも楽しい。

海をテーマにしているディズニーテーマパークは世界中でここだけ！

東京ディズニーシーの7つのテーマポート

上／ヴェネツィアン・ゴンドラ　下／プロメテウス火山とハーバー

ときどき噴火する火山に注目
ミステリアスアイランド

謎の天才科学者、ネモ船長が造った科学研究所が隠されている。火山を猛スピードで走るアトラクションは大迫力。

センター・オブ・ジ・アース

時空を超えたマリーナ
ポートディスカバリー

20世紀の人々が思い描いていた未来のマリーナを再現。予測不能な動きで水上を進む「アクアトピア」や海洋生物研究所がある。

アクアトピア

古代遺跡でトラブルが多発！？
ロストリバーデルタ

中央アメリカ古代文明の遺跡発掘現場がモチーフ。360度回転するジェットコースター、守護神の呪いから逃げる冒険は手に汗握る。

インディ・ジョーンズ®・アドベンチャー：クリスタルスカルの魔宮

海の中はカラフルな世界
マーメイドラグーン

ディズニー映画『リトル・マーメイド』の人魚アリエルと仲間たちが暮らす海底王国。アリエルによるライブショーは必聴。

アリエルのプレイグラウンド

華やかな宮殿は昼夜美しい
アラビアンコースト

説話集『アラビアンナイト』を思わせる、エキゾチックな魔法と神秘の世界。宮殿の中庭にある回転木馬は老若男女楽しめる。

キャラバンカルーセル

軍都から文教住宅都市へ。自然も残るコンパクトシティ

習志野市（ならしのし）

人　口：約16万8000人（10位）
面　積：21㎢（51位）

かつて谷津遊園の中にあった谷津バラ園

市章

習志野の「習」の字を正方形と三角形の組み合わせで表現したもの。

習志野市への行き方

東京駅 ― JR総武線（快速） 所要30分 ― 津田沼駅

千葉県の市のなかで浦安市に次いで面積が小さい習志野市。江戸時代には幕府の直営牧場であった小金牧の一部が明治になって陸軍の演習場になり、明治天皇から「習志野ノ原」という名前を賜ったとされる。騎兵連隊や鉄道連隊が置かれるなど軍都として発展し、戦後は軍用地跡が学校、住宅、工場などに変わっていった。臨海部には、かつて海水浴や潮干狩りができる遊園地として親しまれた「谷津遊園」があり、周辺でも1960年代後半に埋立てが進んだが、今も一部は「谷津干潟」として残っている。（谷津遊園は1982年閉園）

歩き方

市の中心市街地は津田沼で、JR津田沼駅は船橋市との境界にあり、駅周辺には大型商業施設が集中している。京成本線の京成津田沼駅へはJR津田沼駅から徒歩15分ほどと多少距離があるので、徒歩5分ほどの新京成線新津田沼駅から電車を使い京成線に乗り換えるのもよい。市内のおもな見どころはJR総武線、京成線の駅から徒歩でアクセスできるが、いちばんの見どころである谷津干潟へはバスを利用。JR京葉線の南側（海側）にあるのは工場や倉庫がほとんどで見どころは少ない。

小ネタ
習志野ソーセージ
「日本のソーセージ製法伝承の地」といわれる習志野。第1次世界大戦直後まであった「習志野俘虜（ふりょ）収容所」に、捕虜として収容されていたドイツのソーセージ職人により製法が伝わった。商工会議所が当時のレシピをアレンジして製造販売。習志野自慢のご当地グルメとなった。
（→P.400）

小ネタ
津田沼に沼はない
津田沼は習志野市の一地名。この地名には旧村の谷津の「津」、久々田の「田」、鷺沼の「沼」をとって、1889（明治22）年の村制施行時に村名となったという歴史があり、「津田沼」という沼があるわけではない。

ミニ情報　1934（昭和9）年に野球の全アメリカ選抜チームが来日した際、東京六大学から選抜された全日本チームが後の巨人軍となった。その練習試合が行われたのが谷津球場（現在の谷津公園）。谷津バラ園の入口には「読売巨人軍発祥の地」碑がある。

渡り鳥の中継地である干潟

谷津干潟（やつひがた）

MAP 別冊P.15-D2

東京湾最奥部に残された約40ヘクタールの干潟で、国指定鳥獣保護区。1993（平成5）年には、国内の干潟で初めて「ラムサール条約登録湿地」に登録された。ゴカイや貝、カニ、魚、水鳥など多くの生物が生息。渡り鳥が飛来することで知られ、シベリアなど北の国からオーストラリアなど南の国まで行き来するシギ・チドリ類の中継地にもなっている。南側にある自然観察センターでは野鳥観察や自然解説を楽しめる。

貴重な野鳥の生息地。四季を通してさまざまな野鳥が飛来する。

皇族の希少なバラは必見

谷津バラ園（やつばらえん）

MAP 別冊P.15-D2

約1万2600㎡の敷地に、世界各地から集めた800種7500株のバラが咲き誇るバラ園。噴水を中心に咲くバラや長さ50mの「バラのトンネル」は華やか。皇族の高松宮家から寄贈され、妃殿下が宮廷で育てていたという希少なバラも見ておきたい。見頃は5月中旬～6月中旬と10月中旬～11月中旬。事前にホームページで開花状況を確認してから行くといい。

多種多様なバラの花を楽しむことができる

習志野市のおもな見どころ

谷津干潟自然観察センター

住 習志野市秋津5-1-1
TEL 047-454-8416
開 9:00～17:00(最終入館16:30)
休 月曜（祝日の場合は翌平日）
料 380円
P あり
交 JR南船橋駅から徒歩約20分、またはJR津田沼駅から谷津干潟行きバスで7分、谷津南小学校下車、徒歩12分

谷津干潟自然観察センター内から干潟を一望できる

飛来するシギをカメラに収めたい

谷津バラ園

住 習志野市谷津3-1-14
TEL 047-453-3772
開 8:00～18:00（最終入園17:30）※季節により営業時間の変更あり
休 月曜（祝日の場合は翌日）※5月～6月、10月～11月は無休
料 550円
P なし
交 京成線谷津駅から徒歩5分、またはJR津田沼駅から谷津干潟行きバスで7分、谷津南小学校下車、徒歩4分

ツルバラのアーチをくぐろう

名主の珍しい住居を見学

きゅうときたけじゅうたく
旧鴇田家住宅

MAP 別冊P.16-A2

江戸時代に実籾村の名主を務めた鴇田家の住居。1727～8（享保12～13）年の間に御成街道沿いに建てられたが、2000（平成12）年に移築復原され、一般公開された。L字型に曲がった母屋は東北でよく見られた「曲屋」で、南関東では極めて珍しい。身分が高い人が来訪した際に使った玄関や、お供の待機場所など名主の家にふさわしい特色が残る。

建築当時の姿に復原されている

旧鴇田家住宅
住 習志野市実籾2-24-1（実籾本郷公園内） TEL 047-451-1151（習志野市社会教育課文化財係）
開 9:30～16:30（11～3月は～16:00）
休 月曜（祝日の場合は翌平日）、第2金曜（祝日の場合は前日）
料 無料　P あり
交 京成線実籾駅から徒歩12分

午前中はかまどで火を焚く。民具の展示も

350年以上の歴史を持つ古民家

きゅうおおさわけじゅうたく
旧大沢家住宅

MAP 別冊P.16-A2

1664（寛文4）年に建築された東日本最古級の古民家。江戸時代、上総国長柄郡宮成村（現在の長生村）の名主を務めた大沢家の住宅を1976（昭和51）年に移築復原、一般公開した。江戸中期までの典型的な房総民家の形式が残り、開口部が少なく客間の戸口は格子窓と壁だけで造られているほか、大黒柱や床の間がないなど当時の特徴が見られる。庭にはツバキ、アジサイが咲く。

かまどや土間に昔の暮らしをしのぶ

旧大沢家住宅
住 習志野市藤崎1-14-43（藤崎森林公園内）
TEL 047-451-1151（習志野市社会教育課文化財係）
開 9:30～16:30（11～3月は～16:00）
休 月曜（祝日の場合は翌平日）、第2金曜（祝日の場合は前日）
料 無料
P あり
交 京成線京成津田沼駅から徒歩20分、またはJR津田沼駅から二宮神社行きバスで6分、藤崎森林公園入口下車、徒歩6分

月替わりのイラスト入り御朱印が人気

きくたじんじゃ
菊田神社

MAP 別冊P.16-A2

通常の御朱印に加え、月替わりで頒布している御朱印が人気の神社。時季に合わせたかわいらしいイラストなどが入り、SNSなどで話題になっている。創建は弘仁年間（810～823）。主祭神は大国主命で、地域の産土神（うぶすながみ）、また縁結び、厄除け、安産、商売繁盛の神として住民に崇敬されてきた。1912（大正元）年に氏子区内にある6つの神社の御祭神を合祀した。

50mほどの参道を歩いて社殿へ

菊田神社
住 習志野市津田沼3-2-5
TEL 047-472-4125
開 参拝自由
P あり
交 JR津田沼駅から徒歩15分、または京成線京成津田沼駅から徒歩3分

月替わりの御朱印は初穂料500円。写真は2022年11月のもの

軍都として名をはせた歴史を刻む町へ

四街道市（よつかいどうし）

人　口：約8万9000人（19位）
面　積：34.5㎢（43位）

ルボン山（大土手山）からは市街を一望できる

四街道市への行き方

東京駅 ― JR総武線（快速）所要52分 ― 四街道駅

千葉市、佐倉市に隣接する四街道市。かつては佐倉藩の一部で、幕末に現在の四街道駅周辺地域が佐倉藩の西洋式砲術演習の地として拓かれ、明治初期に訪れた明治天皇により「下志津原」と命名されたと伝わる。1894（明治27）年に四街道駅が開業。陸軍練習場や陸軍野戦砲兵学校などの施設が造られ、関東一の大砲射撃場としてその名が広まった。当時の軍の施設跡地は現在、公園や学校などに利用されている。

歩き方

JR四街道駅を出ると、北口の広場に正岡子規の句碑が立っている。「棒杭や 四ツ街道の 冬木立」の句は、開通間もない総武鉄道に乗って子規が旅した際に読まれたものだ。駅から西へ500mほど歩いたところにある四街道十字路は、四街道の地名発祥の地。町の名は、成田、千葉、東金、船橋の各主要街道へ交わる交差点を「四ツ街道（四ツ角）」と呼んだことに由来する。駅の北側、松並木通りを進んだ先に「ルボン山（大土手山）」という小さな丘があり、これはフランスのルボン砲兵大尉の名が付けられた砲兵学校の射的場となった人工の山。ここは桜の名所でもある。市内のもうひとつの桜の名所が福星寺（四街道市吉岡898）。ここにある樹齢400年以上と推定されるシダレザクラは徳川家康も愛でたといわれる銘木だ。

市章

「四」「街」「道」の3文字を円形に組み合わせたもので、市民の和を表現。

小ネタ　四街道の奇祭、はだか祭り

四街道市和良比(わらび)の皇産霊(みむすび)神社では毎年2月25日、はだか祭り（どろんこ祭り）が行われる。約200年継承される伝統行事で、五穀豊穣と厄除けを願って、ふんどし姿の裸衆が神社近くの神田で騎馬戦をしたり、泥をかけ合ったりして、皆が泥まみれになる迫力ある祭りだ。

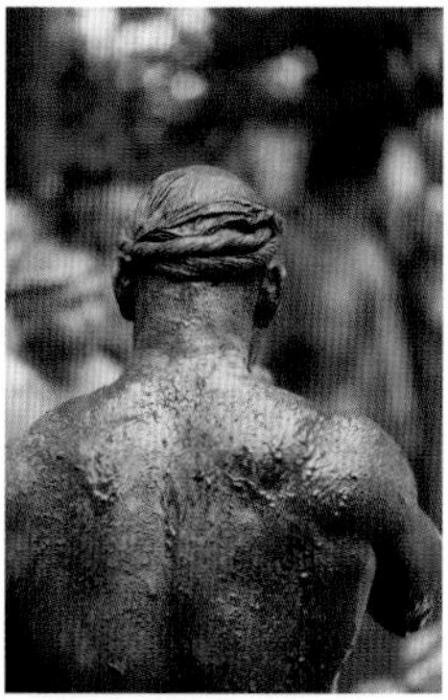
泥まみれの裸衆は勇ましい

福星寺の見事なしだれ桜

秋模様のルボン山

豊かな自然と花に彩られた便利なベッドタウン

八千代市（やちよし）

人　口：約19万3000人（7位）
面　積：51.4㎢（34位）

新川沿いの9㎞にわたり河津桜などが植えられた新川千本桜

市章

八千代の「や」の字をデザイン化したもので、八千代の発展を表している。

八千代市への行き方

東京（大手町駅）　東京メトロ東西線・東葉高速鉄道直通　所要41分　八千代中央駅

八千代市の地形はなだらかな下総台地と台地が侵食されてできた低地からなり、低地には複雑に入り込んだ「谷津」という谷状の地形が見られ、市の北部には豊かな自然環境の谷津・里山が点在している。印旛沼の放水路である新川が市の中心を南北に貫き、春は新川沿いで花咲く千本桜が見事だ。日本の大規模住宅団地発祥の地で、昭和30年代から京成本線沿いに宅地開発が進み、1975（昭和50）年には人口10万人以上の市で全国一の人口増加率を記録。1996（平成8）年には都心直結の東葉高速鉄道が開通して沿線に新たな市街地が誕生している。

歩き方

ざっくりいうと京成線と東葉高速鉄道が横切る市の南半分が住宅街、北半分が田んぼや畑の農作地。市の真ん中を印旛沼の放水路である新川が南北に流れている。市内の見どころである国内有数のローズガーデン・京成バラ園、そこから東に3kmほどのところにある平安時代創建と伝わる正覚院は、市の南側にありいずれも駅から歩いて行ける。

小ネタ

団地開発はここから。八千代台団地

八千代台団地は公営事業として全国で初めて造られた住宅団地。千葉県住宅供給公社の前身である千葉県住宅協会が造成、分譲。木造の平屋住宅が大半で、1957（昭和32）年完成。京成線八千代台駅の西口ロータリーには「住宅団地発祥の地」の石碑が立っている。

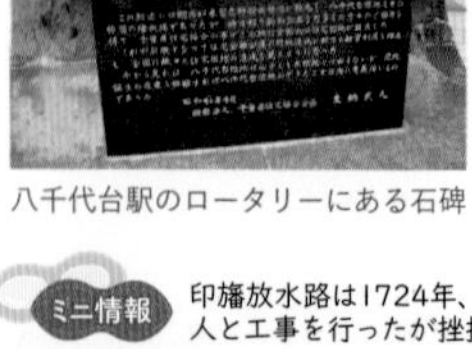

八千代台駅のロータリーにある石碑

ミニ情報　印旛放水路は1724年、平戸村（今の八千代市）の名主・染谷源右衛門が発案。田畑を売り払いお金を作って村人と工事を行ったが挫折。その後も計画は引き継がれ、200年以上経った1969年についに完成した。

庭園や買い物も楽しめるバラのテーマパーク

京成バラ園（けいせいばらえん）

MAP 別冊P.16-A1

1600品種1万株のバラと季節の花が楽しめるガーデンほか、ショップやレストランも入ったバラのテーマパーク。メインの「ローズガーデン」には、アーチやパーゴラがあるフランス式庭園や、ブライダルデザイナーの桂由美氏がプロデュースしたガゼボなど見どころ多数。また各ショップでバラの苗や園芸用品、バラの紅茶やお菓子を販売している。園芸教室や季節に合わせたイベントも開催。

ウェディングフォトやファッション誌の撮影にも使われる

おしどり伝説が伝わる寺

正覚院（しょうかくいん）

MAP 別冊P.16-B1

「おしどり伝説」が伝わる真言宗豊山派の古刹。おしどりのつがいの情愛に心打たれた侍が出家して創建したとされ、「おしどり寺」とも呼ばれている。釈迦堂（市指定文化財）に安置されている「木造釈迦如来立像」（県指定文化財）は通常見ることができない秘仏で、毎年４月の第1日曜に開催される「花まつり」の日にのみ開帳される。八千代八福神のひとつ、毘沙門天も収められており必見。

多くの文化財を収蔵。境内にはたくさんの石像が置かれている

八千代市のおもな見どころ

京成バラ園
住 八千代市大和田新田755
TEL 047-459-0106
開 10:00～17:00季節により変動
休 5・6・10・11月無休、その他不定休
料 高校生以上500～1500円季節により変動
P あり（有料）
交 東葉高速鉄道八千代中央駅から徒歩20分、または八千代緑が丘駅から徒歩18分

小ネタ
千葉県でバラを見るなら
代表するのは「京成バラ園」と習志野市にある「谷津バラ園」（→P.173）。ほかにも、草ぶえの丘（→P.323）や東京ドイツ村（→P.188）などにもバラ園がある。

正覚院
住 八千代市村上1530-1
TEL 047-482-7435
開 8:30～17:00
休 無休
料 無料
P あり
交 東葉高速鉄道村上駅から徒歩10分

オシドリの石像が置かれた「鴨鴛塚」

ふさの国だより

江戸時代からの悲願・印旛放水路

印旛沼は漁業や農業用水への活用など、地域に恩恵をもたらしてきた。一方で、たびたび起こる洪水に人々は悩まされてきた。江戸時代から治水工事が試みられたが、何度も頓挫。計画は時代を経て引き継がれたものの、なかなか完成しなかった。八千代市に大和田排水機場が完成したのは、なんと1966（昭和41）年のこと。印旛沼の水をポンプでくみ上げ東京湾に排水することにより、周囲の宅地や農地を洪水から守ることができるようになった。

現在の印旛放水路が完成したのは1969年

エリアナビ

内房

千葉市の南、東京湾の東側に位置する５つの市からなるエリア。
浦賀水道を挟み、神奈川県の三浦半島は目と鼻の先。
その向こうに富士山や、沈みゆく夕日も眺められる風光明媚な地だ。

1 工場夜景都市にも名を連ねる
市原市

P.180 MAP 別冊 P.24~25・30~31

千葉県最大の面積をもち、東京湾沿岸部は大規模な工場地帯となっている。内陸部は自然豊かで、渓谷やダム湖、テーマパークやゴルフ場が点在する。最近では市内にある77万年前の地磁気逆転地層が、地質学上の時代名「チバニアン」のもとになったことで一躍有名に。

市原ぞうの国ではかわいいゾウたちがフラフープ回しなどの芸を披露

2 異国情緒あふれる風景に出合える
袖ケ浦市

P.186 MAP 別冊 P.23・24

木更津市にかかる東京湾アクアライン利用により、都心からのアクセスがよく移住者も多い。湾岸部は工業地帯だが、袖ケ浦海浜公園に向かう海沿いにはヤシの街路樹が並び、南国の雰囲気が漂う。ドイツの田園風景を再現した東京ドイツ村があることでもよく知られている。

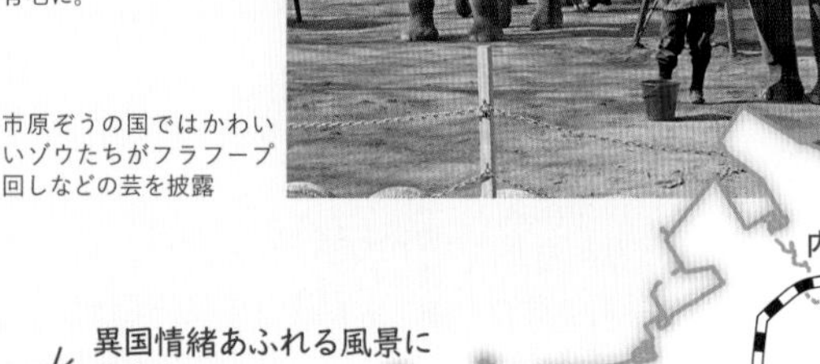

1850（嘉永３）年に建てられた代官屋敷、旧進藤家住宅は市指定文化財

やりたいこと BEST 5

1. マザー牧場でかわいい動物たちと触れ合う➡ P.208
2. 東京ドイツ村で花とイルミネーションを満喫➡ P.188
3. 小湊鐵道のトロッコ列車で景色を楽しむ➡ P.40、181
4. 清水渓流広場で SNS 映え写真を撮影➡ P.197
5. 海ほたる PA をすみずみまで探検➡ P.192

3 海ほたるPAから海のパノラマを堪能 木更津市

P.190 MAP 別冊 P.23・29

古代から武蔵国に渡る船着き場があった場所で、現在は東京湾アクアラインが延び、神奈川県川崎市との間を結んでいる。途中には海に囲まれたパーキングエリアの海ほたるがある。ほかにもアウトレットモールや童謡『証城寺の狸囃子』ゆかりの寺など見どころが多い。

中の島大橋では毎年数回にわたり木更津市のシンボル、冬花火が開催される

4 清らかな水と緑に恵まれた地 君津市

P.196 MAP 別冊 P.28~29・30

久留里城には天守が再建されており、登って周囲の景色を眺められる

東部と南部に緑豊かな丘陵が広がり、展望スポットやダム湖、歴史ある社寺やテーマパークが点在する。かつて城下町として栄えた久留里では、名水を利用した酒造りが盛んだ。清水渓流広場の濃溝の滝は、亀岩の洞窟に射し込む光が反射してハート形に見えることで話題となった。

5 南房総国定公園に含まれる景勝地 富津市

P.204 MAP 別冊 P.28~29・34~35

内房エリア最長の海岸線をもち、浜金谷港と対岸にある横須賀市の久里浜港との間をフェリーが結ぶ。鳥のくちばしのような形の富津岬が東京湾にせり出し、晴れた日には先端から富士山がよく見える。さらに南の鋸南町との間には「日本百低山」に選定された鋸山がそびえる。

富津岬に立つ明治百年記念展望塔は、五葉松をモチーフにした独特な形

沿岸部と内陸部が対照的な県内で最大の自治体

市原市（いちはらし）

人　口：約27万5000人（6位）
面　積：368.2㎢（1位）

菜の花畑の中を行く小湊鐵道

市章

「市」を図案化し、ふたつの半月（弧）を交差させて中央を結んだもの。和と団結などを表現。

小ネタ

東京湾で釣り体験

市原市の沿岸はほぼ工業地帯だが、海を楽しめるスポットがある。それが「オリジナルメーカー海づり公園」。道具などは借りられ、手ぶらで海釣りを体験できる。東京湾を見渡しながら釣り糸をたらし、天気がよければ富士山も眺められる。JR五井駅からタクシーで約15分。土・日・祝には同駅から無料シャトルバスが運行されるのもうれしい。

URL https://ichihara-umizuri.com/index.htm

市原市への行き方

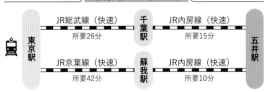

出発	路線	乗換	路線	到着
東京駅	JR総武線（快速） 所要26分	千葉駅	JR内房線（快速） 所要15分	五井駅
東京駅	JR京葉線（快速） 所要42分	蘇我駅	JR内房線（快速） 所要10分	五井駅

県庁所在地である千葉市に接する市原市は県内最大の面積を有する自治体。アクアラインを経由して羽田空港や横浜からのアクセスも至便、また成田空港からも車で1時間ほどの距離と好立地だ。養老川沿いには縄文・弥生時代の遺跡も多く、上総国が成立すると国府が開かれ、741（天平13）年に上総国分寺が建立されるなど、市原は古代よりこの地域の政治、文化の中心地だった。海苔の養殖を行っていた昔の漁村風景は、現在、日本最大規模の石油化学コンビナートの景色へと変貌した。臨海部の工業地帯とは対照的に、内陸部には養老渓谷に代表される、日本の原風景ともいえる里山が残されている。

歩き方

沿岸部と内陸部で異なる魅力

市原市に「市原」という駅はなく、起点となるのはJR内房線の五井駅で、駅周辺には住宅街が広がっている。駅から北に進むと東京湾沿岸部の夜景スポットとしても人気の高い工業地帯が見渡せ、南へ向かって内陸に行けばのどかな里山の風景が見られ、日本一多いといわれるゴルフ場が点在している。市原市役所の周辺には全国でも最大規模の国分寺と国分尼寺の史跡があり、いずれも見学無料。

小湊鐵道に乗って観光スポットと里山を巡る

市原市の観光の目玉となるのは小湊鐵道だ。動物に合いに行く、アートに触れる、自然を満喫するなど、目的によって下車する駅を決めよう。車窓から眺められる里山の風景も魅力にあふれているので、鉄道の旅そのものも楽しい。始発の五井駅を出て1時間ほど経つと、列車は山あいを進んでいく。隠れ滝とも呼ばれる多彩な滝を探したり、月崎駅から約1kmのところにある10コースの散策路が整備された「いちはらクオードの森」を歩いたり、養老渓谷駅から「梅ヶ瀬～大福山ハイキングコース」を登ったりとハイキングの選択肢は多彩だ。1年中、大自然が満喫できるが、関東で最も遅いとされる11月下旬から12月上旬の紅葉シーズンは特に人気となっている。

菜の花をバックに走る千葉のシンボル的鉄道

小湊鐵道（こみなとてつどう）

MAP 別冊P.24-A2

五井駅と大多喜町の上総中野駅を結ぶ39.1kmの単線路線。駅の数は18で、多くの駅が開通当時の昭和の雰囲気を残しており、鉄道ファンのみならず、レトロなもの好きにも人気の鉄道だ。五井駅から路線の中間に近い上総牛久駅あたりまでは田んぼと住宅地の間を走り、その先は徐々に房総の山の風景が現れる。全線を通じて、沿線にはのんびりした千葉の風景が広がり、春先の菜の花の時期は特に車窓風景がすばらしい。普通の車両のほかに、春から秋にかけて、平日は1往復、週末は2往復の里山トロッコ列車を運行。ほかにも本格的なコース料理が食べられるグルメ列車など、鉄道の旅をさらに楽しむ企画が通年催されている。

途中駅の多くが無人駅である小湊鐵道

おさんぽプラン

① JR・小湊鐵道五井駅
↓ 小湊鐵道42分
② 小湊鐵道高滝駅
↓ 徒歩20分
③ 市原湖畔美術館 (→P.184)
↓ 徒歩20分
④ 小湊鐵道高滝駅
↓ 小湊鉄道23分
⑤ 小湊鐵道養老渓谷駅
↓ 徒歩60分
⑥ 大福山展望台 (→P.378)
↓ 徒歩60分
⑦ 小湊鐵道養老渓谷駅

小ネタ

隠れたイルミスポット

千葉県のほぼ中央に位置する「いちはらクオードの森」は、広さ117万㎡を有する自然公園。キャンプ場やバーベキュー場などのレジャー施設が備わるほか、冬季にはイルミネーションも開催し、近年人気が出てきているスポットだ。
URL https://ichihara-forest.jp/

市原市のおもな見どころ

小湊鉄道
住 市原市五井中央東1-1-2
TEL 0436-21-3133
営 始発6:06、終発22:55（五井発平日ダイヤ）
休 無休
料 140円～（片道）
P あり
交 JR五井駅直結

五井駅に隣接する操車場

小特集　リゾート型動物園・アニマルワンダーリゾウト

市原ぞうの国＆サユリワールド

大きなゾウたちの迫力パフォーマンス

市原ぞうの国（いちはらぞうのくに）

日本で最も多い10頭のゾウを飼育する市原ぞうの国。いちばんの見どころは、大きなゾウたちが勢揃いしてサッカーやお絵描きを見せてくれるパフォーマンスタイム。ショーのあとはおやつをあげたり、鼻につかまって記念撮影したりの体験も人気だ。国内でも数少ないゾウと間近に触れ合える動物園だ。

ゾウさんの豪快なシャワーに大歓声がわきおこる

ゾウやキリンと触れ合えるよ！

上／器用に鼻で筆をつかんで、楽しそうにお絵描き。作品はショップでも販売
右／ショップではゾウさんのぬいぐるみがいちばん人気

MAP 別冊 P.31-C1
住 市原市山小川 937
TEL 0436-88-3001
営 10:00 ～ 16:00　休 不定休（HP 参照）　料 2200 円（サユリワールドとのセット券 2900 円）　P あり
交 市原鶴舞バスターミナル、または小湊鐵道高滝駅から無料送迎バスあり（要 HP から事前予約）

「アニマルワンダーリゾウト」は、国内最多の10頭のゾウと触れ合える市原ぞうの国、動物たちがのびのび暮らすサユリワールド、グランピング施設で構成されている。滞在しながら動物と触れ合えるリゾート型動物園だ。

キリンテラスにはキリン家族が5頭暮らしている。キリンの顔の高さでおやつをあげられるので食べ方もよく見られる

動物がのびのびと暮らす

さゆりわーるど

サユリワールド

園内ではキリンをはじめ、約30種の動物が暮らす。「動物同士の共存」「人間と動物の共存」をテーマにしていて、一部の動物を除き大小さまざまな種類の動物が柵のない広場で暮らしている。動物が園内を自由に歩く姿に癒やされたい。

MAP 別冊 P.31-C1
住 市原市山小川 771　TEL 0436-88-3001
営 10:00 ～ 16:00　休 不定休（HP 参照）
料 1300円（市原ぞうの国とのセット券 2900円）
P あり　交 市原鶴舞バスターミナル、または小湊鐵道高滝駅から無料送迎バスあり（要 HP から事前予約）

竹林の中で贅沢グランピング

ざばんぶーふぉれすと

The Bamboo Forest

サユリワールドに併設のグランピング施設。竹林に立つ3種類の部屋は、どのタイプも洗練されたしつらえで快適な空間だ。宿泊して時間を気にせず動物たちと過ごしたい。

夕食は前菜、サラダ、牛肉など、ボリュームたっぷりのBBQコース

MAP 別冊 P.31-C1
住 市原市山小川 790　TEL 0436-63-6277　交 市原鶴舞バスターミナル、または小湊鐵道高滝駅から無料送迎バスあり（要 HP から事前予約）　IN 15:00 ～ 18:00　OUT 11:00　客室 6　P あり

右上・下／ドームテントの外観と室内。竹林の眺めに癒やされる

「キリンと朝食」は4～10月限定のオプションプラン。開園前のサユリワールドでキリンと触れ合いながらピクニック風の朝食を

日本の地名が地質年代に初めて採用

ちばにあん
チバニアン

MAP 別冊P.30-B2

地球46億年の歴史では地球の磁場が逆転する現象が繰り返されたが、その痕跡が残る地層。2020（令和2）年1月に地質年代境界の国際基準地（GSSP）として認められた。約77万4000年前～12万9000年前の時代は「チバニアン」（ラテン語で、千葉時代の意味）と名付けられ、地質年代に日本の地名が初めて採用された。地層は養老川沿いの崖面で観察でき、付近にビジターセンターもある。

GSSPとなったチバニアンの地層

チバニアン
住市原市田淵1157
TEL0436-96-2755（チバニアンビジターセンター）
開見学自由
Pあり
交小湊鐵道月崎駅から徒歩30分、または車で5分

GSSPの証のゴールデンスパイクも設置された

ワカサギ釣りができる湖

たかたきこ
高滝湖

MAP 別冊P.30-B1

県内最大の湖面積を誇る人造湖。貸ボートも用意され、年間を通して釣り客が訪れる。特にワカサギ釣りが人気で、毎年6000～7000万粒の卵が放流される。シーズンは10～3月で、ボート釣りや陸釣りのほか、桟橋に固定されたビニールハウス内で行うドーム釣りなど3つの釣り方を楽しめる。湖畔には展望テラスやサイクリングコース、神社もある。

周辺にはグランピング施設などもある

高滝湖
住市原市高滝
TEL0436-98-1277（高滝湖観光企業組合）
開見学自由
Pあり
交小湊鐵道高滝駅から徒歩9分

高さ28mの展望塔で湖畔を見渡せる

いちはらこはんびじゅつかん
市原湖畔美術館

MAP 別冊P.30-B1

1995（平成7）年に開館した観光・文化施設をリニューアルし、2013（平成25）年にオープン。建物と一体となった現代アート、彫刻などの作品を恒久展示しているほか、アーティストが講師を務める体験型ワークショップや企画展も開催。農業用水を汲み上げる揚水機を模した高さ28mのオブジェもある。

建物の中央に置かれた恒久展示のオブジェ『Heigh-Ho』

市原湖畔美術館
住市原市不入75-1
TEL0436-98-1525
開10:00～17:00（最終入館16:30）、土・祝前日 9:30～19:00（最終入館18:30）、日・祝日 9:30～18:00（最終入館17:30）
休月曜（祝日の場合は翌平日）
Pあり
交小湊鐵道高滝駅から徒歩20分

展望塔にもなっている巨大な藤原式揚水機※老朽化により立ち入り不可（2022年10月現在）

お楽しみ盛りだくさんのレジャースポット

ちばこどものくにきっずだむ
千葉こどもの国キッズダム

MAP 別冊P.24-B2

アトラクションや体験型プログラムを楽しめる子供の楽園。トランポリンやゴーカート、ローラーリンクなど体を使って遊べる遊具が揃っている。小さな鯉が釣れる「釣り堀」や恐竜好きにはたまらない「大恐竜ランド」、「鉄道ジオラマ」など子供の趣味に合わせたスポットもあり1日中満喫できる。週末は市原工芸会によるものづくり体験も開催。

「こどもの国」らしい元気が出る入口

千葉こどもの国キッズダム
住市原市山倉1487
TEL0436-74-3174
開3～10月 9:30-16:30、11～2月 9:30-16:00
休木曜（祝祭日・長期休み除く）
料大人900円、小・中学生300円、3歳～200円
Pあり
交JR八幡宿駅から山倉こどもの国行きバスで23分、山倉こどもの国下車すぐ ※バスは土・日・祝運休。または小湊鐵道海士有木（あまありき）駅から徒歩20分

ゴーカートは一番人気のアトラクション

古社で文化財や天然記念物を見よう

いいがおかはちまんぐう
飯香岡八幡宮

MAP 別冊P.24-B1

創建は白鳳年間（650～654年）で、国府八幡宮とも称される神社。殖産、海上守護、安産子育てなどの神として広く庶民の信仰を集めている。室町中期の建物とされる本殿は国の重要文化財に指定され、拝殿は県の文化財に指定されている。ほかに、県指定天然記念物で、創建当時に植えられたと伝わる2本の巨木「夫婦銀杏」も見ておきたい。

源氏に始まり徳川の時代まで周辺の総社として尊敬を集める

飯香岡八幡宮
住市原市八幡1057
TEL0436-41-2072
開参拝自由
Pあり
交JR八幡宿駅から徒歩3分

ふさの国だより

市原の魅せる工場夜景

市原市の沿岸部は京葉工業地帯の中心。全国屈指の石油化学コンビナートがあり、製造品出荷額で、市原市は千葉県最大、全国でもトップクラスを誇っている。この工業地帯に誇るべきものがもうひとつ。工場夜景だ。2000年代の初頭から自然の風景だけでなく、無機的な工場地帯の風景、特に夜景が注目されるようになった。その後全国各地の工場地帯の風景が観光資源として認知されるようになり、市原市も2018（平成30）年10月に「全国工場夜景都市協議会」に加盟。観光資源として「工場夜景」をアピールしている。工場夜景を眺めるのに絶好のポイントが「養老川臨海公園」。化学工場や発電所の無数の明かりが東京湾に映る風景は幻想的な美しさだ。

公園のベンチに腰かけてゆっくりこの景色を楽しみたい

農業地帯に点在する見どころを訪ねる

袖ケ浦市（そでがうらし）

人　口：約6万1000人（26位）
面　積：94.9㎢（21位）

袖ケ浦海浜公園から見る富士山

袖ケ浦市への行き方

東京駅 — JR総武本線（快速）所要42分 — 千葉駅 — JR内房線 所要21分 — 袖ケ浦駅

東京駅 — JR京葉線（快速）所要32分 — 蘇我駅 — JR内房線 所要24分 — 袖ケ浦駅

陸運局があり内房や外房の車は「袖ケ浦ナンバー」を付けているので、知名度はあるが、実際にどんなところなのかはあまり知られていないのではないだろうか。袖ケ浦市は北隣の市原市同様、沿岸部は工業地帯、内陸部はおもに畑が広がる農業地帯というふたつの顔がある。農業、畜産業が盛んで、農産物の作付面積は県内でも上位。都心から電車で1時間、車ではアクアライン経由で約45分の近さにもかかわらず、のどかな里山の風景がいたるところで見られる土地だ。

歩き方

市内にあるJR内房線のふたつの鉄道駅が交通の起点。袖ケ浦駅と長浦駅の周辺は住宅街で、それぞれの駅で路線バスが発着している。いちばんの見どころである東京ドイツ村や袖ケ浦公園へはバスでのアクセスが可能。ドイツ村は冬季のイルミネーションなども人気のテーマパークだ。内陸部の農業地帯には味覚狩りや収穫体験ができる場所が点在しているが、バス路線はないので車での移動がおすすめ。例年10月下旬には、横田地区や大曽根地区で千葉特産の落花生の収穫体験も行われている。

市章

袖ケ浦市の「ソデ」の字を図案化したもので、町内の中学生がデザインした。

小ネタ
ガウラーメン

千葉は日本の酪農発祥の地だが、袖ケ浦市は県内でも酪農が盛んな自治体のひとつ。特産品の牛乳を使って名物料理を作ろうとして生まれたのが「ホワイトガウラーメン」。袖ケ浦市マスコットキャラクター「ガウラ」を名前に冠したラーメンは市内4店舗で食べることができる。

発祥の店、ホサナのガウラーメン

潮風が気持ちいい公園

そでがうらかいひんこうえん
袖ケ浦海浜公園
MAP 別冊P.23-D3

千葉港の南部にあり、東京湾に面する親水公園。広さ8.9ヘクタールの園内には海沿いのプロムナードや芝生広場、バーベキューエリアがあり、さまざまな過ごし方ができる。ほかにも、東京湾をかたどった「東京湾の広場」に建つ、高さ25mの展望塔からは東京湾アクアラインや海ほたるが、天気が良ければ富士山やスカイツリーも見える。横浜方面の夜景の眺めもおすすめ。

冬の晴れた日には東京湾越しに富士山がくっきり

公園で花や文化財を見て回ろう

そでがうらこうえん
袖ケ浦公園
MAP 別冊P.23-D3

大小ふたつの池があり、周りに梅や菜の花といった四季折々の花が咲く公園。初夏には1万5000株のハナショウブが開花する。動物も多数生息していて、池にいる鯉や亀、飛来する鴨類も観察できる。園内にはほかに、原始から近現代までの袖ケ浦の歴史を学べる袖ケ浦市郷土博物館や、江戸末期の御地方役（代官）の居宅で市指定文化財の「旧進藤家住宅」などがあり、見て回るのもいい。

初夏には園いっぱいに広がったハナショウブが美しい

ダチョウやカピバラと触れ合える

そでがうらふれあいどうぶつえん
袖ケ浦ふれあいどうぶつ縁
MAP 別冊P.24-A3

動物の柵に入れたり、餌やりが直接できたりと自然に近い状態で動物と触れ合える。東京ドーム2個分の広さの屋外施設で、牧場のようなほのぼのとした空間。動物との触れ合いのなかで命のぬくもりなどを感じ「人と動物の縁をはぐくむ」が園のコンセプト。ダチョウやアルパカ、カピバラ、ロバ、ウサギ、ヒヨコなど愛らしい動物を間近で感じられる。

ダチョウに餌やりができる

袖ケ浦市のおもな見どころ

袖ケ浦海浜公園
住袖ケ浦市南袖36
TEL043-306-7810
開入園自由
Pあり
交JR袖ケ浦駅から徒歩25分、または車で7分

袖ケ浦公園
住袖ケ浦市飯富2360
TEL0438-63-6560
開入園自由
Pあり
交JR袖ケ浦駅からのぞみ野・平岡線・のぞみ野ターミナル行きバスで12分、袖ケ浦公園前下車すぐ

江戸末期の豪農の屋敷が見学できる

袖ケ浦ふれあいどうぶつ縁
住袖ケ浦市上泉1506－10
TEL0438-60-4100
開10:00～16:00（最終入園15:30）、土・日曜8:00～16:00
休木曜（祝日の場合は開園）
料大人1200円、子供600円
Pあり
交館山自動車道姉崎袖ケ浦ICから車で10分

小特集

広大な丘に花と緑があふれる

東京ドイツ村

袖ケ浦市の丘陵地帯にある東京ドーム19個分の広大な土地に、ドイツの田園地帯をイメージして造られたテーマパーク。コンセプトは「自然と人の共生」。気持ちのいい芝生の広場と花畑、冬は関東有数のイルミネーション、四季折々の自然と抜群の解放感が味わえる人気スポットだ。

MAP 別冊 P.24-A3
住 袖ケ浦市永吉419　TEL 0438-60-5511
開 9:30～17:00（最終入園16:00）
休 無休　料 800円（駐車料金1000円）
P あり　交 JR袖ケ浦駅から東京ドイツ村行きバスで35分、終点下車、すぐ
※料金・入園時間は時期により変動

攻略ポイント

園内は車で移動可能

入場料と駐車料金を払えば自家用車で園内を移動できる。各スポットの近くに駐車スペースが設けられているので便利。

アトラクションは2種類

有料と無料のアトラクションがある。アトラクションごとに利用できる時間や催行される時間が異なるので注意したい。有料の場合、事前に回数券を購入しておけばその都度支払いをする必要がない。

収穫体験が楽しい

ジャガイモ、落花生、サツマイモ、ミカン、シイタケと、ほぼ1年中収穫体験ができる。

バーベキューがおすすめ

マルクトプラッツのバーベキューレストランではお好みの食材を選んで食べられる。めずらしいドイツソーセージを食べよう。

広大なパターゴルフ場

18ホールが4コース72ホール。9ホールが4コース36ホールという関東ではいちばんの広さ。用具はレンタルがあるので手ぶらでOK。

思いっきり走り回ろう！

6.7ヘクタールの広々フリースペース

芝生広場

マルクトプラッツの周辺には、遊具もあるが、芝生の空間が広がっている。抜群の開放感で思わず走り回りたくなるはず。

冬の夜はここに光があふれる

千葉有数の花の名所

フラワーガーデンエリア

1年を通じて園内は20種以上の花に彩られる。なかでも360万本の春の菜の花や4万株の秋のマリーゴールドは圧巻だ。

花を見にくるだけでも価値がある

上／きれいに並んだケイトウの見頃は10月
左／いろどりの丘を埋め尽くすマリーゴールド

東京湾や房総半島を一望

観覧車

直径 40 mの観覧車に乗れば、東京湾や広々とした丘陵地帯を眺められる

上／約9分で1周する。海抜75mのところにあるので最上部では360度のパノラマが楽しめる　右／観覧車から見る芝生広場といろどりの丘

のびのび遊べるアトラクションがいっぱい

アミューズメントエリア

おもに子供向けのアトラクションが集まるエリア。小動物のいる動物園や日本最大級の芝そりゲレンデも人気。

「リトルティーカップ」

会いに来てね！

こども動物園は入場無料

「ジージの森」は木製遊具がたくさん

ドイツのおいしいものがたくさん

マルクトプラッツエリア

ドイツの教会のような建物に、レストランやショップが集まる。ドイツ料理やドイツみやげも揃っている。

上／物語に出てきそうなピンクの外壁
下／ビールやソーセージがおすすめ

数種類のバームクーヘンを揃える専門店がある

光の海に大感動！ 関東有数の光の祭典

東京ドイツ村ウインターイルミネーション

300万球の光が冬のドイツ村を彩る。毎年異なるテーマで、さまざまな光のアートが見られる。

上／マルクトプラッツの建物まるごと光に包まれる
左／芝生広場に広がる光の海を歩いてみたい

営 10 月下旬～ 3 月中旬の日没～ 20:00
料 車入場 1 台 3000 円、車以外 4 歳～ 500 円

歴史ある内房の交通拠点

きさらづし

木更津市

人　口：約13万4000人（13位）
面　積：139㎢（11位）

東京湾アクアラインの下に広がる干潟は潮干狩りの人気スポット

市章

木更津の「木」を図案化したもので、円は港を、上部の空間は港口を意味している。

小ネタ

木更津の潮干狩り

牛込、金田みたて、江川、木更津、久津間の市内5ヵ所の海岸で楽しめる。各所に無料駐車場を備え、駅から徒歩で行けるところもあり、道具の貸し出しもあるので気軽に楽しめる。木更津のアサリは肉厚で、味が濃くてジューシーと評判だ。シーズンは3月後半から8月末頃まで（場所によって異なる）。

木更津市への行き方

東京駅 ― JR京葉線（快速）所要45分 ― 蘇我駅 ― JR内房線 所要32分 ― 木更津駅

東京駅 ― 高速バス（東京湾アクアライン経由）所要1時間2分 ― 木更津駅

地名は日本武尊（やまとたけるのみこと）が、この地で海に沈んだ妃の弟橘媛（おとたちばなひめ）をしのび「君さらず～」と詠んだことに由来する（諸説あり）ほど長い歴史がある土地。江戸時代には「木更津船」が江戸と木更津の間を頻繁に往復し、東京湾の海上交通の重要な港に。1997（平成9）年の東京湾アクアライン開通後は、木更津ジャンクションで圏央道、館山自動車道と結ばれ、内房における交通の要衝となった。沿岸部は京葉工業地帯の一部だが北隣の袖ケ浦市や南隣りの君津市の海岸と比べると工場などは少なく、港湾施設以外は、遠浅の海が広がっている。内陸部には房総らしい里山の風景が広がっており、「かずさアカデミアパーク」構想のもと、コンベンションセンターや最先端の研究機関などが建設されている。

ミニ情報　大坂冬の陣で活躍した木更津の水夫たちに、江戸幕府は東京湾での海上輸送の特権を与えた。そのおかげで木更津には江戸文化が花咲き、「死んだはずだよお富さん」の一節で知られるヒット曲のもととなった歌舞伎『切↗

歩き方

潮干狩りの聖地と恋人の聖地

スタート地点はJR木更津駅で、徒歩圏内にいくつか見どころがある。「證誠寺の狸ばやし」の伝説が残る證誠寺は、駅から徒歩10分弱の矢那川近くにある。寺からさらに10分ほど海へ歩くと、こちらも木更津の定番観光スポットとなった「恋人の聖地」の中の島大橋に着く。日本一の高さを誇る歩道橋だ。

橋を渡った先の中の島公園には、潮干狩りで有名な木更津海岸が広がる。ここから東京湾アクアラインへ向かって、江川海岸、久津間海岸、金田海岸など潮干狩りの聖地ともいえる海岸が続く。シーズンは3月下旬から8月下旬にかけてとされるが、そのほかの季節でも訪ねて風景を楽しみたいエリアだ。

「恋」の付く別名がある場所は駅の東側にもある。JR木更津駅から徒歩20分ほどの太田山公園は「恋の森」とも呼ばれている。小高い丘に広がる公園内には、博物館や江戸時代中期の復元建築などの見どころもあり、木更津の歴史に触れることができる。地名の由来ともされる日本武尊伝説にちなんだ「きみさらずタワー」は28mの高さ。デザインは木更津船をイメージしている。上からは市内だけではなく、東京湾を一望することができる。

おさんぽプラン

① JR木更津駅
徒歩10分
② 證誠寺 (→P.191)
徒歩10分
③ 中の島大橋 (→P.191)
徒歩40分
④ きみさらずタワー (→P.194)

中の島大橋のたもとにある恋人の聖地のモニュメント

木更津市の おもな見どころ

赤い橋伝説がカップルの話題に

中の島大橋（なかのしまおおはし）

MAP 別冊P.29-C1

東京湾上に架かり、高さ27mと日本一の高さを誇る歩道橋。テレビドラマのロケ地として知られ、作中に描かれた、若い男女がおんぶして渡ると恋がかなうという「赤い橋伝説」が話題に。

木更津港のシンボル。潮干狩りに行く人も利用する

10月には狸まつりも開催

證誠寺（しょうじょうじ）

MAP 別冊P.29-C1

日本三大狸伝説のひとつ「狸ばやしの伝説」が残る寺。月夜の晩に、境内で住職と100匹ほどの狸が一緒に歌いながら楽しく踊ったなどと伝えられる。野口雨情作詞、中山晋平作曲の童謡が有名。

野口雨情が木更津を訪れた際に作詞した、『證誠寺の狸囃子』は現在、「誠」の字が「城」に

中の島大橋
住 木更津市富士見3-5
TEL 0438-23-8467（木更津市市街地整備課）
開 通行自由
P あり
交 JR木更津駅から徒歩10分
※2023（令和5）年3月上旬まで通行止め

證誠寺
住 木更津市富士見2-9-30
TEL 0438-22-7711（木更津市観光協会）
開 参拝自由
P あり
交 JR木更津駅から徒歩8分

られ与三郎』や『木更津甚句』が誕生した。

小特集 東京湾アクアラインの中継地点にある海上のPA

海(うみ)ほたるPA(パーキングエリア)

海上に浮かぶ船のようにも見える海ほたるは、東京湾の中央部を横断する有料道路、東京湾アクアラインの川崎側の海底トンネルと木更津側のアクアブリッジを結ぶ中継地点。まるで浮島のようなたたずまいで、360度パノラマビューが楽しめる。

海ほたるPAのデッキから木更津側を望む

お楽しみが豊富に揃う

フロアガイド

海ほたるは1～3階が駐車場、4階は店舗になっており、5階には飲食店と映像シアターがある。2019年(平成31)には丸窓やベンチをしつらえたデッキなど豪華客船のイメージにリニューアル。千葉県を代表する観光名所、海ほたるを目当てに訪れる来場者はあとを絶たない。

5階
- レストランフロア
  - ・フードコート
  - ・レストラン
  - ・映像シアター「うみめがね」

フードコートでは千葉県の食材を使ったお手軽メニューが食べられる。スナックフードは朝7時から、ラーメンは24時まで

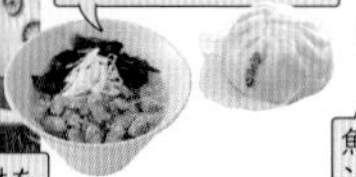

フードコートで食べられる「あさりの塩ラーメン」930円と「あさりまん」380円

魚の口に腰かけるアートベンチは5階デッキにある

4階
- ショッピングフロア
  - ・物販ショップ
  - ・軽食コーナー
  - ・足湯
  - ・ゲームセンター
  - ほか

4階はノース、サウスふたつのキャビンに分かれ、おみやげ店、カフェやコンビニが揃う

\ サウスキャビン内のおみやげ /

左/ぽるとがるカフェの「富士山メロンパン」320円　中/PA公認キャラクターを模した「海ほたる焼き」190～220円　右/できたて熱々「いわしのホクホク揚げ」420円

3階
- 川崎からの駐車場
  朝の時間帯が混む

2階
- 木更津からの駐車場
  夕方の時間帯が混む

1階
- 大型車・二輪車の駐車場
  混雑時は普通車の臨時駐車場になる
- バス停
- モニュメント・カッターフェイス

楽しく体験できるPA

「うみめがね」に立ち寄ろう

5階レストラン隅にある「うみめがね～アクアラインシアター～」は5面のスクリーンを使った立体的なシアタールーム。東京湾アクアラインの建設過程やシールド工法など技術の工程をわかりやすく映し出している。

入口トンネルにはアクアライン周辺の海の中の様子や東京湾の風景が映し出される

昼

MAP 別冊 P.23-C2

住 木更津市中島 地先 海ほたる
TEL 0438-41-7401　営 24 時間
休 無休　料 東京湾アクアライン通行料（浮島 IC- 木更津金田 IC）　普通車片道 3140 円（ETC 車 800 円）※海ほたるのみを訪ねて戻る場合、往復の料金はかからない。　P 480 台
交 車で川崎方面浮島 IC から約 10 分、木更津金田 IC から約 6 分　ただし、渋滞によってかなり異なるので要注意

行きと帰りで違う表情が楽しめる

夜

巨大モニュメント・カッターフェイス

1 階の川崎側の広場先端にある「カッターフェイス」は、直径 14.14m もあるシールドマシンの実物をそのままモニュメントにしたもの。掘削当時は世界最大級の大きさを誇っていた。朝と夕で望む風景の印象ががらりと変わるので、行きも帰りも立ち寄ってみよう。
※シールドマシンとは、トンネルを掘るための機械

上／昼間の「カッターフェイス」を見るなら、ぜひ細かいディテールに注目しよう。歯の部分（カッタービット）も当時掘削に使用した本物だ　下／日本夜景遺産に登録されている海ほたるは陽が落ちる時間帯もおすすめ。「カッターフェイス」のシルエットの向こうに見える富士山は、まるで日本画のような美しさ

そのほか充実のフォトスポット

展望デッキの各所には、海を背景にしたイルカや舵のオブジェなど、フォトスポットを設置。

上／気持ちいいデッキは豪華客船の甲板のよう　右／5km先に見えるのは川崎人工島「風の塔」

人気の地球儀のオブジェは 5 階の川崎側にある

海底トンネルに潜入してみよう

東京湾アクアライン裏側探検

海底トンネルの中にはいろいろな工夫がいっぱい。普段立ち入ることのできない「東京湾アクアラインの裏側」を専属ガイドに案内してもらえるツアーが火～金曜の 1 日 2 回開催されている。要予約。URL umihotaru.com

左／海底トンネル内の一般用スロープは滑り台になっている　右／海底トンネルから海ほたるに抜ける階段

おみやげを買って帰ろう

海ほたるはおみやげも充実。4 階ノースキャビンにある「Bay Brand 房の駅」では海産物をはじめ、千葉の特産物など、ここにしかない味が豊富に揃う。

黄色いショップカラーが目印

夕方には売り切れ必至。人気のピーナツスムージー 418 円

悲恋の神話が伝わる公園

おおだやまこうえん（きみさらずたわー）

太田山公園（きみさらずタワー）

MAP 別冊P.29-C1

「恋の森」の異名をもち、公園の頂上には夜景スポットとして知られる無料展望台「きみさらずタワー」が立つ。展望台は全高28mで、東京湾や横浜みなとみらい、東京副都心といった都会の夜景を一望できる。頂上には木更津の語源にもなったとされる、悲恋の神話にまつわる日本武尊と妃の弟橘媛のブロンズ像がある。春に咲く桜やツツジも見どころ。

タワーから北西方向の夜景を眺める

太田山公園（きみさらずタワー）

住木更津市太田2-16
TEL0438-22-7711　開入園自由
Pあり　交JR木更津駅から太田循環行きバスで4分、恋の森下車、徒歩5分

展望台からは木更津の市街地と東京湾が一望のもと

国指定重要文化財の大刀や金鈴は必見

きさらづしきょうどはくぶつかんきんのすず

木更津市郷土博物館金のすず

MAP 別冊P.29-C1

太田山公園の中腹にあり、金鈴塚古墳から出土した大刀や馬具、金鈴などの国指定重要文化財を展示している博物館。ほかにも、弥生時代の低湿地遺跡として有名な菅生遺跡からの遺物、上総掘りや海苔養殖など民俗に関する展示もあり、旧石器時代から近現代の木更津の歴史を学べる。古文書を読み解く講座や勾玉作りなどのイベントも開催しているので注目。

ローカルに特化していて展示はなかなか濃密

木更津市郷土博物館金のすず

住木更津市太田2-16-2
TEL0438-23-0011
開9:00～17:00（最終入館16:30）
休月曜（祝日の場合は翌日）
料観覧料200円、中学生以下無料
Pあり（太田山公園内）
交JR木更津駅から徒歩20分

上総地方最大級の民家を見よう

きゅうあんざいけじゅうたく

旧安西家住宅

MAP 別冊P.29-C1

旧草敷村の役人（組頭）を務めた安西家の住居。江戸中期に建てられたものとされ、1982（昭和57）年に当地へ移築復元し、現在一般公開されている。寄棟造りの茅葺屋根で、間口13間、奥行き5間と上総地方最大級の民家は市の文化財にも指定。季節によって、こいのぼりやひな人形も飾られる。

時代劇の撮影などにも使われことがある立派な古民家

旧安西家住宅

住木更津市太田2-16-2
TEL0438-23-0011
開9:00～17:00
休月曜（祝日の場合は翌日）
料無料
交JR木更津駅から徒歩15分
Pあり（太田山公園内）

ミニ情報　「かずさアカデミアパーク」は都心からも近い木更津市と近隣の市が整備する先端技術産業に特化した研究開発を行うサイエンスパーク。現在さまざまな分野の研究施設や製造工場の立地が進められている。

見どころ多数の循環型複合施設

くるっくふぃーるず

KURKKU FIELDS

MAP 別冊P.29-D1

農業、食、アートが融合した複合施設。音楽プロデューサーの小林武史氏が総合プロデューサーを務めている。約9万坪の広大な敷地には農場や牧場、農場で取れた食材を使ったレストラン、現代アーティスト草間彌生氏の作品など魅力的な施設が多くある。太陽光発電や資源の循環など、サステナブルな取り組みを間近に観察することができる。

農作業やピザ作りなどの体験メニューも用意されている

KURKKU FIELDS
住 木更津市矢那2503
TEL 0438-53-8776
開 10:00～17:00
休 火・水曜（祝日の場合は営業）
料 無料
P あり
交 JR木更津駅から亀田病院行きまたはかずさ小糸南行きバスで30分、クルックフィールズ入口下車、徒歩10分

斜面に広がる放牧場では、牛たちが草を食むのんびりした風景を見ることができる

ポルシェ好きなら訪れたい

ぽるしぇ・えくすぺりえんすせんたーとうきょう

ポルシェ・エクスペリエンスセンター東京

MAP 別冊P.29-D1

ポルシェのパフォーマンスと世界観を体験できる施設。世界各所にあり、ここは9番目に開設された。最新のポルシェの中から好きなモデルを選び、専属コーチと一緒にドリフトサークルやオフロードを運転できるドライビング体験（有料）が人気。伝説のレーシングカー「ポルシェ906」をモチーフにしたレストランやカフェ、ショップもあり、ファンにはたまらない。

ポルシェのファンには垂涎の光景

ポルシェ・エクスペリエンスセンター東京
住 木更津市伊豆島中ノ台1148-1
TEL 0120-718-911
開 8:30～18:00（10～2月は7:30～17:00）
休 不定休
料 無料、ドライビング体験は有料
P あり
交 JR木更津駅からタクシーで20分

全長約2.1kmのハンドリングトラックにはさまざまなポイントが

ふさの国だより

隠れた人気の里山列車「久留里線」

房総半島を縦断する「小湊鐵道」と「いすみ鉄道」は、列車と菜の花の風景が千葉県のアイコンといえるほど有名な路線だが、房総半島の内陸にはもう1本の鉄道路線がある。それが木更津駅と上総亀山駅を結ぶJR久留里線。県内のJR線で唯一の非電化路線で、14ある駅のうち11の駅が無人駅というローカル線だ。沿線の風景はほとんどが住宅街と田んぼ。日本のどこにでもあるようなありふれた風景だが、眺めていると穏やかな気持ちになる。途中の久留里駅までは、6～22時の間ほぼ1時間に1本の運行だが、上総亀山まで行く列車は1日5本だけ。ただこの久留里～上総亀山間は山の中を走るなかなかワイルドな区間で、車窓風景も見ごたえがある。2022年7月、JR東日本はこの久留里～上総亀山間の収支率がJR東日本管内で最も低いことを発表した。このローカル線の今後が気になるところ。

URL www.jreast-timetable.jp/timetable/list0636.html

房総の山と湖を楽しむスポットがいっぱい

君津市（きみつし）

人　口：約8万6000人（20位）
面　積：318.8㎢（2位）

複雑な湖岸線をもつ亀山湖はさまざまなレジャーが楽しめる

市章

君津の「キ」を大きく翼を張った鳥の形にデザインし、市の和と飛躍・発展を表現。

小ネタ

日本最大級の製鉄所

君津市の沿岸部はほぼすべて工業地帯。そのなかで最大のものが日本製鉄の君津製鉄所だ。面積約1173万㎡（東京ドーム約220個分）という敷地は日本最大級。スタートは1960（昭和35）年。北九州の八幡製鉄所が君津地区に進出を決定し、その後5年をかけて工場が建設された。操業開始にあたり北九州から数万人が君津に移り住むことになり、当時「民族大移動」と呼ばれた。

君津市への行き方

東京駅 ― 総武本線（快速）所要39分 ― 千葉駅 ― JR内房線 所要45分 ― 君津駅

東京駅 ― 高速バス（東京湾アクアライン経由）所要1時間15分 ― 君津駅

房総半島のほぼ中央に位置する君津市。他の内房の市と同様に一部が東京湾に面し、内陸部に広がっている。ただ同市の沿岸部は巨大な製鉄所や発電所などで占められていて、関係者以外立ち入りはできない。一方、海抜200mから300mの丘陵地帯が広がる内陸部は、豊かな自然に恵まれている。県下最大のダム湖をはじめ、田園や渓流、絶景スポットが点在し、見どころもたくさん。歴史も古く、奈良時代の遺跡などが残るほか、戦国時代に房総里見氏が本拠にしたとされる久留里城は明治維新まで存続した。城のあった場所には現在は模擬天主が築かれている。江戸時代には市域の大部分が幕府直轄領や旗本領などに細分され、久留里には久留里藩三万石が置かれた。現在は米、野菜や果物などの農業のほか、畜産業や林業も盛んとなっている。

ミニ情報 「君津エリア」といえば、君津市以外にも木更津市、袖ケ浦市、富津市周辺を含む。そのため君津市にないにもかかわらず、「君津」の名前が付いている学校や病院などがいくつもあり、域外の人にはちょっと紛らわしい。

歩き方

自然スポットの宝庫、内陸部は車で移動

市内の鉄道はJR内房線とJR久留里線。内房線の君津駅周辺が地域の中心で、路線バスも君津駅を起点とするものが多い。君津市の見どころには郊外の自然スポットが多いので、公共交通機関より、車を利用することを前提としたほうが動きやすい。JR君津駅から車で約30分の九十九谷展望公園は、低山が波打つように広がる景色が一望できる場所で、秋から冬にかけての早朝には雲海が見られることもある。近くには聖徳太子により開かれたとされる鹿野山(かのうざん)神谷寺(じんやじ)があり、自然と歴史の神秘的な情景に触れられる。さらに車で20分ほど小糸川を遡ると三島湖、豊英湖が現れ、その先には市民の憩いの場である清和県民の森が広がる。すぐ近くの清水渓流広場（濃溝の滝）は、洞窟から差し込む光が水面に反射してハート形になる幻想的な光景がSNS映えすると話題になっている絶景スポットだ。

名水の町、久留里へ

清水渓流広場から北へ車で約10分の亀山湖は千葉県最大の湖。この周辺も景観美の宝庫とされ紅葉でも知られる。15分ほど北上すると城下町として栄えた久留里に到着する。城だけではなく自噴の井戸が点在する名水の町としても有名で、水にまつわるみやげ物もいろいろ揃っている。久留里へは、木更津駅発の久留里線で鉄道小旅行に出かけるのも楽しい。千葉県内のJR線では唯一電化されていない久留里線。運行は1時間に1本程度で、亀山湖近くの終点である上総亀山駅までは君津駅から1時間30分ほどかかるが、のんびりとした贅沢な時間を過ごすことができる。

おさんぽプラン

① JR木更津駅
久留里線45分
② JR久留里駅
徒歩24分
③ 久留里城 （→P.201）
徒歩10分
④ 久留里神社
徒歩10分
⑤ 高澤家の名水
徒歩2分
⑥ 吉崎酒造

久留里の町にはたくさんの泉がある

君津市のおもな見どころ

ハート形の光に心奪われる

清水渓流広場(濃溝の滝・亀岩の洞窟)
しみずけいりゅうひろば（のうみぞのたき）

MAP 別冊P.36-A1

広場の洞窟に朝日が差し込み、水面に反射してハートの形ができることで有名なスポット。幻想的な写真が撮れる、とSNSで話題となった。撮影におすすめの時間帯は3月と9月のお彼岸時期の早朝。カメラを手に訪れたい。洞窟周辺の遊歩道には「幸運の鐘」もある。初夏にはホタルが舞い、秋は紅葉が色づく風情ある環境で、周囲の自然も楽しもう。

幻想的な光景の写真を撮るために多くの人が集まってくる

清水渓流広場（濃溝の滝）
住 君津市笹1954
TEL 0439-56-1325（君津市経済振興課）
開 入場自由　P あり
交 JR上総亀山駅から車で15分、または圏央道木更津東ICから車で30分
※崩落の危険により一部立ち入り禁止。洞窟正面からの撮影は不可（2022年10月現在）

開運福寿をもたらすよう願いが込められた鐘の音

眺望のよさは折り紙つきの人気釣りスポット

笹川湖・片倉ダム

ささがわこ・かたくらだむ

MAP 別冊P.30-A3

笹川に位置する高さ42.7m、総水量841万トンの多目的ダム。ダム湖周辺には公園や広場のほか、小高い山から周辺を一望できる展望台があり、展望台からの眺めは「ちば眺望100景」にも選ばれている。貸ボートハウスもあり、湖でブラックバスやヘラブナ釣りもできると人気だ。車で3分ほどの場所には、道の駅や片倉ダム記念館もある。

季節とともに移り変わる色彩が美しい

笹川湖・片倉ダム

住 君津市豊田33
TEL 0439-56-1325（君津市経済振興課）
開 見学自由　P あり
交 片倉ダムまでJR上総亀山駅から車で15分

片倉ダムは君津市内で最も新しいダム

500年以上も昔に開山した田園にたたずむ古刹

長泉寺

ちょうせんじ

MAP 別冊P.29-D2

関東八十八ヵ所霊場、新上総国三十三観音霊場、上総保利地蔵霊場、また上総七福神の霊場の札所としても知られ、大黒天が祀られる。本尊は不動王。境内には本堂、鐘桜堂がある。本堂では寺ヨガ、写経会などに参加できる「白蓮道場」が開かれており、自身を見つめ直し心身ともにリフレッシュできると評判だ。参加燈明料は500～1000円。住職によるプチ法話もある（要事前予約）。

本堂手前左に「弘法大師修行像」

長泉寺

住 君津市大井39
TEL 0439-32-2112　開 8:30～17:00、冬季8:30～16:00
休 無休　料 無料
P あり　交 JR君津駅からバスで20分、小糸中農協前下車、徒歩15分

境内には大黒堂、観音堂もある

湖面に映る花火や紅葉が美しい

亀山湖・亀山ダム

かめやまこ・かめやまだむ

MAP 別冊P.30-A3

小櫃（おびつ）川をせき止めてできた県下最大のダム湖。四季折々に変化する自然の風景を眺めながら、湖畔ではハイキングやボート釣り、キャンプ、天然温泉などが楽しめる。毎年8月に開催される湖上祭では空と湖を彩る花火が見られる。ここのハイライトは見頃が関東でいちばん遅いとされる紅葉で、シーズン中に10万人近くの人が訪れるという大人気のスポットだ。遊覧ボートで紅葉巡りをするのもおすすめ。

モミジ、イチョウ、ナラなどが色づく秋の亀山湖

亀山湖・亀山ダム

住 君津市川俣旧川俣8
TEL 0439-39-2535（亀山観光案内所やすらぎ館）
開 見学自由
P あり
交 亀山観光案内所までJR上総亀山駅から徒歩10分

特大のスターマインが人気の湖上祭

夏は天然の滑り台を満喫しよう

せいわけんみんのもり
清和県民の森

MAP 別冊P.36-A1

房総半島のほぼ中央に位置し、広さ3200ヘクタールと全国でも有数の規模を誇る施設。周りは高山、高宕山、鹿野山などに囲まれ、春には桜やツツジが開花する自然豊かな環境だ。運が良ければ、ニホンサルやニホンリスに出合えるかも。バーベキュー場やスポーツ広場、木工体験教室があり遊べるほか、宿泊可能なロッジ村やキャンプ場、オートキャンプ場がありアウトドアを満喫できる。

キノコのようなユニークな形をしたロッジ

清和県民の森
住 君津市豊英660
TEL 0439-38-2222
開 8:30～17:30（月初のみ9:00～17:30）
休 無休
料 入園無料（オートキャンプ場1泊4100円、など）
P あり
交 管理事務所まで館山自動車道君津ICから車で30分

近くには水遊び場として人気の豊英大滝もある

大迷路や断崖の露天風呂を体験

ろまんのもりきょうわこく
ロマンの森共和国

MAP 別冊P.35-D1

都心から90分、南房総の真ん中で豊かな自然に囲まれ、「遊ぶ・食べる・泊まる」のすべてが楽しめるリゾート施設。リゾートホテル、コテージ、ロッジなどの宿泊施設があるほか、大迷路やアスレチック、スワンボートなど自然を生かした遊びができるのも魅力だ。自然薯やジビエ料理が味わえるレストラン、100mにわたる断崖に面する露天風呂など、見どころ多数。

40万ヘクタールもの広大な敷地

ロマンの森共和国
住 君津市豊英659-1
TEL 0439-38-2211
開 10:00～17:00（6月～8月 10:00～18:00）
休 無休
料 入園料600円
P あり
交 館山自動車道君津ICから車で30分

ヘラブナ釣り大会なども開かれる

みしまこ・みしまだむ
三島湖・三島ダム

MAP 別冊P.30-A3

小糸川を水源とするダム湖。ヘラブナの釣り場として有名で、湖畔には釣舟店、釣り宿が多い。コイやブラックバスも釣れ、週末は釣り客でにぎわう。湖周辺には遊歩道もあり、新緑や紅葉といった四季の自然と湖が調和した美しい景色を楽しめる。三島湖・三島ダムの自然環境は、市の「次世代に伝えたい20世紀遺産」に指定されている。

釣り番組のロケなどにもよく使われる

三島湖・三島ダム
住 君津市正木
TEL 0439-56-1325（君津市経済振興課）
開 見学自由
P あり
交 湖畔の房総ロッヂ釣りセンターまで館山自動車道君津ICから車で30分

ミニ情報 ロマンの森共和国では、5月中旬から7月上旬まで、ゲンジボタル、ヘイケボタル合わせて数千匹ものホタルの乱舞を観賞できる。宿泊とのセットプランもおすすめ。

棒術と雨乞いの舞は必見

みしまじんじゃ

三島神社

MAP 別冊P.30-A3

大山祇（おおやまつみ）を祭神にする古社。源頼朝に関わる伊豆三島神社の分霊を勧請し、創建されたと伝わる。大杉に包まれた境内は、神秘的な雰囲気を醸す。秋の祭礼では、県指定無形民俗文化財にも指定されている「三島の棒術と羯鼓舞（かっこまい）」が奉納される。棒術は六尺棒や刀を持った氏子が相対して技を出す演武で、羯鼓舞は竜頭を頭に付けて小鼓を打ちながら踊る雨乞いの舞。

大杉に囲まれた広い境内

三島神社
住 君津市宿原844
開 参拝自由
P なし
交 JR君津駅から中島行きバスで20分、中島バス停で乗り換え、県民の森行きバスで30分、宿原下車、徒歩5分

三島の棒術の演武

聖徳太子ゆかりの古刹

かのうざんじんやじ

鹿野山神野寺

MAP 別冊P.29-D3

約1400年前、聖徳太子によって開山されたと伝わる関東最古の古刹。房総三山のひとつで、鹿野山上に位置する。境内の表門は国の重要文化財に、本堂は県の文化財に指定されているほか、宝物殿には運慶作の『仁王の面』や、江戸時代の名棟梁・左甚五郎作の『白蛇』（寺宝）など貴重な作品が保管されている。アジサイや紅葉など四季の風景も楽しみたい。

新年には多くの初詣客でにぎわう

鹿野山神野寺
住 君津市鹿野山324-1
TEL 0439-37-2351
開 拝観時間8:30～16:00（最終入門15:30）
休 無休（荒天の場合、閉門）
料 無料　P あり
交 館山自動車道君津ICから25分

美しい紅葉越しの本堂

文人も絶賛した天下の奇観

くじゅうくたにてんぼうこうえん

九十九谷展望公園

MAP 別冊P.29-D3

鹿野山の山頂にある展望台で、「九十九谷」の名のとおり、上総丘陵が幾重にも重なる山並みの景色を一望できる。夜明け前から日の出直後と、日の入り前の情景は墨絵のように霞がかかり幻想的。寒い時期の早朝に広がることがある雲海は神秘的な風景で、一度は見ておきたい。多くの文人が「天下の奇観」と絶賛。2007（平成19）年には「ちば眺望100景」に選ばれている。

展望台から眺められる早朝の雲海の眺めはまさに絶景

九十九谷展望台
住 君津市鹿野山東天峪119-1
TEL 0439-56-1325（君津市経済振興課）
開 見学自由
P あり
交 館山自動車富津中央ICから車で20分

時間によって見え方が違うのも魅力

名城跡で甲冑や刀剣を見よう

久留里城・資料館（くるりじょう・しりょうかん）

MAP 別冊P.30-A2

上総地方の名城として知られる久留里城跡にたつ天守閣と資料館。1979（昭和54）年に開館した。久留里城は戦国時代には里見氏の本拠地として、また江戸時代には土屋氏、黒田氏など徳川の譜代大名の居城として明治維新まで続いた。現在でも周辺の国有林は山城としての遺構が残り、自然豊か。資料館では甲冑や刀剣など城や郷土の歴史に関する資料を展示している。

本丸跡に再建された天守閣

久留里城・資料館
住 君津市久留里字内山
TEL 0439-27-3478
開 9:00～16:30
休 月曜、祝日（月が祝日の場合は翌日）
料 無料　P あり
交 JR久留里駅から徒歩約35分、または車で7分

二の丸跡（資料館）近くからの眺め

今も残る地域の水源

久留里城下町（久留里の井戸）（くるりじょうかまち（くるりのいど））

MAP 別冊P.30-A2

江戸時代に久留里藩の城下町として栄え、現在は名水の里としても知られる久留里の街。古くは縦5m、横2.2mの浅井戸である「大井戸」が寛永年間に造られ、久留里唯一の水源だった。明治時代に上総掘りの技術が生まれてからは、あちこちに自噴井戸が掘られ、現在は飲料用など約200の井戸が確認されている。2008（平成20）年、久留里の井戸が「平成の名水百選」に選ばれた。

2010（平成22）年11月に完成した新町の井戸

久留里城下町（久留里の井戸）
住 君津市久留里駅周辺（新町の井戸）
TEL 0439-27-2875
開 散策自由
P あり
交 JR久留里駅から徒歩10分

高澤の井戸。名水でのどを潤そう

ふさの国だより

君津市で誕生した上総掘りとは？

暮らしになくてはならない水。人は水を得るために井戸を掘る技術を長年研究してきた。かつての井戸は、地下水のある深さまで地面を掘った浅い「掘り井戸」だったが、やがて鉄の棒をつなげて深い穴を掘る突き掘り工法が誕生し、江戸時代には広く普及した。この工法は、掘り井戸より安全で、場所によっては自噴する層まで掘ることができた。その重い鉄棒による「突き掘り」を、より簡便に工夫したのが「上総掘り」だ。1895（明治28）年頃、君津で成立したこの工法は、軽量化や素材の工夫で労力を軽減し、掘削の深さも増すこととなった。用具には自然の素材（おもに竹）を使い、全国に伝播した際にも材料が調達しやすかった。1950年代からのボーリング技術の発達などにより「上総掘り」は姿を消したが、人力だけで深い井戸が掘れる技術は、その後に海外支援の場で復活し、アジアやアフリカの途上地域で現在も使われている。

木の足場と竹で掘削する上総掘り

ゆったりと過ごせるバラ園

ドリプレ・ローズガーデン

どりぷれ・ろーずがーでん

MAP 別冊P.29-D2

バラをこよなく愛する夫婦がゼロから始めた手作りのガーデン。5000坪の敷地に、オールドローズ、イングリッシュローズといった500品種3000本のバラが植栽されている。日本では珍しく香りの強いバラだけを集めていて、香りを楽しみながら観賞できる。植物雑貨の店や、食事と読書が楽しめる「図書館カフェ」もあり、保護猫の「猫スタッフ」が接客してくれるかも。

イギリスの庭園を歩いているような気分になる

ドリプレ・ローズガーデン

住 君津市大野台815-85
TEL 0439-37-3767
開 10:00～17:00
休 水曜、1～2月末は冬季休園
料 500～1100円（季節により異なる）
P あり
交 JR君津駅から車で30分

猫に会いに来る人も多い

ダイナミックな伝統行事は必見

人見神社

ひとみじんじゃ

MAP 別冊P.28-B1

「みょうけんさま」と地域の人々から親しまれてきた神社。人見山の山頂にあり、君津、富津の海岸地域の鎮守の氏神として崇拝されてきた。創建は平安から元禄元年の間とされる。山門から頂上までは急な石段となっていて、登りきると高台から市街地一帯を見渡せる。毎年夏には神馬と一緒に石段を駆け登り、奉納する迫力ある伝統行事「神馬（おめし）」が行われる。

海上安全の守護神としても漁師から崇拝を集めてきた

人見神社

住 君津市人見892
TEL 0439-52-5008
開 9:00～16:00
休 無休
料 無料
P あり
交 JR君津駅から車で10分

寺院跡や古墳を巡る歴史の道

八重原歴史を巡る遊歩道

やえはられきしをめぐるゆうほどう

MAP 別冊P.29-C1

八重原地区に点在する県指定史跡の九十九坊廃寺や鐘ヶ淵、道祖神裏古墳のほか、市指定文化財の八雲神社など歴史・文化的遺産14ヵ所を巡る片道約4kmの道。徒歩で半日から1日はかかるとされ、遊歩道の中間には内みのわ運動公園があり、自然の中でひと休みできる。君津市の「次世代に伝えたい20世紀遺産」に指定されている。

道中にある内みのわ運動公園のベンチで休憩しよう

八重原歴史を巡る遊歩道

住 君津市南子安から君津市三直まで
TEL 0439-56-1325（君津市経済振興課）
開 見学自由
P あり
交 八重原公民館までJR君津駅から友好館前行きバスで14分、八重原局前下車、徒歩2分

民俗学的にも興味深い鐘ヶ淵

朱色の鳥居が鮮やかな八雲神社

初心者向けのハイキングができる

三舟山（みふねやま）

MAP 別冊P.29-C2

戦国時代、北条氏の陣が築かれていたと伝わる標高138mの山。山頂付近に「三舟山陣跡」があり、付近で北条氏と里見氏の合戦が行われたといわれている。ゆるやかな山道で、軽めのハイキングも楽しめる。毎年春には山と周辺を15km歩く「お花見ウォーク」も開かれ、2000人以上が参加する。山頂には展望台もあり、天候によっては東京湾も望める。「千葉眺望100景」に指定された。

春は桜、夏はアジサイ、秋は紅葉と四季を楽しめる

三舟山
住 君津市小香359-1
TEL 0439-54-8988（三舟の里案内所）
開 入山自由
P あり
交 JR君津駅から小糸川循環バスで6分、自動車学校前下車、徒歩30分

桜の木の下でのんびり山歩き

カブトムシのバトル観察できるかも

びーとるランド（びーとるらんど）

MAP 別冊P.29-D2

世界の珍しいカブトムシやクワガタムシと触れ合える、甲虫好きにはたまらない施設。ヘラクレスオオカブトやコーカサスオオカブト、ニジイロクワガタといった珍しい甲虫が放し飼いされ、タイミングが合えば甲虫類のバトルも観察できる。ほかにも、子供が乗れるミニバイクや大人向けの4人乗りバギー、アスレチックやトランポリンなどもあり、思いっきり遊べる。

東南アジア産巨大なコーカサスオオカブトも飼育されている

びーとるランド
住 君津市泉752
TEL 080-2171-6631
開 10:00～17:00
休 月～金曜（祝日は開園）
料 大人1000円、子供500円
P あり
交 館山自動車道君津ICから8分

採れたてのハチミツを味わおう

はちみつとミードのはちみつ工房（はちみつとみーどのはちみつこうぼう）

MAP 別冊P.29-D2

養蜂家が作るハチミツとハチミツ酒「ミード」を五感で楽しめる工房。ミードは、ハチミツと水だけで作る醸造酒で「人類最古のお酒」と言われている。１日数回実施している見学ツアーでは、ミツバチの見学や採れたてのハチミツの試食、工房で醸造されたミードの試飲ができる。見学ツアーは20分ほどで、参加費無料で予約不要。添加物不使用のハチミツを堪能したい。

ハチミツ製品ができるまでの行程が興味深い

はちみつとミードのはちみつ工房
住 君津市大井305
TEL 0439-32-1083
開 9:30～17:00
休 無休
料 無料
P あり
交 JR君津駅から車で20分

養蜂についての知識も得られる

工業地帯と内房レジャースポットの境

富津市（ふっつし）

人　口：約4万6000人（32位）
面　積：205.5㎢（7位）

明治百年記念塔から見た陸側の風景。富津岬を境に左（北）側が工業地帯で右（南）側が内房レジャーエリア

市章

「フッツ」の字を図案化したもので、市の和と飛躍を表現している。

小ネタ

県内で唯一、船でアクセスできる市

浜金谷駅近くにある金谷港と神奈川県の久里浜の間を東京湾フェリーが行き来している。片道約40分の船の旅。海と川に囲まれた千葉県だが、県外から定期的に運航している船でアクセスできるのはこの富津市のみ。

なかなか楽しい船の旅

富津市への行き方

東京駅 — JR総武線（快速）所要50分 — 千葉駅 — JR内房線 所要47分 — 大貫駅

東京駅 — 高速バス（東京湾アクアライン経由）所要1時間15分 — 青堀駅

千葉市から海岸線を南下して約40kmのところに位置する富津市。地図で見ると東京湾に鋭角に突き出した富津岬があるところだ。この富津岬の北側、君津市に接する沿岸には、最大出力516万kwを誇る世界最大級の火力発電所、富津火力発電所があり、京葉工業地帯の南端にあたる。一方富津岬から南の海岸は南房総国定公園に指定されており、この先館山まで海水浴場などが連なっている内房のレジャーエリア。富津を境に東京湾の姿ががらっと変わることがよくわかる。市の名前は「布流津(ふるつ)伝説」に由来するとされる。日本武尊が東京湾を渡るとき嵐に遭い、妃の弟橘媛（おとたちばなひめ）が身を捧げて海の神の怒りを鎮めた伝説は内房に広く伝わるが、彼女の衣の布が富津の海岸に流れ着き「布が流れてきた津」が「布流津」に、そして「富津」になったといわれる。

ミニ情報 1180（治承4）年の石橋山の合戦で平家方に敗れた源頼朝が房総（安房）へ渡り再起を目指したことは有名だが、富津市内の百騎坂、三百騎坂などには頼朝の伝説が残されている。

歩き方

海と山に見どころが点在

まず知っておきたいのは、市内にはJR内房線の駅が6つあるが富津という駅は存在しないということ。乗降客数は君津駅の次の駅、青堀駅がいちばん多い。市役所に近いのは大貫駅だが、駅から歩くと約25分の距離だ。内房線の運行本数は1時間に1本。かつ路線バスも少ないので、観光での移動手段は車が便利だ。市内最大の見どころ、マザー牧場へは、休園日以外は君津駅より直通路線バスが運行している。

青堀駅から車で約15分（路線バスでのアクセスも可能）のところにある富津岬は市を代表する絶景スポット。先端にある明治百年記念展望塔は印象的なデザインで知られ「関東の富士見100景」にも選ばれている。すぐ先に見える人工島・第二海堡（かいほ）は最近、ツアーへの参加で上陸・見学ができるようになった。富津岬から南へ続く海岸には、大貫中央、新舞子などの海水浴場が点在している。いちばん南にあるこぢんまりとした津浜海水浴場は、燈籠坂大師の切通しトンネルや竹岡のヒカリモ発生地などの見どころにも近い。

富津市でマザー牧場とともに山のスポットとして知られているのが標高329mの鋸山（のこぎりやま）。鋸南町との境界にあり、市内でいちばん南にある内房線の浜金谷駅から鋸山ロープウェーの麓駅までは徒歩10分弱の距離。

北側（富津市側）から見る鋸山の石切り場跡

東京湾を背に散歩やスポーツを

富津公園（明治百年記念展望塔）
ふっつこうえん（めいじひゃくねんきねんてんぼうとう）

MAP 別冊P.28-B2

東京湾に突き出た富津岬にある細長い公園。園内にはかつての軍の施設跡が点在している。岬先端にそびえる「明治百年記念展望塔」は環境デザイナー池原謙一郎氏によって建てられたもので、五葉松を模した珍しい形で有名。条件が揃えば東京湾越しに美しい富士山が眺められる。沿岸は長い浜辺で、散歩や貝拾いをするのも楽しい。夏場にはスライダーや流水プールが楽しめる「ジャンボプール」が開かれる。

園内の中の島展望塔から見る風景

おさんぽプラン

① JR青堀駅
↓ バス12分
② 富津公園入口
↓ 徒歩30分
③ 明治百年記念展望塔 （→P.205）
↓ 徒歩30分
④ 富津公園入口
↓ バス5分+徒歩11分
⑤ 富津埋立記念館 （→P.206）

第二海堡にある砲台の跡

富津市のおもな見どころ

富津公園（明治百年記念展望塔）

住 富津市富津2280
TEL 0439-87-8887（富津公園管理事務所）
開 入園自由
P あり
交 JR青堀駅から富津公園行きバスで12分、富津公園前下車すぐ（明治百年記念展望塔までは下車後、徒歩約30分）
明治百年記念展望塔は、改修工事により2023（令和5）年3月末まで立ち入り禁止（2022年10月現在）

明治百年記念展望塔はロケ地としても人気のスポット

ミニ情報 鋸山は絶景で知られるが、2021（令和3）年7月には日本遺産の候補地域に認定された。3年後に総括評価が行われ、日本遺産に認定されるかどうかが決定される予定となっている。

富津沖の今と昔を学べる記念館

富津埋立記念館

ふっつうめたてきねんかん

MAP 別冊P.28-B2

かつて遠浅で好漁場として栄えた富津沖の漁業や歴史を紹介する記念館。数多くの魚介類や海苔が水揚げされ、江戸前の食文化を支えてきた富津沖だが、東京湾の埋め立てが進むにつれ、海の姿や漁法も変わっていった。当時の漁の器具や、今と昔の海苔採りを撮影したビデオなどが展示され、現在とかつての富津沖や漁業を比較できる。

内房の伝統的漁法「すだて漁」をモチーフに設計された建物

富津埋立記念館

住富津市新井932-3
TEL0439-87-8381（富津公民館）
開9:00～17:00
休月曜、祝日（月が祝日の場合は翌日）
料無料
Pあり
交JR青堀駅から富津公園行きバスで6分、新井下車すぐ

壁面や差し込む光が幻想的

燈籠坂大師の切通しトンネル

とうろうざかだいしのきりとおしとんねる

MAP 別冊P.28-B3

高さ約10mの手掘りのトンネルで、燈籠坂大師堂へ続く参道。住職の話によると、明治から大正と思われる時期に、竹岡地区と萩生地区の往来を円滑にするため、鋸山の石切技法を用いて掘られたという。その後、昭和初期に切り下げ工事を行い現在の形に。手掘りの壁面やトンネルに差し込む光が写真映えすると話題になっている。

夏にはさわやかな風が吹き抜ける

燈籠坂大師の切通しトンネル

住富津市萩生8－2
TEL0439-80-1291(富津市観光協会)
開見学自由
Pあり
交JR竹岡駅から徒歩20分

トンネルを抜けた先にある燈籠坂大師堂

黄金色の水面は一見の価値あり

竹岡のヒカリモ発生地

たけおかのひかりもはっせいち

MAP 別冊P.28-B3

日本で初めて、金色に光る藻類「ヒカリモ」が発見された海蝕洞穴。ヒカリモは肉眼では見えない微生物で、外からの光線を反射して黄金色に輝くのが特徴。国の天然記念物に指定されている。貯水槽や薄暗い池などに群生するが、毎年多量に発生する場所はここしか発見されていない。JR竹岡駅近くの国道127号脇にある、弁天窟内の水面で見られる。光を放つ時期は3～5月。

黄金に輝く様子から「こがね井戸」とも呼ばれる

竹岡のヒカリモ発生地

住富津市萩生1176
TEL0439-80-1291（富津市商工観光課）
開見学自由
Pあり
交JR竹岡駅から徒歩3分

皇神社境内の洞穴内にある

仏像の胎内に入って参拝できる

とうきょうわんかんのん
東京湾観音

MAP 別冊P.28-B2

標高120mの大坪山の山頂に立つ、高さ56mの観音像。胎内には316段のらせん階段が設けられ、13体の仏像と七福神が安置されている。1961（昭和36）年に太平洋戦争の戦死戦災者の御霊を慰め、戦争のない世界平和を祈念するために建立された。デザインしたのは仏像彫刻家の長谷川昴氏。胎内の腕や肩、冠部分にある展望窓から東京湾や富士山を望める。「関東の富士見百景」「ちば眺望100景」にも選ばれた絶景。

東京湾を見下ろす巨大な観音像

東京湾観音
住 富津市小久保1588
TEL 0439-65-1222
開 拝観8:00〜17:00（受付終了16:00）
休 無休
料 拝観料500円
P あり
交 JR佐貫町駅から徒歩30分

鋸山のふもとで郷土ゆかりの作品を鑑賞

のこぎりやまびじゅつかん
鋸山美術館

MAP 別冊P.34-B1

石切り場跡がある鋸山の麓、金谷にある美術館。2010（平成22）年に「石と芸術のまち金谷」をテーマに、町おこしの目的でオープンした。金谷ゆかりの資料、作家や美術愛好家から寄贈された美術品などを収蔵している。開館10周年を機に、2019（平成31）年7月「金谷美術館」から「鋸山美術館」へと改名した。別館の資料館は鋸山の石が使われた石蔵の建物で、国登録有形文化財に指定されている。

金谷ならではの企画展も随時開催している

鋸山美術館
住 富津市金谷2146-1
TEL 0439-69-8111
開 10:00〜17:00（最終入館16:30）
休 火曜（祝日の場合は翌日）
料 入館料800円
P あり
交 JR浜金谷駅から徒歩5分

ふさの国だより

富津岬の先にある軍事要塞島「海堡」を訪れる

都内のおしゃれエリア「お台場」の地名の由来となった「台場」は、江戸時代の砲台の跡。明治時代になると台場は「海堡（かいほ）」と呼ばれるようになる。富津岬の先端にある展望塔に登ると、岬の先に小さな島が見えるが、それは明治から大正にかけて造られた人工島である海堡だ。3つ造られた海堡のうち、第三海堡は関東大震災で大きな被害を受け、のちに海に沈められてしまったが、第二海堡は長らく東京湾防衛の要とされ軍が駐留していた。終戦後、一時連合軍に接収され、日本に返還された後も軍事的な遺構として立ち入りが禁止されていたが2019年に上陸が解禁され、現在はツアーに参加すれば島に行くことができる。同じく軍事施設が築かれた東京湾最大の自然島である神奈川県猿島と合わせて訪れるのも一興。【第二海堡ツアー】で検索してみよう。

●東京湾海堡ツーリズム機構
URL daini-kaiho.jp

島にある灯台は今も現役。その明かりは海ほたるからもよく見える

千葉を代表する人気の観光スポット

マザー牧場(ぼくじょう)

住千葉県富津市田倉940-3　TEL0439-37-3211
営2〜11月 平日9:30〜16:30、土・日・祝日9:00〜17:00
12〜1月 平日10:00〜16:00、土・日・祝日9:30〜16:00
休12・1月の平日に休園日あり　料大人1500円、4歳〜小学生800円、同伴犬1頭700円
交JR君津駅から直通路線バスで約35分

房総半島・丘陵地帯の広大な敷地に四季折々の花が咲き誇り、いろいろな動物とふれあえる観光牧場。動物たちのショーやふれあい体験、牧場ならではのグルメやアトラクションなど、1日中楽しめるプログラムを満喫しよう。 MAP 別冊P.29-C3

いろんな動物に出合える

羊やヤギなどにエサやり体験したり、乗馬体験ができるなど、さまざまな動物とふれあえる。

ウシ科ウシ属
スコティッシュハイランドキャトル
もふもふの長い毛をしたスコットランドの牛

カモ科マガモ属
アヒル
コミカルに歩く姿がかわいい「アヒルの大行進」

ウシ科ヤギ属
ヤギ
高いところが得意なので橋わたりもできるよ

広い敷地内に楽しいスポットが点在

牧場マップ

場内はなだらかな丘になっている。広いので計画的に回ろう。まきばゲートと山の上ゲートのふたつの入口があるので、見たいエリアがどちらに多いかで決めるといい。

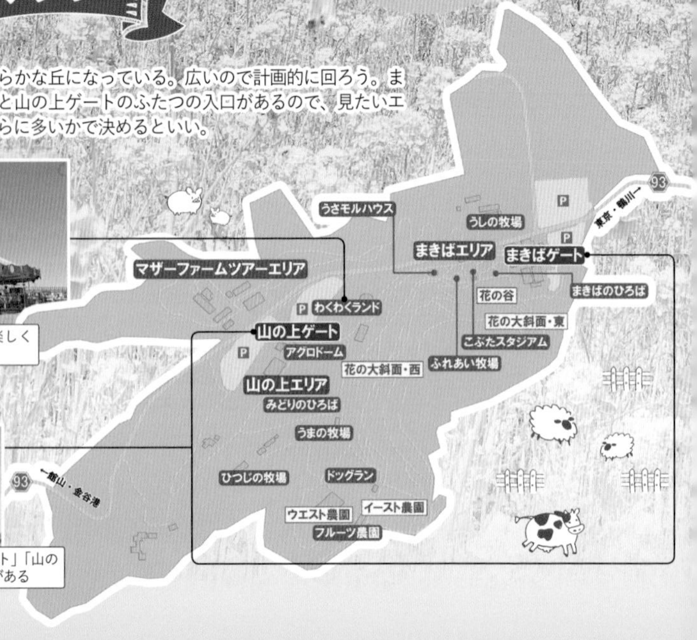

小さな子供と一緒に楽しく遊べる遊園地もある

牧場には「まきばゲート」「山の上ゲート」2つの入口がある

ラクダ科ビクーニャ属
アルパカ
マザーファームツアーDX
ではエサやりができる
ウシ科ウシ属
ホルスタイン
マザー牧場でいちばん
多く見かける牛
ウシ科ヒツジ属
ヒツジ
赤ちゃんヒツジは
「赤ちゃん羊成長館」
で春期に見られる
イノシシ科イノシシ属
ブタ
子供が参加できる
「こぶたのレース」は
毎日開催
高低差のある
場内もバスを使って
ラクラク移動！
牧羊犬は
牧場の働き者

約2万株の桃色吐息（ペチュニア）が斜面をピンクに彩る

花のシーズン

菜の花 /2 月中旬～ 4 月中旬
ネモフィラ /4 月中旬～ 5 月上旬
アジサイ / 6 月中旬～ 7 月中旬
ペチュニア /7 月上旬～ 9 月下旬
スイセン /12 月下旬～ 2 月中旬

青空とのコラボレーションがとってもさわやか

インスタ映え必至 大迫力の花畑

斜面いちめんに咲く季節の花々は、マザー牧場の見どころのひとつ。特に春の約 350 万本の菜の花畑は関東最大級の広さ。花畑の中に道があり、散策しながら観賞できる。傾斜を利用して上から見下ろせば、花に囲まれた写真が撮れておすすめ。

ミニ情報 場内には20～40分間隔で運行する1周15分の「わんわんバス」と、山の上と下とを結ぶ1周3分の「とんとんバス」のふたつの周遊バスが走っている。場内移動に上手に活用しよう。

マザー牧場では楽しいイベントが目白押し

楽しいショーやふれあい体験など、毎日イベントを開催。時間が決まっているので、ホームページでチェックしてから出かけよう。

毛刈りは必見！

大盛り上がりの「羊の毛刈り」
もこもこだった羊が…

羊飼いが軽快なトークをしながら毛刈り

こんなになっちゃった！

あっという間に丸裸。毛の量にびっくり

EVENT 1 世界中からいろいろな羊が集まる シープショー

場所 アグロドーム　所要 30分　時間 11:00/13:30（2月～11月の土・日・祝日は15:30も開催）

ステージには世界中からの19種類のヒツジが1頭ずつ登場、それぞれの紹介もある。ヒツジの毛刈りタイムでは羊飼いの早業に歓声が。

牧場をまるごと体験！

参加者限定のエリアに入れるのが魅力

EVENT 2 トラクタートレインに乗ってガイド付き遊覧 マザーファームツアーDX

当日予約制　所要 60分　時間 運行ダイヤは日により異なる　料金 大人1600円、4歳～小学生900円

専用エリアを巡る体験型ツアー。動物たちが暮らしている様子を見たり、途中下車しアルパカなどの動物にエサやりもできる。

EVENT 3 動物たちが勢揃い 牧羊犬とまきばの仲間たち

場所 アグロドーム　所要 15分　時間 10:30/13:00/15:00

牛やポニー、アルパカなど牧場の人気者たちが次々と登場する、楽しいショー。特に羊飼いの笛できびきびと羊を動かす牧羊犬に注目を。

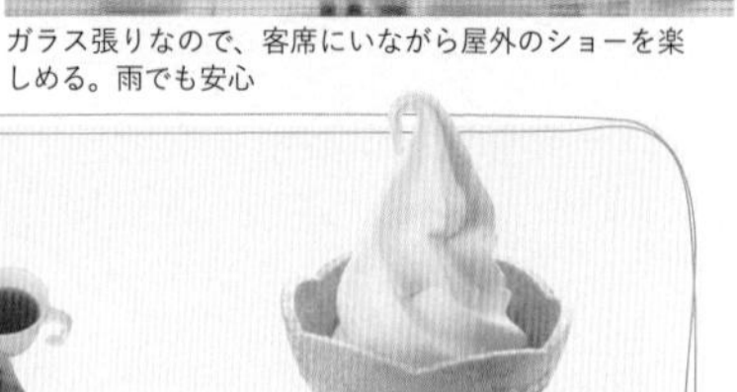

ガラス張りなので、客席にいながら屋外のショーを楽しめる。雨でも安心

牧場ならではのグルメを堪能

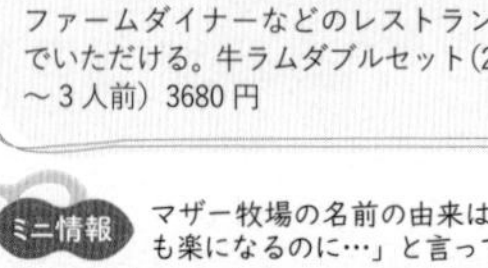

マザー牧場名物！

ジンギスカン

ファームダイナーなどのレストランでいただける。牛ラムダブルセット（2～3人前）3680円

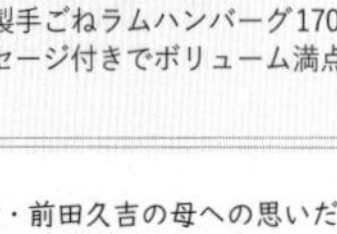

ハンバーグ

自家製手ごねラムハンバーグ1700円。ソーセージ付きでボリューム満点

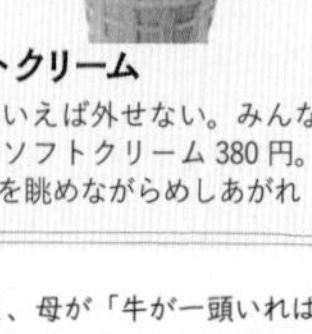

ソフトクリーム

牧場といえば外せない。みんなが大好きなソフトクリーム380円。牧場の景色を眺めながらめしあがれ

ミニ情報　マザー牧場の名前の由来は、創業者・前田久吉の母への思いだ。生家が貧しく、母が「牛が一頭いれば暮らしも楽になるのに…」と言っていたことから名付けたという。

広い牧草地を駆けぬける牧羊犬と羊たち

羊たちのおうちは自由見学可

完璧に誘導する牧羊犬の賢さに感心する

EVENT 4 牧羊犬の活躍がみどころ ひつじの大行進

場所 ひつじの牧場　所要 15分　時間 12:30（7月～8月休）

約200頭ものヒツジを牧羊犬がいっせいに動かす迫力のショー。ヒツジたちが走ってくるのは一瞬なので、お見逃しなく。

ショーの後にはふれあいタイムもあり

抽選で参加選手を決定

EVENT 5 子供がレースに参加できる こぶたのレース

場所 こぶたスタジアム　所要 15分　時間 11:00/13:00/15:00（15:00は2～11月と12～1月の土・日・祝日のみ）各回レース開始15分前より抽選券配布

子供たち（3歳～小学生）がこぶたと一緒にゴールを目指す選手として参加する、人気イベント。果たして優勝するのはどのこぶたか、予想しながら応援して盛り上がろう。

1等賞を予想する投票マスコット（500円）

EVENT 6 乳牛のぬくもりを感じて 乳牛の手しぼり体験

場所 うしの牧場　所要 15分　時間 10:00（7・8月は土曜・日・祝日のみ、12・1月休）/11:30/13:30（7・8月休）/15:00（9～6月は土日祝のみ）

スタッフにしぼり方を教えてもらい、乳牛の乳しぼりに挑戦できる。

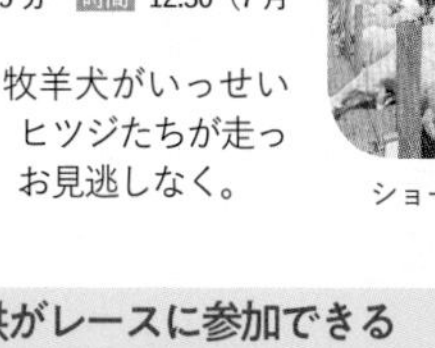
牛のぬくもりを感じる体験

アトラクションにも挑戦

ファームジップ
全長340mの冒険を。所要30分、料金1500円。

ファームバンジー
21mの高さから、房総の山並みと東京湾を見下ろすバンジージャンプは気分爽快！　所要15分、料金2500円。

おみやげを買って帰ろう！

牛乳サブレ
生地にマザー牧場牛乳を使用したサクサクのサブレ。730円。

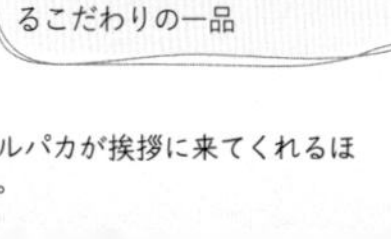

手造りハム・ソーセージ
マザー牧場内で手造りしているこだわりの一品

エリアナビ 南房

沿岸部の全域が南房総国定公園に指定されている、房総半島の最南端。県内でも特に温暖な気候に恵まれ、ひと足早い春の訪れを感じられる。のどかで美しい海山の景色や、四季折々の花を眺めに訪れてみよう。

1 歴史ロマンを感じられるスイセンの里 鋸南町

P.214 MAP 別冊 P.34〜35

鋸山の南に位置する。ビーチや岩礁などの美しい海岸線が見られ、明治時代には夏目漱石も海水浴に訪れたという。源頼朝伝説が残り、また江戸時代の浮世絵師、菱川師宣の出身地としても知られる。スイセンの名所も各地にあり、淡路島、越前海岸とともに日本三大スイセン群生地に数えられている。

鋸山の日本寺大仏は高さが31.5mあり、座像の石仏として日本一の大きさ

江月水仙ロードでは11月から2月にかけてスイセンの花が咲き乱れる

小ネタ 館山の郷土グルメ・房州鮨

房州鮨とは、稲荷寿司大のシャリに、館山湾などで水揚げされた大きなネタをのせた、一般的な寿司の2〜3倍ほどの大きさで提供される寿司。江戸時代、漁師が食べたともいわれている。

やりたいこと BEST 5

1. 鋸山で絶景を楽しむ➡ P.216
2. 房総フラワーラインでのんびりドライブ➡ P.223
3. 野島埼灯台で房総半島最南端を眺める➡ P.225
4. 岡本（原岡）桟橋で夕日を観賞➡ P.222
5. 沖ノ島で無人島探検➡ P.229

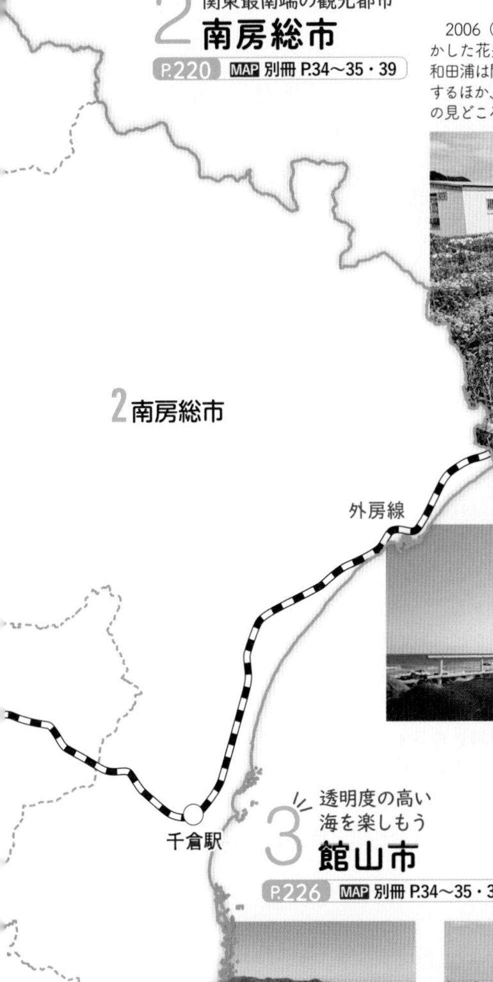

2 関東最南端の観光都市 南房総市

P.220 MAP 別冊 P.34〜35・39

2006（平成 18）年に誕生した新しい市。温暖な気候を生かした花卉（かき）栽培が盛んで、ビワの生産量は日本一。和田浦は関東で唯一捕鯨が行われる場所だ。海水浴場が点在するほか、館山市にまたがる房総フラワーラインに沿って多くの見どころがあり、ドライブも楽しいエリア。

白間津では多くの農家が花を栽培しており、12～3月に花摘みが楽しめる

野島崎の海辺の岩の上には白いベンチが置かれ、撮影スポットとなっている

3 透明度の高い海を楽しもう 館山市

P.226 MAP 別冊 P.34〜35・39

温暖な気候に恵まれ、サンゴの生息地として知られる花と海の町。夏には海水浴場が多くの人々でにぎわう。また、里見氏が築いた館山城など、『南総里見八犬伝』の舞台となった史跡も興味深い。館山湾に面した市街地や房総半島最西端の洲崎は夕日の絶景スポット。

野島埼灯台付近の房総半島南端。一帯ではテングサ漁が行われている

日本一長い桟橋として知られる全長約 500m の館山夕日桟橋

鋸南町（きょなんまち）

人　口：約8000人（49位）
面　積：45.2㎢（37位）

鋸山の風景。切り立った崖の上から内房の山を眺める

市章

鋸南町の「き」と「キ」を図案化したもので、町の前進と町民の和（輪）を表している。

鋸南町への行き方

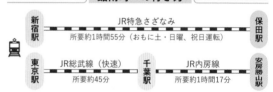

新宿駅 —JR特急さざなみ 所要約1時間55分（おもに土・日曜、祝日運転）— 保田駅

東京駅 —JR総武線（快速） 所要約45分— 千葉駅 —JR内房線 所要約1時間17分— 安房勝山駅

浦賀水道に面し、鋸山の南に位置する鋸南町。鋸山は、古くから良質な房州石の産地で、山中には壮大な石切り場跡も。鋸山のほぼ全体が境内である日本寺には、日本最大の磨崖仏や石仏群、断崖絶壁の山頂の展望台「地獄のぞき」などがある。江月地区のスイセン観光も人気で、年末から1月には、ひと足早い春を楽しめる。アクセスは車なら館山自動車道路、鉄道ならJR内房線が利用できる。神奈川方面からは対岸の久里浜港と金谷港を約40分で結ぶ東京湾フェリーが便利。

歩き方

金谷港から旅をスタート。鋸山ではスリル満点の展望台・地獄のぞきにチャレンジしよう。百尺観音、千五百羅漢、日本寺大仏といった見ごたえ十分の石仏も鑑賞したい。小学校をリノベーションした道の駅 保田小学校では、懐かしい雰囲気のなかで給食やピザなどを。鋸南町は浮世絵の大成者・菱川師宣の生誕地。記念館では、浮世絵を通して江戸の暮らしに思いをはせたい。

小ネタ

伝説の秘島、浮島

勝山漁港の沖合に浮かぶ無人島、浮島。島は日本武尊の死後、同じ旅路を辿りこの地に着いた父の景行天皇が滞在した地とも伝わり、その際、天皇に同行した磐鹿六雁命の料理の腕が買われて、のちに料理の神に命じられたとも。島内に鎮座する浮島神社には、日本武尊と景行天皇、料理神・磐鹿六雁命らが祀られ、7月には例祭も。近年では絶好の夕日のスポットとしても有名だ。

かぐわしい香りに包まれる散策路

えづきすいせんろーど

江月水仙ロード

MAP 別冊P.34-B1

鋸南町は、淡路島、越前海岸と並ぶ「日本3大水仙群生地」。江月地区の町道の両側約3kmには、12月下旬から1月中旬にかけて、スイセンの大群生がつづく。一帯は片道約30～40分のハイキングコースにもなっていて、散歩感覚でさわやかな春の気分が味わえる。花のシーズンに合わせて「水仙まつり」が開催され、地元の農産物や花の販売も行われる。

江戸時代、保田地区のスイセンは「元名水仙」と呼ばれ高貴な花として人気を博した

廃校校舎を生かした情報発信基地

みちのえきほたしょうがっこう

道の駅 保田小学校

MAP 別冊P.34-B1

2014(平成26)年に学校の役目を終えた保田小学校を活用した道の駅。旧体育館を改装したマルシェや教室の面影を残したレストラン、宿、ギャラリーなどを備え、豊かな里山文化を発信する交流施設。「里山食堂」はクジラの竜田揚げやソフト麺など懐かしい給食メニューが並び、専門店「GONZO」では房州石の石窯で焼き上げたピッツアを堪能できる。

校舎を生かしつつ新しい建物に生まれ変わった

江戸風俗の代表、浮世絵の美術館

ひしかわもろのぶきねんかん

菱川師宣記念館

MAP 別冊P.34-B1

保田出身で、浮世絵の祖として知られる菱川師宣の業績や作品を紹介する美術館。有名な『見返り美人図』（複製）をはじめ、師宣の肉筆画、版本、版画など江戸庶民の暮らしぶりをこまやかに描いた150点余りの作品を飾る。故郷をこよなく愛した絵師ともいわれ、生誕地を誇示した「房陽」や「房国」の署名も必見だ。

師宣以外の菱川派の作品や歌川豊国の役者絵なども展示

鋸南町のおもな見どころ

江月水仙ロード

住 鋸南町保田560(駐車場)
TEL 0470-55-1683(保田観光案内所)
開 見学自由
P なし
交 鋸南保田ICから車3分の駐車場から、水仙ロード入口まで徒歩10分

道の駅 保田小学校

住 鋸南町保田724
TEL 0470-29-5530
開 9:00～17:00
休 無休
P あり
交 JR保田駅から徒歩16分

校舎の廊下はそのままに利用

ここでは宿泊することもできる

菱川師宣記念館

住 鋸南町吉浜516
TEL 0470-55-4061
開 9:00～17:00（最終入館16:30）
休 月曜（祝日の場合は翌日）
料 大人500円、小・中学生、高校生400円
P あり
交 JR保田駅から徒歩15分

菱川師宣作『秋草美人図』

ミニ情報 明鐘岬そばの、海辺の高台に立つ名喫茶・岬は、小説や映画の舞台にもなった喫茶店で、目の前の大海原に沈む美しい夕日を見ようと、多くの人が訪れる。鋸山の湧水で入れたコーヒーも評判だ（→P.117）。

小特集　**迫力の絶景と数多の石仏を観に行こう**

鋸山(のこぎりやま)と日本寺(にほんじ)

怖いけど、
房総一の絶景！

ギザギザした岩肌が鋸の歯のようにも見える鋸山。標高 330m で、かつては石材の石切り場として栄えた。南斜面の中腹には日本寺がある。鋸山と日本寺は大きく５つのエリアに分けられ、それぞれ見どころも満載。

鋸山では外せない観光名所。足がすくむような「地獄のぞき」はスリル満点の展望台。

圧巻の鋸山人気スポット

山頂(さんちょう)エリア

晴れた日には富士山まで見渡せるエリア。鋸山を代表する「地獄のぞき」や、昨今「ラピュタの壁」と呼ばれて人気の石切り場跡がある。

岩壁を切り開いて
造った「切り通し」
①

②

❶切り立った崖は迫力満点　❷山頂エリアの一角、十州一覧台にある浅間神社　❸山頂付近の十州一覧台からの風景　❹房州石に浮き彫りを施した磨崖仏「百尺観音」

③

海、空、陸の
交通を守る
ご本尊
④

鋸山と日本寺5つのエリア

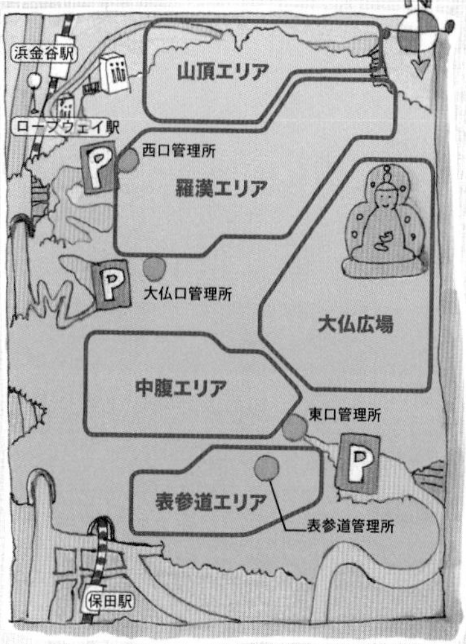

日本寺をお参りハイキング

山頂まではロープウエイが便利

山麓駅と山頂駅を結ぶロープウエイ

JR浜金谷駅から歩いて10分、車の場合、近くの駐車場に停めて、「鋸山山麓駅」からはロープウエイで「山頂駅」まで約4分。じっくり観て回るには半日ほど考えておきたい。表参道エリアから山頂駅まで向かうには1時間見ておこう。

手軽に鋸山日本寺を参拝したい人や歩く自信のない人は、西口管理所から山頂エリア、羅漢エリアを巡り、もとに戻ってロープウエイで下山し、東口管理所前の無料駐車場まで車で移動。そこから入山し、大仏広場、中腹エリアを訪ねよう。表参道エリアは次回のお楽しみに。このコースなら散策時間を含めても2時間程度で観て回れる。

足元に気をつけて歩こう

鋸山日本寺は見どころを巡りながら楽しくハイキングも楽しめる。ルートは難易度別にいくつかあるので初心者から上級者まで自分に合ったコースを選んで歩いてみよう。「産業遺産めぐりコース」（→ P.372）

日本寺（にほんじ） MAP 別冊 P.34-B1

住 安房郡鋸南町元名184-4 TEL 0470-55-1103 開 9:00～16:00 料 大人700円（各管理所で入山する際支払う） 交 ロープウェーで登る場合JR浜金谷駅から徒歩約10分で鋸山山麓駅へ。表参道エリアからの場合はJR保田駅から遊歩道を通って仁王門まで徒歩約45分

鋸山ロープウェー MAP 別冊 P.34-B1

住 富津市金谷（鋸山山麓駅） TEL 0439-69-2314（鋸山ロープウェー） 営 9:00～17:00(11月16日～2月15日～16:00) ※15分間隔で運行 料 大人片道500円、往復950円 交 JR浜金谷駅から徒歩約10分で鋸山山麓駅

石仏軍の数は世界一

羅漢（らかん）エリア

山頂エリアから大仏広場へと下る間に1000体以上の「千五百羅漢」を安置。これらは名匠・大野甚五郎英令が弟子と20年かけて彫り上げたもので、保田羅漢として広く知られるようになった。

❺山頂エリアから千五百羅漢道へ石段を下り、2体の石像が安置されるトンネル、通天関（二天門）をくぐる ❻通天関の先に連なる石仏。表情はさまざまで、喜怒哀楽を表す ❼首から上がなくなっているものは明治初頭、当時の政府による仏教排斥弾圧運動の廃仏毀釈（はいぶつきしゃく）のために破壊されたといわれる

石像の顔はみんな違う！

汗びっしょりの石像

護摩窟は見どころのひとつ

❽石仏群のひとつ百躰観音。ほかにも日牌堂、西国観音などさまざまな石仏が並ぶ ❾参拝客に人気の高い不動明王像・あせかき不動 ❿不動滝は千五百羅漢に流れる小さな滝 ⓫弘法大師護摩窟の先には「大仏前参道」があり、大仏広場へと続いている

鎮座するのは日本一の大きさを誇る
磨崖仏薬師瑠璃光如来座像

大仏広場

だいぶつひろば

「地獄のぞき」とともに鋸山の見どころ「大仏」。人々を病から守る仏様は左手に薬壺を持っている。原型は1783（天明3）年大野甚五郎製作、1969（昭和44）年に復元された。

❶総高31.05m。鎌倉大仏の約2倍の大きさ ❷お願い地蔵尊は大仏広場のパワースポット。地蔵尊のまわりにはところ狭しとお願い地蔵が祀られている ❸お願い地蔵尊は、お地蔵様に祈願者の名前を書いて願いを唱えながら奉納するとかなえてくれるといわれる ❹手のひらにも乗るお願い地蔵は広場の売店で販売。500円

日本寺のお堂を巡ろう

中腹(ちゅうふく)エリア

中腹エリアには再建された薬師本殿や大黒堂など、日本寺の主要な建物が集まっている。栃木県佐野市から鎌倉の浄明寺を経て江戸湾を渡って来た国指定重要文化財の「日本寺鐘」も中腹にある（現在は非公開）。

御本尊・
薬師瑠璃光如来

❺薬師本殿（醫王殿）。昭和に入って火事によって焼失したが、2007（平成 19）年に再建　❻本殿に安置されるのは日本寺の御本尊　❼本堂と同様、被災し、2005（平成 17）年に再建された大黒堂。弘法大師が彫られたという大黒尊天が祀られている

❽源頼朝が再起を図り、勝利を祈って自らの手で植えた大蘇鉄の頼朝蘇鉄。樹齢 800 年以上といわれる　❾通天窟。日本における曹洞宗の開祖、道元禅師が祀られている

長い階段が続く日本寺の表玄関

表参道(おもてさんどう)エリア

駐車場からすぐの東口管理所を少し下ったところが表参道エリア。保田駅からは入口になる。蝸牛岩(かたつむり)のような奇岩や石畳、苔などの景観もすばらしく、1690（元禄 3）年に再建された仁王門、1700（元禄 13）年建立の観音堂、また観音堂の少し上部にある心字池など見どころも多い。

扁額に書かれた
「乾坤山」は鋸山の
正式名称

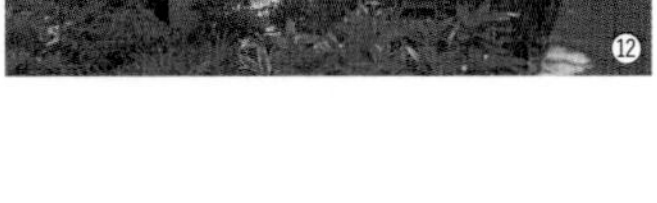

❿日本の天台宗を大成したことでも知られる慈覚大師作の金剛力士像が安置された仁王門　⓫観音堂には安房国札八番の十一面千手観音像が祀られている
⓬「心」という文字の草書体の形を模したことから心字池と名がついた

自然豊かな海と酪農場、花に包まれた町

南房総市（みなみぼうそうし）

人　口：約3万9000人（33位）
面　積：230.1㎢（5位）

南房総市の切り花の生産量は全国でもトップクラス

市章

市内の7地域を広がりのある花びらに例え、温暖な南房総の春爛漫の雰囲気を表現。

小ネタ
クジラのまち和田の名物

房総の捕鯨は、初期は勝山（現鋸南町）に始まり、館山、白浜と南下して和田浦で栄えた。和田浦では、例年6月20日から8月31日まで、今でも年26頭の調査捕鯨が認められ解体される。房総半島に回遊してくる全長約10mのツチクジラ1頭から取れる肉量は膨大で、地元名物"クジラのたれ"はクジラ肉を醤油やみりんで味付けした干物。その昔、保存食として考案されたもので、一般にも市販されている。

南房総市への行き方

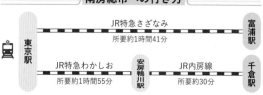

- 東京駅 → JR特急さざなみ（所要約1時間41分）→ 富浦駅
- 東京駅 → JR特急わかしお（所要約1時間55分）→ 安房鴨川駅 → JR内房線（所要約30分）→ 千倉駅

2006（平成18）年、安房7町村による「平成の大合併」で誕生した南房総市。北部には県内最高峰の愛宕山をはじめ、『南総里見八犬伝』の舞台となった富山（とみさん）、嶺岡山系（みねおかさんけい）の山あいには、日本酪農発祥の地など見どころが点在。温暖な気候に恵まれたことにより、房州ビワは長崎の茂木ビワと並ぶ270年もの歴史を誇る名産品に。一方、太平洋に面した南東部は、冬知らずの温かさで花卉（かき）栽培が盛ん。太平洋沿いを走る県道は、房総フラワーラインの愛称で知られ、沿道には花の絨毯が広がり、花摘みが楽しめる。アワビやイセエビの宝庫、白浜周辺は、今なお「海女」文化が息づき、関東唯一の沿岸捕鯨基地・和田浦には、江戸期から続くクジラ漁が脈々と受け継がれている。

歩き方

内房＆外房、里山カルチャーを攻略！

南房総市には東京湾に臨む内房、里山のある内陸部、太平洋に面した外房の3エリアがある。内房・富浦には波穏やかなビーチが続き、大自然に囲まれた大房岬からの見晴らしも爽快だ。特産のビワ栽培が盛んで、市内や道の駅では個性ある加工品も揃う。市の北部には、『南総里見八犬伝』ゆかりの富山がそびえ、丸山には嶺岡山系の酪農を営む、のどかな風景が広がる。一方、房総最南端の白浜には野島埼灯台が立ち、港から出る海底透視船に乗れば、海女の作業ぶりが見られることも。このまま外房の房総フラワーラインを北上すると、春にはいたる所に花畑があらわれ、花摘みで盛況だ。漁師町・千倉には、料理の神を祀る高家神社に願かけに訪れる料理関係者が多く、食通の舌を唸らせる名店がそこかしこに。捕鯨の歴史が長い和田漁港では例年26頭のツチクジラが水揚げされ、活気ある解体模様は、夏の風物詩だ。

おさんぽプラン

① 大房岬自然公園 (→P.222)
車35分
② 野島崎 (→P.225)
車8分
③ 白間津のお花畑 (→P.223)
車10分
④ 高家神社 (→P.224)
車20分
⑤ 和田漁港 (→P.53)

南房総市のおもな見どころ

悲運の姫君が隠れ住んだ穴

伏姫籠穴（ふせひめろうけつ）

MAP 別冊P.35-C2

名峰富山山麓にある、曲亭馬琴の長編伝奇小説『南総里見八犬伝』に登場する、伏姫と飼い犬の八房が籠ったとされる岩穴。内部には、八剣士が持っていた「仁義礼智忠信孝悌」を刻んだ玉が祀られている。

物語のなかにしか存在しえない不思議な穴

伏姫籠穴
住 南房総市合戸269
TEL 0470-28-5307
(南房総市観光協会)
開 見学自由　P あり
交 JR岩井駅から徒歩25分、または車で7分

ふさの国だより

千葉県最高峰の嶺岡愛宕山（みねおかあたごやま）は自衛隊基地内！

標高408.2mの愛宕山は47都道府県最高峰のなかでは最も低山。しかし登頂難度は高いという不思議な山だ。というのも山頂には航空自衛隊の防空レーダー基地が置かれているため、入山には事前の申請が必要。自由には登れない山なのだ。
入山時には自衛隊員が同行して、写真撮影の制限のある場所もある。入山は予約制となっているが、チャレンジする価値あり。申し込みは航空自衛隊峯岡山分屯基地へ。

遠く九十九谷から遠望する愛宕山

峯岡山分屯基地
URL https://www.mod.go.jp/asdf/mineokayama/

探検気分が楽しめるネイチャースポット

大房岬自然公園

MAP 別冊P.34-B3

断崖がそそり立つ、海抜80mの大房岬にある緑豊かな自然公園。広さ47.5ヘクタールの一帯には、芝生広場やビジターセンター、キャンプ場などが完備され、森と海の自然体験が一度にできる。かつて岬には、黒船来襲から太平洋戦争まで、東京湾防衛のために軍事施設が建設され、今でも砲台跡や戦時中の要塞跡といった軍事施設跡が点在する。

東京湾の一部とは思えない荒々しい風景が見られる

大房岬自然公園
住 南房総市富浦町多田良1212-29
TEL 0470-33-4551
(大房岬ビジターセンター)
開 9:00〜16:30
休 ビジターセンターは月曜休
料 入園無料
P あり
交 JR富浦駅から車で5分

敵を照らす探照灯が格納されていた跡地

千葉有数のフォトスポット

岡本(原岡)桟橋

MAP 別冊P.34-B3

遠浅で波静かな原岡海岸に架かる桟橋。条件がよければ対岸に浮かび上がる富士山と桟橋のコントラストが楽しめる。特に夕暮れ時の美しさは息をのむほど。桟橋を進むと、茜色に染まる富士山を背景に、橋がどこまでも続いているかのような、幻想的な雰囲気に引き込まれる。条件のいい時は写真撮影の順番待ちができるほど。

富士山がよく見えるのは晴れた冬の日

岡本(原岡)桟橋
住 南房総市富浦町原岡地先
TEL 0470-28-5307
(南房総市観光協会)
開 見学自由
P あり
交 JR富浦駅から徒歩12分

小ネタ

撮影をするならココに注意

おすすめの時間帯は、マジックアワーが狙える夕方から夜にかけての1時間。また干潮満潮も考慮しておきたい。干潮時だと、桟橋の足の部分が見えてしまうので、できれば干潮は避けたほうがよい。富士山も撮影するなら、空気が澄んでいる時期を狙って。

日本の酪農発祥の地

千葉県酪農のさと

MAP 別冊P.35-D2

8代将軍徳川吉宗の命により、インド産と伝わる白牛を飼育したのがここ嶺岡だ。この白牛の牛乳を使い乳製品を作ったのが、日本の酪農の始まりとされている。酪農の歴史、乳牛の生態などを楽しみながら学べる資料館も併設。山の傾斜にある酪農広場では、ヤギと触れ合うことができ、緑の中でのんびりと過ごすことができる。

傾斜地ではヤギが放牧され自由に触れ合える

千葉県酪農のさと
住 南房総市大井686
TEL 0470-46-8181
開 9:30〜16:30(最終入園は16:00)
休 月曜(祝日の場合は翌平日)
料 入園無料
P あり
交 JR安房鴨川から車で30分

ラクダのようなコブのある白牛

ミニ情報 岡本(原岡)桟橋のある原岡海岸からは、富士山頂に太陽が沈む「ダイアモンド富士」が期待できる。チャンスは年に2回で、5月6〜7日と8月5〜6日だ。神々しい写真を狙ってみては。

小特集

1～3月がベストシーズン

海を眺めつつ爽快ドライブ

房総フラワーライン

館山市の下町交差点から南房総市の和田地区まで、房総半島の最南部を巡る約46kmの道。沿線に多くの見どころがあり、冬から春にかけては美しい花に彩られる、南房総を代表するドライブロードだ。

MAP 別冊 P.35-D3、39-C2

※各見どころまでの距離は起点となる館山市の下町交差点から計測したもの

南国気分を満喫できる

18km

アロハガーデンたてやま

→P.232

ハワイがテーマの動植物園。温室でカラフルな熱帯植物が栽培され、動物や鳥との触れ合いを楽しめる。

海に面した浜鳥居もある

11km

洲崎神社（すのさき）

→P.80・231

東京湾の入口を見下ろす場所にある神社。源頼朝がここで戦勝を祈願したと伝えられる。

ストックの花のじゅうたん

33km

白間津（しらまづ）のお花畑

千田とともに花の露地栽培が盛んな地域で、海をバックに花畑が広がる。花摘み発祥の地。

写真提供：南房総市観光協会

URL https://www.cm-boso.com

40km

高家（たかべ）神社

→P.224

料理の神様を祀る全国的にも珍しい神社で、料理関係者が多く参拝する。

写真提供：南房総市観光協会

「庖丁式」が有名

灯台に登って周囲を見渡せる

28km

野島崎

→P.225

房総半島最南端の岬。野島埼灯台や海に面した白いベンチ、頼朝伝説が残る岩屋などがある。

写真提供：南房総市観光協会

外国に来た気分

45km

道の駅 ローズマリー公園

シェイクスピアがテーマで、英国風の建物が並び立つ。地元野菜やおみやげを扱う「はなまる市場」が人気。

MAP 別冊 P.35-D3

住 南房総市白子 1501

TEL 0470-46-2882　開 9:00 ～ 17:00

休 無休（年間に数日臨時休業あり）

P あり　交 JR 南三原駅から徒歩 25 分

花のシーズン

菜の花　1～2月におもに伊戸～相浜の道路脇に咲く

ポピー　ビタミンカラーの花。12月下旬～5月上旬

キンギョソウ　10月下旬～6月上旬と花期が長い

ストック　12～3月。南ヨーロッパ原産の植物

キンセンカ　3月下旬～4月上旬に咲くキク科の花

石堂寺
住南房総市石堂302
TEL0470-46-2218
開拝観自由
Pあり
交JR館山駅から川谷行きバスで40分、石堂寺前下車、徒歩3分

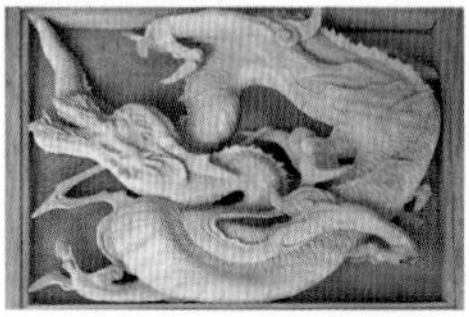
波の伊八の手による彫刻を多数所蔵

日本三石塔寺のひとつ

いしどうじ
石堂寺

MAP 別冊P.35-D3

聖武天皇時代の726（神亀3）年、行基により開かれたという古刹。1487（文明19）年に全山が焼失し、1513（永正10）年に再建。その際に復興した寄棟造りの本堂をはじめ、日本で最も古いと思われる厨子（ずし）、唐様建築の薬師堂など、数々の古文化財が歴史を物語る。広い境内は、県の郷土環境保全区域に指定され、四季折々の散策も楽しめる。

ご本尊の観世音菩薩は重要文化財

勝栄山日運寺
住南房総市加茂2124
TEL0470-46-2196
開境内自由
Pあり
交JR南三原駅から館山行きバスで6分、加茂坂下下車、徒歩約5分

アジサイの時期には花手水がお目見えすることも

日蓮聖人ゆかりの「あじさい寺」

しょうえいさんにちうんじ
勝栄山日運寺

MAP 別冊P.35-D3

かつては勝栄坊といわれた真言宗寺院で、1264（文永元）年、この地を訪れた日蓮聖人が改宗した寺と伝わる。1571（元亀2）年、里見氏の重臣で、勝浦城主・正木氏によって再興、名を「勝栄山日運寺」と改称し、正木氏代々の菩提寺として知られる。別名「房州のあじさい寺」とも呼ばれ、約2万株のアジサイが境内に彩りを添える。

八柱の仁王門は南房総市指定文化財

高家神社
住南房総市千倉町南朝夷164
TEL0470-44-5625
開参拝自由
Pあり
交JR千倉駅から車で5分

使わなくなった包丁を供養する「庖丁塚」

日本唯一、料理の神様

たかべじんじゃ
高家神社

MAP 別冊P.39-D1

主祭神は料理の祖神である磐鹿六雁命（いわかむつかりのみこと）で、料理人や食品関係者の信仰を集める古社。毎年5月17日、10月17日の例祭、新嘗祭にあたる11月23日には、古式にのっとり料理人が手をふれずに庖丁とまな箸だけで魚をさばく、伝統の「庖丁式」が奉納される。拝殿横には、料理人が愛用していた庖丁を供養するために建てられた庖丁塚がある。

料理の腕を上げたい人はぜひ参拝に訪れたい

ミニ情報 南房総国定公園内にある大房岬は手つかずの自然が広がる絶好の自然の遊び場。磯遊びや野生のウミホタル観察、夜の昆虫採集やキャンプファイアーなど存分に自然を体験できる。

灯台が見守る関東最南端の岬

野島崎（のじまざき）

MAP 別冊P.39-C2

千葉県最南端の白浜海岸に突き出た岬。もともとは島だったが、関東大震災で隆起し陸続きになった。突端近くには、1869（明治2）年、日本で2番目にできた洋式灯台が立ち、73万カンデラの光度を放つ白浜のシンボルになっている。灯台の展望所からは太平洋の大海原が見渡せ、岬を巡る遊歩道では散策が楽しめる。

野島埼灯台は日本でも数少ない登れる灯台のひとつ

野島崎
住 南房総市白浜町白浜630
TEL 0470-33-1091（南房総市商工観光部観光プロモーション課）
開 灯台は9:00～16:30
（10～4月は～16:00、土・日・祝は8:30～17:00）
休 荒天時
料 入館寄付金、中学生以上300円
P あり
交 JR館山駅から安房白浜行きバスで36分、野島埼灯台口下車、徒歩6分

最南端部分に置かれた“ラバーズベンチ”

漁師の晴れ着「万祝」をコレクション

白浜海洋美術館（しらはまかいようびじゅつかん）

MAP 別冊P.39-C2

野島崎公園に立つ、漁業に関する工芸品や美術品、約100点を展示する個人美術館。館内には、前館長が全国を回って集めた品々が揃い、なかでも大漁祝いの引き出物として、網元が漁師に贈る大漁半てん「万祝」の数は、200着にものぼる。他にも明治時代の鰹船につけた船首飾りや、幕末、銚子に難破した清の貿易船掛軸など、他では目にできない貴重なものが並ぶ。

網小屋を真似た蔵造り風の建物

白浜海洋美術館
住 南房総市白浜町白浜628-1
TEL 0470-38-4551
開 9:00～17:00
休 火～木曜（祝日の場合は開館）
料 大人500円、高校・大学生400円、中学生以下200円
P なし
交 JR館山駅から安房白浜行きバスで36分、野島埼灯台口下車、徒歩1分

ふさの国だより

日本有数の海女地帯でもある白浜

全国的に海女の数が減少傾向とされるなか、白浜は今でも一大海女地帯だ。もともとは江戸時代、「海士」として素潜りによるアワビ漁が行われたことが始まりで、海女漁最盛期の昭和30～45年頃には、約700人が海に潜っていた。現在は約250人の海女（海士）が現役で活躍し、海女漁の行われる5月1日～9月10日には彼女らの採ったアワビなどが楽しめる。毎年7月の「海女まつり」（→P.370）では、白装束に身を包んだ約100人の海女たちが、松明を片手に、華麗な“海女の大夜泳”を披露する。

海難事故を防ぐため、白浜では上下に分かれたオレンジ色のウエットスーツを着て潜る

ミニ情報 8つの道の駅をもつ南房総市。良質な花摘みが楽しめる富浦の「花倶楽部」や、名物びわソフトが味わえる「枇杷倶楽部」、和田浦名産のクジラ料理が並ぶ「WA・O」など、特徴のあるグルメやショッピングが楽しめる。

南国情緒漂う、里見氏ゆかりの歴史の舞台

館山市（たてやまし）

人　口：約4万7000人（31位）
面　積：110.1㎢（16位）

崖観音から見る館山市街地の様子

市章

館山市の青い海とあざやかな緑を表現。恵まれた郷土を愛し発展する市勢を象徴。

館山市への行き方

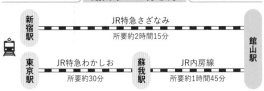

新宿駅 —JR特急さざなみ（所要約2時間15分）→ 館山駅

東京駅 —JR特急わかしお（所要約30分）→ 蘇我駅 —JR内房線（所要約1時間45分）→ 館山駅

別名「鏡ケ浦」と呼ばれる、波穏やかな館山湾沿いに広がる館山市。天正年間（1573〜1592年）には、安房大名の里見氏9代義康が居城を築き、江戸時代には稲葉氏の城下町として繁栄。市街地に残る遺跡には、里見氏ゆかりの地が多く、江戸時代の作家曲亭馬琴が著した『南総里見八犬伝』の武将は、里見氏初代義実がモデルとされる。また、東京湾の入口という地理的要因から、太平洋戦争終結まで、海上防衛の軍都として栄えた館山には、数多くの戦争遺跡が点在。温暖な気候で、春の味覚イチゴ狩りや、花摘み、手つかずの自然が残る沖ノ島では、ダイビングや島の探検など、童心に返ってたっぷり島遊びが楽しめる。

小ネタ

歴史ある館山の祭り

毎年9月に鶴谷八幡宮で行われる「やわたんまち」は、平安時代からの伝統を誇る五穀豊穣を願う祭り。周辺神社から11基の神輿が寄り合い、江戸時代から続く農具市も立つ。10月には、歴史ロマンを再現した「南総里見まつり」も。甲冑を着た戦国武将の武者行列や、20基を超える山車・御船が練り歩く姿は迫力たっぷり。

ミニ情報 黒潮がもたらす好漁場として知られる港町館山には、地魚が味わえる寿司屋が軒を連ねる。江戸時代、漁師が食べたという大きな握りの「房州鮨」が定番で、今もその名残が郷土の味に残っている。

歩き方

里見氏の遺産と安房国発祥の地・洲崎へ

まずは館山を代表する名所を堪能しよう。JR那古船形駅から徒歩約15分、館山湾の北側にある大福寺裏には岩肌に彫られた崖観音が立つ。約2km先の那古寺は、坂東三十三所観音巡礼の結願寺。境内からは鏡ケ浦を眺めることができ、多宝塔や観音堂などをゆっくりと見て回りたい。ここから里見氏の居城跡、城山公園に登る。市立博物館を経て、天守閣形式の八犬伝博物館へ。城の南には、『南総里見八犬伝』の八犬士のモデルともされる八遺臣の墓も。公園から西へ約1km進めば海上自衛隊館山航空基地があり、裏には“赤山”と呼ばれる戦争遺跡の地下壕がある。航空基地の北西、歩いて渡れる沖ノ島では、磯遊びや洞窟も探検してみよう。

市の南西端、洲崎には、由緒ある洲崎神社が鎮座し、のどかな風情の漁師町・平砂浦の東南端には、安房の開拓神が祀られる歴史深い安房神社がある。自然豊かな野鳥の森も隣接し、歩く者の目を楽しませてくれる。

おさんぽプラン

① 崖観音 (→P.227)
車5分
② 那古寺 (→P.227)
車10分
③ 城山公園 (→P.230)
車5分
④ 赤山地下壕跡 (→P.232)
車6分
⑤ 沖ノ島 (→P.229)
車20分
⑥ 洲崎神社 (→P.231)
車15分
⑦ 安房神社 (→P.233)

館山市のおもな見どころ

断崖に立つ朱塗りの観音堂

崖観音（大福寺）

がけかんのん（だいふくじ）

MAP 別冊P.34-B3

標高70mの船形山の断崖に立つ観音堂。その奥には、717（養老元）年、行基が自然石に彫ったとされる本尊の十一面観音菩薩が祀られている。朱塗りの舞台造りの観音堂は、飛騨匠の作と伝わる。

崖に張り付くように建てられた観音堂からは市内が一望できる

崖観音（大福寺）
住 館山市船形835
TEL 0470-27-2247
開 8:00～16:30
休 悪天候時参拝不可
料 無料　P あり
交 JR那古船形駅から徒歩15分

天井絵も必見

坂東三十三観音霊場の結願寺

那古寺

なこじ

MAP 別冊P.34-B3

717（養老元）年の創建と伝わる真言宗智山派の名刹。本尊はこの地を訪れた行基が刻んだとされる。銅造千手観音像（国指定重要文化財）や、1761（宝暦11）年建立の多宝塔など、多くの寺宝をもつ。

重厚な本堂から古刹の歴史が伝わってくる

那古寺
住 館山市那古1125
TEL 0470-27-2444
開 8:00～17:00　休 無休
料 無料　P あり
交 JR那古船形駅から徒歩15分

房総の海洋民俗に触れる

なぎさのはくぶつかん（たてやましりつはくぶつかんぶんかん）

渚の博物館（館山市立博物館分館）

MAP 別冊P.38-B1

さかなクンが名誉駅長の“渚の駅”たてやま内にある、「房総の海と生活」をテーマとした博物館。房総半島の漁業に関する文化や信仰、漁師たちの生活などを、重要有形民俗文化財を中心に紹介。大漁の時の漁師の晴れ着である「万祝」や、和船の造船技術で造られた木造漁船など、国指定文化財2144点が収蔵されている。

さかなクンの大きなイラストが目印

渚の博物館（館山市立博物館分館）

住 館山市館山1564-1（“渚の駅”たてやま内）
TEL 0470-23-5212（館山市博物館本館）
開 9:00～16:45(最終入館16:30)
休 毎月最終月曜
料 無料　P あり
交 JR館山駅から徒歩15分

さかなクンの“さかな愛”に満ちた展示

桟橋形式では日本最長

たてやまゆうひさんばし

館山夕日桟橋

MAP 別冊P.38-B1

海岸通りから先端まで、総延長500mもある海に突き出た桟橋。2010（平成22）年4月に完成した館山の海の玄関口で、季節運航の高速ジェット船、「にっぽん丸」などのクルーズ客船なども着岸。5月と7月の天候条件の良い日には、富士山頂に夕日が沈む、見事な「ダイヤモンド富士」を見ることができる。

桟橋のたもとにある「“渚の駅”たてやま」が旅客ターミナル

館山夕日桟橋

住 館山市館山1564-1地先
TEL 0470-22-3606
(館山市観光みなと課)
開 見学自由
P あり
交 JR館山駅から徒歩15分

鏡ヶ浦を海中散歩

かいちゅうかんこうせんたてやまごう

海中観光船たてやま号

MAP 別冊P.38-B1

船底部分に展望室をもつ、半潜水式の海中観光船。サンゴの北限海域といわれる、館山湾から沖ノ島間の、水深3～4mの海域を中心に約50分間遊覧。目の前の窓からは、スズメダイやメジナなど、黒潮に乗ってやってくる熱帯系の魚や海草など、幻想的な海中の世界を眺められる。波穏やかな内湾で、揺れも少なく快適だ。

館山夕日桟橋が乗船場。気軽な海中散歩を楽しもう

海中観光船たてやま号

住 館山市館山1564-1
TEL 0470-28-5822
開 平日10:00～15:40（最終便出港14:50）、休日10:00～16:30（最終便出港15:40）
休 荒天時欠航
料 乗船料大人2570円、小人1290円
P あり
交 JR館山駅から徒歩15分

小ネタ

サイクリングも楽しんで

隣接する「“渚の駅”たてやま」では、同施設や館山夕日桟橋限定で満喫できる、2人乗りタンデム自転車の無料貸し出しを行っている。2人分のサドルとペダルを装備し、パラリンピック競技にも採用されている自転車で、心地よいサイクリングを楽しもう。

●“渚の駅”たてやま
住 館山市館山1564-1
TEL 0470-22-3606　開 9:00～16:45
料 無料（最長30分、サドルにまたがって足がつく中学生以上対象）

小特集

ワクワクがいっぱいの無人島

沖ノ島（おきのしま）

堆積した砂で陸地とつながった1周約1kmの島。磯遊びや海水浴、森や洞窟などで島の自然を満喫しよう。→P.116

木々に覆われた島には遊歩道が整備されており歩きやすい

MAP 別冊 P.38-B1
住 館山市富士見　TEL 0470-22-2000（館山市観光協会）　開 散策自由
P あり　交 JR館山駅から館山航空隊行きバスで終点下車、徒歩22分

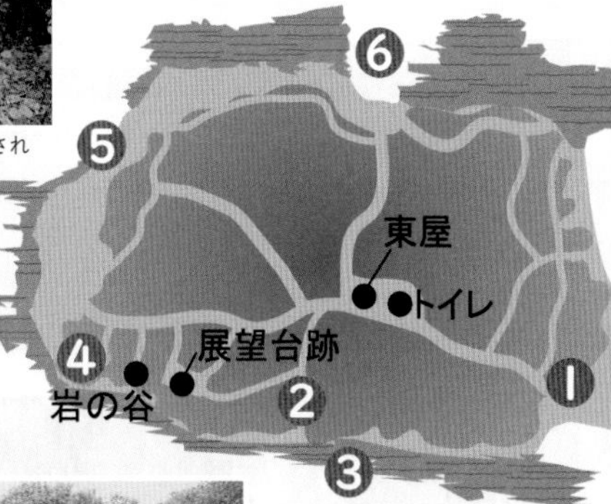

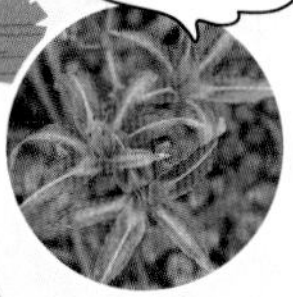

❶ 歌碑

「沖の島につづく海さへ地となりて実生が乱る低き小松が」という橋本徳寿（とくじゅ）の歌碑が立つ。

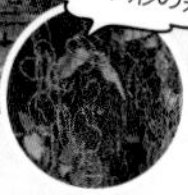

❷ 宇賀明神

農業や漁業の神である倉稲魂（うかのみたま）を祀る小さな神社で、1000年近い歴史がある。

❸ 南の磯

宇賀明神の階段を下りた所に磯が広がり、ところどころに黒い砂鉄がたまっている。

❹ 狙撃陣地跡

第2次世界大戦時に造られた全長約5mの洞窟。狙撃用の銃眼が開けられている。周辺の地層も見もの。

❺ 貝殻の浜

島の西側には無数の貝殻が打ち上げられており、ビーチコーミングが楽しめる。

❻ 小さな入江

幅20mほどの入江。潮の流れが比較的穏やかで海水浴や磯遊びを安全に楽しめる。

日本で唯一の八犬伝専門博物館

館山城（八犬伝博物館）

MAP 別冊P.38-B1

戦国武将、里見氏9代目義康の居城・館山城跡に建てられた博物館。復元された3層4階の天守閣形式の建物は、櫓に入母屋の大屋根をかけ望楼を乗せた、天正時代の建築様式が取り入れられている。曲亭馬琴の小説『南総里見八犬伝』をテーマに、版本や名場面を描いた錦絵などが展示され、望楼からは市街地を一望できる。

海を見下ろす高台に立つ千葉でいちばん絵になる城

館山城（八犬伝博物館）
住 館山市館山362
TEL 0470-22-8854
開 9:00～16:45（最終入館16:30）
休 月曜（祝日の場合は翌日）
料 大人400円、小・中学生、高校生200円（館山城・博物館本館の共通券） P あり 交 JR館山駅から洲崎方面行き、または日東交通館山航空隊行きバスで10分、城山公園前下車、徒歩5分

城山公園として整備されている館山城跡

郷土の歴史と民族を紹介

館山市立博物館本館

MAP 別冊P.38-B1

城山公園の北に設立された「館山の歴史と民族」をテーマにした博物館。10代170年にわたって南房総地域を支配した里見氏を中心に、原始・古代から江戸時代までの安房地方の歴史を解説。民族展示室では、安房の民家を紹介し、市内の畑地区にある300年前の分棟型民家を再現した展示も。日曜、祝日は甲冑の着用体験ができる。

春には桜やツツジの花見客でにぎわう

館山市立博物館本館
住 館山市館山351-2 城山公園内
TEL 0470-23-5212
開 9:00～16:45（最終入館16:30）
休 月曜（祝日の場合は翌日）
料 大人400円、小・中学生、高校生200円（館山城・博物館本館の共通券）
P あり
交 JR館山駅から洲崎方面行き、または日東交通館山航空隊行きバスで10分、城山公園前下車、徒歩5分

ふさの国だより

曲亭馬琴の大作『南総里見八犬伝』

戦国時代に安房地域を治めた武将・里見氏。その一族を題材に、江戸時代の読み本作家曲亭馬琴が著した歴史長編小説が、『南総里見八犬伝』だ。「勧善懲悪」「因果応報」をテーマに、里見家の娘伏姫と飼い犬の八房に因縁する八犬士の奮闘を、馬琴の意のままに描く爽快な物語。里見氏の歴史事実に忠実な内容ではないが、お家再興を念じた10代忠義もモデルのひとりとされ、当時の人々の評判を呼んだ。

里見八犬伝の舞台である富山山頂からの景色

巨大な涅槃仏で有名な寺

常楽山 萬徳寺（じょうらくざんまんとくじ）

MAP 別冊P.38-B1

体長16m、高さ3.75m、重さ30トンもの釈迦如来像が横たわる寺。古代インドの仏像に見られる、ガンダーラ様式の青銅製としては、世界有数の大きさを誇る。参拝方法もインド式で、涅槃仏（ねはんぶつ）のらせん状の台座の周りを3周し、仏像の足紋に触れて祈願すると、大願成就や足腰の弱い人に御利益があるとされる。

決まった参拝の仕方があるので、それにならってお参りを

海が見渡せる白亜の灯台

洲埼灯台（すのさきとうだい）

MAP 別冊P.38-A1

房総最西端の岬の突端近くにそびえる高さ15mの灯台。1919（大正8）年に初点灯し、東京湾を行き交う出船入船の道標になっている。内部には入れないが、眺望台からは晴れた日には伊豆大島や、三浦半島が見渡せる。洲埼灯台は、色とりどりの花が咲き乱れる「房総フラワーライン」の途中にあり、ドライブの立ち寄りにもいい。

洲埼灯台を境目として外房と内房に分かれる

源頼朝ゆかりの由緒ある古社

洲崎神社（すのさきじんじゃ）

MAP 別冊P.38-A1

神武天皇の治世時に、安房の開拓神・天富命（あめのとみのみこと）により創建されたと伝わる古い神社。石橋山の合戦に敗れて安房へ逃れた源頼朝が、源氏の再興や、妻・政子の安産祈願を行うなど、篤い崇拝を受けたといわれる。「ミノコオドリ」と呼ばれる郷土芸能が伝承され、毎年2月の初午と8月の例祭では、「みろく踊り」と「かしま踊り」が境内で奉納される。

本殿は長い階段を上った先にある

常楽山 萬徳寺
住 館山市洲宮1571
TEL 0470-28-2013
開 9:00〜17:00（11〜2月は〜16:00）
休 荒天時閉山
料 大人500円、高校・大学生・65歳以上400円
P あり
交 JR館山駅から安房白浜行きバスで16分、安房神戸下車、徒歩10分

洲埼灯台
住 館山市洲崎1043
TEL 0470-22-2000（館山市観光協会）
開 見学自由　P あり
交 JR館山駅から相の浜行き、または平砂浦海岸行きバスで33分、洲の崎灯台前下車、徒歩5分

洲崎神社
住 館山市州崎1344
TEL 0470-22-2000（館山市観光協会）
開 境内自由　P あり
交 JR館山駅から相の浜行き、または平砂浦海岸行きバスで33分、洲の崎神社前下車、徒歩3分

条件がよければこの鳥居の先に富士山が見える

小ネタ

洲崎神社の分社は海中に！

波左間にある水深12mの海底にある神社は、なんと洲崎神社の分社。日本でもここにしかない、海難・水難除けの貴重な海底神社で、毎月1・15日の祭祀や初詣などの神事も恒例行事として行われている。ダイビングライセンスを保持した経験者ダイバーのみが参拝できるスポットだ。

●波左間海中公園（ダイビング）
住 館山市波左間1012
TEL 0470-29-1648
料 2ボートダイビング1万7600円
※Cカード保持者でダイビング経験本数11本〜

海底神社は波左間海中公園にある

砂山
住 館山市坂井
TEL 0470-22-2544
(館山市観光みなと課)
開休料 見学は自由だが、私有地のためマナーを守って利用すること
P なし　交 JR館山駅から相の浜行きバスで43分、ゴルフ場前下車、徒歩15分

アロハガーデンたてやま
住 館山市藤原1497
TEL 0470-28-1511
開 9:30～17:00 (最終入場16:30)
休 不定休　料 大人1300円、小人800円、幼児500円
P あり
交 JR館山駅から相の浜行きバスで45分、南房パラダイス下車すぐ

園一番の人気者がカピバラ

館山海軍航空隊 赤山地下壕跡
住 館山市宮城192-2
TEL 0470-22-3698 (館山市教育委員会生涯学習課) ※予約・入壕については豊津ホール0470-24-1911
開 9:30～16:00 (最終受付15:30)
休 第3火曜 (祝日の場合は翌日)
料 大人200円、小・中・高校生100円　P あり
交 JR館山駅から館山航空隊行きバスで10分、みやぎ下車、徒歩3分

小ネタ

市内に残る戦争遺跡

幕末から太平洋戦争の終わりまで、東京防衛の要塞として、さまざまな軍事施設が置かれた館山。東京湾岸には陸軍により砲台が設置され、1930 (昭和5) 年には、海軍の実践航空部隊、館山海軍航空隊がつくられた。市内には他にも戦術の教育機関・館山海軍砲術学校が開校された。旧館山海軍航空隊の基地は、現在海上自衛隊館山航空基地として使われている。

天然の砂山でサンドスキー

すなやま
砂山

MAP 別冊P.38-B1

白い砂浜が続く平砂浦から1kmほど内陸にある、砂が風に吹き上げられて堆積した天然の砂山。傾斜を利用してサンドスキーも楽しめる。近くのサーフショップ・SURFCO (→P.124) でサンドボードのレンタルも行っている (1時間45分2200円)。斜面までは、自力で上らなければならないが、砂山の頂上からの大島や伊豆諸島の眺めは壮観だ。

地元では「砂山」と呼ばれている

南国気分を味わえる動植物園

あろはがーでんたてやま
アロハガーデンたてやま

MAP 別冊P.38-B1

千葉県内で最大級を誇る動植物の楽園。高さ20mの大温室や全長300mの連続温室があり、ブーゲンビリア、パパイヤなど、温室ごとに熱帯亜熱帯植物や果樹を展示。色鮮やかなインコが飛び交う温室や、インコやヤギなどと触れ合える「アロハZOO」も。週末にはフラダンスショーも開催され、ハワイアンフードを楽しめるなど南国気分を満喫できる。

連なる温室ごとにテーマに沿った植物が見学できる

館山を代表する地下壕

たてやまかいぐんこうくうたいあかやまちかごうあと
館山海軍航空隊 赤山地下壕跡

MAP 別冊P.38-B1

全長1.6kmと全国的に見ても珍しい、碁盤の目のように張り巡らされた大きな地下壕。太平洋戦争の終盤、館山海軍航空隊によって構築されたと推測され、複数の証言から、壕内には発電所や館山海軍航空隊の事務室、病室や電信室などの重要施設があったとされる。基地に近接する壕のうち、約250mを一般公開している。

壕の壁面にあるツルハシの跡や凝灰岩質の地層にも注目

格式を誇る安房国発祥の神社

あわじんじゃ

安房神社

MAP 別冊P.38-B2

約2700年前から伝わるという安房国最大の古社。社殿の上の宮には、産業創始の神として崇められる天太玉命（あめのふとだまのみこと）を祀り、下の宮にはその孫で、四国阿波から忌部（いんべ）一族を率いて房総を開拓した天富命（あめのとみのみこと）が祀られている。明治時代に再建された本殿は、檜皮葺を施した神明造りが見事。境内は御神木の槙の木をはじめ、歴史を刻んだ趣深い大樹に包まれている。

濃い緑に囲まれた境内を歩いていると自然に厳かな気分になる

安房神社
住 館山市大神宮589
TEL 0470-28-0034
開 6:00～18:00頃（御札・御朱印授与は8:30～17:00）
休 無休
料 無料　P あり
交 JR館山駅から安房白浜行きバスで20分、安房神社前下車、徒歩10分

立派な枝ぶりの御神木の槙

トレッキングや森林浴にも最適

たてやまやちょうのもり

館山野鳥の森

MAP 別冊P.38-B2

南房総国定公園にある、自然の森を生かした広さ22.4ヘクタールの野鳥の楽園。「日本森林浴の森百選」にも選ばれ、多くの野鳥が生息する渡り鳥の休息地にもなっている。園内には遊歩道が整備され、晴れた日には富士山を望む、展望台からの眺めも壮観だ。「ふれあい野鳥館」にはジオラマ展示や工作体験コーナーがある。

安房神社のすぐ隣。県民鳥ホオジロや冬には渡り鳥ツグミなどにも出合える

館山野鳥の森
住 館山市大神宮553
TEL 0470-28-0166
（館山野鳥の森管理事務所）
開 9:00～16:30
休 無休
料 無料
P あり
交 JR館山駅から安房白浜行きバスで20分、安房神社前下車、徒歩5分

不朽の名作の誕生地

MAP 別冊P.38-B2

あおきしげる「うみのさち」きねんかん・こたにけじゅうたく

青木繁「海の幸」記念館・小谷家住宅

“明治画壇の鬼才”と謳われた、洋画家青木繁が1904（明治37）年に滞在し、名作『海の幸』を構想した地として知られる小谷家住宅。その繁ゆかりの地を後世に残そうと、全国の画家や地域住民が基金を集め、2016（平成28）年4月より記念館として公開している。館内には複製画が並び、庭園にはブロンズ「刻画・海の幸」もある。

築130年の住宅は市の有形文化財に指定

青木繁「海の幸」記念館・小谷家住宅
住 館山市布良1256
TEL 0470-28-5063
開 4～9月 は10:00～16:00、10～3月は～15:00
休 月～金曜
料 大人300円、小・中学生、高校生150円
P あり
交 JR館山駅から安房白浜行きバスで25分、布良崎神社下車、徒歩3分

エリアナビ 外房

房総半島の南東部に位置するエリアで、沿岸部は南房総国定公園となっている。海岸部では岩礁や断崖の景色が、内陸部では滝や渓谷がおもな見どころだ。寺院を巡って日蓮聖人の生涯をたどり、名工「波の伊八」の作品に親しもう。

1 鴨川市

大型レジャースポットだけでなく
自然と歴史の見どころにもめぐまれた市

P.236 MAP 別冊 P.35・36〜37

県内最大規模の水族館・鴨川シーワールドや、日蓮聖人の誕生地に近い誕生寺、通常は深海に生息するタイが集まる不思議な鯛ノ浦、斜面に階段状の田が連なる大山千枚田など見どころも豊富。平野仁右衛門を名のる所有者が代々暮らす仁右衛門島は、特にユニークな存在だ。

シャチやイルカ、ベルーガなどのショーが目玉の鴨川シーワールド

パフォーマンスのクライマックスで披露される「笑うアシカ」

水深 8m にある展望塔から外房の海中を眺められるかつうら海中公園

2 勝浦市

荒波が造り出した海の絶景

P.242 MAP 別冊 P.31・37

太平洋に面する大部分がリアス海岸で、鵜原理想郷や八幡岬公園などでダイナミックな景観を楽しめる。県内有数の漁獲量を誇る勝浦漁港があり、新鮮な海の幸が味わえるほか、ご当地グルメの勝浦タンタンメンも見逃せない。日本三大朝市の勝浦朝市も有名だ。

やりたいこと BEST 5

1. 鴨川シーワールドで大迫力のシャチショーを見学➡ P.238
2. 養老渓谷で温泉&ハイキング♪➡ P.252
3. 日本三大朝市、勝浦朝市でにぎやかな通りを歩く➡ P.243
4. 太東埼で断崖の上から太平洋を一望➡ P.249
5. 月の沙漠記念公園でSNS映えする写真を撮影➡ P.247

3 童謡『月の沙漠』発祥の地 御宿町

P.246 MAP 別冊 P.32・37

勝浦市といすみ市に挟まれた小さな町で、白砂の海岸は夏には多くの海水浴客でにぎわう。療養のため御宿海岸を訪れた画家・詩人の加藤まさをは、ここでの経験をもとに『月の沙漠』を作詞した。日本三大海女地帯のひとつで、アワビやサザエ、イセエビなどの漁が行われている。

月の沙漠記念公園に立つ、ラクダに乗った王子と姫の銅像は御宿海岸の象徴

太東埼の南側には、海岸特有の植物が自生する太東海浜植物群落がある

4 海の幸と絶景を堪能 いすみ市

P.248 MAP 別冊 P.31・32

近海は親潮と黒潮がぶつかる豊かな漁場で、多種多様な海の幸を楽しめる。1年を通じていい波が来ることからサーファーも多い。農業も盛んで、市を東西に流れる夷隅川の周囲に田園が広がっている。九十九里浜の最南端に位置する太東埼からは太平洋が一望できる。

5 見どころ豊富な城と渓谷の町 大多喜町

P.250 MAP 別冊 P.30〜31・36〜37

町の中心部に再建された大多喜城の天守がそびえ、江戸時代の面影を残す町の散策も楽しい。西部に位置する養老渓谷は紅葉の名所として知られ、房総一の名瀑とされる粟又の滝があるのもここ。また、菜の花をイメージした黄色い車輌が走るいすみ鉄道は、ローカル鉄道旅で人気だ。

勇将・本多忠勝が城主を務めた大多喜城は春には桜の花に彩られる

海の幸、山の幸に恵まれた外房の中核都市

鴨川市（かもがわし）

人　口：約3万4000人（36位）
面　積：191.1㎢（8位）

初春の風物詩である「菜な畑ロード」の風景

市章

鴨川市の「か」と鳥の「鴨」をモチーフに、色の異なる線形で市の発展を表現。

小ネタ

日蓮聖人の「三奇瑞」

天津小湊は日蓮聖人生誕の地。聖人が生まれた際には、家の庭先には清水が湧き、海上には蓮華の花が咲き誇り、海中には大鯛小鯛が群れ集ったという、生誕伝説「三奇瑞」が伝承されている。誕生寺境内にはこの清水を祀った井戸があり、鯛の浦に浮かぶ「大弁天・小弁天」の島一帯の入江は蓮華ヶ淵といわれ、現在も内浦湾の東側一帯は禁漁区となっている。

鴨川市への行き方

東京駅 ― JR特急わかしお（所要約2時間）― 安房鴨川駅

東京駅 ― JR特急わかしお（所要約1時間40分）― 安房小湊駅

太平洋に面した外房最大の観光拠点、鴨川市。海岸線には美しい砂浜が広がる海水浴場や高層ホテルが立ち並び、日本で唯一シャチパフォーマンスを公開する鴨川シーワールドも人気だ。鴨川を代表する景勝地、太海海岸では、小島が鴨川松島を造り上げ、手こぎ船で上陸できる仁右衛門島も神秘的な名所のひとつ。また、日蓮聖人の生誕地としても有名で、歴史ある誕生寺や鯛の浦でにぎわいを見せるのが天津小湊地区。漁業がさかんな漁師町でもあり、「海女のいる港」を「あまつ」と呼んだことが地名の由来だ。近年では、西部・長狭郷に広がる、「日本の原風景」といわれる大山千枚田でのグリーンツーリズムが浸透し、注目を浴びている。

ミニ情報 南房総の菜の花を楽しむイベントが「菜な畑ロード」。鴨川市役所近くの市道両脇の田畑、約1万坪の敷地に咲く菜の花は圧巻。花の時期は1月から3月初旬。期間中には観賞用菜の花摘みなども体験できる。

歩き方

海にまつわる景勝地＆日蓮聖人の里へ

JR外房線と内房線の接続点で、見どころが多い鴨川市観光の拠点となるのがJR安房鴨川駅。周辺には鴨川シーワールド、南へ下ると鴨川松島を一望できる魚見塚展望台がある。隣駅のJR太海駅で下車し、渡船に乗って5分で到着する仁右衛門島は、源頼朝伝説につつまれた県内最大の島だ。頼朝を助けた功績で、島の領有権を得たといわれる島主が代々住み続けている。市の東部、JR安房小湊駅周辺には日蓮聖人に関連するスポットが多く、生誕地近くに建立された誕生寺には日蓮聖人の真筆など貴重な文化財も。寺の前に開けた内浦湾一帯が鯛の群棲地、鯛の浦。群れ泳ぐ真鯛を観察できる遊覧船も利用してみよう。JR安房天津駅の北にそびえる清澄山には日蓮聖人が修行に励んだ清澄寺があり、ハイキングコースから麻綿原高原へ出れば、2万株ものアジサイの大群生が広がる。また山間地である西部の長狭地区には大山千枚田があり、周辺での農家民泊も人気。里山の田舎暮らしを存分に味わってみるのもいい。

おさんぽプラン

① 魚見塚展望台 (→P.241)
車8分
② 仁右衛門島 (→P.241)
車25分
③ 誕生寺 (→P.240)
徒歩1分
④ 鯛の浦 (→P.240)
車20分
⑤ 清澄寺 (→P.240)

小ネタ

鴨川が生んだ“波の伊八”

江戸時代、「波を彫らせたら天下一」と謳われた、鴨川市出身の名彫刻師“波の伊八”。「関東では波を彫るな」と言わしめた。「七福神」を飾る鏡忍寺など、市内29寺社に作品群が現存。(→P.88)

鴨川市のおもな見どころ

四季が織りなす棚田の景観美

大山千枚田（おおやませんまいだ）

MAP 別冊P.35-D1

斜面に大小375枚もの棚田が広がる里山の原風景。日本で唯一、雨水のみで耕作され、「日本の棚田百選」にも認定されている。10月中旬から1月上旬には約1万本のLEDによるライトアップ「棚田のあかり」も幻想的。

「大山千枚田保存会」による棚田オーナー制度があり、保全に力を入れている

大山千枚田
住 鴨川市平塚540
TEL 04-7099-9050（棚田倶楽部）
開 見学自由
P あり
交 JR安房鴨川駅から平塚本郷行き・東京湾フェリー行きバスで23分、大山千枚田入口下車、徒歩20分

貴重な「伊八彫」を所有する寺

大山不動尊（大山寺）（おおやまふどうそん（おおやまじ））

MAP 別冊P.35-D1

奈良時代に良弁僧正が開基したと伝わる古刹。不動堂正面の龍は「波の伊八」こと、鴨川市出身の名彫工・武志伊八郎信由渾身の作。200年以上にわたり長狭平野を見守り続けている。

安房国札霊場第三十四番納所でもある

大山不動尊（大山寺）
住 鴨川市平塚1728
TEL 04-7098-0178
開 見学自由
P あり
交 JR安房鴨川駅から東京湾フェリー行きバスで27分、金束下車、徒歩20分

ミニ情報 鴨川市内の飲食店では、その店ならではのオリジナルの逸品を「おらが丼」としてフィーチャー。郷土の食材を使い、季節感を失わないなど、掟を守ったメニューが市内各所でいただける。赤いのぼりが目印だ。

小特集 太平洋につながる水族館

鴨川シーワールド

迫力のシャチパフォーマンスが人気の鴨川シーワールド。地元の浜で産卵されたウミガメの卵などの保護も担う。

ゲートをくぐると太平洋の海の眺望が開ける

鴨川シーワールドは海の動物たちのユニークなパフォーマンスと自然環境に近い展示が人気の水族館。隣にはホテルも備え、宿泊者は出入りが自由なので水族館を楽しみ尽くすのに便利だ。また、水族館がある東条海岸には毎年夏になるとアカウミガメが産卵に訪れる。台風などでそのままでは流されてしまう恐れのある卵を繁殖展示施設でふ化まで保護し、海に放つ活動を続けている。

MAP 別冊 P.36-B2

住鴨川市東町1464-18　TEL 04-7093-4803　開 9:00～16:00(曜日により変更あり)　休 HPにて要確認　料 大人3300円、小・中学生2000円、4歳～未就学児1300円（2023年1月10日～）　P あり　交 JR安房鴨川駅から無料送迎バスあり

安房鴨川駅から出る無料送迎バス。時刻表はHPをチェック

ウミガメの赤ちゃん

東条海岸に接する「ウミガメの浜」

上／日本の西側に位置する黒潮源流地域のサンゴ環礁を再現した展示施設「トロピカルアイランド」の大水槽「無限の海」
左／白い砂浜が広がる同施設の「エメラルドの入り江」

必見！

4つのパフォーマンス

日本で鴨川シーワールドだけとなる、
シャチとトレーナーによる息の合ったパフォーマンスをはじめ、
ユニークな4つの動物パフォーマンスを見よう！

鴨川の海と一体化しているような
オーシャンスタジアム

上／トレーナーとシャチの大ジャンプ　右／シャチたちがサービス精神たっぷりに水しぶきをあげる

ジャンプ＆水しぶきに
大歓声がひびく

シャチ【所要⏲約20分 開催♪1日2～7回】

海の王者シャチが水面下を縦横無尽に泳ぎ、不意に姿を現すとダイナミックにジャンプ！ 前方の席は豪快な水しぶきの洗礼を受けるのでレインコートが必須だ。圧巻のジャンプに大歓声が沸き上がる。

アクティブに
ジャンプ

笑うアシカで有名に

アシカ【所要⏲約20分 開催♪1日2～6回】

演技派のアシカファミリーとトレーナーの掛け合いが愉快な、ほのぼのパフォーマンス。ラストに鴨川シーワールド名物の父さんアシカのスマイルを見れば笑顔になること間違いなし！

イルカのコンビネーション

イルカ【所要⏲約20分 開催♪1日3～7回】

水族館ではおなじみのバンドウイルカによるスピード感あふれるパフォーマンス。イルカたちが次々と軽やかにジャンプするコンビネーションジャンプに注目！

スマイル♪

いろいろな表情を見せてくれるアシカたち

日本で数少ないパフォーマンスは必見

ベルーガ【所要⏲約20分 開催♪1日3～8回】

ベルーガは全身真っ白のイルカの仲間で、高く澄んだ鳴き声から海のカナリアと呼ばれる。鯨類の特殊なコミュニケーション能力を解き明かすパフォーマンスに興味津々！

水槽上部のスクリーンでベルーガ特有の能力を映像解説

誕生寺
住 鴨川市小湊183
TEL 04-7095-2621
開 境内自由（堂内拝観は9:00〜15:00、夏季は〜15:30）
料 堂内拝観料500円、宝物館500円（要予約）
P あり
交 JR安房小湊駅から興津駅行きバスで6分、誕生寺下車、徒歩10分

小ネタ
日蓮宗をおさらい！
1222（貞応元）年に現・鴨川市の漁村で生まれた日蓮聖人が、同じ鴨川市にある清澄寺や比叡山、高野山などで修行を積んだ後、1253（建長5）年の鎌倉時代に開いた宗派。「南無妙法蓮華経」という題目を唱える。

日蓮聖人12歳の少年の頃のお姿

鯛の浦（鯛の浦遊歩道）
住 鴨川市小湊地先
TEL 04-7093-7837（鴨川市商工観光課） 開 見学自由 P あり
交 JR安房小湊駅から誕生寺入口行きバス、またはコミュニティバス北ルートで3分、誕生寺入口下車、徒歩5分

清澄寺
住 鴨川市清澄322-1
TEL 04-7094-0525
開 境内自由（開堂9:30〜閉堂16:00）
料 宝物館内見学300円（要予約）
P あり
交 JR安房天津駅から清澄ルートバスで12分、清澄寺下車、徒歩3分

小ネタ
日蓮ゆかりの寺で宿坊体験
日蓮聖人が修行を積んだ名刹、清澄寺境内には宿坊があり、宿泊施設としても利用できる。祖師堂で開かれる朝勤への参列や、唱題行、写経瞑想体験など、心身をリフレッシュするのにぴったりの体験だ。1泊2食付9000円。2023（令和5）年4月料金改定あり。
TEL 04-7094-0525

日蓮聖人の誕生地に立つ名刹

誕生寺（たんじょうじ）

MAP 別冊P.37-C2

1276（建治2）年、日家上人により、日蓮聖人の生誕地に創建された日蓮宗の大本山。重厚な仁王門は、1706（宝永3）年に建てられた県内最大級のもの。総欅造りの祖師堂には、日蓮聖人の像が安置され、仁王門の楼上にある般若の面は、左甚五郎の作と伝えられる。

祖師堂の屋根には世界最大の鬼瓦が置かれている

海面近くで鯛が泳ぐ珍しい海

鯛の浦（鯛の浦遊歩道）（たいのうら（たいのうらゆうほどう））

MAP 別冊P.37-C2

日蓮聖人誕生の際、本来深海性で群れをなさない鯛が、海面近くを飛び跳ねて祝ったといわれる。今も海面付近で鯛が見られる珍しいスポット。鯛の浦と祓山（はらいやま）を結ぶ遊歩道からは、奇勝「大弁天・小弁天」が望める。

遊歩道を通って大弁天島や小弁天島の近くまで歩いて行くことができる

朝日が照らす聖人の像がある日蓮宗発祥の地

清澄寺（せいちょうじ）

MAP 別冊P.36-B1

日蓮聖人が出家し、開宗したと伝わる寺。仁王門をくぐると正面には「千年杉」と呼ばれる国指定天然記念物の大杉が茂る。境内には荘厳な伽藍が立ち、その中の霊宝殿には、多くの寺宝が収められている。

日蓮聖人像が立つ旭の森からは日本でいちばん早い初日の出を拝める

ミニ情報 鯛の浦で取れた鯛は日蓮聖人の化身とされ、地元の人は一切食べないという。エビ網などでたまたま取れた場合は火葬場で処理し、毎月6日に誕生寺で供養する。

800年の歴史がある房州伊勢の宮

天津神明宮（あまつしんめいぐう）

MAP 別冊P.37-C1

1184（寿永3）年、源頼朝が伊勢の神霊を合祀し創建した神社。日蓮聖人が崇拝していた社で、境内には日蓮聖人が奉納した「川向御曼荼羅」など貴重な宝物が残る。

境内の「まるばしちゃの木」は県の天然記念物

天津神明宮
住鴨川市天津2950
TEL04-7094-0323
開境内自由
Pあり
交JR安房小湊駅から金山ダム行きバスで5分、神明神社前下車、徒歩すぐ

手こぎ船で渡る県内最大の島

仁右衛門島（にえもんじま）

MAP 別冊P.36-B2

鴨川の南の海に浮かぶ面積3万平方メートルほどの個人所有の島。代々平野仁右衛門が一戸のみ住んでいるためその名が付いた。千葉県指定の名勝で、源頼朝や日蓮聖人の伝説で知られ、松尾芭蕉など歌人の句碑もある。

新日本百景にも選ばれた島。海岸から200mほどの場所にあり、手こぎの渡し船で向かうのも楽しい

仁右衛門島
住鴨川市太海浜445
TEL04-7092-3456
開8:30～16:30
休無休（荒天時休業）
料大人1350円（往復の渡船料含む）、中学生1050円、小学生以下950円、5歳未満無料
Pあり（旧太海フラワーセンター）
交JR太海駅から徒歩12分、渡船場より渡船5分

外房随一の景観美

鴨川松島（かもがわまつしま）

MAP 別冊P.36-B2

弁天島、荒島など大小7つの島々が造り出す見事な景勝地。青い海に小島に茂る松が映え、まさに東北の松島を思わせる眺めからその名が付いた。魚見塚展望台からは海岸線を一望できる。

2度の津波を含む荒波により陸の一部が崩壊してできた波の置きみやげ

鴨川松島
住鴨川市貝渚地内
TEL04-7093-7837（鴨川市商工観光課）
開見学自由
Pなし
交JR安房鴨川駅から仁右衛門島入口行きバスで11分、鴨川松島下車、徒歩すぐ

名勝を望む鴨川随一の展望

魚見塚展望台（うおみづかてんぼうだい）

MAP 別冊P.36-B2

魚見塚一戦場公園にある、鴨川随一の絶景を眺められる高台。かつて漁師が沖合に来る魚群を見張る場所としていたことがその名の由来。眼下に鴨川松島や鴨川市街が見渡せ、朝日や夕景の眺望は美しく雄大だ。

足元に広がる絶景を楽しみたい

魚見塚展望台
住鴨川市貝渚3277
TEL04-7093-1678（魚見塚一戦場公園）
開見学自由
Pあり
交JR安房鴨川駅から仁右衛門島入口行きバスで10分、八岡下車、徒歩15分

ミニ情報 魚見塚展望台の頂上に立つ女神像の前で恋人同士が誓いをたてて、その証として鍵をかけると「幸せが未来へ続く」とされ、愛が成就するといわれている。

伝統の朝市と美しい海岸線を誇る漁師町

勝浦市（かつうらし）

人　口：約1万9000人（40位）
面　積：94㎢（22位）

八幡岬公園から見る遠見岬神社の鳥居。地盤沈下した土地でこの鳥居だけが残った

市章

勝浦市の「カツ」を図案化し、外房屈指の漁港と観光の町を表現。

小ネタ

勝浦タンタンメン

醤油ベースの真っ赤なスープの正体は、たっぷりと注がれたラー油。具材には、タマネギと挽き肉を使用し、ラー油の辛さをタマネギの甘さが覆い、絶妙なバランスに。

勝浦市への行き方

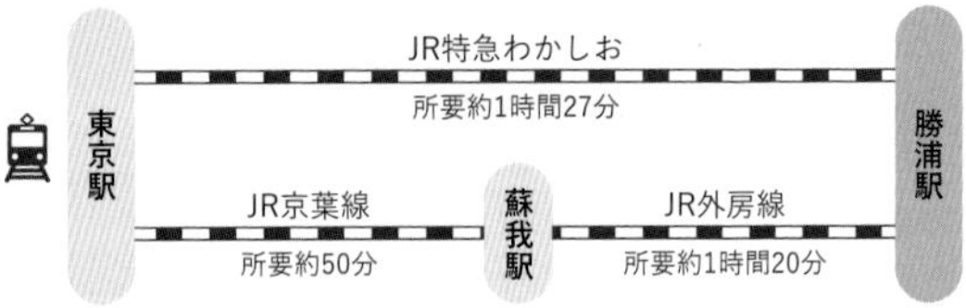

天然良港として早くから開けた勝浦。地名が和歌山や徳島の勝浦と共通するように、江戸時代、紀州から移り住んだ漁民により漁業が発展。430年以上も続く勝浦名物朝市も、漁師と農民が物々交換をしたことに始まる。南房総国定公園に属する海岸沿いは、太平洋の荒波が造るリアス海岸が特徴。文人墨客が数多くの作品を残した鵜原理想郷は、風光のすばらしさからこの名がついた。海にちなんだ史跡や伝承も多く、徳川家康の側室ゆかりの八幡岬公園や、戊辰戦争時代の官軍塚などが有名だ。郷土料理も魚介を使ったものが中心で、近年では海女や漁師に好まれてきた、勝浦タンタンメンの人気も高まっている。

ミニ情報　P.242のメイン写真は平島の鳥居。遠見岬神社の社殿は八幡岬先端の冨貴島にあったが、島は江戸時代に大津波や大地震で海没した。八幡岬公園から見える鳥居はその名残だ。

歩き方

おおらかな朝市から風光明媚な鵜原まで

JR勝浦駅から南の半島周辺が市街地だ。まずは駅から徒歩10分、430年以上続く朝市を見学しよう。朝市は水曜を除き毎日開かれ、売り手との掛け合いも楽しい。市立図書館横の覚翁寺には、朝市を開いた植村氏代々の墓や、江戸彫刻の名工"波の伊八"の作品も。徒歩圏内に、「かつうらビッグひな祭り」が開催される遠見岬神社もある。朝市通りから勝浦漁港を経て岬の突端に出ると、八幡岬に着く。戦国時代の勝浦城跡が公園になっており、徳川家康側室・お万の像も。公園から勝浦灯台に出ると、官軍塚があり、記念碑が立つほか展望台からは御宿海岸などを見渡すことができる。

JR勝浦駅のひとつ先、JR鵜原駅前のトンネルが鵜原理想郷の入口だ。あたり一帯には海岸や入江を巡るハイキングコースも整備されている。東に歩けば、かつうら海中公園があり、東洋一の規模を誇る海中展望塔は、まるで海底探検しているような気分に。水平線を望む海上展望室からの眺めも合わせて楽しみたい。

おさんぽプラン

① JR勝浦駅
徒歩10分
② 勝浦朝市 (→P.243)
徒歩20分
③ 八幡岬公園 (→P.244)
徒歩25分
④ 官軍塚 (→P.127)
徒歩30分 JR勝浦駅＋
電車4分 JR鵜原駅＋
徒歩12分
⑤ 鵜原理想郷 (→P.245)
徒歩20分
⑥ かつうら海中公園 (→P.244)

勝浦市のおもな見どころ

430年続く外房一歴史ある市

勝浦朝市（かつうらあさいち）

MAP 別冊P.37勝浦～御宿

輪島、飛騨高山とともに称される、日本三大朝市のひとつ。1591（天正19）年、領主・植村泰忠が市場を開かせたことに始まる。毎月1～15日は下本町通り、16日から月末は仲本町通りと場所を変えて開催。

土・日・祝には40軒前後の出店数があり、近海の鮮魚や野菜、自家製の漬物までが道端の露店に並ぶ

勝浦朝市
住 勝浦市浜勝浦（下本町通り）・勝浦（仲本町通り）
TEL 0470-73-2500（勝浦市観光協会）
開 6:00頃～11:00頃（天候や仕入れにより異なる） 休 水曜
P あり
交 JR勝浦駅から徒歩約10分

すぐ隣にある勝浦漁港で揚がった新鮮な魚も並ぶ

房総開拓の祖を祀る神社

遠見岬神社（とみさきじんじゃ）

MAP 別冊P.37勝浦～御宿

房総半島を開拓したとされる天冨命（あめのとみのみこと）が御祭神。139段の階段を上った高台にあり、2月下旬には「かつうらビッグひな祭り」が開催され、この石段に約1800体のひな人形がずらりと飾られる。

参道入口は「勝浦朝市」からも徒歩2分。三ノ鳥居をくぐると拝殿がある

遠見岬神社
住 勝浦市浜勝浦1
TEL 0470-73-0034 開 参拝自由（授与所受付は8:00～16:00）
P あり
交 JR勝浦駅から徒歩約10分

ミニ情報 「日本の海水浴場88選」（環境省選定）に選ばれた守谷海岸。年に数回、沖合およそ150mに浮かぶ渡島と砂浜が地続きになる珍しい自然現象を見ることができる。

戦国武将正木氏の居城・勝浦城跡

八幡岬公園

MAP 別冊P.37-D1

太平洋の南に突き出た半島の突端、八幡岬にある展望公園。室町時代に築かれた勝浦城跡を整備したものだ。城は天慶年間に上総守興世王により築かれ、戦国時代には勝浦城主・正木氏が移り住み、1590（天正18）年、豊臣秀吉の小田原攻めの際に落城した。敷地内には、正木頼忠の娘で徳川家康の側室のひとり、お万の方の像が立つ。

銅像が立つあたりには江戸時代、岩槻藩が異国船に備えて砲台を置いたとされる

八幡岬公園
住 勝浦市浜勝浦221
TEL 0470-73-2500（勝浦市観光協会）
開 散策自由　P あり
交 JR勝浦駅から車で10分

小ネタ
官軍塚
勝浦城跡から勝浦灯台へ出ると官軍塚がある。1869（明治2）年、幕軍鎮圧のために箱（函）館五稜郭へ向かう熊本藩船が勝浦沖で暴風雨に遭い難破。その時の多くの犠牲者を埋葬供養した塚だ（県指定史跡）。眼下には見事な太平洋の景色が広がる。

水深8mの海の世界を観賞

かつうら海中公園海中展望塔

MAP 別冊P.37-D1

風光明媚な鵜原海岸一帯にある海中公園。中心施設となるのが、沖合60mに立つ、高さ24.4mの海中展望塔。海に架かる橋を渡り、らせん階段を下りれば、窓から優雅に泳ぐメジナ、イシダイなど、海洋生物の様子を観察できる。付近は暖流と寒流の合流点に当たるため、魚の種類も豊富だ。海上にある展望室からは太平洋を一望できる。

魚について学べる資料館や海が望めるレストランを併設

かつうら海中公園海中展望塔
住 勝浦市吉尾174
TEL 0470-76-2955
開 9:00～17:00（最終入場～16:30）
休 無休（荒天時閉園あり）
料 入場大人980円、小・中学生480円　P あり
交 JR鵜原駅から徒歩15分

餌やりの時間には多くの魚が集まる

房総の海と自然に親しむ

千葉県立中央博物館分館 海の博物館

MAP 別冊P.37-D1

房総半島の海の自然や生き物を紹介する博物館。常設展示には「房総の海」をはじめ、4つのコーナーがあり、房総の海に棲息する魚などの標本やジオラマ、映像などを通して、海の生き物や自然をうかがい知ることができる。博物館の前の磯で、研究員と一緒に海の生きものを探して観察する、自然観察会が人気だ。

中庭に展示されたツチクジラの全身骨格は見もの

千葉県立中央博物館分館 海の博物館
住 勝浦市吉尾123
TEL 0470-76-1133
開 9:00～16:30（最終入館～16:00）
休 月曜（祝日の場合は翌日）
料 大人200円、高校・大学生100円、中学生以下・65歳以上無料
P あり
交 JR鵜原駅から徒歩15分

年間を通じてイベントも開催する博物館

ミニ情報　勝浦朝市の会場近くには、昔ながらのレトロな建物が点在している。昭和初期に建てられた入母屋造りの旅館「松の家」や、県最古とされる築100年以上の銭湯「松の湯」も見ておきたい。

自然が生み出した造形美

鵜原理想郷
うばらりそうきょう

MAP 別冊P.37-D1

リアス海岸が続く、明神岬一帯を占める景勝地。大正時代、この海岸周辺を別荘地とする計画があったことから"理想郷"と呼ばれ、1927（昭和2）年の鵜原駅の開設で、その名を全国に知らしめた。荒々しい奇岩や崖などの自然造形が楽しめ、波静かな入り江を老松が覆う姿も美しい。ハイキングコース（→P.379）から景色を楽しむこともできる。

歌人・与謝野晶子ら多くの文人墨客が訪れた

鵜原理想郷
住勝浦市鵜原
TEL0470-73-2500(勝浦市観光協会)
開散策自由
Pあり
交JR鵜原駅から徒歩7分

2.3kmのハイキングコースも

渚百選にも選定された神聖な海

鵜原海岸
うばらかいがん

MAP 別冊P.37-D1

南房総国定公園内にある、遠浅で波穏やかな海水浴場。水の透明度が高く、美しい砂浜が続き「日本の渚百選」にも選ばれている。波打ち際に立つ真っ白な鳥居は、鵜原八坂神社の一ノ鳥居で、毎年7月の例祭として「鵜原の大名行列」（県無形民俗文化財）が開催される。神社と鳥居の間を練り歩く神輿渡御の"お浜おり"は壮観だ。

海水浴場としても古くから知られている

鵜原海岸
住勝浦市鵜原
TEL0470-73-2500(勝浦市観光協会)
開散策自由
Pあり
交JR鵜原駅から徒歩7分

関東の沖縄とも呼ばれている美しい海岸

地名にまつわる悲劇的な伝説

おせんころがし
おせんころがし

MAP 別冊P.37-C2

JR行川アイランド駅すぐそばの海岸は、「おせんころがし」と呼ばれ、高さ約20m、幅約4kmに及ぶ険しい断崖が続く。"おせん"とは娘の名で、地元の強欲な豪族だった父親は、ひどい仕打ちをした村人たち簀巻きにされ、崖から突き落とされるが、実はおせんがこっそり父親の被服を着てなりすまし、身代りになったという悲痛な伝説がその名の由来。

供養塔の立つ場所からは見事な太平洋を望む

おせんころがし
住勝浦市大沢地先
TEL0470-73-2500(勝浦市観光協会)
開散策自由
Pあり　交JR行川アイランド駅から徒歩5分

孝女おせんの碑が立つ

ミニ情報　勝浦朝市通りの突き当たりにある高照寺の境内には樹齢1000年余りの古木、大イチョウがある。枝から乳房のような突起が垂れ下がっているため「乳イチョウ」と呼ばれ、母乳の出が悪い女性がお参りにくる。

『月の沙漠』と漁業で知られるロマンある海の町

御宿町
おんじゅくまち

人　口：約7300人（52位）
面　積：24.9㎢（47位）

御宿の海岸に置かれたカラフルなモニュメント

市章

「御宿」の頭文字「オン」を図案化し、合併した3町村の和合発展を表している。

御宿町への行き方

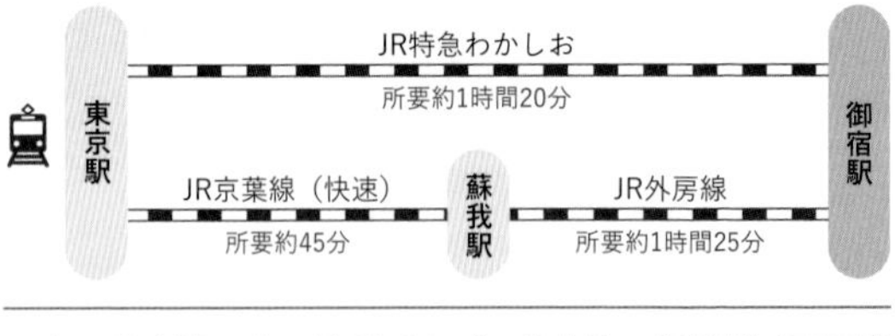

真っ青な海と白い砂浜が広がる御宿町。海岸部は南房総国定公園に指定され、サーフスポットや海水浴場、童謡『月の沙漠』の誕生地など多彩な顔をもつ。1609（慶長14）年には、メキシコへの帰途に岩和田沖で座礁したスペイン船乗組員ドン・ロドリゴ一行を、村民総出で300人以上救助したことをきっかけに、徳川幕府が望んだ日本、メキシコ、スペイン3国の交流がスタート。メキシコのアカプルコ市やテカマチャルコ市と姉妹都市の縁を結び、多くのメキシコ人が御宿町を訪れている。また、イセエビで有名な岩和田漁港では、漁期には多くの漁船がいっせいに出漁する豪快な網漁出船風景も。秋には一大イベント「伊勢海老まつり」が開かれ、地元民や観光客でにぎわう。

小ネタ

御宿の海女

三重県の志摩や石川県の舳倉島と並び、日本三大海女地帯として歴史ある御宿。最盛期の1970年代には約500人の海女が活躍していた。「御宿歴史民俗資料館」には海女道具が展示され、「岩瀬酒造」では、先代社長で郷土写真家の岩瀬禎之氏が40年にわたり撮り続けた、御宿海女の写真を公開している。

ミニ情報　御宿中央海岸に立つカラフルな「ONJUKU」のモニュメントは、御宿と交流のあるメキシコのカンクンビーチをイメージしたもの。

歩き方

美しい砂丘と海から歴史ある絶景ポイントへ

御宿を回るには、JR外房線御宿駅が起点となる。まずは駅から徒歩7分の御宿中央海水浴場へ行ってみよう。童謡『月の沙漠』に謡われた美しい砂丘があり、入江になっている穏やかな海水浴場は、広々した白い砂浜が印象的だ。夏には多くの海水客でにぎわう。また、夏季には「御宿ウォーターパーク」もオープンするので、家族連れにもおすすめ。隣接する「月の沙漠記念館」では『月の沙漠』の作詞家・加藤まさをの作品や資料を見ることができる。そこから「月の沙漠通り」を散策しながら岩和田漁港を通りメキシコ記念公園へ。太平洋と御宿海岸が一望でき、「ちば眺望100景」にも選ばれた絶景を楽しみたい。

おさんぽプラン

① JR御宿駅
徒歩7分
② 御宿中央海水浴場
徒歩すぐ
③ 月の沙漠記念館 (→P.247)
徒歩23分
④ メキシコ記念公園 (→P.247)

童謡の世界を再現した町のシンボル

月の沙漠記念公園と記念館(つきのさばくきねんこうえんときねんかん)

MAP 別冊P.37勝浦～御宿

童謡『月の沙漠』のモデルとなった御宿中央海岸の砂浜には、ラクダに乗った王子と王女の「月の沙漠記念像」がある。月の沙漠記念館では、曲を作詩し抒情画家としても活躍した加藤まさをの作品や資料、移築された書斎などが展示されている。

『月の沙漠』の歌詞を刻んだ歌碑も立つ

三国の友情の証

メキシコ記念公園(めきしこきねんこうえん)

MAP 別冊P.37勝浦～御宿

約400年前に遭難したスペイン船の乗組員を村人が助けたことから、メキシコ・スペインとの通商が開けた。この交流の証として1928(昭和3)年に建てられたのがメキシコ記念塔だ。高台からの景色も楽しめる。

漂着400年の記念に、メキシコ政府から贈られた「抱擁」の像

御宿町のおもな見どころ

月の沙漠記念公園
住 御宿町須賀2208-3
TEL 0470-68-2513
(御宿町産業観光課)
開 入園自由 P あり
交 JR御宿駅から徒歩7分

月の沙漠記念館
住 御宿町六軒町505-1
TEL 0470-68-6389
開 9:00～16:30
休 水曜(祝日の場合は翌日)
料 大人400円、高校・大学生300円、小・中学生200円
P あり
交 JR御宿駅から徒歩7分

アラビア宮殿風のエキゾチックな外観

メキシコ記念公園
住 御宿町岩和田702
TEL 0470-68-2513
(御宿町産業観光課)
開 8:00～17:00(10～3月は～16:30)
休 無休 料 無料 P あり
交 JR御宿駅から車で5分

ミニ情報 御宿町では朝の7:00と正午、夕方17:00に、童謡『月の沙漠』のメロディが町中に流れ、幻想的なムードが漂う。南国情緒あふれる「月の沙漠通り」には、月とラクダをモチーフにした街路灯も並ぶ。

人気ローカル線と沖合で育むうまい魚介の町

いすみ市

人　口：約3万9000人（34位）
面　積：157.4㎢（9位）

丘の上にある小浜八幡神社より大原漁港を望む

市章

全体に千葉県を表し、円でいすみ市を表現。海と川に恵まれた飛躍する鳥を表している。

小ネタ
文豪ゆかりのスポット

森鷗外が1911（明治44）年に発表した『妄想』は、日在浦海岸で過ごした日々を描いたもの。海岸そばの鷗外の別荘“鷗荘”の跡地には、愛用した丸井戸が残る。また、近くの塩田川河口に架かる一路橋は、山本有三の名作『真実一路』のクライマックスの舞台。大原漁港の八幡岬にはこの地を訪れ多くの歌を作った、若山牧水の歌碑が立つ。

小ネタ
いすみ鉄道名物“たこ飯駅弁”

今ではあまり見かけることがなくなった、駅弁の立ち売り。国吉駅では、いすみ鉄道応援団長で「松屋旅館」の当主が、廃線の危機にあったいすみ鉄道を応援しようと、郷土料理のたこ飯を販売してきた。大原港で水揚げされたマダコを炊き込んだ逸品だ。

いすみ市への行き方

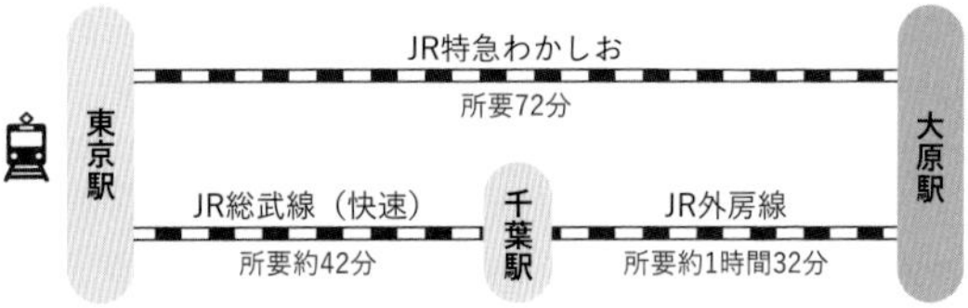

九十九里浜の最南端にあるいすみ市。「港の朝市」で有名な大原漁港の沖合には、器械根という日本最大級の岩礁地帯が広がり、名産のマダコやイセエビなどが水揚げされる。のどかな山あいを東西に横断するレトロないすみ鉄道は、今や町のシンボルに。神社仏閣も多く行元寺や飯縄寺には、葛飾北斎にも影響を与えたという、彫刻家・波の伊八の作品も。“汐ふみ”で有名な「大原はだか祭り」でも知られ、18基の神輿が海でもみ合う姿は勇壮豪快だ。

歩き方

国道128号を南下し太東埼からスタート。太東埼灯台からは太平洋の水平線を一望でき、日の出スポットとしても有名だ。さらに国道128号を南下し、地元の野菜、果物などを販売する「直売所なのはな」を通り、「波切不動」として海難除けの信仰を集める大聖寺でお参りを。大多喜方面へと方向を変え、途中いすみ鉄道と並走しながら、いすみポッポの丘へ。「いすみ204」の車両を利用した「カフェTKG」で、農場直送の卵を使った卵かけご飯をいただこう。

九十九里の最南端にある岬

太東崎（たいとうざき）

MAP 別冊P.32-B2

南外房と九十九里浜とを区切る高さ約60mの断崖。飯岡町の刑部岬から続いてきた九十九里浜はこの断崖で終わる。突端には大東埼灯台が立ち、眼下には太平洋の荒波や八幡岬へと延びる美しい海岸線を望める。

海際ではなくちょっと内陸にある太東埼灯台

多くのファンを集めるレトロ列車

いすみ鉄道（いすみてつどう）

MAP 別冊P.32-B3

いすみ市の大原駅を起点とし、大多喜町の上総中野駅までを走る26.8km、全14駅をつなぐ路線。昭和の国鉄型気動車を、当時の国鉄色にぬりかえて運行。のどかな里山を観光列車が駆け抜ける。

大原駅に停車中の列車。春先は沿線に咲く菜の花が美しい

廃車となった名車を保存する鉄道博物館

いすみポッポの丘（いすみぽっぽのおか）

MAP 別冊P.31-D2

房総半島で活躍した引退車両を保管するミュージアム。元久留里線のキハ38系や、国鉄特急型の183系電車など、28車両が並ぶ。車両が売店となり、鉄道グッズや地元の新鮮たまごも販売。

線路上を走る旧型車両に乗車することもできる

いすみ市のおもな見どころ

太東崎
住いすみ市岬町和泉地先
TEL0470-62-1243
（いすみ市水産商工観光課）
開見学自由　Pあり
交JR太東駅から車で10分

海沿いには国の天然記念物スカシユリなど海浜植物の群落地が広がる

いすみ鉄道
住いすみ市～大多喜町
TEL0470-82-2161
開上下線とも平日は約14往復（区間限定運行あり）、日中は1時間に1本程度運行
料大原駅（始発）～上総中野駅（終点）730円
Pなし
交大原駅へは東京駅からJR特急わかしおで1時間15分

いすみポッポの丘
住いすみ市作田1298
TEL0470-62-6751
開10:00～16:00
休火～木曜（祝日の場合は営業）
料入場無料（駐車料金は普通自動車1000円、バイク500円）
Pあり　交いすみ鉄道大多喜駅からレンタサイクルで20分

ふさの国だより

千葉県一のクネクネ川、夷隅川

千葉県を流れる最も長い川は利根川だが、県内だけに流域をもつ川では夷隅川が最長だ。その長さは67.5km。源流部は勝浦市から鴨川市に広がる清澄山山系の山で、なかには海まで400mほどの場所もあり、海岸近くに降った雨も海ではなく、内陸に向かって流れていく。その後いくつもの渓流を集めて、最後はいすみ市北部で太平洋に流れ込むが、水源から河口までの直線距離は25kmほど。川の長さはその3倍近くあることを考えると、いかに夷隅川の流れが蛇行しているかがわかるだろう。実際地図を見ると、そのクネクネした流れがよくわかるし、この川の流域を走るいすみ鉄道に乗れば、何度も川を越える陸橋を通過する。

いすみ市内を流れる夷隅川の空撮

ミニ情報　世界有数の生物の宝庫といわれる太東・大原の沖合。遠浅の磯根にはイセエビなどが集い、三陸沖から回遊してきたマダコが豊富な餌を食べて成長。遠浅の海がマダコ本来のうま味を造り出す。

山々に囲まれた城下町と渓谷に包まれる

おおたきまち
大多喜町

人　口：約9800人（47位）
面　積：129.9k㎡（13位）

落差約30mで県内最大といわれる粟又の滝。紅葉の名所でもある

市章

合併した5ヵ町村の和（輪）が広がり、大きく発展することを願ってデザインされた。

大多喜町への行き方

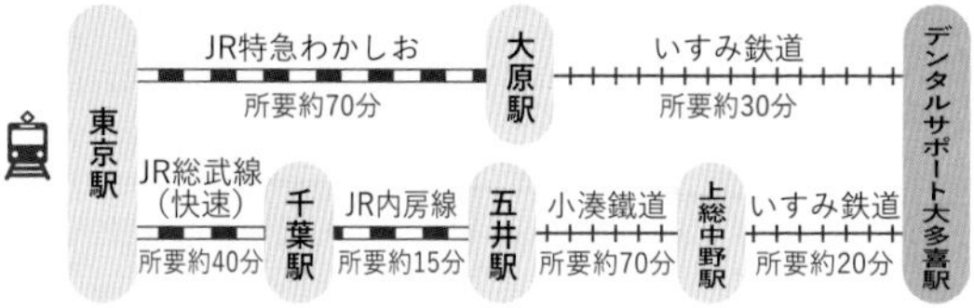

いすみ鉄道が走る田園地帯の町・大多喜。慶長年間（1596～1615年）には、徳川家康の最強家臣として名高い本多忠勝が、当時の房総最大の10万石を与えられ、大多喜城を構えた城下町だ。1975（昭和50）年には、かつての本丸跡に大多喜城が復元され、現在も昔の城下町の繁栄をしのばせる町並みが保たれている。

一方、南東部には養老川の源流が造り出した景勝地として有名な養老渓谷がある。渓流沿いに進む滝巡りや、県下有数の温泉地でも知られ、マイナスイオンもたっぷり。自然に満ちあふれた町内ではタケノコ堀りも盛んで、里山料理の名店も多い。

小ネタ

天然ガス井戸発祥の地

県内で初めて天然ガス井戸が発見されたのが大多喜町。同町上原には、1891（明治24）年に醤油醸造業を営んでいた山崎屋太田卯八郎氏が掘り出した、水溶性天然ガスの発見を語り継ぐ石碑も。1931（昭和6）年には日本で最初の天然ガス供給会社が設立され、圧縮天然ガスが家々に明かりを灯した。大多喜駅前には、発祥の地を記念してレトロなガス塔が立つ。

ミニ情報　10万石の城下町として栄えてきた大多喜町。毎年10月に行われる「お城まつり」では、本多忠勝公一行に扮した武者行列が町を練り歩き、往時の華やかな戦国絵巻を堪能できる。

歩き方

城下町大多喜の史跡散策

まずは、いすみ鉄道大多喜駅を起点に、かつての本丸跡に復元された大多喜城へ。途中、城跡の大部分がある大多喜高校の敷地には、現存する唯一の遺構建造物・薬医門や、忠勝公が掘ったとされる大井戸もあるので見逃せない。駅前に戻り、城下町の面影を残す久保に出ると、大多喜藩の御用商人を務めた「渡辺家住宅」や、天明年間創業の豊乃鶴酒造などが点在。城下の南、本田忠勝の墓所がある良玄寺にも足を運んでみよう。

いすみ鉄道大多喜駅。道路を挟んで反対側に観光案内所がある

渓流沿いに続く散歩道で滝巡り

ハイキングに最適な養老渓谷への出発点となるのが、上総中野駅から車で約10分、名瀑・粟又の滝。養老川沿いには新緑や紅葉が楽しめる遊歩道が続き、滝を見下ろす展望台や、断崖がそそり立つ迫力満点の弘文洞跡も。観音橋付近には温泉旅館も多く、散策後にはのんびりと湯につかってみよう。

養老渓谷のハイキングロード

おさんぽプラン

① 大多喜城 (→P.254)
徒歩10分
② 大多喜城下町 (→P.254)
徒歩5分
いすみ鉄道デンタルサポート大多喜駅+
電車21分
いすみ鉄道上総中野駅+
バス15分
③ 養老渓谷（粟又の滝） (→P.252)

小ネタ
まずは大多喜町の観光案内所へ

いすみ鉄道大多喜駅の目の前にある観光案内所。資料も豊富で銘菓「最中十万石」なども販売。レンタサイクル（大人用、子供用）1台1日300円。電動アシスト自転車は1台1日500円。

●大多喜町観光本陣
住 大多喜町大多喜270-1
TEL 0470-80-1146
開 9:00～17:00
休 12/29～1/3

ふさの国だより

ハーブの町の伝統を引き継ぐ蒸留所

1987（昭和62）年、千葉県は大多喜に「千葉県薬草園」を開設。全国に3つしかない公立の薬用植物園のひとつで、のちに管理は町に移譲された。薬草園は2015（平成27）年に閉園となり、かつて500種もの薬用植物が栽培されていた薬草園跡地には、日本初の「オー・ド・ヴィー」の蒸留所がオープンし、薬草の町の伝統を引き継いでいる。園内で取れたハーブや果実などを原料に、発酵や蒸留技術を用いて蒸留酒や加工品を生産。ほかにはない特別な味わいだ。年に数回あるオープンデイには、施設見学やテイスティングを楽しみに遠方からやってくる常連客も多い。毎月「HONOR STAND（無人販売所）」が開かれ、敷地内の見学や加工品の購入もできる。

mitosaya薬草園蒸留所 MAP 別冊P.31-C2
（みとさややくそうえんじょうりゅうじょ）
住 大多喜町大多喜486
開 オープンデイの詳細は要確認を
P あり　交 いすみ鉄道大多喜駅から徒歩25分、または車で5分　URL mitosaya.com

HONOR STAND（無人販売）は月に数回、週末に開催

桜のアマーロ（リキュール）100mℓ1760円～

ミニ情報　夷隅地域には、6ヵ所でそれぞれ異なる日に市が立つ、「六斎市」と呼ばれる定期市がある。大多喜では、歴代大多喜城主の崇敬社として名高い夷隅神社にて、毎月5と10の付く日に素朴な朝市が開かれている。

小特集 見どころ多数の渓谷歩き

養老渓谷

ようろうけいこく

紅葉の時期にはたくさんの観光客が訪れる粟又の滝

大多喜町粟又から市原市朝生原まで続く、養老川沿いの渓谷。「紅葉の名所」として知られるほか、房総一の名瀑、房総最大の温泉郷を有する観光地だ。見どころは温泉郷周辺、粟又の滝周辺のふたつのエリアに分かれる。

MAP 別冊 P.30-B2
●養老渓谷駅前観光案内所
住 市原市朝生原 175-1
TEL 0436-96-0055　交 小湊鐵道養老渓谷駅から徒歩 1 分

観音様や洞窟跡を見よう　MAP 別冊 P.30-B3

温泉郷周辺

温泉郷周辺では地域ゆかりの寺院や洞窟跡を散策できる。養老渓谷駅から各スポットまで距離があるので、駅発の小湊鐵道バスで「粟又・ごりやくの湯」行きに乗って温泉郷入口で降りよう。バス停近くに観音橋があるので、そのまま周辺のスポットを巡るのがおすすめ。

観音橋

養老川に架かる朱色が美しい二連アーチ橋。春は桜、秋は紅葉が楽しめるフォトスポットで、養老渓谷の景勝地を集めた「養老八景」にも選ばれている。

出世観音（養老山立國寺）

源頼朝が鎌倉幕府を開く前に、ここで源氏の再起をかけて祈願したという話が残ることから「出世観音」と呼ばれる。開運、良縁成就の御利益もあるとされ「祈祷の名刹」といわれている。

弘文洞跡

こうぶんどうあと

川にトンネルを掘り、河川を短絡させる房総独特の工法「川廻し」によってできた洞窟跡。明治期頃に造られたもので、1979（昭和 54）年に天井が崩壊してしまい洞窟らしさはないものの、絶壁がそそり立つ姿は迫力があり現在も景勝地として人気。

向山共栄トンネル

改良工事によってもともとあったトンネルの下に新たにトンネルが造られ、不思議な「2 階建て」になった。撮影すると蛍光灯の関係で緑色に写り、雰囲気のある写真に。 → P.367

名瀑や各所の滝巡り MAP 別冊 P.31-C3

粟又の滝周辺

粟又の滝周辺は大小さまざまな滝が点在する滝の名所。小湊鐵道バス「粟又・ごりやくの湯」行きの「原ノ台」で下車すると、徒歩約5分で水月寺に着く。水月寺周辺には「滝めぐり遊歩道」が整備されているので、滝を見ながら歩こう。

遊歩道は平たんで歩きやすい舗装道路だが、道中に飛び石などもある。

水月寺（すいげつじ）

1384（至徳1）年に開創した禅宗の古刹。ツツジの名所として知られ、春には、住職が種から育てた約500本の木が花を付ける。

万代の滝（ばんだいのたき）

万代の滝は落差約10mで、岸壁を流れ落ちる雄大な姿が魅力。300mほど歩くと、落差8mの千代の滝もある。千代の滝は比較的小さめで、気づかず通り過ぎてしまう人もいるので注意。

粟又の滝（あわまたのたき）

MAP 別冊 P.31-C3

落差30m、全長100mと房総半島最大級の滝。「勢いよく落ちる」というよりは、ゆるやかな岩肌を流れ落ちるため優雅。せせらぎを聞きながら癒やされたい。夏は新緑、秋は紅葉と周りの木々と相まった景色も美しい。

滝見苑

粟又の滝近くにある一軒宿「滝見苑」。山の中で入る露天風呂は開放感抜群で、鳥の声を聞いて周辺の山々を眺めながらのんびりと入浴できるのがうれしい。

MAP 別冊 P.31-C3

住 大多喜町粟又5　TEL 0470-85-0101　交 小湊鐵道養老渓谷駅から粟又・ごりやくの湯行きバスで約15分、粟又橋下車、徒歩3分
IN 15:00　OUT 10:00（露天風呂付き客室11:00）　客室 33室　P あり

大多喜町のおもな見どころ

初代藩主は徳川四天王のひとり、大多喜藩の本拠地

大多喜城（おおたきじょう）

MAP 別冊P.31-C2

大原方面に向かういすみ鉄道が大多喜駅に到着する直前、夷隅川を渡る鉄橋から左前方を見ると山の上に復元された天守閣が見える。かつての大多喜藩の本拠地で、とても絵になる山城だ。特に桜の時期がすばらしい。

桜と城のコラボを楽しもう

大多喜城
住大多喜町大多喜481
TEL0470-82-3007
開見学自由
Pあり
交いすみ鉄道デンタルサポート大多喜駅から徒歩15分

商人の町大多喜を今に伝える

城下町（じょうかまち）

MAP 別冊P.31-D2

慶長年間に本多忠勝が城を築き伝承されてきた町並み。旧大多喜街道沿いには、国指定重要文化財の商家・渡辺家住宅や造り酒屋、旅籠など、商業の中心地として栄えた往時のたたずまいが変わらぬ雰囲気で残る。

城下町通り沿いにある渡辺家住宅。内部見学はできない

城下町
住大多喜町久保
TEL0470-80-1146
（大多喜町観光協会）
開散策自由
Pあり
交いすみ鉄道デンタルサポート大多喜駅から徒歩すぐ

房総鉄道の歴史を展示

房総中央鉄道館（ぼうそうちゅうおうてつどうかん）

MAP 別冊P.31-D2

いすみ鉄道の前身・国鉄木原線や外房線の駅名標や行先方向版など、約1000点を展示した鉄道資料館。館内には約500mのHOゲージやNゲージのジオラマ模型が完備され、手持ちの車両を持ち込んで走らせることもできる。

展示品はすべて館長のコレクション

房総中央鉄道館
住大多喜町久保102
TEL0470-82-5521
開土・日、10:00～15:30（最終入館15:00）
休月～金曜（祝日の場合は開館）
料大人200円、小学生100円
Pあり
交いすみ鉄道デンタルサポート大多喜駅から徒歩2分

ふさの国だより

房総の真ん中に徳川四天王見参！

1590（天正18）年、徳川家康が関東に移封になると、家康は配下の武将を各地に配置。そのなかで、家康の側近で数々の戦で武功を立て、幕府の基盤を作った徳川四天王と呼ばれる井伊直正、本多忠勝、榊原康政、酒井忠次の4将は要衝に置かれた。初代大多喜藩の藩主本多忠勝は武勇で知られた猛将だが、藩主としてもすぐれた人物で城下町大多喜の基礎を造った。領民にも好かれた忠勝は今でも町のアイドルで、各所に像などが飾られている。

大多喜駅に置かれている本多忠勝の像

ミニ情報 城下町通りには「大名とんかつ」で有名な人気店「とんかつ亭有家」がある。ヒレ肉が「大名」、ロース肉が「家老」、肩ロース肉が「旗本」と、城下町らしいネーミング。

山の斜面を覆うアジサイの名所

まめんばらこうげん
麻綿原高原

MAP 別冊P.37-C1

鴨川市とその面積を分け合う、標高340mにあるアジサイの名所。妙法生寺の境内が中心で、山の斜面を覆い尽くすともいわれるアジサイの数は約2万本。平地よりやや遅い7月上旬から中旬にかけて、見事な花を咲かせる。付近にいるヒメハルゼミの鳴き声は、環境庁選定の「日本の音風景100選」にも選ばれ、アジサイの時期には見事な蝉しぐれが鳴り響く。

斜面一面に広がるアジサイの絨毯は圧巻の眺め

麻綿原高原
住 大多喜町筒森地先
TEL 0470-80-1146
（大多喜町観光協会）
開 天拝園は見学自由
P あり
交 いすみ鉄道上総中野駅から車で30分

関東随一といわれるアジサイスポット

「アジサイ寺」と呼ばれる日蓮宗の寺院

みょうほうしょうじ
妙法生寺

MAP 別冊P.37-C1

麻綿原高原にある日蓮宗の寺院。1253（建長5）年、日蓮聖人が初めて「南無妙法蓮華経」という題目を唱えたことからその名が付いた。別名「アジサイ寺」とも呼ばれ、1951（昭和26）年に当時の住職が廃寺を再興して、アジサイの手植えをしたことに始まる。花の見頃は7月上旬～中旬で、7月第3日曜日には「そば供養」も催される。

日蓮聖人像がある天拝壇。周囲は深い森で遠くに水平線が見える

妙法生寺
住 大多喜町筒森1749
TEL 0470-80-1146
（大多喜町観光協会）
開 8:00～17:00（天拝園は散策自由）
P あり
交 いすみ鉄道上総中野駅から車で30分

アジサイを見に来た人もまず本堂に参拝しよう

田園風景に立つリラックスガーデン

おおたきはーぶがーでん
大多喜ハーブガーデン

MAP 別冊P.31-D2

総面積4500平方メートルの敷地に広がる、室内ガラスハウスを備えたハーブ農園。栽培品種は約200種で、さまざまな生態を、ありのままの姿で楽しめる。園内ではハーブ製品の加工も行われており、エッセンシャルオイルなどの販売も。ガーデンテラスでは、自社農園の摘みたてハーブをふんだんに使った食事がいただける。

ガラス張りのハウス内で多様なハーブが育てられている

大多喜ハーブガーデン
住 大多喜町小土呂2423
TEL 0470-82-5331
開 10:00～17:00（カフェは11:00～L.O.15:00、ドリンクL.O.15:30）
休 火曜（祝日の場合は営業）
料 無料
P あり
交 いすみ鉄道デンタルサポート大多喜駅から車で7分

牧歌的な雰囲気のガーデンによく合う木造の小屋

ミニ情報 大多喜ハーブガーデンでは、ハーブを活用した料理教室やボタニカルキャンドル作りなど、毎月多様なレッスンを開講している。事前に申し込みをしてから受講しよう。

エリアナビ 九十九里・銚子

全長 66km に及ぶ日本最大級の砂浜海岸、九十九里浜とその周辺エリア。
美しく広大な海では、サーフィンやジェットスキーなどのマリンレジャーが盛ん。
古社・古刹や花の名所など、地域の見どころを海と合わせて巡ってみよう。

犬吠埼灯台は全国でも数少ない登れる灯台で、太平洋の雄大な景色を一望できる

1 水揚げ量日本一の銚子港を擁する港町 銚子市

P.258 MAP 別冊 P.12・20~21

関東最東端に位置。白亜の灯台が立つ犬吠埼や、ローカル鉄道の銚子電鉄が人気だ。関東風の醤油発祥の地でもあり、二大醤油工場の見学も可能。

2 九十九里浜が始まる場所 旭市

P.266 MAP 別冊 P.12・19・20

屏風ケ浦の端にある刑部岬展望館からは、その先へ続く九十九里浜が見渡せる。丸干しイワシやいも豚などの地元の名物も味わいたい。

断崖絶壁が約 10km 続き、「東洋のドーバー」とも称される屏風ケ浦

江戸から明治までの約 300 年間、日蓮宗の学問所としてにぎわった飯高寺

3 日本有数の植木の町 匝瑳市

P.270 MAP 別冊 P.19

植木の生産が盛んで、栽培面積は日本最大。講堂や鐘楼が国の重要文化財となっている飯高寺や、絵画や茶道具を展示する松山庭園美術館がおもな見どころ。

4 歴史スポットや無形文化財が豊富 横芝光町

P.273 MAP 別冊 P.18-19

芝山古墳群や坂田城址、そして成田山新勝寺のご本尊が上陸したという尾垂ヶ浜がある。広済寺に伝わる「鬼来迎」は国内唯一の古典仏教劇。

太い枝の付け根から多数の枝がたれ下がる町原大銀杏は「乳銀杏」とも呼ばれる

5 豊かな自然とおいしい食材が魅力 山武市

P.274 MAP 別冊 P.18~19・26~27

高級木材の山武杉やイチゴの名産地で有名。歌人・伊藤左千夫の生家の隣に立つ歴史民俗資料館や、食虫植物を観察できる成東・東金食虫植物群落がある。

さまざまな湿地帯の植物が生育し、散策が楽しい成東・東金食虫植物群落

やりたいこと BEST 5

1. 九十九里浜でマリンレジャー三昧➡ P.132
2. 犬吠埼灯台から太平洋の絶景を眺める➡ P.260
3. 水揚量全国一の漁港で卸売市場を見学➡ P.262
4. 屏風ケ浦の断崖絶壁に圧倒される➡ P.264、267
5. 笠森観音で懸造りのお堂に参拝➡ P.87、289

7 徳川家康が鷹狩に訪れた 東金市

P.280 MAP 別冊 P.18・26

江戸時代に御成街道が整備され、宿場町と問屋街が形成された場所。桜の名所八鶴湖や、県内有数のブドウの産地、東金ぶどう郷があることで知られる。

東金ぶどう郷では8月上旬～9月下旬に9ヵ所ある農園でブドウ狩りができる

6 『智恵子抄』の舞台となった 九十九里町・大網白里市

P.276 MAP 別冊 P.25・26~27

九十九里浜の中央やや南寄りに位置。江戸時代からイワシの地曳網漁が盛んで、明治時代に行楽・別荘地とされて多くの文人や画家が訪れた。

水平線から悠々と昇ってくる片貝海岸から見る日の出はまさに絶景

9 九十九里浜最南端の町 一宮町

P.284 MAP 別冊 P.32

町名は玉前神社が上総国一宮であることに由来。サーファー憧れの釣ヶ崎海岸は東京2020オリンピックのサーフィン会場になった。

源頼朝が妻政子の安産を祈願したといわれる玉前神社は人気のパワースポット

8 豊富な産物や温泉が魅力の 白子町・長生村

P.282 MAP 別冊 P.26

九十九里浜の南部に位置し、温泉が湧く白子町は、地引網発祥の地としても知られる。長生村は県内唯一の村。農業が盛んでブランド農作物が人気だ。

白子温泉の湯は薄い黄色をしており「黄金の湯」とも呼ばれている

10 寺院や遺跡、花の名所など見どころ豊富なエリア 長柄町・長南町・睦沢町

P.286 MAP 別冊 P.25・31・32

県のほぼ中央の内陸部にある3つの町。山がちで豊かな自然が残され、歴史あるスポットも多い。アウトドアリゾートのリソルの森、懸造りのお堂で有名な笠森観音などがある。

長南町の野見金公園は桜やアジサイなどの花の名所

11 九十九里エリアの南部を代表する町 茂原市

P.290 MAP 別冊 P.25・26

日蓮宗の本山など由緒ある寺院があり、戦時中の格納庫、掩体壕の現存数が国内最多。関東三大七夕祭りのひとつ、「茂原七夕まつり」が開催されることでも知られる。

3000本近い桜が植えられ「さくら名所100選の地」にも選出されている茂原公園

関東最東端に位置する漁港と醤油の町

銚子市（ちょうしし）

人　口：約6万4000人（24位）
面　積：84.2㎢（25位）

銚子ポートタワーから見る銚子漁港と利根川の河口

市章

中心は朝日をイメージ。朝日とともに力強く発展する銚子市を表している。

小ネタ

醤油の町・銚子だからこそ！

地元の飲食店には、2種類の醤油が用意されているのをよく見かけるが、これは市内を代表する醤油の2大蔵元「ヤマサ」と「ヒゲタ」製。駅や公共施設にあるベンチのロゴマークが、両社揃って並ぶのも必見だ。醤油発祥の地ならではのユニークな光景をぜひ探してみよう。

銚子電鉄の外川駅にあるベンチ

銚子市への行き方

東京駅 — JR特急しおさい（所要約1時間50分）— 銚子駅

東京駅 — 京成バス・千葉交通（所要2時間20〜40分）— 銚子駅

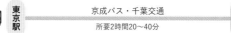

太平洋と利根川に三方を囲まれた銚子。君ケ浜から犬吠埼、屏風ケ浦にいたる海岸線には、美しい砂浜や、スリリングな断崖絶壁の岬などがあり、雄大な自然が楽しめる。全国屈指の水揚げを誇る銚子漁港は、親潮と黒潮がぶつかる好漁場に恵まれ、沖合漁業や沿岸漁業の拠点として、全国の漁船が集結する漁港だ。江戸時代には、利根川の大規模治水事業で江戸と銚子が結ばれ、水運によって栄えた醤油の町でもある。温暖多湿な気候が、醤油造りに必要な「麹菌」を働かせ、江戸っ子の食文化を変えたという濃口醤油を生み出した。市の繁華街は、かつての飯沼山 圓福寺（飯沼観音）巡礼の門前町が起源とされる。艶やかな朱色の仁王門に、今も当時の面影が残る。

ミニ情報 漁師町・銚子の伝統工芸品のひとつに「萬祝式大漁旗」がある。江戸時代から続く大漁祝いの漁師の晴れ着「萬祝着」から発祥したもので、その当時の染色技法で今も手染めされている。

歩き方

全国トップクラスの水揚げを誇る銚子漁港

銚子電鉄に揺られて港町と自然を堪能

町歩きはJR銚子駅を起点に港へ向かってスタート。北に約10分歩けば、漁船が係留される銚子漁港に出る。マグロの水揚げを行う第一卸売市場では、活気にあふれた光景を見ることができる。水揚げ時は予約なしで施設内を見学することもできるのでおすすめだ。周辺にはその日取れた、鮮度抜群の地魚が味わえる食事処も立ち並び、人気店には行列もできるので、早めに訪れたい。

銚子漁港近く、坂東三十三所観音巡礼の札所として知られる飯沼山 圓福寺（飯沼観音）を巡ったら、銚子のシンボル・白亜の灯台を目指して銚子電鉄で犬吠駅へ。灯台に登ったあとは、海沿いの遊歩道まで足を運んで、不思議な奇岩を間近に見るのもおすすめ。犬吠埼を堪能したら、市内でいちばん高い愛宕山山頂にある、地球の丸く見える丘展望館に登り、見事な大パノラマの風景を望みに行こう。

江戸時代から繁栄した外川漁港を目指す

愛宕山から道なりに下ると、江戸時代に開かれた漁村、外川の町中に入る。碁盤目状に区画整備された街路は、どの通りからも海が見えるという、漁師町ならではの見通しのよさでわかりやすい。

銚子電鉄の終点にあたる外川駅では、昔ながらのレトロな風景が迎えてくれる。1923（大正12）年の開業時そのままの古風な木造駅舎には、手書きの時刻表や木製ベンチ、裸電球の照明などが備わり、風情ある鉄道情緒を味わうことができる。1950（昭和25）年に製造された展示車両「デハ801」もお見逃しなく。

おさんぽプラン

①JR銚子駅
↓ 徒歩20分
②銚子漁港・第一卸売市場 （→P.262）
↓ 徒歩5分
③飯沼山 圓福寺 （→P.262）
↓ 徒歩3分 銚子電鉄観音駅＋銚子電鉄16分 犬吠埼駅＋徒歩7分
④犬吠埼灯台 （→P.260）
↓ 徒歩20分
⑤地球の丸く見える丘展望館 （→P.261）
↓ 徒歩15分
⑥銚子電鉄・外川駅 （→P.45）

小ネタ
幻のメロン！？
銚子産のアムスメロン
銚子のアムスメロンは、濃厚な甘みと香りが特徴で、糖度16度以上の甘〜いメロン。生産量が少ないため、市外に出回りにくく、販売期間が6〜7月と短いので幻のメロンと称されているほど。

小ネタ
銚子電鉄の外川駅はロケ地にも
銚子電鉄の終点である外川駅は、木造平屋建てのレトロな駅舎。NHKの連続テレビ小説『澪つくし』や『帰ってきた時効警察』など、数々のロケ地にもなっている。

ふさの国だより

日本一早い初日の出が拝めるエリア

銚子の最東端に位置する犬吠埼。山頂や離島を除けば、日本で一番早く初日の出を迎えるスポットだ。北海道など、銚子より東に位置する場所はたくさんあるが、冬の間は高緯度になるにつれ日の出の時間も遅くなる。その結果、北海道最東端の納沙布（のさっぷ）岬より、犬吠埼のほうが数分早く日の出が見られるのだ。銚子電鉄では毎年、初日の出に合わせて臨時列車を運行。元旦には、犬吠埼周辺の水平線から昇る日の出を拝んで、1年の願掛けをしてみよう。

犬吠埼
TEL 0479-24-8707（銚子市観光商工課）

犬吠埼灯台から見る日の出

ミニ情報　銚子市の伝統工芸品「銚子ちぢみ」は江戸時代から伝わる伝承織物。生地の丈夫さと肌触りのよさが特徴で、漁師の家の婦女子が出漁の安泰、豊漁を祈って作ったのが始まりとされる。

銚子のおもな見どころ

断崖絶壁の岬にそびえる白亜の塔

犬吠埼灯台（いぬぼうさきとうだい）

MAP 別冊P.21-D2

関東最東端の岬、犬吠埼に立つ歴史ある灯台。1874（明治7）年、英国人技師リチャード・ヘンリー・ブラントンの設計により建てられた、和製れんが造りの美しい西洋型第一等灯台だ。地上から塔頂までは高さ31.3mあり、内径1.8mのレンズからは、約36km先の沖まで光を届ける。「世界灯台100選」にも選ばれ、2010（平成22）年には国の登録有形文化財に指定された。全国に16基ある「のぼれる灯台」のひとつとして、すばらしい眺望が楽しめる。

99段の螺旋階段を上りきった展望台から望む雄大な太平洋

銚子の海景色を一望する絶景テラス

犬吠テラステラス（いぬぼうてらすてらす）

MAP 別冊P.21-D2

犬吠埼灯台のすぐ近くにある複合商業施設。太平洋を一望できる展望テラスや、地元産の農産物や特産品を集めたセレクトショップ、見晴らしのいいカフェなどが集まる。

2階のショップにはいろいろな灯台グッズが並ぶ

願いをかなえてくれるという観音様

犬吠埼観音 満願寺（いぬぼうさきかんのんまんがんじ）

MAP 別冊P.21-D2

巡礼の開祖・徳道上人の伝統を受けつぎ、四国八十八ヵ所・百観音を奉って開祖された寺院。日本でいちばん早くご来光を受ける観音様として、出世・開運の御利益があるとされる。

本堂前には諸国霊場の仏足跡があり身体健全などの願いを込めてお砂踏みができる

犬吠埼灯台

住 銚子市犬吠埼9576
TEL 0479-25-8239
開 8:30～16:00（3～9月は～17：00）
休 無休（荒天時ほか臨時休館あり）
料 参観寄付金大人300円
P あり
交 銚子電鉄犬吠駅から徒歩7分

灯台の入口のたたずまいに歴史を感じる

幸せをよぶ白いポストから手紙を出してみるのも◎

犬吠テラステラス

住 銚子市犬吠埼9575
TEL 0120-25-1240
営 10:00～17:00（夏季は～18：00）
休 無休（一部店舗により異なる）
P あり
交 銚子電鉄犬吠駅から徒歩7分

1階にはほかにベーカリーや銚子ジオパークの案内所も

犬吠埼観音 満願寺

住 銚子市天王台9822－1
TEL 0479-24-8416
開 8:00～17:00（11～2月は～16:30）
休 無休
料 拝観無料　P あり
交 銚子電鉄犬吠駅から徒歩5分

189ヵ所のお寺を参拝したのと同じ御利益があるという

ミニ情報　犬吠埼灯台の17分の1の身長のゆるキャラが「ちょーぴー」だ。全国有数のキャベツ産地である銚子のキャベツ畑で生まれ、体重はキャベツ70個分。市内を巡れば発見できるかも。

360度中330度を海が占める眺望

地球の丸く見える丘展望館

MAP 別冊P.21-D2

市内で最も高い場所、標高73.6mの愛宕山山頂に立つ展望館。海抜90mの展望スペースからは地球（銚子）の大パノラマを一望できる。視界を遮るものがないため、視界360度のうち、330度が水平線で、北は鹿島灘、南西に屏風ケ浦、晴れた日には、富士山まで望める。館内には喫茶コーナーも併設。水平線を見ながらひと息入れよう。

その名のとおり地球の丸さを実感できる展望台。水平線に沈む夕景も格別

地球の丸く見える丘展望館
住 銚子市天王台1421-1
TEL 0479-25-0930
開 9:00～最終入館17:00（4～9月は～最終入館18:00）
休 無休
料 大人420円、小・中学生200円
P あり
交 銚子電鉄犬吠駅から徒歩15分

曲線で構成された建物のデザインも一見の価値あり

豪快な海と灯台を望む絶景スポット

君ヶ浜しおさい公園

MAP 別冊P.21-D2

犬吠埼から海鹿島にいたる約1km続く君ヶ浜を整備した海岸公園。公園の名前となった君ヶ浜は、「日本の渚100選」にも選ばれる、有名な景勝地。白砂青松の美しい浜と、迫力ある荒波の太平洋の景色が印象的で、間近に犬吠埼灯台を望める浜は、撮影スポットとしても人気だ。周辺には君ヶ浜を愛した文人の文学碑も立つ。

砂浜にはハマヒルガオなど、さまざまな海浜植物が自生している

君ヶ浜しおさい公園
住 銚子市君ケ浜
TEL 0479-24-8707（銚子市役所観光商工課）
開 見学自由
P あり
交 銚子電鉄君ケ浜駅から徒歩5分

園内を散策して、野鳥や海鳥探しを楽しむのもよい

戦国武将が頼りにしたパワースポット

猿田神社

MAP 別冊P.20-B1

平安時代（807年）に創建された歴史のある古社。猿田彦人神・天鈿目命・菊理媛命が祀られ、三間社流造りによる本殿は県指定の有形文化財だ。鎌倉時代の源頼朝やかつての戦国武将の戦勝祈願の場とされ、今もなお道を切り開く神様として、多くの参拝者を集める。境内を囲む森は、県の天然記念物に指定されている。

裏参道からすぐの元宮は、ご祭神が降臨したとされる強力なパワースポット

猿田神社
住 銚子市猿田町1677
TEL 0479-33-0362
開 参拝自由
P あり
交 JR猿田駅から徒歩5分

小ネタ
明治時代の鉄道遺産
参道に架かる赤れんがの「先神橋」は、総武本線の跨線橋になっている。鉄道線路が猿田神社の参道を横切るため、総武本線の前身、総武鉄道が1898（明治31）年に建造して神社に寄進した。

ミニ情報 醤油の町・銚子ではぬれ煎餅が名物。「ぬれせん」発祥の店・柏屋では、賞味期限58秒のぬれ煎餅を販売しているほか、銚子電鉄沿線には「ぬれ煎餅駅」というおみやげ店がある。

漁港が一望できるツインタワー

ちょうしぽーとたわー／うおっせにじゅういち

銚子ポートタワー／ウオッセ21

MAP 別冊P.21-D1

銚子漁港の入口に立つ、銚子のランドマーク。高さ57.7mのツインタワー構造で、3・4階の展望室からは、漁船の水揚げ風景を見ることができる。ポートタワーに隣接された「ウオッセ21」は、銚子港で水揚げされた鮮魚や加工品など、地元の名産品を豊富に揃えた即売所。2階のシーフードレストランでは新鮮な魚料理が味わえる。

ポートタワーでは観光情報も手に入る。ウオッセ21とは連絡橋でつながっている

マグロの水揚げを行う拠点

ちょうしぎょこう・だいいちおろしうりいちば

銚子漁港・第一卸売市場

MAP 別冊P.21-D1

全国有数の大規模な港にある3つの卸売市場のなかでも、おもにマグロ類など、迫力ある大型魚を扱うのが第一卸売市場だ。活気にあふれる市場の上層階には回廊が設けられ、水揚げ時には予約なしで競りの様子が見学できる。見学後は、漁協直営の食事処で、当日朝に揚がったばかりの魚介を使った新鮮な海の幸を味わおう。

100キロ級のメバチマグロなどが並ぶ様は壮観

港町で信仰される"観音様"

いいぬまさんえんぷくじ

飯沼山 圓福寺

MAP 別冊P.21-D1

728（神亀5）年、地元の漁師が網ですくい上げた十一面観世音菩薩を本尊とする真言密教の古刹。坂東三十三観音霊場の第二十七番札所であり、本尊は飯沼観音と呼ばれ、市内の繁華街は観音巡礼の門前町として発展した。奈良時代から法灯がつながれるほど、古くから漁師や市民の支えとして、あつい信仰を集めている。

本尊のある観音堂のほか、高さ33.55mで県内唯一の五重塔もある

銚子ポートタワー

住 銚子市川口町2-6385-267
TEL 0479-24-9500
開 8:30～最終入場17:00（4～9月の土・日曜、祝日と8月は最終入場18:00） 休 木曜 料 入場420円
P あり 交 JR銚子駅から川口・ポートセンター行きバスで20分、終点下車すぐ

ウオッセ21

住 銚子市川口町2-6529-34
TEL 0479-25-4500
開 8:30～17:00
休 無休 P あり 交 JR銚子駅から川口・ポートセンター行きバスで20分、終点下車すぐ

ウォッセ21には漁港直送の新鮮な魚が並ぶ

銚子漁港・第一卸売市場

住 銚子市新生町1-36-12
TEL 0479-22-3200（銚子市漁業協同組合）
開 8:00～11:30（平日で水揚げがない場合は施設のみの見学）
休 日・祝日 P あり
交 銚子電鉄観音駅から徒歩8分
※2022年10月現在、市場見学は休止中。

日本でも有数の漁港に停泊する漁船

飯沼山 圓福寺

住 銚子市馬場町1-1
TEL 0479-22-1741
開 境内自由（観音堂の参拝は6:00～17：00）
P あり
交 銚子電鉄観音駅から徒歩3分

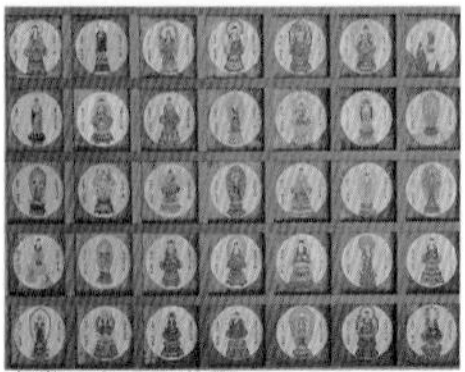

本堂にある天井画

ミニ情報 銚子ポートタワー脇にある小さな崖は、1690万～1650万年前に海の底に堆積した「夫婦ケ鼻（めどがはな）地層（→P.265）」。漁港の改修工事などを経て現在はここでしか見ることができず、貴重な地層だ。

話題性抜群のローカル鉄道

銚子電鉄（ちょうしでんてつ）

MAP 別冊P.21-C1

銚子駅と昔の漁村のたたずまいが残る外川町を結ぶ6.4kmの路線。名前からわかるように、電化された鉄道だ。歴史は古く、会社が設立されたのは1922（大正11）年。現在にいたるまで何度も廃線の危機にさらされてきたが、いくつもの会社や自治体、そして鉄道ファンに支えられて運行が続いている。駅の数は全部で10。のどかな風景に癒やされる所要22分の鉄道旅行だ。

キャベツ畑ののどかな風景のなかを進む2両編成の電車

銚子電鉄
住 銚子市新生町2-297
TEL 0479-22-0399（仲ノ町駅）
開 5:30～22:00
休 無休　料 銚子～外川350円、1日券700円　P なし
交 JR銚子駅2番線プラットホームに隣接

終点外川駅の駅舎。レトロな感じがいい雰囲気を醸し出す

外川駅には、1950（昭和25）年製造のデハ801も保存

“銚子の妙見様”として知られる藤寺

妙見宮 妙福寺（みょうけんぐうみょうふくじ）

MAP 別冊P.21-C1

1314（正和3）年に創建された日蓮宗の寺。妙見宮には、開運を司る北辰妙見大菩薩を祀る。境内には樹齢800年、花房2mに及ぶ大藤棚があり、古木「臥龍の藤」が彩る。

春は見事な藤を見学に来る人でにぎわう。境内で毎月行われる滝行も有名

妙見宮 妙福寺
住 銚子市妙見町1465
TEL 0479-22-0650
開休料 参拝自由　P なし
交 JR銚子駅から徒歩5分

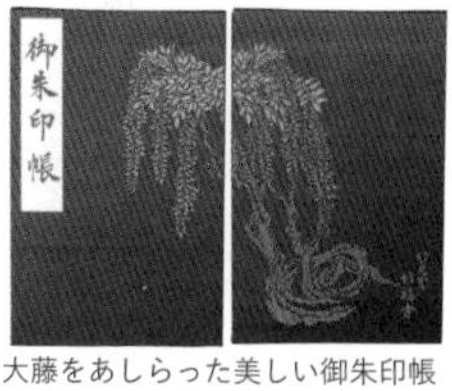

大藤をあしらった美しい御朱印帳

銚子と茨城をつなぐ重要な橋

銚子大橋（ちょうしおおはし）

MAP 別冊P.21-C1

利根川の河口に架かる、銚子市と茨城県神栖市を結ぶ橋長1203mの橋。1962（昭和37）年に開通し、地域の発展を担ってきた。現在は国道124号の道路橋になっている。

交通量の増大とともに架け替えされ、2010（平成22）年に2代目が開通した

銚子大橋
住 銚子市大橋町
TEL 0479-24-8707（銚子市観光商工課）　開 通行自由　P なし
交 JR銚子駅から徒歩15分

夕景も美しい橋のシルエット

ミニ情報　銚子マリーナ駐車場脇にある「銚子海洋研究所」では、クルーズ船に乗って野生のイルカやクジラを観察できるツアーを実施している。事前に申し込みして、参加してみよう。（→P.135）

小特集 銚子で出合う地球の歴史

銚子ジオパーク

この標識が目印

「銚子ジオパーク」は、銚子市全体を公園に見立て、地質学的な見どころである「ジオサイト」や醤油の町の歴史的なスポット、日本一の水揚げを誇る漁港など、市内各地の見どころ巡って「銚子」という土地を旅し、楽しむことを目的に設定された。

屏風ケ浦には崖に沿って遊歩道が備えられている

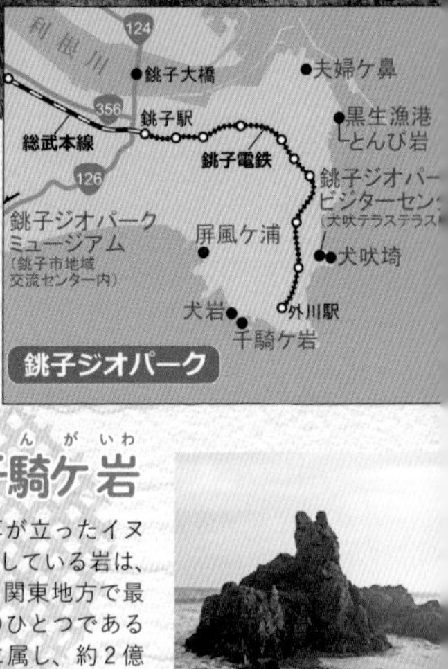

銚子のジオサイトを巡る

「ジオ」とは「地球」や「土地」を意味する英語。さまざまなスポットがある「ジオパーク」のなかで、特に注目したいのが地球の歴史を目の当たりできる「ジオサイト」だ。

関東地方最古の地層が露出している銚子では、およそ2億年前のジュラ紀から数万年前までの第4紀（更新世）の頃までと幅広い地質年代から地球の記録を追うことができる。

地殻変動の証拠が目の前に

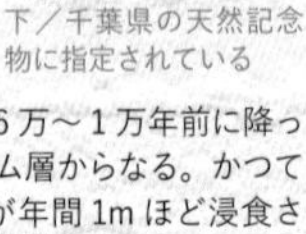

上／地層のずれである断層がよくわかる
下／千葉県の天然記念物に指定されている

屏風ケ浦 → P.267

太平洋に面して長さは約10㎞、最高55mにもなる断崖。そのダイナミックな景観はジオサイトのハイライトだ。約300万年～40万年前に海底に堆積した地層（犬吠層群）、その後すこし時間をおいてから約10数万年前に海底に堆積した地層（香取層）、そして最上部は約6万～1万年前に降った火山灰によってできた関東ローム層からなる。かつては太平洋の荒波に削られ、海岸が年間1mほど浸食されていたが、1966（昭和41）年に消波堤が設置され浸食の進行は抑えられるようになった。

犬岩·千騎ケ岩（いぬいわ・せんがいわ）

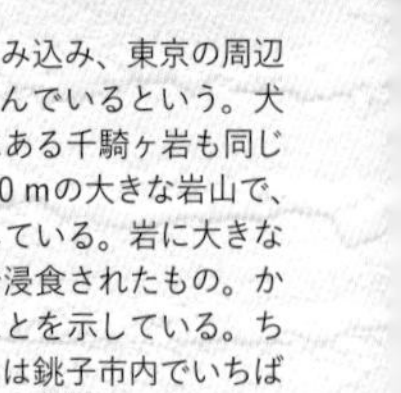

文字どおり耳が立ったイヌのような姿をしている岩は、千葉県最古、関東地方で最も古い地層のひとつである愛宕山層群に属し、約2億年～1.5億年前のジュラ紀のものとされている。この地層は、銚子から西に向かって沈み込み、東京の周辺では地下約3000mまで潜り込んでいるという。犬岩から外川漁港に向かう途中にある千騎ヶ岩も同じ地層。高さ約18m、周囲約400mの大きな岩山で、外川漁港の防波堤の一部と接している。岩に大きな穴が空いているが、これは波で浸食されたもの。かつて海面がこの位置にあったことを示している。ちなみに「愛宕山層群」の愛宕山は銚子市内でいちばん高い場所で、現在その頂上に地球の丸く見える丘展望館（→ P.261）が立っている。

上／太平洋の荒波で造られた波の花が犬岩を囲む
下／千葉県の天然記念物に指定されている

犬吠埼

印象的な白い灯台が立つ犬吠埼は、地質学的にも極めて興味深いスポットだ。このあたりは約１億2000万年前、地上に恐竜が繁栄していた白亜紀の地層。灯台の南側、犬吠テラステラス前の広場から海岸に下りる遊歩道を歩いていくと、銚子を北限とする植物「イソギク」が繁茂し、海岸は板状になった地層が重なった「砂岩泥岩互層」といわれる特徴的な地形が観察できる。遊歩道の終点には「犬吠埼の白亜紀浅海堆積物」と書かれた石碑が立つ。むき出しの岩壁から、白亜紀の生物の痕跡や化石が発見された貴重な場所で、国指定の天然記念物となっている。太平洋の荒波が岩に打ち付けるドラマチックな光景も見もの。

上／白亜紀の浅い海底の様子がわかる国指定の天然記念物
下左／砂岩層（凸部）と泥岩（凹部）が繰り返し重なってできた砂岩泥岩互層
下右／東映の映画のオープニングシーンに登場するのがここ

黒生漁港～海鹿島海岸

銚子漁港の南に延びる海岸線の周辺には、ジュラ紀の愛宕山層群の岩石である「黒生チャート」が露出しているところがあるが、いちばん特徴的なのは、料理屋「一山いけす」の駐車場の横にある「とんび岩」。一見朽ちたコンクリートの塊に見えるが、白亜紀の礫岩であり、近づいてみると細かい石が固まっているのがわかる。これは日本列島が形成され始めたころ（約2000万年前）に噴火した溶岩が固まってできたもの。

トンビの頭のように見えるのでこの名前が付いた

夫婦ケ鼻

銚子ポートタワーの足元にあって、壁面が露出した岩は今から約1650万年前に数100ｍの深さから隆起してできた、かつての銚子半島の先端部。夫婦ケ鼻と呼ばれ、かつてはここから南へ連なる約1.5kmの海岸線があった。

岩自体は草に覆われ目立たないが、標識があるのでわかる。見上げると頭上には銚子ポートタワー

犬吠テラステラスの１階にある

銚子ジオパークビジターセンター

犬吠テラステラスの一角にある案内所。気軽に訪れてみて。

MAP 別冊 P.21-D2
住 銚子市犬吠埼 9575-2（犬吠テラステラス内） TEL 0479-26-4328
開 10:00 ～ 16:00 休 無休 P あり

上／ジオパーク・芸術センターの一角にある　左／銚子で発掘されたアンモナイトの化石

銚子ジオパークミュージアム

廃校となった校舎を利用した展示施設。銚子の町の成り立ちやジオサイトで発掘された化石や考古学の資料がわかりやすく展示されている。

MAP 別冊 P.20-B2
住 銚子市八木町 1777-1（銚子市ジオパーク・芸術センター） TEL 0479-21-6667
開 9:00 ～ 17:00 休 月曜・祝日 P あり

江戸時代の干拓を物語る豊かな土地

旭市（あさひし）

人　口：約6万7000人（23位）
面　積：130.5㎢（12位）

刑部岬から見る旭市飯岡漁港。遠くに延びる海岸線が九十九里浜だ

市章

旭の頭文字「a」をモチーフに、活力ある健康都市をイメージしたもの。

旭市への行き方

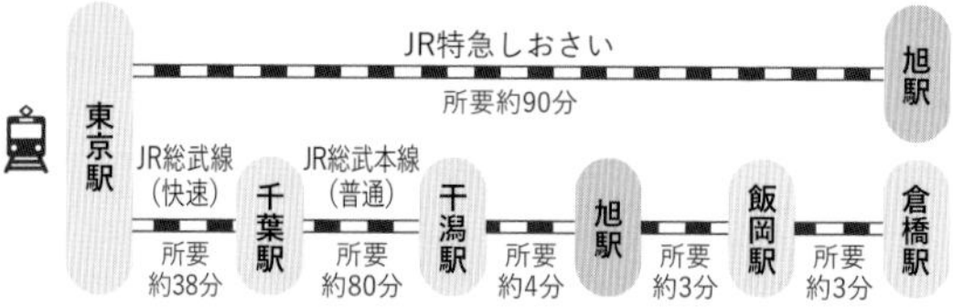

九十九里浜から北総台地まで広がる旭市。北部の「干潟八万石」は、江戸時代に湖（椿海）だったところを干拓して造られた大穀倉地帯だ。幕末に農業改革に尽くした大原幽学ゆかりの町は、稲作、野菜、畜産が盛んで、農業生産額は県内トップクラス。銚子漁港に次ぐ漁獲量の飯岡漁港では、伝統的な丸干しイワシ作りが今も受け継がれている。飯岡周辺では、浪曲や講談で名高い『天保水滸伝』の足跡をたどる聖地巡りや、自然が生み出した屏風ケ浦の絶景も外せない。また、神楽が盛んな旭市には、3つの伝統行事があり、江戸時代から続く、鎌数神楽など、古式ゆかしい演舞が継承されている。

小ネタ

『天保水滸伝』の聖地巡り

江戸末期に浪曲や講談で語り継がれた『天保水滸伝』は、漁業振興に努めた飯岡助五郎と、権力を争った笹川繁蔵の対立を描いた物語。舞台は千葉県の東総地域（旭市・銚子市・匝瑳市など）。主役の飯岡助五郎の墓がある光台寺や、笹川繁蔵の首塚がある定慶寺などを訪れて、旭市に点在する任侠物語をたどろう。

ミニ情報　旭の地名は、朝日将軍と呼ばれた戦国武将・木曽義仲の子孫で、この地に網戸城を建設し、領民に慕われた義昌公を、のちに京都の歌人・野々口隆正が、義昌公の旧跡を訪ねた際に詠んだ和歌からとったとされる（「信↗

歩き方

椿海干拓地周辺を中心に歴史や絶景を巡る

まずは旭市の西側、JR干潟駅から国道126号を東に行くと、鎌数伊勢大神宮が鎮座する。ここは困難とされた近世初めにこの地にあった湖、椿海（つばきのうみ）の干拓事業を成功させたご祭神を祀る神社だ。寺から車で20分圏内には、木曽義昌公が建てた網戸城跡に建つ東漸寺もある。市の北部へ行けば、「農業協同組合の父」として偉業をとげた、大原幽学の活動本拠地が史跡公園となっており、歴史散策の場としてもおすすめだ。周辺に広がる広大な農地が「干潟八万石」。ぜひ高台から美しい田園風景を見てみよう。

旭市の東、JR飯岡駅の北にある龍福寺では、学術的にも価値が高い周囲の森も外せない。また海沿いには景観スポットが充実し、屏風ケ浦の西端、飯岡刑部岬展望館から見る太平洋はまさに絶景。日本の夜景遺産などにも認定された、大パノラマを体験できる。

国道126号に面して立つ鎌数伊勢大神宮の鳥居

おさんぽプラン

① 鎌数伊勢大神宮 (→P.269)
車15分
② 長禅寺 (→P.268)
車25分
③ 大原幽学遺跡史跡公園・記念館 (→P.269)
車20分
④ 龍福寺 (→P.268)
車20分
⑤ 飯岡刑部岬展望館 (→P.268)

小ネタ

干潟八万石の誕生

旭市、匝瑳市、東庄町にまたがる約5100ヘクタールの敷地は、江戸時代の1670（寛文10）年の干拓により湖（椿海）から農地へと姿を変え、「干潟八万石」と呼ばれるように。当時、人口の増加に対し十分な農地がなかったが、この干拓を完成することにより広大な農地を得た。

旭市のおもな見どころ

「東洋のドーバー」とも呼ばれる名勝

屏風ケ浦（びょうぶがうら）

MAP 別冊P.20-B2

銚子半島南西側の海岸線には、約10kmにも及ぶ絶壁が屏風のようにそそり立つ屏風ケ浦がある。海抜40～50mの雄大なスケールの崖は、下総台地が長い時間をかけて海水に浸食され、形成された自然地形。さまざまな時代の3つの地層が堆積しているのが特徴で、下部の飯岡層は約300万年～100万年前に深海で堆積したものであり、最上部の関東ローム層は約10万年前に浅海に降り積もったものだ。その自然美は江戸時代には庶民にも愛され、利根川水運を利用した遊覧旅行や、東国三社参りのついでに訪れる人も多く、歌川広重の浮世絵『六十余州名所図会』にも描かれている。イギリスとフランスの間にある、ドーバー海峡の白壁に匹敵する美しさといわれることから、「東洋のドーバー」とも呼ばれている。

国の天然記念物にも指定されている。千葉きっての名勝

屏風ケ浦
住 旭市下永井
TEL 0479-62-5338（旭市観光商工課） 開 散策自由 P あり
交 JR旭駅から銚子双葉町行きバスで20分、下永井下車、徒歩10分

濃より いづる旭をしたいきて 東の国に あととどめけむ」)。毎年、旭市の七夕市民祭りで披露される武者行列は、義昌公をしのぶもので地元民に今も敬愛されている。

九十九里浜が一望できる展望施設

あさひしいいおかぎょうぶみさきてんぼうかんひかりとかぜ
旭市飯岡刑部岬展望館～光と風～

MAP 別冊P.20-B2

屏風ケ浦の西端、刑部岬の上永井公園内に立つ展望館。標高約60mの断崖絶壁に立つ施設の崖下には、飯岡漁港が広がり、3階の展望デッキから望む、弓なりに続く九十九里浜の景色は圧巻だ。古くから夕日や夜景の名所としても知られ、その美しさは「日本の夕陽百選」や「日本の夜景100選」にも認定されている。好条件が揃えば、遠くにそびえ立つ富士山も眺められる。

3階の「光と風のデッキ」から見る旭市市街地

旭市飯岡刑部岬展望館～光と風～
住旭市上永井1309-1
TEL0479-57-1181
開9:00～17:00（3階展望デッキは終日利用可）
休月曜（祝日の場合は翌日）
料無料　Pあり
交JR旭駅から銚子行きバスで灯台入口下車、徒歩10分

展望館と飯岡灯台

断崖絶壁の刑部岬

縁結びで信仰される明王

ちょうぜんじ
長禅寺

MAP 別冊P.20-A2

1401（応永8）年創建の真言宗智山派の寺院。本尊の愛染明王像は、寄木造りの見事な彫刻で、市の有形文化財に指定。男女の縁結びの仏様としても信仰を集めている。

本堂欄間彫刻の龍が飛天する「龍雲」は必見

長禅寺
住旭市野中2042
TEL0479-62-0667
開境内自由　Pあり
交JR旭駅から道の駅季楽里あさひ行きバスで矢指小学校前下車、徒歩10分

小ネタ
書置きの御朱印
本堂左手の客殿にていただける御朱印（書き置き）は、本尊の愛染明王像の写真付きだ。

県の天然記念物の森をもつ寺院

りゅうふくじ
龍福寺

MAP 別冊P.20-B1

不動明王像とその使いである制多迦、矜羯羅を祀る古刹。背後に広がる龍福寺の森は、県指定の天然記念物であり、生態学上貴重な植物が集まっている。また、境内の新緑や紅葉もすばらしい。

堂々とした龍福寺の山門。境内では岩場の湧水が滝になって流れる

龍福寺
住旭市岩井120
TEL0479-55-3021
開境内自由　Pあり
交JR飯岡駅から海上ルートバスで、岩井不動下下車、徒歩5分

千年以上流れる金剛の滝

ミニ情報　九十九里海岸沿いにある「いいおか潮騒ホテル」の1階東側には、東日本大震災の記憶を後世へと伝える旭市防災資料館がある。震災記録や防災に関するビデオ上映のほか、写真や実物資料もある。

干拓事業を記念した「旭のお伊勢様」

かまかずいせだいじんぐう
鎌数伊勢大神宮

MAP 別冊P.20-A1

1671（寛文11）年に、干潟八万石総鎮守として創建された神明社。伊勢神宮の分霊であるご祭神は、椿海干拓事業を成功させたという逸話から、五穀豊穣や事業成功の神としてあつく信仰されている。毎年3月27・28日の祭礼で演じられる鎌数神楽（県無形文化財）は、1756（宝暦6）年から、途絶えることなく続けられている。

拝殿横には、落花生栽培を広めた、金谷惣蔵の功績を称える落花生の碑が立つ

鎌数伊勢大神宮
住旭市鎌数4314
TEL0479-62-1982
開境内自由　Pあり
交JR干潟駅から徒歩20分

小ネタ
えんたいごう
今も残る掩体壕
鎌数伊勢大神宮の裏手には、旧海軍香取航空隊基地の掩体壕（格納庫）がある。第2次世界大戦中、敵の空襲から飛行機を守るために基地周辺に25基が造成され、多くは取り壊されたが、旭市には唯一この1基が残存する。

今は倉庫として使われている

農業協同組合の先駆者・大原幽学ゆかりの里

おおはらゆうがくいせきしせきこうえん
大原幽学遺跡史跡公園

MAP 別冊P.20-A1

江戸時代後期に、現在の旭市を中心に農村指導に尽力した大原幽学の遺跡（国指定史跡）を公開。園内には幽学の旧宅や、旧林家住宅（高弟の住居：県指定有形文化財）などが残され、記念館には、国の重要文化財に指定された資料407点が収蔵・展示されている。春には約3000本の椿を楽しめるほか桜が咲き、歴史と共に自然も満喫できる。

記念館では著作や書をはじめ幽学ゆかりの品を展示

大原幽学遺跡史跡公園
住旭市長部339
TEL0479-68-4933（大原幽学記念館）　開9:00～16:30　休月曜、祝日の翌日、年末年始
Pあり　交JR旭駅から車で20分

旧宅（大原幽学の住居）

大原幽学記念館
住旭市長部345-2（大原幽学遺跡史跡公園内）
TEL開休大原幽学遺跡史跡公園と同じ　料大人300円、小・中・高校生200円　Pあり　交JR旭駅から車で20分

ふさの国だより

日本一短い住所はココにあり！

登記簿上、日本で一番短い住所は旭市にある。市内にある千葉県立旭農業高等学校の住所「千葉県旭市ロ1」がそれだ。読みはカタカナの「ロ（ろ）」で、他にも旭市には市名に続き、イ・ロ・ハ・ニ・ホがくる住所がある。これは1889（明治22）年の合併で、4つの村が「海上郡旭町」になった際、町名に続く大字（おおあざ）を、そのまま「イ・ロ・ハ…」に置き換えてしまったため。さらには大字に続く小字をなくしても、地番で場所を特定できたことから、日本一短い地名が生まれたとされている。

ミニ情報　大原幽学遺跡史跡公園から車で20分ほどのところに、「道の駅 季楽里（きらり）あさひ」がある。レストランのほかパンやジェラートの店もあり、一息つくのに立ち寄るといい。

深い歴史に包まれた、日本屈指の植木の町へ

匝瑳市（そうさし）

人　口：約3万7000人（35位）
面　積：101.5㎢（19位）

かつてにぎわった飯高檀林の跡には巨木の森が広がる

市章

海の波と緑の葉に、匝瑳市の「匝」の字を加え、活力ある市民を表したもの。

匝瑳市への行き方

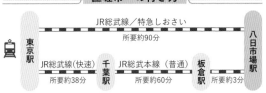

東京駅 ― JR総武線／特急しおさい（所要約90分） ― 八日市場駅

東京駅 ― JR総武線（快速）（所要約38分） ― 千葉駅 ― JR総武本線（普通）（所要約60分） ― 板倉駅 ― 所要約3分 ― 八日市場駅

県内でも有名な、難読地名の「匝瑳（そうさ）」市。市名の由来は、昔この地（下総国）にあった、最大の郡名からきている。北部には、日蓮宗最古の学問所跡「飯高檀林」を包む森が広がり、南部は九十九里浜の一部に面し、サーフスポットとしても有名だ。全国有数の植木の町としても知られ、苗木の栽培面積は日本一。県の木でもあり匝瑳市の木でもある「マキ」を活用した、生け垣「マキ塀」で覆われた町並みは、古くから育まれてきた職人技によるものだ。毎年8月に行われる八重垣神社の祇園祭は、300年以上も続く県内最大の神事。「あんりゃどした」の掛け声で、20基もの神輿が姿を現し、水を浴びせかけられるのが特徴だ。全国でも珍しい女神輿としても、注目を集めている。

小ネタ

匝瑳市の文化財、大浦ゴボウ

檀林の南、大浦地区の特産である大浦ゴボウは、直径30㎝、長さ1mの日本一大きなゴボウ。その昔、藤原秀郷が平将門征討を成田山新勝寺に祈願した際、大浦ゴボウが振る舞われ、戦に勝ったという故事から「勝ちゴボウ」と呼ばれ、毎年成田山新勝寺だけに奉納されている。信徒に出す精進料理に欠かせない縁起物だ。

ミニ情報　匝瑳市の特産品のひとつが赤ピーマン。普通のピーマンよりも育てるのに手間がかかり、県内では匝瑳市でのみ生産されている。知名度向上のため、2019年にはマスコット「あっぴいちゃん」が誕生した。

歩き方

歴史香る町並みと盛時をしのぶ檀林探訪

市の中心、JR八日市場駅を起点に町歩きを始めよう。駅北は、昔ながらの町並みが今も残るエリアだ。駅から北へ5分も歩くと、300年以上もの歴史をもつ祇園祭で有名な八重垣神社があり、旧道「本町通り」には、歴史ある有形文化財が点在する。懐かしい風情を感じた後は、ここから車で15分の、日蓮宗の飯高寺へ。寺は江戸時代に僧の学問所として栄えた飯高檀林の跡で、杉並木が生い茂る参道先には、歴史ある講堂や鐘楼が立つ。檀林から徒歩20分の街道沿いにある「黄門桜」は、その名のとおり、檀林の発展に貢献した水戸光圀公の来訪を記念して植えられた由緒ある一本だ。さらに車で5分ほどの安久山地区には、樹齢1000年以上といわれる巨樹「大スダジイ」がある。巨木の数が全国トップ級の匝瑳市でも、ひときわ存在感を放つ姿を拝んでみよう。駅の南東には九十九里浜が広がり、なかでも野手浜海岸は有名なサーフポイント。海岸周辺には多彩な魚介を使う食事処も軒を連ねるので、海の幸を堪能しよう。

勇壮な神輿が町を練り歩く八重垣神社の祇園祭

おさんぽプラン

① 八重垣神社
車15分
② 飯高寺 (→P.272)
車5分
③ 安久山の大スダジイ
車30分
④ 九十九里浜

小ネタ

3つの有形文化財あり

東金と銚子を結ぶ旧道沿いの本町通り商店街には、3つの国の有形文化財が姿を見せる。黒漆喰塗の土蔵造りの商家「坂本総本店」に、江戸時代創業の和菓子店「鶴泉堂」、昭和初期の看板建築「新井時計店」があり、往時の面影をしのばせる。

歴史ある和菓子店「鶴泉堂」

ふさの国だより

全国屈指の植木の町である匝瑳

植木の栽培面積や、品種数、生産農家の数いずれも日本屈指を誇る匝瑳市。近年では植木の海外輸出も広がり、職人の技術は海外からも注目されている。千葉県では、優れた植木の造形技術を残そうと、「植木伝統樹芸士」の認定を始めたが、その多くが匝瑳市の生産者だ。市内各所で見かける「マキ塀」は匝瑳市の木、イヌマキを活用した、家を囲む塀。風よけなどとして維持管理されているが、景観上も味わいがあり、地域のシンボルになっている。毎年5月に開催される植木まつりは、職人自慢の植木の即売会で、観光客が押し寄せる匝瑳市ならではのイベントだ。地元の特産品が豊富に揃う直売所、ふれあいパーク八日市場などでも銘木は購入できるので、ぜひ足を運んでみよう。

匝瑳市植木まつり

TEL 0479-73-0089（匝瑳市産業振興課）
開 5月上旬、9:00～16：00

植木を運び出すトラック

ミニ情報 匝瑳市で約300年前から伝わる伝統工芸品が「藤箕（ふじみ）」だ。箕は穀物にまざった不要なものをふるい分ける農具で、匝瑳市の藤箕はしなやかで丈夫なため長持ちする。国の重要無形民俗文化財に指定されている。

隆盛を極めた日蓮宗の最古の学問機関

飯高寺（飯高檀林跡）
はんこうじ（いいだかだんりんあと）

MAP 別冊P.19-C1

1580（天正8）年に開設された、日蓮宗最古の学問所である「檀林」の跡。江戸時代には、徳川家康をはじめ、紀伊（紀州）徳川家らの寄進で規模を拡大した。1872（明治5）年の「学制」発布により、1874（明治7）年に廃檀となるまで多くの僧侶がここで学び、学統は立正大学へと受け継がれた。講堂、鐘楼、鼓楼、総門は国指定重要文化財、境内全体が千葉県指定の史跡となっている。

家康の側室・お万の方から寄進された講堂は、平成の大修理で当時の姿に復元

ユニークな美術品と猫が目印の美術館

松山庭園美術館
まつやまていえんびじゅつかん

MAP 別冊P.19-C2

匝瑳の市街地の北、丘陵地帯に広がるのどかな里山の景色のなかにある美術館。美術家・此木三紅大氏のアトリエを公開した私設美術館で、自作以外の多数の名画や、茶道具なども展示されている。手入れされた庭には、石彫や鉄でできたガンダ彫刻も点在。「猫の美術館」としても親しまれ、猫好き作家の秀作が集う展示も恒例のイベントだ。

ユニークな彫刻が庭に点在する。のんびり、じっくり眺めてみたい

飯高寺（飯高檀林跡）

住匝瑳市飯高1789
TEL0479-73-0089（匝瑳市観光協会）
開参拝自由　Pあり
交JR八日市場駅から車で15分

境内にはスギやスダジイの巨木が

小ネタ

檀林とは？

仏教寺院における学問所を意味し、今の学校に例えると「大学」のようなもの。初等教育課程から専門研究課程まで8階級が設置され、全課程を修了するのに36年間もの期間を要したといわれる。

松山庭園美術館

住匝瑳市松山630
TEL0479-79-0091
開金・土・日・祝日の10:00～17:00（7・8月は～18:00）
休月～木曜　料大人800円、小・中学生400円　Pあり　交JR八日市場駅北口から車で約10分

猫があいさつしてくれることも

小ネタ

イコン画を所蔵する正教会

1891（明治24）年に、鵜沢修神父が開いたロシア正教のハリストス須賀正教会が匝瑳市にある。聖堂内には、日本の女流作家で最初のイコン画家、山下りんが描いた聖画10面が飾られている。
住匝瑳市蕪里2742
TEL0479-67-1266（匝瑳市生涯学習課生涯学習室）
開1・2・6・7・10・11・12月の第3土曜、11:00～15：00　Pなし
交JR八日市場駅から車で15分
MAP 別冊P.19-D2

ミニ情報　飯高寺から徒歩10分ほどの場所に、一本桜の「黄門桜」がある。1698（元禄11）年に水戸黄門が飯高寺へ訪れたことを記念して植えさせた並木桜のうち、唯一現存する一本桜だ。

中世の城郭と鬼来迎の里へ

横芝光町（よこしばひかりまち）

人　口：約2万4000人（37位）
面　積：67㎢（28位）

坂田城址は梅の名所としても知られている

横芝光町への行き方

東京駅 ―JR特急しおさい― 横芝駅
1日6本、所要1時間16分

平成の大合併で生まれた横芝光町。町の中央を流れる栗山川は、かつての上総と下総の国境だ。100年以上の歴史を誇る町営食肉センターがあるため、モツ料理を知り尽くす名店がひしめく。新鮮なモツと地元特産の長ネギを使った滋養めしは、横芝光町ならでのご当地丼。ぜひ味わってみよう。

歩き方

町歩きのスタートは、JR横芝駅から。約100年前の、県内最古の駅舎が魅力の駅を出て、北へ車で10分の広済寺へ。全国唯一の古典的仏教劇「鬼来迎（きらいごう）」で知られ、毎年8月16日に、因果応報と勧善懲悪を説く地獄仮面劇を上演。出演者も衣装も、虫生（むしう）という小集落の人々が鎌倉時代から受け継いでいるという。広済寺の西5kmには坂田城址が残る。整備された遊歩道から土塁や空堀を見学でき、春には約1000本もの梅が咲く梅の名所としても知られる。

一方、JR松尾駅の北側には芝山古墳群を代表する大小2つの前方後円墳、殿塚・姫塚古墳（→P.361）があり、ほぼ完全な状態で見つかった姫塚は必見だ。隣の芝山町では、毎年11月に両古墳を中心とした「はにわ祭り」が盛大に開かれる。

町章

外部に使用を制限しているため、掲載不可

横芝の「よ」と光町の「ひ」がモチーフ。栗山川の流れや九十九里浜、太平洋を表現。

サケが遡上する南限といわれる栗山川

「鬼来迎」で知られる広済寺

下総千葉氏により築城された坂田城の一部遺構が見られる坂田城址

ミニ情報　坂田城跡にある梅林は1000本の巨木が集まる県下最大級のもの。早春には純白の花を咲かせ、毎年多くの観梅客でにぎわう。梅林保全のため、梅干しや梅酒の開発も盛んな地域。

高級木材で知られる山武杉とアララギ派の里

山武市（さんむし）

人　口：約5万2000人（28位）
面　積：146.8㎢（10位）

山武市歴史民俗資料館の裏手にある、伊藤左千夫の生家は見どころのひとつ

市章

山武市の「山」をモチーフに、恵みの大地と太平洋を表している。

山武市への行き方

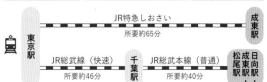

東京駅 → JR特急しおさい（所要約65分）→ 成東駅

東京駅 → JR総武線（快速）（所要約46分）→ 千葉駅 → JR総武本線（普通）（所要約40分）→ 日向駅・成東駅・松尾駅

2006（平成18）年に山武町、松尾町、蓮沼村、成東町が合併し誕生したのが山武市だ。九十九里エリアの中央に位置する山武市は山林が多く、山武杉が特産。山武杉は、高級建具の材料となり、市内で多くの建具職人が活躍している。最近では、美しい形の椅子やコースターなどがふるさと納税の返礼品としても人気だ。小説『野菊の墓』を執筆した伊藤左千夫が幼年時代を過ごした生家も保存されている。イチゴの名産地としても有名だ。海沿いには広大な蓮沼海浜公園があり、東京ドーム1.5倍の広さを誇るウォーターガーデンも人気だ。

小ネタ

随所にある海の名残

昔は、成東町にも太平洋の荒波が打ち寄せ、その名残が随所に残る市内。国指定天然記念物の成東・東金食虫植物群落は、海から切り離された湿地帯が、希少な湿生植物の自生地を生み出したもの。また、「浪切不動院」の名で信仰されている、石塚山の中腹に立つ長勝寺も、かつては本堂の下まで海があったことから、「浪切」の名が付いた。

歩き方

総武本線成東駅から歩き始めよう。徒歩8分の波切不動院の朱塗りの本堂からは成東の町を一望できる。春は桜、秋は紅葉が見事だ。10分ほど歩くと『野菊の墓』の政夫と民子の像のある伊藤左千夫記念公園。野菊の路を通り、山武市歴史民俗資料館までは徒歩3分。伊藤左千夫ゆかりの品や生家が見学できる。余裕があれば、成東・東金食虫植物群落へ。成東駅まで戻るのは車で10分ほど。

漁師の信仰を集める海の守り神

なみきりふどういん（ちょうしょうじ）

浪切不動院（長勝寺）

MAP 別冊P.18-B3

奈良時代の僧・行基が、海難除けとして不動明王を彫り、空海が開山したとされる。石塚山の中腹にある、朱塗り艶やかな本堂は、市内でも貴重な江戸時代初期の懸崖造りだ。

江戸時代に漂流漁船を、寺の灯明が導き救ったという逸話も残る

伊藤左千夫関連の資料を公開

さんむしれきしみんぞくしりょうかん

山武市歴史民俗資料館

MAP 別冊P.18-B3

地域の民俗資料のほか、山武市出身で、歌人・小説家の伊藤左千夫の遺品、自筆の原稿などが展示された施設。裏手には、左千夫の生家や、茅場町の自宅から移築された茶室もある。

伊藤左千夫が師事した正岡子規やアララギ派の関連資料も展示

珍しい食虫植物群落

なるとうとうがねしょくちゅうしょくぶつぐんらく

成東・東金食虫植物群落

MAP 別冊P.18-B3

1920（大正9）年に、日本で最初の天然記念物のひとつとして指定された湿地帯。群落には、食虫植物を含む、450種以上の植物や昆虫などが生息し、ボランティアの手で守られている。

モウセンゴケなど8種などが植生する、日本でも希少な自生地

遊びとスポーツ満載の海浜リゾート

はすぬまかいひんこうえん

蓮沼海浜公園

MAP 別冊P.19-C3

九十九里浜に面した、敷地40万平方メートルもの広大な公園。園内にはテニスコートや、パークゴルフ場、遊園地が整備され、夏には19種のプールがあるウォーターガーデンも開業。

上空から見るとその規模がよくわかる蓮沼海浜公園

山武市のおもな見どころ

浪切不動院（長勝寺）

住 山武市成東2551
TEL 0475-82-2176
開 参拝自由　P あり
交 JR成東駅から徒歩8分

縄文時代には現在の本堂の真下まで波が迫ったとか

山武市歴史民俗資料館

住 山武市殿台343-2
TEL 0475-82-2842
開 9:00～16:30
休 月曜（祝日の場合は翌日）、祝日の翌日、展示替え作業時臨時休館あり　料 140円　P あり
交 JR成東駅から徒歩15分

成東・東金食虫植物群落

住 山武市島字畑田464-8 管理棟
TEL 0475-53-3023（山武市歴史民俗資料館）
開 9:00～16:00（9・10月は～15:00）※12:00～13:00は入場不可
休 9・10月の平日、11～3月は冬期閉鎖　料 見学無料　P あり
交 JR成東駅から車で5分
※団体の場合は、10日前までに要予約

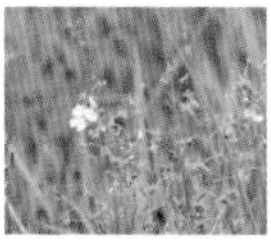

食虫植物のイシモチソウ

蓮沼海浜公園

住 山武市蓮沼ハ388-1
TEL 0475-86-3171
開 入園自由　P あり
交 JR松尾駅南からシャトルバスで14分、蓮沼海浜公園第一駐車場前下車、徒歩10分

県内最大級のプールゾーンが夏になるとオープンする（有料）

ミニ情報　波切不動院近くに、和菓子屋「橋本菓子舗」がある。伊藤左千夫にちなんだ「左千夫最中」があり、小説『野菊の墓』に合わせて野菊の形をしている。おみやげを買いに寄るのもいい。

明治時代からの行楽地と県庁所在地跡へ

九十九里町・大網白里市

くじゅうくりまち　おおあみしらさとし

人　口：1万7000人（41位）
面　積：24.5㎢（48位）

人　口：約4万9000人（30位）
面　積：58.1㎢（31位）

九十九里浜の真ん中。広々とした砂浜が延々と続いている

九十九里浜町・町章

海の荒波に、九十九里町の「九」と「十」を組み合わせ、団結、躍進を表している。

大網白里市・市章

太平洋の波頭や穀倉地帯の中に、図案化した大網白里の「大」の字を加えたもの。

片貝漁港

九十九里町・大網白里市への行き方

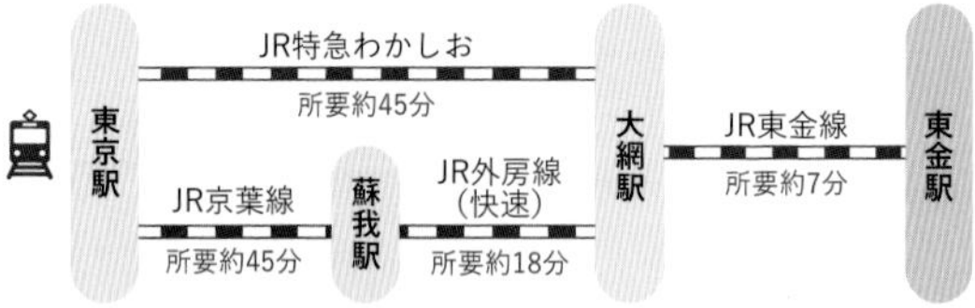

九十九里浜の中央を占め、江戸時代にはイワシ漁で栄えた九十九里町。明治時代には、小説家・徳富蘆花（とくとみろか）らの来遊により、片貝や豊海の海水浴場が全国に知られていった。町内には、幕末期に沿岸を騒がせた真忠組の旧跡や、測量家・伊能忠敬の生家跡などの史跡がある。一方、近年は海外の有名レストランからもオファーが来る、ガラス職人の手仕事などが注目を浴び、この土地ならではの新しい風景が人々を引きつけ始めている。また大網白里市には、明治初めに誕生した「宮谷県」の庁舎が置かれた本國寺など、往時をしのばせる文化財が数多く残る。東京駅からもわずか1時間の通勤圏とあって、美しい海のそばに住みながら、都内に通う人が増えている注目のエリアだ。

歩き方

偉人ゆかりの地&大網地域の文化財巡り

鉄道の通っていない九十九里町へは、最寄りのJR東金駅から車を利用する。駅から20分ほど南にあるのが、千葉が生んだ偉人、伊能忠敬の生誕地である伊能忠敬記念公園。佐原の豪商伊能家に婿入りする前の多くの時間をこの地で過ごした。忠敬の墓もある。ここからさらに南へ7分いくと片貝漁港。隣接する「海の駅九十九里」にはイワシを使った郷土料理を提供する食事処や、イワシ漁に関する展示のある資料館、すぐ外には日本で唯一の青い郵便ポストがある。次のポイントへは海沿いに車で南へ10分。九十九里有料道路を挟んで真亀海水浴場の反対側。詩人高村光太郎の妻が病気療養した地に立つ『千鳥と遊ぶ智恵子』詩碑だ。九十九里町にはものづくり体験も多く、今やこの地を代表する、ガラス職人によるハンドメイドが人気の「Sghr菅原工芸硝子」では、ガラス作り体験も可能。旅の思い出になりそうだ。

伊能忠敬記念公園内の記念碑

JR大網駅より本國寺までは北へ約1.5km。宮谷県庁時代の遺構は、かつてこの地が房総の中心だったことを示す貴重なものだ。寺から車で5分圏内には、江戸幕府4代将軍家綱が寄進し、建立させた正法寺中門があるほか、その昔、五寸釘で藁人形を打ちつけたとされる縣神社の大杉も鎮座。多くの釘跡が歴史を物語る。また、市民の社交場となっているのが、市役所の日曜朝市だ。地元の新鮮食材がズラリと並ぶので、ぜひ訪れてみよう。

おさんぽプラン

① 伊能忠敬記念公園
車7分
② 海の駅 九十九里 (→P.278)
車10分
③『千鳥と遊ぶ智恵子』詩碑 (→P.278)
車25分
④ 本國寺 (→P.279)
車5分
⑤ 正法寺中門

小ネタ

話題のマーケット『くらしずく』

2017年に菅原工芸硝子との共催でスタートした、『くらしずく』。作り手と買い手が作品を通じて出会い、多くの人と語り合える場になれば、との思いが込められたクラフトイベントだ。ていねいかつ真摯に取り組む、九十九里町のものづくりの精神に触れてみよう。
場所 Sghr菅原工芸硝子敷地内「九十九里の杜」
住 九十九里町藤下797
TEL 0475-76-3551

九十九里町・大網白里市のおもな見どころ

五感で楽しむハーブ農園へ

九十九里ハーブガーデン（くじゅうくりはーぶがーでん） MAP 別冊P.26-B1

約3000坪という広大な敷地に、レストランやショップなどを構えるハーブ農園。庭園では年間を通して約100種類のハーブを栽培し、工房では、リースやハンドクリーム作りなどの体験も行われている。ハーブ園を眺めながらのんびり過ごせるレストランやカフェは、最高のロケーションだ。メニューは自社農園のハーブに、地元産の野菜や片貝漁港で水揚げされた新鮮魚介など、興味が尽きない。

庭を散策したあとは60種類以上あるハーブティーを楽しもう

九十九里ハーブガーデン
住 九十九里町片貝4477
TEL 0475-76-6581
営 10:00～18：00
休 火曜（祝日の場合は営業）
P あり
交 JR東金駅から片貝・豊海線循環バスで15分、西または前里下車、徒歩20分

カフェではアイスハーブティーも楽しめる

ミニ情報 「九十九里ハーブガーデン」の敷地内には、オートキャンプ場の設備もあり、のびやかな1日が楽しめる。

海の駅九十九里 いわしの交流センター

住九十九里町小関2347-98
TEL0475-76-1734
開9:00～18:00（11～2月は～17：00） 休無休 交JR東金駅から海の駅九十九里行きバスで28分、終点下車すぐ

建物の前にある青いポストはフォトスポット

イワシ通になれる食の発信基地

うみのえきくじゅうくりいわしのこうりゅうせんたー

海の駅九十九里 いわしの交流センター

MAP 別冊P.26-B1

かつて全国の漁獲高の3分の1を占めるほど盛んだった九十九里のイワシ漁。その歴史と伝統を今に伝えるのがこの施設だ。1階は隣の片貝漁港で水揚げされた鮮魚や地元の野菜を扱うショップとイワシ漁に関する歴史を展示した資料館がある。2階はフードコートで、和食はもちろんイタリアンでイワシ料理を楽しむことができる。

約3000匹のマイワシの水槽が出迎えてくれる

❶資料館は入場無料。昔のイワシ漁の写真や漁船の模型、漁具などが展示されている ❷2階のフードコートにはにはテラス席がある ❸鮮度抜群のイワシ丼1300円を召し上がれ

九十九里ビーチタワー

住九十九里町不動堂
TEL0475-70-3175（九十九里町産業振興課）
開散策自由 Pあり
交JR東金駅からサンライズ九十九里行きバスで25分、不動堂下車、徒歩10分

夕景も見逃せない

高さ22mの町のシンボルタワー

くじゅうくりびーちたわー

九十九里ビーチタワー

MAP 別冊P.26-B2

不動堂海水浴場に立つ、巻貝のモチーフが印象的な展望塔。らせん階段を上ると、眼下に雄大な九十九里浜と太平洋を一望できる。日没間際の夕陽に染まる、塔のシルエットも美しい。

日没から21：00まで、毎晩ライトアップも実施

ふさの国だより

高村光太郎が妻をしのんで詠んだ詩碑

詩人草野心平らにより建立された

心の病に倒れた妻への愛を綴った高村光太郎の詩が刻まれた詩碑が、真亀海水浴場近くの国民宿舎「サンライズ九十九里」の裏手にある。代表作である『智恵子抄』の一編、『千鳥と遊ぶ智恵子』が、全文刻まれている。この地に妻を約8ヵ月療養させた高村は毎週必ず見舞ったという。

住九十九里町真亀納屋地先 TEL0475-70-3192（九十九里町教育委員会） 開見学自由 交JR大網駅からサンライズ九十九里行きバスで36分、終点下車、徒歩1分 MAP 別冊P.26-B2

ミニ情報 九十九里浜に並行して内陸を走る道路、県道30号は「九十九里ビーチライン」の愛称がある。この道の片貝海水浴場近くには「焼ハマグリ」が食べられる食堂ののぼりが並んでいる。

名誉町民が残した癒やしの森

とえだのもり
十枝の森

MAP 別冊P.26-A2

両総用水事業に尽力し、大網白里町（当時）の名誉町民第1号である十枝雄三氏の住居跡。明治初めに、当主が京都から持参したイロハモミジの群生などで、美しい森が形成されている。

秋の紅葉も美しく、訪れる人を癒やす

十枝の森
住大網白里市北吉田758
TEL0475-70-0380（大網白里市教育委員会生涯学習課）
開散策自由　Pあり
交JR大網駅から車で15分

小ネタ
両総用水とは？
旧佐原市周辺の水害と九十九里平野の干害を解決するために造られた農業用水施設。1943（昭和18）年に事業化され、国が幹線用水路を、県が支線用水路を築造した。

県政の揺籃期を伝える由緒ある寺

ほんこくじ（みやざくけんちょうあと）
本國寺（宮谷県庁跡）

MAP 別冊P.26-A1

明治初期、新政府により設置された「宮谷県」の県庁が置かれた寺。1871（明治4）年の府県統合で、木更津県に整理されるまでの2年9ヵ月間、県政の表舞台となった。

県庁舎として使われた講堂などが残る貴重な史跡

本國寺（宮谷県庁跡）
住大網白里市大網3002
TEL0475-72-3532
開境内自由　Pあり
交JR大網駅から徒歩21分

黒の趣のある山門

常に門を開いている信仰の寺

ちこういん
智弘院

MAP 別冊P.26-A2

座禅や修行体験など、自分をみつめる行事も行う、開かれたお寺。境内には鬼子母神や、商売繁盛の御利益があるという細草稲荷、浄行菩薩、観音様が祀られている。

本堂前の東屋に腰掛け、庭園を眺めることもできる

智弘院
住大網白里市細草602-5
TEL0475-77-4681
開6:00～18:00
休無休　料無料
交JR大網駅から白子車庫行き、またはサンライズ九十九里行きバスで21分、白里中学校前下車、徒歩10分

子供修行は常にキャンセル待ち

桜並木とローラー滑り台が人気

こなかいけこうえん
小中池公園

MAP 別冊P.25-D2

四季折々の景観が楽しめる自然公園。全長95mのローラー滑り台やアスレチックなど、遊具も充実。春には池を囲むように約90本のソメイヨシノが咲き誇り、花見客でにぎわう。

広場では景色を眺めながらピクニックが楽しめる

小中池公園
住大網白里市小中1703
TEL0475-70-0360（大網白里市都市整備課）
開入園自由　Pあり
交JR大網駅から車で10分

ミニ情報　九十九里浜では、地元で古くから食べられている巻貝「ナガラミ」が採れる。大きさは3cmほどで、近年は漁獲量が少なく「幻の貝」とも呼ばれる。塩ゆでにして食べるとアワビのような食感。

徳川家康来遊の足跡と数々の伝承が残る町

東金市（とうがねし）

人　口：約6万1000人（27位）
面　積：89.1㎢（23位）

県内でも有数の花見スポットである八鶴湖

市章

東金の「と」を2字組合せた和を表す円に、発展を意味する6枚の翼を加えたもの。

小ネタ

東金にも「切通し」？

市内には、鎌倉を思わせるような「切通し」が多く、今にも武士が現れそうな、三ヶ尻・熊野神社前の切通しや、田間のがんがん坂が有名だ。東金市は「九十九里崖線」という、縄文時代の海食崖に位置し、南の九十九里平野と北の北総台地に隔てられるが、海の後退により人々は台地から平野部に移り、平野と台地の往来のため「切通し」が造られた。八鶴湖周辺にも切通しは見られ、八鶴湖と日吉神社の参道を結ぶ道は、家康の「御成ルート」ともいわれている。

八鶴湖と日吉神社間の切り通し

東金市への行き方

東京駅 — JR特急わかしお 所要約47分 — 大網駅 — JR東金線 所要約7分 — 東金駅

江戸時代、徳川家康が鷹狩のために訪れたことから、家康ゆかりのエピソードが数多く残る東金市。船橋から東金まで、約37㎞の御成街道が整備され、その終着点にある東金御殿が造られたのが1613（慶長18）年。御殿からの眺めをよくしようと造られたのが八鶴湖だ。湖畔に立つ本漸寺には、「家康公お手植え蜜柑の樹」が残され、樹齢400年を超す日吉神社の杉並木は家康の命で植栽されたもの。また、難読地名の「求名（ぐみょう）」は、家康が鷹狩の際に、家来に地名をたずねたことに由来する。市内には桜の名所も多く、町なかにある八鶴湖の夜桜は幻想的。その美しい景観から「房総の十和田湖」の異名をもつ雄蛇ヶ池は、バスフィッシングでもにぎわう。

歩き方

東金までのアクセスはJR、車なら東関道から分岐する千葉東金道路の東金ICが最寄り。いちばんの見どころである八鶴湖は東金駅からは徒歩8分で、そのほかのおもな見どころも徒歩、またはバスでアクセスが可能だ。

ミニ情報　植木の産地としても知られる東金市。東金は植木の造形技術が高く、伝統の技が光るマキなどの造形木は見事だ。海外からの評価も高く輸出が増えている。

県下最大規模の観光ブドウ園

東金ぶどう郷（とうがねぶどうきょう）

MAP 別冊P.26-A1

7軒のブドウ農園が集まり、ブドウ狩りができる直売所。有機質低農薬栽培の巨峰からシャインマスカットまで、10種類ほどを栽培。オリジナルワインなどのみやげ品も好評だ。

たわわにブドウがなるブドウ棚

徳川家康と関わりのある湖

八鶴湖（はっかくこ）

MAP 別冊P.26-A1

三方を丘陵に囲まれた、周囲約800mの湖。湖畔は桜、ツツジなどの四季の花に彩られて風情がある。かつては小さな池だったが、徳川家康が東金御殿築城の際に池を広げたと伝わる。

湖畔の本漸寺の後方には、かつての東金城跡もある

東金の鎮守「山王様」

日吉神社（ひよしじんじゃ）

MAP 別冊P.26-A1

807（大同2）年に建立され、山の神を主祭神とした1200年以上もの歴史がある神社。約200mの参道には、樹齢300～600年もの見事な大杉が並び、荘厳な雰囲気が満ちている。

参道の杉の巨木並木は迫力満点

伝説を秘めた人工池

雄蛇ヶ池（おじゃがいけ）

MAP 別冊P.26-A1

洪水に悩まされていた領民の苦労を解消するため、10年かけて1614（慶長19）年に完成した灌漑用の貯水池。湖周には約4kmの遊歩道が整備され、バス釣りやトレッキングも楽しめる。

大蛇にまつわる悲話や伝説も残る

東金市のおもな見どころ

東金ぶどう郷

住 東金市松之郷
TEL 0475-50-1142（東金市商工観光課）
開 8月上旬～9月下旬の9:00～18:00
休 期間中無休
料 入園・試食無料、収穫分のみ量り売り。1kg1000～2300円（農園・品種により異なる） P あり
交 JR東金駅からJR千葉駅行きバスで7分、湖北台下車、徒歩5分

八鶴湖

住 東金市東金1435
TEL 0475-50-1142（東金市商工観光課）
開 見学自由 P あり
交 JR東金駅から徒歩8分

小ネタ

東金御殿のその後は？

徳川家康が鷹狩に訪れた際に泊まったとされる東金御殿。その跡地には、東金女学校（現・千葉県立東金高校）が建てられた。

日吉神社

住 東金市大豆谷860
TEL 0475-54-0980
開 参拝自由 P あり
交 JR東金駅から車で10分

雄蛇ヶ池

住 東金市田中199
TEL 0475-50-1142（東金市商工観光課）
開 散策自由 P あり
交 JR東金駅から季美の森行きバスで13分、雄蛇湖下車、徒歩15分

小ネタ

不思議な伝説が多く伝わる

その名のとおり、蛇にまつわる伝説が多い。身分違いの恋に悲観した娘が池に身投げし、白蛇に姿を変えたというものや、池の周りを7周半すると、大蛇が現れるといったものも。

ミニ情報 八鶴湖の湖畔にはフレンチレストラン「八鶴亭」がある。国の有形文化財にも登録されている建物で、地元食材をふんだんに使った創作フレンチが味わえる。

豊かな自然が生んだ天然温泉と農産物の町

白子町（しらこまち）

人　口：約1万1000人（46位）
面　積：27.5㎢（46位）

長生村（ちょうせいむら）

人　口：約1万4000人（43位）
面　積：28.3㎢（45位）

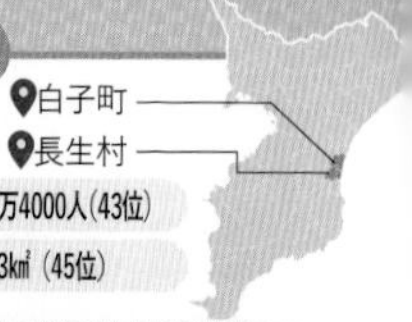

温暖な白子町で4月に開催されるチューリップ祭り

白子町・町章

白子の2文字を図案化したもの。丸い形は平和で円満な町づくりを表している。

長生村・村章

希望のある“ながいき村”として、長生村の「ち」の字を図案化したもの。

小ネタ

地引網発祥地で観光地引網

九十九里浜にある白子海岸は九十九里地引網の発祥の地。7〜8月には観光地引網が開催され、紀州からこの地域に伝わったとされる、伝統漁法を体験できる。取れた魚は持ち帰りができ、町主催の観光地引網なら参加も無料。（白子町商工観光課TEL0475-33-2117）

白子町・長生村への行き方

東京駅 —JR特急わかしお（所要約54分）→ 茂原駅 —小湊鉄道バス白子車庫行き（所要約25分）→ 白子（白子車庫バス停）

東京駅 —JR特急わかしお（所要約54分）→ 茂原駅 —小湊鉄道バス白子車庫行き（所要約11分）→ 長生村（長生村役場入口バス停）

紀州の漁師が地引き網を広めたことから、江戸時代にはイワシ漁で沸いた白子。町名の由来ともなった白子神社には、白蛇伝説も残され、縁結びで有名だ。また「テニスの聖地」ともよばれる町内のコート総数は、中里地区を中心に約300面。県下随一の源泉が湧出する温泉地としても注目されている。一方、県内唯一の村、長生村を育んできたのは、村を取り囲む自然の恵み。その代表格が、アイガモ農法のコシヒカリやそば、青のりで、日本でも希少な汽水域で生み出される青のりは、村の正月には欠かせない名物だ。約400年の歴史を持つ「岩沼の獅子舞」でも知られ、大梯子の上で獅子が曲芸を見せる「乱玉の舞」は圧巻。訪れる観光客を魅了している。

歩き方

白子町には鉄道がなく、長生村はJR外房線の八積（やつみ）駅があるが、隣町の茂原駅や大網駅からの路線バスを利用したほうが便利だ。車の場合は、東金九十九里有料道路で海岸線まででて、九十九里有料道路を南下するのがおすすめ。

健康と財運をもたらす白蛇様

白子神社（しらこじんじゃ）

MAP 別冊P.26-A2

1048（永承3）年に、大国主命を祀ったことが始まりとされる神社。九十九里浜の東方沖に、白蛇を乗せた白亀が御祭神の使いとして漂着したという故事から、白子という名がある。境内末社の面足神社には、容姿端麗で知られる御祭神が祀られ、美をもたらすと伝わる。五穀豊穣を願う春の御田植祭は、太鼓を田に見立てた太鼓田を使う珍しい神事だ。

手水舎の水は南白亀水という濁りのない御神水で、この地には珍しく境内から湧く

通年花盛りの温室花園

ガーベラ団地（がーべらだんち）

MAP 別冊P.26-A3

年間約80種類、200万本のガーベラを栽培し、花摘み体験もできる大型のガラス温室。温室内では、温度や湿度が自動制御され、可憐なガーベラの花が常時咲いている。

2つの大型温室を、白子町のガーベラ生産農家が共同で管理

食虫植物群落も保全された公園

尼ヶ台総合公園（あまがだいそうごうこうえん）

MAP 別冊P.26-A3

総面積10.5ヘクタールもの敷地内に、野球場やテニスコートなどを備えた、スポーツと憩いの施設。園内には、村内から表土が移された湿地植物園もあり、貴重な湿生植物が自生する。

長生地域の特産品が集まる、村最大のイベント「ながいきフェスタ」も開かれる

白子町・長生村のおもな見どころ

白子神社
住 白子町関5364
TEL 0475-33-3124
開 境内自由　P あり
交 JR茂原駅から白里海岸行きバスで21分、観音堂下車、徒歩7分

イケメンの神様・オモダルノミコトを祀る両足神社

「撫で蛇様」が安置されている

ガーベラ団地
住 白子町五井2425
TEL 0475-33-7670
営 8:30～12:00
休 日曜（花摘み体験は10月から5月末頃まで）
料 見学無料（花摘みは8本500円）
P あり
交 JR本納駅から車で15分

小ネタ
花摘みのポイント
茎の根本から5cmぐらいのところをやさしく切ること。また、つぼみを摘み取っても咲かないので、完全に咲いている花を摘み取るのがよい。

尼ヶ台総合公園
住 長生村本郷5366-1
TEL 0475-32-0997（公園管理事務所）
開 8:30～17:00
休 無休
料 無料　P あり
交 JR茂原駅から白子車庫行きバスで8分、原曽根尼ヶ台総合公園下車、徒歩3分

ミニ情報　九十九里浜の南端に位置する長生村は温暖な海洋性気候で、適度な潮風がある。その一帯で作られるトマトやマスクメロン、キュウリは「ながいきブランド」として販売されている。

関東屈指のパワースポットと波の恵みがある町

一宮町（いちのみやまち）

人　口：約1万2000人（45位）
面　積：23㎢（49位）

東京オリンピックのサーフィン会場として知られる

町章

一宮の「一」と「み」を図案化し、平和に丸く発展するよう願いを込めたもの。

一宮町への行き方

東京駅	JR特急わかしお（所要約60分）	上総一ノ宮駅
東京駅	JR京葉線（快速）（所要約45分）→ 蘇我駅 → JR外房線（所要約40分）	上総一ノ宮駅

古くは上総国の一ノ宮である玉前神社の門前町として栄えた一宮町。明治時代には、各界名士や文人の避暑地となり、昭和初期には、約100軒もの別荘が並んでいた。近年は二拠点生活を求めて移住する人が増えているという。

1200年以上もの伝統を誇るのが、玉前神社の「上総十二社祭り」（→P.368）だ。裸になった担ぎ手が、神輿とともに東浪見の波打ち際を走りまわる「汐ふみ」は豪快。普段静かな町も、独特の熱気に包まれる。また、玉前神社ともゆかりがある釣ヶ崎海岸は、サーフィンの聖地としても知られる。

歩き方

海岸と並行して延びる県道30号（九十九里ビーチライン）を車で走ると、次々とサーフショップが現れ、ここがサーフィンの町であることを実感する。サーファー向けのちょっとしゃれたカフェなどもあるが、長い道路沿いに点々としているので徒歩での移動は現実的ではない。ただし九十九里随一のパワースポットである玉前神社は、上総一宮駅から徒歩でアクセスが可能だ。

小ネタ

ちょっと変わった乗馬体験を

「九十九里浜一宮乗馬センター」（→P.135）では、潮風を受け、波音を聞きながらの海岸乗馬体験ができる。手軽に乗馬を体験するなら、場内の引き馬コース2周1500円もおすすめ。

ミニ情報　神を浜に移して祀る「浜降り神事」は、海に囲まれた房総ならでは。玉前神社の「上総十二社祭り」がその代表で、大漁祈願の後、神輿を担いで浜辺を疾走し、担ぎ手が潮をふむ「汐ふみ」が特徴。

格式ある上総国の“一之宮”

玉前神社（たまさきじんじゃ）

MAP 別冊P.32-A1

神武天皇の母君・玉依姫命（たまよりひめのみこと）を御祭神とする、上総国の総社。縁結びや子授けに御利益があるとされ、古くは源頼朝夫人・政子が安産祈願をしたことでも有名だ。鎌倉時代に、御正体として神前にかけられていた、白銅製の梅樹双雀鏡をはじめとして、神楽面や甲冑など、社宝も多い。古木に囲まれた権現造りの社殿は、江戸時代中期に建てられたもので、重厚で風格あるたたずまいだ。

厳かな雰囲気を醸し出す黒漆塗の拝殿

神事で知られ、サーファーの聖地としても有名

釣ヶ崎海岸（つりがさきかいがん）

MAP 別冊P.32-B1

九十九里浜の南端にある海岸で、白砂の浜が真っすぐに延びたビーチ。世界最高級の波が押し寄せ、腕利きのサーファーが集まることから、「波乗り道場」としても知られている。

砂浜には鳥居が立ち、毎年神々が集うという「上総十二社祭り」が行われる

一宮町のおもな見どころ

玉前神社
住 一宮町一宮3048
TEL 0475-42-2711
開 授与所9:00～17:00
休 無休　料 無料　P あり
交 JR上総一宮駅から徒歩8分

秋季例大祭「上総十二社祭り」は、「はだか祭り」とも呼ばれる

小ネタ
玉前神社は「レイライン」の起点
レイラインとは、古代の遺跡や神社が不思議と直線状に並んでいる現象のこと。日本では、東端にある玉前神社と、西端にある出雲大社を、地図上で結ぶとできる直線を指し、ここには、富士山などの聖地も並ぶ。春分・秋分の日には、このライン上を太陽が通るため、「御来光の道」とも呼ばれる。

釣ヶ崎海岸
住 一宮町東浪見6961-1
TEL 0475-42-1427（一宮町役場・産業観光課）
開 見学自由　P なし
交 JR上総一ノ宮駅から車で10分

ふさの国だより

サーフタウン一宮の歴史

日本にサーフィンを持ち込んだのは戦後駐留していたアメリカ人。1960年代、彼らが湘南や千葉の海でサーフィンを楽しんでいる姿を地元の少年たちが真似して、自作のボードで波乗りを始めたのが日本のサーフィン文化の始まりだ。1970年代、いい波がきて、いい環境の一宮にもサーファーが移り住むようになり、サーフィン文化も広まっていった。県道30号沿いにサーフショップがオープンし、本場アメリカ西海岸やハワイの雰囲気をもったショップやレストランが登場した。現在も休日にはマーケットが立つなど、明るく華やかなその雰囲気は健在で、一宮の特徴のひとつになっている。

釣ヶ崎海岸のサーファー

ミニ情報　一宮町の町指定文化財で、県指定の伝統工芸品でもある「上総とんび」は漁師が大漁を祝うときに着る「萬祝（まいわい）着」の形をした凧。発祥は1791（寛政3）年で、以降は嵯峨野家による一子相伝で継承。

珍しい観音堂や古刹が立ち並ぶ自然豊かな町

長柄町（ながらまち）・長南町（ちょうなんまち）・睦沢町（むつざわまち）

長柄町	長南町	睦沢町
人　口：約7300人（51位）	人　口：約8200人（48位）	人　口：約7200人（53位）
面　積：47.1㎢（35位）	面　積：65.5㎢（29位）	面　積：35.6㎢（40位）

美しく咲き誇るベニバナに囲まれた長福寺

長柄町・町章

円満な町政の発展を表し、長柄町の「ナ」を図案化したもの。

長南町・町章

「長ナン」をデザインベースに、4ヵ町村合併の結びつきと、町の発展を表現。

睦沢町・町章

睦沢町の「ム」を図案化し、平和で円満な町の躍進を象徴したもの。

長柄町・長南町・睦沢町への行き方

東京駅 — JR特急わかしお（所要約54分） — 茂原駅

茂原駅 — 小湊鐵道バス（所要約19分） — 長柄町役場

茂原駅 — 小湊鐵道バス（所要約20分） — 長南

茂原駅 — 小湊鐵道バス（所要約20分） — 睦沢役場前

千葉県のほぼ中央に位置する長柄町は、のどかな田園風景や、周辺地域の水源である長柄ダムなど、自然の恵みが魅力だ。古くから神仏と密接な関係をもち続けてきた町には、古代の横穴墓群や、県内最古の梵鐘などの文化財も多い。一方、上総の政治・経済の中心を担ってきたのが長南町。町には往時をしのぶ文化遺産が受け継がれ、その代表格が「笠森観音」の名で親しまれている笠森寺周辺だ。境内の自然林は天然記念物に指定され、あたりには今も森閑な空気が漂う。また長南町の東の睦沢町は、中央を流れる瑞沢川や一宮川の恵みから、花卉（かき）栽培で県を代表する農業地帯に発展。泥絵の具で彩色した、千葉を代表する郷土玩具、芝原人形の産地としても有名だ。

ミニ情報　長南町にある長福寿寺には、特に金運の御利益があるという「吉ゾウくん」の像がある。宝くじ当選率が上がる宝袋など、ユニークな授与品も。

歩き方

観音信仰の聖地や歴史香る文化財を巡ろう

町内に鉄道の通らない3つの町では、JR茂原駅や上総一ノ宮駅が町歩きの玄関口だ。茂原駅の西側に広がる長柄町には、文化財が多く、「飯尾の不動明王」と呼ばれる飯尾寺や、千葉県最古の貴重な梵鐘を有する眼蔵寺などが点在する。南西部は笠森鶴舞自然公園に含まれ、町内には笠森へ通じる「首都圏自然歩道」など、格好の散歩コースが造られているので、歩いてみるのも楽しい。長柄町の隣、長南町には、観音信仰で名高い笠森観音があり、その奥深さをじっくり鑑賞したいところ。岩山に立つ観音堂は、回廊からの眺めもすばらしく、房総半島の山々を遠望できる。寺を出て南下した野見金山の丘陵地には、アジサイが咲き誇る公園があり、週末限定でカフェもオープン。長南町は花の名所が多いことでも有名だ。

長生郡の南端、睦沢町の南西部には、藤原期の貴重な仏像が集まる妙楽寺や、古墳時代前期の能満寺古墳、あの『南総里見八犬伝』にも登場した、諏訪神社のオオクスも現存。社殿裏の風穴「瞳のトンネル」での記念撮影もユニークでおすすめだ。

笠森観音から見る笠森鶴舞自然公園の森

おさんぽプラン

① 飯尾寺 (→P.288)
車10分
② 眼蔵寺
車13分
③ 笠森観音 (→P.289)
車12分
④ 野見金公園 (→P.288)
車20分
⑤ 妙楽寺 (→P.289)
車10分
⑥ 諏訪神社 (→P.289)

小ネタ

熊野の清水

長南町の南には「熊野の清水」と呼ばれ、「名水百選」に選ばれた湧水がある。この清水は、室町時代より約100年間、鶴岡八幡宮直営の湯治場として栄えた由緒あるもので、弘法大師が法力により湧水を招いたという伝説から、「弘法の霊泉」ともいわれ、重宝されている。隣接した清水公園には、源泉から流れ出た水が育んだ、スカシユリや花ハスなどが美しく咲き乱れる。

長柄町・長南町・睦沢町のおもな見どころ

スリル満点の樹上アドベンチャー

ふぉれすとあどべんちゃー・たーざにあ(りそるのもり)

フォレストアドベンチャー・ターザニア(リソルの森)

MAP 別冊P.25-D2

長柄町にある、自然の地形を利用した広大な体験型リゾート「リソルの森」。総面積約100万坪もの園内には、グランピング施設やレストラン、天然温泉などが充実。なかでも自然と一体になれる本格的な樹上アクティビティが「ターザニア」だ。専用のハーネスを装着して、高さ10mの木の上を空中移動したり、木から地面へ滑り降りたりなど、上級者から初級者まで幅広く楽しめるよう、コースが設定されている。オールシーズン、いつでも楽しめる体験型リゾートだ。

スリル満点のジップスライド。初心者でも安全に楽しめる

フォレストアドベンチャー・ターザニア(リソルの森)

住 長柄町味庄東台1067
TEL 0475-35-0071
開 受付9:00～16:30
休 季節により異なる
料 キャノピーコース1人3000円～ほか
P あり　交 JR誉田駅から無料送迎バスで約25分

キャノピーコースは小さな子供もOK(利用条件あり)

ミニ情報 長柄町都市農村交流センターでは夏季限定で、広さ1000㎡のドームにカブトムシなどの昆虫を放し飼いにする「昆虫ドーム」を開いている。昆虫採集を体験でき、子供に人気だ。

長柄ダム
住長柄町山之郷70-15
TEL0475-35-4447（長柄町産業振興課）
開9:00〜17:00
休無休　料無料　Pあり
交JR茂原駅から車で25分

小ネタ
アース式ダムとは？
おもに土で造られたダムのことをアース式ダムという。長柄ダムもコンクリートではなく、水を通しにくい粘土（関東ローム）を主材料に使用。

飯尾寺
住長柄町山根821
TEL0475-35-3634
開散策自由　Pあり
交JR茂原駅からロングウッドステーション行きバスで17分、鼠坂下車、徒歩17分

史跡長柄横穴群
住長柄町徳増字源六地先
TEL0475-35-3242（長柄町教育委員会生涯学習課）
開9:00〜16:30
休月曜（祝日の場合は翌日）
料無料　Pあり
交JR茂原駅から車で20分

小ネタ
資料館も併設
無人なので入館したい場合は、インターホンで係の人を呼ぶシステム。第13号墓のレプリカ展示がメインで、無料で見ることができる。

野見金公園
住長南町岩撫36-1
TEL0475-46-3397（長南町役場産業振興課）
開散策自由（カフェは11:00〜15:00L.O.）
休カフェは月〜木曜（祝日の場合は営業）　Pあり
交JR茂原駅から車で25分

日本最大級のアース式ダム

長柄ダム（ながらだむ）

MAP 別冊P.25-C2

1985（昭和60）年に完成した、日本有数の規模を誇るアース式ダム。利根川の水を貯え、周辺地域一帯に供給する貴重な水源となっている。周囲には桜が植えられ、散策に最適だ。

ダム湖の周囲では春は桜、秋には紅葉が美しい

漁民の崇拝を受ける「飯尾の不動様」

飯尾寺（いいおじ）

MAP 別冊P.25-C3

木造不動明王坐像を本尊とする顕本法華宗派の寺院。鎌倉末期の作と伝わる本尊は、ヒノキの寄木造りで国指定の文化財。海難救助に霊験ありと、九十九里沿岸の漁民の信仰を集めている。

門から階段を上り本堂へ。本堂欄間彫刻は、安房の名工「波の伊八」の傑作

国指定史跡の高壇式横穴墓

史跡長柄横穴群（しせきながらよこあなぐん）

MAP 別冊P.25-D3

古墳時代の終わりごろに、山の斜面に掘って作った高壇式と呼ばれる全国的にも珍しい構造の横穴墓。町内では約300基が確認され、このうち36基が国指定の文化財になっている。

鳥や家などの図柄が壁に彫り込まれた線刻壁画も確認された

町民が植樹した花の名所

野見金公園（のみがねこうえん）

MAP 別冊P.31-C1

標高180mの野見金山の丘陵地にある公園。かつては乳牛の仔の育成をする野見金牧場として親しまれていたが、町民が年月をかけて桜やアジサイを植樹。四季折々の花々は見る者を和ませてくれる。

展望カフェ「ミハラシテラス」からの眺めも壮観だ

ミニ情報　野見金公園へは毎年6月中旬、花の名所などを巡る無料シャトルバスが運行する。長福寿寺のベニバナ、野見金公園のアジサイ、「日本名水百選」に選ばれた熊野の清水を見て回ろう。

最澄が観音像を安置した古刹

かさもりかんのん（かさもりじ）
笠森観音（笠森寺）

MAP 別冊P.25-C3

784（延暦3）年、最澄が開基したと伝わる「坂東三十三観音霊場」の第三十一番札所。全国でも珍しい四方懸造りの観音堂が有名で、ここに祀られている、高さ2.6mの十一面観音が開帳されるのは、6年に一度、丑年と午年のみ。うっそうとした老木に囲まれた参道には、松尾芭蕉が詠んだ句碑や、根元の穴をくぐり抜けると子を授かるといわれる子授楠など、見どころが多い。

岩山の上に立つ観音堂は61本もの柱で支えられている

笠森観音
住 長南町笠森302
TEL 0475-46-0536
開 8:00～16:30（10～3月は～16:00）
休 無休（荒天時閉堂）
料 大人300円、小・中学生100円
P あり
交 JR茂原駅から牛久駅行きバスで33分、笠森下車、徒歩5分

穴の向こうに観音様が見える子授楠

観音堂回廊からの眺め

巨大な瞳のような風穴

すわじんじゃ「ひとみのとんねる」
諏訪神社「瞳のトンネル」

MAP 別冊P.31-D1

睦沢町指定天然記念物で、樹齢1000年以上に及ぶクスノキでも知られている諏訪神社。社殿裏の風穴から竹林を見た構図が、瞳のように見えることから、「瞳のトンネル」と呼ばれる。

おもしろ写真が撮れる撮影スポットとしても人気

諏訪神社「瞳のトンネル」
住 睦沢町上之郷1794
TEL 0475-44-2501（睦沢町役場企画財政課）
開 散策自由　P あり
交 JR上総一ノ宮駅から車で13分

社殿の奥にご神木のクスノキが

県内最大の大日如来坐像

みょうらくじ
妙楽寺

MAP 別冊P.31-D1

平安時代後期創建の古刹。本尊の大日如来は、カヤの一本造りで、高さ約2.8mものまれに見る巨像。国の重要文化財でもあり、ほかに木彫の不動明王立像や毘沙門天立像なども並ぶ。

心静かにご本尊に手を合わせたい

妙楽寺
住 睦沢町妙楽寺500
TEL 0475-43-0150
開 境内自由
P あり
交 JR上総一ノ宮駅から車で20分

ご本尊を安置する本堂

ミニ情報　睦沢町のマスコットは「うめ丸くん」。名前は町の木である梅が由来で、見た目は特産品のカリカリ梅をイメージした丸顔だ。出身地は夜空に輝く「うめ星」。

天然ガスとともに発展した歴史ある工業都市

茂原市（もばらし）

人　口：約9万人（18位）
面　積：99.9㎢（20位）

「さくら名所100選の地」に選ばれるだけあって池に映る桜も見事な茂原公園

市章

茂原市の「も」を図案化し、力強い円満な姿を表現。

茂原市への行き方

東京駅 —— JR特急わかしお（所要約54分） —— 茂原駅

茂原市は「天然ガス（ヨウ素）の茂原」とも呼ばれる、工業都市だ。明治中期に、付近一帯からメタン系天然ガスが産出され、数々の企業がこの天然ガスを利用した工場を稼働し、大きく飛躍してきた。江戸時代には、上総木綿の生産地として知られ、若き日の儒学者・荻生徂徠（おぎゅうそらい）が勉学に励んだ地でもある。また、元禄津波では甚大な被害を受け、忘れてはならない歴史も持ち合わせている。見どころも多く、「さくら名所100選の地」に選ばれた茂原公園をはじめ、茂原の由来“藻原”を残した藻原寺などが代表的。7月下旬に開催される「七夕まつり」は関東三大七夕祭りのひとつで、商店街が華やかな七夕飾りで埋め尽くされる。

歩き方

JR外房線が市を縦断しており、市街地を除き、線路の西側は山がちで、東側には田んぼや畑が広がる農作地が多い。南北に動く場合は鉄道が使えるが、茂原駅を起点として路線バスが市内のかなりのエリアをカバーしているので、実際に移動するならバスが便利。おもな見どころは茂原駅から徒歩圏内の茂原公園周辺に集まっているので、そのあたりを回るなら車は不要だ。

小ネタ

茂原の掩体壕

新茂原駅の東側には、巨大な掩体壕（えんたいごう）が点在する。これは太平洋戦争中に、敵機の攻撃から飛行機を守るために造られた防護施設だ。海軍航空基地があった茂原には、全国でもっとも多い10基が現存。三井化学千葉工場脇の「1000m道路」は、滑走路の跡だ。

田んぼの中にある掩体壕

ミニ情報　平安時代、茂原地方は藤原氏に属する荘園（藻原荘）であったことが、茂原の名の由来だ。いにしえの語源を残す寺が藻原寺。茂原市はこの寺の門前町から始まり、江戸時代に開かれた六斎市により発展した。

湖心に弁天堂のある憩いの場

茂原公園（もばらこうえん）

MAP 別冊P.25-D3

藻原寺の隣に広がる、広さ約16万平方メートルの自然豊かな公園。朱色の太鼓橋を架けた弁天湖を包むようにソメイヨシノが植えられ、『さくら名所100選の地』にも選ばれている。

起伏に富む公園。高台から茂原市街地が一望できる

市名の由来となった日蓮宗の名刹

藻原寺（そうげんじ）

MAP 別冊P.25-D3

創建は1276（健治2）年と伝わる、日蓮宗56本山のひとつに数えられる古刹。高さ25mの白亜の山門は、竜宮門をイメージした立派な多宝塔式。寺号の藻原が茂原の語源だ。

巨大な日蓮聖人の像が参拝者を迎えてくれる

元禄津波供養塔で知られる法華宗の寺

鷲山寺（じゅせんじ）

MAP 別冊P.25-D3

法華宗（本門流）の大本山。1277（建治3）年に、日蓮聖人の弟子、日弁上人が建立した。開山堂前には、1703（元禄16）年に九十九里一帯に多くの犠牲者を出した、元禄大津波の慰霊碑がある。

火災で焼失した本堂は2021年に再建された

山の斜面を覆うあじさいの絶景

服部農園あじさい屋敷（はっとりのうえんあじさいやしき）

MAP 別冊P.25-D3

約1万8000平方メートルの広大な敷地に、約250品種、1万株ものあじさいが咲き誇る。珍しい品種も数多く、6月上旬から7月上旬のシーズンには、畑から山の頂上まで、斜面一帯を埋め尽くす。

散策路からはアジサイを間近で楽しみながら山頂に登ることができる

茂原市のおもな見どころ

茂原公園

住 茂原市高師1325-1
TEL 0475-36-7595（茂原市観光協会）
開 散策自由　P あり
交 JR茂原駅から徒歩20分、または車で7分

桜の時期にはライトアップも

藻原寺

住 茂原市茂原1201
TEL 0475-22-3153
開 境内自由　P あり
交 JR茂原駅から徒歩20分、または車で9分

茂原市のシンボルとしても親しまれている山門

鷲山寺

住 茂原市鷲巣48
TEL 0475-22-2978
開 境内自由　P あり
交 JR茂原駅から徒歩25分、または車で10分

小ネタ

元禄大津波の被害

今から約320年前の元禄16年11月23日。丑の刻（午前2時頃）に、安房の東南海底を震源地とする大地震が起こり、翌未明に大津波が来襲。この地震と津波は、東京・神奈川・千葉県内各地に大被害を及ぼし、特に津波による千葉県の被害者は2000人以上といわれている。

服部農園あじさい屋敷

住 茂原市三ヶ谷719
TEL 0475-24-8511
開 6月上旬～7月上旬、8:00～18:00
休 期間中無休
料 大人600円、小供300円
P あり
交 JR茂原駅から車で10分

ミニ情報　茂原市のご当地ラーメン「もばらーめん」が近年注目を集めている。「もりもりのバラ肉ラーメン」を略したもので、確たる定義はないが豚バラ肉と地元産野菜がたっぷりとのっている。

エリアナビ

北総・成田

江戸へ物資を運ぶための水運が発達した、利根川に縁どられた県の北部。
昔の暮らしを物語る町並みや遺構が多く残され、タイムトラベル気分を味わえる。
千葉を代表する社寺のほか、日本の空の玄関口・成田国際空港があるのもこのエリアだ。

1 関東三大小江戸の佐原を有する 香取市

P.294 MAP 別冊 P.11・44～45

全国に 400 ある香取神社の総本社・香取神宮がある。また、商業で栄えた江戸時代の面影を色濃く残す佐原の歴史的町並みが日本遺産に認定されている。

築 100 年以上の建物が軒を連ねる佐原の町は、小野川を行く小舟に乗って眺めることもできる

2 河口堰のある利根川下流域の町 東庄町

P.300 MAP 別冊 P.12

江戸末期に博徒が横行し、講談や浪曲などでも知られる物語『天保水滸伝』の舞台となった。「いちご街道」と呼ばれる国道 356 号沿いには時期になると直売所が並ぶ。

第 12 代景行天皇が東国巡幸の際に造営し、玉依姫命を祀ったとされる東大社

徳川光圀の逸話で有名な「なんじゃもんじゃの木」がある神崎神社

3 「発酵の里」として町おこし 神崎町

P.301 MAP 別冊 P.10

江戸から明治にかけて利根川の水運により栄えた町で、酒や味噌、醤油などの醸造業が発達した。川沿いの肥沃な土地で稲作などの農業が盛ん。

4 成田山新勝寺の門前町として栄えた 成田市

P.302 MAP 別冊 P.10・17・18・42～43

成田国際空港のほか、江戸時代に成田詣でがブームとなり参詣客でにぎわった成田山新勝寺がある。義民・佐倉宗吾が祀られた東勝寺（宗吾霊堂）は桜の名所。

成田山表参道には江戸時代を彷彿とさせる建物が並びそぞろ歩きが楽しい

5 110 基以上の古墳が点在する 栄町

P.310 MAP 別冊 P.9

かつて水運の中継基地としてにぎわった利根川沿いの町。国内最大規模の方墳・岩屋古墳や、江戸から明治にかけての町並みを再現した千葉県立房総のむらがある。

各種体験プログラムで房総の伝統的な暮らしを体感できる千葉県立房総のむら

6 成田国際空港近くのふたつの町 芝山町・多古町

P.312 MAP 別冊 P.18～19

芝山町には埴輪が多く出土し、町のシンボルとなっている。隣の多古町は日本寺（中村檀林跡）のアジサイのほか、ブランド米の多古米が有名。

芝山町の一部は成田国際空港の敷地。日本初の航空博物館があり、操縦体験ができる

やりたいこと BEST 5

1. 香取神宮に参拝しパワーをいただく➡ P.84、297
2. 成田山新勝寺で開運祈願➡ P.28、85、304
3. 佐原の昔ながらの町を散策➡ P.22、295
4. 千葉県立房総のむらで歴史を体感➡ P.364
5. DIC 川村記念美術館で印象派の絵画を鑑賞➡ P.90、323

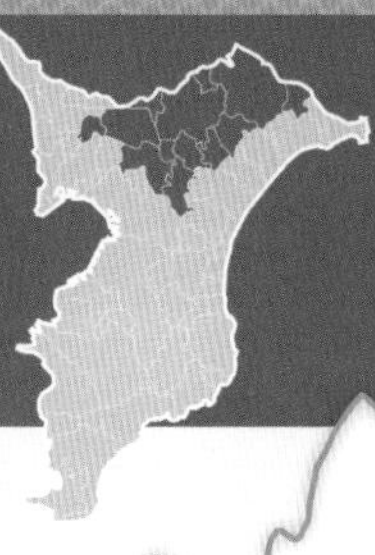

7 ブランドスイカで知られる 富里市

P.316 MAP 別冊 P.17・18

スイカの生産量が全国有数で、6月中旬にはすいかまつりや富里スイカロードレースを開催。スイカデザインの御朱印帳やお守りが話題の香取神社がある。

三菱第3代社長の岩崎久彌氏の邸宅・旧岩崎家末廣別邸は秋の紅葉が見事

8 ピーナッツの収穫体験ができる 八街市

P.317 MAP 別冊 P.17

ピーナッツの生産量日本一を誇り、収穫したピーナッツを乾燥させるために畑に積む「ボッチ」の光景は秋の風物詩。ほかに野菜の栽培や畜産も盛ん。

毎年冬にはピーナッツの天日干しの光景も見ることができる

9 成田街道沿いの宿場町として発展した 佐倉市

P.318 MAP 別冊 P.16〜17

佐倉藩の城下町として栄え、蘭学を奨励するなど進んだ政策で知られた。佐倉城跡や武家屋敷群のほか、博物館や美術館、花の名所など見どころが多い。

佐倉ふるさと広場では春、風車の周辺にチューリップの花畑が広がる

10 酒の井戸の伝説が残る 酒々井町

P.324 MAP 別冊 P.17

千葉氏最後の本拠地・本佐倉城跡や、アウトレットモールがある。酒の井戸の伝説が町名の由来で、現在も創業300年を超す歴史ある蔵元で酒造りが行われている。

円福院神宮寺の境内には室町時代の石碑が立ち「酒の井の碑」といわれている

11 有形無形の文化財が豊富 印西市

P.326 MAP 別冊 P.8〜9・16〜17

利根川、印旛沼、手賀沼に囲まれた自然豊かな地。千葉ニュータウンを中心に開発が進み、ショッピングモールなどの商業施設が充実している。

毎年冬になるとシベリアから1000羽以上の白鳥が飛来する白鳥の郷

12 都会と自然がほどよく調和 白井市

P.330 MAP 別冊 P.8

梨の産地として知られ、農園では梨狩りを楽しめる。おもな見どころに、世界各地のそろばんを展示する白井そろばん博物館がある。

干ばつに苦しむ村人を救ったという竜神伝説が残る清戸の泉

趣のある小江戸の町並みとのどかな水郷地帯の風景が広がる

香取市（かとりし）

人　口：約7万7000人（21位）
面　積：262.4㎢（4位）

映画やドラマの撮影にも使われる小野川沿いの古い町並み

市章

香取市の頭文字「K」に、水辺の自然や広大な水田、里山の自然などを重ねて図案化。鳥が羽ばたく形も表した。

小ネタ
佐原十二橋巡り

佐原では水郷地帯ののどかな風景を巡る小さな船旅が体験できる。あやめパーク（→P.298）から、船頭が操る笹状の「サッパ船」に乗り出発。与田浦から家が密集する加藤洲を流れる水路に入る。この狭い水路には家と家を結ぶ橋が12架かっており、昔のままの水郷の家並みを船上から眺めることができる。

香取市への行き方

東京駅	JR総武線（快速） 38分	千葉駅	JR総武本線 30分	成田駅	JR成田線 30分	佐原駅

　北は茨城県と接する千葉県の北東部に位置する香取市。市の北部を東西に流れる利根川が、町の歴史と産業に関わっている。香取市の中心佐原地区は、利根川水運とともに栄え、江戸時代、年貢米の積み出し地や物資の集散地となり、醸造業などの産業も発展した。その昔「お江戸みたけりゃ佐原へござれ、佐原本町江戸まさり」と言われたほど。江戸時代から昭和初期に建てられた商家や土蔵が軒を連ねる町並みは、国選定重要伝統的建造物群保存地区となっており、佐原いちばんの見どころだ。日本で初めて実測日本地図を作成した伊能忠敬も、佐原の豪商出身で、忠敬にまつわるスポットも多い。全国約400社の総本山となる香取神宮も見逃せない。

ミニ情報 利根川は千葉県と茨城県のほぼ県境となっているが、香取市だけが例外で（野田市のごく一部で市内を流れるところはあるが）、利根川が市中心部を流れる千葉県の唯一の自治体となっている。

歩き方

小江戸の情緒をじっくり味わう

町歩きは佐原駅からスタート。黒瓦の美しい駅舎は古い町並みを誇る佐原にふさわしい。成田線に沿って小野川へ。最初にたどり着く橋は開運橋。欄干にある鯉の像をなでると幸運になるという。ここから小野川に沿って江戸時代から昭和初期に建てられた商家や土蔵が立ち並ぶ、歴史的な町並みを散策しよう。開運橋から伝統的建造物群保存地区の中心である忠敬橋までは川沿いの道を歩いて7分ほど。川の両岸に並ぶ趣のある建物を眺めながらゆっくり歩いていこう。

忠敬橋に着いたら、交通量の多い県道55号を左へ。今も商店として営業している古い建物の前を通って100mほど進むと、右側にこれもレトロなれんが造りの建物が現れる。大正時代に建設された旧三菱銀行の建物だ。その隣にある「佐原町並み交流館」は、このエリアの案内所なのでぜひ立ち寄りたい。忠敬橋周辺で外せない見どころは伊能忠敬記念館。日本で初めて実測地図を作成した伊能忠敬に関連する、国宝を含む多数の資料を展示した博物館。すぐそばの旧宅も合わせて見学したい。

郊外の見どころにも足を運びたい

香取市は県内では4番目に広い自治体で、佐原の町から離れたところにも見どころが点在している。佐原の町から車で5分のところにあるのが香取神宮。千葉随一の格式の高い神社で、千葉を代表するパワースポット。また佐原駅からバスでアクセス可能な水郷佐原あやめパークも、訪れてみたいスポットのひとつ。初夏のアヤメ以外の季節も、春から夏にかけて藤やハスなどの花が楽しめる。パークの周辺の景色も見ておきたい。ゆったりと利根川が流れる水郷地帯は関東有数の米どころ。どこまでも広がる水田はまさに日本の原風景だ。

おさんぽプラン

① JR佐原駅
徒歩7分
② 小野川（開運橋）
③ 重要伝統的建造物群保存地区 （→P.296）
④ 忠敬橋
徒歩30分
⑤ 香取神宮 （→P.297）

町にマッチした日本家屋風の佐原駅

小ネタ

佐原の巡回バス

佐原の町なかだけなら徒歩での観光も可能だが、周辺の見どころを訪れるなら、土・日・休日に運行する佐原駅起点の巡回バスを利用しよう。

あやめパーク内のサッパ船

ふさの国だより

船から眺める小江戸の町並み

佐原を訪れたらぜひ小野川から古い町並みを眺める「小江戸さわら舟めぐり」に参加してみよう。江戸時代から利根川の水運により繁栄した商家の町並みを川から眺めると、目線が変わってとても新鮮。道を行き交う人や車がよく見えないうえに、町の雑踏も聞こえにくいので往時の様子をイメージしやすい。船頭さんが竿を使ってゆっくりと船を進めるので、そののんびりしたスピードもちょうどいい。船旅の時間は30分ほど。伊能忠敬旧宅の前から出発する。

MAP 別冊P.44-B3
住 香取市佐原イ1730
TEL 0478-55-9380
開 10:00～16:00
休 不定休（気象状況などによる） 料 大人1300円、小学生700円 交 JR佐原駅から徒歩15分

船頭さんの説明も聞ける

ミニ情報 「北総の小江戸」とも称され、関東三大小江戸に数えられる佐原。関東三大小江戸とは、埼玉県の川越、栃木県の栃木市、千葉県の佐原を指す。

香取市のおもな見どころ

映画のセットにも使われた小江戸の町並み

重要伝統的建造物群保存地区

MAP 別冊P.45-C3

江戸時代水運業でおおいににぎわった佐原の町。自動車が輸送の主役になる昭和30年代まで、そのにぎわいは続いていた。その後徐々に失われていった古い町並みを保存しようという運動が起こり、1996（平成8）年、県道55号が小野川を渡る忠敬橋の周辺エリアが「重要伝統的建造物群保存地区」に選定されることになった。保存地区内の最も古い建物は小野川沿いにある「いかだ焼本舗 正上」の店舗で、1832（天保3）年築。保存された多くの建物が今もショップやレストランとして使われていて、旅行者は買い物や食事を楽しみながら、古い時代の建物に触れることができるようになっている。

レトロな町歩きを楽しめる

伊能図の成り立ちをじっくり学ぶ

伊能忠敬記念館

MAP 別冊P.44-B3

初めて実測による正確な日本図を作成した郷土の偉人・伊能忠敬に関わる国宝「伊能忠敬関係資料」を、地図・絵図類、文書・記録類など5つの部門に分類し、厳選した実物資料や複製を展示している。伊能全図と人工衛星など現代の技術で作られた地図が重ねられた展示は、忠敬の仕事の正確さに驚嘆させられる。

伊能図の数々も展示している

伊能忠敬が暮らした江戸後期の商家

伊能忠敬旧宅

MAP 別冊P.44-B3

伊能忠敬（1745-1818年）が30年余りを過ごした家。醸造業などを営んでいた伊能家の土蔵造りの店舗のほか、炊事場、書院、土蔵が国の史跡に指定されている。小野川に面した旧宅の正面には「だし」と呼ばれる荷揚げ場があり、今は「小江戸さわら舟めぐり」（→P.295）の乗り場になっている。

200年以上の歴史ある建物

重要伝統的建造物群保存地区

住 小野川・香取街道沿い
TEL 0478-50-1212（香取市商工観光課）
開 見学自由　P あり
交 JR佐原駅から徒歩15分

小野川沿いに七福神の像があるので探してみよう

伊能忠敬記念館

住 香取市イ1722-1
TEL 0478-54-1118
開 9:00～16:30　休 月曜
料 大人500円　P あり
交 JR佐原駅から徒歩15分

村のためにも尽くした忠敬

伊能忠敬旧宅

住 香取市イ1900-1
TEL 0478-54-1118
開 9:00～16:30　休 無休
料 無料　P あり
交 JR佐原駅から徒歩15分

小ネタ

ジャージャー橋

伊能忠敬旧宅の前にある樋橋（とよはし）の通称。もとは小野川を挟んで田んぼに水をやるために江戸時代に造られた水道橋。あふれた水が小野川に流れ落ちる音からこんな名前で呼ばれるようになった。今は朝から夕方まで30分ごとに水が流れ落ちるようになっていて、当時の様子を再現している。

ミニ情報　小野川沿いに立つ伝統的建造物にならった意匠で建築された町屋風建物「さわら町屋館」（上川岸小公園）は、町歩きの休憩所として2019（令和元）年オープン。着物体験、カフェ、老舗の新しいスイーツなどを楽しめる。

小特集 全国約400社の総本社！ 千葉随一のパワースポット

香取神宮を訪れる

朱塗りの大鳥居、玉砂利の参道など風格ある境内。
巨木が多く、香取神宮の森として県の天然記念物にも指定。

拝殿（はいでん）
黒漆塗り、極彩色の装飾が美しい

参拝後にはひと休みしよう

参道入口にはお休みどころが並ぶ

楼門（ろうもん）（国重要文化財）
1700（元禄13）年徳川幕府により造営された。楼上の額は東郷平八郎によるもの

紀元前643年創建の由緒ある社

「香取」の古名は「楫取＝舵取り」ともされ、香取神宮は内海のほとりに鎮座していたという。どんな悩みもうまく舵取りをして決断を助けてくださる、勝運に強い神様として信仰を集めている。境内は広いため、時間に余裕をもって参拝を。

本殿（ほんでん）（国重要文化財）
楼門と同時期に幕府造営。拝殿に連なり、1周できるので細部まで見ることができる

奥宮（おくのみや）
御祭神である経津主大神の荒御魂をお祀りする。楼門から西に100mに鎮座する社

要石（かなめいし）
地震を起こす大ナマズを抑えるために地中深くまで埋められている霊石

MAP 別冊 P.11-C2
住 香取市香取1697-1 TEL 0478-57-3211 開 授与所、御朱印受付 8:30～17:00 休 無休 料 無料 P あり
交 JR佐原駅から車で10分

水郷佐原あやめパーク

住香取市扇島1837-2
TEL0478-56-0411
開9:00～16:30（イベントにより異なる）
休月曜
料イベント、季節により変動あり（12～3月は無料）
Pあり
交JR佐原駅から佐原循環バス、北佐原・新島ルート「水郷佐原あやめパーク」下車すぐ（平日のみ運行・あやめ祭り期間中は有料でシャトルバス運行あり）

サッパ舟に乗って観蓮会（はす鑑賞）

小見川城山公園

住香取市小見川4780-1
TEL0478-50-1214
開入園自由
Pあり
交JR小見川駅から徒歩20分、または車で5分

水郷に映えるアヤメやハスが美しい

すいごうさわらあやめぱーく

水郷佐原あやめパーク

MAP 別冊P.11-C1

水郷の四季を体感できる水辺の花のテーマパーク。6月「あやめ祭り」では、約400品種150万本のハナショウブが園内一面を飾り、7月から8月上旬の「観蓮会（はす鑑賞）」では約300品種のハスを楽しめる。園内水路をサッパ舟と呼ばれる小舟に乗って巡ることができるのは、全国数ある花菖蒲園の中でもここだけ。子供たちが楽しめる遊園施設やドッグランもあり、冬の時期には水辺を活かしたイルミネーションの開催もある。

あやめ祭りで観る圧巻のハナショウブ

市民の憩いの場で桜の名所でもある城址公園

おみがわじょうやまこうえん

小見川城山公園

MAP 別冊P.11-D2

鎌倉時代から戦国時代末期にあったこの地の豪族、粟飯原（あいはら）氏の城の跡地にできた公園。今も城跡の一部や古代の古墳群が残っている。「アスレチック広場」や「チビッコ広場」「わんぱく広場」、数寄屋造りの「清風荘」などがある。園内のいたるところに合計約1000本のソメイヨシノが植えられており、春は約4000本のツツジと合わせて北総随一の花見の名所となっている。

高台に位置し景色もよい

ふさの国だより

のどかな田園地帯は、かつての紛争地（?）

千葉の北辺を流れる利根川は、千葉県と茨城県の県境になっているが、実は複数の「飛び地」がある。そのなかで一番大きなものが香取市北部、利根川、常陸利根川、横利根川に囲まれている土地だ。見渡す限り水田が広がるのどかな場所だが、かつて国会で議論されるほど大きな紛争地帯だった。

1871（明治4）年の廃藩置県の4年後、現在の千葉・茨城両県の県境を利根川とすることが決まった。ただここは昔から佐原との結びつきが強いという理由で例外的に飛び地として千葉県に帰属することになった。問題はこの一帯が水害に弱いこと。お金がない明治政府は、治水事業を各県に任せることになったのだが、利根川に堤防を建設するにしても、この「飛び地」をどうするかで県議会で議論紛糾。茨城は同県への編入を千葉に申し入れ、千葉にもこれに賛同する議員がいたが、土地の住人は茨城への編入を断固拒否。この問題は24年間もの長い議論の後、1899（明治32）年にようやく解決した。

この土地は加藤洲十二橋めぐりの船で訪れることができる

商家の立ち並ぶ町並みでひときわ目を引く土蔵

よくらやおおどぞう
与倉屋大土蔵

MAP 別冊P.44-B3

1889（明治22）年に、醸造蔵として建てられた。高さ約12mの屋根を支える梁は5層ある。与倉屋は、江戸後期から酒造業、醤油の醸造業、現在は倉庫業を営む。大土蔵は「佐原の山車行事」の佐原囃子の稽古場にもなっている。

500畳もの広さがあり、米蔵や兵器庫として使われたことも

与倉屋大土蔵
住 香取市佐原1730
TEL 0478-54-2800
開 見学自由（外観のみ）
P なし
交 JR佐原駅から徒歩15分

イベントの際は内部を見られる

江戸優(まさ)りの佐原の山車を間近で見学できる

すいごうさわらだしかいかん
水郷佐原山車会館

MAP 別冊P.45-D2

八坂神社境内にあり、江戸まさり文化の集大成であるユネスコ無形文化遺産で国指定重要無形民俗文化財の「佐原の山車行事」「佐原囃子」の伝統と文化を紹介する施設。実際に曳き回される山車が常時2台展示され、2階からは上から見た姿を確認できる。展示は毎年祭りの前後に入れ替えられる。

佐原囃子の楽器や大人形も見られる

水郷佐原山車会館
住 香取市佐原3368 八坂神社境内
TEL 0478-52-4104
開 9:00～16:30
休 月曜
（あやめ祭り期間中は無休）
料 大人400円、小・中学生200円
P あり
交 JR佐原駅から徒歩15分

四季折々の彩りを見せる日本三大厄除けで知られる古刹

かんぷくじ
観福寺

MAP 別冊P.11-C2

伊能忠敬の墓がある890（寛平2）年創建とされる真言宗豊山派の古刹。日本三大厄除弘法大師に数えられ、ご本尊は平将門の守護仏といわれる聖観世音菩薩(しょうかんぜおんぼさつ)。寺宝の釈迦如来像など、国の重要文化財の銅造仏をはじめ、古い下総板碑など歴史的に貴重な資料が数多く残されている。

境内にはシダレザクラやボタンも

観福寺
住 香取市牧野1752
TEL 0478-52-2804
開 9:00～16:30
P あり
交 JR佐原駅から徒歩25分

ふさの国だより

夏と秋に行われる、佐原の大祭

→P.368

佐原の大祭は、年に2回、夏と秋に行われる祭りだ。夏祭りは小野川の右岸（東）にある八坂神社の祭礼で、秋祭りは小野川の左岸（西）にある諏訪神社の祭礼。夏祭りは10台、秋祭りは14台の山車が佐原の町なかを曳き回される。江戸中期から300年以上続く祭りは、関東三大山車祭りのひとつに数えられていて、見物に多くの人が訪れる。夏祭りは7月10日以降の金・土・日曜、秋祭りは10月第2土曜日を中日とする3日間。日本を代表する祭りをぜひ見学にいってみよう。

佐原囃子が町なかに響き渡る

坂東太郎（利根川）に支えられた農業の町

東庄町
とうのしょうまち

人　口：約1万4000人（44位）
面　積：46.3㎢（36位）

町章

『庄』の字を中に「と」「う」「の」を円にデザイン化。地域が手をつなぎ、町が丸く平和に栄えることを象徴。

コハクチョウの飛来地として知られる

小ネタ
郷土料理のシジミ丼
かつて、東庄町を流れる利根川では、海水と淡水が混じるため大粒のシジミを取ることができ、全国生産量の5割以上を占めていた。近年は漁獲高が激減したものの、東庄町で郷土料理のシジミ丼を味わうことができる。
シジミ丼は、シジミ、玉ねぎ、卵、地元の醤油を使った料理。

東庄町への行き方

東京駅 ― JR総武線（快速）38分 ― 千葉駅 ― JR成田線 1時間35分 ― 笹川駅
東京駅 ― 千葉交通高速バス銚子行き（佐原ルート・小見川ルート）2時間 ― 東庄バス停

東庄町は、かつては利根川水運の拠点のひとつだった笹川を中心に栄えた。平安時代後期に起こった平忠常の乱の首謀者である平忠常の館がこの地にあったともいわれている。

現在は町の北部、JR成田線と国道356号に沿って市街地が広がり、町の中央部の台地には神社や寺、城址が点在する。利根川流域の平野部には水田が、内陸部には畑が広がり農業がおもな産業。通常の2倍の大きさが自慢のイチゴ「アイベリー」などのイチゴ狩りが楽しめる観光農園も多数あり、SPF豚を中心とした養豚も盛んだ。

歩き方

講談や浪曲で知られる『天保水滸伝』は、江戸末期、利根川を挟んで勢力争いを繰り広げたふたりの侠客、笹川繁蔵と飯岡助五郎の物語。笹川駅近くの諏訪大神の境内には、この物語にまつわる品々を展示した天保水滸伝遺品館があり、当時の侠客の風俗を知ることができる。

広々とした利根川と支流の黒部川流域の風景も町の魅力のひとつ。川のほとりには国内有数の芦原が広がっており、コジュリンなどの珍しい鳥を観察することができ、野鳥の観察デッキも設けられている。東庄町観光会館では旅行者向けに自転車のレンタルを行っているので、サイクリングを楽しみながら町の見どころを巡ることができる。

天保水滸伝遺品館にはゆかりの文化財約50点を収蔵

駅から徒歩5分のところにある諏訪大神

昔ながらの発酵文化が根づく町

神崎町（こうざきまち）

人　口：約6000人（54位）
面　積：19.9㎢（52位）

鍋店では酒造蔵の見学ができる（要予約、有料→P.69）

町章

町名のコウザキを図案化したもので「町の和」と「発展の願い」を込めて作成

神崎町への行き方

東京駅 —JR特急成田エクスプレス 47分— 成田駅 —JR成田線 20分— 下総神崎駅

稲作など農業がおもな産業の、千葉県最小人口の自治体。江戸から明治にかけて利根川の水運業で栄えたところで、豊かな米や大豆、そして良質な水があったことから、酒造り、味噌や醤油の醸造業が発達。最盛期には、河岸の街道に酒蔵が7軒並び、味噌蔵や醤油蔵も軒を連ねていた。その伝統を受け継ぐべく、2013（平成25）年に町は「発酵の里こうざき」を商標登録。町をあげて「発酵」を盛り上げている。3月に行われる「酒蔵まつり」には人口の10倍もの観光客が集まり、そのための臨時列車まで運行されるほどだ。

歩き方

現在町内には2軒の蔵元があり、そのうちの1軒、元禄年間から続く鍋店 神崎酒造蔵では実際の酒造りの見学ができる（要予約）。杜氏制をやめ自分たちの手で酒造りを続ける蔵元で、国内外の品評会で何度も受賞歴がある人気の酒蔵だ。神崎寺が毎年4月に利根川の河原で行う山伏姿の僧が燃え盛る炎の中を通り抜ける「火渡り修行」も多くの人が集まる行事。日本最古級に属する西の城貝塚、神崎町や県内はもちろん全国の発酵食品を取り揃えた道の駅「発酵の里こうざき」、利根川を歩いて渡れる神崎大橋、県の天然記念物に指定されている神崎神社の御神木「なんじゃもんじゃの木」など、小さい町ながら見どころはいろいろ。

小ネタ
酒蔵まつり

300年以上も続く神崎の酒蔵、鍋店と寺田本家が合同で行う人気のイベント。3月の中旬の日曜日、2軒の蔵元と周辺を会場とし、酒蔵の見学や試飲ができるほか、地元商店街の出店も多数出て盛り上がる。

神崎寺の火渡り修行は見学だけでなく参加も可能（→P.370）

なんじゃもんじゃの木はクスノキの大木

全国有数の参拝者数を誇る寺院の門前町

成田市（なりたし）

人　口：約13万1000人（15位）
面　積：213.8㎢（6位）

荘厳なたたずまいの総欅造りの総門は2008（平成20）年に建立

市章

NARITA

成田市の頭文字「N」を人の姿に重ね合わせたイメージをデザイン。

日本の玄関口である成田国際空港

小ネタ

「成田空港」でなかった成田空港

1978年開港当時、「成田空港」は通称で、正式名は「新東京国際空港」だった。2004年4月1日、ようやく「成田国際空港」が正式の名称に。

成田市への行き方

東京駅 ― JR総武線（快速）所要約1時間17分 ― 成田駅

開基から1000年以上護摩祈祷を絶やさず、多くの参拝客を集める古くから霊場として名高い成田山新勝寺。江戸時代に庶民のために尽力した佐倉宗吾の菩提寺、宗吾霊堂。成田市は、ふたつの聖地の風情豊かな門前町として栄えてきた。現在は日本の表玄関、成田国際空港を擁する国際観光都市であり、千葉県北部最大の都市として、この地域経済の中心となっている。

とはいえ市街地を一歩離れると田畑が広がるのどかな景色があり、緑豊かな丘陵地帯には、江戸時代から軍馬や農耕馬を育てる牧（牧場）があった。明治になってからは御料牧場（皇室用の牧場）が、1969（昭和44）年に栃木に移転するまで置かれていたが、この牧場の跡地に建設されたのが成田国際空港だ。市内にある成田ゆめ牧場や成田ファームランドは、成田の「牧」の伝統を引き継いでいる見どころといえるだろう。

ミニ情報　成田山新勝寺を訪れるなら、表参道沿いの「一粒丸三橋薬局」にも寄ってみて。江戸の時代から続く老舗薬局で、胃腸薬である「成田山一粒丸」はレトロなパッケージがおみやげにも◎。

歩き方

多くの参拝客を魅了してやまない成田のお不動様

成田詣はJR、または京成線の成田駅から。JR成田駅東口前では樹齢700年の椎の木「不動の椎」、毎正時4分間稼働するからくり時計（日～木8:00～20:00、金・土～22:00）が出迎えてくれる。表参道への入口の目印は市川團十郎の『鏡獅子』のモニュメントだ。駅から新勝寺までは約800m。なだらかな下り坂なので、ゆっくり歩いても15分の距離だ。参道には商店や飲食店が並んでいるが、参道の中ほど、歌人三橋鷹女の像の前の三叉路を右に進むと、町並みが一変。江戸の昔に戻ったような古い建物が並ぶようになる。そのまま坂を下っていくと新勝寺の総門だ。

新勝寺の境内は広大なうえ、見どころもたくさんあるのでたっぷり時間をとっておきたいところ。隣接する成田山公園内はアップダウンも多く、境内も階段がいたるところにあるので、歩きやすい靴と服装で訪れたい。

もうひとつの聖地を訪ねる

京成線宗吾参道駅よりスタート。寺の門までは約1kmのゆったりした上り坂だ。宗吾霊堂（鳴鐘山東勝寺）は桓武天皇の時代の開基といわれる古刹。この東照寺が先にあったので成田山は「新勝寺」と名づけられた。江戸時代の義民、佐倉宗吾（木村惣五郎）が祀られ、本堂のほかに、宗吾御一代記館や宗吾霊宝殿がある。そこから北に約2kmの浅賀多神社にある樹齢約1200年の関東一といわれる大杉は必見。そこから北西600mの宗吾旧宅では、宗吾が妻子と最後の別れ水杯を交わした井戸を見ることができる。

JR成田駅。直線で100mほどの距離に京成成田駅もある

おさんぽプラン

① JR成田駅
成田山表参道（徒歩15分）
② 成田山新勝寺 （→P.304）
成田山表参道（徒歩15分）
京成成田駅+
電車7分
宗吾参道駅+
徒歩15分
③ 宗吾霊堂（東勝寺） （→P.305）

表参道の入口に立つ歌舞伎のモニュメント

小ネタ

参道のかわいい動物たち

表参道沿いにはたくさんの店が並んでいて、特徴のあるそれらの店先をのぞいているだけでも楽しいが、足元にも注目してみよう。実は道の両側の歩道に十二支の石像が置かれている。1体1体なかなかユーモラスな表情の石像で、自分の干支を見つけながら歩くのもおもしろい。

ふさの国だより

成田のウナギはなぜ名物に？

成田市公認キャラクターが「うなりくん（ウナギ×飛行機のキャラ）」であることからわかるように、成田の名物といえば「ウナギ」。新勝寺参道周辺には60軒ものウナギを出す店があり、夏の土用の丑の日に合わせて「成田ウナギ祭り」が行われる。でも成田でなぜウナギなのだろう？　江戸時代、成田山は庶民の代表的な行楽地。旅先でその地の名物を食べるのも旅の楽しみで、利根川や印旛沼に近い成田では昔から川魚料理、特にウナギが名物だった。今と違って、江戸から成田詣でをすれば3～4日かかるのはあたりまえ。そんな旅で精のつくウナギは大人気だった。いつしか「成田詣+ウナギ」が定番となり、それが今日まで続いている。

老舗「川豊」のうな重は伝統の味

成田市の おもな見どころ

1000年を超える御利益「成田のお不動様」

なりたさんしんしょうじ

成田山新勝寺

MAP 別冊P.42-B1

940（天慶3）年、寛朝大僧正（かんちょうだいそうじょう）により開山。真言宗の開祖、弘法大師空海が自ら敬刻開眼した不動明王を御本尊とし、その御加護により1000年以上御護摩の火を絶やすことなく御護摩祈祷（おごまきとう）、御火加持（おひかじ）を行っている。真言宗智山派の大本山であり、不動尊信仰の総府。毎年1000万人を超える参詣者を迎え、節分では時の横綱などが「福は内」とだけ唱える豆まきが有名。

平和大塔の不動明王は大迫力

成田山新勝寺
住成田市成田1
TEL0476-22-2111
開参拝自由
Pあり
交JR成田駅・京成線京成成田駅から徒歩15分

巨大な新勝寺の本堂と三重塔

江戸を感じる町並みで名物を味わう

なりたさんさんどう

成田山参道

MAP 別冊P.42-B1

成田山新勝寺とJRおよび京成成田駅を結ぶ約800mの参道。成田詣でにぎわった18世紀（天保年間）には、旅館、菓子屋など158軒の店が軒を並べた。名物として有名なウナギ、鉄砲漬、羊羹、団子をはじめとする和菓子、当時の旅人必携の薬「成田山一粒丸」など、150店以上のお店がズラリ！グルメやおみやげ選びをたっぷりと楽しめる。

総門に向かってゆっくりと下っていく

成田山参道（成田観光館）
住成田市仲町383-1
TEL0476-24-3232
開9:00～17:00
休月曜
交JR成田駅・京成線京成成田駅から徒歩12分

参道の先には成田山新勝寺の総門が

四季の自然が感じられる庭園

なりたさんこうえん

成田山公園

MAP 別冊P.43-C1

1928（昭和3）年に完成し新勝寺大本堂の裏の丘陵地を利用した16万5000平方メートルの大きな庭園。高さ58mを誇る荘厳な「平和の大塔」に見守られるように、豊かな緑と水で構成された美しい公園。アップダウンがけっこうあるが、のんびりと景色を眺めながら歩けばそれほど気にならないだろう。園内には書道美術館や松尾芭蕉や高浜虚子など著名な文人の句碑もある。

公園内の龍知池と浮御堂

成田山公園
住成田市成田1
TEL0476-22-2111（成田山新勝寺）
開入園自由
Pあり
交JR成田駅・京成線京成成田駅から徒歩25分

紅葉の時期も美しい

民のために命を捧げた宗吾様を祀るアジサイ寺

そうごれいどう
宗吾霊堂

MAP 別冊P.17-D1

真言宗智山派として開基し、江戸時代の封建制度のなかで災難に苦しむ10万の民衆のために尊い命を捧げた佐倉宗吾（本名木内惣五郎）を祀る寺。本堂や仁王門などのほか、宗吾の生涯を66体の等身大の人形により再現した宗吾御一代記館、本人が実際に着ていた着物の展示が見れる宗吾霊宝殿などの見どころがある。桜やアジサイの花の名所としても知られている。

宗吾霊堂の堂々たる本堂

宗吾霊堂
住 成田市宗吾1-558
TEL 0476-27-3131
開 9:00〜16:00
休 月曜（宗吾御一代記館）
料 拝観無料（宗吾御一代記館、宗吾霊宝殿共通で700円）
P あり
交 京成線宗吾参道駅から徒歩15分

宗吾霊宝殿はちょっと趣の変わったデザイン

巨大な御神木にもぜひお参りしたい

まかたじんじゃ
麻賀多神社

MAP 別冊P.17-D1

約1700年前、印旛国造（いんばのくにのみやつこ）（大和朝廷の地方長官）の伊都許利命（いつこりのみこと）が、古事記や日本書紀では、日本の国造りの神、五穀の神、産業を司る神とされる稚産霊命（わくむすびのみこと）を御祭神として、麻賀多神社大神を現在の地に祀ったことに始まる。以降近隣の麻賀多十八社の本宮として、また地元の鎮守様として広く崇敬されている。境内の樹齢1300年余りの大杉がパワースポットとして人気。

高さ約40m、幹周り約9mという巨木

麻賀多神社
住 成田市台方1
TEL 0476-28-5736
開 参拝自由
P あり
交 京成線公津の杜駅から成田市コミュニティバス北須賀ルート（甚兵衛渡し方面）で8分、麻賀多神社前下車、徒歩すぐ

本殿から徒歩15分ほどのところにある奥宮の境内には古墳がある

江戸時代の名主の暮らしぶりを知る住宅

きゅうひらのけじゅうたく
旧平野家住宅

MAP 別冊P.9-D3

1751（寛延4）年に建築された間口18m、奥行6mある茅葺寄棟造りの建物で、富津市亀沢で農業を営み江戸時代には代々名主役を務めた旧家平野家の住宅。県に寄贈された後、「房総のむら」に移築された。当時の農家建築としては大規模であり、来客のもてなしに重点をおく間取りなど、当時の名主の生活をしのぶことができる。

豪華な造りに名主の暮らしぶりをうかがうことができる

旧平野家住宅
住 成田市大竹1451県立房総のむら（風土記の丘エリア）
TEL 0476-95-3333
開 9:00〜16:30
休 月曜
料 大人300円、高・大学生150円
P あり
交 JR成田駅から竜角寺台車庫行きバスで約20分、竜角寺台2丁目下車、徒歩10分

※県立房総のむら（→P.364）には国の重要文化財に指定されている「旧学習院初等科正堂」や「御子神家住宅」が保存されている

三里塚記念公園
住成田市三里塚御料1-34
TEL0476-20-1562
開入園自由(記念館などは9:00～16:00)
Pあり
交JR成田駅から三里塚・多古・八日市場行きバスで20分、三里塚下車、徒歩3分

正門から記念館までの通りがマロニエ並木

日本における酪農の発祥を今に伝える公園

三里塚記念公園（さんりづかきねんこうえん）

MAP 別冊P.18-A1

成田空港の建設に伴い、「宮内庁下総御料牧場」が栃木県に移転した跡地に造られた広さ3万平方メートルの公園。広々とした敷地内には、マロニエの並木道が続き、桜が咲く季節にはその訪れとともに多くの人々でにぎわう。下総御料牧場は日本における、酪農、獣医学、競馬、ジンギスカン料理の発祥の地として知られ、記念館や石碑なども見どころだ。

高貴な雰囲気が漂う建物

成田市さくらの山
住成田市駒井野1338-1
TEL0476-33-3309
開6:00～23:00
休無休
料無料
Pあり
交JR成田駅から航空博物館行きバスで約15分、さくらの山下車すぐ

航空機の離着陸を家族で楽しめる撮影スポット

成田市さくらの山（なりたしさくらのやま）

MAP 別冊P.18-A1

成田国際空港の4000m滑走路北側の小高い丘の上にあり、A滑走路を離着陸する飛行機を間近で見学できる、航空ファンだけでなく、家族連れにも人気のスポット。CMやテレビの撮影にも利用されている。2015（平成27）年には空の駅さくら館もオープンした。春には約300本の桜とともに楽しめる。

桜と飛行機の映える光景

龍正院（滑河観音）
住成田市滑川1196
TEL0476-96-0217
開参拝自由
Pあり
交JR滑河駅から徒歩15分

観音堂中陣の天井絵。描かれた迦陵頻伽（かりょうびんが）は美しい声をもち極楽浄土にすむ生き物

延命開運、安産子育の観音として法灯の輝くこと約1200年

龍正院（滑河観音）（りゅうしょういん（なめりがわかんのん））

MAP 別冊P.10-A2

「坂東三十三所観音霊場」の第二十八番札所で、平安初期の838（承和5）年に慈覚大師が開基したと伝えられる、御丈一寸二分の十一面観音菩薩をご本尊とした天台宗の寺院。ご本尊は後に定朝作の一丈二尺の観音像の胎内に納められ、延命、安産・子育ての守り本尊として知られ、滑河観音と称される。16面体の柱をもつ木造の仁王門や、江戸時代5代将軍徳川綱吉の寄進で造られた本堂はそれぞれ国や県の文化財に指定されている。

重要文化財の山門は16世紀の初頭に建てられたもの

牛乳一筋のこだわりが創り出す体験型観光牧場

なりたゆめぼくじょう
成田ゆめ牧場

MAP 別冊P.10-B2

1887(明治20)年創業の秋葉牧場が前身。1987(昭和62)年、100周年記念事業として約9万坪＝約30万平方メートル(東京ドームの約7倍)の広大な敷地をもつ観光牧場となる。動物たちの行動展示や動物への餌やり、小動物との触れ合いなど、身近な動物たちを観察できる観光牧場だが、同時にたくさんの乳製品を生産している牧場も運営している。それに関連した乳搾りやバター、ミルクアイスなどの乳製品作りの体験もできる。ほかにも本物の蒸気機関車に乗ったり、サイクリング、アーチェリーといったアトラクションを楽しんだり。こだわりの食材を使ったレストランも試してみたい。もちろん乳製品を中心におみやげも豊富だ。

ゆめ牧場名物、「ヤギの空中散歩」は動物の本能を生かした展示

成田ゆめ牧場
住成田市名木730-3
TEL0476-96-1001
開9:30～16:30（土・日・祝日9:30～17:00）※季節により変動あり
休不定休（HPにて要確認）
料大人1600円、3歳～小学生800円
Pあり
交JR滑河駅から送迎バスで10分

動物に直接餌をあげることができる

ベリーいっぱい！無垢材の堆肥にこだわる観光農園

なりたふぁーむらんど
成田ファームランド

MAP 別冊P.10-B3

グランドオープンは2021(令和3)年。総面積2万5000平方メートル。『健康な土で育った農作物は体に優しく美味しい。また、心も豊かにしてくれる。』をテーマに、無垢材の廃材を利用し独自開発した木材チップの堆肥にこだわり、農業の可能性を追求して世界へ発信する観光農園を目指している。糖度の高いイチゴやブルーベリーなどの収穫を楽しめるほか、併設のフラワーパークでは色鮮やかなバラを買い取り育てる体験ができる。

成田ファームランド
住成田市所1199-1
TEL0476-73-8314
開10:00～17:00（最終入場16:00）施設により異なる
休不定休
料無料（施設・体験により設定）
Pあり
交JR成田駅・京成線京成成田駅から佐原粉名口車庫行きバスで42分、赤坂台下車、徒歩5分

ふさの国だより

日本初のタイ式寺院ワットパクナム日本別院

「ワット」とはタイ語で「お寺」という意味。日本と同じ仏教国タイの首都バンコクで、17世紀に建立された由緒ある寺の日本別院だ。2005（平成17）年に工事が竣工した、日本で最初のタイ式寺院とされている。仏教寺院なので、お堂の中には仏像が置かれているのは日本の寺院と同じだが、そのスタイルも雰囲気も日本のそれとはまったく違うことに驚かされる。タイ人の僧侶が常駐しており、通常の宗教行事のほかにさまざまなイベントも行っている。参拝は自由。誰でも訪れることができるが、ここは聖なる場所。参拝時には肌の露出の多い服を避けるなど、日本の寺院を訪れるのと同じくマナーを忘れずに。

住成田市中野294-1
URLhttp://pakunamu.net/

遠くから見てもすごい存在感を放つタイ式の寺院

小特集 日本の玄関へプチトリップ

成田国際空港

空港がもつ独特の雰囲気は他では味わえないもの。旅好きな人はもちろんのこと、飛行機に乗る予定がない人も、飛行機にあまり興味がない人も、何ともいえない高揚感が味わえる空港は不思議なスポットだ。

MAP 別冊P.18-A1

成田国際空港の駐機場に並ぶ複数の航空機

1978（昭和 53）年の開港以来、日本の玄関として機能してきた成田国際空港。開港当初は第 1 ターミナルしかなかったが、1992（平成 4）年に第 2 ターミナルが、2015 年からは第 3 ターミナルがオープン。その間に第 1 ターミナルも大きく改修され、40 年を超える歴史のなかで、常に変化、拡大を続けてきた。基本的に旅行者のための施設だが、巨大なショッピングセンターでもあり、今は外国人へ日本文化を発信する場所にもなっている。

第 1 ターミナル

成田国際空港の開港時から使われてきたターミナル。1999（平成 11）年に新装開業した北ウイングと 2006（平成 18）年に新装開業した南ウイング、そして中央ビルからなる空港でいちばん大きな建物。6 階建てで、1 階は国際線到着ロビー、4 階は出発ロビー。第 1 ターミナルの一番の見どころである展望デッキは、北ウイングと南ウイングの間にある中央ビルの 5 階にある。中央ビル 4 階・5 階は、レストランやショップが集まるショッピングモールエリアとなっており、ショッピングや食事も楽しめる。

①南ウイングの出発ロビー　②離着陸する飛行機の迫力ある様子が眺められる　③「Stylish Travel」などユニークなショップがたくさん！　④ターミナル前の池は初夏になるとハスの花でいっぱいになる

第 2 ターミナル

建物は 6 階建て。1 階が到着ロビーで、出発ロビーは 3 階。出発ロビーの上階、4 階では数多くのショップやレストランを展開する。 第 2 ターミナルの見学デッキもこの階にある。第 2 ターミナルの見どころのひとつは 2 階にあるアニメゾーン。日本が世界に誇るアニメ文化を紹介するスペースで、フィギュアをはじめアニメ関連商品を扱う大型店「成田アニメデッキ」やアニメツーリズム協会が選定する「訪れてみたい日本のアニメ聖地 88」0 番札所も必見

①見学デッキのフェンスには撮影用の穴が　②4 階から出発ロビーを見下ろす　③2 階にある「成田アニメデッキ」　④4 階の中央にあるカフェ「CAFE & DINING N's COURT」　⑤人気メニューはタンドリーチキンコンボ

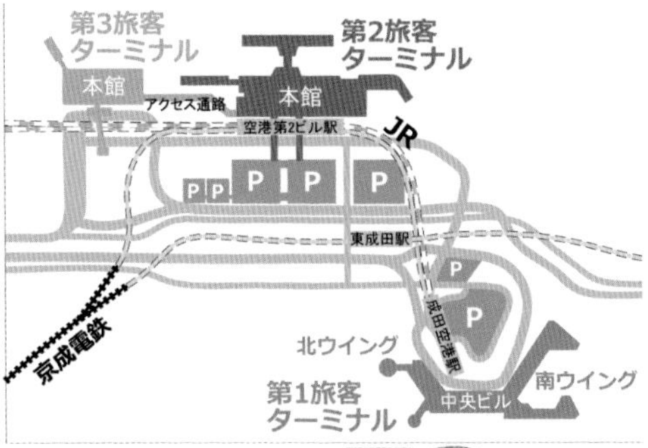

ターミナル間の移動は

各ターミナル間には無料の循環バスが運行しているのでスムーズな移動が可能。また、2022年4月には第2ターミナルと第3ターミナル間のアクセス通路も新たに整備され、距離が約300mに短縮。より便利に。※ターミナル連絡バスの最新の運行状況は成田空港ホームページで確認できる。

URL www.narita-airport.jp/jp/access/shuttlebus

第3ターミナル

2015（平成27）年にオープンしたLCC専用のターミナル。建物は4階建て、1階が到着ロビー、2階が出発ロビー。第1・第2ターミナルとはだいぶ雰囲気が異なっており、出発ロビーの天井は低く、空間はとてもシンプル。ところどころに設置されたアート作品により、待合スペースなどはおしゃれなカフェのようなたたずまいだ。千葉県の特産品を取扱う店舗もあり、空港見学の記念みやげを探すのにぴったり。国内空港最大級のフードコートがあり、バラエティ豊かな食事を楽しめる。専用駅はなく、第3ターミナルへアクセスするには、第2ターミナルから歩くかバスに乗る。

近未来的

①

②

③

④

①建材むき出しの天井がスタイリッシュ　②第2・第3ターミナル間のアクセス通路。陸上トラックのような感じ　③第3ターミナルのフードコート。木製のテーブルが印象的　④2F「Fa-So-La KAGURA」千葉みやげを買うならここへ

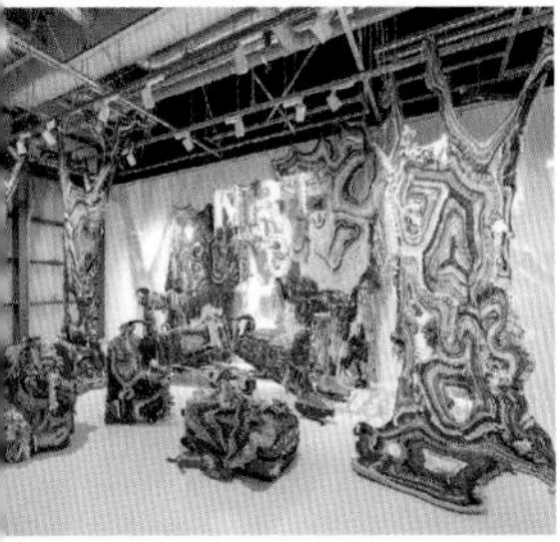

ターミナル入口に飾られたアート作品

飛行機を眺めながら露天風呂

→ P.104

空港から車で5分、芝山千代田駅から歩いても3分ほどの場所にある「成田空港温泉 空の湯」は、メインの滑走路であるA滑走路から直線距離で約1.5kmの場所にある空港にいちばん近い温浴施設。最上階にある露天風呂につかりながら飛行機が眺められる。自転車のレンタルをしており空港周辺を自転車で巡れる。

ジェット機の音が響く露天風呂

初代成田空港駅の今

現在は当たり前のように鉄道を使って空港にアクセスしているが、1978年の開港と同時に開業した「成田空港駅」はターミナルから約1kmも離れた場所にあった。当時空港と都心を結ぶ「成田新幹線」が計画されており、ターミナル直結駅はそちらが利用することになっていたからだ。だが「成田新幹線」の計画は頓挫。ターミナル直結駅には在来線が乗り入れることになり、1991年に2代目の「成田空港駅」が開業した。初代の成田空港駅は「東成田駅」として現在も空港職員などの通勤に利用されている。第2ターミナルと地下道でつながっており、今でも40年以上前の駅の雰囲気を残し、マニアには隠れた人気スポットになっている。

①

②

③

④

①時間が止まったかのような東成田駅のコンコース　②改札口はそれほど古さを感じさせない　③電車は1時間に1、2本　④駅の入口も時代を感じる

千葉県随一の歴史の町

栄町（さかえまち）

人　口：約2万1000人（38位）
面　積：32.5㎢（44位）

江戸の町並みが再現されている房総のむら

町章

円満な町政と躍進、「栄町」の発展を表し、漢字の「栄」を図案化。

小ネタ

観光拠点「ドラムの里」

千葉県立房総のむら（→P.364）に隣接する複合施設。レストランや産直販売所のほか、レンタサイクルや忍者装束が着られる「コスプレの館」もあり、衣装を着て房総のむらに行くこともできる。

JR成田線の安食駅。栄町にある唯一の駅

栄町への行き方

東京駅 —JR上野東京ライン 41分— 我孫子駅 —JR成田線 29分— 安食駅

四方を利根川、成田市、印旛沼、印西市に囲まれた栄町は歴史の町。紀元前から丘陵地を中心に集落が形成され、特に有力な豪族を埋葬したものと推定される岩屋古墳（国指定史跡、日本最大規模方墳）をはじめ、110余基の古墳群や貝塚が東部丘陵地の龍角寺地区から酒直（さかなお）地区に点在し、石器や土器が出土している。町いちばんの見どころである房総のむら（→P.364）も歴史にゆかりのあるスポットだ。

近年、安食駅北側の一部は住みやすい町づくりが進み、首都圏近郊の住宅地としての役割を担っている。

歩き方

町歩きは安食駅より始めたい。駅前から酉の市で知られる大鷲神社、役場、ふれあいプラザに立ち寄り、水田を通り抜け、自然に囲まれた里山や龍角寺、房総のむら、岩屋古墳などを探索。途中にあるドラムの里の休憩ポイントを含めアップダウンも少なく、緑と自然を味わいつつ見どころを楽しめる約10kmのハイキングコースとなっている。終点は下総松崎駅。房総のむらへは安食駅からのバスも利用可。

県内屈指の古墳群に日本最大級の方墳

りゅうかくじいわやこふん
龍角寺岩屋古墳

MAP 別冊P.9-D3

7世紀後半、有力な豪族により造られたとされる日本最大級の方墳。階段ピラミッドのように3段に盛られた墳丘の一辺は約80m、高さ13m、周囲には二重の堀が巡り、その範囲は東西108m・南北96mに及ぶ。印旛沼と利根川に挟まれた海抜約30mの台地上に立地しており印旛沼を望む。115基の古墳が林間に点在する県内屈指の古墳群の中の105号墳。

よく整備され、土器や埴輪が置かれる。古代史好きにはたまらない

出世開運の守護神、お鷲様

おおわしじんじゃ
大鷲神社

MAP 別冊P.9-C3

創祀の年代は不明。天乃日鷲命（あまのひわしのみこと）、大巳貴命（おおあなむちのみこと）、小名彦命（すくなびこなのみこと）、日本武尊（やまとたける）を祀る。江戸時代に春日局の厚い崇敬を受け、奉納されたという金色の鷲が本殿と拝殿の間にある幣殿の天井に飾られている。この金色の鷲は、春日局に育てられた徳川家光が3代将軍になったことのお礼だとされている。出世開運・商売繁盛・子授祈願の守護神として知られており、福を願う人々が訪れる。12月上旬開催の「酉の市」は地元でいちばん大きい伝統あるお祭りだ。

小高い丘の上にあり、参拝は階段をかなり上る必要がある

栄町のおもな見どころ

龍角寺岩屋古墳

住 印旛郡栄町龍角寺1601他
TEL 0476-95-1112（栄町生涯学習課）
開 入場自由　P あり
交 JR安食駅から竜角寺台車庫行きバスで10分、房総のむら下車、徒歩5分

大鷲神社

住 印旛郡栄町安食字谷3620-1
TEL 0476-95-1760
開 参拝自由
P あり
交 JR安食駅から徒歩10分

大鷲神社境内の魂生神社

ふさの国だより

日本一といわれる御神体

古代より男性器や女性器は多産、豊穣の象徴として、日本のみならず、世界中の宗教施設でシンボルとして崇拝されてきた。大鷲神社の境内にあるもうひとつの神社、魂生（こんせい）神社には日本一ともいわれる、高さ2.5mの巨大な男性のシンボルがご神体として祀られている。どうも「下ネタ」扱いされてしまうことがあるこれらのシンボルだが、訪れてみると堂内にはユーモラスというより一種神聖な雰囲気が漂っている。世の中には子宝に恵まれないことに悩んでいるカップルは少なくない。受験生が合格を願って絵馬を奉納するように、ここには子供を授かることを願っておびただしい数の小さなシンボルが奉納されており、その切なる想いが感じられる。

堂々と起立する御神体

子供の誕生を願う無数のシンボルが並ぶ

日本の玄関の南に広がる、歴史のロマンを感じる土地

芝山町（しばやままち）

人　口：約7400人（50位）
面　積：43.2㎢（38位）

多古町（たこまち）

人　口：約1万5000人（42位）
面　積：72.8㎢（27位）

頭上を次々に飛行機が飛んでいくひこうきの丘

芝山町・町章

円型は合併の和と結束とを示し、4枚の翼は町の飛躍を表す。

多古町・町章

円を支える3本の柱は、農業、工業、商業を象徴し、これらが調和したまちづくりへの決意と願いがこめられる。

芝山町・多古町への行き方

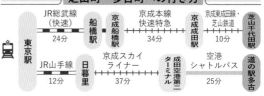

東京駅 → JR総武線（快速）24分 → 船橋駅／京成船橋駅 → 京成本線 快速特急 34分 → 京成成田駅 → 京成東成田線・芝山鉄道 10分 → 芝山千代田駅

東京駅 → JR山手線 12分 → 日暮里 → 京成スカイライナー 37分 → 成田空港第二ターミナル → 空港シャトルバス 25分 → 道の駅多古

芝山町は成田国際空港のすぐ南にあり、高谷川、木戸川流域は稲作地帯、西北部の丘陵地では畑作が盛ん。空港に隣接した芝山鉄道の芝山千代田駅が町唯一の鉄道駅。町の公共交通機関は路線バスだ。古代史にまつわるスポットが多く、町のキャラクターも「はにわ」がモチーフ。

多古町は芝山町の東側。町内を流れる栗山川流域には水田地帯が広がり、数々の受賞歴のある千葉が誇るブランド米「多古米」の産地となっている。隣の芝山町同様に町内には多くの古墳や遺跡があり、歴史にまつわるスポットもいっぱい。多古町には鉄道駅がなく、JRの成田駅、佐原駅、八日市場駅からの路線バス、空港からのシャトルバスが公共交通でのアクセス手段となる。

ミニ情報　京成成田駅と芝山千代田駅を結ぶ芝山鉄道（→P.104）は、かねてから九十九里の蓮沼海岸までの鉄道延伸を計画している。実現すれば成田空港から九十九里の海へ鉄道でアクセスできるようになる。

歩き方

新旧の魅力を発見する町歩き

成田国際空港と離着陸する飛行機を一望できる、芝山町のひこうきの丘からスタート。近くの航空科学博物館にも立ち寄ってみよう。航空機の操縦体験ができるシミュレーターが人気だ。芝山町を縦断する県道62号、通称「芝山はにわ道」ではたくさんの埴輪が迎えてくれる。芝山古墳・はにわ博物館で古代文化に思いをはせてみては。

多古町では日蓮宗の古刹、日本寺を訪れたい。僧侶の養成機関である檀林が置かれ、のべ10万人もの僧侶を輩出したといわれている。約8000株のアジサイが植えられた花の寺でもある。

アジサイが美しい日本寺の参道

おさんぽプラン

① ひこうきの丘 (→P.314)
車1分
② 航空科学博物館 (→P.313)
(芝山はにわ道経由)車14分
③ 芝山古墳・はにわ博物館 (→P.315)
車18分
④ 日本寺 (→P.315)

芝山町・多古町のおもな見どころ

航空機のすべてがわかる体験型博物館

航空科学博物館（こうくうかがくはくぶつかん）

MAP 別冊P.18-B1

航空機専門の博物館として、1989（平成元）年に成田国際空港のすぐ南の土地に開館。5階建ての本館（中央棟）と左右に隣接する2階建ての西棟・東棟、新設の「体験館」、レトロな航空機がずらりと並ぶ屋外展示場で構成される。ボーイング747-400（ジャンボ）の1/8スケールで世界最大級の動く模型の展示や、コックピットやファーストクラスのシート体験、エンジン内部の仕組みが直感的に理解できるプロジェクションマッピング、DC-8シミュレーター、フライト体験などが楽しめる。管制機器の展示もある展望室からは、管制官さながらに成田空港に離着陸する航空機を展望できる。館内のレストランでは、機内食風ランチが人気。飛行機が離着陸する様子を眺めながら食事が楽しめる。さまざまなエアライングッズも手に入るミュージアムショップも必見だ。

航空科学博物館
住 山武郡芝山町岩山111-3
TEL 0479-78-0557
開 10:00～17:00（最終入館16:30）
休 月曜（8月は毎日開館）
料 大人700円、中学・高校生300円、4歳以上200円
P あり
交 JR成田駅から航空科学博物館行きバスで30分、終点下車すぐ

中央の展望スペースが空港の管制塔に見える

かつての名機がずらり並んだ屋外展示

いちばん人気の大型可動模型（要整理券・有料）

成田空港建設の歴史を知る

なりたくうこう　そらとだいちのれきしかん
成田空港 空と大地の歴史館

MAP 別冊P.18-B1

2011（平成23）年、航空科学博物館の敷地内に開館。成田空港建設地が三里塚と閣議決定された1966（昭和41）年より開港までのあゆみ、さらに開港後までおよんだ反対同盟と国・空港公団との対立と話し合いの歴史が、建設側と反対側の双方の観点から展示されている。対立当時の音声や動画を展示することで、歴史をできるだけ正確に後世につたえる施設となっている。

展示スペースは八角形の建物 ©7GIT

成田空港 空と大地の歴史館
住山武郡芝山町岩山113-2
TEL0479-78-2501
開10:00～17:00
（最終入館16：30）
休月曜（祝日の場合はその翌日休）
料無料
Pあり
交JR成田駅から航空科学博物館行きバスで30分、終点下車、徒歩6分

飛行機の迫力を肌で感じるスポット

ひこうきのおか
ひこうきの丘

MAP 別冊P.18-B1

成田国際空港A滑走路の南600mの場所にあり、展望広場からは、飛行機の離着陸の際の迫りくる大きな機体や、迫力あるエンジン音を肌で感じられるスポット。ハートをかたどった広場や、ハートのモニュメントとともに離着陸する飛行機を背景にした写真撮影ができる。世界各国の飛行機を家族で見て楽しめる。

目の前を次々と飛行機が飛んでいく

ひこうきの丘
住山武郡芝山町岩山2012-6
TEL0479-77-3909
開6:00～23:00
休無休
料無料
Pあり
交JR成田駅から航空科学博物館行きバスで30分、航空科学博物館下車、徒歩10分

離陸直後の飛行機の姿も見られる

ハート形モニュメントは記念写真スポット

火事除け、泥棒除けといえば芝山仁王尊

かんのんきょうじ
観音教寺

MAP 別冊P.18-B2

781（天應元）年創建。比叡山延暦寺を御本山とする天台宗寺院。治承年間には千葉氏の崇敬を受け、永く祈願所として栄え近隣に八十あまりの子院を置く大寺となった。戦国時代には一度焼失するが、江戸時代に幕府の庇護を受けて関東天台の中核をなす寺院に。仁王門に安置される仁王像は、火事除け、泥棒除けの仁王像として知られ、芝山仁王尊とも呼ばれている。

本堂の上空に飛行機の姿がみえる

観音教寺
住山武郡芝山町芝山298
TEL0479-77-0004
開8:30～16:00（4～9月は～16:30）
休無休
料無料
Pあり
交芝山鉄道芝山千代田駅、またはJR松尾駅から芝山ふれあいバスで芝山仁王尊下車すぐ

芝山の今と昔を楽しめる公園

芝山公園（しばやまこうえん）

MAP 別冊P.18-B2

自然に囲まれた環境のなかに、野球場、ミニアスレチック、芝生広場などの施設がある。芝山古墳・はにわ博物館や芝山仁王尊に隣接していることから、古墳や埴輪模型もあり、はにわ祭りの際には会場となる。茅葺寄棟造りの旧藪家住宅は、江戸中期のこの地方の典型的な名主の家。広い座敷、床の間のある奥の間、広い土間など、当時の豊かな農民の暮らしがよくわかる。

毎年11月に行われる「はにわ祭」

芝山公園
住 山武郡芝山町芝山420
TEL 0479-77-3909
開 入園自由
P あり
交 JR松尾駅または芝山千代田駅からふれあいバスで芝山仁王尊下車、徒歩10分

芝山公園の埴輪

古墳時代を埴輪で学ぶ

芝山古墳・はにわ博物館（しばやまこふん・はにわはくぶつかん）

MAP 別冊P.18-B2

開館は1988（昭和63）年。テーマは房総の古墳と埴輪。下総台地は関東有数の古墳や遺跡の集積地だが、ここでは各地の遺跡から出土した埴輪や精巧に復元された古代衣装、竪穴住居を通して、5世紀後半～7世紀前半の文字のない時代の歴史や生活を知ることができる。わかりやすく楽しい展示は、古墳時代の歴史にあまり興味のない人でも引きつけられる。

博物館の前に起立する埴輪の模型

芝山古墳・はにわ博物館
住 山武郡芝山町芝山438-1
TEL 0479-77-1828
開 9:00～16:30
休 月曜
料 大人200円、小・中学生100円
P あり
交 JR松尾駅または芝山千代田駅からふれあいバスで芝山仁王尊下車、徒歩すぐ

春には古墳見学と花見が一緒に楽しめる

10万の学僧が学んだ法華経修行の道場

日本寺・中村檀林跡（にちほんじ・なかむらだんりんあと）

MAP 別冊P.19-C1

「にほんじ」ではなく「にちほんじ」と読む。1319（元応元）年、現在の市川市にある中山法華経寺三世の日祐上人が開基した。ご本尊は釈迦牟尼仏。寺の十世を継いだ広才博学の僧日円により、この地に法華経修行の道場である中村檀林が造られ、280年近い年月の間に延べ10万人が僧侶となって全国に巣立っていったという。アジサイの寺としても知られる。

本堂と町の指定文化財である鐘楼

日本寺・中村檀林跡
住 香取郡多古町南中1820-1
TEL 0478-55-9380
開 参拝自由
P あり
交 JR成田駅または芝山鉄道芝山千代田駅から多古行きまたは八日市場行きバスで南中下車、徒歩10分

かつては競走馬、今はスイカの名産地

富里市（とみさとし）

人　口：約5万人（29位）
面　積：53.9㎢（33位）

木立のなかに建つ旧岩崎家末廣別邸

市章

富里の「と」と、勝利の「Vサイン」の交錯によって、躍動と発展を表わし、周囲の丸は融和と郷土愛を象徴。

富里市への行き方

東京駅 —JR総武線（快速）26分— 船橋駅 ＝ 京成船橋駅 —京成本線特急 38分— 京成成田駅

スイカの生産高・出荷量ともに全国第2位。ニンジンの生産も県内1位だ。江戸時代に広大な牧場が、明治に入ってからは「宮内庁下総御料牧場」が造られ、敷地は富里市内に大きく広がり、市全体の約7割の土地が農地や牧場となった。

成田市に隣接し、京成成田駅にも近く、北部では住宅地の開発が進むなか、県内では唯一鉄道が通っていない市。1962（昭和37）年の新空港建設時、最初の候補地だったので、もしかしたら日本の玄関は「富里空港」だったかもしれない。

富里スイカまつりの様子

小ネタ

給スイカ所が設けられるレース

富里スイカロードレースは、毎年6月に行われる3kmまたは10kmのランニングイベント。レース中、レース後に名物のスイカをたっぷり食べることができる。

歩き方

観光スポットは少ないが、2012（平成24）年に三菱地所から市に寄付された旧岩崎家末廣別邸（内部は非公開）は、市で最初の国指定の有形文化財。旧末廣牧場内に建てられた貴重な近代和風建築で、周辺を公園化に向けて計画を策定中だ。また、観光・交流拠点施設「末廣農場」が2022（令和4）年6月に新たにオープンした。サラブレッドの里でもあり、市内に多くの乗馬クラブがある。自然のなかで楽しむ乗馬体験もおすすめだ。

生産量日本一のピーナッツの町

八街市（やちまたし）

人　口：約7万1000人（22位）
面　積：74.9㎢（26位）

名前だけでなく帽子をかぶったような姿もかわいい「ぼっち」

八街市への行き方

東京駅 ── JR特急しおさい 57分 ── 八街駅

千葉県のほぼ中央に位置し、平坦な畑作地域が多く典型的な都市近郊農業が営まれている。八街といえば駅前の落花生のモニュメントをはじめ、町のあちこちで落花生のイラストなどを見かけることができ、千葉県民ならだれもがここがピーナッツの町だと知っている。

八街の秋の風物詩といえば、収穫した落花生を畑で積み上げ1ヵ月乾燥させる野積（ぼっち）だ。ピーナッツ畑は、何も植えない冬から春先には強い風が吹くと盛大に砂埃が舞う「やちぼこり」が起こるので注意が必要。

歩き方

JR総武本線の八街駅が交通の拠点で、市内の移動は路線バスが中心。観光スポットとしては、収穫体験などができる観光農園が市内に多数あるが、いずれも市街地にはないので移動は車が便利だ。

毎月第2日曜日には、八街駅北口ロータリーで「北口市（いち）」を開催（雨天中止）。八街特産の落花生や、新鮮な野菜などを購入することができる。また、ステージイベントなども開催されている。

市章

八街市の「八」を上下に組み合わせ、中央にダイヤの形を配して、力強い発展と融和の市民理想を象徴。

八街駅前の落花生モニュメント

ぜひピーナッツの収穫体験をしてみたい

小ネタ

八街の名前の由来

八街という地名は、千葉の難読漢字の双璧（もうひとつは匝瑳）だが、明治新政府の政策により千葉県内にある徳川幕府の放牧地を開墾するにあたり、その着手の順に命名されたことに由来する。

江戸時代は東の要衝。今は花と歴史の町

佐倉市（さくらし）

人　口：約17万3000人（9位）
面　積：103.7㎢（17位）

佐倉ふるさと広場のチューリップと風車。春の到来を告げる風景

市章

馬のくつわにつける金具である鐶（かん）を、花びらに見立てて、桜の花を形どったもの。

佐倉市への行き方

東京駅 — JR総武線（快速） 所要60分 — 佐倉駅

京成本線上野駅 — 京成本線快速特急 所要60分 — 京成佐倉駅

千葉県北部、下総台地の中央部にある佐倉市は、千葉市と成田市のちょうど真ん中に位置し、東京まで電車で1時間、成田までは20分の距離にある。江戸時代、土井利勝が徳川家康の命により佐倉城を築城して以来、佐倉城は江戸防衛の東の要衝であり、優秀な城主のもと、城下町も栄えた。

佐倉城の城址は現在広い公園となり、その一角にはいちばんの見どころである国立歴史民俗博物館が建っている。このほか今も残る江戸時代の武家屋敷、幕末の老中堀田正睦（まさよし）により設立された日本初の私立病院佐倉順天堂（現在の順天堂大学病院）など、市内には歴史的建造物も多い。戦後住宅地として開発されたエリア以外には、いまも水田や畑ののんびりした風景が広がっている。

小ネタ

ふるさと広場のオランダ風車

ふるさと広場にある風車は、オランダから技師を招いて設置した本格的なもの。オランダは鎖国していた江戸時代でも日本が門戸を開いていた国であり、佐倉藩は江戸末期に藩主堀田正睦により、藩をあげて「蘭学」を積極的に取り入れたことでも知られている。現在も「佐倉日蘭協会」を通じて、オランダとの草の根の交流は続いている。

ミニ情報 佐倉城には代々有力な譜代大名が入ることが習わしになっていて、幕府の最高職である老中になった城主が各藩中最多を数えたことから俗に「老中の城」とも呼ばれた。

歩き方

かつての城下町を歩く

JR総武本線と京成本線が並行して市を東西に横断していて、それぞれに佐倉駅がある。かつての城下町は京成佐倉駅の南側に広がっているので、スタートは京成佐倉駅から。見どころである佐倉市立美術館、国立歴史民俗博物館はそれぞれ直線で500mほどのところにある。まず駅を背に駅前のロータリーに流入する右の道へ。真っすぐ南に向かって緩やかな上り坂を10分ほど歩いていくと、新町通りにぶつかる。その目の前に立つのが佐倉市立美術館だ。美術館から旧武家屋敷も徒歩約10分の距離。江戸後期の武家屋敷が3軒復元されており、その先には佐倉城に登城する際に使用されたとされる「サムライの古径」ひよどり坂がある。竹林の美しい人気のフォトスポットだ。武家屋敷から北側の市立体育館に向かい、旧佐倉街道を東へ進むと、大手門跡の石碑が。ここからが佐倉城址。城の西南北を守る水堀、土塁、空堀が当時のまま残り、「日本100名城」に名を連ねている。国立歴史民俗博物館へもアクセスできる。

佐倉城址公園にはかつての城の様子がわかる看板がある

印旛沼へはレンタサイクルがおすすめ

佐倉の自然スポットは印旛沼がおすすめ。京成佐倉駅北口より、印旛沼方面へはコミュニティバスがあるが、レンタサイクルで向かうのも楽しい（利用は南口から。JR佐倉駅にもあり）。まずバラ園の美しい草笛の丘を目指そう。近くには明治初期に建てられた茅葺屋根の旧増田家住宅もある。ここから南へ向かって丘を下ると佐倉ふるさと広場がある。オランダ風車と季節の花の風景が美しい。コミュニティバス利用者はここでレンタサイクルを借りて、周囲15Kmの西印旛沼をぐるっと1周するのもよい。

おさんぽプラン

① 京成線京成佐倉駅
徒歩10分
② 佐倉市立美術館 （→P.323）
徒歩10分
③ 佐倉武家屋敷 （→P.319）
徒歩7分
④ 佐倉城址公園
徒歩10分
⑤ 国立歴史民俗博物館 （→P.320）

佐倉城址公園に立つ堀田正睦の像

佐倉市のおもな見どころ

江戸時代の武士の暮らしを知る

佐倉武家屋敷（さくらぶけやしき）

MAP 別冊P.17-C2

城跡の東、城下町佐倉の面影を今に残す土塁と生垣の通りに面して復元された武家屋敷「旧河原家住宅」、「旧但馬家住宅」、「旧武居家住宅」。江戸時代後期に建てられた武士の簡素な住まいは、それぞれ居住者の石高に応じた造りになっており、当時の生活を知ることができる。

佐倉武家屋敷
住 佐倉市宮小路町57
TEL 043-486-2947
開 9:00～17:00（最終入場16:30）
休 月曜
料 大人250円、学生120円（土・日・祝は小中学生無料）
P あり　交 JR佐倉駅から徒歩10分

実際に家の中に入って広さや雰囲気を体感できる

ミニ情報　市立美術館のエントランスホールは、1918（大正7）年に旧川崎銀行佐倉支店として建てられたもの。かつては市役所などにも利用され、現在は建設当時の姿に戻り美術館に訪れる人を迎えている。

小特集 “日本”ではなく“日本人”の歴史を学ぶ

国立歴史民俗博物館

誰もが知る歴史上の人物が生きた時代にも、名もなき無数の“普通の人”が生きていた。ここは、その普通の人々にスポットを当てた博物館。歴史にあまり興味のない人でもきっと楽しめる。第1～6までの常設展示（総合展示）のほかに、企画展示や特集展示がある。

MAP 別冊 P.17-C1
住 佐倉市城内町 117　TEL 050-5541-8600（ハローダイヤル）　開 9：30～17：00（10～2月は～16:30）　休 月曜（祝日の場合は翌平日）、年末年始　料 600円　P あり　交 京成線京成佐倉駅から徒歩15分、または JR 佐倉駅から田町車庫行きバスで15分、国立博物館入口下車すぐ

第1展示室 先史・古代

左／蒸し料理を作っている旧石器時代の人びとの模型　右／日本各地で発掘された土器の展示

最後の氷河期の終わり頃に現在の日本人の祖先が日本列島にやってきた。その頃の人々の暮らしの様子、土器や稲作の道具、そして徐々に日本が国としてまとまっていく過程で残された多くの資料が展示されている。

第2展示室 中世

平安から安土桃山まで、学校の授業ならかなりの時間を割いて学ぶ時代の展示。華やかな貴族文化や武士の台頭による地域の変化、農業や手工業の発展による人々の暮らしの移り変わりなどが展示のおもなテーマ。

左／田楽の装束を身に着けた人形。奥の模型は大鋸引きの様子　右／板碑（いたび）は東国独自の宗教文化を示すもの

第3展示室 近世

約260年にも及ぶ安定した社会をつくり出した江戸時代の展示。鎖国時代でも続けられていた外国との交流、この時代の物流や経済の動き、都市の暮らしと花開いた庶民の文化、農村部での教育事情など興味深い展示が多数。

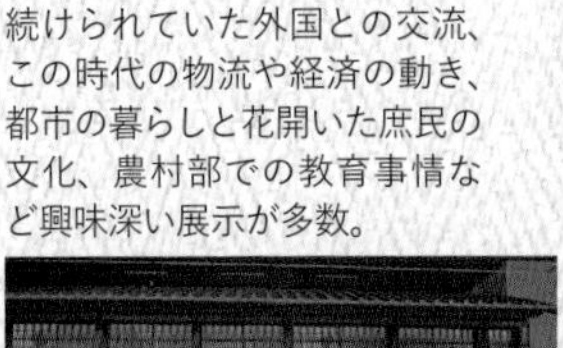

上／伊勢詣の客でにぎわった旅籠「角屋」の復元模型。伊勢別街道沿いに現存する　下／江戸橋から日本橋界隈の巨大なジオラマ。細部までよく見たい

第4展示室 民俗

ここでは時代とは関係なく日本人のライフスタイルの変遷をたどる。時代とともに変わっていく消費文化や産業、逆にいつまでも変わらない伝統的な祭りや儀式、昔の人々の住まいや日常生活の道具についての展示などがある。

上／日本各地の妖怪やシンボル、土着の信仰などを考察する　下／昭和の終わり頃の集落を再現。モニターに映る現在の姿と比較ができる

第5展示室 近代

世の中が大きく変わった明治維新。社会体制の大きな変化は人々の生活も大きく変えた。明治から1920年代までの時代、産業や大衆文化などのさまざまな分野で、急激に変わっていった日本の姿を見ていく。

上／明治初期に洋風のスタイルで建てられた学校の校舎の模型　下／大正～昭和初期の浅草周辺の路地を再現

第6展示室 現代

戦争は人々の生活に大きな影響を及ぼした。展示の前半は、富国強兵の時代から第2次世界大戦の敗戦までの翻弄された市井の人々の生活を、後半は戦後日本の復興と当時の暮らしぶりを紹介している。

上／写真をもとに再現された終戦直後の闇市の様子　下／昭和30年代後半以降の公団住宅ダイニングキッチンを再現

ミュージアムショップ

図録などの博物館刊行物のほか、豊富な図書、ユニークなオリジナルグッズが揃う。この博物館ならではのおみやげを探してみよう。

この博物館ならではのおみやげなら埴輪。サイズもいろいろある

レストラン

博物館を見学したあと、おなかがすいたらメニュー豊富なレストランへ。デザート類、アルコールも揃う。

古代カレー 1000円

レストランの人気メニューのひとつが「古代米」を使ったカレー

江戸時代にタイムスリップしたような古径

ひよどりざか
ひよどり坂

MAP 別冊P.17-C2

武家屋敷通りを西に進むと、佐倉城址に向かう細い下り坂になる。ここはかつて城下の侍が日常的に通っていたことから「サムライの古径」と呼ばれる。幅約2m、全長160mで、竹林の中を緩やかにカーブする坂道は、江戸の頃と変わらない風景といわれており、千葉を代表する風景のひとつになっている。腰に大小を差して髷を結っていた武士たちが、ここを行き交っていた頃を想像しながら歩いてみたい。

けっこう傾斜のある坂道なので足元に注意を

ひよどり坂

住 佐倉市鏑木町
TEL 043-484-6146（佐倉の魅力推進課）
開 通行自由
P なし
交 京成線京成佐倉駅から徒歩15分

小ネタ

サムライ気分で散策を

城下町である佐倉市は、成田市、香取市、銚子市とともに2016（平成28）年に「北総四都市江戸紀行～江戸を感じる北総の町並み～」として日本遺産に登録された。登録されたのは武家屋敷群や町並みなど。江戸時代を思いながら散策してみよう。

明治の上流邸宅と美しい庭園

きゅうほったてい
旧堀田邸

MAP 別冊P.17-C2

幕末の幕府で活躍した老中堀田正睦（ほったまさよし）の四男で、佐倉藩最後の藩主堀田正倫（ほったまさとも）が1890（明治23）年に築いた邸宅。正倫は明治維新の後、元藩主として佐倉の教育や産業の発展に力を尽くし、地元では特に尊敬を集める人物。美しい屋敷は、明治期における上級和風住宅の特色がよくわかる造りだ。市街地に隣接する高台にあり、名園と称される庭園はさくら庭園として市民の憩いの場となっている。

2006（平成18）年に国の重要文化財に指定されている

旧堀田邸

住 佐倉市鏑木町274
TEL 043-483-2390
開 9:30～16:30（最終入館16:00）
休 月曜、年末年始
料 大人350円、学生170円（土・日・祝は小中学生無料）
P あり
交 JR佐倉駅から徒歩20分、または車で5分

堀田家の古文書などが保管されている蔵

日本最初の私立病院

さくらじゅんてんどうきねんかん
佐倉順天堂記念館

MAP 別冊P.17-D2

江戸時代末期、江戸で蘭学塾を開いていた蘭医・佐藤泰然（さとうたいぜん）が1843（天保14）年、佐倉へ移住し、蘭医学塾兼診療所「順天堂」を創設した。現在の順天堂大学の起源になるもの。当時日本で蘭学といえば「西の長崎、東の佐倉」といわれたほどで、塾生は100名に及んだという。1985（昭和60）年から一般公開され、順天堂関係の医学資料や門人の遺品などを展示している。

日本の医学の礎となった施設

佐倉順天堂記念館

住 佐倉市本町81
TEL 043-485-5017
開 9:00～17:00（最終入館16:30）
休 月曜、年末年始
料 大人100円、学生50円（土・日曜・祝日は小中学生無料）
P あり
交 京成線京成佐倉駅から酒々井・成田方面行きバスで7分、順天堂病院下車、徒歩1分

ミニ情報 佐倉豚を甘辛いタレで味つけし、大和芋のとろろをのせたご当地グルメ「佐倉丼」も食べておきたい。佐倉産の青柚子を使った柚子胡椒ソースもかかり、食欲をそそられる。

本格オランダ風車と季節の花々が美しい

佐倉ふるさと広場（さくらふるさとひろば）

MAP 別冊P.17-C1

印旛沼の自然を身近に楽しめる市民の憩いの場で、国際親善の場にもなっている公園。本格オランダ風車「リーフデ」がひときわ目を引く。毎年4月には関東最大規模のチューリップフェスタを開催。ほかにも夏はヒマワリ、秋はコスモスと四季折々の花が楽しめる。

チューリップと風車の風景は日蘭親善の象徴

佐倉ふるさと広場
住 佐倉市臼井田2714
TEL 043-486-8898
開 入園自由
P あり
交 京成線京成佐倉駅から佐倉市コミュニティバス内郷ルート（飯野往復）、ふるさと広場下車すぐ

夏のヒマワリや秋のコスモスの風景も美しい

メニュー豊富な体験学習で豊かな自然を満喫

草ぶえの丘（くさぶえのおか）

MAP 別冊P.17-C1

ミニ鉄道、ふれあい動物園、収穫、陶芸など緑豊かな自然のなかでさまざまな体験・触れ合いを通じて豊かな人間性を育もうと1979（昭和54）年に設立された。宿泊施設もあり、3世代で楽しめる。本格的なバラ園も人気。

季節の花々だけでなくふれあい体験が楽しい施設

草ぶえの丘
住 佐倉市飯野820
TEL 043-485-7821
開 9:00～17:00（最終入園16:00）
休 11/1～3/19の月曜
料 大人（高校生以上）410円、小人（小・中学生）100円
P あり
交 京成線京成佐倉駅から佐倉市コミュニティ循環バス右回り、草ぶえの丘下車すぐ

美術における「佐倉学」の拠点

佐倉市立美術館（さくらしりつびじゅつかん）

MAP 別冊P.17-C2

1994（平成6）年開館。佐倉・房総ゆかりの作家作品を収集展示し、近代美術の企画展、講演会を開催するなど市民の芸術文化の振興に寄与している。大正時代に建てられた旧川崎銀行佐倉支店がエントランスホールとして保存活用されている。

市民ギャラリーとしても使用されている

佐倉市立美術館
住 佐倉市新町210
TEL 043-485-7851
開 10:00～18:00(最終入館17:30)
休 月曜（祝日の場合は翌平日）
料 無料（展覧会ごとに異なる）
P あり
交 京成線京成佐倉駅から徒歩8分

里山の自然と融合した美術館

DIC川村記念美術館（でぃあいしーかわむらきねんびじゅつかん）

MAP 別冊P.17-C3

1990（平成2）年、「作品」「建築」「自然」の3要素が調和した美術館として、DIC株式会社の総合研究所内に2代目社長川村勝巳氏が設立。1970年代より本格化した20世紀美術のコレクションが、内部空間の繊細なバランスを最優先して設計された美術館に収められている。(→P.90)

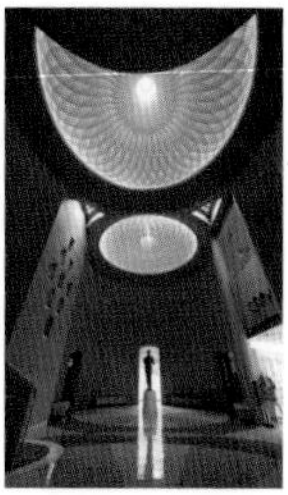
エントランスホールから独特な世界観に引き込まれる

DIC川村記念美術館
住 佐倉市坂戸631
TEL 050-5541-8600
開 9:30～17:00（最終入館16:30）
休 月曜（祝日の場合は翌平日）、メンテナンス期間の臨時休館
料 展示内容により異なる
P あり
交 JR・京成佐倉駅から無料送迎バスで約20～30分

ミニ情報 佐倉市には「ルパン三世」が描かれたご当地ナンバープレートがある。市制60周年記念事業として当時佐倉市在住の漫画家モンキー・パンチ氏が協力し、3000枚限定で交付された。

かつて下総の中心だった古い城下町

酒々井町（しすいまち）

人　口：約2万1000人（39位）
面　積：19㎢（53位）

今や町いちばんの人気スポットである酒々井プレミアムアウトレット

町章

三角形は千葉県・円は北総台地と人の和を表し、町の位置に「酒」を配したもの。

酒々井町への行き方

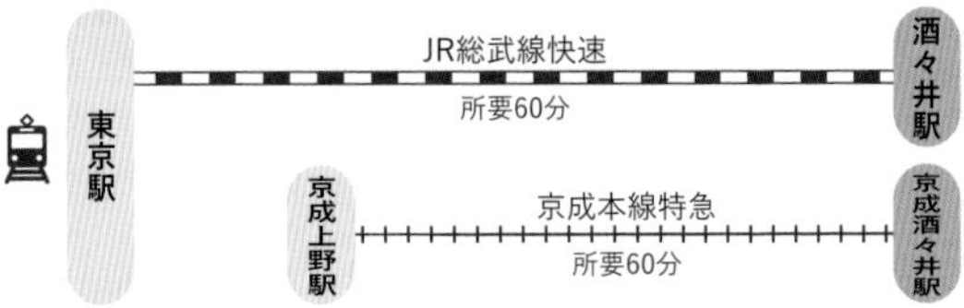

酒々井町は県東北部にあり、町名の由来は孝行息子の井戸から酒が湧いたという「酒の井」伝説による。戦国時代の武将千葉氏が本佐倉城を築城し、100年にわたり下総国の政治・経済の中心であり、江戸時代は成田参詣、芝山参詣の宿場として栄えた。近年は酒々井プレミアムアウトレットができ、成田空港より車で10分の立地を生かし、訪日観光客でにぎわいを見せる。

歩き方

おもな見どころは鉄道＋徒歩、または鉄道＋路線バスでアクセスが可能。本佐倉城跡は京成本線大佐倉駅から徒歩15分。周辺には散策コースが多数あり、歩きごたえがある。JR総武線南酒々井駅から徒歩10分の飯沼本家・きのえねまがり家は、新潟から移築された「まがり家」と呼ばれる古民家で、酒蔵見学と共にカフェやショップを楽しめる。プレミアムアウトレットはJR、京成の各酒々井駅から路線バスの利用が可能だ。

小ネタ

酒の井伝説

酒々井には町の由来ともなった、「酒の井伝説」と呼ばれる言い伝えが残っている。年老いた酒好きの父親のため、親思いの息子は毎日懸命に働き酒を買っていた。だが、ある日酒を買う金がなくなり、とぼとぼと歩いていると、道端の井戸からよい匂いがした。なめてみると、本物の酒だったため、毎日父親に飲ませるようになった。この井戸水は親子以外の人が飲むと、水の味しかせず、「孝行息子の真心が天に通じたに違いない」と周囲はほめたたえたという。

ミニ情報 酒々井の米作りは2000年も前から続いているとされる。下総台地から湧き出る水で育てた酒々井米は評判がよく、平安時代には京都の貴族に送られていたという逸話もある。

戦国時代の息吹を今に伝える城跡

もとさくらじょうあと

本佐倉城跡

MAP 別冊P.17-D1

本佐倉城は下総守護千葉氏が文明年間（1469～1486年）に築城した、千葉氏9代約100年間続いた居城。7つの内郭群と3つの外郭群をもつ東西約700m、南北約800mの巨大城郭であり、今でも大規模な空堀・土塁・櫓台に守られた郭群などが明瞭に残っている。散策コースはアップダウンもあり、歩き応え十分。歩きながら当時の城の姿に思いをはせよう。

城跡に置かれた矢盾に描かれているのは千葉氏の家紋「月星紋」

蔵元の酒を旧家で楽しむ

いいぬまほんけ・きのえねまがりや

飯沼本家・きのえねまがり家

MAP 別冊P.17-D2

創業300年の酒蔵、飯沼本家の敷地内にある。江戸時代（元禄年間）に新潟県で建てられたL字の曲がり家形式の民家「旧清野邸」を移築した建物。酒蔵カフェと直売所として利用され、カフェでは日本酒、酒粕を取り入れたメニューを楽しめる。蔵元直々の飲み比べセットは日本酒によく合う肴が一層うまさを引き立てる。予約制の蔵元見学では利き酒もできる。

かつて酒造りに使われていた道具が展示されている

ハーブの香りに包まれた癒やしの庭

しすい・はーぶがーでん

しすい・ハーブガーデン

MAP 別冊P.17-D2

「ハーブのまち酒々井」をPRするために1800平方メートルの敷地に世界のハーブを150種類以上収集し、観光ハーブ園とした。人間の生活に役立つ香りのよい植物＝ハーブの愛らしい花や個性的な香りを体験しながらの散策がおすすめ。ショップではハーブの苗やハーブティ、アロマグッズなどを販売している。

30年以上の長い歴史のある庭園

酒々井町のおもな見どころ

本佐倉城跡

住 印旛郡酒々井町本佐倉825
TEL 043-496-5334（生涯学習課）
開 見学自由
P あり（国史跡本佐倉城跡案内所）
交 京成線大佐倉駅から徒歩15分

国指定史跡に登録されている

飯沼本家・きのえねまがり家

住 印旛郡酒々井町馬橋106
TEL 043-496-1001
開 10:00～18:00
休 無休
P あり
交 JR南酒々井駅から徒歩10分

古民家まがり家にはショップやカフェ、ギャラリーがある

しすい・ハーブガーデン

住 印旛郡酒々井町 墨1549-1（酒々井コミュニティプラザ敷地内）
TEL 043-496-4909
開 10:00～16:00
休 月曜（12～3月冬季休園）
料 無料
P あり
交 JR酒々井駅から車で7分

ミニ情報 本佐倉城には、3代城主の千葉勝胤（かつたね）をモデルにしたマスコット「勝っタネ！くん」がいる。本佐倉城で千葉氏は約100年9代続き、最も栄えたのが勝胤の時代。

古い千葉と新しい千葉が同居するユニークな自治体

印西市（いんざいし）

人　口：約9万3000人（17位）

面　積：123.8㎢（14位）

印西牧の原の草深公園

市章

印西の文字を図案化したものであり、円は、市の融和を意味し、円満に力強く発展する姿を表している。

印西市への行き方

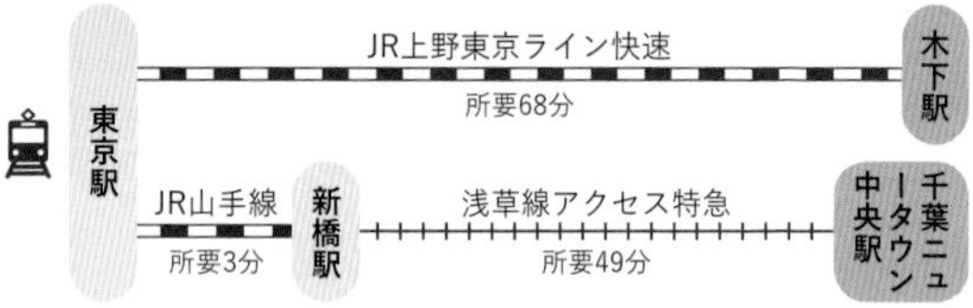

住みやすい自治体として近年全国でトップクラスにランキングされてきた印西市。かつては利根川沿いに木下河岸（きおろしがし）と呼ばれた宿場町があり、江戸時代にはここで荷揚げされた荷物が木下街道（現在の県道59号）を通って江戸に運ばれていた。今でも市の北部は「木下地区」と呼ばれていて、市役所もここにある。一方、市の中央部を東西に横切る北総線と国道464号に沿って新しく開発された宅地「千葉ニュータウン」には、木下地区とは対照的に、美しく区画された道に沿って住宅や大規模マンションが立ち並ぶ。こちらのエリアが現在の印西の経済、産業の中心だ。古い宿場町と近代的な住宅地が同居し、その周辺は昔ながらの里山の風景。新旧が同居する不思議な町ともいえる。

小ネタ

草深の森

住宅街と里山の風景が共存しているのが印西のいいところ。その典型が草深（そうふけ）の森。千葉ニュータウンに近い草深地区にある森で、地元ボランティアの方が手入れをしていて、遊歩道も整備されており、誰もが自然散策を楽しめる。日本の原風景に出合える場所だ。

ミニ情報　印西市内の台地は活断層のない硬い地盤であり、地質的に安全であることから多くの企業がここにデータセンターを設置することを計画している。

歩き方

木下貝層と万葉歌、太古の昔を思う旅

木下地区の町歩きはJR成田線木下駅より。南口から徒歩10分で国指定天然記念物の「木下貝層」がある木下万葉公園に着く。「木下貝層」は、約12～13万年前の地層におびただしい数の貝殻が埋まっている地層の露出。万葉の歌人の気持ちで優雅に散策してほしいと名づけられた公園で、四季折々の花木が美しく、園内の高台からは天気のいい日には富士山も眺望できる。木下貝層、周辺の貝塚の説明は隣接する歴史資料センターへ。木下駅北口から北へ5分のところには「川めぐり」の乗船場がある。手賀沼と利根川を結ぶ手賀川を巡る舟旅に参加して、かつての「木下河岸」を想像してみよう。

おさんぽプラン

① JR木下駅
徒歩10分
② 木下万葉公園（木下貝層）
（→P.329）
徒歩すぐ
③ 歴史資料センター
徒歩20分
④ 川めぐり乗船場（いんざいぶらり川めぐり）
（→P.329）

計画都市千葉ニュータウンを歩く

北総線の千葉ニュータウン中央駅を降りると、線路の両側に何棟もの大規模マンションが立ち並んでいる風景が広がる。実際に町を歩けば道幅が広く、美しい植栽や並木のおかげで、大型マンションがたくさんあるにもかかわらず威圧感のようなものは感じられない。大型のショッピングセンターがある一方、住宅街に隣接して大きな公園があり、住環境のよさが実感できる。また住宅地からちょっと外れただけで昔ながらの里山の風景が見られるのも、「住みやすい町」の上位にランキングされる理由のひとつかもしれない。

印西市のおもな見どころ

1周90分の湖畔サイクリングを楽しもう

印旛沼（いんばぬま）

MAP 別冊P.9-D3(北印旛沼)、P.17-C1(西印旛沼)

市の南東部に広がる県最大の湖沼。かつてはW字形で面積25.8㎢の沼であったが、江戸時代より幾多の干拓が行われ、1968（昭和43）年に干拓が完了した際に印旛捷（しょう）水路（すいろ）でつながったふたつの水域にわかれ、北印旛沼6.3㎢と西印旛沼5.3㎢となった。一帯は県立印旛手賀自然公園に属する自然スポットであり、周辺にはいくつもの公園があって湖畔の自然を満喫しようとハイカーなどでにぎわう。また沼の周囲の道は人気のサイクリングルートになっている。

周辺の農業用水、京葉工業地帯の工業用水、千葉市などの飲用水の水源

印旛沼
住 印西市師戸
TEL 043-483-1140（千葉県印旛土木事務所）
開 見学自由
P あり
交 京成臼井駅から日本医大行きバスで5分、印旛沼公園入口下車、徒歩5分

※印旛沼は佐倉市・成田市・八千代市・栄町に接しているので各所へのアクセス方法あり

ミニ情報 印西市のご当地グルメに「みそピーから揚げ」がある。味噌に砂糖やハチミツ、ピーナッツを入れた「みそピー」を鶏のから揚げに絡めたもので、市内の飲食店で味わえる。

関東有数のハクチョウ飛来地

白鳥の郷（はくちょうのさと）

MAP 別冊P.9-C3

1992（平成4）年、水がたまったままの冬の田んぼに偶然に降り立った6羽のハクチョウ。地元の人がエサを与えて見守った結果、次の年にも飛来。年々数を増やし、1995（平成7）年に「本埜 白鳥を守る会」が発足。地域と連携し保護を続け、2021年の冬も1000羽以上のハクチョウがやってきた。

周囲に迷惑がかからないよう観察したい

白鳥の郷
住 印西市笠神（水田）
TEL 0476-42-7530（印西市観光協会）
開 見学自由
P なし
交 JR小林駅から徒歩40分、または車で10分

本物と間違いそうなモニュメントあり

奈良時代の皇女に由来する寺

松虫寺（まつむしでら）

MAP 別冊P.9-C3

奈良時代の743（天平15）年、罹患した皇女松虫姫が夢のお告げによりこの地を訪れ、薬師仏に祈りを捧げ快癒したことから、聖武天皇が僧行基に命じて七仏薬師を謹刻するとともに一寺を建立し、姫の御名から松虫寺と名づけられた。現在は真言宗智山派の寺院。

住宅地からすこし外れた雑木林にある小さな寺

松虫寺
住 印西市松虫7
TEL 0476-98-0096
開 参拝自由
P あり
交 北総鉄道印旛日医大駅から徒歩10分

隠れたアジサイの名所でもある

県下最古の木造建築「薬師堂」

栄福寺（えいふくじ）

MAP 別冊P.17-C1

開基は行基により天平年間と伝わるが、室町時代中期に建立された茅葺寄棟造りの三間堂である「薬師堂」は、千葉県下で建立年代の判明している最古の木造建築物だ。ご本尊の薬師如来像は729（天平元）年作と伝わる。今も熊野神社と同じ境内に共存し、神仏習合の信仰を伝えている。

しっかりと手入れされ築500年以上経っているとは思えない

栄福寺
住 印西市角田2
TEL 0476-33-4714（印西市生涯学習課文化係）　開 参拝自由
P なし　交 北総鉄道印旛日本医大駅から徒歩20分、または車で6分

ミニ情報　松虫寺の隣にカフェ「マツムシコーヒー」があるので、ひと息つくのもいい。木々に囲まれ落ち着いた空間で、自家焙煎されたコーヒー、カレーなどの軽食を提供している。

千葉ニュータウンの憩いの「ひょうたん山」

牧の原公園コスモスの丘
（まきのはらこうえんこすもすのおか）

MAP 別冊P.9-C3

標高41mの人工の山「築山」を中心に広がる、印西牧の原の駅前ロータリー北側に位置する10万平方メートル以上もある芝生の公園。「北総の水と緑と親しくなる仲間づくりの公園」をテーマに、1999（平成11）年に開園。傾斜地一面に咲く約200万本のコスモスは県内最大の規模を誇る。

見頃は10月中旬から。築山に上って景色を眺めたい

牧の原公園コスモスの丘
住印西市牧の原4-3054-4ほか
TEL0476-33-4663（印西市都市整備課）
開入場自由
Pあり
交北総鉄道印西牧の原駅から徒歩約3分

360度の眺望が楽しめる築山

大量の貝の化石が見られる国指定天然記念物

木下貝層
（きおろしかいそう）

MAP 別冊P.8-B3

およそ12万年前に「古東京湾」と呼ばれる広大な内湾に堆積した砂層が木下層で、貝類を中心に化石が出土する。それが隆起したのが木下万葉公園の一角にある現在の姿。2002（平成14）年、国の天然記念物に指定されていて、露出した部分は厚さ4.3m、長さ45mにわたる。この地域には広く分布する地層であり、この地層から産出した石は石灯籠や龍角寺岩屋古墳の横穴式石室にも使用されている。

道路からも眺められる学術的にとても貴重な地層

木下貝層
住印西市 木下799-1
TEL0476-33-4714(印西市生涯学習課文化係)
開見学自由
Pあり
交JR木下駅から徒歩10分

木下万葉公園は春の桜、初夏の藤が特に知られる

歴史案内を聞きながら印西の町を水上散策

いんざいぶらり川めぐり
（いんざいぶらりかわめぐり）

MAP 別冊P.8-B3

風を感じる小さな遊覧船で、印西市内を流れ手賀沼の下流域にあたる六軒川、弁天川、手賀川を巡る。60分コースは田園風景が広がる発作橋付近で折り返し、貸し切りコースは手賀沼まで行くことができる。どちらも要予約。歴史を語る船頭さんの案内もあり、四季折々の花々や鳥を観察しながらの、のんびりとした水上散歩を楽しめる。

町なかを流れる川から見る風景も新鮮

いんざいぶらり川めぐり
住 印西市立中央公民館裏（川めぐり第1発着所）
TEL0476-45-5300（印西市観光情報館）
開4～11月の第1、第3土・日曜（60分コースは1日5回、10:00／11:00／13:00／14:00／15:00出航）、川の停車場（第2発着所）は第3土曜のみ（10:00～13:00）※雨天・強風中止
料60分コース1000円（要予約）
Pあり
交第1発着所はJR木下駅から徒歩3分

ミニ情報 木下貝層では、印西市教育委員会が毎年夏に一般向けの発掘体験を開催している。詳細は教育委員会（TEL0476-42-5111）に確認を。

白井市（しろいし）

人　口：約6万2000人（25位）
面　積：35.5㎢（41位）

市内のあちらこちらで梨畑に出合う

市章

白井の「白」をデザイン化したもので、外の輪は「し」、中の点は「井」を表す。「和」「躍進」「太陽」「梨」のイメージを総合的に表現している。

白井市への行き方

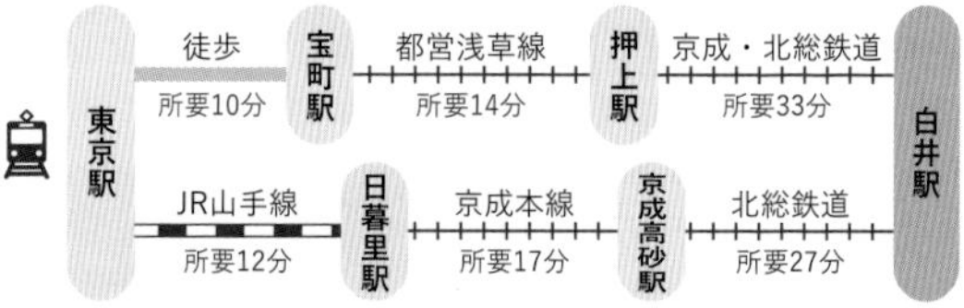

非公認キャラクター「ふなっしー」のおかげで、千葉の梨は全国的に知られるようになったが、県内で一番の生産高を誇るのは船橋市ではなくここ白井市だ。県の北西部に位置し、都心から30km。江戸時代には鮮魚を銚子から各地へ運ぶため、利根川を舟で遡上する輸送路が生まれ、その中継地として栄えた。ひとつは松戸に抜ける鮮魚街道、もうひとつは木下で荷揚げし行徳へと抜ける木下街道、ふたつの街道の宿場町であった。1979（昭和54）年に北総鉄道が開通し、船橋、白井、印西一帯が「千葉ニュータウン」として開発され、都心へのベッドタウンとして発展していった。

歩き方

市内にある鉄道駅は北総線の白井と西白井のふたつ。両駅とも周辺には住宅街が広がるが、少し離れると梨をはじめ、ブドウやキウイなどの果樹園が広がっている。市の北部には大きな工業団地があり、全域をコミュニティバスがカバーしている。

小ネタ 白井の自然薯

白井市で梨と並んで特産なのが自然薯（日本原産のヤマノイモ）。畑の中にパイプを埋めて栽培するため、まっすぐのきれいな形で収穫できる。11月から収穫し、貯蔵したものは年中味わえる。関東ローム層で育った自然薯は粘り、風味ともによく、品評会で優秀賞を受賞するほど高品質。生産量が少ないのであまり市場に出回らないが、地元の直売所などで見かけたらぜひ試してみて。

ミニ情報　白井市にはJRA（日本中央競馬会）の競馬学校があり、未来のジョッキーを目指す全国の若者たちがここに入寮している。

世界各地のそろばんに触れる

白井そろばん博物館（しろいそろばんはくぶつかん）

MAP 別冊P.8-A3

2011（平成23）年開館のわが国唯一の常設そろばん博物館。江戸時代から現代までのそろばん全般、そろばんと和算関係書籍、絵画およびそろばんグッズを1000点以上展示。収蔵品は2700点を超える。土・日曜開催の手作りそろばん教室や春夏開催のイベントは多くの参加者でにぎわう。

ほかにはないユニークな博物館

市民の生涯学習・文化活動の拠点となる複合施設

白井市文化センター（しらいしぶんかせんたー）

MAP 別冊P.8-A3

1994（平成6）年に開館された複合施設。図書館、コンサートなどが行われるホールがある文化会館、プラネタリウム、郷土資料館からなる。プラネタリウムでは音楽を聴きながら星を眺めることができ、妊婦とその家族のためのリラクゼーションや熟睡するための「プラ寝たリウム」など、ユニークな企画を実施。郷土資料館には、おもに市内に伝えられてきた古文書や民具、逆刃刀などを展示している。

白井市民だけでなく遠方からの利用者も多い

白井市のおもな見どころ

白井そろばん博物館
住 白井市復1459-12
TEL 047-492-8890
開 10:00～16:00(5～9月は～17:00)
休 月・火曜
料 大人300円、学生200円、幼児無料
P あり
交 北総鉄道白井駅から徒歩20分

白井市文化センター
住 白井市復1148-8
TEL 047-492-1122（図書館）
047-492-1121（文化会館）
047-492-1124（郷土資料館）
047-492-1125（プラネタリウム館）
開 施設による
休 月曜、臨時休あり
P あり
交 北総鉄道白井駅から徒歩約15分

ふさの国だより

日本一の産地、千葉県の梨について

千葉県は全国有数の果物生産県。全国シェアで10%を占めるものが梨（全国1位）、スイカ（全国2位、1位熊本）、ビワ（全国2位、1位長崎）の3種類もある。梨は関東の3県（千葉、茨城、栃木）で全国の3割以上を生産していて、「ふなっしー」の活躍もあり、特に千葉の梨は全国的に知られるようになったが、千葉県の梨の生産の歴史は古く、江戸時代から梨の名産地として知られていた。現在も生産量、収穫量、栽培面積すべてが全国1位だ。特に県北西部（白井、市川、船橋、鎌ケ谷、松戸、柏など）で生産が盛んで、「幸水」「豊水」「新高」などが代表的な品種。松戸市で生まれた品種「二十世紀梨」は、鳥取県で盛んに栽培されていて、千葉県産は実は少ない。

ミニ情報 白井そろばん博物館の近くにある和菓子店「さつまや」では直径20cm、重さは約700gのどら焼き「大どら」を販売している。大きさに驚くが、さっぱりとした味わいで食べやすい。

エリアナビ 東葛

県の北西部、江戸川と利根川を挟んで茨城・埼玉・東京に接する6市からなる地域。水運を利用し、野田の醤油、流山のみりんなど、江戸時代から産業が発達した。水辺の豊かな自然や、歴史を物語る建造物、花の名所を巡ってみよう。

1 急速に都市化が進んだベッドタウン 松戸市

P.334 MAP 別冊 P.7・15

江戸時代に水戸街道の宿場町として、また利根川と江戸川の水運により栄えた場所。東京・柴又との間を結ぶ江戸川の渡し船・矢切の渡しや、徳川慶喜の弟昭武が建てた戸定邸、四季折々の花を楽しめる本土寺がある。伊藤左千夫の小説『野菊の墓』の舞台でもある。

戸定邸は、徳川家最後の将軍の弟、徳川昭武が暮らした邸宅

6〜7月に5万本のアジサイが咲き誇り「アジサイ寺」とも呼ばれる本土寺

2 県内有数の商業都市 柏市

P.338 MAP 別冊 P.7・8

マンションや住宅街が密集する東京のベッドタウン。利根川沿いでは稲作が盛んで、一面に田園が広がる。空海が開基といわれる布施弁天（東海寺）や、花と風車の組み合わせが美しいあけぼの山農業公園、重要文化財の豪農の屋敷・旧吉田家住宅歴史公園などがある。

あけぼの山農業公園は17ヘクタールの敷地に花畑や温室、バーベキューガーデンを備える

3 市のシンボルは高さ1.8mの小さな大仏 鎌ケ谷市

P.342 MAP 別冊 P.15

江戸中期に造られた釈迦如来像、鎌ケ谷大仏があることで知られ、大仏コロッケが名物となっている。江戸時代には野馬の放牧と鷹狩がこの地で行われ、馬を追い込んだ野馬土手が残る。北海道日本ハムファイターズ2軍の本拠地球場、鎌ケ谷スタジアムがあるのもここ。

1776（安永5）年に富豪の大国屋文右衛門が祖先供養のために造らせた鎌ケ谷大仏

やりたいこと BEST 5

1. 関東三弁天のひとつ布施弁天に参拝➡ P.340
2. 清水公園で桜やツツジの花を観賞➡ P.347
3. 5万本のアジサイが咲く本土寺を散策➡ P.337
4. 手賀沼で野鳥や水生植物を観察➡ P.351
5. 古民家で万華鏡を楽しみ童心に帰る➡ P.349

4 堤防は1周約60kmのサイクリングコース

野田市

P.344 MAP 別冊 P.4〜5・6〜7

江戸川と利根川、利根運河に挟まれた千葉県最北端の市。銚子と並ぶ醤油の産地で、キッコーマンもの知りしょうゆ館で醸造過程を見学できる。このほか、千葉県立関宿城博物館は関宿城の天守を再現した建物で、4階の展望室からは江戸川と関東平野の眺望を楽しめる。

千葉県立関宿城博物館の周辺には、春には桜や菜の花が咲き、城を彩る

5 「都心から一番近い森のまち」をうたう

流山市

P.348 MAP 別冊 P.7

江戸川に面し、オオタカが生息する森などの豊かな自然が残る場所で、18世紀頃からみりんの醸造で栄えた。隣の松戸市との間をローカル線の流山鉄道が走るほか、俳人小林一茶が訪れた一茶双樹記念館や、見世蔵を利用した万華鏡ギャラリーなどが見どころ。

流山駅と松戸市間の約5.7kmを結ぶ流山鉄道の流山駅は「関東の駅百選」に認定

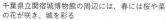

6 白樺派の文学者たちが移り住んだ

我孫子市

P.350 MAP 別冊 P.7・8

北は利根川、南は手賀沼に面した自然豊かな土地で、江戸時代には水戸街道の宿場町として栄えた。大正から昭和にかけて手賀沼北岸が白樺派の拠点となり、志賀直哉や武者小路実篤が暮らした。市民憩いの場である手賀沼、白樺文学館、国内で唯一の鳥類専門博物館がある。

手賀沼のほとりにある我孫子市水生植物園にはアヤメやアジサイなど季節の花が咲く

進化を続けるベッドタウン

松戸市（まつどし）

人　口：約48万3000人（3位）
面　積：61.4㎢（30位）

千葉県随一のアジサイスポットである本土寺境内の様子

市章

旭日の天に昇る姿と併せて片仮名で「マツド」の字を図案化したもの。

松戸市への行き方

東京駅 —— JR常磐線 所要24分 —— 松戸駅

都心から約20㎞、電車で約30分の距離にあり、首都圏のベッドタウンとして発展を続けている。市内にはJR常磐線（東京メトロ千代田線と相互乗り入れ）やJR武蔵野線、北総鉄道など、都心へ直接行ける鉄道があり、東京へのアクセスはとてもいい。いっぽう県庁所在地である千葉へのアクセスはいまいち。松戸に住み、東京へ通勤、通学する「千葉都民」はかなり多く、千葉県にありながら、東葛エリアは東京都との結びつきが強いところだ。

江戸時代は江戸と水戸を往来する水戸街道の宿場「松戸宿」として、また江戸川に面した物資の集積所としておおいに栄えた松戸。明治の世になっても地域の中心的な町だった。東京のベッドタウンとして注目されるのは戦後になってから。

江戸川から見る松戸駅周辺

小ネタ
駅名に残る宿場

市内を南北に縦断しJR常磐線と並走する国道6号は江戸時代には水戸街道として、江戸と水戸の往来に利用される脇街道だった。街道沿いには徳川光圀（水戸黄門）ゆかりの銀杏の木がある松戸神社、徳川慶喜の弟、元水戸藩主徳川昭武が明治時代に暮らした戸定邸がある。その街道の宿場だった松戸、小金、馬橋は、今でも常磐線の駅名に名前が残っている。

ミニ情報　松戸市田中新田48-2にある八柱霊園は市内でいちばん大きな霊園。公園のように美しく整備されていて、散歩やジョギング、時にはピクニックなどを楽しむ人もいる。松戸市民の憩いの場なのだが、実はここは東京都の都立↗

歩き方

水戸徳川ゆかりの地と美しい寺院を歩く

市内にはJRの常磐線と武蔵野線、新京成線、北総線など、複数の鉄道路線があり、これに路線バスを組み合わせれば、多くのスポットに公共交通でアクセスが可能だ。おもな見どころである、旧水戸藩主別邸戸定邸や徳川光圀（水戸黄門）ゆかりの銀杏の木がある松戸神社はJR松戸駅から。松戸駅からふたつ目の馬橋駅近くには、仁王像の股くぐりで有名な萬満寺がある。無病息災を祈る珍しい行事で有名だ。さらに2つ先の北小金駅西口より10分ほど北に歩くとアジサイ寺として知られる本土寺がある。春は桜、初夏にはハナショウブとアジサイ、秋には紅葉が美しい絵になるお寺だ。北小金駅の東口から7分のところには500年の歴史をもつ東漸寺がある。広大な境内にある樹齢300年以上のシダレザクラは必見だ。こちらのお寺も鶴亀の松、参道の梅、アジサイ、紅葉などが楽しめる。

自然を生かした公園や川沿いの遊歩道も訪れたい

市の真ん中にある大きな公園「21世紀の森と広場」は、もともとあった森林や湿地を生かしつつ造られた。広大な芝生の広場や野鳥もやってくる池など、住宅街の真ん中にあるとは思えないほど開放的な公園。園内には松戸市立博物館やコンサートなどのイベントが行われる森のホール21がある。最寄り駅は新京成線の常盤平駅。徒歩約10分の距離にある。

川を挟んで対岸は東京都葛飾区である江戸川沿いにもいくつか見ておきたいスポットがある。国道6号が川を越える新葛飾橋の北側には約2ヘクタールのフラワーラインがある。春は菜の花、秋はコスモスが美しい川沿いの花畑。南側には江戸川で唯一の渡し「矢切の渡し」がある。木舟で川を渡る体験は今では貴重だ。ここが登場する純愛小説『野菊の墓』の文学碑や、さらに下れば明治時代に造られた産業遺産である「柳原水閘（やぎはらすいこう）」がある。

おさんぽプラン

① JR松戸駅
徒歩12分
② 戸定邸
(→P.336)
徒歩6分
③ 松戸神社
徒歩8分JR松戸駅＋
JR常磐線9分 JR北小金駅＋
徒歩9分
④ 本土寺
(→P.337)

宇宙飛行士の山崎直子さんは松戸神社のお守りを携えて宇宙に行った

東漸寺のシダレザクラは樹齢300年以上

21世紀の森と広場は松戸市民の憩いの場

ふさの国だより

梨の名前が町の名に！

市の南部に「二十世紀が丘」というところがある。1888年、この土地に住んでいた13歳の少年松戸覚之助は、ゴミ捨て場に生えていた梨の木を見つけた。当時父親が梨の栽培を始めて数年後のことで、覚之助自身も梨に興味をもっていたのでその木が気になったのだろう。彼は自宅にこの木を持ち帰って栽培を始めた。そして10年にわたる試行錯誤の後に結実したのが新種の梨。それが現在、日本の梨で第3位の生産量を誇る「二十世紀」だ。この梨の木が発見された場所が、梨にちなんで「二十世紀が丘」という地名になった。二十世紀が丘で発見されたので「二十世紀梨」と名づけられたのではなく、梨の名前が地名になったという、珍しい場所だ。

現在この梨の生産量が最も多いのは千葉ではなく鳥取

霊園。管理しているのは東京都公園協会だ。

松戸市の おもな見どころ

戸定邸
住松戸市松戸642-1
TEL047-362-2050
開9:30～17:00
休月曜
料大人250円、高校・大学生100円
Pあり　交JR松戸駅から徒歩10分

松戸徳川家の資料を展示する「戸定歴史館」

矢切の渡し
住松戸市下矢切1257
TEL047-363-9357
営10:00～16:00
休12～3月上旬の平日（1/1~7、帝釈天縁日は運航）
料大人200円、4歳～小学生100円
Pあり
交JR・新京成線松戸駅から矢切の渡し入口行きバスで13分、矢切の渡し入口下車、徒歩15分

富士を望む旧徳川家の住宅

戸定邸（とじょうてい）

MAP 別冊P.15-C1

徳川慶喜（よしのぶ）の弟、徳川昭武（あきたけ）（水戸徳川家の第11代藩主）が1884（明治17）年に建てた私邸で、後に松戸徳川家本邸となった、明治時代の徳川家の住宅。表座敷棟など9棟23部屋からなる和風建築で、ほぼ完存している。洋風を意識した庭園とあわせて明治前期の上流住宅の指標とされ、大規模住宅は国指定重要文化財に、庭園は国指定名勝になっている。施設名の戸定は地名に由来する。

全国で唯一、明治時代の徳川家の住宅として一般公開されている。

手こぎの木舟で江戸川を渡る

矢切の渡し（やぎりのわたし）

MAP 別冊P.15-C1

川幅150mの江戸川を木製の手こぎ舟で往復する渡し船。江戸時代、松戸村と柴又村、江戸川を挟んで両岸に畑を持つ農民の往来と、日用品の運搬に利用されていた江戸幕府直轄の渡し船だった。現在は江戸川唯一の渡し船として杉浦家が代々運営を受け継いでおり、散策コースや、柴又や周辺観光のひとつとして楽しまれている。

のどかで、情緒たっぷりの渡し舟

ふさの国だより

松戸にある黄門様ゆかりの場所

松戸市を縦断する国道6号は、江戸時代初期に整備された江戸と水戸を結ぶかつての「水戸街道」。水戸藩でいちばん有名なあの人にまつわる話が市内各地に伝わっている。

黄門様が鷹狩に出かけたとき、現在の松戸神社（住松戸1457）の境内の木に一羽のハクチョウが留まっていた。鷹が動かなかったので御大自ら矢で射落とそうするが手が動かず、さらには弓が折れてしまった。黄門様は折れた弓矢を奉納し、自らの行いを陳謝した。

ほかにも雷様を祀る雷電神社（住竹ヶ花141）や風早神社（住上本郷2599）、黄門様自作とされるご神体が祀られている七面神社（住小金原2-21-2）などもある。

黄門様ゆかりの松戸神社の拝殿

悲恋の物語に思いをはせる

野菊の墓文学碑（のぎくのはかぶんがくひ）

MAP 別冊P.15-C1

文豪・夏目漱石も絶賛した古典的な純愛小説、伊藤左千夫の『野菊の墓』（1906年）のうち、矢切の風景の描写場面数か所を抜粋した文が刻まれ、門人の土屋文明氏が碑題字を揮毫した文学碑。1965（昭和40）年に除幕式が行われた。

無病息災を願う仁王様の股くぐり

萬満寺（まんまんじ）

MAP 別冊P.7-C3

鎌倉時代に真言律宗の寺として創建されるも、室町時代に将軍義満により改宗された臨済宗大徳寺派の寺院。山号は法王山。ご本尊は阿弥陀如来。鎌倉時代作の金剛力士（仁王）像は国の重要文化財に指定されており、正月三が日には仁王尊が御開帳され、阿吽（あうん）と2体あるうちの「阿」の像の両足の間の50cm四方の隙間をくぐる「仁王の股くぐり」（無病息災祈願）で知られている。

松戸・水戸街道きっての古刹

千葉県を代表するアジサイ寺

本土寺（ほんどじ）

MAP 別冊P.7-C3

13世紀後半に豪族平賀忠晴の屋敷内に、日蓮聖人の高弟である日像が講師として招かれ、開堂したといわれる下総国屈指の日蓮宗の寺院。久遠実成の本仏であるお釈迦様がお住まいになる国土を意味する本土にその名の由来がある。仏土を彩る「宝樹」はお釈迦さまのみならず我々衆生をも「心の安らぎ」に導くといわれ、春は桜、初夏はハナショウブとアジサイ、秋は紅葉が美しい「花の寺」として知られ、境内は四季を通してにぎわいを見せている。特に、5万本のアジサイが咲き誇る「アジサイ寺」の異名をもつ。宝物殿には、日蓮直筆の国の重要文化財に指定されている『諸人御返事』『大学三郎御書』、および県下2番目に古い1278（建治4）年に造られた梵鐘のほか、千葉県指定有形文化財の『本土寺大過去帳』をはじめとする、その他多数の書物が所蔵されている。

初夏には境内を埋め尽くすほどのアジサイが咲く

野菊の墓文学碑

住 松戸市下矢切261西蓮寺境内
TEL 047-362-3196(西蓮寺)
開 見学自由　P なし
交 北総鉄道矢切駅から徒歩10分

江戸川を望む高台の西蓮寺境内にある。隣接の野菊苑からは矢切の田園風景や江戸川を一望できる

萬満寺

住 松戸市馬橋2547
TEL 047-341-3009
開 9:00～16:00（仁王の股くぐりは春と秋の大祭と正月三が日）
休 無休　料 無料　P あり
交 JR馬橋駅から徒歩3分

本堂前に鎮座する水掛不動尊

本土寺

住 松戸市平賀63
TEL 047-346-2121
開 有料参拝期間は9:00～16:30(最終16:00)
休 無休　料 無料(季節により有料)
P あり
交 JR北小金駅から徒歩10分

五重塔と紅葉の鮮やかな赤が美しい

東葛エリアの中核都市を担う

柏市（かしわし）

人　口：約41万4000人（5位）
面　積：114.7㎢（15位）

1973（昭和48）年、柏駅前に日本最初の駅直結の歩行者用デッキが造られた

市章

ひらがなの「か」「し」「わ」の3文字を組み合わせた図案。

柏市への行き方

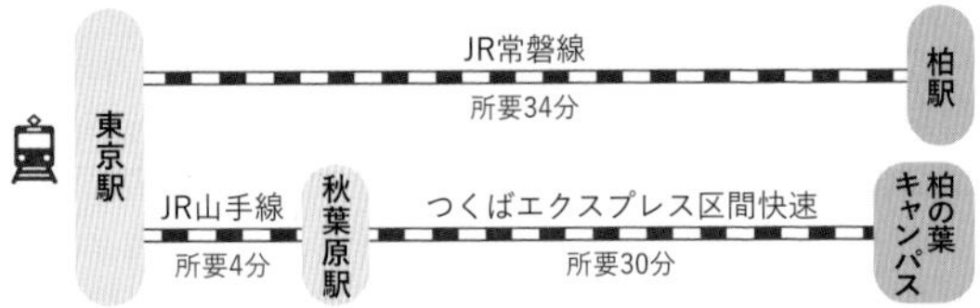

柏市は県北西部に位置し、都心からのアクセスもよく商業施設も充実している東葛エリアの中核都市。もともと水戸街道の小さな宿場町だったが、1896（明治29）年の常磐線、続く大正時代の北総鉄道（現：東武野田線）の開通により交通の要衝となり発展してきた。さらに1960年代に東京のベッドタウンとして人口が急増し、1970年代には大型百貨店が開店、以降東京の衛星都市的な商業圏となっている。2005（平成17）年につくばエクスプレスが開通後、北部の柏の葉エリアの発展が著しい。産学連携施設を中心とした公民学連携の町づくりに加え、郊外型ショッピングモールやマンション開発も活発化し、若い世代を中心に人口が増加している。

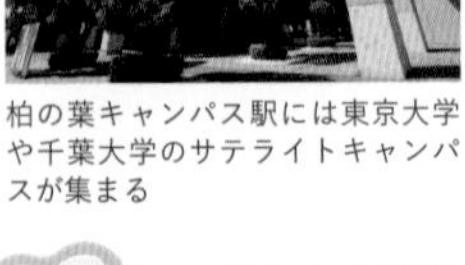

柏の葉キャンパス駅には東京大学や千葉大学のサテライトキャンパスが集まる

ミニ情報　商都としての柏が注目されがちだが、市北部、利根川沿いのあけぼの山エリアや手賀沼エリアでは、農業資源にも恵まれており、豊かな自然を楽しめるエリアとしても人気だ。

歩き方

新旧タウンエリアを攻略しよう

JR常磐線柏駅周辺には、大型百貨店、大型スーパー、ディスカウントストアに加え「ウラカシ」と呼ばれる裏路地の古着屋など個性的な商店が点在。東口の日本初のペデストリアンデッキにはストリートミュージシャンが多く集まり、千葉唯一のアーケード商店街柏二番街には個人経営の商店も軒を連ねる。駅前のスクランブル交差点も「千葉の渋谷」といわれるゆえんのひとつだ。西口はオフィスビルが目立ち、あさひ通り商店街には居酒屋や飲食店が多い。大手百貨店でのブランドショッピングも楽しめる。

いつもにぎやかな柏二番街の入口

発展著しい自然豊かな北部

つくばエクスプレスの開通で大きく変わったのが市の北部。中心的な柏の葉キャンパス駅周辺は、大型の商業施設だけでなく、研究・教育機関なども集まり、新しい形での都市開発が進められている。その一方で北部エリアには昔ながらの風景も見られる。北部の利根川沿いには、広々とした田園風景が広がり、花畑と風車がシンボルであるあけぼの山農業公園ではファミリーでさまざまな農業体験が楽しめる。

緑が多い柏の葉キャンパス駅前

おさんぽプラン

① JR柏駅
バス21分
② 布施弁天 (→P.340)
徒歩5分
③ あけぼの山農業公園 (→P.340)
徒歩1分＋
バス35分 JR柏駅＋
バス23分
④ 旧吉田家歴史公園 (→P.340)

小ネタ
柏まつり

毎年7月下旬の土・日曜に行われる、70万人もの人が訪れる千葉県最大級の市民祭り。最初の祭り「柏商業まつり」の開催が1971(昭和46)年なので、半世紀以上の歴史がある。会場は柏駅の周辺で、祭り開催中はバス停の場所が移動されたり、長時間の交通規制がかけられたりするが、柏市民だけでなく、周辺の住民も毎年このイベントを楽しみにしている。「柏おどり」のパレードやコンテスト、地元神社の神輿の練り歩き、特設ステージでのコンサートやパフォーマンスなど、市民祭りらしく、どれもが手作り感があり、親しみやすさも人気の理由だ。
※コロナ禍により2022年は中止

ふさの国だより

注目のKASHIWANOHA T-SITE（柏の葉T-SITE）

つくばエクスプレス「柏の葉キャンパス駅」は、県内の「住みたい町」ランキングの常にトップクラスにある人気の駅。キャンパスという名前のとおり、東京大学や千葉大学のキャンパスがあり、自治体、企業、大学が連携して国際的な学術都市を目指して開発を進めている。この文教都市のイメージにぴったりの商業施設が「KASHIWANOHA T-SITE」。国道16号沿いにあり、駅から歩いても約7分だ。蔦屋書店を中心に「生活提案型商業施設」として、カルチャー、グルメ、ショッピングが楽しめるおしゃれスポットとして、周辺の住民だけでなく多くの人が訪れている。

MAP 別冊P.7-D2
URL https://store.tsite.jp/kashiwanoha/

東葛エリア最大級の大型書店がある

柏市の おもな見どころ

布施弁天 東海寺
住 柏市布施1738
TEL 04-7131-7317
開 6:00～18:00(参拝は終日可能)
休 無休　料 無料　P あり
交 JR柏駅から布施弁天行きバスで25分、終点下車すぐ

屋根は銅板葺きの入母屋造り。軒下には十二支などが彫られている

あけぼの山農業公園
住 柏市布施2005-2
TEL 04-7133-8877
開 9:00～17:00　休 月曜（祝日の場合は翌日)、年末年始
料 無料　P あり　交 JR我孫子駅からあけぼの山農業公園行きバスで15分、終点下車、徒歩1分(開園日のみ運行)

春はチューリップが美しい

旧吉田家住宅歴史公園
住 柏市花野井字原974-1
TEL 04-7135-7007　開 9:30～16:30
休 月曜、年末年始　料 大人210円
P あり　交 JR柏駅から東急ビレジ行き、柏たなか駅行き、柏市立高校行きバスで15分、花野井神社下車、徒歩約6分

敷地の中央奥にある主屋

関東三弁天のひとつ

布施弁天 東海寺（ふせべんてん とうかいじ）

MAP 別冊P.7-D2

807（大同2）年に弘法大師空海御作といわれる弁財天像をご本尊（秘仏）として開山された祈願寺（紅龍山布施弁天東海寺）。以来幾多の興廃を経て、1717（享保2）年に現在の本堂が完成した。浅草寺弁天山（浅草寺弁天堂）、江島神社弁天堂とともに関東三弁天としても名高く、石段より続く本堂、楼門、鐘楼は県の重要文化財となっている。弁財天（弁天様）は、江戸時代に七福神のひとつとして、もっぱら福徳財宝の神であるとして衆庶の信仰を集めている。隣接する「あけぼの山公園」と「あけぼの山農業公園」とともに四季折々の美しい花々を見渡せる景勝地である。

朱色の本堂。内部の天井には諸大名の家紋が描かれている

四季折々の花を楽しめる体験型パーク

あけぼの山農業公園（あけぼのやまのうぎょうこうえん）

MAP 別冊P.7-D2

シンボルの風車と周りの花畑が美しい公園。貸農園、日本庭園、水生植物園、野菜の収穫体験ができるバーベキューガーデンなどがある。隣接する「さくら山」も桜の名所として知られ、四季を通じて季節の花を楽しめる。花々を眺めながらおすすめ散歩コースに沿って園内を歩いてみよう。また、年間を通じ体験型のイベントも多く開催していて、冬期のイルミネーションでの風車のライトアップも人気だ。

風車付近一面に咲き誇る秋のコスモス畑

江戸時代の豪農の生活を今に残す

旧吉田家住宅歴史公園（きゅうよしだけじゅうたくれきしこうえん）

MAP 別冊P.7-D2

江戸時代の名主であった吉田家の邸宅。江戸末期から明治初期に建設された25mにも及ぶ長屋門、茅葺屋根の重厚な造りの主屋、格調の高い書院など8棟は、国の重要文化財に指定されている。さらに庭園や庭井戸などの工作物、屋敷林がよい状態で残されており、その豪農ぶりを思わせる。屋敷全面に広大な芝生広場もあり、文化と自然をゆったり満喫できる公園となっている。

深い森の中の静かな参道を通って参拝

廣幡八幡宮(ひろはたはちまんぐう)

MAP 別冊P.7-D3

八幡神を生んだ聖母神をお祀りする廣幡八幡宮は、多岐にわたる御利益があることで知られる。特に安産子宝・子育てを中心とした子孫繁栄にご神徳があり、安産祈願に、お宮参りに、七五三にと祈祷に訪れる参拝者も多い。鳥居を過ぎ、真っすぐに整った本堂までの参道をゆっくり進むと、身が引き締まり神妙な面持ちになれる、聖地の風格のある神社だ。

豊かな緑に囲まれた本堂

廣幡八幡宮
住 柏市増尾895
TEL 04-7173-8081
開 9:30～16:30
休 無休　料 無料　P あり
交 JR柏駅から酒井根循環バスで土小学校下車、徒歩15分

うっそうとした森の中の参道を歩く

自然共生型テーマパーク

柏しょうなんゆめファーム(かしわしょうなんゆめふぁーむ)

MAP 別冊P.8-A3

手賀沼のほとりに、自然との共生を目指して造られたレジャー&アドベンチャー施設。自然の木立を利用したアスレチックやバーベキュー場を完備し、オートキャンプサイトやコテージなど宿泊施設も充実しており、大人も子供も1日中遊びながら心からリラックスできる。樹木のそよぐ声や生き物たちのありのままの姿を見ながら、自分の力で楽しむ時間と自然環境のゆっくりとした時の流れを感じられる手作り感満載の施設。

アスレチック施設が充実

柏しょうなんゆめファーム
住 柏市布瀬89-1
TEL 04-7160-9888
営 10:00～17:00(11～2月は～16:00)
休 年末年始
料 無料（施設により有料）
P あり
交 JR柏駅から布瀬行きバスで25分、手賀東小入口下車すぐ

ふさの国だより

地面から生える大砲の正体は？

柏市・花野井の畑の地面から、大砲のような石筒がにょきにょきと生えている。この不思議な石筒、実は戦争遺構なのだ。

第2次世界大戦の末期、首都圏の防衛のため新しい戦闘機の開発が急務となる。そこで日本陸軍・海軍が、共同開発したのが日本初のロケット有人機「秋水」だ。「秋水」は柏市に造られていた「柏飛行場」に配備される予定だった。

試作機の試験飛行目前で敗戦を迎え、これらの機体は処分された。だが「秋水」の燃料を保管していた燃料保管庫が残っている。冒頭で紹介した石筒は、地下燃料貯蔵庫の通気孔で、ヒューム管と呼ばれている。柏市では飛行機を隠しておくための掩体壕(えんたいごう)跡も見つかっている。

これらは貴重な戦争遺構といえるだろう。

地上から突き出すヒューム管。私有地のため入ることはできない

駅名になるほど親しまれる大仏様の町

鎌ケ谷市（かまがやし）

人　口：約10万9000人（16位）
面　積：21.1㎢（50位）

町のシンボルでもあり、地元でとても愛されている大仏様

市章

カタカナで「カマガヤ」を円形にし、円は和を表す。横の広がりは市の発展を意味する。

貝柄山公園の池

小ネタ

東経140度の町

全国的に見ても珍しい（と思われる）表示があるのが、新鎌ヶ谷駅の駅前広場。ここには東経140度を示す線が道路に描かれている。栃木県宇都宮市、秋田県大潟村なども140度線が通るところだが、こんな表示があるのは鎌ケ谷だけだ。

公開時にはセレモニーも行われた

鎌ケ谷市への行き方

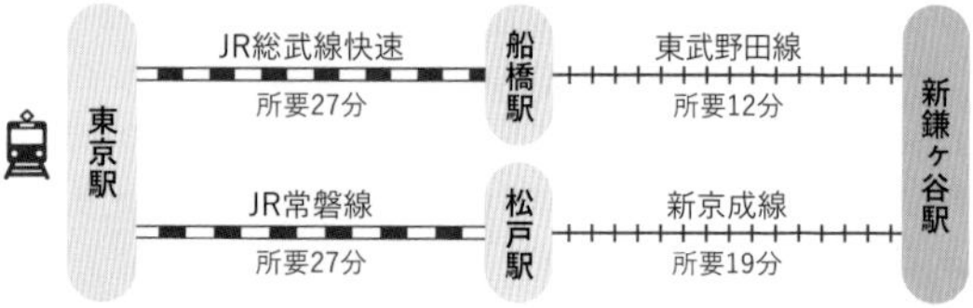

鎌ケ谷市は都心より25km圏内にあり、市の中心である新鎌ケ谷駅は、成田スカイアクセス線、東武野田線、新京成線、北総線の4つの路線が乗り入れ、交通アクセスは抜群。江戸時代は広大な牧の一部で、宅地として開発されたのは明治以降のこと。現在は首都近郊の住宅地でありながら梨畑などの農地も広がる千葉らしい町。

歩き方

史跡を巡るなら、中心地新鎌ヶ谷駅からスタート。西口より、西に10分ほど歩くと大込土手、さらに5分ほどで唯一現存する下総小金中野牧跡・捕込（とっこめ）に。人と馬との深い関わりを感じる。南に少し歩くとあるのが貝柄山公園。縄文時代の貝塚が見られる公園だ。水鳥たちが羽を休める池がある。新京成線の駅名になっている鎌ケ谷大仏や、ファイターズタウン鎌ケ谷こと日本ハムファイターズのファーム（2軍）本拠地にファンが集う。新鎌ヶ谷駅には新人選手の手形の展示がある。注目の選手を探してみよう。

全国で唯一駅名にもなっている大仏は地域の人気者

かまがやだいぶつ
鎌ケ谷大仏

MAP 別冊P.15-D1

1776（安永5）年に鎌ケ谷宿の富豪、大黒屋（福田）文右衛門が祖先の供養のために建立した鋳造青銅製の釈迦如来像。仏像の高さ1.8m、台座の高さ60cmで、江戸神田の鋳物師多川主膳に鋳造させた。仏像の完成時に行う開眼供養には僧侶50人あまりを請じ、音曲に合わせて供養したと伝えられている。小さな大仏様として地域に親しまれ、大仏コロッケや大仏商店街などの名称に使用されるほか、駅名になるほど地元では親しまれている。

住民によりオリジナルソングも作られるほど地元で愛されている

初めて国の史跡指定を受けた牧跡

しもうさこがねなかのまきあと
下総小金中野牧跡

MAP 別冊P.15-D1

江戸幕府がその軍事力を維持し、全国支配を継続するために必要だったのが軍馬を安定的に確保すること。そのため下総国には幕府直轄の2つの牧があり、そのひとつが小金牧。その小金牧はさらに5つに分けられ、そのひとつが中野牧だ。牧内の馬は半野生の野放し飼いで、年に１度の野馬捕りで３歳馬を捕え、優良な馬は江戸に送られた。野馬を追い込み捕らえて選り分ける捕込（とっこめ）はさらに捕込、溜込（ためごめ）、払込（はらいごめ）に区分され、牧に馬を返すための払込は、ほぼ当時の区画のまま残っている。江戸幕府の軍馬生産を知るうえで貴重な遺跡として、牧跡としては全国で初めて国史跡に指定されている。

鎌ケ谷の郷土の歴史を学べる資料館

かまがやしきょうどしりょうかん
鎌ケ谷市郷土資料館

MAP 別冊P.15-D1

1987（昭和62）年、都市化にともない貴重な郷土の歴史・自然に関する資料を収集・保管し、明日の鎌ケ谷の姿づくりのための学習の場として造られた資料館。規模は小さいがなかなか充実した展示。常設の展示では、根郷貝塚で出土した縄文人の人骨、江戸時代の小金中野牧や明治時代の開墾の資料、市内で行われていたコメ作りの記録など、原始・古代から現代までと民俗をコーナーに分けて展示している。

入館してすぐ左に住居の模型、右に人骨の展示

鎌ケ谷市のおもな見どころ

鎌ケ谷大仏
住 鎌ケ谷市 鎌ケ谷1-5（大仏墓地内）
TEL 047-445-1528（鎌ケ谷市教育委員会文化・スポーツ課）
開 見学自由
P なし
交 新京成線鎌ヶ谷大仏駅から徒歩1分

下総小金中野牧跡
住 鎌ケ谷市東中沢2-1（捕込）
TEL 047-445-1528（鎌ケ谷市教育委員会文化・スポーツ課）
開 見学自由　P なし
交 新京成線北初富駅から徒歩5分

入口には石碑も置かれている

鎌ケ谷市郷土資料館
住 鎌ケ谷市中央1-8-31
TEL 047-445-1030
開 9:00～17:00
休 月曜・祝日
料 無料
P あり
交 新京成線初富駅から徒歩4分

交通量の多い国道464号沿いにある

全国にその名が知られた醤油の町

野田市（のだし）

人　口：約15万4000人（12位）
面　積：103.6㎢（18位）

桜の名所でもある清水公園のフィールドアスレチック

市章

のだ市の「の」を図案化したもので、親睦、融和、団結を意味する。

小ネタ

千葉と茨城の県境

江戸川と利根川の分岐地点に立つ関宿城周辺は分岐点まで歩道が造られ直線距離で約1km。実は分岐地点は野田市（千葉県）のいちばん端っこではなく茨城県だ。

江戸川と利根川の分岐。利根川の対岸に一部野田市の飛び地が

野田市への行き方

東京駅 —JR常磐線（所要36分）→ 柏駅 —東武野田線（所要16分）→ 野田市駅

千葉県北西部、埼玉県と茨城県に挟まれたチーバくんの鼻の部分にあたる野田市は、利根川と江戸川の間にあり、南北に約24km、東西約6km、やや西に傾いた細長い形をしている。南部は東武野田線（アーバンパークライン）と首都圏の主要環状道路である国道16号に沿って住宅地が広がり大規模な工業団地も造られている。北部は住宅地の間に広がる畑が目立つ。そしてふたつの川沿いは広々とした緑地になっている。

野田といえば醤油の町として全国的に有名だ。この地で醤油の醸造業が発展したのは江戸時代の初め。利根川と江戸川の分岐する土地は、水運のよさから醤油の材料を集めるのに好都合であり、何より大消費地である江戸にできた醤油を簡単に運ぶことができた。醤油製造は今日でも野田市の重要な産業であり、観光的にも醤油や醤油醸造業に関連した見どころが多数ある。

歩き方

醤油の町を歩く

東武野田線の野田市駅を降りると目の前に見える巨大タンク。醤油出荷量日本一のキッコーマンの野田工場の一部だ。ここはキッコーマンが本社を置く場所であり、創業の地。「醤油の町」の中心だ。実際この周辺はキッコーマンの企業城下町となっており、関連の施設だけでなく、近代化産業遺産として「野田市の醸造関連遺産」に登録されている歴史的な建物が点在している。いちばんの見どころはキッコーマンもの知りしょうゆ館。醤油のすべてを知ることができるユニークな施設。周辺の醤油関連の見どころを含め、すべて野田市駅から徒歩で行くことができる。

キッコーマン本社近くにある古いれんがの壁

市の北部にはバスでアクセス

もうひとつの大きな見どころである清水公園は同名の駅からすぐ。アスレチックやバーベキュー施設などが充実した自然公園だ。市のいちばん北にある関宿城へは路線バスでアクセスができる。市内の川間駅からバスが出ているが、お隣埼玉県の東武動物公園駅からのバスもある。

醤油のことが何でもわかる

キッコーマンもの知りしょうゆ館

きっこーまんものしりしょうゆかん

MAP 別冊P.7-C1

大豆と小麦と塩を微生物の働きで発酵・熟成させ、色、味、香りのバランスがとれた醤油のできるまでを見学できる。醤油の歴史や造り方をビデオで学び、3日間かけてしょうゆ麹をほぼ自動で造る「円型製麹（せいきく）装置」を見学。さらに、しょうゆ麹に食塩水を混ぜた「もろみ」は、発酵・熟成期間によって、色や香りにどのような違いが出てくるのかを体験できる。イートインコーナーまめカフェでは「しょうゆソフトクリーム」を味わうことができる。敷地内には宮内庁に納める醤油を造っている「御用蔵」もある。

売店には献上醤油「亀甲萬本店 御用蔵」やオリジナルTシャツなどが並ぶ

おさんぽプラン

① 東武野田市駅
徒歩2分
② キッコーマンもの知りしょうゆ館 （→P.345）
徒歩10分
③ 野田市郷土博物館
徒歩4分
④ 茂木本家美術館 （→P.346）
徒歩17分
⑤ 櫻木神社 （→P.346）

小ネタ

醤油の町の「野田せんべい」

野田市内には6軒の「野田せんべい」の店がある。地元産の醤油を使っているのが特徴だ。手焼きの店もあり、香ばしい香りがたまらない。野田を訪れた際は、ひとつ買い求めてみては。

野田市のおもな見どころ

キッコーマンもの知りしょうゆ館

住 野田市野田110
TEL 04-7123-5136
開 予約制
休 第4月曜、GW（応相談）
料 無料
P あり
交 東武野田線東武野田市駅から徒歩3分
※2022年10月現在休館中

内部の見学ができる御用蔵

千葉県最北端の美しい城で郷土の歴史を学ぶ

千葉県立関宿城博物館（ちばけんりつせきやどじょうはくぶつかん）

MAP 別冊P.4-A2

千葉県最北端の利根川と江戸川の分流点にある千葉県立関宿城博物館。野田市関宿は、近世から近代にかけて利根川水運の中継地として栄えた地。博物館では「河川とそれにかかわる産業」をテーマに、河川改修や舟運の歴史、人々と川の関わり、中世から近世の関宿城・関宿藩の歴史などを模型や映像資料を用いて紹介。講演会や講座なども開催し地域の歴史を後世に伝えている。天守閣部分はかつての記録をもとに再現され、4階展望室から利根川や江戸川、関東一円の山並みを一望することができる。

立派な天守をもつ城の形をした関宿城博物館

千葉県立関宿城博物館

住野田市関宿三軒家143-4
TEL04-7196-1400
開9:00～16:30　休月曜
料大人200円、高校・大学生100円　Pあり　交東武線川間駅から境町行きバスで32分、関宿城博物館下車すぐ

利根川水運の要、高瀬船（模型）を展示

桜の木のもとに神が祀られている神社

櫻木神社（さくらぎじんじゃ）

MAP 別冊P.7-C1

野田市最古の社であり、起源は平安朝まで遡る。創建時に近くに桜の大木があったことが社名の由来。祀られている四柱の祭神は命を守り、縁結び、子孫繁栄の御利益が知られている。境内には約40種の桜の木が植えられており、夏以外つねに桜の花が楽しめる。季節ごとに変わる美しい御朱印、3月のさくらの日まいりで頒布される桜をあしらった特別な御朱印や種類豊富な授与品も人気。

縁結びのスポットとしても人気な櫻木神社

櫻木神社

住野田市桜台210-1
TEL04-7121-0001
開参拝自由
Pあり
交東武野田線野田市駅から徒歩10分

桜の形をした絵馬がかわいらしい

ゆったりと鑑賞できる静かな美術館

茂木本家美術館（もぎほんけびじゅつかん）

MAP 別冊P.6-B1

2006（平成18）年1月に開館。キッコーマン創業家である高梨・茂木一族8家のひとつ、茂木本家の第12代茂木七左衛門が収集した美術品、浮世絵、日本画、彫刻など、総計三千数百点に及ぶ美術品を所蔵しており、年5回の企画展を含め、80～90点ほどが常時展示されている。予約制で静かにゆったりと展示を鑑賞できるだけでなく、展示室より外の景色までも作品のように取り込む窓、そして、富士山と筑波山を一直線に結んで光を楽しむ部屋などを備え、見事に設計された館ごと鑑賞できる。庭園に続くカフェでは予約制のランチや和菓子を楽しめる。

茂木本家美術館

住野田市野田242
TEL04-7120-1489
開10:00～17:00（最終入館16:00）事前予約制
休月・火曜
料大人700円、中学生以下無料
Pあり
交東武野田線野田市駅から徒歩8分

洗練されたデザインの美術館

小特集

遊びには事欠かない！清水公園

野田市にある清水公園は、約28万平方メートルの広々とした敷地に大小さまざまなレジャー施設が入った絶好の遊び場。丸太で遊んで、花を愛でて、生き物に触って、園内を遊び尽くそう！

enjoy ①
水上に設けられたアスレチックは揺れる吊り橋を渡ったり、ボートで水へ飛び込んだり、イカダの上を走ったりとスリル満点

enjoy ②
アスレチックはチャレンジ、冒険、水上と3コースに分かれている。所要時間は各コース1時間ほどだが、余裕をもって行こう

いろいろ遊べる、アスレチックの聖地！

国内最大級とされる100基のフィールドアスレチックをはじめ、キャンプ場やバーベキュー場、ポニー牧場、花園などさまざまなレジャー施設を有する公園。特に水上ターザン、ロープ渡りなど、自然の地形を生かして造られたフィールドアスレチックが子供に人気だ。園内は桜やツツジの名所としても知られ、ほかにも梅やスイセン、アジサイなど約500種の花が咲く。敷地内には寺院や国指定重要文化財の古民家もあり、園内を巡るだけでも飽きない。

enjoy ③
バーベキュー場は12棟あり、すべて屋根付きなのがうれしい。食材込みで予約するプランと、持ち込みできるプランがある

enjoy ④
ポニー牧場では、愛らしいポニーを始め、ヤギやウサギ、モルモットと触れ合える。3歳以上からの乗馬体験もおすすめ

enjoy ⑤
敷地約7万㎡の花園「花ファンタジア」では春はネモフィラ、秋はコキアなど季節によってさまざまな花が咲く（12～2、7・8月休場）

enjoy ⑥
春には約2000本の桜が咲き誇る。全国各地で認定される「さくら名所100選」にも選ばれている花見スポット

MAP 別冊 P.6-B1
住野田市清水906　TEL 04-7125-3030　開各施設で異なる。フィールドアスレチックは9:00～17:00（11/1～2/11の冬期は短縮営業）　休12/30～1/1　料入園無料、フィールドアスレチック大人1500円（季節によって料金の変更あり、その他施設の利用は有料）　Pあり　交東武野田線清水公園駅から徒歩10分

人口増加率、千葉県トップの人気の市

流山市（ながれやまし）

人　口：約17万4000人（8位）
面　積：35.3㎢（42位）

新しい流山のシンボル、流山おおたかの森ショッピングセンター

市章

江戸川の流れを装飾化し、山と組み合わせたデザイン。

流山市への行き方

東京駅 —JR常磐線・上野東京ライン（所要26分）— 松戸駅 —JR常磐線（所要5分）— 馬橋駅 —流鉄流山線（所要12分）— 流山駅

その昔上州赤城山の一部が崩れ、利根川に乗ってたどり着いたのがここ。「流れてきた山」が地名の由来（諸説あり）。江戸時代は広大な牧（牧場）の一部で大半が天領（幕府が直接管理する土地）で、江戸川と利根運河の水運業でにぎわいを見せていた。戦後から宅地開発が進み、東武野田線、流鉄線、武蔵野線に加え2005（平成17）年に開業したつくばエクスプレスにより、東京への交通の便がよくなり、住宅地としての人気がさらに高まった。近年は千葉県の市町村でずっとトップの人口増加率を誇っている。

歩き方

鉄道と路線バスがほぼ全市域をカバーしているので、市内の見どころへの移動は公共交通機関だけでOK。千葉県の代表的な産業遺産である利根運河へは東武野田線運河駅下車、一茶双樹記念館へは流鉄線の平和台駅から、いずれも徒歩でアクセス可能だ。幕末好きの人にとっては、流山といえば新撰組の近藤勇と土方歳三の別離の地として有名。ゆかりの場所が市内にいくつかあり、新撰組マニアの巡礼の地のひとつだ。

小ネタ
近藤勇と流山

幕末、幕府軍とともに戦った新撰組は、1868（慶応4）年4月1日夜、総勢200余名で流山に移動。流山では醸造家長岡屋を本陣として、新撰組局長である近藤勇が陣営を敷いたが、4月3日に西軍（新政府）の先鋒隊に包囲されてしまう。流山の町を兵火に巻きこむことを嫌った近藤勇は、ここでついに自首をし、4月25日に板橋にて処刑された。

新撰組局長近藤勇が投宿していた陣屋跡

千葉を代表する明治の産業遺産

とねうんが
利根運河

MAP 別冊P.7-C2

江戸川と利根川を結び、流山市や野田市、柏市を流れる運河。オランダ人技師、ローウェンホルスト・ムルデルの設計、監督のもと開削された日本初の西洋式運河としても知られる。全長は約8.5km、流域面積25.4平方キロメートル。物資輸送の経路を確保する目的で計画され、1890（明治23）年に完成、最大年間約3万8000隻の船が行き交った。鉄道の発達により1941（昭和16）年にその役割を終え、以後は治水や利水の役割を担った。現在は市民の憩いの場に。

川沿いは桜の名所としても有名

築133年の古民家で美しい万華鏡を楽しむ

ながれやままんげきょうぎゃらりーあんどみゅーじあむ
流山万華鏡ギャラリー＆ミュージアム

MAP 別冊P.7-C2

国登録有形文化財に登録されている「寺田園旧店舗」の2階で、市内在住の世界的万華鏡作家・中里保子さんをはじめ、国内外の作家の万華鏡作品を展示・販売している。2022（令和4）年にリニューアルし、展示スペースが拡大しギフトコーナーも充実。1階には日本茶カフェもオープン。

見世蔵は国登録有形文化財に登録されている

幕末の商家をしのび、句会、茶会も開かれる歴史文化施設

いっさそうじゅきねんかん
一茶双樹記念館

MAP 別冊P.7-C3

小林一茶寄寓の地として1995（平成7）年に開館した記念館。俳人小林一茶はみりんの開発者のひとりといわれている、秋元家５代目三左衛門（俳号を双樹）と交友があり、この地で俳友たちを指導するなど、生活の糧を得ていた。記念館は、幕末頃の下総地方の商家建築を再現した「秋元本家」、秋元家の数寄屋風造りの書院を解体復元し、枯山水の庭を有する「双樹亭」、茶会や短歌・俳句会などでの利用を目的に建てられた「一茶庵」の3つの建物からなる。

流山市指定記念物にもなっている趣のある記念館

流山市のおもな見どころ

利根運河
住流山市東深井368-1（運河水辺公園）
TEL04-7153-8555（利根運河交流館）
開見学自由
Pなし
交東武野田線運河駅から徒歩5分

春には利根運河上空に鯉のぼりが飾られる

流山万華鏡ギャラリー＆ミュージアム
住流山市流山2丁目101-1 2階
TEL04-7190-5100
開10:00～17:00
休月（祝日の場合は開館、翌日休）
料無料
Pなし
交流鉄流山線流山駅から徒歩5分

一茶双樹記念館
住流山市流山6-670-1
TEL04-7150-5750
開9:00～17:00
休月曜（祝日の場合は翌日）
料無料
Pあり
交流鉄流山線平和台駅から徒歩8分

小ネタ
喫茶利用もOK！
10時から15時30分まで、お抹茶や、甘味、季節メニューなどを提供。双樹亭縁側で枯山水の庭園を眺めながら、ゆったりくつろげる。

手賀沼の北に広がる人気の住宅街

あびこし
我孫子市

人　口：約13万2000人（14位）
面　積：43.2㎢（39位）

豊かな水辺の風景は我孫子の魅力のひとつ

市章

我孫子市の頭の文字「ア」を図案化したもの。

小ネタ
幻の手賀沼ディズニーランド

高度経済成長期、昭和30年代に全国各地に大型娯楽施設の開発計画が持ち上がり、手賀沼周辺にも1959（昭和34）年大型のレジャー施設の建設が計画された。勝手に「手賀沼ディズニーランド」と名乗っていたようだ。実際に用地買収などが行われたが、開発会社の財務状況の悪化、手賀沼の水質汚染などの理由で1965（昭和40）年に計画は中止された。1968（昭和43）年、建設予定地は宅地として分譲された。浦安にディズニーランドが開園したのはその15年後のことだ。

我孫子市への行き方

東京駅 — JR常磐線・上野東京ライン（所要40分） — 我孫子駅

常磐線で東京まで直通40分という利便性に加えて、利根川と手賀沼に挟まれた土地には適度な自然があり、かつて「北の鎌倉」と呼ばれた文化の香りもある我孫子。住環境のよさから、子育て世代のファミリー層を中心に人気がある。江戸時代は水戸街道の我孫子宿として栄え、また利根川に面した布佐河岸では、水揚げされた魚が、「鮮魚（なま）街道」を通って江戸方面に運ばれていた。それ以外の土地は水田などの農地がほとんどだったが、1896（明治29）年に鉄道駅が開業。風光明媚な手賀沼へ容易にアクセスできるようになると、明治から大正にかけて湖畔に多くの文化人が別荘や居を構えるようになった。そのなかから近代の日本文学の一時代を築いた「白樺派」が生まれたことはよく知られている。

白樺派の中心人物であった志賀直哉の書斎

歩き方

手賀沼はサイクリングが楽しい

利根川に沿って広がる東西に長い我孫子市。横の移動は鉄道が利用できるが、我孫子より西側のJR成田線は、常磐線に比べると運行本数が少ないので利用する際は注意が必要だ。見どころは手賀沼周辺に多く、それらのスポットへは我孫子駅から徒歩、または路線バスが利用できる。手賀沼では湖畔の道を散策したり、貸ボートで水上でのんびりしたりするのもいいが、自転車で走るのも楽しい。我孫子市と隣接する柏市に6ヵ所の貸自転車ステーションがあるので、電車で手賀沼に来てもサイクリングを楽しむことができる。

沼の周囲に整備された道が造られている

自然を楽しめる、我孫子市のシンボル

手賀沼（てがぬま）

MAP 別冊P.8-A2

千葉県北部の柏市、我孫子市、白井市、印西市にまたがる利根川水系の湖沼。面積6.5平方キロメートル、周囲38km。かつては現在の5倍もある巨大な水域が広がっていたが、長年の干拓事業の結果現在の広さになった。周辺6ヵ所に貸自転車ステーションがあり、整備された道でサイクリングが楽しめる。手賀沼はレジャースポットだけではなく周辺の農地用水の水源でもあり、漁も行われている。沼を一周するマラソンレースや水上の花火大会などのイベントも人気。

ベンチに座ってのんびり水面を渡る風を受けてみたい

手賀沼のほとりで気軽に水に親しめる

手賀沼親水広場・水の館（てがぬましんすいひろば・みずのやかた）

MAP 別冊P.8-A2

手賀沼に架かる手賀大橋の近くに立つ複合施設。小さな子供も安心して水遊びができる「じゃぶじゃぶ池」（夏季のみ）が屋外に、建物内には手賀沼の自然や歴史を学べる学習コーナーやプラネタリウムがある。そのほか地元の野菜の直売所や我孫子産食材を使ったレストランなどがあり、観光客だけなく地元の人も訪れる人気のスポット。

おさんぽプラン

① JR我孫子駅
徒歩15分
② 白樺文学館 （→P.352）
徒歩8分
③ 手賀沼公園 （→P.351）
徒歩25分
④ 手賀沼親水広場 （→P.351）
徒歩2分
⑤ 鳥の博物館 （→P.352）

我孫子市のおもな見どころ

手賀沼

住 我孫子市若松1番地(手賀沼公園)
TEL 04-7185-1542（我孫子市都市部公園緑地課）
開 見学自由
P あり
交 手賀沼公園までJR我孫子駅から徒歩10分

水面に映る光も美しい手賀沼花火大会の様子

手賀沼親水広場・水の館

住 我孫子市高野山新田194-1
TEL 04-7184-0555
開 9:00～17:00
休 第4水曜（祝日の場合は前週水曜）、年末年始
料 無料（施設により有料） P あり 交 JR我孫子駅から東我孫子車庫行き、湖北駅南口行きバスで7分、市役所下車、徒歩5分

水の館の最上階は手賀沼を360度見渡せる「展望室」

鳥の博物館
住我孫子市高野山234-3
TEL04-7185-2212　開9:30～16:30
休月曜　料一般300円ほか各減免あり（要証明書）　Pあり
交JR我孫子駅から我孫子市役所経由バスで10分、我孫子市役所前下車、徒歩5分

山階鳥類研究所（非公開）も近い

水生植物園
住我孫子市高野山新田100
TEL04-7185-1481　開入園自由
Pあり
交JR天王台駅からアイバスで13分、水の館下車、徒歩8分

アジサイは花菖蒲のあとが見頃

我孫子市白樺文学館
住我孫子市緑2-11-8
TEL04-7185-2192
開9:30～16:30(最終入館16:00)
休月曜、年末年始
料大人300円､高校・大学生200円
Pあり　交JR我孫子駅から徒歩15分

文化人の貴重な資料を多数展示

我孫子は実は鳥の町

とりのはくぶつかん
鳥の博物館

MAP 別冊P.8-A2

1990（平成2）年に開館した日本初の鳥に特化した博物館。「人と鳥の共存」をテーマに、手賀沼の自然と鳥たち、鳥の世界などの展示があり、世界の鳥の1科1種を目標に収集した標本約300点を見ることができる。

3階にある世界の鳥コーナーは必見

湖のほとりで美しい花々を観賞

すいせいしょくぶつえん
水生植物園

MAP 別冊P.8-A2

手賀大橋の西側の手賀沼の湖岸は施設が整備され散歩が楽しいエリア。水生植物園では、たくさんの水辺の鳥と美しい花々に出合える。春から初夏にかけて、藤、ハナショウブ、アジサイが訪れる人の目を楽しませてくれる。特に長さ100mの藤棚は必見だ。

ハナショウブは6月上旬から中旬見頃

日本文学史に一時代を築いた白樺派を知るための場所

あびこししらかばぶんがくかん
我孫子市白樺文学館

MAP 別冊P.8-A2

20世紀初頭の日本文学の主流、白樺派の志賀直哉、武者小路実篤や柳宗悦はともに手賀沼に一時居住していた。柳宗悦が民芸思想を育んだのもここ手賀沼だった。2001（平成13）年、白樺派文学や民芸運動を広く知らしめるためにできたのがこの施設だ。

柳の妻のピアノの生演奏も開催

ふさの国だより

手賀沼の水質改善に注目！

湖畔に別荘が立ち並んでいた風光明媚な手賀沼は、周辺の開発にともない家庭の下水や工場の排水が流れ込むようになり、1974（昭和49）年から27年連続で全国ワースト1位の水質という不名誉な記録をつくってしまった。昔のような清涼な風景を取り戻すべく、我孫子市と周辺の自治体は下水道整備などの浄化対策を進め、2000（平成12）年から本格的に稼働した北千葉導水事業により、翌年の2001年にワースト1を脱却した。かつての水辺の風景に戻るのはかなりの時間がかかりそうだが、一歩ずつ水質は改善してきている。

水質改善への地道な努力が続けられている

第4章

歴史と文化

年表で見る千葉の歴史

時代	西暦	和暦	国内のおもなできごと／千葉のできごと
旧石器	(3万年前)		三里塚No.55遺跡（成田市）からの出土品により、千葉県で局部磨製石斧やナイフ形石器が使用されたことが判明
縄文	(7000年前)		城ノ台貝塚（香取市）などが造られる
	(5000年前)		加曽利貝塚（千葉市）などの環状貝塚が発達
弥生	前1世紀		関東で水稲稲作が始まる
	57年		奴国王、使者を後漢に派遣
	239年		邪馬台国の卑弥呼、使者を魏に派遣
古墳	3世紀後半		大和王権が誕生
	3世紀末		手古塚古墳（木更津市）などが造られる
	5世紀半ば		稲荷台1号墳（市原市）に「王賜」という銘のある鉄剣が副葬される
	478年	雄略天皇22年	倭王の武（雄略天皇と推察）、使者を宋（南朝）に派遣
	534年	安閑天皇元年	伊甚稚子、春日皇后に伊甚屯倉（現・大多喜町ほか）を献上
	538年	宣化天皇3年	百済から仏教公伝
飛鳥	593年	推古天皇元年	聖徳太子、摂政となる
	598年	推古天皇6年	聖徳太子、鹿野山神野寺（君津市）を創建　鹿野山神野寺▶P.200
	603年	推古天皇11年	聖徳太子、冠位十二階を制定
	607年	推古天皇15年	聖徳太子、小野妹子を隋に派遣（～609）
	645年	大化元年	大化の改新
	646年	大化2年	総国が上総と下総の2国に分かれる
	672年	天武天皇元年	壬申の乱
	701年	大宝元年	大宝律令が成立
奈良	710年	和銅3年	平城京に遷都
	712年	和銅5年	『古事記』が完成
	717年	養老元年	安房神社（館山市）、現在地に移転
	718年	養老2年	上総国の4郡を分割して安房国が建てられる
	720年	養老4年	『日本書紀』が完成
	723年	養老7年	三世一身法を発布
	724年	神亀元年	安房国が遠流の地とされる
	730年	天平2年	安房国義倉帳が作られる
	741年	天平13年	聖武天皇、国分寺建立の詔を発布
	743年	天平15年	墾田永年私財法を発布
	752年	天平勝宝4年	東大寺大仏開眼供養
	753年	天平勝宝5年	鑑真、6度目の航海で渡来
	774年	宝亀5年	藤原黒麻呂、上総介（上総国府の次官）となり、上総国に赴任
	777年	宝亀8年	藤原黒麻呂、上総守（上総国府の長官）となる
	781年	天応元年	下総国印幡郡の大領（長官）・丈部直牛養、軍糧を運んだ功により外従五位下を与えられる
	784年	延暦3年	最澄、笠森寺（長南町）を創建
			長岡京に遷都
平安	794年	延暦13年	平安京に遷都
	797年	延暦16年	坂上田村麻呂、征夷大将軍となる
	812年	弘仁3年	物部匝瑳足継、鎮守府将軍となる
	836年	承和3年	円仁、清澄寺（鴨川市）を再興　清澄寺▶P.86・240
	838年	承和5年	円仁、龍正院（成田市）を創建　龍正院（滑河観音）▶P.306
	848年	承和15年	上総国の俘囚・丸子廻毛ら、反乱を起こす
	866年	貞観8年	応天門の変により紀豊紀、安房国に配流される
	890年	寛平2年	藤原菅根ら、上総国藻原荘（現・茂原市ほか）を奈良・興福寺に寄進
	894年	寛平6年	菅原道真の建議により遣唐使を中止
	935年	承平5年	平将門の乱（～940）。平将門、常陸・下野・上野の国府を攻略し、房総3国を含む関東一帯を占拠するが、平貞盛・藤原秀郷に討たれる
	939年	天慶2年	藤原純友の乱（～941）
	940年	天慶3年	寛朝、成田山新勝寺を創建　成田山新勝寺▶P.28・85・304
	1003年	長保5年	平維良、下総国府（現・市川市）を焼き討ち
	1016年	長和5年	藤原道長、摂政となる
	1020年	寛仁4年	『更級日記』の作者・菅原孝標女、上総介だった父の帰任に従い、3年ほど過ごした上総国府（現・市原市）から帰京

加曽利貝塚▶P.46・146

「屯倉」は、朝廷の直轄領のこと。本来は収穫物を納める倉を意味したが、のちに土地や耕作民も含めるようになった

安房神社▶P.85・233

笠森観音（笠森寺）▶P.87・289

「俘囚」は、朝廷に服属した蝦夷（東北地方住民）のこと。朝廷は俘囚を諸国に配置したが、反乱が絶えなかった

里見公園（下総国府）▶P.162

時代	西暦	和暦	国内のおもなできごと／千葉のできごと
平安	1028年	万寿5年	平忠常の乱（～1031）。平将門の孫・平忠常、反乱を起こして房総3国を占拠するが、追討使の源頼信に降伏
	1051年	永承6年	前九年の役（～1062）
	1053年	天喜元年	藤原頼通、平等院鳳凰堂を建立
	1083年	永保3年	後三年の役（～1087）
	1086年	応徳3年	白河上皇、院政を開始
	1130年	大治5年	千葉常重、下総国相馬郡の領地を伊勢神宮に寄進し、相馬御厨（現・我孫子市ほか）とする
	1156年	保元元年	保元の乱に、上総国の上総広常、下総国の千葉常胤ら、源義朝の配下として参加 亥鼻公園（千葉常胤）▶P.145・363
	1159年	平治元年	平治の乱（～1160）に、上総広常ら、源義朝の配下として参加
	1180年	治承4年	源頼朝、安房国平北郡猟島（現・鋸南町）に上陸。ついで、安房国を征服。上総広常、千葉常胤ら、頼朝に応じて挙兵。頼朝、房総3国の兵を率い、鎌倉に入る
鎌倉	1185年	寿永4年/元暦2年	壇ノ浦の戦いで平氏滅亡
	1192年	建久3年	源頼朝、征夷大将軍となる
	1221年	承久3年	承久の乱
	1222年	承久4年	日蓮、安房国長狭郡東条郷片海（現・鴨川市）で誕生
	1232年	貞永元年	鎌倉幕府、御成敗式目を制定
	1253年	建長5年	日蓮、清澄寺で「南無妙法蓮華経」の題目を唱え、法華経の信仰を説く（立教開宗）
	1260年	文応元年	富木常忍、中山法華経寺（市川市）を創建 中山法華経寺▶P.87・158
	1274年	文永11年	文永の役で、下総国守護・千葉頼胤、負傷し翌年死去
	1276年	建治2年	日家、日蓮誕生の地に誕生寺（鴨川市）を創建 誕生寺▶P.17・240
	1281年	弘安4年	弘安の役
	1297年	永仁5年	北条貞時、永仁の徳政令を発布
	1333年	正慶2年/元弘3年	千葉貞胤、新田義貞に応じて挙兵。新田義貞、鎌倉を攻撃して幕府を滅ぼす
南北朝・室町	1333年	元弘3年	後醍醐天皇、建武の新政を開始。下総国光福寺（香取市）に寺領安堵の綸旨を与える
	1336年	建武3年/延元元年	後醍醐天皇、吉野を拠点に南朝を興す
	1338年	建武5年/延元3年	足利尊氏、征夷大将軍となる
	1392年	明徳3年/元中9年	南北朝の統一
	1397年	応永4年	足利義満、金閣を建立
	1401年	応永8年	足利義満、日明貿易を開始
	1416年	応永23年	上杉禅秀の乱で、千葉兼胤、前関東管領・上杉禅秀に味方し、鎌倉公方・足利持氏と戦う
	1438年	永享10年	永享の乱で、千葉胤直、関東管領・上杉憲実に味方し、足利持氏と戦う
	1454年	享徳3年	享徳の乱（～1482）。1456年、古河公方・足利成氏、下総国市川城を攻める。1471年、足利成氏、上杉氏らに攻められ、本佐倉（現・酒々井町、佐倉市）の千葉孝胤のもとに逃れる
	1467年	文正2年	応仁の乱（～1477）
	1508年	永正5年	安房国大名・里見義通、鶴谷八幡宮（館山市）を造営
	1518年	永正15年	足利義明、下総国小弓城（現・千葉市）に入り、小弓公方と称される
	1538年	天文7年	第一次国府台合戦で北条氏勝利。足利義明、敗死
	1543年	天文12年	鉄砲伝来
	1549年	天文18年	キリスト教伝来
	1559年	永禄2年	桶狭間の戦い
			安房国妙本寺（鋸南町）の日我、辞典『いろは字』を完成
	1561年	永禄4年	里見氏、越後上杉氏と同盟（房越同盟）
	1564年	永禄7年	第二次国府台合戦で北条氏勝利。里見氏、上総国に後退
	1566年	永禄9年	上杉謙信、下総国臼井城（現・佐倉市）を攻める
	1567年	永禄10年	三船山合戦で、里見氏、北条氏を破る
	1573年	元亀4年	室町幕府滅亡
安土桃山	1575年	天正3年	長篠の戦い
	1576年	天正4年	織田信長、安土城の築城を開始
	1577年	天正5年	北条氏政の娘、里見義頼に嫁ぎ、里見氏と北条氏の同盟が成立（房相一和）
	1582年	天正10年	本能寺の変
			豊臣秀吉、太閤検地を開始
	1590年	天正18年	豊臣秀吉、小田原征伐で北条氏を滅ぼし天下統一
			小田原征伐で北条氏に味方した下総国の千葉氏や原氏ら、所領を没収される。里見氏、上総領を没収され、安房一国の大名となる
			豊臣氏五奉行・増田長盛、安房国で検地を実施
			徳川家康、江戸城に入城
			上総・下総国、徳川領となり、翌年検地が実施される
	1592年	天正20年	文禄の役（～1593）

「御厨」は、古代や中世に神社が所有した荘園のこと

清澄寺▶P.240

「綸旨」は、天皇の意志を伝える文書のこと。後醍醐天皇や南朝から多く発行された

鶴谷八幡宮

『いろは字』は、見出し語がいろは順に掲載された辞典。著者の日我は、戦火に遭った妙本寺から逃れ、仮小屋で執筆した

時代	西暦	和暦	国内のおもなできごと／千葉のできごと
安土桃山	1597年	慶長2年	慶長の役（～1598）
	1600年	慶長5年	関ヶ原の戦い。里見義康、徳川秀忠に従い宇都宮へ出陣
江戸	1603年	慶長8年	徳川家康、征夷大将軍となる
	1604年	慶長9年	代官・島田重次、潅漑用貯水池として雄蛇ヶ池（東金市）の造成に着手
	1609年	慶長14年	スペインのフィリピン総督ドン・ロドリゴが乗るサン・フランシスコ号、上総国夷隅郡岩和田村（現・御宿町）の海岸に漂着。地元民に救助される ドン・ロドリゴ▶P.246
	1613年	慶長18年	伊達政宗、慶長遣欧使節を派遣
	1614年	慶長19年	大坂冬の陣
			徳川家康、東金鷹場で鷹狩。これにともない、御成街道が整備される
			里見忠義、老中・大久保忠隣の失脚に連座し、安房国を没収され、伯耆国倉吉に移される
	1615年	慶長20年	大坂夏の陣により豊臣氏滅亡
			武家諸法度、禁中並公家諸法度を発布
	1617年	元和3年	2代将軍・徳川秀忠、この年から1630年にかけて計11回、東金鷹場で鷹狩
	1627年	寛永4年	蔵元・吉崎酒造（君津市）が創業 久留里城下町（吉崎酒造）▶P.201
	1635年	寛永12年	3代将軍・徳川家光、参勤交代を制度化
	1637年	寛永14年	島原の乱（～1638）
	1641年	寛永18年	オランダ人の出島移住により鎖国体制が完成
	1653年	承応2年	佐倉宗吾、佐倉藩主・堀田正信の重税を将軍に直訴して処刑される
	1657年	明暦3年	明暦の大火
	1660年	万治3年	堀田正信、幕政批判の意見書を提出し、無断で帰藩したため、所領を没収される
	1669年	寛文9年	白井治郎右衛門と辻内刑部左衛門、新田開発のため椿海（現・匝瑳市ほか）の干拓に着手
	1685年	貞享2年	5代将軍・徳川綱吉、生類憐れみの令を発布
	1687年	貞享4年	玉前神社（一宮町）の現在の社殿が造営される 玉前神社▶P.86・285
	1688～1704年	元禄年間	蔵元・飯沼本家（酒々井町）が創業 飯沼本家▶P.325
	1700年	元禄13年	徳川綱吉、香取神宮の現在の本殿、楼門、神楽殿を造営
	1702年	元禄15年	赤穂浪士の討ち入り
	1705年	宝永2年	照範、成田山新勝寺を現在地に移転
	1716年	享保元年	徳川吉宗、8代将軍となり、享保の改革を開始
	1721年	享保6年	目安箱の設置
	1725年	享保10年	徳川吉宗、小金牧（現・松戸市ほか）で鹿狩。翌年も行う
	1732年	享保17年	享保の飢饉
	1745年	延享2年	伊能忠敬、上総国山辺郡小関村（現・九十九里町）に誕生
	1752年	宝暦2年	佐倉藩、1653年に没した佐倉宗吾の百回忌で戒名を贈る
	1772年	安永元年	田沼意次、老中となる
	1774年	安永3年	前野良沢、杉田玄白ら、『解体新書』を刊行
	1781年	安永10年	10代将軍・徳川家治、行徳（市川市）で鷹狩
	1782年	天明2年	天明の飢饉（～1787）
	1787年	天明7年	松平定信、老中首座となり、寛政の改革を開始
	1795年	寛政7年	11代将軍・徳川家斉、小金牧で鹿狩
			伊能忠敬、隠居したのち佐原（香取市）から江戸に出て、幕府天文方・高橋至時に天文学を学ぶ 伊能忠敬旧宅▶P.296
	1800年	寛政12年	伊能忠敬、蝦夷地を測量。以後、日本全国を測量（～1816）
	1810年	文化7年	洲崎台場（現・館山市）、白子遠見番所（現・南房総市）が完成
	1814年	文化11年	流山の酒造業者・堀切紋次郎、白みりんを醸造
			曲亭馬琴、『南総里見八犬伝』を刊行（～1842）
	1818年	文政元年	伊能忠敬、死去。3年後、弟子らにより『大日本沿海輿地全図』が完成
	1824年	文政7年	シーボルト、鳴滝塾を開校
	1825年	文政8年	異国船打払令を発布
	1828年	文政11年	シーボルト事件
	1833年	天保4年	天保の飢饉（～1836）
	1835年	天保6年	大原幽学、下総国香取郡長部村（現・旭市）に住み、性学を講じる 大原幽学遺跡史跡公園・記念館▶P.269
	1837年	天保8年	大塩平八郎の乱
			モリソン号事件
	1839年	天保10年	蛮社の獄
	1841年	天保12年	老中・水野忠邦、天保の改革を開始
	1843年	天保14年	印旛沼掘割工事が始まるが、水野忠邦の失脚により中止 印旛沼▶P.327
			蘭方医・佐藤泰然、佐倉で医学塾・順天堂を開く
	1849年	嘉永2年	12代将軍・徳川家慶、小金牧で鹿狩
	1853年	嘉永6年	ペリーの黒船、浦賀に来航
	1854年	嘉永7年	日米和親条約を締結

雄蛇ヶ池▶P.281

宗吾霊堂（佐倉宗吾）▶P.305

「椿海」は現在の東庄町、旭市、匝瑳市にまたがる地域にかつて存在した湖で、面積は約50㎢だった

香取神宮▶P.84・297

白みりんは、流山キッコーマン株式会社が販売するマンジョウ本みりんの原型

「性学」は、大原幽学独自の教えで、儒教の孝と和をもとにした実践道徳

順天堂記念館▶P.322

時代	西暦	和暦	国内のおもなできごと／千葉のできごと
江戸	1855年	安政2年	佐倉藩主・堀田正睦、老中首座となる
	1856年	安政3年	アメリカ総領事ハリス、下田に着任
	1857年	安政4年	堀田正睦、ハリスと日米修好通商条約を協議
	1858年	安政5年	井伊直弼、大老となる
			日米修好通商条約を締結
			安政の大獄（～1859）
	1860年	安政7年	桜田門外の変
	1862年	文久2年	皇女和宮、14代将軍・徳川家茂に降嫁
			生麦事件
	1863年	文久3年	新選組結成
			薩英戦争
	1864年	元治元年	池田屋事件
			禁門の変
	1866年	慶応2年	薩長同盟成立
			徳川慶喜、15代将軍となる
	1867年	慶応3年	大政奉還
			近江屋事件で坂本龍馬と中岡慎太郎、暗殺される
			王政復古の大号令
	1868年	慶応4年	戊辰戦争（～1869）。元新選組局長・近藤勇、流山で新政府軍に捕縛される。市川・船橋戦争で新政府軍勝利。五井戦争（市原市）で新政府軍勝利。松山戦争（匝瑳市）で新政府軍勝利
明治	1869年	明治2年	野島埼灯台（南房総市）が点灯　野島崎▶P.225
			版籍奉還
	1871年	明治4年	廃藩置県により、下総に10県、上総に12県、安房に4県が誕生。ついで、県の統合により、上総・安房に木更津県、下総9郡に印旛県、下総3郡と常陸に新治県を設置
	1873年	明治6年	木更津県、印旛県を合併し、千葉県を設置
			第1回県議事会を開会
	1874年	明治7年	犬吠埼灯台（銚子市）が点灯　犬吠埼灯台▶P.134・260
	1875年	明治8年	新治県を廃し、下総3郡（香取、海上、匝瑳）を千葉県に編入。千葉県のうち、下総4郡（結城、猿島、岡田、豊田）の全域と、葛飾、相馬郡の一部を茨城県に編入。葛飾郡の一部を埼玉県に編入
	1879年	明治12年	第1回県会議員選挙を実施
	1881年	明治14年	富津岬の1.2km西に人工島・第一海堡を建設（～1890）
	1885年	明治18年	伊藤博文、内閣制度を創設し、初代内閣総理大臣となる
	1889年	明治22年	大日本帝国憲法を公布
			富津岬の3.8km西に人工島・第二海堡を建設（～1914）　第二海堡▶P.207
	1890年	明治23年	利根運河が完成　利根運河▶P.349・367
	1894年	明治27年	総武鉄道、市川～佐倉間が開通。ついで、本所（現・錦糸町）～市川間が開通
			日清戦争（～1895）
	1896年	明治29年	房総鉄道、蘇我～大網間が開通。ついで、千葉～蘇我間が開通し、総武鉄道と連絡
			日本鉄道、田端～土浦間が開通
	1899年	明治32年	房総鉄道、千葉～大原間が開通
	1904年	明治37年	日露戦争（～1905）
			日本初の百貨店、三越が誕生
	1906年	明治39年	武射郡殿台村（現・山武市）出身の伊藤左千夫、小説『野菊の墓』を雑誌「ホトトギス」に発表
	1907年	明治40年	総武鉄道と房総鉄道、国営に移管
	1910年	明治43年	韓国併合
大正	1912年	大正元年	飛行家・白戸栄之助、稲毛海岸で初飛行
			第1次護憲運動（～1913）
			県営軽便鉄道久留里線、木更津～久留里間が開通
	1914年	大正3年	第1次世界大戦（～1918）
	1916年	大正5年	飛行家・伊藤音次郎、稲毛海岸より東京へ初飛行
	1920年	大正9年	第1回国勢調査を実施
	1921年	大正10年	千葉市制施行
	1923年	大正12年	関東大震災
	1924年	大正13年	第2次護憲運動
	1925年	大正14年	ラジオ放送が開始
			治安維持法を公布
			普通選挙法を公布
昭和	1928年	昭和3年	普通選挙による初の県会議員選挙、衆議院議員選挙
	1929年	昭和4年	房総線、上総興津～安房鴨川間が開通
			世界恐慌が始まる
	1931年	昭和6年	満州事変（～1933）
	1932年	昭和7年	五・一五事件

これによりほぼ現在の県域となる

「海堡」は、海中に建設した砲台や砦のこと。第一・第二海堡は、首都防衛のため東京湾に建設された

歴史民俗資料館（伊藤左千夫）▶P.275

安房、君津、市原郡などに甚大な被害があった

時代	西暦	和暦	国内のおもなできごと／千葉のできごと
昭和	1933年	昭和8年	日本、国際連盟を脱退
	1936年	昭和11年	二・二六事件
	1937年	昭和12年	日中戦争（～1945）
	1938年	昭和13年	国家総動員法を公布
	1939年	昭和14年	第2次世界大戦（～1945）
	1941年	昭和16年	太平洋戦争（～1945）
	1943年	昭和18年	千葉合同銀行、第九十八銀行、小見川農商銀行が合併し、千葉銀行設立
	1945年	昭和20年	銚子空襲、千葉空襲
			関宿藩（現・野田市）出身の鈴木貫太郎、第42代内閣総理大臣となる
			アメリカ軍、広島と長崎に原子爆弾投下
			日本、ポツダム宣言を受諾して無条件降伏
			アメリカ軍、富津と館山に上陸
	1946年	昭和21年	極東国際軍事裁判（～1948）
			日本国憲法を公布
	1949年	昭和24年	湯川秀樹、ノーベル物理学賞を受賞
	1951年	昭和26年	サンフランシスコ平和条約、日米安全保障条約を締結
	1952年	昭和27年	千葉興業銀行設立
	1953年	昭和28年	テレビ本放送が開始
			川崎製鉄千葉製鉄所が操業開始
	1957年	昭和32年	千葉港、重要港湾に指定
	1958年	昭和33年	東京タワーが完成
	1963年	昭和38年	国鉄千葉駅、現在地に移転
	1964年	昭和39年	東海道新幹線が開業
			東京オリンピックを開催
	1965年	昭和40年	八幡製鉄君津製鉄所が操業開始
	1966年	昭和41年	新国際空港を成田市三里塚に建設する閣議決定を受け、地元住民が三里塚芝山連合空港反対同盟を結成
	1967年	昭和42年	全国高等学校野球選手権大会で習志野高校が優勝
	1968年	昭和43年	小笠原諸島返還
	1969年	昭和44年	地下鉄東西線、東陽町～西船橋間が開通
	1972年	昭和47年	沖縄本土復帰
			日中国交正常化
	1973年	昭和48年	国民体育大会（若潮国体）の夏季・秋季大会を開催
	1974年	昭和49年	全国高等学校野球選手権大会で銚子商業高校が優勝
	1975年	昭和50年	全国高等学校野球選手権大会で習志野高校が優勝
	1978年	昭和53年	新東京国際空港（成田空港）が開港
	1983年	昭和58年	東京ディズニーランド（浦安市）が開園　東京ディズニーリゾート®▶P.168
	1985年	昭和60年	千葉外房有料道路が全線開通
	1987年	昭和62年	国鉄分割民営化
	1988年	昭和63年	千葉都市モノレールが開業　千葉都市モノレール▶P.105
平成	1989年	平成元年	都営地下鉄新宿線、篠崎～本八幡間が開通
			消費税導入
			幕張メッセ（千葉市）が開業
	1990年	平成2年	千葉マリンスタジアム（千葉市）が開場
	1992年	平成4年	千葉市、政令指定都市となる
	1993年	平成5年	法隆寺、姫路城、屋久島、白神山地が世界遺産に登録
	1995年	平成7年	阪神・淡路大震災
			地下鉄サリン事件
	1997年	平成9年	東京湾アクアラインが開通　海ほたる（東京湾アクアライン）▶P.192
	1998年	平成10年	千葉県産の米の新品種「ふさおとめ」が初出荷
	2005年	平成17年	常磐新線（つくばエクスプレス）が開業
	2007年	平成19年	郵政民営化
			千葉県マスコットキャラクター「チーバくん」誕生
	2010年	平成22年	国民体育大会の本大会（ゆめ半島千葉国体）を開催
	2011年	平成23年	東日本大震災
			船橋市出身の野田佳彦、第95代内閣総理大臣となる
	2012年	平成24年	東京スカイツリーが完成
令和	2019年	令和元年	皇太子徳仁親王、皇位継承
			令和元年房総半島台風
	2020年	令和2年	国際地質科学連合、地質年代「チバニアン」を認定　チバニアン▶P.49・184
	2021年	令和3年	東京オリンピックを開催
			東京パラリンピックを開催

東京大学検見川総合運動場（千葉市）が近代五種（クロスカントリー）の会場となった

日本製鉄東日本製鉄所君津地区

成田空港▶P.308

幕張メッセ、ZOZOマリンスタジアム▶P.34

大津波、液状化現象により、県下29市10町が被災した

幕張メッセがテコンドー、レスリング、フェンシングの会場に。釣ヶ崎海岸（一宮町）がサーフィンの会場となった

幕張メッセがシッティングバレーボール、テコンドー、車いすフェンシング、ゴールボールの会場となった

作品を通して
その当時の姿を知る

千葉が舞台の小説 6

幾多の小説の舞台となってきた千葉県。はるか昔の様子がわかるもの、今も変わらぬ光景を詩情豊かに描いたもの。名だたる作家の作品を読んで現地を訪れれば、旅をより楽しめるはず。

1 坂の上の雲

『新装版 坂の上の雲 一』
司馬遼太郎　文春文庫

「日本騎兵の父」と呼ばれた陸軍軍人の秋山好古と、弟で海軍軍人の秋山真之、俳人正岡子規を主人公に、明治維新から日露戦争までを描く。秋山好古が隊長を務めた騎兵第一旅団は習志野にあった。

登場スポット

- **八幡公園** 習志野

明治から昭和にかけて騎兵連隊・旅団の司令部が置かれた場所で、当時の門が残っている。

2 青べか物語

『青べか物語』
山本周五郎 新潮文庫

干潟「沖の百万坪」に面する漁師町・浦粕に移り住んだ「私」による、個性豊かな住人たちのスケッチ。浦粕は山本周五郎が若い頃暮らした浦安のことで、埋め立て前の昭和初期の広漠とした風景が描写されている。

3 南総里見八犬伝

『南総里見八犬伝 ビギナーズ・クラシックス 日本の古典』
曲亭馬琴　角川ソフィア文庫

安房里見家の伏姫が持っていた8つの玉を受け継いだ八犬士が、悪人や妖怪、敵を倒し、力を合わせて里見家を再興する。創作だが、一部に実在の人物や千葉県内の地名が登場する。

登場スポット

- **伏姫籠穴** 南房総
➡P.221

伏姫が犬の八房とともに暮らしたとされる洞窟で、富山の中腹にある。

- **滝田城址** 南房総

里見義実が築城したといわれる城跡で、物語の冒頭部分の主要な舞台となっている。八房に乗った伏姫のブロンズ像がある。

4 野菊の墓

『野菊の墓』
伊藤左千夫 新潮文庫

矢切村（現在の松戸市）を舞台に、旧家の息子である15歳の政夫と、いとこで17歳の民子の、幼く淡く悲しい恋を描く。

登場スポット

- **矢切の渡し** 松戸
➡P.336

江戸時代に設けられた渡し場で、柴又との間を結ぶ。政夫と民子の最後の別れの地となった。

5 ドン松五郎の生活

『ドン松五郎の生活』
井上ひさし 新潮文庫

市川市国分寺の近くで暮らす二流小説家の飼い犬で、人間の言葉がわかるドン松五郎。自分たちが幸せになるためにまず人間を幸せにしようと、世直しのために立ち上がる。

登場スポット

- **国分寺** 市川

奈良時代に創建され、現在あるのはその後継寺院。小説には墓などの描写がある。

6 ふなふな船橋

『ふなふな船橋』
吉本ばなな 朝日文庫

15歳で家族と離れて船橋に移り住んだ主人公の花が、失恋や不思議な体験、新しい出会いを経て、生活に希望を見出していく。作中の随所にふなっしーや船橋の名店が登場。

登場スポット

- **船橋市地方卸売市場** 船橋

肉や魚などの生鮮食品を売る店や、飲食店が軒を連ねる。見学ツアーも開催されている。

実は東日本最大の密集エリア!?

古代の墓をぶらり探訪

千葉県は、全国約13万基の古墳のうち1万2000基以上が確認されている古墳の宝庫。古墳からは当時の暮らしや想像以上に進んでいた技術など、さまざまなことを知ることができる。古代のロマンを感じつつ巡ってみよう。

強い権力をもつ人物のものと思われる岩屋古墳だが、被葬者は不明

古墳の基礎知識

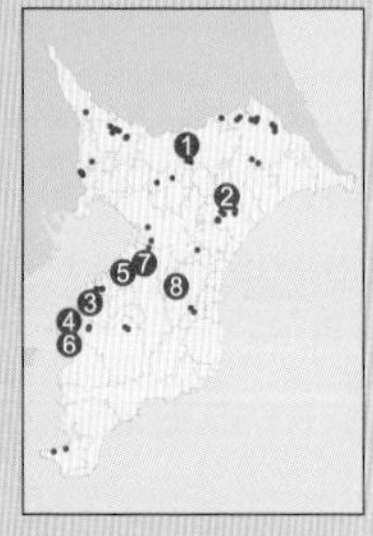

土を盛って造られた、豪族や有力者の墓が古墳だ。弥生時代の終わり頃に登場し、畿内（京都周辺）から全国に広まった。盛んに造られた3世紀後半から7世紀頃までを古墳時代と呼び、古墳の形状や規模、副葬品などにより前・中・後の3期に分けられる。

[古墳の形]
以下で紹介する以外にも、前方後方墳や双方中円墳などさまざまな形の古墳が存在する。

前方後円墳（ぜんぽうこうえんふん）
上から見ると鍵穴のような形をした、日本独特の墳墓形式。千葉県はその数が全国最多。

円墳（えんぷん）
上から見ると円形または楕円形をした古墳。日本で最も多い形で、世界各地にも見られる。

方墳（ほうふん）
墳丘の平面が四角形の古墳。古墳時代後期のものは各辺を方位に合わせていることが多い。

龍角寺古墳群　栄

龍角寺岩屋古墳（りゅうかくじいわやこふん）

古墳データ
分布図❶
時代：7世紀前半
形：方墳
全長：78 m

115基の古墳で構成される龍角寺古墳群のなかでも、全国第2位の規模をもつ巨大な方墳。階段ピラミッドのような3段構成の墳丘南面には、砂岩の切石で造られた石室がふたつある。→P.311

石室入口は江戸時代にはすでに開いていたこともあり、副葬品などは見つかっていない

発掘調査の結果に基づいて埴輪が並ぶ様子が復元された龍角寺101号墳

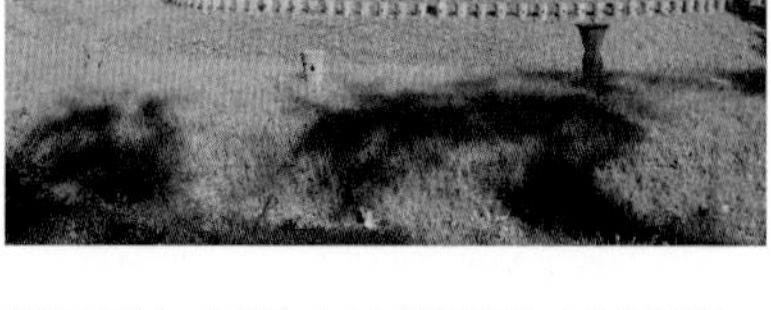

ミニ情報　姉崎古墳群のなかの海保大塚古墳（市原市）は、全国的にも珍しい六角墳。しかし調査の結果、もとは円墳だったものを、江戸時代に土を盛るなどして六角形にしたことが判明した。その理由はまだわかっていない。

姫塚からは1956（昭和31）年の発掘調査で列をなした埴輪45体が発掘され、「葬列の埴輪」として話題になった

古墳データ
分布図❷
時代：殿塚6世紀後半、姫塚7世紀初頭
形：前方後円墳
全長：殿塚88m、姫塚58.5m

出土した埴輪の一部は芝山古墳・はにわ博物館（→P.315）で展示されている

芝山古墳群（中台古墳群）

殿塚・姫塚古墳 芝山

17基からなる芝山古墳群の中心的な前方後円墳。殿塚は保存状態がよく二重の周溝がよくわかる。姫塚からは勾玉や金属の装身具が見つかっている。どちらからも大量の埴輪が出土した。MAP 別冊P.18-B2

住 芝山町横芝光町中台1462 TEL 0479-77-1861（芝山町教育委員会） 開見学自由 交 JR・京成電鉄空港第2ビル駅から横芝屋形海岸行き空港シャトルバスで27分、横芝中台（殿塚・姫塚）入口下車すぐ

祇園・長須賀古墳群

金鈴塚古墳 木更津

古墳データ
分布図❸
時代：6世紀後半
形：前方後円墳
全長：約140m

住宅街の路地にある古墳で、後円部が残るのみ。1950（昭和25）年、ここから金の鈴や装飾付太刀など多数の貴重な遺物が出土した。木更津市郷土博物館金のすず（→P.194）で見ることができる。

MAP 別冊P.23-C3
住 木更津市長須賀
TEL 043-223-4082（教育振興部文化財課指定文化財班）
開見学自由
交 JR木更津駅から徒歩14分

副葬品のガラス玉の装身具

馬来田の国の支配者の墓とされる。かつては二子塚と呼ばれていた

5つ出土した金の鈴は直径約1cmで、金の含有率は98%前後
© 木更津市郷土博物館金のすず（2点とも）

墳丘に登って見学が可能。木々に囲まれた頂上には「内裏塚」と刻まれた石碑が立つ　写真提供 富津市教育委員会

富津市のサイトから内裏塚古墳群マップをDLして古墳巡り

内裏塚古墳群

内裏塚古墳 富津

古墳データ
分布図❹
時代：5世紀中頃
形：前方後円墳
全長：144m

古くから旧東海道の房総半島の玄関口だった富津岬の周辺にある、前方後円墳11基、方墳7基、円墳31基からなる大古墳群のひとつ。墳丘の全長が144mもあり南関東最大の古墳として名高い。

MAP 別冊P.29-C1
住 富津市二間塚 TEL 0439-80-1342（富津市役所教育部生涯学習課） 開見学自由 交 JR青堀駅から徒歩11分

そのほかの千葉の古墳＆横穴

姉崎天神山古墳
市原 分布図❺

全長130m、姉崎古墳群のなかでも最大規模の前方後円墳。墳丘上に菅原神社が立つ。
住市原市姉崎

弁天山古墳
富津 分布図❻

中央公民館の隣にある全長86mの前方後円墳。後円部の頂に石室があり見学できる。
住富津市小久保

神門古墳群
市原 分布図❼

7基からなる古墳群で、5号墳は3世紀後半に築かれた全国でも古い貴重な古墳。
住市原市惣社

史跡長柄横穴群
長柄 分布図❽

古墳時代から平安時代まで、崖や山腹を掘って造られた多数の横穴墓室群。
→P.288

城

歴史的な映えスポットを巡る
絵になる千葉の城を訪ねる

千葉県では中近世に多くの城が建てられたが、その遺構は少ない。それでも城跡が公園として整備されたり、再建された天守があったり、城門や堀、天守台などの史跡が残っていたりして、かつての様子を想像することができる。

※「天守データ」は再建された天守の情報です

県最北端から
ふたつの川を見下ろす

関宿城（せきやどじょう） 野田

天守データ
設計：平城
階数：3重4階
建造年：1995（平成7）年

利根川と江戸川に挟まれた堤防上にある。1457（長禄元）年に梁田（やなだ）氏が築き、のちに徳川家康の弟・松平康元が城主となった。現在は模擬天守があり、関宿城博物館となっている。江戸川の土手を菜の花が埋め尽くす初春の頃が一番絵になる時期。

千葉県立関宿城博物館→ P.346

菜の花の黄色と桜のピンクが城を引き立てる

名水の城下町に
そびえる山城

久留里城（くるりじょう） 君津

天守データ
設計：山城
階数：2重3階
建造年：1978（昭和53）年

標高180mの山頂にある。室町時代に上総武田氏が築き、天文年間（1532～1555年）に里見義堯（よしたか）が再建。国府台（こうのだい）合戦では後北条氏との戦いの舞台となった。現在は城山公園となっている。周囲に緑が多いので、紅葉の時期に行ってみたい。

久留里城・資料館→ P.201

かつての本丸跡の隣に
模擬天守が建っている

里見の殿様の居城

館山城（たてやまじょう） 館山

天守データ
設計：平山城
階数：3重4階
建造年：1982（昭和57）年

館山の街を見下ろす丘の上にある。1578（天正6）年に里見義頼が築城。義頼の子・義康が居城とした。現在は城山公園となり、本丸跡に模擬天守（館山城・八犬伝博物館）が立つ。城山公園は千葉有数の桜の名所。さらに城の裏手からは鏡浦（館山湾）、そして条件がよければその先に富士山が見える。→ P.230

城山公園は桜や紅葉の名所として親しまれている

ミニ情報　天守（天守閣）の種類には、江戸時代以前の建造物が残っている「現存天守」、資料にもとづいて再建された「復元天守」、資料が乏しいため想像を加えて建てられた「復興天守」、もともと天守が存在しなかった、もしくは別↗

いすみ鉄道と大多喜城のツーショット。列車からも一瞬城が見える

猛将忠勝が整備した城と城下町

大多喜城（おおたきじょう） 大多喜

天守データ
設計：平山城
階数：3重4階
建造年：1975(昭和50)年

もとは上総武田氏や正木氏の居城だったが、のちに豊臣秀吉が没収し、徳川家康に与えられた。家康の命により家臣の本多忠勝が城主となり、城郭を改築した。城の麓にある県立大多喜高校の校内に城門のひとつ「二の丸御殿薬医門」が現存する。→P.254

桜の時期に合わせてライトアップが行われる

下総の守護大名千葉氏の居城

亥鼻城（いのはなじょう） 千葉

天守データ
設計：平山城
階数：4重5階
建造年：1967(昭和42)年

猪鼻城、千葉城とも呼ばれる。1126(大治元)年に千葉常重が築城したと伝えられる。戦国時代に千葉氏の本拠が本佐倉城（もとさくらじょう）(→P.325)に移り廃城。現在は亥鼻公園内の郷土博物館が模擬天守となっている。亥鼻公園→P.145

かつての名城跡も訪れてみよう

佐倉藩の藩庁が置かれた平山城

佐倉城（さくらじょう） 佐倉

本佐倉城の約4km西。1610（慶長15）年、徳川家康の命により老中・土井利勝が築城し、堀田氏などが城主となった。現在は佐倉城址公園となっており、国立歴史民俗博物館がある。国立歴史民俗博物館→P.320

園内には空濠の遺構が見られる

高台から江戸川を見下ろす

国府台城（こうのだいじょう） 市川

戦国時代に太田道灌（どうかん）の弟・資忠（すけただ）が臼井城の千葉孝胤（のりたね）を攻略するために築城。のちに里見氏らが後北条氏と戦った国府台合戦の舞台となった。現在は里見公園となっている。里見公園→P.162

公園では四季折々の花を楽しめる

の場所に建てられた「模擬天守」がある。千葉県の城は復興天守と模擬天守のみ。

知りたい！ やってみたい！

房総のむら 時空間トリップ 歴史・文化体験の旅

年間約400種類の体験・実演プログラムがある千葉県立房総のむら。楽しみながら、日本や千葉の歴史と文化に触れられる。「体験エリア」では昔の人になったつもりで体験に挑戦を。「風土記エリア」では実際の歴史的建造物や古墳で歴史を体感できる。

体験博物館 千葉県立房総のむら

MAP 別冊 P.9 D-3　住 印旛郡栄町龍角寺 1028　TEL 0476-95-3333　開 9:00 〜 16:30　休 月曜（祝日の場合は翌日）
料［ふるさとの技体験エリア］300 円、各プログラム体験は有料、「風土記の丘エリア」無料　P あり
交 JR 成田駅・京成線京成成田駅から竜角寺台車庫行きバスで竜角寺台二丁目下車、徒歩 10 分

歴史と自然を学ぶ 風土記の丘エリア

総面積約 32 ヘクタールの広々とした敷地には県内有数の規模を誇る龍角寺古墳群や文化財建造物があり、整備された遊歩道をゆったりと散歩することができる。

❶文化財建造物

安房地方の代表的な農家住宅や、旧学習院初等科正堂など貴重な建造物がある。

旧学習院初等科正堂
（国重要文化財）
1899（明治 32）年に四谷に建てられた講堂を移築したもの

❷古墳群

龍角寺古墳群 115 基のうち房総のむらの敷地内には 78 基が保存されていて、間近に眺められる。

120 体の埴輪たち

龍角寺岩屋古墳
（国指定史跡） → P.311
一辺が約 80m、高さ 13m の全国最大の規模の方墳

龍角寺古墳群 第 101 号墳
6 世紀から 7 世紀に築かれた古墳を再現し、発掘調査の成果をもとに 120 体の埴輪を配置

ふるさとの技 体験エリア

江戸後期から明治初期にかけての房総の景観・環境を再現。体験プログラムは年間約400種類。気軽に体験できるものから、数回にわたり達人から技を学ぶものまで多岐にわたる。

真っ赤な鉄を
すばやく打つ

鉄の小物作り（40分）
ふいごを使って火をおこし、軟鉄でペーパーウェイトなどを作る。鍛冶屋にて

❸商家の町並み

呉服の店、鍛冶屋など店にちなむ体験や展示がたくさんあるのでHPを要確認。スタッフとのやりとりも楽しい。

藍の可憐な花

藍染入門（2時間30分）
大釜に入っている本藍で折りたたんだ綿布を染める。呉服の店にて

完成！

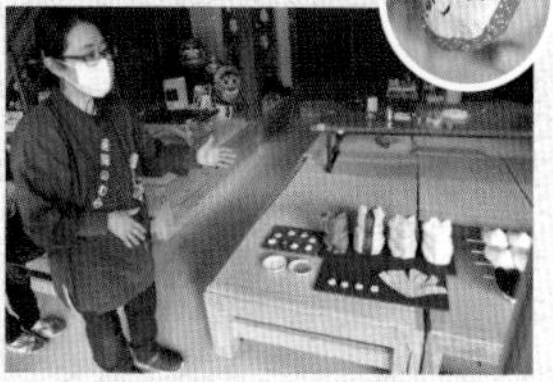

張り子のストラップ作り（40分）
小さな張り子に絵つけをしてストラップを作る。細工の店にて

千代紙ろうそく作り（30分）
好みの千代紙を貼り、ロウでコーティング。和ろうそくを作る体験もある。酒・燃料の店にて

江戸っ子気分でおそばはいかが？

うどん・そばのような布がぶら下がる看板

そば屋「いんば」
季節ごとに異なるもりそばやうどんを食べられる。売り切れ次第終了なので早めに向かおう。11:15～14:00（L.O.）

❹武家屋敷

江戸後期に建てられた主屋、腕木門などを再現。体験施設でもある離れにて、演武や茶の湯体験が行われる。

主屋 佐倉藩士であった武居家をモデルにしている

勝手 質素ながら、かまどや水桶など必要なものが揃っている

心落ち着く
ひとときです

茶の湯体験（30分）
薄茶のいただき方やお作法の体験。300円（生菓子付き450円）

❺農家

上総、下総、安房の農家など千葉の各地方の農家を再現している。農作業や節句を体験できる。

上総の農家
農家の前には畑が広がり、郷愁を誘う風景

産業遺産

明治～昭和の日本の発展を支えた

千葉が誇る産業遺産

東京に近く人口の多い千葉県は、さまざまな生産活動が活発な地域。そうした産業に関する施設のなかでも、かつての貴重な姿を伝えるのが産業遺産だ。レトロ感にあふれ独特の雰囲気をもつ各施設は、遺跡とはまた異なるリアルさでかつての様子を想像させてくれる。

観音洞窟と呼ばれる石切り場跡。壁面に小さな観音様が彫られている

人の手が造り出した断崖絶壁の絶景

鋸山(のこぎりやま)（房州石採石場(ぼうしゅういしさいせきじょう)）

鋸南　富津

データ
稼働期間：江戸時代の安政年間(1854 ～ 1860)～ 1985(昭和 60)年

耐火性に優れた建築用の石材、房州石の代表的な産地だった鋸山。一帯にはかつていくつもの採石場があり、現在はラピュタの壁、岩舞台、切通し跡、猫丁場などが見どころとなっている。浜金谷方面からのハイキングでこれらを巡ることができる。→ P.216・372

鋸山で有名な地獄のぞきや百尺観音も、採石によりできた地形

岩舞台と呼ばれる石切り場跡ではかつて使われた道具を見ることができる

天気がよければ富士山が見える

富浦湾に延びる桟橋に、心細げに灯る裸電球が味わい深い

夕暮れ時に人が集まる映えスポット

岡本(おかもと)（原岡(はらおか)）桟橋(さんばし)

南房総

データ
稼働期間：大正時代 ～ 1961(昭和 36)年

富浦湾のかつて漁港があった場所に残る、木とコンクリートでできた桟橋。漁港の移転により使われなくなったが、近年そのレトロな雰囲気からあらためて注目を集めている。→ P.222

ミニ情報　経済産業省が 2007 年と 2009 年に認定した文化遺産である「近代化産業遺産」。千葉県では銚子市の犬吠埼灯台や松戸市の柳原水閘、野田市の煉瓦蔵など 7 件 23 ヵ所が認定されている。

ふたつの名前をもつ
2階建てトンネル

データ
建造年：不明
掘り直し工事：1970(昭和45)年

向山共栄トンネル

大多喜

養老渓谷にある全長115mのトンネル。1970（昭和45）年にもとのトンネルが掘り下げられ、西側に新たな出口が造られた。かつての出口はふさがず残されたため、珍しい2層構造となっている。

向山トンネル（全長92m）から入ったときの眺め。奥の下段が共栄トンネル（23m）

MAP 別冊 P.30 B-3
住 夷隅郡大多喜町葛藤932　開 通行自由
交 小湊鐵道養老渓谷駅から粟又・ごりやくの湯行きバスで5分、弘文洞入口下車すぐ

利根川と江戸川をつなぐ
日本初の西洋式運河

データ
完成：1890(明治23)年
閉鎖：1941(昭和16)年

利根運河

流山　柏　野田

千葉県北部や茨城県以北の物資を短時間で東京に運ぶために造られた水路。昭和初期までは多くの舟でにぎわったが、鉄道の開通や洪水の被害などによってその役割を終えた。→P.349

運河完成時に植えられた桜や菜の花が美しく、人々の憩いの場となっている

関東大震災にも耐えた
歴史的な鉄道橋

データ
完成：1924(大正13)年

山生橋梁

鴨川

鉄道橋として日本で初めてT字形の鉄筋コンクリートが用いられた長さ164.8mの橋で、JR太海駅と江見駅の間の海岸に架かる。堅牢な造りで100年近くたった今も現役で活躍している。

MAP 別冊 P.36-A2
住 鴨川市天面
交 JR太海駅から車で5分

2012（平成24）年には土木学会が主催する9件目の「土木遺産」にも認定された

千葉県に残る戦争遺跡

帝都東京を守るために軍の連隊が置かれ、太平洋戦争中には2度の空襲も経験した千葉県には、各地に戦争関連の遺構が残る。

戦争を物語る貴重な遺跡

掩体壕（県内各地）

掩体壕は飛行機や物資などを爆撃から守るために、山に横穴を掘ったり鉄筋コンクリートで地面を覆ったりした施設。海軍航空基地があった茂原市には10基が現存している。→P.290

茂原市が管理する高さ6.7mの大型の掩体壕

内部はまるで迷路のよう

館山海軍航空隊 赤山地下壕跡（館山市）

標高60mの赤山に築かれた、総延長約1.6kmの壕。建設年は不明だが、壕内に発電所跡があり、太平洋戦争の終わり頃に館山海軍航空隊の防空壕として使われていたことがわかっている。→P.232

やわらかくて崩れにくい凝灰岩質砂岩の山を、つるはしなどで掘って造られている

ミニ情報　「土木遺産」は推薦や一般公募により毎年20件ほど選出。千葉県ではこれまでに「千葉県水道局千葉高架水槽」（千葉市）や「柳原水閘」（松戸市）、「利根運河」（流山市、柏市、野田市）など6件が認定されている。

祭り

バラエティ豊かで奥深い
季節を彩る行事

山車の上部には高さ 4m にも及ぶ大人形が飾られる

神輿がもみ合う大迫力の祭りから、人形や舞が見どころの壮麗な祭り、唯一無二のユニークな祭りまで、さまざまな祭りや行事がある千葉。伝統の祭りにはどれも、地域の信仰や特色、積み重ねた歴史が詰まっている。訪れて人々の熱い心を感じてみよう。

約 300 年の伝統をもつ山車行事

佐原の大祭（さわらのたいさい） 香取

開催日
諏訪神社秋祭り
毎年 10 月第 2 金・土・日曜

関東三大山車祭りのひとつで、行事としては県で唯一ユネスコ無形文化遺産にも登録。夏祭りでは本宿地区を 10 台の山車が、秋祭りでは新宿地区を 14 台の山車が引き回される。佐原囃子を響かせながら練り歩く光景は江戸時代を彷彿させる。

開催日
八坂神社祇園祭（夏祭り）
毎年 7 月 10 日以降の金・土・日曜

小江戸と呼ばれる町並みを何台もの山車が練り歩く

釣ヶ崎海岸を神輿が走る

上総十二社祭り（かずさじゅうにしゃまつり） 一宮

上総国一宮の玉前（たまさき）神社を中心とする祭りで、「上総裸祭り」とも呼ばれる。玉前神社のご祭神である玉依姫（たまよりひめ）が上陸した太東崎（たいとうざき）に、神々が年に一度集まるという言い伝えにちなみ、近隣の神社から神輿が集まる。上半身裸の男たちが神輿を担ぎ、波打ち際を駆け抜ける姿は勇壮だ。

開催日
毎年 9 月 8 ～ 14 日（13 日例大祭）

例大祭では 5 つの神社の計 9 台の神輿が祭場の釣ヶ崎海岸に集結する

玉前神社では雅楽が演奏されるなか、巫女が浦安の舞を奉納する

ミニ情報 神輿の担ぎ方には、上下に激しく揺らす「もみ」、頭上高く持ち上げる「さし」、地面すれすれまで下ろす「すり」などがある。

「やわたんまち」の名で知られる

安房国司祭（あわこくしさい） 館山

県の無形民俗文化財に指定された安房地方最大の祭り。初日は近隣の神社から10台の神輿が、2日目には計5台の山車・御船が鶴谷八幡宮に集結し、天下泰平や大漁、五穀豊穣を祈願する。

開催日
毎年敬老の日の前の土・日曜

安房国総社の鶴谷八幡宮の拝殿

鶴谷八幡宮では神輿が威勢よくもみ・さしを繰り返す

海中で神輿を上下に激しく動かしてもみ合う

勇壮な汐ふみが名高い

大原はだか祭（おおはらはだかまつり） いすみ

開催日
毎年9月下旬の2日間

旧大原町域の神社から十数台の神輿が集結。上半身裸の男たちが神輿を担いで海の中を駆ける「汐ふみ」は祭りのハイライト。夕刻にはすべての神輿が商店街を練り歩き、町は祭り一色となる。

かけ声が響く
成田の夏の風物詩

成田祇園祭（なりたぎおんさい） 成田

開催日
毎年7月7・8・9日に直近の金・土・日曜

成田山新勝寺の奥之院に祀られている大日如来に五穀豊穣などを祈願する「成田山祇園会（ぎおんえ）」の期間に開催。山車・屋台計10台と御輿1台が3日間にわたって成田山の表参道やその周辺を巡行する。

子供たちが扮する手古舞（てこまい）が、錫杖を鳴らしながら山車や屋台を先導する

成田山表参道の坂を山車が駆け上がる

※千葉県のそのほかの祭りやイベントに関しては、P.14の祭り・イベントカレンダーを参照のこと。

かけ声は
「あんりゃぁどした」

開催日
毎年8月4～5日

八重垣神社祇園祭（やえがきじんじゃぎおんまつり） 匝瑳

八重垣神社を中心に10町内から計20台ほどの神輿が、笛と太鼓の軽快な囃子に合わせ、威勢のいいかけ声とともに町内を練り歩く。県内でも珍しい、女性だけが担ぐ女神輿も繰り出され、注目を集める。

神輿の行列に水を浴びせかけるのもこの祭りならでは

海女の夜泳が
夏の訪れを告げる

開催日
毎年7月中旬の2日間

南房総白浜海女まつり（みなみぼうそうしらはまあままつり） 南房総

1964（昭和39）年から続く夜祭りで、野島崎にある厳島神社の弁財天に海の安全や五穀豊穣などを祈願する。白装束に身を包んだ100人近い海女が夜の海に入る「夜泳」や、祭りの最後を飾る花火大会で有名。

海女たちが松明を持って夜の海を泳ぐ光景は幻想的だ

1951（昭和26）年に始まり、50年以上続く伝統行事

護摩の火を渡り、
祈りを込める

開催日
毎年4月29日

火渡り修行（ひわたりしゅぎょう） 神崎

大日山神崎寺で真言密教の修行のひとつとして行われる行事。山伏姿の僧が燃え盛る炎の中を素足で通り抜け、そのあとを信徒や一般参加者が家内安全、無病息災を祈願して渡り歩く。

「どろんこ祭り」として
知られる

開催日
毎年2月25日

和良比はだか祭り（わらびはだかまつり） 四街道

和良比皇産霊（みむすび）神社の伝統行事で、五穀豊穣と厄除けを祈る。神田（しんでん）でしめ縄の藁を稲に見立てて行う田植えのほか、幼児祭礼や騎馬戦、泥投げなどが行われる。観衆のほうにも泥が飛ぶので要注意。

神田で幼児の額に泥を塗ると厄除けになるといわれる「幼児祭礼」

ふんどし姿の裸衆が泥まみれになる騎馬戦

ミニ情報 県内にはほかにもユニークな祭りがある。あらい祭り（芝山町）では、子供たちが宮司に大根を投げつける。ひげなで祭り（香取市）は、祭りの当番が新当番に酒をすすめる際に立派な髭をなでる仕草がユーモラスだ。

第5章
アクティビティ

魅力的な低山がたくさん

ハイキング＆トレッキング

首都圏にありながら自然豊かな千葉は、
標高が低くて初心者でも気軽に登れる山が多く、
ハイキング入門のスポットとしてもおすすめ。
海だけでなく山の自然も堪能しよう。

石切り場跡の絶壁はその迫力に圧倒される

絶壁が連なる山を進もう　MAP 別冊 P.34-B1

鋸山（のこぎりやま）　産業遺産めぐりコース

距離 ▶ 2.8km　所要時間 ▶ 約 110 分　標高差 ▶ 245m
※各スポットの見学時間は含まない。

かつて採石場だった鋸山では、石切り場跡ならではの特殊な断崖絶壁を望むことができる。標高 329m と低山で歩きやすい道が多いが、高さ約 100m の絶壁や巨大な磨崖仏、人気スポット「地獄のぞき」など道中に見どころが多いため時間を確認しながら登ろう。 → P.216・366

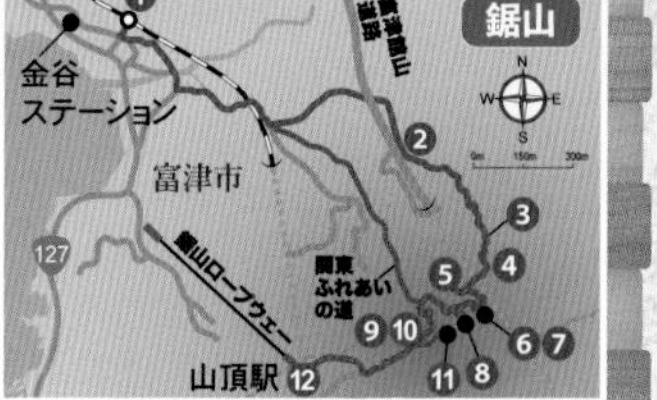

金谷ステーション

JR 浜金谷駅から徒歩 3 分の場所にある観光案内所で、鋸山登山コースやロープウエイの運行情報などについて教えてくれる。手荷物預かりサービス（→ P.444）を行うほか、温泉で日帰り入浴ができ、トレッキングの拠点にうってつけだ。

START

❶ JR 浜金谷駅

駅を出て左へ曲がり、続いて分岐を右へ。金谷川の橋を渡り、笹生精肉店の角を左折して先へ進む。

車で着いた場合は

笹生精肉店の先にいくつか駐車場があり、1 日 500 ～ 800 円。500m ほど離れた鋸山ロープウェー山麓駅の駐車場は無料なので、そちらを利用してもいい。

石材を運ぶのは大変

❷ 索道跡

1960（昭和 35）年頃まで使われていたという、ワイヤーケーブルと滑車を使った石材運搬道具があった場所。

分岐

鉄道の高架をくぐり、分岐を左へ。高速道路の高架をくぐったら、500m ほど先の分岐も左へ。ここからが車力道コースとなる。

❸ 車力道跡

かつて木製の荷車に載せた石材を人力で運び下ろした道。石畳の表面に轍の跡が残る。

貴重な産業遺産のひとつ

❹ 石のストックヤード跡

樋と呼ばれる丸太や石でできた滑り台で下ろした房州石を置いた平場。

❺ 猫丁場

分岐から歩いて5分ほどの石切場。猫が赤い毛糸玉で遊ぶ様子が彫られている。

職人が彫ったかわいらしい猫

分岐

急な登りの先にある分岐を右へ。ここからは見どころが多いこのコースのハイライト。

細い道の両側は巨大な岩壁

❻ 切通し跡

石材や石のくずを運び出すために岩壁を切り抜いて造られた作業道。切り出した跡の横縞模様が美しい。

❼ 観音洞窟

「平切り」と「垣根掘り」の両方の技法で切り進められた石切場跡。壁に彫られた小さな観音様を探してみよう。

石切り場での労働

車力道で石を運んだ人々は「車力」と呼ばれ、おもに女性だった。「ねこ車」と呼ばれた荷車に80kgの房州石を3本載せ、荷車の後方部分を地面に当て、その摩擦でブレーキをかけながら下りたという。これを1日3往復行う重労働だった。

分岐

分岐を左へ。50mほど先にある岩舞台はぜひ立ち寄りたい。

❽ 岩舞台

芳家石材店の石切り場だった場所で、ぽっかり開けた空間に「安全第一」と彫られた岩壁が印象的。岩壁の下には昔石切りに使われた機械が置かれている。

分岐

左へ向かうと、道はさらに険しい上り坂になる。右は山を下りる関東ふれあいの道コース。帰りはここから下るのもいい。

❾ ラピュタの壁

手で切り下げられた高さ約100mの、鋸山最大の壁。大きく深い穴がぽっかりと開いている。

採石場跡は芸術作品のよう

日本寺北口管理所

前の分岐から約200mの場所にある日本寺の入口のひとつ。境内に入るには拝観料が必要。

❿ 百尺観音

日本寺の境内に入るとすぐの場所にある、高さ約30m（100尺）の巨大な磨崖仏。6年の歳月をかけて1966（昭和41）年に完成した。

⓫ 地獄のぞき

百尺観音から10分ほど歩いたところにある鋸山随一のビューポイント。順番待ちの列ができることも。

岩場の先端からのぞこう

日本寺西口管理所

ここから鋸山ロープウェー山頂駅へは徒歩10分ほど。下り最終便の時間は、通常17:00、冬季16:00。

⓬ 鋸山ロープウェー

15分おきに運行しており、山麓駅までは約4分。途中、ラピュタの壁を見下ろせる場所がある。

GOAL

ロープウエイで楽ちん

コース後半の鎖場がスリルあり MAP 別冊 P.35-C2

伊予ヶ岳（いよがだけ） 鎖場満喫コース

距離 ▶ 2.1km　所要時間 ▶ 約 1 時間　標高差 ▶ 266m
※各スポットの見学時間は含まない。

南房総市にある岩峰で、その鋭い姿から「房総のマッターホルン」とも呼ばれている。標高 336m と初心者向けの低山ながら頂上付近には鎖場の崖があり、山登り気分を満喫できる。登山口から 1 時間ほどで登頂でき、山頂は県内有数の山々と海を見渡せる景勝地。

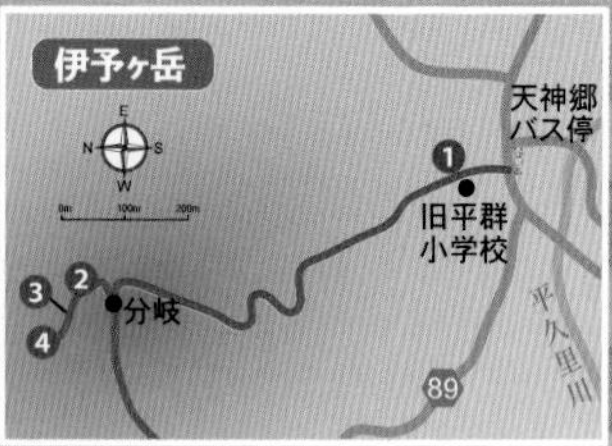

START

天神郷バス停

JR 内房線岩井駅から天神郷バス停まで巡回バスが出ている。バス停に着いたら県道 89 号を渡り、平群天神社の鳥居をくぐって直進。

車で着いた場合は

登山口の平群天神社に登山者用の無料駐車場が 10 台分ほどある。登山シーズンは混雑するため要注意。

❶ 平群天神社

文和 2（1353）年に創建された、菅原道真を主祭神とする神社。学問の神様として受験シーズンには多くの住民が参拝する。

登山の安全を祈願しよう

鳩穴

伊予ヶ岳の中腹には、源頼朝の伝説が残る「鳩穴」がある。1180（治承 4）年、長狭常伴（ながさつねとも）の軍勢に待ち伏せされた源頼朝がこの穴に身を隠し、白紙を念じて外へ飛ばしたところ数羽の鳩となって安房国の東条氏に届き、東条氏の援軍によって難を逃れたとされている。

分岐（富山、伊予ヶ岳）

神社から 30 分ほど歩くと分岐がある。看板を確認して右へ進む。左の富山方面へ進むと伊予ヶ岳の山頂から離れてしまうので注意を。

この先はいよいよ鎖場

分岐

「ハイキングコースはここまでです。この先、大変危険ですので注意してください」と書かれた看板がある。この先は崖を登るため、自信がない場合は戻ることも賢明な判断。山頂へ向かうなら左へ進む。

❷ 東屋（展望台）

分岐から数分歩くと屋根付きの東屋が現れる。見晴らしがいいので、ひと息ついたあとは周りの景色を撮影するのもいい。

❸ 鎖場

鎖やロープを伝って岩を登る鎖場がある。ロープは登山愛好家によって備え付けられたものもあるため、安全を保証するものではない。岩もつかみながら登ろう。

GOAL

❹ 南峰山頂

鎖場から 15 分ほど登ると、山頂に到着する。周囲を 360 度見渡せるため開放感は抜群。千葉県最高峰の愛宕山や東京湾、伊豆半島などを一望でき、雄大な自然を感じられる。

テーブルやベンチもある

山頂まで登り応え十分

MAP 別冊 P.35-C2

富山（とみさん） 福満寺コース

距離 ▶約 2km　所要時間 ▶約 1 時間 30 分　標高差 ▶ 308m
※各スポットの見学時間は含まない。

房総丘陵の山のひとつで、標高 342m の南峰と標高 349m の北峰のふたつからなる双耳峰。曲亭馬琴作『南総里見八犬伝』の舞台となった山で、道中にはゆかりの碑などがある。階段は整備されているが、勾配があるため登り応え十分。北峰山頂からの景色は大パノラマだ。

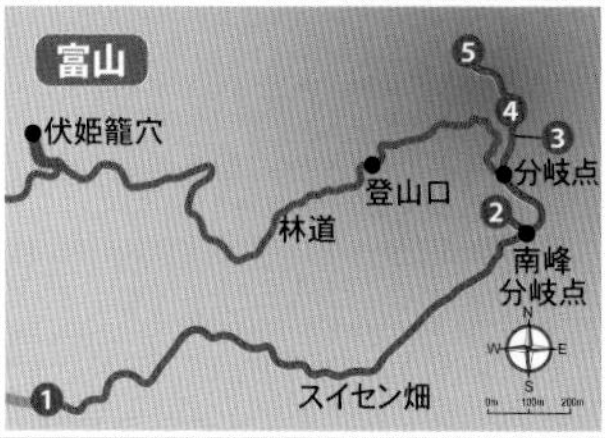

START

車で向かおう

登山口近くに南房総市営駐車場がある。35 台分ほどのスペースがあり、無料なので利用するといい。駐車場を出て右へ進み、左手に福満寺入口の標識が見えるまで 7 分ほど歩く。

分岐

分岐を右へ進もう。あと 10 分ほど歩くと 1 合目の標識が見える。標識は 7 合目まで設置されているため安心。坂道が続くが、3 合目を過ぎると平たんな道や下りも多いので頑張ろう。

❶ 福満寺（ふくまんじ）（登山口）

仁王門をくぐらずに右の脇道を進むと休憩所がある。トイレがあるほか、登山者用に竹の杖も置いてある。道中は坂道や階段が多いため、足腰に自信のない人は使おう。準備ができたら、お墓の脇道を上っていく。

❷ 南峰

7 合目を過ぎると途中に南峰へ向かう階段がある。上りきると観音堂があるが、南峰は木に囲まれているため景観は望めない。もとの道に戻り、北峰へと進もう。

❸ 愛の鐘とボタン杉

富山は天皇、皇后両陛下が皇太子時代に登ったことから「愛の山」とも呼ばれる。それにちなんで「愛の音が広がるように」と鐘が設置された。鐘の後ろには樹齢 300 年の巨木・ボタン杉もある。

❹ 東屋

東屋の天井には、『南総里見八犬伝』ゆかりの 8 つの徳の玉が描かれている。付近には、戦いを終えた八犬士が富山に隠棲したという話にちなんだ「里見八犬士終焉の地」の碑もある。

GOAL

❺ 北峰山頂

山頂に到着。展望台からは南房総の町並みと海を 360 度見渡すことができ、壮大な景色を楽しめる。

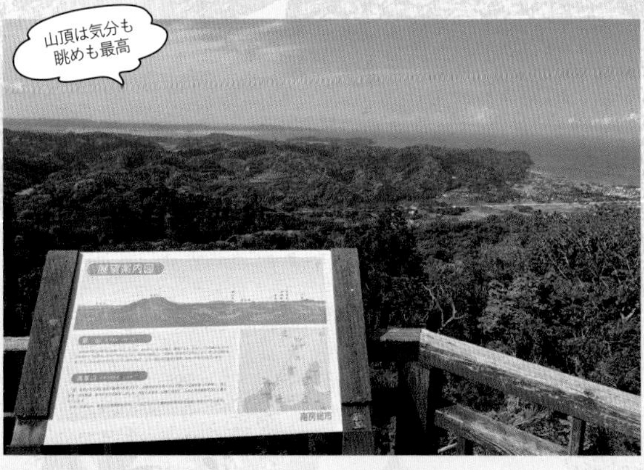

山頂の広場には展望台のほか、テーブル付きのベンチや天皇陛下御夫妻の登頂記念碑がある。ベンチに座って休憩してから下山しよう。

初心者も楽しめる景勝地 MAP 別冊 P.29-D3

鹿野山（かのうざん） 神仏参拝コース

距離 ▶ 1km　所要時間 ▶ 約 20 分　標高差 ▶ 60m
※各スポットの見学時間は含まない。

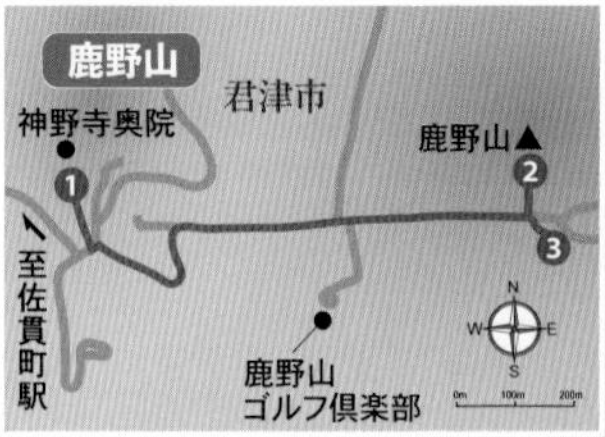

房総三山のひとつで、信仰と伝説の山として知られる鹿野山。山頂周辺には古刹・神野寺や伝説が残る白鳥神社があるので参拝してみよう。神野寺から九十九谷展望公園までの約 1km を歩くショートコースなので、体力に自信のない人や初心者におすすめ。ゆっくりと散策しよう。

START

JR 佐貫町駅

JR 佐貫町駅から神野寺まで日東交通「神野寺行」のバスで約 30 分。下車後、すぐ近くに神野寺がある。

車で着いた場合は

寺の駐車場には 350 台分のスペースがあるので安心。体が不自由な人や車いす、ベビーカー利用者に向けた専用駐車場もあるので、利用時は職員に確認しよう。

❶ 鹿野山神野寺（かのうざんじんやじ）

約 1400 年前に聖徳太子によって創建されたと伝わる古刹。朱塗りの本堂や国の重要文化財に指定されている表門、四季の花が咲く庭園など見どころは多い。参拝したら次のスポットへ向かおう。

上／春は桜、秋は紅葉の名所として知られる庭園
左／ 2019 年の台風で倒壊したが、保存修理工事を経て再建された表門

❷ 白鳥神社（しらとり）

日本武尊の魂が白鳥となって飛来したという伝説が残る神社。奥には、日本武尊を祀った剣の形をした塚が建てられている。神秘的な空間でリフレッシュしたら、ゴールへと向かおう。

GOAL

❸ 九十九谷（くじゅうくたに）展望公園

上総丘陵が幾重にも重なり、山と谷の稜線が無数に連なる姿は圧巻。日の出や日の入り、霧が発生する時間帯では、墨絵のように幻想的な景色が楽しめる。秋から冬にかけて早朝などに発生する雲海を狙って行くのもいい。（→ P.200）

かつて花嫁行列が通った登山道 MAP 別冊 P.36-A2

烏場山（からすばやま）「花嫁・花婿街道」散策コース

距離 ▶ 13.5km　所要時間 ▶ 約 3 時間 30 分　標高差 ▶ 239m
※各スポットの見学時間は含まない。

サーフスポットとしても人気な和田浦の背後にそびえる、標高 267m の山。かつて花嫁が嫁ぎに通った道が整備され、「花嫁街道」と呼ばれている。登りは「花嫁街道」、下りは黒滝を通る「花婿街道」で周回する中級者向けのコース。滝周辺では渓谷歩きも楽しめる。

START

❶入口

登山口近く、トイレ小屋の前に 3 台ほど駐車できる路肩スペースがあり、登山者がよく利用している。車を停めたら、路肩スペースの脇にある「花嫁街道」の看板に沿って進もう。

❷第一展望台

登山口から 20 分ほど歩くと第一展望台に到着。杉林に囲まれ、開けた眺望は得られない。もう 20 分ほど歩くと第二展望台に。そこでは辺りの山々と太平洋を眺めることができる。

❸経文石（きょうもん）

シイの大木に抱え込まれ、梵字が刻まれている石。50 年ほど前はかすかに梵字が読み取れたそうだが、現在は風化が進んでいて見えない。

❹駒返し

この先、馬が通れないほど険しい道になることを知らせる看板。かつてはここで馬を返したとされている。登山には問題ないので、そのまま進もう。

分岐

駒返しから眺望がいい見晴台を過ぎると、五十蔵と花嫁街道の分岐があるので右の花嫁街道へ進む。数分歩くと第三展望台に着くので、里山風景を眺めてひと休みするといい。

カラスバ山看板

「カラスバ山」と書かれた看板が見えたら山頂は近い。階段を上りきると山頂なので頑張ろう。

❺山頂

山頂からは南房総の山々が望める。木々が茂っていて開けた景色ではないので、双眼鏡を持っていくといい。頂上付近のスペースで一休みし、この先は花婿街道を通って下山しよう。

分岐

金毘羅神社の石祠を通過後、黒滝と花園林道の分岐があるので左側の黒滝へ進む。

❻黒滝

長者川中流にある落差 15m の名瀑。滝つぼから見上げることができ、木々に囲まれた空間で滝の流れる音だけが聞こえて神秘的な雰囲気を感じる。

GOAL

最初の場所に戻ろう

❼入口

小さな渓谷を歩き、舗装道を歩いていくと出発地の登山口に到着する。道中、養蜂場の隣を通るのでハチに注意を。

尾根や沢を満喫

MAP 別冊 P.30-B2

大福山（だいふくざん） 大福山・梅ヶ瀬コース

距離▶約 12km　**所要時間**▶約 4 時間　**標高差**▶155m
※各スポットの見学時間は含まない。

養老渓谷の西に位置する標高 285m の大福山。駅から展望台周辺までは舗装路となっていて気軽にハイキングできる。展望台からは房総半島を 360 度見渡すことができ、見事な眺め。下りの梅ヶ瀬渓谷を通る道は尾根を歩いたり、沢を渡ったりと歩き応え十分。渓谷にはヒルが多いので、対策をして行こう。

START

❶小湊鐵道 養老渓谷駅

駅を出て右へ進み、佐川豆腐店の角を踏切に向かって進む。踏切を越えたらすぐ右折する。

分岐

線路ぎわを進むと分岐があるので、左折して道なりに進む。赤色の宝衛橋が見えたら渡ろう。

分岐

橋を渡り終えると分岐があるので、右に進む。駅からここまで 10 分程度。この先、道中左手に黒川沼が見えてくる。

展望台からの眺めを楽しもう

❷朝生原（あそうばら）トンネル

トンネル手前脇にトイレがあるので利用するといい。有料駐車場もある。トンネルを抜けてまっすぐ進むと女ヶ倉分岐点があるので、右の大福山方面へ進む。

❸大福山展望台

分岐から 40 分ほど歩くと大福山展望台に到着する。展望台から房総丘陵の山々と九十九谷を見渡すことができ、秋には紅葉が色づいて美しい。

※老朽化により立ち入り禁止（2022 年 10 月現在）

❹白鳥神社

山頂は神社になっていて日本武尊が祀られている。階段を上ると小さな祠があるので、参拝するのもいい。

よそ見しないで歩こう

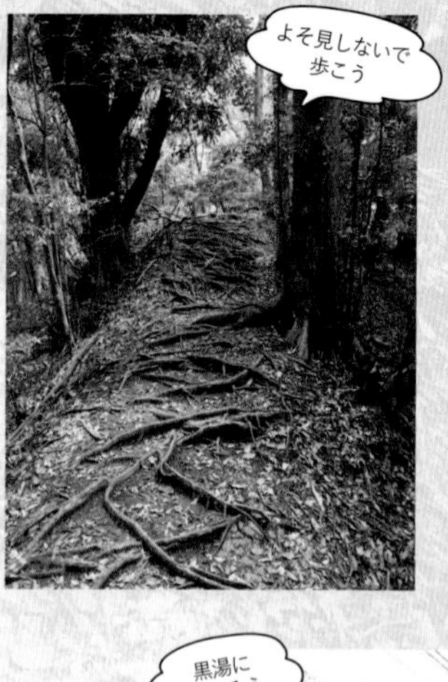

❺尾根道

展望台付近の階段を下りると、尾根を歩く道が 30 分程度続く。起伏があり、木の根もゴツゴツと張っているので転ばないように足元に注意して進もう。

靴が濡れる道

❻沢の道

水の流れが見えると、沢を渡る道が続く。飛び石を伝って進む場所もあるので滑らないように注意。道中に地層がむき出しの断崖が見えるので、観察してみよう。小道に出るまで 45 分ほど。

❼女ヶ倉（めがくら）分岐点

小道を進んで駐車場を通ると、行きの道で通った女ヶ倉分岐点に出る。この先は来た道を戻って駅へ向かおう。

GOAL

❽養老渓谷駅

駅には足湯がある。鉄道の乗客は無料で利用でき、乗らない人は駅の窓口で大人 140 円の入場券を買えば入ることができる。タオルは 100 円。疲れた足を癒やしてから帰ろう。

黒湯につかろう

海も山も散策しよう　MAP 別冊 P.37- D1

鵜原理想郷（うばらりそうきょう）

海・山 絶景コース

距離 ▶ 2.3km　所要時間 ▶ 約 1 時間 30 分　標高差 ▶ 約 30m
※各スポットの見学時間は含まない。

鵜原理想郷は太平洋の荒波に浸食され、狭い湾や入江が複雑に入り組んだリアス海岸。道中に崖の岩肌や青い海を見渡すことができ、海と山の絶景を一度に望める。また波打ち際から海抜 30 mの丘まで歩くことができ、海沿いのコースならではの楽しさがある。

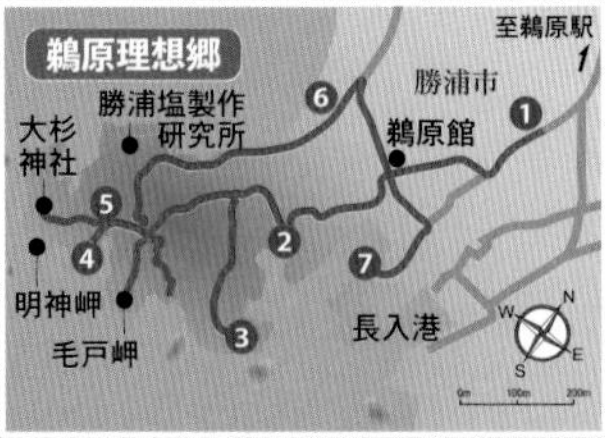

START

JR 鵜原駅

正面の市道を海に向かって約 150m 進み、T 字路を左折する。鵜原第 1 トンネルを抜け、第 2 トンネルを出てすぐ右折し、坂道を進むと鵜原理想郷の入口に到着する。

❶ 鵜原理想郷入口

入口には利用客用の無料駐車場がある。車で来た場合は 10 台ほど停められるので利用するといい。

❷ 手掘りのトンネル

手掘りのトンネルがいくつかあり、冒険心をくすぐる。岩肌はごつごつして、かがんで進むような小さなトンネルも。抜けたら階段を上り、野趣あふれる遊歩道を歩こう。

雰囲気がある

なめらかな岩肌が美しい

❸ 手弱女平（たおやめだいら）

岩肌が露出して東に突き出た岩山で、勝浦海中展望塔や八幡岬を一望できる。風化して岩肌が滑りやすくなっているため転倒に注意。周辺にある「幸せの鐘」から望む景色は見事。

左／鐘を鳴らして祈願すると幸せになるという話も　下／手弱女平の正面には勝浦海中展望塔が見える

❹ 白鳳岬（はくほうみさき）

手弱女平から 15 分ほど歩くと到着。岬の先端に鵜原島を、西に明神岬を望むことができる。先端は断崖絶壁になっているため近づきすぎないように。

海中にそびえ立つ展望塔

❺ 黄昏の丘（たそかれのおか）

海抜約 30m の場所にある丘で、鵜原海岸や守谷・興津の町並み、南に広がる太平洋を一望できる。東屋があるため、ひと休みしていこう。

❻ 鵜原海岸

坂道、階段を下りてトンネルを抜けると到着。「日本の渚・百選」にも選ばれた遠浅の海水浴場で、外洋に面していながら波は穏やか。砂浜を歩いて白い鳥居を見ておきたい。（→ P.245）

GOAL

❼ 勝場港

ついにゴール！　勝場港は崖に囲まれた漁港で、漁船が停泊し、釣り人が竿を出すのどかな港の風景が広がる。体を休めたあとは、付近の店で海鮮やご当地ラーメンを食べよう。

房総の自然を駆け抜けよう

サイクリング

名だたる海や湖、河川を有する自然豊かな千葉で、名所を存分に巡るコースを4つ紹介。潮風を受けながらバイクをこいだり、湖を1周したりと爽快なサイクリングを満喫しよう。

南房総の絶景に癒やされよう

花海街道コース

距離 ▶ 62km　所要時間 ▶ 約4時間
※各スポットの見学時間は含まない。

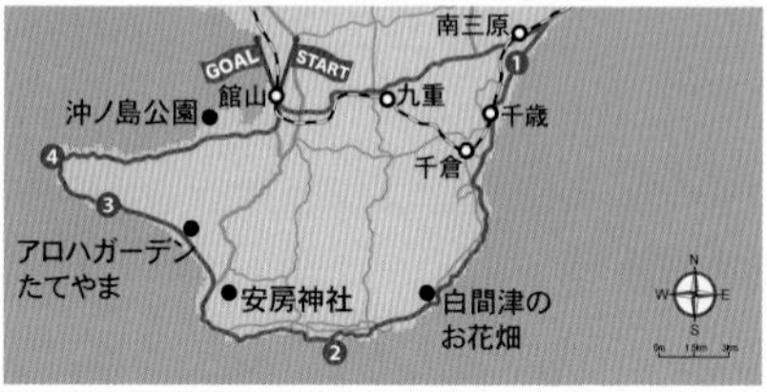

館山、千倉、白浜の3市町にわたり、花と海の名所がある「花海街道」を周回する。起伏は少ないが、約60kmの距離を走る中級者向けのコースだ。花やハーブが育つ庭園、海を見下ろす神社、春に桜が咲く城址公園など美しい景色を眺めて癒やされたい。

START

館山駅西口

南欧風の外観がかわいらしい駅。西口にある観光まちづくりセンターでは電動アシスト付き自転車やスポーツバイクをレンタルできる。

❶道の駅ローズマリー公園

15kmほど走ると、西洋風の庭園が見える。ローズマリーや季節の花が植えられ、花の色や香りに心が安らぐ。この先は海岸線が続くので、左手に見える海の景色を楽しもう。(→ P.223)

お香やせっけんも販売

❷野島埼灯台

房総半島最南端の岬に立つ灯台。灯台から太平洋を見渡すことができ、晴れた日には富士山も見える絶景スポット。ひと通り満喫したあとは、この先の山間部に向けて水分補給を忘れずに。(→ P.225)

海を見ながら気分爽快

潮風を受けながら海沿いの道を走るのが気持ちいい

❸漁港食堂だいぼ

海を眺めていると魚介が食べたくなる。鮮度抜群の魚介料理が食べられる食堂で、お刺身定食や浜焼きを食べよう。(→ P.391)

❹洲崎神社

晴れた日は浜鳥居の間に富士山が見え、神秘的な写真が撮れることで有名。納得のいく写真が撮れたら、ゴールに向かって再びこぎ出そう。(→ P.231)

漁業や航海の御利益も

GOAL

館山駅西口

須崎神社から11kmほど走行したら、ゴールの館山駅に到着。カメラに収めた絶景の写真を見返しつつ、思い出に浸りながら帰ろう。

太平洋を右手に駆け抜けよう

外房の海と食堪能コース

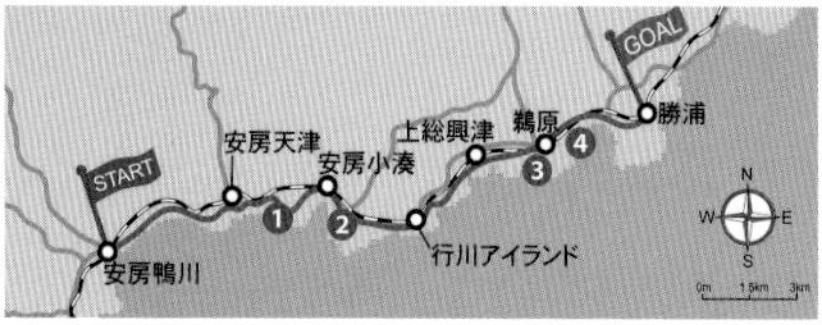

距離▶26km　所要時間▶約2時間
※各スポットの見学時間は含まない。

鴨川から勝浦の海岸線を走る、高低差が少ない初心者向けのコース。たくさん走っておなかをすかせたら、房総の幸を使った「おらが丼」などのご当地グルメを味わおう。おなかを満たしたあとに海沿いを走る爽快感は格別だ。

B.B.BASEに乗車しよう

両国駅から房総各地へ運行するJR東日本のサイクルトレイン。自転車を解体せずに載せることができ、床にはビンディングシューズでも滑らないゴム床を使用するなどサイクリストに便利な設備が揃っている。外房方面では両国、本千葉、上総一ノ宮、勝浦、安房鴨川駅に停まるが、1編成なので乗り過ごさないように注意。（→P.112）

START JR安房鴨川駅

午前9時55分、B.B.BASE外房を使って安房鴨川駅に到着。自転車を組み立てる必要がないので出発もスムーズだ。こぎ始めてしばらくは木が並んで海が見えにくいが、だんだん景色が開けてくる。

幸先のいいスタート

❶ おらが丼

駅から8kmほど走行すると、おなかもすいてくる頃。外房黒潮ラインの城崎海水浴場近くには、地元の新鮮な魚介をふんだんに使った「おらが丼」を提供する店が数軒あるので味わおう。

おらが丼（イメージ）

❷ 誕生寺

少し走ると見えるのは日蓮宗大本山の誕生寺。周辺には鯛の群生地で、日蓮聖人の伝説が残る「鯛の浦」もあるので寄ってみるといい。この先は急な坂があるのでこまめに休憩しよう。（→P.240）

❸ 鵜原海岸

誕生寺から9kmほど走行すると鵜原海岸が見えてくる。浜に立つ白い鳥居と青い海とのコントラストが美しいと話題の海岸。この先は街や曲がり道を通るので、慎重に進もう。（→P.245）

絶景の海岸でひと休み

❹ Banzai Café

さらにこぐと、海沿いのカフェに到着。ご当地グルメ「勝浦タンタンメン」の正規取扱店で、ランチタイムにはラー油の辛さが効いた「タンタンパスタ」を味わえる。（→P.131）

ラー油とパスタが合う

GOAL JR勝浦駅

カフェから約4kmこぐと、勝浦駅に到着。午後5時39分にはB.B.BASE外房が発車するので、乗り遅れないように。

湖畔をゆったりと周ろう

手賀沼1周コース

距離 ▶ 18km　所要時間 ▶ 約 1 時間 15 分
※各スポットの見学時間は含まない。

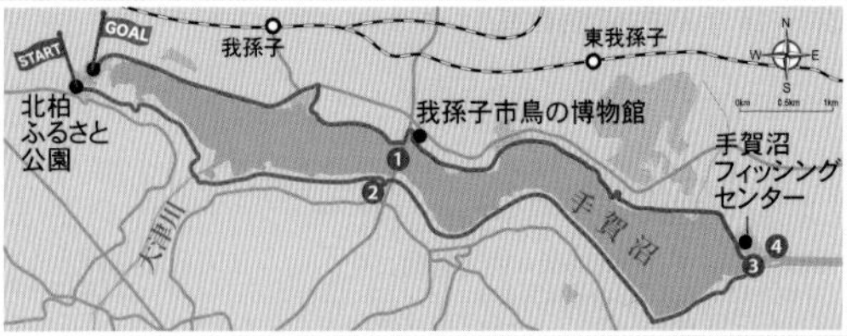

手賀沼をサイクリングロードと遊歩道、一般道を通って 1 周する。サイクリングロードでは車が通る心配がなく、整備された平たんな道が続くため初心者でも走りやすい。道中に道の駅やおしゃれなカフェもあり、こまめに休みながら走行できるのも魅力。（→ P.351）

START

北柏ふるさと公園

噴水、池、小川などがある自然豊かな公園。レンタサイクルステーションがあり、自転車を持っていない人はここで借りるといい。料金は 1 日利用で大人 500 円。

サイクリングロードだから、快適に走れる！

❶ 手賀大橋

4km ほど走ると、手賀沼の南岸と北岸を結ぶ手賀大橋が見えてくる。水鳥のはばたきをコンセプトにしたアーチ橋が水面に映る姿は美しく、一度は見ておきたい。

❷ 道の駅しょうなん

サイクルラックがあるので安心。レストランやパン屋があり、メニューも豊富なのでここで昼食を取るといい。付近に温泉があるので、一度汗を流してから走りなおすのも気持ちいい。

❸ 手賀沼曙橋

サイクリングロードはここまで。北岸では遊歩道や一般道を通るため、歩行者や車に注意して慎重に進もう。車道の幅は広めで走りやすい。

❹ numa cafe

手賀沼フィッシングセンターの 2 階に「numa cafe」がある。「農家さんの顔が見えるカフェ」をコンセプトにしたカフェで、地元野菜をふんだんに使った料理を味わえる。

GOAL

北柏ふるさと公園

カフェから 30 分ほどこぎ進めれば、ゴールへ到着。手賀沼を 1 周した達成感に浸り、公園のベンチやカフェでひと休みしてから帰路に着こう。

河口から分岐点までひた走ろう

江戸川左岸コース

距離▶62.5km　所要時間▶約3時間50分
※各スポットの見学時間は含まない。

江戸川左岸、千葉側のサイクリングコースを中心に約62km走行する。川沿いの平たんな道が続くが、日陰はないため各スポットでしっかり休憩しよう。川沿いにいくつか駅があるので輪行と組み合わせれば、疲れた場合でも途中で帰宅することができる。無理せず楽しみながら走ろう。

START

舞浜駅北口

ディズニーランドがある南口は混雑しているため、改札口を間違えないように。ディズニーランド沿いの車道はヤシの木が立ち並び、リゾート地さながら。江戸川までは一般道を漕ぎ進むので、車に注意したい。

❶行徳橋

江戸川に架かる行徳橋を渡って、千葉側の左岸へ進もう。旧行徳橋から架け換えして2020年に開通したばかりなので、見た目もきれい。自転車レーンがあるため安心して走行できる。

❷里見公園

左岸から6kmほど走ると里見公園に着くので、ひと休みしよう。バラ園や噴水広場が広がる憩いの場で、園内には茶屋もある。おなかを満たしてからこぎ出すのもいい。（→P.162）

❸関宿滑空場

川沿いにグライダーの滑走路があり、4種のグライダーが飛び立つ瞬間を間近で見ることができる。長い翼で気流を利用し、ゆったりと滑空する姿がかっこいい。ひとしきり見たら、ラスト10kmを走り抜こう。

GOAL

関宿城跡

ついにゴールの関宿城跡に到着。戦国時代には北条氏と上杉氏の間で関宿城の激しい争奪戦が繰り広げられたという。近くに城を復元した博物館があるので、余力があれば寄ってみて。（→P.346）

人馬一体
となって
駆け抜けよう

乗 馬

江戸時代の千葉県には、幕府の軍馬や乗用馬を生産する日本最大級の牧「小金牧」「佐倉牧」「嶺岡牧」があった。古来より多くの馬を育ててきた千葉では、乗馬クラブの数も全国で1、2を争う多さ。千葉で乗馬を体験し、生き物を相手にする奥深さや馬のかわいさ、馬と一緒に駆け抜ける爽快感を味わおう。

緑豊かな土地で乗馬デビュー

エバーグリーンホースガーデン

都心から約1時間と好立地にあり、緑に囲まれたのどかな土地で本格的な乗馬を体験できる。インストラクターが1対1で指導するためまったくの初心者でも安心だ。まずは馬と触れ合うことから始め、乗馬中の姿勢や手綱の握り方など基本的な操作から教えてもらえる。馬はセラピーホースとして調教されており、優しくて従順な性格。馬と心を通わせたり、馬上の目線の高さを体感したりと日常ではなかなか体験できない感覚を楽しもう。

①

②

③

④

❶乗馬体験で馬と自然に癒やされよう ❷馬と心を通わせたい ❸1対1での指導なのでたくさん質問できる ❹野外騎乗を体験できるコースも ❺馬上では大地の起伏も感じやすい

⑤

MAP 別冊 P.25-D2
住 長柄町上野ふる里村内　TEL 0475-35-5560
営 9:00～17:00(最終受付 16:00)　休 月曜(祝日の場合は翌日)
料 3850円～　P あり　交 JR誉田駅から無料送迎バスあり

水面を進めば名所がたくさん！

カヤック&カヌー

千葉県には海だけでなく、川や湖沼の遊び場も多い。ボートに乗って水面を進めば徒歩では行けない絶景スポットを見つけたり、水辺の生物に合えたりと新たな発見があるかもしれない。仲間と一緒に息を合わせてパドルをこいだり、ゆらゆらとボートに揺られる感覚を楽しんだりと、思い思いに楽しもう。

亀山湖の絶景満喫ツアー

パドリングアーキペラゴ

房総半島中央部に位置し、関東でいちばん遅い紅葉スポットとして知られる亀山湖。静かな湖面をカヤックで進めば、色づく木々を水面から360度の大パノラマで眺めることができる。ほかにも、湖面に浮かぶ鳥居の下をくぐったり、周辺に生息する猿や亀を見つけたりと見どころはたくさん。水路が細くて通りにくい時もガイドがそばにいるので安心だ。

上／カヤックでの水面散策は気持ちいい
左／亀山水天宮の鳥居をくぐれる
右／川幅の狭い箇所を進むのも楽しい

MAP 別冊 P.30-A3

住君津市笹 867-1（亀山湖畔公園笹地区） TEL 0470-29-7333 営 9:00 ～ 18:00 休不定休 料 1 日 1 万 2000 円、半日 8000 円 P あり 交 JR上総亀山駅から笹公園まで送迎あり（申込時に要連絡）

利根川散策クルーズ

川の駅 水の郷さわら

8 人乗りのゴムボートに乗って水の郷さわらを出発し、2 時間かけて利根川の湿地帯や離れ島を巡るツアー。川に浮かぶ心地よさ、乗員全員でパドルをこぐ一体感、白鳥や魚といった生物を間近で観察する楽しさを感じられる。同行するガイドスタッフから利根川の自然や歴史について教わることもできる。4 ～ 9 月の月 1 回開催で、そのほか木船やモーターボートによる観光船も毎日運航している。

上／仲間と呼吸を合わせる一体感が大事
左／ガイドスタッフが事前に安全指導する

MAP 別冊 P.11-C2

住香取市佐原イ 4051-3 TEL 0478-52-1138 営 10:00 ～ 15:00 休月曜（祝日の場合は翌日） 料大人 4900 円～、観光船は大人 500 円～ P あり 交 JR佐原駅から徒歩 20 分、またはバスターミナル東京八重洲から佐原ルートバスで 1 時間 40 分、香取市役所前下車、徒歩 5 分

自然を
五感で楽しむ

リバー SUP

SUP はスタンドアップパドルボードの略称で、ボードの上に立ってバランスを取りながらパドルをこぐアクティビティ。初心者でもすぐにボードに乗ることができ、運動が苦手な人でも楽しめる。リバー SUP では森林浴を楽しんだり、川の流れに沿って進んだりと自然を体感できる。

気分はジャングルクルーズ

いすみパドルクラブ

房総半島南東部を流れるいすみ川は生息する魚の種類が86 種と全国で 2 番目に多く、生態系が豊かな川。ライフジャケットを着て緑色の川を SUP で進めば、気分はさながら探検隊に。川の流れが遅く、ボードが安定しているので転覆の心配もなく進めるのがうれしい。

左／犬と一緒に乗ることもできる。川を進めば楽しげな表情に　中／朝焼けに染まる川は異国の雰囲気　右／家族みんなでボードに乗って進むのも楽しい

MAP 別冊 P.32-A2

住いすみ市万木1364　TEL 080-5548-0289　営 9:00～18:00　休不定休　料大人 7000 円～　P あり　交 JR 長者町駅から送迎あり

競技盛んな
地域で挑戦

ボルダリング

印西市の松山下公園総合体育館にはクライミングウオールが設けられ、スポーツクライミングのワールドカップなど名だたる大会が多く開催されている。そんな印西で、スポーツクライミングの一種で、ロープを使わずに壁を登りきる「ボルダリング」に挑戦してみよう。

パズルのように夢中になれる

ロッキーボルダリングジム印西店

敷地面積 320 坪と日本最大級のボルダリングジム。ビギナー向けのコースが多くあるうえ、インストラクターが登り方を指導してくれるので安心して参加しよう。子供は 4 歳以上なら参加できるため、家族で一緒に始めるのもいい。年齢、体格差などはあまり関係なく、老若男女問わず自分のアイデアでルートを攻略できるのが楽しい。

上／パズルを解くように夢中で登れる
下／子供の参加者も多い

MAP 別冊 P.8-B3

住印西市原 1-2 BIGHOP モール棟 2F　TEL 047-636-7758　営平日 10:00 ～ 23:00、土・日・祝 10:00 ～ 21:00　休無休　料 1 日利用で平日 1900 円、土・日・祝 2090 円、高校生以下平日 1600 円、土・日・祝 1760 円　P あり　交北総鉄道印西牧の原駅から徒歩 3 分

第6章

グルメ

毎日、数種の漬丼を提供する。人気の「極上サバの漬丼」は単品なら1280円

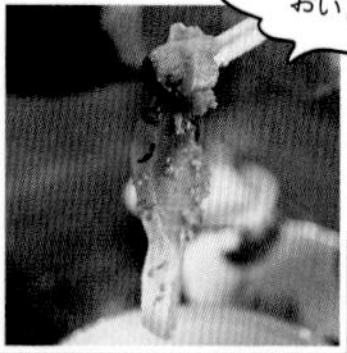

脂が乗っておいしい

青魚の漬丼【極上さば】（つみれ汁、小鉢、香の物付き）1580円

木のしつらえの落ち着いた店内で舌鼓

銚子で味わう青魚料理

丼屋七兵衛（どんやしちべえ） 銚子

青魚特有の臭みを抑えたうま味たっぷりの漬丼を提供する七兵衛は、行列が絶えない人気店。無添加にこだわり、銚子港で揚がった青魚を新鮮なうちに秘伝の塩ダレに漬け、銚子ならではの濃口醤油で仕込む。極上サバの漬丼以外に真いわし漬丼も人気がある。

MAP 別冊 P.21-D1
住銚子市飯沼町 1-26　TEL 0479-25-3133　営 10:00 ～ 17:00（L.O.16:30）
休水・木曜　P あり　交銚子電鉄観音駅から徒歩 5 分

丼に新鮮魚介がてんこ盛り 海鮮丼を

本マグロ鉄火丼（吸い物付き）2673円

舌の上でとろける！

関東最東端の岬にある活魚店

一山いけす（いちやまいけす） 銚子

店内に入ってまず目に入るのは巨大生けす。毎日、銚子港に揚がった魚介を契約漁師から仕入れ、生けすに放つ。その日揚がった魚を調理してくれるので鮮度はお墨付きだ。カウンター席では生けす内の魚を眺めながら食事を楽しむことができる。

上／本マグロはないこともあるのでメニューにあればオーダーしたい
下／巨大生けすのなかでは、さまざまな種類の魚介がスタンバイ

MAP 別冊 P.21-D1
住銚子市黒生町 7387-5　TEL 0479-22-7622　営 11:00 ～ 15:30、17:00 ～ 19:30
休木曜（祝日の場合は営業）、12/31　P あり　交銚子電鉄笠上黒生駅から徒歩 10 分

オーナーの池田さん

いわしの刺身丼
（イワシの天ぷら、味噌汁付き）
1300円

鮮度抜群のイワシ丼

九十九里海鮮料理 わたしの店（くじゅうくりかいせんりょうり わたしのみせ） 九十九里

店は「海の駅九十九里」の2階にあり、目の前の新片貝漁港を眺めながら食事ができる。朝、水揚げされたばかりのイワシを直接買い付けすぐに提供。臭みのまったくない、輝くように新鮮なイワシをたっぷりと食べられるのはこの立地ならでは。酢飯のご飯もイワシに合う。

上／銀色に輝く新鮮そのもののイワシがたっぷり　下／店舗は開放的な雰囲気のフードコート内にある

MAP 別冊 P.26-B1
住 九十九里町小関 2347-98 海の駅九十九里 2F
TEL 070-4438-0594　営 10:00 ～ 16:00（冬季～ 15:30）
休 水曜　P あり　交 JR 求名駅から車で 17 分

食べたい

地元の新鮮な魚介をたっぷりとのせた海鮮丼は、見て幸せ、食べて大満足の一品だ。千葉の海の幸をこころゆくまで味わおう。

わらさの漬け丼
（魚の天ぷら、小鉢、お新香、味噌汁付き）
1540円

漁師町の丼としてはご飯の量は控えめ。ほどよく漬かった刺身が美味

左／店内に生けすがあり、その場でイセエビやハマグリを選んで網焼きにできる
右／食堂のすぐ隣はイセエビの問屋

エビ以外のメニューも豊富

海鮮・浜焼き 海老屋（かいせん・はまやき えびや） いすみ

大原漁港から徒歩3分ほどのところにある、魚問屋直営の地魚料理屋。漁港直送の新鮮な魚介を、刺身やてんぷら、網焼きと、さまざまな調理法で楽しめる。豪快なイセエビの天ぷらが看板メニュー。漬丼の魚は日によって種類が違うので、メニューは訪ねてみてからのお楽しみ。

MAP 別冊 P.32-B3
住 いすみ市大原 10095-6
TEL 0470-62-1126　営 11:00 ～ 15:00（L.O.14:15）、17:30 ～ 20:30（L.O.19:15）、土・日・祝 11:00 ～ 17:00（L.O.16:15）
休 木曜（月 1 回連休あり）　P あり　交 JR・いすみ鉄道大原駅から徒歩 10 分

海鮮丼を食べたい

たくさん食べてくださいね

店長の下田さん

リゾート空間で味わう豪快海鮮丼

木更津 KiSARA（きさらづきさら） 木更津

海宝丼 2800円

※仕入れにより値段変動あり

厚切りのネタがあふれんばかりに盛り込まれた贅沢な丼

三井アウトレットパーク木更津の向いにある木更津KiSARA。アジアンリゾートのような雰囲気のなかで、木更津魚市場から仕入れる10種ほどの厚切り新鮮魚介が盛り込まれた丼を食べられる。ご飯は赤酢のまろやかな酸味の酢飯。丼などを注文すると小鉢もお代わりができる。

店内にはジャズが流れ、バーカウンターもある

MAP 別冊 P.23-C3

住 木更津市金田東 6-3-6　TEL 0438-38-6887

営 11:30 ～ 16:00、土・日・祝～ 19:30（L.O. 各 30 分前）　休 不定休　P あり　交 JR 袖ケ浦駅から三井アウトレットパーク BTA 行きバスで金田中島東下車、徒歩 6 分

天然 地魚海鮮丼 1200円

新鮮なネタをリーズナブルに味わえることで人気のメニュー

天井が高く開放的

おすすめは入口のホワイトボードでチェック

保田漁協直営の人気食堂

ばんや本館（ばんやほんかん） 鋸南

鋸南町の保田漁港内にあり、週末には広い店内も早々に埋まる人気店。中央の大きな生けすには、保田や房総各地から届く鮮度抜群の魚介類が入っていて、煮つけ、揚げ物、寿司などさまざまなメニューで味わえる。盛りつけは漁師料理らしく豪快で、おなかいっぱいに食べられる。

店は保田漁港の敷地内。隣で干物も購入できる

MAP 別冊 P.34-B1

住 鋸南町吉浜99-5　TEL 0470-55-4844（本館）　営 9:30 ～ 17:45（L.O.17:00）、土・日・祝～ 19:30（L.O.18:45）　休 無休　P あり　交 JR 保田駅から徒歩 15 分

シメにはやかんで熱々にしたダシ汁をかけて

「伊戸のお母ちゃん」スタッフ池田さん

鮮魚を定置網漁船から直送

漁港食堂だいぼ（ぎょこうしょくどうだいぼ）

館山

房総半島南端の伊戸漁港から、保有する定置網漁船で取った魚を提供する漁港食堂だいぼ。人気の定置網丼は、旬の地魚を盛り込むのでネタは毎日変わる。定食や丼を注文すると日替わりのおかずやサラダが無料で付く「伊戸のかあちゃんセット」のサービスもうれしい。

上／この日の内容はワラサ、サワラ、マグロ、鯛など7種　下／目の前には海が広がり、遠くに伊豆大島も見える

MAP 別冊 P.38-A1
住 館山市伊戸 963-1　TEL 0470-29-1221　営 11:00 ～ 17:00(L.O.16:00) ※土・日・祝のみ 8:00 ～ 10:00 も営業　休 火曜　P あり　交 JR 館山駅から安房白浜行きバスで白島下車、徒歩 10 分

「おらが丼」の赤いのぼりが目印 鴨川のおらが丼

「おらが」とは房州弁で我が家という意味。鴨川の海の幸、山の幸を各店が趣向をこらした丼にして提供している。そんなおらが丼には「素材は現地のものを主体とする」など5つのおきてがある。各店こだわりのおらが丼を食べてみて。

華やかなサンマの酢漬け丼

道の駅鴨川オーシャンパーク（みちのえきかもがわおーしゃんぱーく）

鴨川

地元の人気銘柄「長狭米」に鴨川のワラサとサンマの酢漬けを盛り合わせた丼。酢漬けは優しい味でご飯がすすむ。雄大な太平洋を眺めながらの食事は格別。

上／房総産サンマの酢漬け、鴨川産ワラサ、錦糸卵等を長狭米の上に並べ「海と花」をイメージした色鮮やかな一品　下／サザエのようなユニークな外観

MAP 別冊 P.36-A2
住 鴨川市江見太夫崎 22　TEL 04-7096-1911　営 9:00 ～ 17:00　休 無休　P あり　交 JR 安房鴨川駅または太海駅から館山駅前行きバスで太夫崎下車、徒歩 1 分

自慢のサザエがたっぷり

川京（かわきょう）

鴨川

ベテラン料理人のご主人が作る川京のおらが丼は、サザエが主役。大きめのサザエを丸々ひとつ分とほかの具材を特製のつゆで煮て卵でさっととじてご飯にのせている。サザエの食感を堪能できる丼だ。

左／サザエの肝の苦みが味のアクセント
右／店は安房鴨川駅東口を右折してすぐ

MAP 別冊 P.36-B2
住 鴨川市横渚 1117　TEL 04-7092-1076　営 11:30 ～ 15:00、17:00 ～ 22:00　休 第 2・4・5 木曜　P あり　交 JR 安房鴨川駅から徒歩 2 分

ゆったりと流れる時間もごちそう

農園&古民家&里山 レストラン&カフェ

滋味豊かな食材で作られる料理はおなかを満たし、初めてでもどこか懐かしく感じる店や景色は、心を満たしてくれる。ココロとカラダにおいしいランチのご紹介。

じろえむおまかせ御膳
1650～3300円
（写真は3300円。550円増すごとに2品ほどプラス）

かまど炊き♪

①

②

先祖代々の農家がとことんこだわる食材

百姓屋敷（ひゃくしょうやしき）レストランじろえむ

南房総

館山市内から15分ほど車を走らせただけで、こんな山深い場所に着くことにまず驚く。房総の豊かな緑に囲まれた古民家は約300年も前に建てられたものだ。ここの料理のいちばんの特徴はこだわりの食材。自家栽培の無農薬、無化学肥料の有機野菜や有機米、自家製糀で仕込んだ味噌、母屋の裏にある専用の鶏舎でとれた平飼い鶏の有精卵。それらの食材をていねいに料理して、驚くほどたくさんのおかずが食卓に並ぶ。育てた季節の野菜を使い、家に代々伝わる製法で作る漬物も評判だ。

私たちの料理を味わってください

15代目の稲葉ご夫妻

③

農園 古民家

立派な茅葺屋根は母屋ではなく門！

④

❶ごはんはかまど炊き ❷平飼い鶏の卵は購入可。夏はさらりとした、冬はコクのある味わい ❸天井の梁がむき出しになった昔ながらの室内 ❹緑の密度が濃い房総の山あいに立つ

MAP 別冊 P.35-C3
住 南房総市山名2011
TEL 0470-36-3872 営 10:00～15:00
休 不定休 予 要予約 P あり
交 JR館山駅から車で20分

農園 古民家

①

立派な屋敷は
築200年以上
②

③

古民家で女将の手間暇かけた料理を堪能

雅流懐石 愚為庵（がりゅうかいせきぐいあん） 御宿

元気な合鴨
④

里山にある茅葺屋根の古民家で、房総の山と海の食材をふんだんに使った女将の手作り料理「雅流懐石」を提供している。京都の「おばんざい」に着想を得た料理で、先付け、中付け、炭火焼き、揚げ物、ご飯、デザートが付いて満足感がある。内容は女将のおまかせで、春はタケノコ、夏はミョウガなどと旬に合ったものを使用。炭火でじっくりと焼いた焼き物や、大根を器にした茶わん蒸しなど、見た目も味も繊細な手間暇かけた料理が人気。

⑤

⑥

雅流懐石
3850円
県外から食べに来る
人も多いという

❶江戸時代から農業を営んでいた大地家の建物を活用した愚為庵　❷店の入口にある提灯　❸掛け軸などが飾られ、古民家の歴史が香る内装　❹合鴨を飼い、「合鴨農法」によって無農薬の米を作っている　❺囲炉裏から取った炭を使って牛肉や野菜を焼く　❻玄関にある囲炉裏。春にはタケノコを蒸し焼きにする

MAP 別冊 P.32-A3
住 御宿町上布施 2194
TEL 0470-68-5927
営 11:30 ～ 19:00
休 不定休　予 要予約
P あり
交 JR 御宿駅から車で 8 分

古民家で週替わりランチを楽しむ

宮崎邸（みやざきてい） 印西

そこかしこに里山が残る印西。その一角に杉木立に囲まれ、庭園の美しい古民家がある。築240年以上の古民家をリノベーションした宮崎邸は、広々した座敷にしつらえた席でランチが楽しめる人気のレストランだ。メニューは１種類だけだが、地元産食材を使った家庭料理で、週替わりで内容が変更されリピーターも多数。甘味のメニューもあり喫茶での利用も可能だ。

週替わりランチ
1900 円

❶白玉あんみつ800円。ほかに手作りケーキなどもある　❷美しい庭園は撮影に使われることも　❸広い座敷に余裕をもってテーブルが置かれている

MAP 別冊 P.16-B1
住 印西市船尾 483　TEL 0476-45-0808　営 11:00 ～ 16:00　休 日～水曜　P あり　交 北総鉄道千葉ニュータウン中央駅から車で８分

古民家で鮮やか薬膳カレー

fato.（ふぁと） 長生

以前は農家だったという築100年以上の古民家は開放的で風がよく通る気持ちのよい空間。漢方養生士、薬膳マイスターの資格を持つオーナー相原さんが作るのは、体をいたわる目にも鮮やかなカレー。体によい食材とスパイスを使ったカレーが5種類あり、季節ごとに切り替わる。

体が喜ぶ食事をどうぞ♪

オーナーの相原さんご夫婦

5季の養生カレー 1600円
（セットドリンクは fato. オリジナルブレンドコーヒー）

❶広い座敷に置かれているのは扉をテーブルの天板に利用したリサイクル家具　❷テイクアウトのカウンターには乳製品・卵を使わない手作りスコーンなども並ぶ　❸瓦屋根が印象的な古民家

MAP 別冊 P.26-A3
住 長生村一松丁 174　TEL 電話はないので詳細はインスタグラムで　営 11:00 ～ 15:00（L.O.14:15）
休 木・金曜　P あり　交 JR 茂原駅から白子車庫行きバスで 21 分、小泉下車、徒歩 11 分

マルゲリータセット（2700円）と
オマールエビの
トマトクリームセット（3200円）

①

オートキャンプ場の中にあるレストラン

農園リストランテ ヴェルデューレリッコ
（のうえんりすとらんてゔぇるでゅーれりっこ）

山武

農業が盛んな山武市にある。山小屋のような雰囲気が人気だが、いちばんの自慢は豊富な食材。場内の農場で栽培された新鮮な野菜や、地元で飼育された最上級の牛肉「九十九里オーシャンスタービーフ」などをイタリアンのシェフが調理する。素材を引き立てる風味豊かな手作りソースをつければ、野菜の甘みを味わえたっぷりと食べられる。自炊が基本のキャンプ場の一角にあるが、ここの料理を目当てにやってくるキャンパーも少なくない。

②

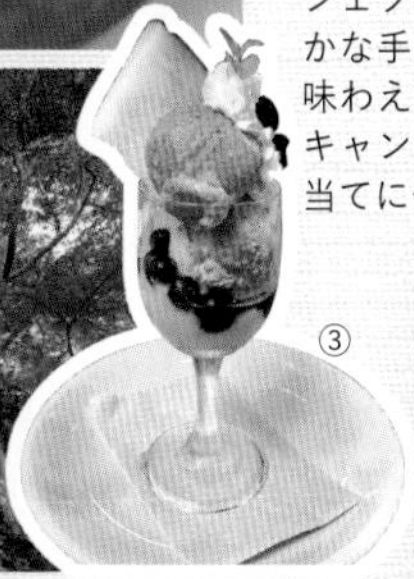

③

⑤

④

❶サシと赤身のバランスがよく、さっぱり食べられるのが特徴。肉の味を楽しむならステーキがおすすめ　❷店名の「ヴェルデューレリッコ」とは「豊かな緑」という意味　❸自家農園でとれた旬の果物を使ったパフェも人気　❹木のぬくもりが感じられる室内　❺気持ちのいいテラスはペット同伴可

MAP 別冊 P.18-A2
住 山武市板中新田224（有野実苑オートキャンプ場内）　TEL 0475-89-1717　営 11:00～13:30（L.O.）、　ディナー金～日曜17:00～19:30(L.O.)　※前日までの予約制　休 水曜、第2・4火曜　P あり　交 JR八街駅から車で16分

自然の恵みゆたかなランチを

くるっくふぃーるずだいにんぐ

KURKKU FIELDS DINING

木更津

農業と食、アートをテーマにする複合施設、クルックフィールズ（→ P.195）のレストラン。敷地内で育てる有機野菜やハーブ、地域で取れたジビエを加工したソーセージ類、平飼いの鶏の卵などの新鮮食材を彩り豊かなひと皿にして提供する。素材そのものの風味をシンプルに味わいたい。チーズ職人による手作りチーズを使い、店内の大きなピザ窯で焼いたふっくらと香ばしいピザも人気だ。ウッディなテラスで周囲に広がる自然を眺めながらの食事も気持ちがいい。

①

②

④

⑤

③

❶テラスも利用可。青空の下での食事は格別
❷カラフル野菜たっぷりでヘルシー♪　❸水牛モッツァレラのマルゲリータ 1650 円　❹木と漆喰の気持ちの良い店内　❺焼きたてあつあつのピザ

MAP 別冊 P.29-D1

住木更津市矢那 2503　TEL 0438-53-8361　営 11:00 ～ 17:00（L.O.16:00）　休火・水曜（祝日の場合は営業）　P あり
交 JR 木更津駅から亀田病院行き、またはかずさ小糸南行きバスで 30 分、クルックフィールズ入口下車、徒歩 10 分

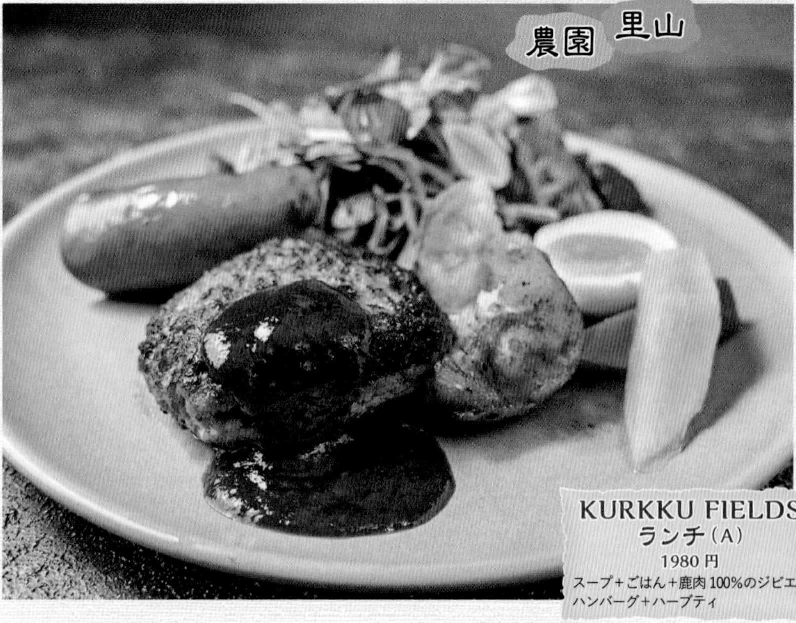

KURKKU FIELDS ランチ（A）
1980 円
スープ＋ごはん＋鹿肉 100%のジビエハンバーグ＋ハーブティ

マルゲリータ 1000円
奥左／ブレンドハーブティー（フレッシュハーブ）500円
奥右／スパイスいっぱいのババロア 500円

ゆっくりしてくださいね

オーナー
大久保さん

里山

緑と土があり、まるで屋外のよう

館山の山の上にある一軒家のカフェ

grass-B（ぐらすびー）　館山

オープンは半世紀以上前の1964（昭和39）年。童話に出てくるような外観のgrass-B。店内に置かれた調度品や道具が空間に調和し、外とは時の流れが違うような不思議な空間が広がっている。調理には井戸水を使用。抽出力があるためハーブティーを飲めばハーブの色や風味の豊かさを感じる。ピザは薄い生地でカリッとした食感、酸味の利いたソースでさっぱりといただける。人気のババロアはコーヒー味のすっきりとした甘み。提供の直前に細かくたたく、カルダモンなどの香りがアクセントに。

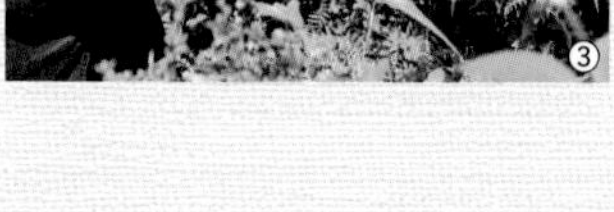

❶マスタード色の外壁。開店時にはOPENの看板が出る　❷天井のオーニング越しにやわらかな光が入る店内　❸庭でフレッシュハーブティー用のレモングラスを摘む　❹道具類も空間になじんでいる

MAP 別冊 P.38-B1
住 館山市岡田 527　TEL 0470-23-4980　営 12:00～17:00（L.O.16:00）　休 木・金曜、第 2・4 水曜　P あり　交 JR 館山駅から車で 13 分

千葉発 地元っ子御用達

チェーン系ベーカリー3

県内に10店舗ほど展開するパン屋さんを「チェーン系ベーカリー」と称しご紹介。朝食に、おやつにと、いつも食べたいパンを集めました。メロンパンやカレーパンは各店ともにやはり人気！ 食べ比べてそれぞれの味を楽しんで。

1973年創業の老舗 marond（まろんど）

老舗ベーカリーのパンは千葉っ子のなじみの味だ。各店とも駅前などの便利な場所にあり、イートインコーナーもあるのでカフェとして利用できる。折り込みチラシなどでお買い得商品やクーポンをチェックしよう。

DATA

marond

- 第1号店は1973（昭和48）年千葉市幸町にオープン
- 千葉県ベイエリアを中心に10店舗
- 千葉市花見川区にあるサービスショップ（工場直売店）では、できたてパンをお得に購入できる
- パンや洋菓子だけでなく和菓子も製造

人気No.1

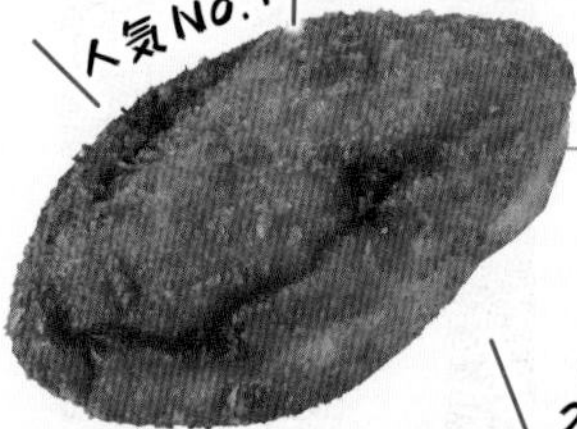

極旨角牛（ごくうまかくぎゅう）カレーパン

205円

大きな角切り牛肉が入って肉のうま味を味わえる

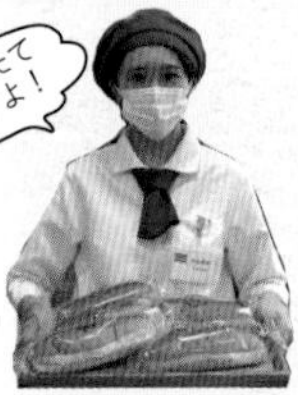

焼きたてですよ！

貴味（たかみ）メロンパン

194円

千葉県飯岡産の貴味メロンの果汁を練り込んだ、淡いグリーンの風味豊かなメロンパン

販売累計2000万個

メロンの香り豊か

ル・マタン 129円

ほのかにラム酒が香るシロップをたっぷり塗り、表面をカリッとさせたデニッシュパン。女性を中心に根強い人気

クランベリーたっぷり

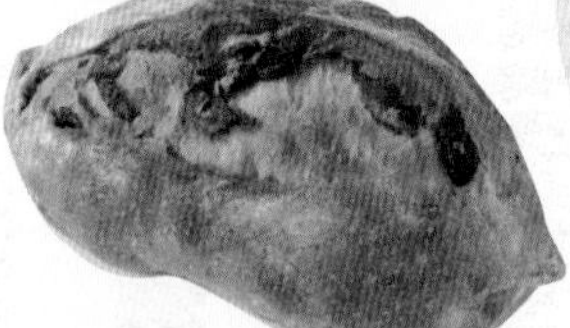

クランベリー&オレンジ（キタノカオリ）

237円

クランベリーとオレンジが甘酸っぱくさわやか。もっちりとした食感に仕上がる北海道のパン用小麦「キタノカオリ」を使用

ランチにぴったり

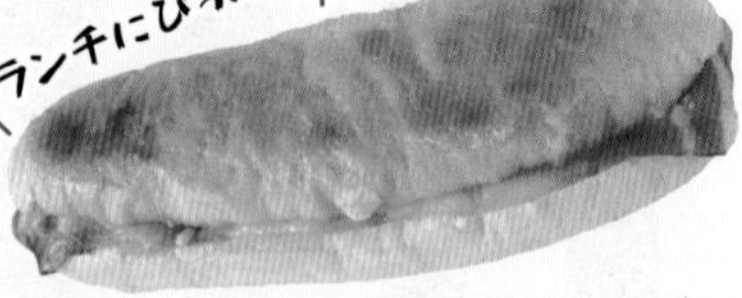

ベーコンとタマゴのパニーニ 248円

卵がたっぷり入ったイタリア風サンドイッチ

左／奥にはイートインスペースもある
右／新検見川店は駅を出てすぐ

MAP 別冊 P.16-A3

マロンド新検見川店

住 千葉市花見川区南花園2-1-3 山崎ビル1階
TEL 043-272-6559 営 7:00～21:00 休 無休
P なし 交 JR新検見川駅からすぐ

世界記録を達成したメロンパンが人気

PEATERPAN（ぴーたーぱん）

こだわりは店内の石窯でパンを少量ずつこまめに焼き、焼きたてを提供すること。各店は童話に出てくるような夢のある外観で、テラスで焼きたてパンとサービスコーヒーを楽しめる。

DATA

- 1977（昭和 52）年創業
- 営業しているいちばん古い店舗は市川曽谷の「小麦工房ピーターパン」
- 千葉県ベイエリア周辺に 10 店舗
- コーヒーサービスあり
- ピーターカードはポイントをためるとお買い物券やオリジナルグッズと交換できる

左／焼きたて商品は赤い POP が目印
下／ログハウスのような温かみのある外観

人気 No.1

コクうまカレーパン
194 円

創業時から作り続ける自慢のカレーパン。改良を重ね、カレーパングランプリ 3 年連続金賞受賞

「1日の販売個数 9749 個」で世界記録達成

元気印のメロンパン
162 円

千葉を元気にしたいという思いを込めて作られた看板商品

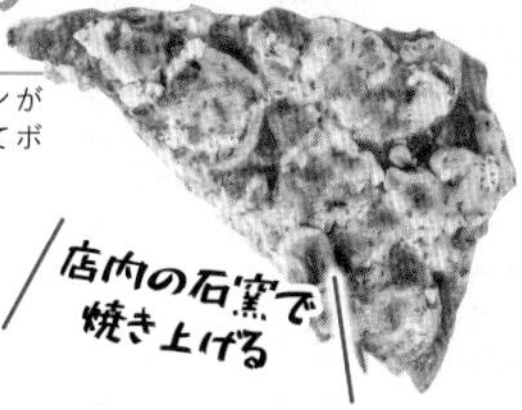

石窯ピザ
259 円

大きめベーコンがゴロゴロ入ってボリューミー

店内の石窯で焼き上げる

MAP 別冊 P.15-D2

ピーターパン 奏の杜店

住 習志野市奏の杜 2-4-11　TEL 047-403-2201　営 7:00 ～ 19:00　休 木曜　P あり　交 JR 津田沼駅から徒歩 10 分

商品数は 200 種類にものぼる

石窯パン工房サフラン（いしがまぱんこうぼう さふらん）

常盤平店はサフランの大型店舗。パンの種類も多く、新商品も続々登場。特に食パンは約 15 種類とバリエーションが豊富。サフラン各店は作るパンの種類がさまざまなのでサフラン巡りもよさそう。

DATA

Saffron

- 第 1 号店は 1986（昭和 61）年に開店した稔台店（現在は閉店）
- 千葉県北西部を中心に 10 店舗（カフェ店含む）
- 店舗により週替わりでお買い得情報あり
- 食パン・バゲットの種類も専門店のように豊富

人気 No.1

ハニーあんバタートースト
313 円

はちみつとバターで表面をキャラメリゼしてありカリッとした食感が楽しめる。あんの甘みもプラスされてやみつきになるおいしさ

上／次々と焼きたて商品が並ぶ。スタッフの推しパンは「クロックマダム」　下／アーチが特徴的な店内。食パンが迷うほどラインアップ

黄金のメロンパン
226 円

卵黄の豊かな風味。ふわふわの生地と表面のほろほろっとした食感のバランスが GOOD

タマゴは卵黄のみを使用

メキシカン
259 円

27cm × 20cm のビッグサイズ！チーズたっぷりでピリッとした辛さがお酒とも相性◎

看板商品

MAP 別冊 P.7-D3

サフラン 常盤平店

住 松戸市常盤平 3-9-3　TEL 047-311-9931　営 6:30 ～ 19:30　休 火曜　P あり　交 京成線京成八幡駅から徒歩 2 分

地元発！ おいしいものレポート

ご当地名物グルメ

地元の人が通う名店や、町の歴史にちなむグルメなどがまだまだたくさん。
食べて知ってほしいご当地の味、各地の魅力。

この焼き方で
パリパリに

焼餃子(2人前16個)
1040円

野田 ホワイト餃子（ほわいとぎょうざ）

皮はパリパリ、中はしっとり 食べやすい一口餃子

その名前が登録商標にもなっている名物ローカルグルメ。まずフライパンでゆで、途中からたっぷりの油を注いで焼くちょっと特殊な調理法でこんがりキツネ色に焼き上げる。野菜たっぷりのあんのうま味を閉じ込め、噛んだ瞬間のパリパリとした食感としっとりとした中身が絶妙。

MAP 別冊 P.6-B1

ホワイト餃子野田本店
住 野田市中野台 278　TEL 04-7124-2424
営 17:00 ～ 19:00、生販売は 8:00 ～売り切れまで
休 水・土・日・祝日 、生販売は土・日・祝日も営業
P あり　交 東武野田線愛宕駅から徒歩 14 分

上／たっぷりの油でこんがり焼く独特の調理法　中／見た目はボリューミーだが、味は意外にさっぱり。いくらでも食べられてしまう　下／野田本店には電話確認して行くこと

レトルトも
あります！
店ごとの特徴も
楽しめる

上／食材はすべて国産品のレトルトは 4 種類　下／白樺派カレーの条件は地元の野菜、国産の肉、隠し味に味噌など

我孫子 白樺派のカレー（しらかばはのかれー）

大正時代の文人の味を再現！

白樺派の中心人物、柳宗悦（やなぎむねよし）の兼子夫人が、仲間たちにふるまったカレーライスが始まり。隠し味に味噌を使って味に深みを出している。我孫子市を中心に食べられるご当地グルメ。

習志野 習志野ソーセージ（ならしのそーせーじ）

ドイツの伝統的な製法を受け継ぐ

1 世紀前に日本に初めて伝えられた製法を現代の食卓に合うようにアレンジ。発色剤や保存料などを使わず肉本来のうま味が味わえる。市内外の飲食店での提供や催事での販売、ギフトも好評だ。

一般によく使われる羊ではなく豚の腸を使用。表面に焦げ目がつくくらい焼くと味も歯ごたえもさらに UP ！

習志野
ソーセージ

塩分濃いめで
力強い味

トッピングは長ネギではなくタマネギ

富津 竹岡（たけおからーめん）ラーメン

素朴な味にハマル人多し！

富津市竹岡周辺発祥のラーメンで、おもに内房エリアにその製法やレシピを受け継ぐ店が複数ある。竹岡ラーメンのスープはチャーシューのうま味の入った醤油ダレをお湯で割ったシンプルなもので、麺は乾麺を使用。世の中、スープや麺に凝ったラーメンが多いが、逆にその素朴な味が多くのファンを獲得している。

黄金定食1700円もオススメ！
肉厚でふっくらとした食感

富津 黄金（こがねあじふらい）アジフライ

丸々とした黄金アジのふっくらフライ

金谷周辺で取れるブランドアジ、黄金アジは東京湾で取れる黄金色のマアジのこと。餌が豊富なので一般的な黒アジよりも丸々としており、6～8月の旬の時期には最も脂がのる。磯料理マルゴの黄金定食は、この黄金アジをフライとたたきの両方で楽しめる。

MAP 別冊 P.28-B3
磯料理マルゴ 住富津市萩生 1170 TEL 0439-69-8139 営 11:00～売り切れ次第終了 休月・火曜（祝日の場合は営業） P あり 交 JR 竹岡駅から徒歩 3 分

勝浦 勝浦（かつうらたんたんめん）タンタンメン®

深みのある辛さに体が芯から温まる

もとは寒い日に海から戻った漁師たちの体を温める料理を作ろうと、中国の担々麺をアレンジして誕生した。中国の担々麺はゴマと唐辛子だが勝浦タンタンメンは醤油とラー油がベース。一見かなり辛そうだが、スープに入っている炒めたひき肉とタマネギが口当たりをマイルドにする。ただ辛さは時間差でやってくる。

上／発祥の店「江ざわ」の担々麺。トッピングは長ネギ　下／開店前から行列ができる人気店

MAP 別冊 P.31-D3
江ざわ 住勝浦市白井久保字原 296-8 TEL 090-4410-5798 営 11:30 ～ 18:00（スープが終わり次第終了） 休月曜 P あり 交 JR 勝浦駅から大多喜車庫行きバスで 13 分、芳賀下車、徒歩 6 分

さっぱり酢味噌でいただく「たけのこの刺身」
食べ方はいろいろ

大多喜 タケノコ料理（たけのこりょうり）

「白たけのこ」とも呼ばれる房総の山の幸

夷隅川などの清流と、粘土質の土地が広がる大多喜周辺は千葉有数のタケノコの産地。苦みやえぐみが少なく、きれいな白い色が特徴の春の味覚は、千葉の山の幸の代表だ。

ミニ情報 千葉の三大ラーメンは、勝浦タンタンメン、富津竹岡ラーメン、アリランラーメン。

木更津の超有名2大弁当
チャー弁 VS バー弁

内房を中心に12店舗
としまや弁当（としまや商事）

チャーシュー弁当
720円

厚切りチャーシューが５枚とご飯とお漬物。厚切りのボリューム感と秘伝の甘辛味でご飯がすすむ！お弁当を買うとセルフでお味噌汁をつけられる。としまやにもバーベキュー弁当あり。

としまや弁当 新宿店
MAP 別冊 P.29-C1
住 木更津市新宿 7-2　TEL 0438-25-7520　営 5:00 ～ 23:00　休 無休
P あり　交 JR 木更津駅から徒歩 12 分

お弁当・オードブル としまや

緑のカバさんは店舗のオレンジの屋根にいる

レトロでかわいいパッケージは創業当時のものを復刻

木更津市民のソウルフード、チャー弁とバー弁。どちらも肉と米と漬物というシンプルな内容だが、それぞれ根強いファンがいて、SNS 上ではチャー弁バー弁愛が語られている。

バーベキュー弁当
590円

厳選された白米がうまい
お弁当の吟米亭 浜屋

肉のうま味が隠し味の秘伝のタレで味を付けた豚ロース肉が２枚に、ご飯とポテトフライと柴漬け。米は全国の米どころから弁当に合う品種をチョイス。さっと煮たアサリをたっぷりのせたあさり飯も人気。

吟米亭浜屋 木更津西口店
MAP 別冊 P.29-C1
住 木更津市富士見 1-10-24　TEL 0438-22-7201　営 10:00 ～バーベキュー弁当が無くなり次第閉店　休 無休
P あり　交 JR 木更津駅から徒歩 2 分

甘さMAX！

千葉っ子のソウルドリンク MAX COFFEE 誕生ストーリー

甘いが後味すっきりで根強いファンがいる MAX COFFEE。1967（昭和 42）年頃、コーヒー牛乳の味を缶コーヒーでも再現できないかと検討していた鈴木コーヒーの創業者鈴木孝雄氏がコーヒー濃縮エキスの開発に成功した。大手の飲料メーカーにコーヒーエキスの供給を開始して、1975（昭和 50）年千葉と近隣の茨城・栃木限定で MAX COFFEE の発売となった。1991（平成 3）年からコーヒーブランドのジョージアマックスコーヒーとして全国に販売されているが、当初地域限定で販売されていた経緯から、千葉を象徴するドリンクとしてドラマや小説にもたびたび登場している。缶デザインの黄色は鈴木氏のラッキーカラー、波線は房総の黒潮をイメージしたものだ。現在は MAX COFFEE のブランドでスイーツなど多くの関連商品が販売されている。

おみやげにも展開されている

寒天ゼリー
540 円

シフォン（9 個入）
756 円

第7章
ショッピング

手仕事と伝統工芸の逸品

職人の手仕事探訪

職人の技や伝統工芸の品々は、繊細な技術により美しく、人の手で作られた温かみもある。暮らしを彩り、暮らしになじむ手仕事の逸品をぜひ手に取ってみてほしい。

ガラス製品

洗練された手仕事グラス

えすじーえいちあーるすがはらこうげいがらす

Sghr 菅原工芸硝子

九十九里

約1400度になるという溶解炉のある工房には、熱すると瞬時に形を変えるガラスを相手にする職人たちの緊張感が漂う。菅原工芸硝子では、日々ガラスに向き合う職人たちがそれぞれの技と経験によりほとんどの製品をデザインから生み出している。スタイリッシュでありながら、オリジナリティあるデザインの製品は約3000種類にものぼるそう。ファクトリーショップにはそうして生まれた製品の数々や一点ものの作品が並ぶ。敷地内Sghr cafeでのガラス使いにも注目したい。

神経を研ぎ澄まして

①

②

③

④

❶職人の経験がものをいう作業　❷工房内の溶解炉。夏期の室温は50度近くになる　❸代表作「デュオ」シリーズ。2色のガラスを手作業で重ね合わせたデザイン　❹ファクトリーショップ内　❺ショップ外観。奥が工房　❻ラインナップのほとんどを展示

⑤

⑥

MAP 別冊 P.26-B1

Sghrスガハラファクトリーショップ

住 九十九里町藤下 797　TEL 0475-67-1021

開 9:30 ～ 17:30　休 不定休

P あり　交 JR 東金駅から車で 10 分

芝原人形

素朴で愛らしい土人形

よんだいめしばらにんぎょうかまもとくさのこがま

四代目芝原人形窯元 草の子窯 長南

芝原人形は長南町芝原地区の農家だった初代田中綿造氏が、浅草の今戸人形をもとにして農閑期に人形をつくり始めたものが、ひな人形として地域に根付いた。3代目の謙治氏のあと20年間作り手が途絶えていたが、人形に魅せられ収集を続けていた千葉惣次氏が、陶芸の修業と試作を経て田中家の承諾を得る形で4代目として継承。素朴な愛らしさのある表情は、さまざまな感情を見せてくれる。ギャラリーは年2回の展示販売会以外は開放していない。

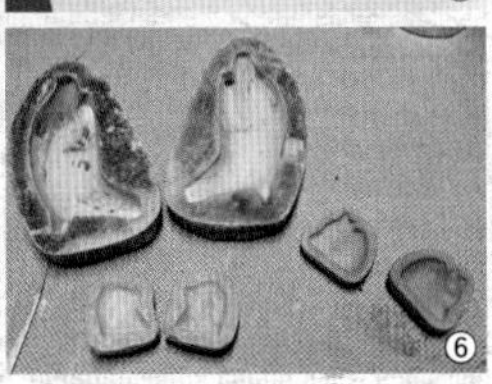

❶目の周りにほんのり紅をさしている　❷端午の節供に飾りたいお人形　❸招き猫。人形は土玉が入っていてコロコロと音がする　❹4代目千葉惣次さんご夫妻。奥さんも創作に携わる　❺展示会で人形を購入するともらえるどろめんこ　❻人形の型は130種ほどある　❼ギャラリー内にはおもに東北の道具を展示

MAP 別冊 P.31-C1
住長南町岩撫 44　TEL 0475-46-0850　営展示・販売は年2回。春4月上旬〜、冬12月中旬〜の各10日間　P あり　交 JR 茂原駅から車で 30 分

芝原人形 CLOSE-UP

芝原人形やホーロー看板の展示

ちょうなんまちきょうどしりょうかん

長南町郷土資料館

1973（昭和48）年、高度経済成長や急激な欧米化によって失われつつあった郷土の伝統文化を後世に残すために開館。長南町で使われていた農具や生活用具、明治初期から作られ続けている郷土人形「芝原人形」など郷土の歴史がわかるさまざまな民俗資料がある。県指定有形民俗文化財に指定されている芝原人形の製作用具もある。

MAP 別冊 P.31-C1
住長南町長南 2127-1　TEL 0475-46-1194（長南町中央公民館）
開 9:00 〜 16:00　休無休　料無料　P あり
交 JR 茂原駅から長南営業所行きバスで 25 分、終点下車、徒歩 2 分

上／機械化以前の農具などが並ぶ　下／芝原人形のおひなさま
写真提供 長南町郷土資料館

萬祝染（まいわいぞめ）

①

漁師のおしゃれは華やか

鴨川萬祝染 鈴染（かもがわまいわいぞめ すずせん）

鴨川

江戸時代から続く房総半島発祥の伝統工芸品で、「萬祝」は大漁祝いの意味。当時は大漁が2回以上続くと、漁業経営者の網元から漁業従事者の網子へお祝いとして萬祝長着が送られた。深い藍色と裾に描かれた大胆で華やかな絵が特徴で、鶴亀や松竹梅、宝船など絵柄は200種にも上る。鴨川の染物店「鈴染」では萬祝染の技法を現在に受け継いでおり、萬祝染を広めようとアクセサリーなど新たな商品を販売し、萬祝染の製作体験も受け付けている。

②

普段使いするのも素敵
③

❶見応えのある絵柄が特徴の萬祝半てん着　❷鈴染の職人・鈴木幸祐さん　❸トートバッグや名刺入れなどの小物もおすすめ

MAP 別冊 P.36-B2
住 鴨川市横渚 620-1　TEL 04-7092-1531
営 9:00 ～ 17:00　休 水曜　P なし
交 JR 安房鴨川駅から徒歩 10 分

①

千葉工匠具（ちばこうしょうぐ）

地域で育った職人の技

五香刃物製作所（ごこうはものせいさくじょ）

柏

千葉工匠具は、千葉県の鍛冶職人が伝統的な技法で製作した鎌、包丁などの刃物や手道具。房総半島では江戸期を通じて利根川の東遷事業や、印旛沼の干拓といった大規模開発が行われ、開墾や町づくりに必要な道具の製作技法が発展してきた。熟練の技を習得した職人も多く、柏市の「五香刃物製作所」で作る「関東牛刀」は切れ味のよさで知られる。

❶関東牛刀は経済産業省の「伝統的工芸品」に認定されている
❷焼入れは鋼を硬化させる大事な作業。高温で鋼が赤くなった状態
❸包丁作りのワークショップはウエディングのプレゼント用に人気。萬祝染と共に
❹刃を薄く削る作業。完成までの工程は30以上

②

③

1品1品丁寧に作り上げる
④

MAP
別冊 P.7-D3
住 柏市藤ヶ谷 369-10
TEL 04-7193-0271
営 9:00～18:00、土～12:00
休 日曜　P あり　交 東武野田線高柳駅から車で 6 分

房州(ぼうしゅう)うちわ

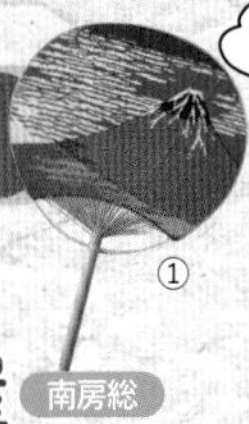

さまざまな素材と柄

日本三大うちわのひとつ

うちわの太田屋(うちわのおおたや)　南房総

京都の京うちわ、香川の丸亀うちわと並ぶ、日本三大うちわのひとつ。細い竹をそのまま生かした丸柄が手になじみ、二重の骨組みは強度もありながら美しい。あおげば竹のしなりや軽さにより、使い心地がよい実用的な品だ。

MAP 別冊 P.34-B3
住南房総市富浦町多々良 1193　TEL 0470-33-2792　営 9:00 ～ 17:00
休不定休　P あり　交 JR 富浦駅から徒歩 22 分、または車で 4 分

❶ちりめん地の浮世絵柄　❷浴衣地の大・中サイズ。工房では予約制でうちわ作り体験もできる

銚子(ちょうし)ちぢみ

表裏に表情がある

❶小物は手頃な値段　❷生地が丈夫でさらりとした肌触り

江戸で人気のあった粋な伝承織物

銚子ちぢみ伝統工芸館(ちょうしちぢみでんとうこうげいかん)　銚子

江戸時代に漁師のおかみが、出漁の安泰と大漁を祈願して織り始めた。丈夫な織と独特の肌触りが特徴で、千葉県の伝統的工芸品の第1号に指定されている。伝統工芸館ではちぢみの白いハンカチを絞りにして天然の藍で染める体験を実施。

MAP 別冊 P.21-C1
住銚子市松岸町 3-228　TEL 0479-22-2103　営 9:00 ～ 16:00
休木曜　P あり　交 JR 松岸駅から徒歩 5 分

雨城楊枝(うじょうようじ)

和菓子やフルーツに

細工を楽しむ飾り楊枝

雨城楊枝二代目森光慶(うじょうようじにだいめもりみつよし)　木更津

香りのよいクロモジが取れるため楊枝作りが盛んだった君津市久留里。先代森光慶が帯留めをヒントに飾り楊枝の製作を始め、久留里城の別名「雨城」を冠した。その技術を2代目森氏が受け継ぎ製作している。さまざまなモチーフがある。

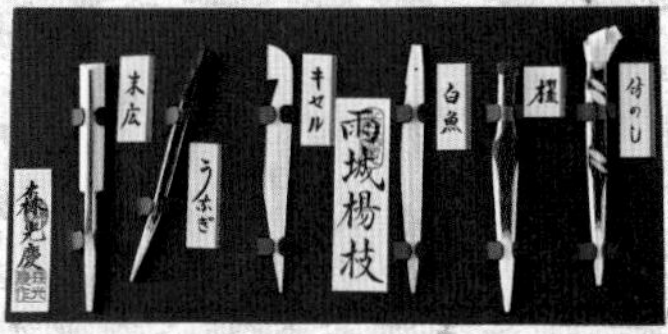

❶工芸品を日常でも楽しみたい　❷バリエーション豊かな楊枝。チーバくん物産館 千葉駅前店などでも購入可能

MAP 別冊 P.23-C3
住木更津市久津間 317-3　TEL 0438-41-3434　営 10:00 ～ 16:00　休日曜　P あり　交 JR 巌根駅から徒歩 17 分

千葉の民芸 SHOP

千葉の手仕事の魅力を伝える店　北土舎(ほくとしゃ)

JR大原駅の近くにある、千葉の手仕事の品や民芸品を紹介し展示販売する店。明治時代に建てられた町屋建築を改修したという店舗には、暮らしになじむ、実用的で美しい品々が並ぶ。職人の話を聞くことができる展示会なども開催していて、千葉の手仕事の新たな魅力に出合える。

MAP 別冊 P.32-A3
住いすみ市大原 8750　TEL 070-1390-3053　営毎月 1 ～ 20 日頃の 11:00 ～ 16:30　休期間中の水・木曜　P あり　交 JR 大原駅から徒歩 1 分

左／昔は足袋屋だったという建物を改修した店
右／店内にはひと休みできるスペースもある

千葉らしさがあふれる おいしいものがたくさん
おみやげカタログ
喜ばれる! 自分用にも!

B あと味ピリ辛で つまみにもよし

タコせんべい

12枚594円

郷土菓子鯛せんべいやあわび姿煮で知られる老舗みやげ物店「亀屋本店」のタコせんべい。しょうゆとみりんで味つけした薄焼きせんべいは、ピリッと辛くてあとをひくおいしさ。

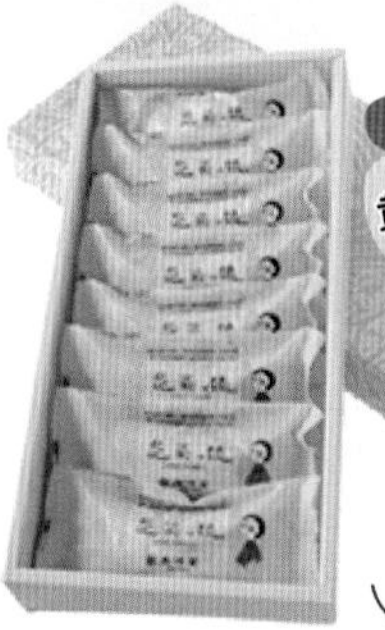

A 黄味あんのやさしい甘み

花菜っ娘(はなのっこ)

1本129円、8本入1144円

バター風味のしっとりとした生地の中に、ほのかな甘さの黄味あんが入った焼き菓子。菜の花の黄色と赤いほっぺの少女のイラストがかわいらしい。冷やして食べてもおいしい。

C 房州びわを たっぷりと使用

房州産(ぼうしゅうさん) びわゼリー

1個350円

南房総産の「房州びわ」は実が大きく、果汁が多いのが特長。道の駅 とみうら枇杷倶楽部が、近隣農家のビワを併設の工場でピューレ状にして作るみずみずしいオリジナルゼリー。

D 無農薬のおいしい落花生

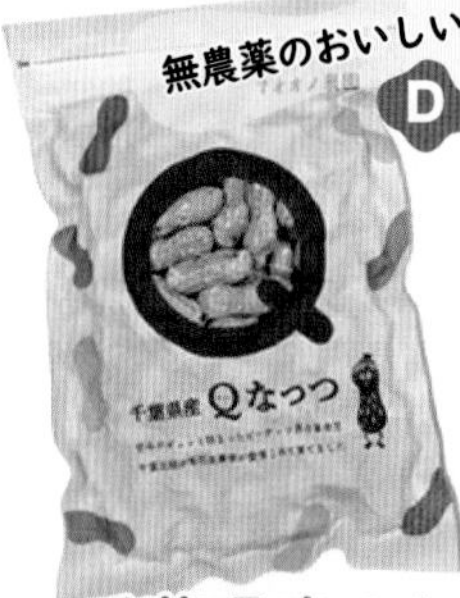

落花生100%ペースト

1245円

落花生100%ペースト渋皮入り

1280円

千葉県産Qなっつ

180g 756円

話題の千葉品種Qなっつと落花生ペーストは有機肥料栽培でおいしい落花生作りに定評のあるオオノ農園のもの。ペーストは無糖なので料理にも。渋皮入りはさらにビターテイスト。

B アサリのうま味と 香ばしさがやみつきに

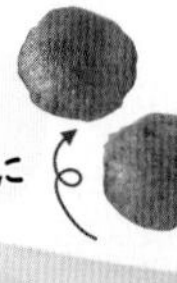

漁師の あさりせんべい

540円

うま味たっぷりの汁と千葉県産醤油のタレで味付けし、香ばしく焼き上げたせんべい。薄焼きで、アサリのようにコロッと丸い形なのでザクザクッとした軽い食感を楽しめる。

ショップリスト

ショップリストには上記おみやげを販売する一部の店舗を掲載しています。

A 房洋堂(ぼうようどう) 館山駅前店 館山
MAP 別冊 P.34-B3
住 館山市北条1872 TEL 0470-23-5116

B 亀屋本店 鴨川店 鴨川
MAP 別冊 P.36-B2
住 鴨川市横渚1067-3 TEL 04-7093-3281

C 道の駅 とみうら枇杷倶楽部(びわくらぶ) 南房総
MAP 別冊 P.34-B3 →P.66
住 南房総市富浦町青木123-1 TEL 0470-33-4611

D チーバくん物産館 千葉駅前店 千葉
MAP 別冊 P.16-B3 →P.412
住 千葉市中央区中央1-1-1 小川ビル1階 TEL 043-227-8022

E サバカレーブームの火付け役

サバカレー

250円

イワシカレー

250円

銚子の「信田缶詰」の看板商品サバカレー。発売から20年以上愛され続けるヒット商品だ。一口大にカットして揚げたサバがごろっと入って食べ応え満点。イワシカレーもある。

F 成田のご当地サイダー

空のサイダー

280円

成田山参道の老舗蔵元「長命泉」が監修した、成田国際空港のお膝元である成田のご当地サイダー。飛行機が飛び交う成田の大空のような、淡いスカイブルー色がさわやか。

D 大人のジンジャーエール

八街生姜ジンジャーエール

334円

八街は落花生が有名だが、全国有数のショウガの産地でもある。地元産ショウガを使用したジンジャーエールはピリッと辛く大人向けの味わい。ゆっくりと瓶を返して、底のショウガも味わって。

G 落花生あんとバターの風味が◎

楽花生パイ

千葉県内に40店舗ほど展開するオランダ家の、いちばん人気商品。千葉県産落花生を100%使った蜜煮入り特製あんを、発酵バターたっぷりのパイ生地で包み香ばしく焼いてある。

1個194円
10個入2138円

H 辛みとコクがクセになる！

千葉限定柿の種 勝浦タンタンメン風味

496円

おみやげの定番、亀田製菓の地方限定柿の種。千葉県版はB-1グランプリ殿堂入りの「熱血！勝浦タンタンメン船団」監修の味！ 辛みとコクが増して食べる手が止まらない！

I 皮まで食べられる鴨川レモンを使用

レモンマスタード ドレッシング

鴨川のブランドレモン「海と太陽のレモン」は皮まで食べられる安心・安全なレモン。そのレモンを100%使った、さわやかな酸味がアクセントのスイーツやドリンクが人気！

486円

I しおレモンチップ

450円

I レモンコーラ

300円

J びわシフォンケーキ

9個756円

J びわゼリー

6個756円

E 犬吠テラステラス（銚子） →P.260
MAP 別冊 P.21-D2
住 銚子市犬吠埼9575-2 TEL 0120-25-1240

H かつうら商店（勝浦）
MAP 別冊 P.37-D1
住 勝浦市勝浦154 TEL 0470-73-2500（勝浦市観光協会）

F 蔵元直売店『長命泉』（成田）
MAP 別冊 P.42-B2
住 成田市上町540 TEL 0476-22-8417

I 道の駅 保田小学校（鋸南） →P.215
MAP 別冊 P.34-B1
住 鋸南町保田724 TEL 0470-29-5530

G オランダ家 木更津東太田店（木更津）
MAP 別冊 P.29-D1
住 木更津市東太田2-17-3 TEL 0438-30-5430

J 房の駅 →P.77
URL fusanoeki.fusa.co.jp

おみやげ探しも旅にはマスト！

SHOPPINGスポット

特色のある道の駅やローカルスーパーには地場の特産品や銘菓が並び、見ているだけでもわくわくするもの。宝探し気分で立ち寄ろう。

道の駅

みやげ物が充実し、産直品も数多く並ぶ。展示やアクティビティが充実し、ゆっくり楽しめるところも多い。

道の駅リストは別冊 P.48 ～ 49

お魚がいっぱい
おみやげ人気No.1
ポイント
発酵食品ならお任せあれ
巨大生け簀に入った鮮魚を販売
海鮮問屋
作と

①

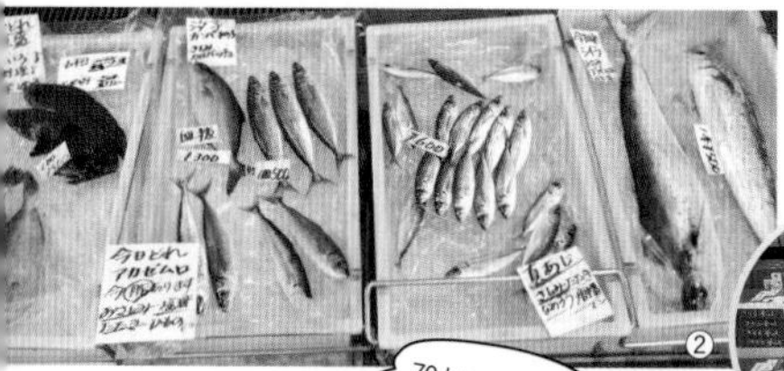
②

③

④

⑤

生けすに入った地魚を販売

道の駅ちくら 潮風王国（みちのえきちくら しおかぜおうこく）

建物内中央には地元漁協直営鮮魚店の生けすがあり、新鮮な魚を買うことができる。カフェや回転寿司、雑貨店などもあり、屋外に出れば広々とした芝生広場や海岸沿いの散歩道、漁船のレプリカの見晴らし台もあるので、ゆっくりと過ごすのにもいい。

❶生きのいい魚をお買い得価格で　❷水揚げされたばかりの新鮮な魚たち　❸潮風王国オリジナルの「さざえの釜めし」にはサザエの身がたっぷり入っている　❹第一千倉丸のレプリカに登って海を眺めたい　❺鮮魚店が入る本館の外観

MAP 別冊 P.39-D1
住南房総市千倉町千田 1051　TEL 0470-43-1811
営 9:00 ～ 17:00　休水曜（1 ～ 3、8 月は無休）
交 JR 千倉駅から安房白浜行きバスで 15 分、大川下車、徒歩 5 分

①

②

酒粕の香りがふんわり広がる

⑤

⑥

③

④

厳選された発酵食品がずらり

道の駅 発酵の里こうざき（みちのえき はっこうのさとこうざき）

年々注目を集める発酵食品をテーマにした、全国で唯一の道の駅。神崎町は古くから酒蔵や味噌店などがあり、発酵の町として人気が高まっている。地元の老舗味噌はもちろん、全国から集められた商品が棚に並ぶ。ベーカリーでは酒粕が香るあんパンが人気。

❶全国の選りすぐりの品が並ぶ　❷「発酵専門店 発酵市場」の店内　❸オリジナル商品の「こうざき納豆」は神崎で作られた大豆を使用している　❹地元の平甚酒店の「飲む糀」は糀の甘みがおいしい　❺ベーカリーの「酒粕あんぱん」は割ると香りが広がり、粒あんがおいしい　❻麹などを使ったメニューが人気のレストランも人気

MAP 別冊 P.10-A2
住神崎町松崎 855　TEL 0478-70-1711　営 9:00 ～ 18:00（レストラン 10:00 ～ 16:00、茶房～ 17:00）
休不定休　交 JR 下総神崎駅から車で 7 分

ローカルスーパー

産直品などの商品を幅広く取り扱い、地元価格でお得に購入できる。郷土のお惣菜などが並んでいることもあるので見てみたい。

①

②

③

千葉発商品を多く扱う

ナリタヤ（なりたや）

千葉県北部を中心に展開。千葉県メーカーの品揃えが豊富で、「千産千消」にこだわり農園の運営も手がける。千葉産の豚肉を使ったオリジナル商品「燻製あらびきポークウインナー」も人気。

❶新しい店舗の外観はシックな雰囲気　❷佐倉の老舗味噌メーカー「ヤマニ味噌」と作ったPB商品。国産原料のみを使用　❸地場の珍しい野菜も多い

ナリタヤ 旭萬力店
MAP 別冊 P.19-D1
住旭市萬力 4428-2　TEL 0479-68-1135　営 9:45～21:00、日 9:00～　休無休　P あり　交 JR 干潟駅から車で5分

おみやげ買うなら

金谷港のthe Fish（ざ ふぃっしゅ）へ

浜金谷にある東京湾フェリー乗り場の隣にある大型のレストラン＆マーケット。販売する品数は2000種にものぼり、あれこれ選べるのが楽しい。レストランはオーシャンビューで、天気がよければ夕日が沈む様子も見られる。名物は店内で焼き上げる見波亭のバウムクーヘン。食事処は回転寿司「船主」、海鮮浜焼き「まるはま」、そして海を望むレストランがある。

②

①

③

④

⑤

⑥

❶人気商品「のこぎり山バウムクーヘン」　❷海鮮系のみやげの充実度は感動モノ　❸「お土産市場 - ハマーズ -」の品揃えもすごい　❹内房の美しい夕景　❺海に面して屋外デッキがある　❻天井の高いレストランはオーシャンフロント！

MAP 別冊 P.34-B1
住富津市金谷 2288　TEL 0439-69-2161　営ショッピングエリア 9:30～18:00（土・日・祝 9:00～）、レストランは店舗による　休無休（レストランは店舗による）　P あり　交 JR 保田駅から車で8分

＼真っ赤な人気者／

いろいろ チーバくん大集合

フェイスポーチ 660円

チーバくんとは？

千葉県に住む不思議な生き物で、横を向いている姿が千葉県の形をしている。未知のものに立ち向かうときほど勇気と情熱がわき、体が赤く輝く。誕生日は平成19年1月11日。

千葉県のPRマスコットキャラクター「チーバくん」。好奇心旺盛で、いろいろなことにトライしている姿はさまざまなグッズに展開されていて人気だ。

ぬいぐるみ L 3850円

ぬいぐるみ M 1760円

アクティブなチーバくんがピンバッジに♪

ピンバッジコレクション（全18種類）330円

キーホルダーゴールド1個 550円

胸元にチーバくんのワンポイント

ポロシャツ
2200円

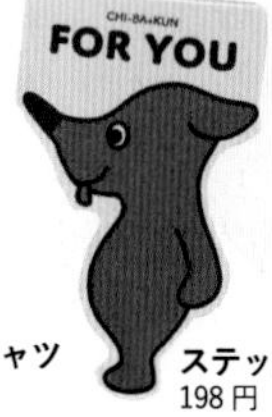

ステッカー
198円

ぬいぐるみマスコット
880円

チーバくん グッズが揃うSHOP

看板にもチーバくん

千葉のおいしいものがいろいろ揃う

チーバくんグッズの取り扱い千葉市内一

ちーばくんぶっさんかん ちばえきまえてん

チーバくん物産館 千葉駅前店

千葉県内の特産品やおみやげを取り扱う「チーバくん物産館」には、おいしいものがいっぱい。お店にはおみやげだけでなく、毎日のごはんのお供やお茶請けになるものを求める客が次々に来店する。チーバくん物産館は海ほたるにもある。

＼チーバくんに会いに来てね／

オススメ商品を教えてくれるスタッフさん

MAP 別冊 P.16-B3

住 千葉市中央区1-1-1 小川ビル1階
TEL 043-227-8022 営 9:30〜19:00 休 無休 P なし
交 各線千葉駅から徒歩8分、千葉都市モノレール葭川公園駅から徒歩5分

第8章

宿泊

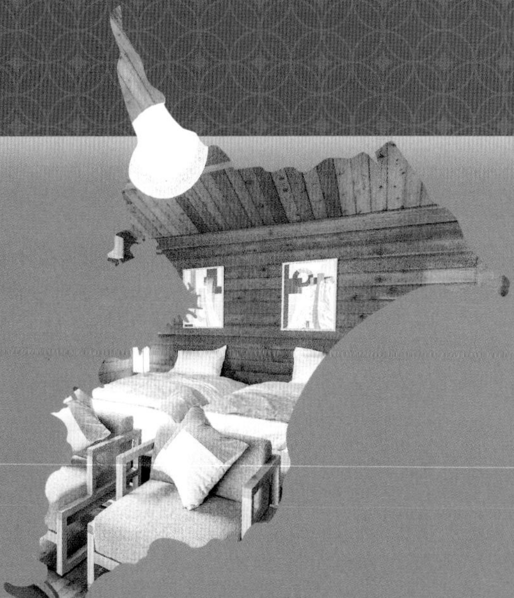

美しい海は千葉の魅力のひとつ

海辺のホテル&宿

海の風景を愛で、潮騒を聞き、磯の香を嗅ぎ、その幸を舌で味わう。もちろん海水浴やアクティビティで海に触れることも。五感で楽しむ千葉の海のそばにある、館山、南房総、銚子の宿をご紹介。

千葉最高所にある展望浴場

大浴場としては千葉県でいちばん高い位置に温泉があり、晴れた日には富士山も望める。

大人のための絶景リゾート

館山市 MAP 別冊P.38-B1

THE SHINRA（ざしんら）

南房総の海のパノラマを一望できるリゾートホテル。全26室にテラスと天然温泉の露天風呂が付くなど設備充実。自社保有の定置網船で毎日水揚げされる新鮮な地魚をはじめ、地場産の食材を生かした料理もおすすめだ。地上約50mに位置する展望浴場は海と空が望め、温泉と風景が溶け込むような幻想的な眺めが魅力。景色に癒やされたい。大人のためのリゾート地としてのムードを守るため、宿泊客は13歳以上のみと規定している。

住館山市塩見284-1　TEL0470-29-1233
交JR館山駅から送迎バス（無料）で15分
IN15:00～18:00
OUTクラシック棟10：30　プレステージ棟、オーシャンパノラマルーム11：00　客室26室　Pあり

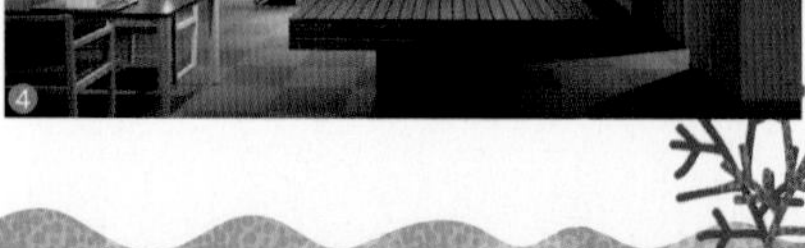

1.海に囲まれたスイートルーム。ベッドはシモンズ製　2.館山の高台に立つホテル。海の景色を楽しめる　3.ラウンジではフリードリンクやプティフールを用意　4.ダイニングレストラン。魚は毎日取れたて

最東端の宿で日の出いちばん乗り

銚子市 MAP 別冊P.21-D2

別邸海と森（べっていうみともり）

関東最東端の宿で、オーシャンビューとともに日の出の景観を楽しめる。皇族の伏見宮貞愛親王が建設した別邸跡地に建てられた旅館で、森と海に囲まれた景勝地。客室はホテル棟とヴィラ瑞鶴荘に分かれた全32室。各部屋は58平方メートル以上の広さでゆったりとくつろげ、客室に付いた露天風呂から海を望める贅沢な環境だ。銚子名物「つりきんめ」やイセエビ、アワビなど地場産の高級食材を使った海鮮プレミアムプランが人気。

住銚子市犬吠埼10292-1
TEL0479-21-6300
交銚子電鉄犬吠駅から徒歩5分
IN15:00〜18:00
OUT10:00　客室32室　Pあり

1.全6室の離れはそれぞれ異なる趣をもつ　2.「海鮮ダイニング瑠璃」。カウンター席やテーブル席、個室がある　3.ホテルのフロントロビー　4.朝は日の出を、夜には犬吠埼灯台や星を観ることができる露天風呂

海と森を感じられる客室

1階にあるテラスは緑豊かな庭園へと続き、2、3階のバルコニーでは高所から海を望める。

用途によって選べる客室
準バリアフリー対応の部屋や半露天風呂付きの部屋、団体客向けのリーズナブルな部屋などさまざまある。

1.半露天風呂が付く客室は部屋によって雰囲気も異なる 2.「金目鯛しゃぶしゃぶ」や「宝来焼」など房総の幸を味わいたい 3.窓から海を一望できる客室 4.露天風呂付和洋室。木のぬくもりと窓から聞こえる波の音に癒やされる

南房総の一軒宿で憩いの時間を

南房総市 MAP 別冊P.39-C2

割烹旅館 清都

かっぽうりょかん きよと

房総半島最南端の野島崎にも近く、目の前は白浜の海岸。その先に広がる雄大な海原には、伊豆諸島の島影が並ぶ。客室は宮大工が手がけた木のぬくもりを感じる「露天風呂付和洋室」のほか、さまざまなタイプの全7部屋があり、小規模な宿ならではの行き届いたサービスが自慢。大浴場は、女将がイスラエルから直輸入した死海塩を大量に使用した「死海塩風呂」。ミネラル、カルシウムなど肌によい成分が多く入り、デトックス効果もあるという。

住南房総市白浜町滝口6241 TEL0470-30-5030
交JR館山駅から送迎車（無料、要予約）で25分
IN15:00 OUT10:00 客室7室 Pあり

新鮮な海の幸と
天然温泉を堪能

鋸南町　MAP 別冊P.34-B2

きのくにやべってい
紀伊国屋別亭

南房総の入口に位置する鋸南町にある日本旅館。素朴な海辺の町の家並みを抜ければ、海岸まで徒歩3分。客室は全室露天風呂付きで、地下600mから湧出する安房の天然温泉にいつでもつかれる贅沢な環境だ。部屋によって石造りの風呂や庭園風呂、足湯テラスがあるなどバラエティ豊かで、食事は毎朝館主が地元の漁港に赴いて目利きした新鮮な魚介を使用。なかでも勝山・保田漁港の定置網で揚がった新鮮な地魚のみを使った「お造り」はぜひ味わってみたい。

住鋸南町竜島970-6　TEL0470-55-3422
交JR安房勝山駅から徒歩7分
IN15:00～18:00　OUT11:00　客室10室　Pあり

1.旅館の外観　2.石造りの客室露天風呂　3.落ち着いた畳の部屋に設えたベッド　4.掘りごたつ付きの客室「時計草」　5.豊かな海の幸が満喫できる「お造り」はぜひ

旅館自慢の「お造り」

鋸南沿岸は、黒潮と東京湾の栄養豊かな海水が混じり合う最高の漁場。ここで取れる質のいい魚は絶品だ。

ローカルな暮らしを体験
ファームステイ

千葉内陸ののどかな風景のなかで、収穫体験や自給自足の生活をしてみるのは、なかなか新鮮な経験だ。ゆるやかな時間が流れるなか農作業をしたり、森の中で音楽を聴いたり、日々の忙しさを忘れて心身ともにリラックスしてみたい。

愛犬との宿泊も可能
小型犬はケージに入れて室内で、中・大型犬は外のテラスにつなぎとめて宿泊可能。

米作りやジビエ料理に挑戦

睦沢町 MAP 別冊P.32-A1

いわいふぁーむげすとはうす
岩井ファームゲストハウス

九十九里エリアの睦沢町にある一軒家の宿。広さは72平方メートルの1LDKで、1日1組限定、大人は5人まで宿泊できる（子供は別）ため、家族や友人グループなど気の置けない同士でわいわい利用するのがおすすめ。バーベキューや花火を楽しみたい。オプションで米作りやピザ窯を使ったピザ作り、ジビエ料理の調理などが体験でき、里山での田舎暮らしを満喫できる。無料でWi-Fiが使えるため、パソコンを持ち込めばワーケーションのスポットにも。

住睦沢町岩井字深田522[(一社)里山ソーシャルデザイン]
交JR上総一ノ宮駅から車で10分　IN14:00〜17:00
OUT8:00〜11:00　客室1室　Pあり　URL6238.chiba.jp

1.のどかな里山に位置する一軒宿　2.ソファやデスクが設けられ、デスクワークもできる　3.木製家具を基調としたベッドルーム　4.田んぼで田植えや収穫体験ができる　5.宿の奥にあるキャンプサイト

秘密基地のような空間で過ごそう

木更津市

MAP 別冊P.29-D1

くるっくふぃーるず
KURKKU FIELDS

アメリカのポートランド発祥の、小さな空間に住むライフスタイルを導入。エアコンやベッド、ソファなどが付いたトレーラーハウスが6室あり、秘密基地のような空間が大人にも魅力的だ。敷地内の農場で取れた有機野菜や自家製ソーセージを使った体に優しい「オリジナルバーベキュー」も人気のひとつ。敷地内の「センターハウス」にはカフェバーラウンジやテラススペース、シャワールームがあり、備えられたアナログオーディオセットから流れる音楽が宿の雰囲気にぴったりだ。

住木更津市矢那2503　TEL0438-53-8776　交JR木更津駅から亀田病院行き、またはかずさ小糸南行きバスで30分、クルックフィールズ入口下車、徒歩10分　IN15:00～17:00　OUT11:00　客室6室　Pあり

1.キャンプやグランピングとも異なる趣のトレーラーハウス　2.室内の家具やインテリアも充実　3.ベッドが複数あり、グループで宿泊できる　4.自家製ソーセージやハーブが入ったバーベキューセット　5.トレーラーハウスが並ぶ敷地内

サステナブルな取り組み

敷地内では有機農業や太陽光発電、生ごみの再利用など環境に配慮した取り組みを実践している。

ホテルとキャンプのいいとこどり グランピング

ホテル並みのサービスを受けることができ、同時にキャンプのようなアウトドアの開放感も満喫できるのが「グランピング」の魅力。道具を用意したり、テントを設営したりすることなく、優雅に千葉の自然を楽しんでみたい。

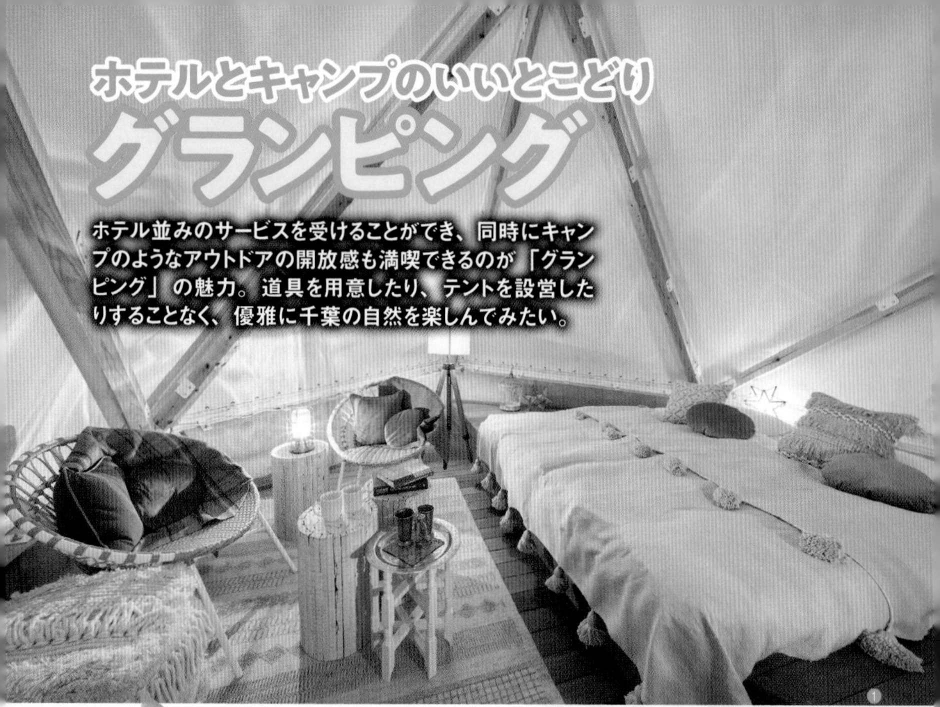

森の中で爽快な目覚めを

長柄町 MAP 別冊P.25-D2

すぽーつあんどどぅりぞーと りそるのもり

Sport&Do Resort リソルの森

広大な森の中にさまざまな施設が点在する体験型リゾート施設。なかでも、上質なグランピングを体験できる「グランヴォー スパ ヴィレッジ」がおすすめだ。事前に設営されたテントキャビンにはツインベッドや家具が備えられていて、キャンプに不慣れな人も安心。朝、天窓から差し込む光のなかで爽快な気分で目覚められるのもテントキャビンならでは。夕食のバーベキューは道具や食材が用意されているため準備は不要だ。このほか、ダブルルームのヴィラ、デッキテラス付きログハウスもあり、好みにより宿泊施設を選べる。敷地内にはテニスコートやジョギングコース、屋外プールのほか、レッスン付き乗馬体験、樹から樹へと空中移動する「ターザニア」などのアクティビティがあり1日中満喫できる。

住長生郡長柄町上野521-4　TEL0475-35-3333
交JR誉田駅から無料シャトルバスで約20分
IN15:00～20:00　OUT11:00　客室テントキャビン15棟、テントキャビンプレミアム３棟、ヴィラ４室、テラスハウス29室、テラスハウスプレミアム11棟　Pあり

1.統一感のある内装でテントの中とは思えない　2.宿泊者専用の天然温泉スパ「紅葉乃湯」　3.夜は焚火に癒やされるのもいい

焼き貝も楽しめる

食材にはハマグリやサザエなど海の幸もあり、海鮮BBQが楽しめるのは房総ならでは。

テント内は快適

多角形のテントで室内は広々としている。冷暖房も完備でアメニティが付くなど快適な環境。

1.千葉県産しあわせ絆牛や本場スイスのチーズを使ったバーベキュー　2.夜はテントの灯りが幻想的に見える　3.木の温かみを感じるテラスハウス　4.デッキテラスでくつろぐこともできる　5.森の生活を体験できるテントキャビン

旧小学校に泊まる
スペシャル体験

市原市 MAP 別冊P.30-B1

たかたきこぐらんぴんぐりぞーと
高滝湖グランピングリゾート

高滝湖のほとりにある、旧高滝小をリノベーションした個性的なグランピングリゾート。体育館でバスケットボールやピアノの演奏ができたり、元理科室で肝試しができたりと廃校ならではのアクティビティが楽しめる。天然の木材を使用した丸い樽型のバレルサウナもおすすめ。テントは形状が異なる3種類で、なかでも透明なテントで室内から自然を見渡せる「クリアドームテント」は開放感があり人気。ぜひ試してほしい。

住 市原市養老1012　TEL 047-701-8872　交 小湊鐵道高滝駅から徒歩約9分　IN 15:00～18:00　OUT 10:00
客室 ドームテント19室（内3室ペット同伴可）、クリアドームテント2室、ベルテント3室（内1室ペット同伴可）
P あり

ホテルライクな家具
ベッドは高級ブランドのシモンズ製。寝心地のいい寝具で上質な眠りにつける。

1.透明なクリアドームテント。カーテンで隠すこともできる　2.キャンプファイアーやスモアも楽しめる　3.体育館にはトランポリンやキッズエリアも設置

星空案内人によるツアー
雨天・曇天でなければ毎日20時半～21時に屋外で開催。雨天・曇天時は室内で開催。

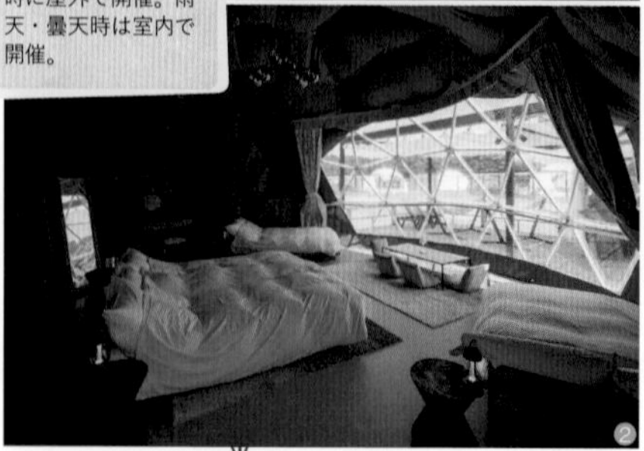

天然のプラネタリウムを満喫

いすみ市 MAP 別冊P.32-A3

いすみぐらんぴんぐりぞーとあんどすぱそらす
いすみグランピングリゾート&スパ ソラス

満天の星を堪能できるグランピング施設。いすみ市は星の観察を妨げる光が少なく、高山も少ないことから鮮明な星空を広々と望める絶好の観賞スポット。星空のスペシャリスト「星空案内人」によるツアーや、水面に映る星空が写真映えする「星空水盤アート」なども体験したい。宿泊施設はドームテントとヴィラ型コンテナがあるため、好みで選ぼう。フィンランド式のテントサウナ（完全予約制）もあり、自然のなかで「ととのう」のもいい。

住 いすみ市釈迦谷1610-1　TEL 0470-62-5151　交 JR浪花駅から徒歩20分、車で6分、JR大原駅から無料送迎あり（予約時に要連絡）　IN 15:00～18:00　OUT 11:00　客室 20室　P あり

1.絶好のロケーションで満天の星を望める
2.夜空をイメージした青色の内装

波の音を聞きながら料理やヨガを…

南房総市　MAP 別冊P.35-D3

ざちくらうみ　べーすきゃんぷ

THE CHIKURA UMI BASE CAMP

南房総の海を目の前にアクティビティを楽しめる施設。「作って食べるを楽しむ」がコンセプトで、全客室にアイランドキッチンがあるほか、17段階の火力調節ができるコンロや料理家に人気なバーミキュラの鍋を備えるなど、料理するのに最適な環境。客室は一戸建てやメゾネットタイプなどリゾート感あふれる全11室で、フィンランド式個室サウナが付いた客室もある。すぐ近くの海でサーフィンやビーチヨガを楽しめるのも房総ならでは。

食材も豊富

食材は持ち込み可だが、施設では調理が簡単な食材などを販売。ヴィーガンメニューもある。

上質な調理器具が揃うなか、特別な料理を楽しもう

1.目の前は海。チェックインがすんだら出かけよう　2.「大人の秘密基地」をテーマにしたリゾート

住南房総市千倉町白子2521－4　TEL0470-29-5975　交JR千歳駅から徒歩8分　IN13:00～20:00　OUT9:00　客室11室　Pあり

たき火カフェ

焚き火を囲んでホットコーヒーや焼きリンゴを作るオプションサービスもある。

1.ボタニカルな内装に癒やされる　2.森の中にひっそりとたたずむテントで過ごせば、都会の喧騒を忘れられそう　3.木々に囲まれたダイニングエリアは映画のワンシーンのような美しさ

都心近くで非日常を体験

千葉市　MAP 別冊P.16-A3

すもーるぷらねっと　きゃんぷあんどぐりる

small planet CAMP & GRILL

都心から車で1時間弱と好立地ながら、自然に囲まれたグランピングが楽しめる施設。著名なデザイナーによって作られたテントはモダンな雰囲気があり、ライトアップされた木々のなかで食べるディナーは格別だ。地元千葉の提携農家から届く厳選食材や専属のフレンチシェフが考案したメニューを味わえるなど、特別感のある食事を堪能したい。食後は、ファイアピットで焚火を見ながら談笑するのも楽しい。

住千葉市美浜区高浜7-2　TEL080-3541-7187　交JR稲毛駅から海浜公園プール行き、または高浜車庫行きバスで花の美術館下車、徒歩3分　IN15:00～　OUT10:00　客室16サイト　Pあり

畳や囲炉裏でふるさと気分に

古民家

江戸時代に建てられた商家に泊まったり、里山の古民家を一棟まるまる貸切にできたりとユニークな宿泊体験ができる古民家の宿。建物やその地域の歴史に思いをはせながら滞在してみたい。

佐原の大祭の特等席

小野川沿いにあるAOI棟は、佐原の大祭で山車が目の前を通過する特等席だ。

商家町がまるごとホテルに

香取市　MAP 別冊P.44-A3

さわらしょうかまちほてる にっぽにあ

佐原商家町ホテル NIPPONIA

江戸から明治にかけて利根川の水運拠点として栄えた佐原。町に残るいくつかの商家や町屋を活用して、4つの宿泊棟と1棟のレストラン棟を設けた。あえて施設を点在させることで、佐原の町全体をホテルと見立てている。商家跡や町屋跡を活用した宿泊棟は建物の希少性や広さなどによって4つのグレードに分かれているため、予約時に確認したい。レストラン棟は県指定文化財に指定されていて、千葉の食材を使った本格フレンチが味わえる。

住香取市佐原イ1708-2 KAGURA棟　TEL0120-210-289（VMG総合窓口）　交JR佐原駅から徒歩12分　IN15:00～20:00　OUT12:00　客室13室　Pあり

1.料亭を営んでいた建物を活用した「AOI棟」　2.和モダンな雰囲気のベッドルーム　3.のんびりと過ごせる畳の客室　4.和の趣を感じられる庭園

農作業で地元の人と交流も

大多喜町 MAP 別冊P.31-D2

まるがやつ
まるがやつ

昔ながらの里山にある築200年の古民家を一棟貸ししている体験型宿泊施設。宿泊施設として利用することで古民家の維持管理ができ、宿泊客は田植えや収穫などの農作業、釜土炊きやお手玉作りなどの田舎暮らしを体験できる一石二鳥の宿。農作業はすべて地元住民が教えてくれるので、地元の人との交流も楽しみのひとつだ。古民家のほかにも蔵を改修した施設やキャンプサイトがあり宿泊可能。天体観測もでき、都会から離れた里山の満天の星は贅沢な眺め。

住 大多喜町下大多喜1530
TEL 043-301-2777
交 大多喜駅から車で約10分
IN 15:00～　OUT ～10:00　客室 3室　P あり

1.ヒノキでできた浴槽を使った露天風呂　2.蔵をリノベーションした宿泊施設　3.土間のキッチン　4.古民家を活用した宿泊施設

体験メニューは多種多様

昆虫採集やザリガニ釣りといった里山ならではの体験のほか、日本刀の居合・抜刀など珍しい体験も。

夢の世界で宿泊しよう
ディズニーホテル

ディズニーキャラクターのモチーフであふれるホテルは、子供から大人までワクワクした気分になれる夢の続き。キャラクターをイメージした部屋や、まるで外国にいるような景色、華やかな食事を経験して物語の世界に浸ってみたい。

1

おもちゃと記念撮影

エントランス前には約4mのバズ・ライトイヤーを始め、たくさんのおもちゃがいる。記念撮影していこう。

おもちゃになったかのような感覚を楽しめる

MAP 別冊P.15-C3

とうきょうでぃずにーりぞーと・とい・すとーりーほてる

東京ディズニーリゾート・トイ・ストーリーホテル

ディズニー＆ピクサー映画『トイ・ストーリー』シリーズをテーマにしたホテル。客室はスタンダードルーム575室とスーペリアルーム20室の計595室で、映画の第1作に登場するアンディの部屋がイメージされている。青い空と白い雲が描かれた壁やミッキーマウスの大きな腕時計などがあり、映画に登場するおもちゃの世界に入り込んだような気分になれるはず。テーマパークのショーやアトラクションがセットになった宿泊プランあり。

住浦安市舞浜1-47
交JR舞浜駅隣接の「リゾートゲートウェイ・ステーション」から「ディズニーリゾートライン」に乗車し、「ベイサイド・ステーション」下車、徒歩約3分
IN15:00　OUT12:00　客室595室　Pあり

2

3

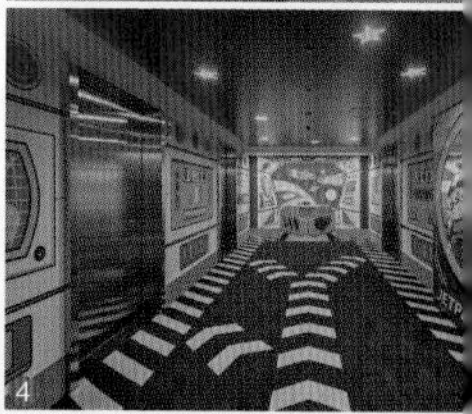

4

5

1.『トイ・ストーリー』の世界観を再現したホテル　2.ホテルの中庭「トイフレンズ・スクエア」にはウッディの姿も　3.気分も弾むカラフルなロビー　4.バズ・ライトイヤーをイメージしたエレベーターホール　5.アンディの部屋をイメージした客室

まるで海外!?
ムードいっぱいの
イタリアンクラシック

MAP 別冊P.15-C3

とうきょうでぃずにーしー・ほてるみらこすた

東京ディズニーシー・ホテルミラコスタ

東京ディズニーシー園内で宿泊できるテーマパーク一体型のホテル。イタリアンクラシックをコンセプトにした客室は趣の異なる3つのタイプに分かれ、パークと同じ世界観のインテリアやディズニーキャラクターが描かれたアメニティなど、ディズニーの世界を旅している気分になる工夫がたくさん。一部の客室にはテラスから園内を見渡せる部屋やパークのVIPツアーを体験できる部屋もあり、ファンにはたまらない。

住浦安市舞浜1-13(東京ディズニーシー内)
交JR舞浜駅隣接の「リゾートゲートウェイ・ステーション」からモノレール「ディズニーリゾートライン」に乗車し、「東京ディズニーシー・ステーション」下車すぐ
IN15:00　OUT12:00
客室502室　Pあり

1.テーマパークの余韻に浸ることができるロビー　2.ビュッフェとコース料理を楽しめるレストラン「オチェーアノ」　3.噴水が目印になっている「ホテルミラコスタ」　4.バルコニーから園内の景色が楽しめる客室

見逃せない限定グッズも
ホテル内にあるディズニーショップでは、ここでしか買えない限定グッズも揃えている。

童心にかえって遊びたい

里山アクティビティの宿

豊かな自然のなかでゆっくりと過ごすのはもちろんのこと、田や山でアクティブに遊んだら、さらに印象的な旅になるはず。

1日1組限定のゲストハウス

温かなおもてなし、夜の静寂や朝の澄んだ空気をひとり占めして贅沢なひとときを過ごせる。

里山での冒険も楽しめるプライベートな空間

睦沢町　MAP 別冊P.32-A1

さとやまかふぇあんどげすとはうすそう

里山カフェ&ゲストハウス sou

ゲストハウスの目の前には田んぼ、裏には山があり、宿泊中に野遊びや木登りなどを楽しめる。オーナーはツリーデッキなどの制作もしており、この宿も基礎工事など以外を3年かけて建てたものだ。宿泊する以外にも田植えや収穫体験プログラムに参加することもでき、和朝食に出されるご飯は目の前の田んぼでできた米を炊いたもの。地の干物などや小鉢も並んで、ご飯が進むこと請け合いだ。野遊びと温かなおもてなしで心に残るひとときになるだろう。

住睦沢町大谷木269　TEL0475-47-4103　営土・日、祝日のみ　交JR上総一ノ宮駅から車で15分。宿泊の場合無料送迎あり（アーリーチェックイン、レイトチェックインを除く）　IN15:00～22:00　OUT10:00　客1室　Pあり

1.ゲストハウスから5分ほど山を歩いた場所にある建設中のデッキ　2.ログハウスの目の前には田んぼの眺望が広がる　3.大人も子供も思いっきり楽しもう　4.朝食は和と洋の2種類から選べる（要予約）

5.オーナーの小林夫妻の人柄も魅力
6.天井が高く開放的な部屋。奥には畳の部屋もある

第9章

旅の準備と技術

旅のプランニング

◆パッケージツアーと個人旅行

旅に出ようと思い立ったが吉日。早速、旅のプランニングを始めよう。まず日程と予算を決め、その次に「どうしてもここだけは外せない」というポイントをリストアップ。この3要素を基準に、パッケージツアーにするか、個人旅行にするかなど、旅のスタイルを考えるといい。

ツアーのメリットとデメリット

おもに関東や甲信越、中部、関西地方の主要都市から千葉県を訪れるパッケージツアーが催行。特に個人では予約が取りにくいピークシーズンやイベント時は利用価値が高い。

◇ 個人旅行に比べて安上がり

パッケージツアーでは航空券、宿泊施設などの料金に団体割引が適用されている。GWや夏の花火大会、クリスマス、年末年始などの時期は料金が高くなるが、それでも個人で手配するより安上がりだ。

◇ 面倒な各種手配や現地での案内もおまかせ

旅のさまざまな手続きは、選択肢が多くて決めるのに時間がかかるし面倒。すべてツアー会社がやってくれれば楽だし、効率的な回り方も工夫されていて時間の無駄がない。また、ツアーガイドが案内してくれるので不慣れな土地でも安心だ。

◇ 宿泊施設の質が安定している

ホテルのよい悪いはツアーの印象に直結するので、どこの旅行会社でも宿の選定には細心の注意を払っている。一部の格安ツアーを除いて、ツアーで利用するホテルなら大きなハズレはないと思っていい。ときにはオープンしたばかりの話題のホテルに泊まることができるツアーもある。

◇ 旅の印象が薄れる

何もかも旅行会社任せで、現地でもガイドさんに連れ回されるツアーは、どうしても印象の薄いものになる。下手をするとどこをどう回ったかすら覚えていないこともあり、後日「このお寺、行ったっけ？」なんてことも。

◇ ガイドさんやほかの参加者に左右される

ツアーガイドのなかには客から指名を受けるほどのベテランもいれば、初心者もいる。知識や技術の差はもちろん、相性によっても旅の印象は大きく変わる。また、同じツアーに参加した人とは半日から数日間を一緒に過ごすことになるが、皆が仲よく気持ちよく過ごせるかどうかはわからない。

◇ツアーは予算に合わせて

ツアーで泊まる宿泊施設は高級、中級、格安など予算に合わせて選べることが多い。また、中高年向けの高価格帯ツアー、若者向けのエコノミーツアーなどのグレードごとに、ブランド名を変えている旅行会社もある。最近は女性限定ツアーや、ひとりでもほぼ同料金で参加できるツアーも増えてきている。

◇こんな手配も

ツアーの自由時間に幕張メッセのイベントや、スポーツ観戦などを楽しみたいなら、その予約もツアーと同時にしてもらうといい。

◇フリーツアーもおすすめ

飛行機や鉄道と宿泊がセットになったフリーツアー（フリープラン）は、パッケージツアーと個人旅行の中間ともいえる存在。出発地から東京または千葉県までの交通機関とホテルは旅行会社が手配してくれるが、基本的に到着地での移動と観光は各自で行う。なかにはレンタカー付きプランもある。航空会社や列車の出発時間を選ぶことができ、ホテルの選択肢も多い。

（1泊2日の食事なしフリーツアーの例）

大阪発飛行機：1万4800円

新大阪発のぞみ：2万5900円

名古屋発のぞみ：2万2700円

仙台発はやぶさ：2万5000円

東京駅に到着したのぞみ。新幹線利用のフリーツアーの場合は、通常ここからホテルまで自力で行くことになる

ミニ情報 **ダイナミックパッケージ** 飛行機などの交通手段と宿泊を自由に組み合わせて、同時に予約できるパッケージツアーのこと。インターネットから24時間予約でき、旅行代金は時価のため変動する。行きとは別の空港発着便を選ぶことも可能。

個人旅行のメリットとデメリット

自分自身で作り上げる旅には、パッケージツアーにはない魅力がある。初めての旅でツアーを選択した人が、2回目からは個人旅行で訪れるというケースも多い。

旅をデザインする楽しみがある

情報を一から調べ、ああでもない、こうでもないと思いを巡らせる、それこそが個人旅行の醍醐味だ。気持ちのいい海辺の町にじっくり滞在する、古墳や貝塚を巡る、各地の名物を味わい尽くす、祭りを見に行く、花やイルミネーションの写真を撮るなど、テーマを絞った旅を計画するのもいい。

体力、体調に合わせられる

同行者に幼児や高齢者がいるので長い階段は避けたい、トイレが近い、アレルギーがあるなど、事情に合わせたスケジュールを組むことができる。旅の途中で体調を崩したときにも、残りの日程を調整しやすい。

地元の人との触れ合いがある

道に迷ったら、人に聞いてみよう。食堂へ入ったら、付近のおすすめスポットをおばちゃんに教えてもらおう。川べりで休憩しているとき、ベンチで隣り合わせたおじいさんに橋の名前を尋ねたら、思いがけず橋の歴史から戦時中の話まで聞かせてもらえるかもしれない。人との触れ合いは、旅をより豊かなものにしてくれるだろう。

記憶に強く残る

自分の力で知らない場所を訪ねる旅を行うには、ある程度の集中力を必要とする。地図を読み、標識や看板を読み、周囲の風景をよく見て、車内アナウンスにも耳を傾ける。その結果、短期間であっても長く記憶に残る旅になるのだ。

やっぱり高くつく?

旅費を節約するならフリーツアー →P.430 脚注 がおすすめ。県内での移動には周遊券や各種割引チケット →P.103 を上手に利用するといい。

つい欲張ってしまいがち

旅行先には見たいものや食べたいものがあふれていて、あれもこれもと欲張ってしまいがち。そこをグッと抑えて訪れる場所を絞り、それぞれをじっくりと楽しむことを強くすすめたい。疲れたときには無理に動かず、予定を取りやめて早めにホテルへ戻って休むのがいい。「千葉県になんていつだって来られる!」という気持ちでいよう。

トラブルが心配

個人旅行で最も心細く感じるのがトラブルに遭ったとき。しかし過剰な心配はいらない。海外とは違って言葉も通じるし、いざとなったらホテルの人や警察 →P.446 に頼ればいい。ハプニングも旅の楽しみのうちだ!

◇情報収集が成功のカギ

行きたい美術館が臨時休館していないか、観たい絵画が展示されているかどうかといった最新情報は、ウェブサイトで確認しておこう。できれば、訪れる場所にゆかりの小説、写真集、映画などで予習をしておくと、感動がさらに大きくなるだろう。旅の途中ではニュースと気象情報をこまめにチェックしよう。

◇ボランティアガイド

個人旅行だからといって、すべて自分で観光しなくてはならないわけではない。地域の住民がボランティアでガイドをしていて、無料もしくは廉価な料金で案内してくれるところも。現地の人と触れ合ういい機会なので積極的に活用したい。以下はその一例。

成田ボランティアガイドの会
TEL 0476-22-2111(代表)541(内線)
営 10:00~15:00
休 毎月25日
成田山大本堂前の広場にあるボランティアガイド受付所で申し込める。成田山新勝寺の案内を希望する場合は予約不要。宗吾霊堂は事前予約が必要。

◇地元発着ツアー&アクティビティ

ダイビングやサーフィン、寺院訪問、野菜の収穫など、千葉県の現地ツアーはいろいろある。こうしたツアーを旅に組み込むのもおすすめだ。

楽天トラベル 観光体験
URL experiences.travel.rakuten.co.jp
VELTRA(ベルトラ)
URL www.veltra.com

◇緊急用メモを作ろう

個人旅行ではトラブルの際にも自分で対処しなくてはいけない。いざというときに慌てないように、旅に出る前に簡単な備忘録を作っておこう。あらゆる情報はスマホの中という人も多いが、そのスマホを盗まれたり、遊覧船から海に落としたりしたらアウトだ。できることなら、クレジットカードとキャッシュカードの紛失時連絡先やホテルの電話番号、服用中の薬剤名などをメモして、スーツケースの奥にしのばせておこう。

ミニ情報 **JTBの旅行券** 「NICE TRIP」や「JTBトラベルギフト」などのJTB旅行券は、JTBのツアー以外にも飛行機や新幹線の乗車券、ディズニーリゾートなど取り扱いのあるテーマパークのチケット購入にも使うことができる。

千葉県への道

千葉県へ行くには飛行機、鉄道、バス、車などの交通手段があり、時間と予算に合わせて選ぶことができる。

早く目的地に行きたい場合、所要時間で比べることになるが、その際は乗り物に乗っている時間の長さではなく、出発時間（家を何時に出なければならないか）と到着時間（観光スポットまたはホテルに何時に着くか）で比べるといい。飛行機の場合、出発時刻の1時間ほど前に空港に着いていたいし、空港に着いてから建物を出るまでも意外に時間がかかる。

◆飛行機で千葉へ

成田空港

千葉県には成田空港があり、北海道や西日本を中心とする20以上の空港から直行便が就航。国内線では、日本航空（JAL）と全日空（ANA）の2大航空会社のほかに、ジェットスター・ジャパン、スプリング・ジャパン、ピーチ・アビエーションのLCC（格安航空会社）3社が定期便を運航している。

成田に就航する各航空会社の特徴

- ▶日本航空と全日空は大手ならではの安心感と、充実したサービスが魅力。マイルを貯めるのも楽しみ。
- ▶ジェットスター・ジャパンは日本航空がおもに出資しているLCC。国内13の空港から成田行きの路線を運航しており、日本航空との共同運航便（コードシェア便）が多い。
- ▶スプリング・ジャパンは日本航空の連結子会社。以前は春秋航空日本といったが、2021年に現在の名称に変わった。札幌、広島、佐賀からそれぞれ成田への便を運航している。
- ▶ピーチ・アビエーションはANAグループのLCC。2019年にバニラエアを経営統合し、成田空港を拠点のひとつとした。大阪や九州、北海道など、国内12の空港から運航。

早めの予約がお得

航空券は予約のタイミングで価格に大きな開きがある。購入が早いほど割引率が大きく、最大85％も安くなる。予約開始は日本航空が330日前、全日空は355日前。なかには売れ残りの予測値によって割引率が変わるチケットがあり、購入後にさらに安くなることもある。航空券は季節、曜日のほか発着時間帯によっても価格差があり、ビジネスマンの利用が多い朝夕は高く、日中と早朝深夜便は安い。航空券を選ぶ際には、キャンセルはいつまで可能か、日程の変更はできるか、マイルが加算されるか、などの規定にも注目しよう。

◇航空券の子供運賃

3～11歳は大人普通運賃の約半額（小児運賃）。そのため、もともと割引率が高いチケットは1、2割程度しか安くならないこともある。3歳未満の幼児は大人1名につき1人無料だが、座席を使用するなら小児運賃がかかる。小型旅客機の場合、1機あたりの幼児の搭乗人数に制限があるので、予約は早めにしておこう。なお、LCCには小児運賃の設定はなく、2歳以上は大人と同料金となる。

◇そのほかの割引運賃

早期割引、往復割引、株主優待割引のほか、65歳以上向けのシニア割引や12～25歳の若者向け割引など、さまざまな割引運賃が存在し、割引率も異なる。

◇航空会社問い合わせ先

日本航空（JAL）
TEL 0570-025-071
URL www.jal.co.jp
全日空（ANA）
TEL 0570-029-222
URL www.ana.co.jp
スカイマーク（SKY）
TEL 0570-039-283
URL www.skymark.co.jp
エア・ドゥ（ADO）
TEL 03-6741-1122
URL www.airdo.jp
ソラシドエア（SNJ）
TEL 0570-037-283
URL www.solaseedair.jp
スターフライヤー（SFJ）
TEL 0570-07-3200
URL www.starflyer.jp

◇空港問い合わせ先

成田空港
TEL 0476-34-8000
羽田空港
TEL 03-5757-8111

ミニ情報 **飛行機の乗り方の手順** ①空港にある利用航空会社のチェックインカウンターで、eチケット控えなどのQRコードを見せるか、飛行機の予約番号を伝えるなどしてチェックインをする。自動チェックイン機の場合は機械を自↗

◇LCC利用のメリットとデメリット、加算料金

LCCは安さが最大の魅力。大手の半額以下で、ときに札幌〜成田888円など驚きのセール価格も登場する。ただし、少しでも多くの客を運ぶために座席の前後の幅が狭い。

また、LCCは航空運賃のほかに以下の諸費用がかかる。大手航空会社と比較するならこれらを含めた金額で考えよう。

▶受託手荷物。予約時に申し込めば、1個750〜1950円。空港で追加すると1500〜3600円と割高になる。

▶予約手数料。ネットは無料、電話は1000〜3000円。

▶支払い手数料。クレジットカード600〜640円。

▶座席指定料。シートタイプなどによって480〜2000円。

このほか機内飲食（ジュース200円、カップ麺350円など）も有料。もちろん変更やキャンセルにも手数料がかかる。

羽田空港

成田を発着する飛行機に、希望の時間帯の便がない場合がある。また目的地によっては、成田よりも羽田を利用するほうが便利なことも。羽田空港には国内線のLCCは就航していないが、スカイマーク、ソラシドエア、スターフライヤーなど、大手航空会社よりも割安な航空会社が発着している。

羽田空港からは松戸、柏、船橋、幕張新都心、千葉、袖ケ浦、君津、館山など千葉県の各方面へのバスが運行しているので、千葉の旅行を羽田から始めるのも手だ。

◆鉄道で千葉へ

千葉県に新幹線は通っていないので、新幹線を利用する場合は通常東京駅まで行き、そこから在来線やバスなどに乗り換えることになる。東京駅からは君津や鴨川、銚子に向かう特急列車 →P.103 が運行しており便利だ。もしくは新横浜駅で新幹線を下車し、レンタカーなどを利用して東京湾アクアラインを経て千葉県に入るルートもある。

◆車、バス、船

第1章「交通ガイド」の以下のページを参照のこと。

[車]東京からの方面別アクセス →P.108

[バス]全国各地から千葉へ、東京から千葉へ →P.110

[船]東京湾フェリー、東海汽船 →P.112

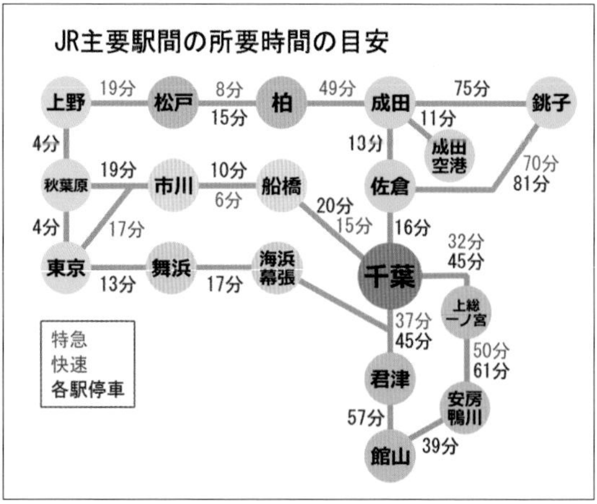

◇LCCの問い合わせ先

ジェットスター・ジャパン（JJP）
TEL 0570-550-538
URL www.jetstar.com

スプリング・ジャパン（SJO）
TEL 0570-666-118
URL jp.ch.com

ピーチ・アビエーション（APJ）
TEL 0570-001-292
URL www.flypeach.com

ジェットスター・ジャパンとスプリング・ジャパンは成田空港のターミナル3に、ピーチ・アビエーションはターミナル1に発着

◇乗り換え検索サイト

飛行機やバスも含めて検索でき、運行休止情報や駅の時刻表を見ることもできる。アプリもある。

ナビタイム
URL www.navitime.co.jp

ジョルダン
URL www.jorudan.co.jp

◇JRの各種割引チケット

「えきねっと」会員なら、乗車券や特急券が5〜50％オフになる「えきねっとトクだ値」（JR東日本、北海道）や、3日前までの予約で長距離区間の「のぞみ」「みずほ」「つばめ」「さくら」が最大約28％引となる「EX早得」（JR東海、西日本、九州）など、JR各社が設定するお得な割引チケットがある。

分で操作し、搭乗券と荷物のタグを発行する。大きな荷物はカウンターで預ける。　②保安検査（セキュリティチェック）で、持ち込み手荷物の検査とボディチェックを受ける。　③搭乗ゲートへ向かい、時間になったら飛行機に乗り込む。

千葉県へのアクセス早わかり

全国の主要都市から千葉県へのおもな交通手段には飛行機や高速バスなどがある。そのほか、新幹線で東京駅まで行き、そこから在来線で千葉の各地に向かうこともできる。優先するのは時間か運賃か、旅のスタイルに合った計画をしよう。

大阪から

出発	交通手段	路線	所要時間	運賃	到着
関西国際空港	飛行機	APJ／JJP	1時間25分～	5500円～	成田空港
大阪駅前	バス	神姫バス	8時間～	3590円～	TDR
大阪国際空港（伊丹空港）	飛行機	JAL	1時間25分	1万1000円～	成田空港
新大阪駅	新幹線	JR東海道新幹線「のぞみ」	2時間21分～	1万3870円	東京駅

金沢から

出発	交通手段	路線	所要時間	運賃	到着
小松空港	飛行機	ANA／JAL	1時間5分～	8500円～	羽田空港
金沢駅	新幹線	JR北陸新幹線「かがやき」	2時間27分～	1万4180円	東京駅
金沢駅	バス	西日本JRバスほか	8時間10分～	3300円～	TDR

広島から

出発	交通手段	路線	所要時間	運賃	到着
広島空港	飛行機	SJO	1時間30分	5100円～	成田空港
広島駅	新幹線	JR東海道・山陽新幹線「のぞみ」	3時間44分～	1万8380円	東京駅
広島駅北口	バス	WILLER EXPRESS	14時間	8200円～	TDR

福岡から

出発	交通手段	路線	所要時間	運賃	到着
福岡空港	飛行機	ANA／APJ／JJP	1時間50分～	6800円～	成田空港
博多駅	新幹線	JR東海道・山陽新幹線「のぞみ」	4時間46分～	2万2220円	東京駅
博多バスターミナル	バス	西鉄バス	14時間39分～	1万円～	バスタ新宿（新宿駅南口）

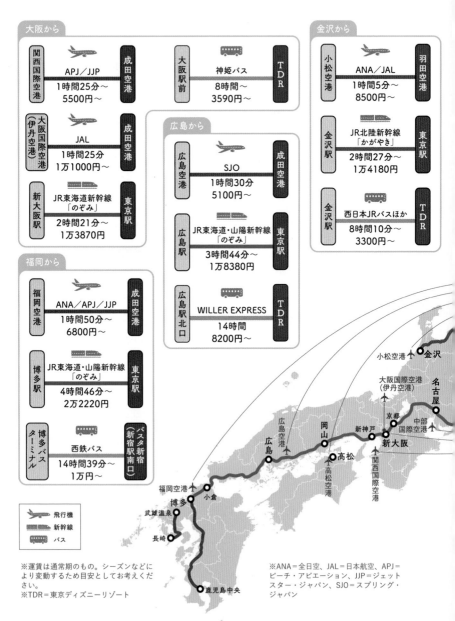

飛行機
新幹線
バス

※運賃は通常期のもの。シーズンなどにより変動するため目安としてお考えください。
※TDR＝東京ディズニーリゾート

※ANA＝全日空、JAL＝日本航空、APJ＝ピーチ・アビエーション、JJP＝ジェットスター・ジャパン、SJO＝スプリング・ジャパン

千葉県へのアクセス早わかり

下図はすべての就航路線を示しているものではありません。

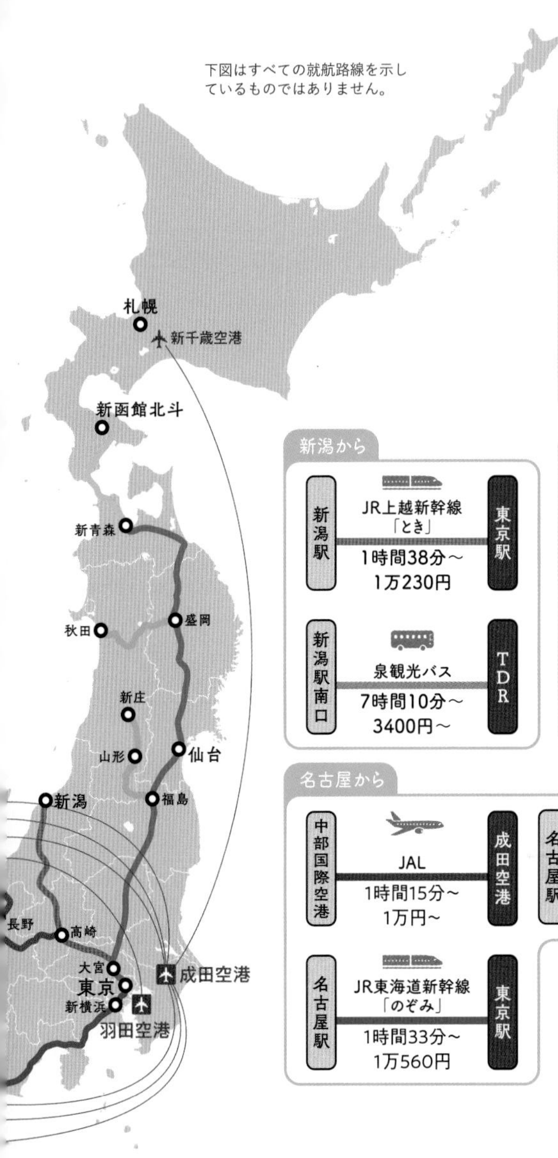

北海道から

出発	交通手段	所要時間・料金	到着
新千歳空港	飛行機 APJ／SJO／JJP	1時間35分～ 5200円～	成田空港
新函館北斗駅	JR北海道新幹線「はやぶさ」	3時間57分～ 2万3230円	東京駅

新潟から

出発	交通手段	所要時間・料金	到着
新潟駅	JR上越新幹線「とき」	1時間38分～ 1万230円	東京駅
新潟駅南口	バス 泉観光バス	7時間10分～ 3400円～	TDR

仙台から

出発	交通手段	所要時間・料金	到着
仙台駅	JR東北新幹線「はやぶさ」	1時間29分～ 1万1210円	東京駅
仙台駅前	バス JRバス東北ほか	7時間～ 3400円～	TDR

名古屋から

出発	交通手段	所要時間・料金	到着
中部国際空港	飛行機 JAL	1時間15分～ 1万円～	成田空港
名古屋駅	バス JR東海バスほか	6時間45分～ 2000円～	TDR
名古屋駅	JR東海道新幹線「のぞみ」	1時間33分～ 1万560円	東京駅

那覇から

出発	交通手段	所要時間・料金	到着
那覇空港	飛行機 ANA／APJ／JJP	2時間40分～ 6600円～	成田空港

高松から

出発	交通手段	所要時間・料金	到着
高松空港	飛行機 JJP	1時間25分 6100円～	成田空港
高松駅	バス 琴平バス	11時間40分 6320円～	TDR
高松駅 → 岡山駅	JR東海道・山陽新幹線「のぞみ」	3時間9分～ 1万6600円	東京駅

※高松～岡山はJR快速で52分～、1550円

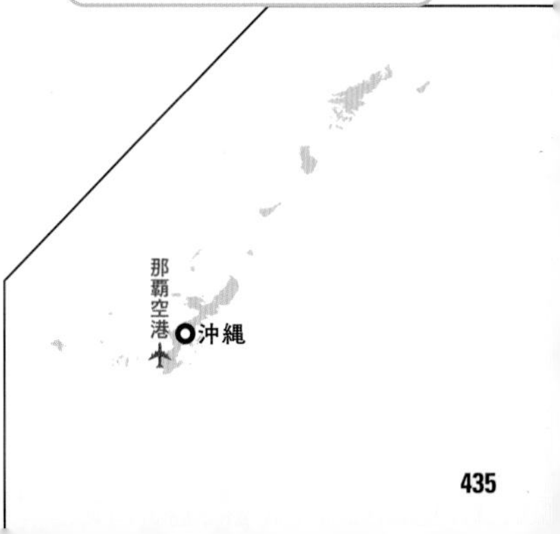

旅の予算

旅の予算は、どこへ行きたいか、何がしたいかで大きく変わってくる。千葉県内を旅行するのに必要な予算を、項目ごとに考えてシミュレーションしてみよう。

◆宿泊費は？

宿泊費はホテルのグレードやロケーションだけでなく、曜日や時期による変動も大きい。週末や連休、夏休み、年末年始は高めになる。また、千葉県には房総の海や自然豊かな景色を眺められるリゾートホテルが多く、これらはおおむね高料金に設定されている。

宿泊料金の目安（2名利用時の1名の1泊料金）

最高級ホテル	5万円～	旅館	6000～2万円
高級ホテル	3万円～	ビジネスホテル	4500～1万5000円
シティホテル	1万円～	カプセルホテル	2500～8500円

◇ホテルは直前に割引されることも

ホテル代は通常、予約が早いほうが割安。しかし直前まで客室が埋まらないときなどは、突然大幅な割引料金が提示されることもある。急に旅行が決まったときなどは、そうした割引料金がないかをホテル予約サイトでチェックしてみるといい。

じゃらんnet
URL www.jalan.net
Booking.com
URL www.booking.com
エクスペディア
URL www.expedia.co.jp

◆飲食費は？

千葉県の物価は全国平均並なので、あまり意識しなくていいだろう。また、都市部にはファストフード店やファミレス、コンビニが多く、価格は他県と変わらない。

◇朝食

朝食はホテル料金に含まれていることも多いが、高級ホテル内のレストランだと1500～3000円かかる。一方、マクドナルドなどのファストフード店やコンビニのサンドイッチで済ませるなら500～1000円以内も可能だ。

◇昼食

ちょっとおしゃれなレストランのランチなら2000～4000円。海辺の町で食べる海鮮丼は1000～2000円。ラーメンなら800～1200円。牛丼や弁当で済ませるなら500円前後。

◇夕食

レストランのフルコースや高級寿司屋ならば1人1万円以上することを覚悟しておこう。こういった店はワインや日本酒もすばらしいものを揃えているので、酒好きならさらに5000～2万円かかるだろう。

以上を合計すると、1日の食費は1人2000～5000円、グルメ三昧するなら2万5000円～といったところ。

旅行中一度ぐらいは贅沢して地域の名物を味わいたい

◇ラブちば優待証でお得に

スマホやタブレットで「ラブちば優待証」の画面を見せるだけで、千葉県内200以上の施設で割引やおまけなどの特典を受けられる。対象施設はのぼり旗やステッカーが目印。キャンペーン（シーズン11）は2023年3月31日まで実施予定。
URL love-love-chiba.jp/cp_yutai

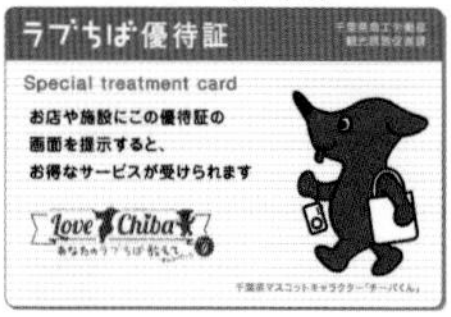

ラブちば優待証
Special treatment card
お店や施設にこの優待証の画面を提示すると、お得なサービスが受けられます
Love Chiba

ミニ情報 **駐車場の料金** 車で旅するときは駐車場代も気になるところ。店や宿の多くは無料の駐車場を併設しているが、都市部の駅前や人気の観光地では有料の場合もある。コインパーキングに長時間停める場合は最大料金が決まっているところがおすすめだ。

◆観光費は？

入場料

見どころの入場料には子供割引や団体割引があるほか、65歳以上の人や各種障がい者手帳保持者は割引料金の適用が受けられたり、無料になることがある。細かい条件が設定されている場合があるので、各公式サイトで確認しよう。

各施設の大人料金（1日券）

東京ディズニーリゾート	7900～9400円	東京ドイツ村	800円
ふなばしアンデルセン公園	900円	市原ぞうの国	2200円
千葉ポートタワー	420円	マザー牧場	1500円
国立歴史民俗博物館	600円	鴨川シーワールド	3000円
関宿城博物館	200～300円	銚子ポートタワー	420円

エンターテインメント

東京ほどではないが、千葉県でも音楽の演奏会や舞台、プロスポーツの試合を楽しむことができる。また、幕張メッセやZOZOマリンスタジアムなどでは大規模な音楽フェスが開催されることもある。

チケット予約サイト
チケットぴあ URL t.pia.jp
イープラス URL eplus.jp
ローソンチケット URL l-tike.com

エンターテインメント料金の目安

クラシックコンサート	3000～1万1000円	お笑いライブ（よしもと幕張イオンモール）	1500～3500円
演劇/ミュージカル	3000～1万3000円	プロ野球（ZOZOマリンスタジアム）	1900～1万円
音楽フェス	3000～3万円	Jリーグ（三協フロンテア柏スタジアム）	2400～5700円
ライブハウス	2000～8000円	Bリーグ（船橋アリーナ）	3000～8000円

買い物

何も買わなければもちろんゼロ。しかし、旅先ではいろいろと欲しいものが出てくるはず。

例えば、道の駅やサービスエリア、パーキングエリアをはじめ、房の駅、成田空港、海ほたる、または県内各地にある物産館や直売所では、千葉県産の落花生などの野菜、果物、水産加工品、地酒など、おみやげにぴったりなものが販売されている。

旅の総予算を考えながら、あまりケチらず、かといって使い過ぎないようにしてショッピングを楽しもう。

限定みやげ
成田空港にあるショップには、そこでしか買えない限定品がいろいろ。定番お菓子の限定パッケージや限定フレーバーも人気だ。

交通機関での移動

全国から千葉県に移動するには、自動車のほか、飛行機や新幹線、高速バスなどを使う必要がある。→P.434

例えば、新幹線で東京駅まで行く場合、そこからJRで千葉駅まで650円、舞浜駅まで220円。銚子駅と館山駅まではともに2310円かかる。そのほか、各私鉄には1日乗り放題のきっぷなど、観光客向けのさまざまな周遊券やお得なチケットがあるので、ぜひ利用しよう。→P103

また、街を効率よく移動するためには自転車を借りるという手もある。→P.112

ミニ情報 **子供の料金** 交通機関は小学生なら半額で乗れることが多い。観光スポットもたいてい小学生は半額だ。未就学児と乳児は無料のことが多いが、人数によっては子供料金がかかることや、場所によっては入場できないこともある。

旅のシーズン

桜の開花日

銚子市の陣屋町公園にある標本木の花が5〜6輪開いた日。満開になるのは約1週間後

平年	3/30
2022年	3/27
2021年	3/22
2020年	3/27

梅雨入りと梅雨明け

平年	6/7	7/19
2022年	6/6	7/23
2021年	6/14	7/16
2020年	6/11	8/1

大山千枚田（P.237、鴨川市）。4月下旬の田植えの頃に張られた水が空を映す

無料観覧日を狙おう

6月15日の千葉県民の日には、県民以外でも入場が無料または割引になるスポットが多い。

- アロハガーデンたてやま（館山市）には誰もが無料で入場可能
- 航空科学博物館（芝山町）は、高校生以下が無料となる
- 大江戸温泉物語 浦安万華郷（浦安市）では、小学生までの子供の入館が無料になるほか、中学・高校生にも割引料金を適用

また、房総のむらや関宿城博物館など、県内に8ヵ所ある千葉県立の美術館・博物館は、6月15日と11月3日の文化の日に入場無料となる。これらのほか、県民であるなど、一定の条件のもと無料または割引となる施設も多い。

成田ゆめ牧場（P.307、成田市）で人気のヒマワリ

◆季節を愛でる旅に出よう

三方が海に面し、冬暖かく夏涼しい気候の千葉は、1年を通じて旅行がしやすい県だ。しかし、どの季節に訪れるかによって旅の印象は違ったものになる。桜咲くのどかな田園の春、強い日差しにきらめく海辺の夏、鮮やかな紅葉と実りの秋、そしてロマンティックなイルミネーションの冬……。決まった期間にのみ出合える風景を旅先で目にすれば、ちょっと特別なものとして印象に残るはずだ。旅をするなら、季節ならではの景色や体験を意識して予定を組んでみよう。

日程を合わせられるなら、祭りや伝統行事→P.14・368の見学もおすすめ。代々続いてきた神聖な儀式も、地元の人々が神輿を担ぐ荒々しい祭りも、ハレの日の緊張感と高揚感を味わわせてくれる。

春 春は花の季節。2月下旬には坂田城跡梅林（横芝光町）や成田山公園（P.304、成田市）などで梅が春の訪れを告げる。桜の季節は気候もよく、最もおすすめ。小見川城山公園（P.298、香取市）や茂原公園（P.291、茂原市）といった公園のほか、亥鼻公園（P.145、千葉市）や香取神宮（P.297、香取市）などの歴史ある見どころにも花が彩りを添える。小湊鐵道といすみ鉄道に乗るなら、沿線に桜と菜の花が咲き乱れるこの季節がベストだ。また、4月中旬〜5月上旬には妙福寺（P.263、銚子市）や水生植物園（P.352、我孫子市）などで見事な藤の花を観賞できる。

春から夏にかけて体験できるアクティビティに、東京湾での潮干狩りがある。場所によっても異なるが、だいたい3月中旬から8月にかけて。魚を手づかみする「すだて遊び」ができるのも、4〜8月なので覚えておこう。

夏 湿度が高く快適とはいいがたいが、海水浴やマリンスポーツに最も適した季節。5月中旬〜6月中旬には京成バラ園（P.177、八千代市）や谷津バラ園（P.173、習志野市）などでバラが、6月中旬には水郷佐原あやめパーク（P.298、香取市）などでハナショウブが見頃を迎える。また、本土寺（P.337、松戸市）や麻綿原高原（P.255、大多喜町）などアジサイの名所も多く、6〜7月には数万株の花が目を楽しませてくれる。このほか、ブドウ狩りや梨狩りは8月に始まり、秋まで楽しむことができる。

ミニ情報 **スポーツ観戦をするなら** 各スポーツのレギュラーシーズンは、プロ野球が3月下旬〜10月上旬、Jリーグが2月中旬〜11月上旬、Bリーグ（バスケ）が9月下旬〜翌年5月下旬、リーグワン（ラグビー）が12月中旬〜翌年4月下旬。年により変わることもある。

秋

9月はまだ暑さが残るが、10〜11月は快適に旅行ができるさわやかなシーズン。ただし9月と10月は年間で最も降水量が多い月なので、雨具の用意も忘れずに。

10月上旬から中旬にかけて、牧の原公園コスモスの丘（P.329、印西市）やあけぼの山農業公園（P.340、柏市）などでは大地を覆う一面のコスモスが見られる。秋の主役の紅葉は温暖なため遅め。年により前後するが、11月中旬頃に色づき始め、11月下旬から12月上旬にかけて見頃となる。養老渓谷（P.252、市原市、大多喜町）は特にこの季節に訪れる人が多く、夜は木々がライトアップされ幻想的な光景が見られる。また、亀山湖（P.198、君津市）や梅ヶ瀬渓谷（市原市）、本土寺（P.337、松戸市）や小松寺（南房総市）などの紅葉の名所があり秋の風情を楽しめる。

冬

雨が少なく乾燥した季節。特に房総半島南部は暖かく、雪が降ることはほとんどない。この季節に楽しみたいのは、きらびやかなイルミネーション。東京ドイツ村（P.188、袖ケ浦市）が有名で、期間は10月下旬から3月頃までと長い。また、中山競馬場（P.151、船橋市）では11月下旬から約1ヵ月間にわたり、クリスマスイルミネーションが開催される。

早くも花が見られるのも千葉県ならでは。江月水仙ロード（P.215、鋸南町）やをくづれ水仙郷（鋸南町）では、12月頃から1月末にかけてスイセンが可憐な花を咲かせる。また、房総フラワーライン（P.223、館山市）沿いの菜の花が開花するのは1〜2月。3月までは白間津（P.223、南房総市）や千田の農家で花摘みを楽しめる。

冬がメインの楽しみはほかにもある。高滝湖（P.184、市原市）では、10月中旬から3月末にかけてワカサギ釣りができ、1月から5月にかけては、県内各地の農園でイチゴ狩りが体験可能。また、白鳥の郷（P.328、印西市）には11月から3月にかけて1000羽を超える白鳥が飛来し、優美な姿を見せてくれる。

東京ドイツ村の華やかなイルミネーション

◆服装について

観光の際にはTシャツやジーンズなど、汚れても気にならないラフな格好がおすすめ。朝晩と日中の温度差には重ね着で対応しよう。靴は動きやすいスニーカーがいい。おしゃれなレストランへ行く予定なら、シワになりにくいブラウスや襟のあるシャツ、革靴などを用意したい。

紅葉に彩られた清水渓流広場（P.197、君津市）

知っておきたい魚介類の旬

マグロ類	10〜7月
カツオ	3〜6月、9月中旬〜10月中旬
マダイ	9〜11月
アナゴ類	5〜11月
イセエビ	4〜5月、8〜12月（6〜7月は禁漁）
アワビ類	5月〜9月中旬（9月中旬〜3月は禁漁）
サザエ	4〜5、8月（6〜7月は禁漁）
ハマグリ	3月〜8月中旬

持参するとよい持ち物

- 帽子。夏は日射病予防、冬は防寒に。特に子供には必須
- 日焼け止め。海や山などで日差しを浴びることが多いため
- 雨具。旅のスタイルによっては傘よりもポンチョが便利
- 健康保険証。おなかを壊したりケガをしたりしたときのために
- あれば運転免許証。身分証明書としても使える
- あればETCカード。高速道路の通行料金が割引になり、ポイントもたまる
- モバイルバッテリーと充電器。意外に忘れる人が多い

荷物が増えてしまったら

旅の途中で買い物をして荷物が増えてしまったときには、無理に持って帰るより宅配便の利用を考えるといい。特に格安航空会社を利用する場合、受託手荷物の超過料金と比べて考えよう。

ミニ情報 **幕張メッセの主要イベント** 「東京ゲームショウ」は9月または10月の4日間、「ニコニコ超会議」は4月下旬の8日間、「COUNTDOWN JAPAN」は12月28〜31日の4日間、「ワンダーフェスティバル」は2月と7月に1日ずつ開催される。

旅の情報収集

千葉県に旅行しようと思い立ったら、さまざまな方法で情報を集めよう。なかでもガイドブックはざっと全体を把握したり、主要観光地の概要を理解したりするのに便利。一方で、詳細な情報や最新の状況、クチコミならインターネットが強い。なかなか情報がない場所について事前に知りたければ、観光協会や観光案内所に問い合わせてみよう。

現地に行けば、道の駅や観光地、ホテルなどに見どころや飲食店などのパンフレットが置いてあることも多く、思わぬすてきなスポットが見つかることもある。ローカルな情報を得たいなら、無料タウン誌の冊子やサイトで、地元の人が訪れる穴場を探してみるのもいい。

◆インターネット

計画時から旅の最中まで、最大限に活用したいのがインターネットだ。見どころについて調べたり、ホテルを予約したり、人気のレストランを探したり。ナビゲーションサービスを利用すれば、無駄なく移動ができる。

まるごとe！ ちば［ウェブサイト］

県公式観光情報サイト。モデルコースや季節のイベント、各地の見どころや名物などを総合的に紹介しており、行きたい場所ややりたいこと、キャンペーン情報などを探すのに便利。このほか、各市町村の観光協会サイトもチェックしたい。

JR東日本［アプリ］

私鉄、地下鉄を含む経路検索と乗り換え情報、JR東日本の時刻表、駅の構内図、トイレ、エレベーター、出口、コインロッカーの位置、ロッカーの空き情報（一部の駅）を得られる。特に遅延が出たときの到着見込み時間の表示や振替輸送情報は、公式アプリなので信頼性が高い。

NAVITIME［ウェブサイト／アプリ］

全国の鉄道、高速バス、航空機、フェリーの乗り換え情報が表示できる。運賃、所要時間、電車のどのあたりに乗ると乗り換えやすいかもわかる。遅延情報や迂回ルートの表示（アプリの有料機能）もありがたい。

Google Map［ウェブサイト／アプリ］

豊富な機能が魅力の地図サイト／アプリ。ルート検索、乗り換え案内、ナビなどの機能があるほか、「ランチ」などのキーワード検索で複数物件を地図上に表示でき、クチコミを読むこともできる。「ホテル」で検索すれば宿泊料金も表示される。気になる店はリストに保存すれば、あとで簡単に見つけられる。

◇充電スポットを探せるアプリ

スマホのバッテリー残量が気になるなら、モバイルバッテリーを用意しておこう。さらに省電力モードにする、不要なアプリを強制終了するなどの方法で節電を。以下のアプリで充電スポットを探すことも可能。ただし、アプリを利用すること自体がバッテリーを消費するので余裕をもって行動を。

電源Wi-Fiマップ
URL search-maps.com

電源カフェ
URL dengen-cafe.com

Aircharge
URL www.air-charge.com/app

◇まるごとe! ちば
URL maruchiba.jp

キャンペーンの情報も豊富な「まるごとe！ちば」

◇JR東日本
URL www.jreast-app.jp

◇NAVITIME
URL www.navitime.co.jp
URL products.navitime.co.jp/service/navitime

◇Google Map
URL www.google.co.jp/maps

ミニ情報 **スマホアプリ**　各アプリは対応OSのバージョンが異なる。iOSやAndroidのバージョンが古いと、ダウンロードできても動きが遅くて使いものにならないことが多い。逆に最新バージョンには対応していないアプリもある。

◇ Funliday［アプリ］

旅のルート作りにぴったりの旅行計画アプリ。出発日や時間、訪問地を選ぶと、各地への移動時間を自動計算し、移動ルートも表示される。シェアや共同編集もでき、海外でも使用可能。

◇ Funliday
URL www.funliday.com

◇ コインロッカーなび［ウェブサイト］

主要駅や観光地の名前で検索すると、コインロッカーがある場所や収容サイズ（大中小）、個数、料金などを調べられる。支払方法や両替機の有無、利用可能時間が表示されるものも。

◇ コインロッカーなび
URL www.coinlocker-navi.com

◇ Check A Toilet［ウェブサイト／アプリ］

高齢者や障害者、子育て中の人に対応した多機能トイレを検索・登録できる。

◇ Check A Toilet
URL www.checkatoilet.com

◇ トイレ情報共有マップくん［アプリ］

現在地から最も近いトイレをGoogle Map上に表示し、ナビもしてくれる。洗浄機能、車椅子対応など条件検索ができる。一般ユーザーが情報を更新できるため最新情報が反映される一方、正確さはユーザーのモラル次第という側面もある。

◇ トイレ情報共有マップくん
URL play.google.com/store/apps/details?id=com.restroom_map
URL apps.apple.com/jp/app/トイレ情報共有マップくん/id1054294308

◆パンフレットと情報誌

県や市町村が製作した観光客向けのパンフレットを、現地の観光案内所などでもらうことができる。多くがデジタルパンフレットとしてインターネットでの入手も可能。また、駅や街なかの店先などに、地域のとっておき情報を集めた無料タウン誌が置かれている。クーポン入りもあるので活用しよう。

◇ チーバくんとちばのたび。

県公式観光情報サイト「まるごとe! ちば」が発行するパンフレットで、JRの各駅で配布。6つのエリアに分けて、千葉県の主要な見どころや旬のスポットなどを写真とともに紹介している。わかりやすく、千葉県が初めての人にもおすすめ。

◇ 千葉県観光マップ

A2サイズの1枚の紙で、片面に千葉県全体の地図を掲載し、その裏面に観光スポットをカテゴリ別に紹介。各地の主要な見どころやアクティビティを網羅している。

◇ チーバくんとちばのたび。千葉県観光マップ
URL maruchiba.jp/benrijoho/digital

◇ Amica（アミーカ）

千葉〜船橋エリアを中心に、イベントやショッピング、グルメ、スクール、美容など、女性向けの情報を掲載するフリーペーパー。毎月最終木曜発行で、ショッピングセンターやスーパー、映画館などに設置されている。お得なクーポンも。

◇ Amica
URL www.amica-chiba.com

◇ 楽City!（たのしてぃ）

千葉県北総地域のフリーペーパーで、偶数月の25日に発行。地域のイベントやグルメ、美容、生活情報などを掲載。

◇ 楽City!
URL tanocity.com

◇ ぐるっと千葉

毎月21日発売の雑誌で、地元の魅力を発信している。新規オープン施設の情報や果物狩りなど季節の楽しみ、各地のイベントなど盛りだくさん。千葉県内の書店で購入できる。

◇ ぐるっと千葉
URL www.gurutto-chiba.co.jp

ミニ情報　**スマホの充電**　充電スポットには接続ケーブルのない場合がほとんどなので、ケーブルは必ず用意しておこう。また、カフェなどで店内の電源から勝手に充電するのはNG。表示がない場合は必ず店員に確認を。

◆観光案内所

各地の観光協会が旅行者のための案内所を設置している。鉄道駅や観光地周辺などの便利な場所にあることが多く、パンフレットや地図をもらったり、観光や交通について聞いたりできる。また、エアコンの効いた休憩スペースや無料Wi-Fi、清潔なトイレなどを使わせてもらえたり、手荷物預かりやレンタサイクルのサービスを行っていたりする観光案内所もあるので、上手に活用したい。

空の駅さくら館に隣接する「さくらの山」から見える飛行機

空の駅さくら館

飛行機の離着陸を間近に見られる「成田市さくらの山」に隣接する観光拠点。地元の野菜や米などを販売する観光物産館に、成田市の観光情報コーナーがある。マニアックな飛行機グッズを扱う「FLIGHT SHOP CHARLIE'S」を併設。

◇空の駅さくら館
MAP 別冊P.18-A1
住 成田市駒井野1353-1
TEL 0476-33-3309
開 9:00～17:00　休 無休
交 成田空港第2ターミナルから成田空港交通バスさくらの山行きで終点下車、徒歩1分

千葉市観光情報センター

モノレール千葉駅階段横にある。千葉市の観光や宿泊に関するパンフレットなどを用意し、見どころやグルメ、県内全域や東京へのアクセスについての相談に乗ってくれる。

◇千葉市観光情報センター
住 千葉市中央区新千葉1-1-1 JR千葉駅前広場内
TEL 043-224-3939
開 平日10:00～18:00、土・日・祝10:00～17:00
休 無休
交 JR千葉駅東口からすぐ

みなとオアシス“渚の駅”たてやま

館山湾に面した交流拠点施設で、館山おさかな大使のさかなクンが名誉駅長を務める。館山湾を一望できる展望デッキや、長さ500mの館山夕日桟橋、館山湾に生息する魚が見られる海辺の広場、万祝や漁船を展示する渚の博物館など、見どころがいっぱい。館山の空と海の映像をVRで体験することも可能。房総のおみやげ直売コーナーや、旬の食材を使用したレストランも好評だ。

◇みなとオアシス“渚の駅”たてやま
MAP 別冊P.38-B1
住 館山市館山1564-1
TEL 0470-22-3606
開 9:00～16:45（施設により異なる）
休 最終月曜（祝日の場合は翌日）、ほか不定休あり
交 JR館山駅から徒歩14分

大多喜町観光本陣

いすみ鉄道大多喜駅前にある観光センター。大多喜の城下町や養老渓谷はもちろん、近隣地域の各種パンフレットを用意している。また、町内の名産品、千葉のおみやげ、本多忠勝グッズ、いすみ鉄道グッズなどを扱う。城下町案内人による散策ツアー（要予約）や、チョイモビ（超小型電気自動車）のレンタルサービスも行っている。

◇大多喜町観光本陣
MAP 別冊P.31-D2
住 大多喜町大多喜270-1
TEL 0470-80-1146
開 9:00～17:00
休 無休
交 いすみ鉄道大多喜駅から徒歩1分

銚子観光案内所

銚子駅舎内にある。銚子電鉄と路線バス（千葉交通とちばこうバス）が乗り放題となる「銚子1日旅人パス」を販売するほか、自転車の貸し出しサービス、マンホールカードの配布、御城印や銚子みやげの販売を行っている。

◇銚子観光案内所
MAP 別冊P.21-C1
住 銚子市西芝町1438
TEL 0479-22-1544
開 8:45～17:00
休 無休　交 JR銚子駅構内

ミニ情報　**手ぶらでサーフィン体験**　上総一ノ宮駅前にある上総一宮観光案内所は、4時間2000円でサーフボードの貸し出しを行っている。サーフィンスクールを紹介してくれるので、初心者でも手ぶらでサーフィン体験ができる。

千葉県の泊まり方

千葉県には、ビジネスホテルからリゾートホテルまでさまざまな宿泊施設がある。ホテルのよい悪いは旅の印象を左右するので、じっくり検討して決めよう。

◆どこに泊まる？

千葉県の旅でどこに泊まるべきかは、目的地によって大きく変わってくる。ディズニーリゾートなら直営ホテルや、浦安市の臨海部にあるシティホテル、安く抑えたいなら電車で数駅行った周辺都市または東京都内で宿を探そう。房総半島をはじめとする観光地では各地に宿泊施設が点在しているので、無駄な移動が少なく条件に合う宿を見つけたい。

◆ホテルのグレード

シティホテル

設備が整った大型ホテル。客室からの眺望がよくリゾート気分で過ごすことができる。ツインルームが中心。

ビジネスホテル

アパホテル、東横INN、ドーミーイン、ルートインなどが有名。部屋はコンパクトだが、必要な設備は揃っており快適。

カプセルホテル

カプセル状の簡易ベッドの部屋に、手頃な料金で滞在できる。ロッカー、バスタオル、館内着は用意されている。

旅館

玄関で靴を脱ぎ、畳に布団を敷いて寝る宿泊施設。2食付きが基本だが、朝食のみ、もしくは素泊まりでもOK。

民宿

旅館より規模が小さく、風呂とトイレは共同。アットホームな雰囲気でリピーターが多い。

民泊

一般の住宅やマンションの1室を借りる形で滞在。ログハウスまるごと1棟など、ホテルとは異なるユニークな建物に滞在できることも。

◆予約について

旅の日程が決まったら早めに予約を入れよう。早いほど選択肢が豊富だし、早期割引料金を設定している宿も多い。ホテル探しには予約サイトを活用するといい。最高級ホテルから民宿まで掲載されていて、希望の条件を設定して検索できる。検索結果を目的地に近い順に表示させる機能も便利。

◇千葉県の温泉地

温泉地としての規模こそあまり大きくないものの、千葉県の各地で温泉が湧いている。温泉を備えた旅館やホテルに滞在して旅行するのもおすすめだ。

養老渓谷の粟又の滝近くにある「秘湯の宿 滝見苑」

◇ちょっとアウトドア路線も

自然を楽しむこともでき大人数で利用できる一棟貸しのコテージやヴィラ、はやりのグランピング施設やキャンプ場などを、泊まる先の候補のひとつにするのもよい。

◇ペット連れ旅行も◎

ドッグランが併設されていたり、食事も人と一緒に楽しめたり、ペットファーストのホテルも増加中。海辺をペットと散歩できるのも、千葉ならではのお楽しみ。

◇民泊(airbnb)

URL www.airbnb.jp

◇ホテル予約サイト

じゃらんnet
URL www.jalan.net
一休.com
URL www.ikyu.com
Booking.com
URL www.booking.com
楽天トラベル
URL travel.rakuten.co.jp
アゴダ
URL www.agoda.com
エクスペディア
URL www.expedia.co.jp
Hotels.com
URL jp.hotels.com

ミニ情報 **ユースホステル**　男女別の相部屋に手頃な料金で滞在できる宿泊施設で、世界約80の国と地域に3600ヵ所設けられている。千葉県では白子町の海に近い場所に「九十九里浜白子ユースホステル」がある。

便利なサービス

公共交通機関で旅行する際、到着してからホテルにチェックインするまでは、荷物を預けて身軽になりたいもの。利用駅にコインロッカーがあるのか、もしくは近くに荷物預かり所があるかどうかは事前に確認しておこう。そのほかにも、到着地点からホテルへ、または駅から自宅などへ荷物を配送してくれるサービスもあるので、状況に応じて活用したい。

◆コインロッカー

鉄道駅にはコインロッカーがあり、主要駅ならスーツケースが入る大型のものもある。硬貨を投入して使う鍵式のほかに、最近ではSuicaやPASMOなどの交通系ICカードや、紙幣で支払いができるものもあり便利だ。ロッカーに入らないものは預かり所を利用しよう。

◇コインロッカーの大きさ

	幅×奥行×高さ(cm)	料金
小	35×64×34	400円
中	35×64×60	500円
大	35×64×90	700円

※JR千葉駅にあるロッカーのサイズ

◇コインロッカーナビ

URL www.coinlocker-navi.com

コインロッカーの場所やサイズ、個数、料金などを調べられるサイト。

◆手荷物預かり所

◇観光案内所

金谷ステーション（富津市）や鵜原駅前観光案内所（勝浦市）など、観光案内所のなかには手荷物を預かってくれるところがある。営業時間内のみ利用でき、定休日もあるので利用の際は注意しよう。

◇金谷ステーション

住 富津市金谷2175
TEL 0439-29-7755
開 11:00〜17:00
休 水・木曜
料 1日500円

◇鵜原駅前観光案内所

住 勝浦市鵜原駅構内
TEL 0470-76-0436
開 9:00〜16:00(7〜8月は〜17:00)
休 火・水・木曜(7〜8月は毎日営業)
料 1日200円

◇エクボクローク

荷物を預けたい人と、荷物を預かるスペースがある店とをつなぐサービス。コンビニ、カフェ、ラーメン店、カラオケ店、美容室などと提携していて、なかにはカプセルホテルのように24時間預かってもらえる場所もある。まずは公式サイトまたはアプリで荷物を預けたい店舗を探す。荷物の個数や預け期間を指定して予約し、登録しておいたクレジットカードで支払いをする。空きがあれば当日でも予約が可能だ。預ける際にスマホのQRコードを見せるだけなので、混んでいても待ち時間がほとんどない。空港などにある既存の手荷物預かり所の予約もでき、ゴルフバッグやスキー板もOK。貴重品や生もの、冷凍食品、生き物は預けることができない。

◇エクボクローク

URL cloak.ecbo.io
料 最大辺が45cm未満は1日400円、それ以上は700円

◆手荷物宅配

ヤマト運輸では、行きは宿泊施設に、帰りは自宅に荷物を届けてくれる「往復宅急便」のサービスを実施している。荷物は30kgまでで、2日前（一部地域は3日前）の発送締め切り時間までに、営業所や取扱店などで引き渡す必要がある。ただし、行きの宛先を個人宅や民泊施設にすることはできない。

◇ヤマト運輸

URL www.kuronekoyamato.co.jp/ytc/customer/send/services/bothways

ミニ情報 **テロ対策で閉鎖も**　手荷物預かり所やコインロッカーは政情不安によって利用が制限されることがある。特に大規模イベントや国賓の来日などでテロ警戒レベルが引き上げられるときには閉鎖される場合もある。

◆成田空港の各種サービス

成田空港は、多くの旅人が行き交う重要な国際空港。旅行者向けのサービスも充実しており、国内旅行でも役立つものが多い。なお、羽田空港でも同様のサービスを実施している。

コインロッカー

第1～3の全ターミナルの出発／到着フロアと地下などに設置されており、到着後または出発前に飲食やショッピングを楽しむ際にも気軽に預けられる。空港なので大きな荷物にも対応しており便利だ。料金は設置場所やサイズによって異なり、鍵タイプと交通系ICカード使用可のタッチパネルタイプがある。

連続使用期間は最長8日間のものが多い

手荷物一時預かり

コインロッカーに空きがなかったり、入らないほどの大きな荷物を持っている場合は預かり所に預けよう。ただし、営業時間が決まっているため、預けたり受け取ったりはその時間内に行わなければならない。無理なく受け取れそうかどうか、事前によく考えておくこと。

サイズをあまり気にせず預けられる

手荷物宅配

空港に到着後、ホテルなど指定の場所に荷物を送ることができるサービス。または帰宅時に空港へ荷物を送ることもできる。料金は荷物の大きさや重さなどにより細かく決められており、陶器類や腐りやすいもの、高額商品を中に入れてはならないなどの制限がある。

シャワールーム

第1ターミナルの中央2階、出国手続き前のエリアにシャワールーム8室を用意。バスタオルやフェイスタオル、シャンプー、ボディソープなどの備品は利用料金に含まれる。予約は不可。このほかに、次で述べるカプセルホテル「ナインアワーズ成田空港」でもシャワーのみの利用が可能。

カプセルホテル

第2ターミナルに直結した第2駐車場ビル地下1階に、24時間受付・チェックイン可能なカプセルホテル「ナインアワーズ成田空港」があり、早朝便の利用時などに便利。タオル、歯ブラシ、スリッパ、館内着は宿泊料金に含まれる。時間単位で休息でき、シャワーのみの利用も可能。

◇手荷物一時預かり

グリーンポート・エージェンシー（GPA）

住 第1ターミナル1階、第2ターミナル1階、第3ターミナル1階の3ヵ所
TEL 0476-33-2234（第1）、0476-34-8535（第2）、0476-34-8833（第3）
営 6:30～22:00
休 無休
料 1日あたり小型400円、一般600円、大型1000円
預かり日を含めて最大30日まで利用可能。このほか、GPAではヤマト運輸と提携して手荷物宅配サービスも行っている。

◇手荷物宅配

JAL ABC

住 第1ターミナル1・4階、第2ターミナル1・3階
TEL 03-3545-1131
営 7:00～（終了時間はカウンターにより異なる）
休 無休
料 成田空港→千葉県内2640円～、千葉県内→成田空港2190円～
当日宅配は2022年11月現在休止。予約は出発2日前の17:00まで、集荷は前日まで。また、JAL ABCでは手荷物一時預かりサービスも行っている。

◇シャワールーム

住 第1ターミナル2階
TEL 0476-33-2190
営 7:30～17:00（最終受付時間は16:30）
休 無休
料 30分1050円、以降15分ごとに530円

◇カプセルホテル

ナインアワーズ成田空港

住 成田市古込1番地1
成田空港第2旅客ターミナル
TEL 0476-33-5109
営 24時間（宿泊チェックインは14:00以降、デイユースは9:00～18:00のみ受付）
休 無休
料 宿泊：1泊5900円～
デイユース：1時間1500円、以降1時間につき500円
シャワー：1時間以内1000円

ミニ情報 **当日配送利用の注意**　飛行機の延着、悪天候、事故渋滞などによって予定時刻に荷物が届かないこともある。最悪の場合は翌日になってしまうこともあるので、必ず1泊分の着替えなどは持ち歩き用バッグに入れておこう。

旅の安全情報とトラブル対策

千葉県の治安は比較的よいといわれている。ただし、繁華街ではけんかやトラブルがたびたび起こるので、夜間の外出時は巻き込まれないように細心の注意を払いたい。また、祭りや季節のイベントなど、多くの人が集まる時期やエリアも同じように注意しよう。ほかにも、自然災害や事故、犯罪などトラブルに巻き込まれる可能性は十分にありうる。万一に備えて対処法を頭の隅に入れておくと安心。

◆千葉県で注意すること

ひったくり、置き引き

被害者の約9割が女性といわれている。オートバイと自転車による犯罪が多く、バッグなどを車道側に持っているときにひったくられることが多い。とっさに抵抗して引きずられると危険なので、ひったくりに遭遇したら諦めて手を放そう。

また、飲食店では椅子に荷物を置いて場所取りをしたり、トイレに行く際などに貴重品を放置しないよう注意しよう。

自動車盗難、車上狙い

千葉県は車社会のため、東京都より自動車盗難や車上狙いが多い。車を降りるときは必ず施錠し、貴重品を車内に放置しないようにしよう。

車上ねらいの件数は全国でも上位

歓楽街での客引き

千葉市、船橋市、市川市、松戸市、柏市では客引き行為などを禁止・防止する条例が施行され、状況は改善されているとはいえ、悪質な客引きによるぼったくりや、泥酔客のカードで架空決済されてしまうケースもあるので、節度ある行動をしよう。

自然災害

ゲリラ豪雨による洪水などの自然災害が毎年のように発生している。台風の場合は公共交通機関の計画運休が実施されることがある。気象情報は毎日チェックしよう。

また、大きな地震による被害も想定されているので、地震が起きたときの行動を確認しておこう。特に海に近いエリアでは、津波警報が発せられたときの避難所を確認しておきたい。

指定避難所の前に設置された表示板

◇千葉県警察本部

TEL 043-201-0110（代表）

URL www.police.pref.chiba.jp

千葉駅前交番はそのユニークな形から「フクロウ交番」と呼ばれる

◇犯罪発生率が高いエリア

ひったくりは船橋市など、自動車盗難と車上ねらいは千葉市、柏市、市原市などで多いので要注意。気になる場合は千葉県警察の「くらしの安全マップ」をチェックするといい。

◇千葉県警察 くらしの安全マップ

URL www2.wagmap.jp/cp-gis/PositionSelect?mid=1

◇強引な客引きに注意

特に千葉駅、海浜幕張駅、船橋駅、西船橋駅、津田沼駅、市川駅、本八幡駅、松戸駅、柏駅の周辺にある繁華街では気をつけよう。

◇千葉県防災ポータル 雨量・水位情報

URL suibo.bousai.pref.chiba.lg.jp

◇山岳（ハイキング）事故防止

千葉県には愛宕山（408m）を最高峰とする低山が多数あり、多くのハイカーが年間を通じて訪れるが、年間数件の山岳事故が発生。低山とはいえ山は山なので、きちんとした装備、かつ心構えをもって登ろう。

ミニ情報 **釣りや磯遊びでの注意** 海には、素手や素足で触れると危険な生物がいるので注意。また、漁業権が設定されている海ではアワビ、サザエ、イセエビなどを取ることはできない。ルールを守って海を楽しもう。

◆旅先でトラブルに遭ったら

千葉県では地震、台風、津波、大雨、大雪、感染症、テロなどさまざまな災害を想定した注意喚起を行っている。ぜひ一度右記サイトに目を通して、もしもに備えよう。

建物のなかで大きな揺れを感じたとき、あわてて外へ飛び出すのは非常に危険。ビルの窓ガラスや外壁、看板などが頭の上から降ってくるかもしれない。鳥居、石垣、門、塀からも離れよう。外出時にはバッグなどで頭を保護するといい。

ホテルにいるときには、まず客室のドアを開放し、可能であれば太い柱のそばや廊下などに避難して、揺れが収まるのを冷静に待つのが正解だ。

狭い路地が迷路のようになっている人口集中地域では、地震後に火災が広がることが危惧されている。離れた場所の小さな火災でも決して油断せず、早めに避難を。

災害時伝言ダイヤル・伝言板

千葉県に限らず大規模な地震などの災害が発生して、被災地への電話などがつながりにくくなった際に設置される。使い方を予習しておくといい。

体調不良やけが

急に具合が悪くなったとき、けがをしたとき、まずは落ち着いて周囲の人に相談を。診察や薬が必要になったら、右記のサイトで病院やドラッグストアを検索できる。

航空券や乗車券をなくしたら

紙の航空券をなくした場合、航空会社のカウンターで紛失届と代替航空券の購入が必要。再発行はできない。eチケットなら、身元を確認したうえで無料で再発行してもらえる。

JRや地下鉄、京成電鉄の場合は駅員に申し出て紛失再発行用のきっぷを買い直し、下車駅で再収受証明を受け取ること。1年以内に見つかれば払い戻してもらえる。

忘れ物、落とし物をしたときは

列車内や駅構内での落とし物は、当日中なら各駅または列車の終着駅に電話で問い合わせる。翌日以後は集約駅でシステム登録されるので、電話などで問い合わせて検索してもらう。見つかった場合、着払いで送ってもらうことも可。持ち主がわからないまま数日たつと警察署へ引き渡される。

タクシー車内に忘れ物をした場合、領収書を持っている場合は領収書に記載されたタクシー事業者へ、事業者がわからない場合は最寄りの警察署か交番へ届けよう。

忘れ物に気づいたらすぐ問い合わせよう

◇千葉県防災ポータル
URL www.bousai.pref.chiba.lg.jp

◇災害用伝言ダイヤル・伝言板
伝言ダイヤル
☎171
URL www.ntt-east.co.jp/saigai/voice171
伝言板
URL www.ntt-east.co.jp/saigai/web171

◇救急安心電話相談
病院に行くか、救急車を呼ぶか迷ったら相談を。
☎#7009
TEL 03-6735-8305
営 月～土曜は18:00～翌6:00
日・祝、GWは9:00～翌6:00

◇医療機関・薬局を探す
ちば救急医療ネット
URL www.qq.pref.chiba.lg.jp
EPARK くすりの窓口
URL www.kusurinomadoguchi.com/chiba

◇航空券紛失時の連絡先
日本航空 TEL 0570-025-071
全日空 TEL 0570-029-222
そのほかの航空会社→P.432

◇落とし物、忘れ物
日本航空 TEL 0570-025-071
全日空 TEL 0476-33-2300
JR東日本 TEL 050-2016-1601
JR千葉駅 TEL 043-222-1774
京成電鉄 TEL 0570-081-160
京成千葉駅 TEL 043-248-6888

千葉県警察 遺失物案内システム
URL www.police.pref.chiba.jp/kaikeika/window_lost-04.html

◇バスでの忘れ物
バスでの落とし物は、保管期間が短く、着払いなどでの郵送ができない会社もあるので、忘れ物をしないよう注意したい。

ミニ情報 **高層階では揺れを覚悟しよう** 高層ビルやホテルの上階では、耐震構造のために揺れが増幅される。驚くほど大きな揺れが長時間続くことがあるが、気持ちを落ち着けよう。窓から離れ、動いた家具に挟まれないように気をつけながら廊下へ出よう。

習慣とマナー

◇外国人への配慮

成田空港には世界中から観光客がやって来るので、旅先で外国人と触れ合う機会も多いはず。言葉や宗教もいろいろ、習慣やマナーも異なる人々だ。基本的に彼らは日本の習慣に従って旅をしているが、なかにはどうしても受け入れられないこともある。

例えば子供の頭を撫でたり、赤ちゃんをかわいいと褒めたりされると「縁起が悪い」と感じる人もいる。子供や女性にはこちらから手を触れないほうがいい。また宗教によってはニンニク、タマネギ、豚肉など禁忌とされる食材や調理法があるので、食事に誘う際には注意。アルコールをすすめるのも避けよう。

◇女性専用車両

女性専用車両を設けている鉄道会社が多い。設定日時や区間は路線によって異なるが、おもに平日の通勤・通学のラッシュアワーに、混雑がひどい区間で設定されている。女性のほか、小学6年生以下の男児、体の不自由な乗客と介助者が利用できる。たいてい列車の先頭または最後尾の車両にあり、車両の側面やホームの乗車ラインに、ピンク色で「女性専用車」という表示がある。

海外ではないのだから、たいていの習慣やマナーはわかっているか、聞いたことがあるはず。旅行者として千葉県を訪れるぶんには、あまり気にする必要はない。

◆電車で

都心に近いエリアでは、平日のラッシュアワーに電車内がすし詰め状態になる可能性がある。特に子供連れの場合、満員電車はときに危険を伴うので注意してほしい。ラッシュアワーを避けることと、荷物をなるべく少なくすることを強くおすすめする。

可能なら時間をずらそう

◇ 乗車するとき

- ▶ほとんどの駅で整列乗車が実施されており、ホームに表示されたラインに並んで待つ。次の電車に乗るためのスペースが隣に設けられていることもある。
- ▶凸凹がある黄色い線は点字ブロックなので、その上に立ち止まったり荷物を置いたりしてはいけない。
- ▶電車が到着したらドアの両端に寄り、乗客の降車が済んでから乗り込む。

黄色い線の外側を歩く人がいるが、電車と接触したり、他の人とぶつかって線路に転落したりといった事故があとを絶たないので、まねをしてはいけない

◇ 車内で

- ▶車内が混雑しているときには荷物の持ち方に気を配ろう。リュックなどの背負う鞄や肩からたすき掛けにするポーチなどは、ほかの乗客の迷惑にならないように胸の前に抱えるか、網棚や足元に置こう。
- ▶携帯電話はマナーモードに設定し、通話は控えよう。
- ▶途中の駅に停車した際、もしもドア付近に立っていたなら、降りる人の邪魔にならないようにいったんホームに降りよう。

ミニ情報 **混雑する路線** 東京メトロ東西線、JR総武線の各駅停車および快速、JR武蔵野線、JR京葉線など、千葉県内から都内に接続する路線が混雑しやすい。特に平日朝の上りや夕方の下りは混雑がひどくなるので注意しよう。

◆エスカレーター

千葉県では、エスカレーターに乗る際にはステップの左側に立ち、右側は歩く人のために空けるという暗黙のルールが定着している。しかし日本エレベーター協会では、「エスカレーターの安全基準はステップ上に立ち止まって利用することを前提にしている」として歩行禁止をうたっている。

これを受けて鉄道各社でも、エスカレーターでは歩いたり走ったりせず、立ち止まって乗ることを推奨している。手すりにつかまり、キャリーバッグやスーツケースはしっかりと持ち、黄色い線の内側に立とう。

エスカレーターの歩行禁止が定着するまでにはまだ時間がかかりそうなので、左側に立って乗るのが無難

◆エレベーター

おもな駅にはエレベーターが設置されている。改札内と改札外の両方にある駅と、いずれかにしかない駅がある。場所も、改札の近くにあったり、遠く離れたホームの端にあったり、駅によっていろいろだ。エレベーターに乗る際には車椅子の人や、足の不自由な人、ベビーカーを押している人、スーツケースなどを持っている人を優先しよう。

◆タクシー

乗車するとき

タクシーに乗車する場合、駅などのタクシー乗り場で待つ、大きな道路の道端で手を挙げて「空車」と表示された流しのタクシーを呼び止める、配車アプリで呼ぶ、などの方法がある。場所と時間を指定して予約することも可能。いずれも車を停めやすい場所を考慮するのがポイント。横断歩道、交差点、バス停などでの停車は禁止されている。

また、近距離のタクシー利用は運転手によっては嫌がられる場合があるが、乗車拒否は禁じられているので遠慮しないで利用しよう。

車内で

乗車したらシートベルトを締め（後部座席も装着が義務づけられている）、運転手に行き先を告げる。まれに地理に不案内な人もいるので、わからないと言われたらガイドブックやスマホで地図を示すか、住所を伝えるといい。

料金の支払い

タクシーによってはクレジットカード不可の場合がある。カードで払いたいときには、予約時または乗車時に確認を。また、Suicaなどの交通系ICカードが使えるタクシーもある。

現金で支払う場合、短距離なのに高額紙幣で支払うのはマナー違反。あらかじめ千円札を用意しておこう。金額によっては「おつりはけっこうです」と言って、端数をチップにするとスマート。

◇便利な配車アプリ

タクシーの到着予定時刻がわかるほか、登録をすればスマートフォンで支払いを済ますことができる。なお、複数のアプリで配車注文するのはマナー違反。ただし、ひとつのアプリで検索して近くにいない場合、他のアプリで検索するのはOK。なお、対応していない地域もあるので注意。

GO
URL go.mo-t.com

DiDi
URL didimobility.co.jp

S.RIDE
URL www.sride.jp/jp

◇タクシー料金

千葉県では普通車の初乗り料金が1.27㎞で500円。距離制運賃でA地区は263mごとに100円、B地区は272mごとに100円加算され、時間距離併用運賃もそれぞれ異なる。割増運賃は22:00～翌5:00で20％増となる。

ミニ情報 **タクシーの手配** 都市部以外は路線バスの本数が少なく、かつ駅前にタクシーが停まっていないことも多い。時間どおりに到着したい場合は配車アプリや電話でタクシーを手配するのがよいだろう。

◆携帯電話

電車内ではマナーモードに設定し、通話は控えよう。優先席の近くでは混雑時に電源を切ることが求められている。

もちろんレストラン、神社や寺院などでもマナーモードにすることを忘れずに。劇場や美術館では電源オフにしよう。

歩きながら携帯やスマホの画面を見る人が多いが、とても危険だし、通行の邪魔にもなるのでやめよう。

◇ドローン撮影

人口集中地域や空港周辺などでは、原則無許可でドローンを飛ばすことはできない。まずは役所や役場などにドローンを飛ばせる場所があるかどうかを確認しよう。

◇観光施設内の撮影

観光施設内の撮影については、施設ごとにその対応はまちまち。撮影はOKでも、自撮り棒や三脚の使用、フラッシュはNGだったりすることもある。いずれにしてもスタッフから許可を取ったうえで撮影すること。また、海水浴場での撮影は、意図せずとも盗撮を疑われる可能性がある。

◇地元への配慮とマナー

現地での行動が、地元の人の生活に迷惑になっていないかどうか、改めて考えたうえで行動するとよいだろう。例えば、棚田や花畑などは私有地のことが多いので、勝手に立ち入らないようにしよう。

◆写真撮影

スマホだろうとデジタルカメラだろうと、シャッターを切るときには肖像権、著作権など他人の権利を侵害することのないように気をつけたい。他人が写り込んでいる写真は、場合によっては肖像権侵害になることがある。特に幼児や子供を、かわいいからといって勝手に撮るのはトラブルのもと。必ず親の承諾を得てからにしよう。美術館や博物館でも、館内は撮影不可の場合が多いので、入館時に必ず確認しておこう。

また駅のホーム、電車内などではフラッシュが使用できないことが多いので、あらかじめカメラや携帯などの設定を「自動フラッシュ」をオフにしておくといい。

自分のカメラやスマホにどのような機能があるのか再確認を。普段あまり使わない機能については操作方法を予習しておくといい

◇参拝時の服装

成田山新勝寺のように観光客が多い場所ではカジュアルな服装でかまわないが、あまりにも肌の露出が多い格好や奇抜なファッションは避けるべきだろう。

社寺によっては正装で参拝する人もいるので、場の雰囲気を壊さないよう気を配りたい。

◇御朱印の頂き方

御朱印は社寺に参拝した証となるものなので、社殿や本堂などには必ずお参りしよう。また最近は、御朱印帳に直書きではなく、書き置きのみという場合も多い。御朱印を頂く際に納める志納（お金）は300〜500円が多いので、小銭を用意しておこう。

◆神社と寺院

観光スポットとしてどんなに有名な神社や寺院でも、宗教施設であることを忘れずに。厳粛な気持ちでお参りしている信徒もいるので、大声を出したりはしゃいだりするのは慎もう。

参拝の作法は厳密には各神社、寺院によって異なるが、一般的なやり方は以下のとおり。

- ▶鳥居や山門をくぐる際には帽子をとって軽く一礼。
- ▶神社では参道の中央は神様の通り道とされているので、両端を歩く。中央を横切るときには軽く頭を下げて。
- ▶手水舎（ちょうずや）の柄杓で両手を清め、手のひらにためた水で口をすすぐ。
- ▶拝殿に進んだら賽銭を入れ、軽く鈴を鳴らして拝礼する。一般的に神社では二礼・二拍手・一礼、寺院では合掌する。
- ▶帰る際にも、鳥居や山門を出たら向き直って一礼。

ミニ情報 **自撮り棒にご用心** 千葉県の観光スポットには自撮り棒の使用を制限している場所が多い。鉄道駅の構内、ホーム、車内では全面禁止だ。トラブルや苦情が多いので、使用する場合には周囲の迷惑にならないように気を配ろう。

◆喫煙

こんな趣ある喫煙所も（大多喜町）

受動喫煙対策の一環として、2020年4月から屋内は原則として禁煙。施設が設けた喫煙場所以外ではタバコを吸えなくなった。飲食店やホテルのロビーはもちろん、駅やバス停も禁煙。電子タバコも同様の扱いだ。屋外でも喫煙できる場所は限られているので、ヘビースモーカーの人は覚悟しておこう。もちろん携帯用灰皿は必携。

◆飲酒

基本的に公共の場所で酔っぱらうのはマナー違反だ。さらに、深夜の繁華街で泥酔すると、事故や犯罪に巻き込まれる危険があるので注意すべき。また、銭湯やサウナで入浴後のビールは至福のひとときだが、入浴前に飲むのは体に大きな負担がかかるので控えよう。

◆銭湯と温泉

千葉県最古の銭湯といわれる勝浦市の「松の湯」

銭湯は昔から社会のルールやマナーを学ぶ場であった。どの家にも風呂がある現在、銭湯のマナーを知らなくて当たり前。遠慮なく周囲の人に教えてもらおう。

- ▶ほとんどの銭湯ではタオルやミニ石けん、ミニシャンプーなどの入浴セットが販売されているので、手ぶらで立ち寄ることができる。スーパー銭湯や温泉テーマパークでは入館料に含まれていることが多い。
- ▶中へ入ったら靴を下足棚に入れ、番台と呼ばれる受付で料金を払う。脱衣所で脱いだ服はロッカーへ。鍵はリストバンドになっている。
- ▶タオルで前を隠しながら浴室へ入ったら、シャワーやかけ湯で体の汚れを軽く流してから湯船につかろう。
- ▶TV番組ではタオルを体に巻いて湯船に入るが、実際にはマナー違反。タオルや手ぬぐいは体の汚れを落とすためのものなので、湯船に入れてはいけない。長い髪も湯につからないように束ねておこう。
- ▶浴室から出る前に絞ったタオルで全身をサッと拭こう。脱衣所がびしょびしょになるのを防ぐことができる。

違法な喫煙へのペナルティ
喫煙が禁止されている場所で喫煙した場合、最大30万円の過料になる可能性があるので十分注意しよう。

お酒は20歳になってから
2022年4月に民法上の成年年齢が18歳に引き下げられたが、飲酒の年齢制限は20歳のまま。20歳未満の飲酒は法律で禁じられている。また千葉県では、男性は純アルコール20gまで、女性は10gまでを節度ある適度な飲酒量としている。純アルコール20gの目安は、ビールなら中瓶1本程度。飲酒量を守ってお酒と上手に付き合いながら旅をしよう。

タトゥーはNG
入れ墨やタトゥーがある人は銭湯への入場を断られる場合がある。タトゥーシールやボディペイントも同様なので注意。

ちば銭湯インフォメーション
千葉県にある銭湯の魅力を発信するべく、2022年1月1日にウェブサイトがオープン。県内の銭湯をエリアから探すことができ、検索も可能。
URL chiba1126sento.com

千葉の温泉地って？
あまり温泉のイメージがない千葉県だが、実は魅力的な温泉地が多数ある。例えば、房総半島のほぼ中心に位置する養老渓谷温泉では、渓谷の紅葉を眺めながら湯につかれる。ほかにも、九十九里浜に近い白子温泉は、薄い黄色のお湯が「黄金の湯」と称され、美肌効果や保湿効果に優れている。旅の疲れを癒やすために湯巡りしてみるのもいいだろう。

ミニ情報 **千葉あるあるの本** 千葉県民の性格を知るには『千葉あるある』（小島チューリップ・著、TOブックス）、『あなたはどっち？ 千葉都民 千葉県民』（都道府県民調査隊・著、マイクロマガジン社）などの書籍を読むのもいい。

INDEX

地球の歩き方 シリーズ一覧

2022年11月現在

＊地球の歩き方ガイドブックは、改訂時に価格が変わることがあります。＊表示価格は定価（税込）です。＊最新情報は、ホームページをご覧ください。www.arukikata.co.jp/guidebook/

地球の歩き方 ガイドブック

A ヨーロッパ

A01	ヨーロッパ	¥1870
A02	イギリス	¥1870
A03	ロンドン	¥1760
A04	湖水地方&スコットランド	¥1870
A05	アイルランド	¥1980
A06	フランス	¥1870
A07	パリ&近郊の町	¥1980
A08	南仏プロヴァンス コート・ダジュール&モナコ	¥1760
A09	イタリア	¥1870
A10	ローマ	¥1760
A11	ミラノ ヴェネツィアと湖水地方	¥1870
A12	フィレンツェとトスカーナ	¥1870
A13	南イタリアとシチリア	¥1870
A14	ドイツ	¥1980
A15	南ドイツ フランクフルト ミュンヘン ロマンチック街道 古城街道	¥1760
A16	ベルリンと北ドイツ ハンブルク ドレスデン ライプツィヒ	¥1870
A17	ウィーンとオーストリア	¥1870
A18	スイス	¥1870
A19	オランダ ベルギー ルクセンブルク	¥1870
A20	スペイン	¥1870
A21	マドリードとアンダルシア	¥1760
A22	バルセロナ&近郊の町 イビサ島／マヨルカ島	¥1760
A23	ポルトガル	¥1815
A24	ギリシアとエーゲ海の島々&キプロス	¥1870
A25	中欧	¥1980
A26	チェコ ポーランド スロヴァキア	¥1870
A27	ハンガリー	¥1870
A28	ブルガリア ルーマニア	¥1980
A29	北欧 デンマーク ノルウェー スウェーデン フィンランド	¥1870
A30	バルトの国々 エストニア ラトヴィア リトアニア	¥1870
A31	ロシア ベラルーシ ウクライナ モルドヴァ コーカサスの国々	¥2090
A32	極東ロシア シベリア サハリン	¥1980
A34	クロアチア スロヴェニア	¥1760

B 南北アメリカ

B01	アメリカ	¥2090
B02	アメリカ西海岸	¥1870
B03	ロスアンゼルス	¥1870
B04	サンフランシスコとシリコンバレー	¥1870
B05	シアトル ポートランド	¥1870
B06	ニューヨーク マンハッタン&ブルックリン	¥1980
B07	ボストン	¥1980
B08	ワシントンDC	¥1870
B09	ラスベガス セドナ&グランドキャニオンと大西部	¥1870
B10	フロリダ	¥1870
B11	シカゴ	¥1870
B12	アメリカ南部	¥1980
B13	アメリカの国立公園	¥2090
B14	ダラス ヒューストン デンバー グランドサークル フェニックス サンタフェ	¥1980
B15	アラスカ	¥1980
B16	カナダ	¥1870
B17	カナダ西部 カナディアン・ロッキーとバンクーバー	¥1760
B18	カナダ東部	¥1760
B19	メキシコ	¥1980
B20	中米	¥2090
B21	ブラジル ベネズエラ	¥2200
B22	アルゼンチン チリ パラグアイ ウルグアイ	¥2200
B23	ペルー ボリビア エクアドル コロンビア	¥2200
B24	キューバ バハマ ジャマイカ カリブの島々	¥2035
B25	アメリカ・ドライブ	¥1980

C 太平洋／インド洋島々

C01	ハワイ1 オアフ島&ホノルル	¥1980
C02	ハワイ2 ハワイ島 マウイ島 カウアイ島 モロカイ島 ラナイ島	¥1760
C03	サイパン ロタ&テニアン	¥1540
C04	グアム	¥1980
C05	タヒチ イースター島	¥1870
C06	フィジー	¥1650
C07	ニューカレドニア	¥1650
C08	モルディブ	¥1870
C10	ニュージーランド	¥1870
C11	オーストラリア	¥2200
C12	ゴールドコースト&ケアンズ	¥1870
C13	シドニー&メルボルン	¥1760

D アジア

D01	中国	¥2090
D02	上海 杭州 蘇州	¥1870
D03	北京	¥1760
D04	大連 瀋陽 ハルビン 中国東北部の自然と文化	¥1980
D05	広州 アモイ 桂林 珠江デルタと華南地方	¥1980
D06	成都 重慶 九寨溝 麗江 四川 雲南	¥1980
D07	西安 敦煌 ウルムチ シルクロードと中国北西部	¥1980
D08	チベット	¥2090
D09	香港 マカオ 深セン	¥1870
D10	台湾	¥1870
D11	台北	¥1650
D13	台南 高雄 屏東&南台湾の町	¥165
D14	モンゴル	¥209
D15	中央アジア サマルカンドとシルクロードの国々	¥209
D16	東南アジア	¥187
D17	タイ	¥187
D18	バンコク	¥187
D19	マレーシア ブルネイ	¥187
D20	シンガポール	¥165
D21	ベトナム	¥209
D22	アンコール・ワットとカンボジア	¥187
D23	ラオス	¥209
D24	ミャンマー（ビルマ）	¥209
D25	インドネシア	¥187
D26	バリ島	¥187
D27	フィリピン マニラ セブ ボラカイ ボホール エルニド	¥187
D28	インド	¥209
D29	ネパールとヒマラヤトレッキング	¥220
D30	スリランカ	¥187
D31	ブータン	¥198
D33	マカオ	¥176
D34	釜山 慶州	¥154
D35	バングラデシュ	¥209
D37	韓国	¥198
D38	ソウル	¥165

E 中近東 アフリカ

E01	ドバイとアラビア半島の国々	¥209
E02	エジプト	¥198
E03	イスタンブールとトルコの大地	¥209
E04	ペトラ遺跡とヨルダン レバノン	¥209
E05	イスラエル	¥209
E06	イラン ペルシアの旅	¥220
E07	モロッコ	¥198
E08	チュニジア	¥209
E09	東アフリカ ウガンダ エチオピア ケニア タンザニア ルワンダ	¥209
E10	南アフリカ	¥220
E11	リビア	¥220
E12	マダガスカル	¥198

J 国内版

J00	日本	¥330
J01	東京	¥202
J02	東京 多摩地域	¥202
J03	京都	¥220
J04	沖縄	¥220
J05	北海道	¥220
J08	千葉	¥220

地球の歩き方 aruco

●海外

1	パリ	¥1320
2	ソウル	¥1320
3	台北	¥1320
4	トルコ	¥1430
5	インド	¥1540
6	ロンドン	¥1320
7	香港	¥1320
9	ニューヨーク	¥1320
10	ホーチミン ダナン ホイアン	¥1430
11	ホノルル	¥1320
12	バリ島	¥1320
13	上海	¥1320
14	モロッコ	¥1540
15	チェコ	¥1320
16	ベルギー	¥1430
17	ウィーン ブダペスト	¥1320
18	イタリア	¥1320
19	スリランカ	¥1540
20	クロアチア スロヴェニア	¥1430
21	スペイン	¥1320
22	シンガポール	¥1320
23	バンコク	¥1430
24	グアム	¥1320
25	オーストラリア	¥1430
26	フィンランド エストニア	¥1430
27	アンコール・ワット	¥1430
28	ドイツ	¥1430
29	ハノイ	¥1430
30	台湾	¥1320
31	カナダ	¥1320
33	サイパン テニアン ロタ	¥1320
34	セブ ボホール エルニド	¥1320
35	ロスアンゼルス	¥1320
36	フランス	¥1430
37	ポルトガル	¥1650
38	ダナン ホイアン フエ	¥1430

●国内

東京	¥1540
東京で楽しむフランス	¥1430
東京で楽しむ韓国	¥1430
東京で楽しむ台湾	¥1430
東京の手みやげ	¥1430
東京おやつさんぽ	¥1430
東京のパン屋さん	¥1430
東京で楽しむ北欧	¥1430
東京のカフェめぐり	¥1480
東京で楽しむハワイ	¥1480
nyaruco 東京ねこさんぽ	¥1480
東京で楽しむイタリア&スペイン	¥1480
東京で楽しむアジアの国々	¥1480
東京ひとりさんぽ	¥1480
東京パワースポットさんぽ	¥1599
東京で楽しむ英国	¥1599

地球の歩き方 Plat

1	パリ	¥1320
2	ニューヨーク	¥1320
3	台北	¥1100
4	ロンドン	¥1320
6	ドイツ	¥1320
7	ホーチミン／ハノイ／ダナン／ホイアン	¥1320
8	スペイン	¥1320
10	シンガポール	¥1100
11	アイスランド	¥1540
14	マルタ	¥1540
15	フィンランド	¥1320
16	クアラルンプール／マラッカ	¥1100
17	ウラジオストク／ハバロフスク	¥1430
18	サンクトペテルブルク／モスクワ	¥1540
19	エジプト	¥1320
20	香港	¥1100
22	ブルネイ	¥1430
23	ウズベキスタン／サマルカンド／ブハラ／ヒヴァ／タシケント	¥1320
24	ドバイ	¥1320
25	サンフランシスコ	¥1320
26	パース／西オーストラリア	¥1320
27	ジョージア	¥1540

地球の歩き方 リゾートスタイル

R02	ハワイ島	¥1650
R03	マウイ島	¥1650
R04	カウアイ島	¥1870
R05	こどもと行くハワイ	¥1540
R06	ハワイ ドライブ・マップ	¥1980
R07	ハワイ バスの旅	¥1320
R08	グアム	¥1430
R09	こどもと行くグアム	¥1650
R10	パラオ	¥1650
R12	プーケット サムイ島 ピピ島	¥1650
R13	ペナン ランカウイ クアラルンプール	¥1650
R14	バリ島	¥1430
R15	セブ&ボラカイ ボホール シキホール	¥1650
R16	テーマパークｉｎ オーランド	¥1870
R17	カンクン コスメル イスラ・ムヘーレス	¥1650
R20	ダナン ホイアン ホーチミン ハノイ	¥1650

地球の歩き方　御朱印

1	御朱印でめぐる鎌倉のお寺　三十三観音完全掲載　三訂版	¥1650
2	御朱印でめぐる京都のお寺　改訂版	¥1650
3	御朱印でめぐる奈良の古寺　改訂版	¥1650
4	御朱印でめぐる東京のお寺	¥1650
5	日本全国この御朱印が凄い！　第壱集　増補改訂版	¥1650
6	日本全国この御朱印が凄い！　第弐集　都道府県網羅版	¥1650
7	御朱印でめぐる全国の神社　開運さんぽ	¥1430
8	御朱印でめぐる高野山　改訂版	¥1650
9	御朱印でめぐる関東の神社　週末開運さんぽ	¥1430
10	御朱印でめぐる秩父の寺社　三十四観音完全掲載　改訂版	¥1650
11	御朱印でめぐる関東の百寺　坂東三十三観音と古寺	¥1650
12	御朱印でめぐる関西の神社　週末開運さんぽ	¥1430
13	御朱印でめぐる関西の百寺　西国三十三所と古寺	¥1650
14	御朱印でめぐる東京の神社週末開運さんぽ　改訂版	¥1540
15	御朱印でめぐる神奈川の神社　週末開運さんぽ	¥1430
16	御朱印でめぐる埼玉の神社　週末開運さんぽ	¥1430
17	御朱印でめぐる北海道の神社　週末開運さんぽ	¥1430
18	御朱印でめぐる九州の神社　週末開運さんぽ　改訂版	¥1540
19	御朱印でめぐる千葉の神社　週末開運さんぽ　改訂版	¥1540
20	御朱印でめぐる東海の神社　週末開運さんぽ	¥1430
21	御朱印でめぐる京都の神社　週末開運さんぽ　改訂版	¥1540
22	御朱印でめぐる神奈川のお寺	¥1650
23	御朱印でめぐる大阪　兵庫の神社　週末開運さんぽ	¥1430
24	御朱印でめぐる愛知の神社　週末開運さんぽ　改訂版	¥1540
25	御朱印でめぐる栃木　日光の神社　週末開運さんぽ	¥1430
26	御朱印でめぐる福岡の神社　週末開運さんぽ	¥1430
27	御朱印でめぐる広島　岡山の神社　週末開運さんぽ	¥1430
28	御朱印でめぐる山陰　山陽の神社　週末開運さんぽ	¥1430
29	御朱印でめぐる埼玉のお寺	¥1650
30	御朱印でめぐる千葉のお寺	¥1650
31	御朱印でめぐる東京の七福神	¥1540
32	御朱印でめぐる東北の神社　週末開運さんぽ　改訂版	¥1540
33	御朱印でめぐる全国の稲荷神社　週末開運さんぽ	¥1430
34	御朱印でめぐる新潟 佐渡の神社　週末開運さんぽ	¥1430
35	御朱印でめぐる静岡 富士 伊豆の神社　週末開運さんぽ	¥1430
36	御朱印でめぐる四国の神社　週末開運さんぽ	¥1430
37	御朱印でめぐる中央線沿線の寺社　週末開運さんぽ	¥1540
38	御朱印でめぐる東急線沿線の寺社　週末開運さんぽ	¥1540
39	御朱印でめぐる茨城の神社　週末開運さんぽ	¥1430
40	御朱印でめぐる関東の聖地　週末開運さんぽ	¥1430
41	御朱印でめぐる東海のお寺	¥1650
42	日本全国ねこの御朱印＆お守りめぐり　週末開運にゃんさんぽ	¥1760
43	御朱印でめぐる信州 甲州の神社　週末開運さんぽ	¥1430
44	御朱印でめぐる全国の聖地　週末開運さんぽ	¥1430
45	御船印でめぐる全国の魅力的な船旅	¥1650
46	御朱印でめぐる茨城のお寺	¥1650
47	御朱印でめぐる全国のお寺　週末開運さんぽ	¥1540
48	日本全国 日本酒でめぐる　酒蔵＆ちょこっと御朱印〈東日本編〉	¥1760
49	日本全国 日本酒でめぐる　酒蔵＆ちょこっと御朱印〈西日本編〉	¥1760
50	関東版ねこの御朱印＆お守りめぐり　週末開運にゃんさんぽ	¥1760
52	一生に一度は参りたい！　御朱印でめぐる全国の絶景寺社図鑑	¥2479
D51	鉄印帳でめぐる全国の魅力的な鉄道４０	¥1650
	御朱印はじめました　関東の神社　週末開運さんぽ	¥1210

地球の歩き方　島旅

1	五島列島　3訂版	¥1650
2	奄美大島～奄美群島１～　3訂版	¥1650
3	与論島　沖永良部島　徳之島（奄美群島②）改訂版	¥1650
4	利尻　礼文	¥1650
5	天草	¥1650
6	壱岐　4訂版	¥1650
7	種子島　3訂版	¥1650
8	小笠原　父島　母島　3訂版	¥1650
9	隠岐	¥1650
10	佐渡　3訂版	¥1650
11	宮古島　伊良部島　下地島　来間島　池間島　多良間島　大神島　改訂版	¥1650
12	久米島　渡名喜島　改訂版	¥1650
13	小豆島～瀬戸内の島々１～　改訂版	¥1650
14	直島　豊島　女木島　男木島　犬島～瀬戸内の島々２～	¥1650
15	伊豆大島　利島～伊豆諸島１～	¥1650
16	新島　式根島　神津島～伊豆諸島２～	¥1650
17	沖縄本島周辺１５離島	¥1650
18	たけとみの島々　竹富島　西表島　波照間島　小浜島　黒島　鳩間島　新城島　由布島　加屋	¥1650
19	淡路島～瀬戸内の島々３～	¥1650
20	石垣島　竹富島 西表島 小浜島 由布島 新城島 波照間島	¥1650
22	島旅ねこ　にゃんこの島の歩き方	¥1344

地球の歩き方　旅の図鑑

W01	世界２４４の国と地域	¥1760
W02	世界の指導者図鑑	¥1650
W03	世界の魅力的な奇岩と巨石１３９選	¥1760
W04	世界２４６の首都と主要都市	¥1760
W05	世界のすごい島３００	¥1760
W06	地球の歩き方的！　世界なんでもランキング	¥1760
W07	世界のグルメ図鑑　１１６の国と地域の名物料理を食の雑学とともに解説	¥1760
W08	世界のすごい巨像	¥1760
W09	世界のすごい城と宮殿３３３	¥1760
W10	世界197ヵ国のふしぎな聖地＆パワースポット	¥1870
W11	世界の祝祭	¥1760
W12	世界のカレー図鑑	¥1980
W13	世界遺産　絶景でめぐる自然遺産　完全版	¥1980
W15	地球の果ての歩き方	¥1980
W16	世界の中華料理図鑑	¥1980
W17	世界の地元メシ図鑑	¥1980
W18	世界遺産の歩き方　学んで旅する！　すごい世界遺産190選	¥1980
W19	世界の魅力的なビーチと湖	¥1980
W20	世界のすごい駅	¥1980
W21	世界のおみやげ図鑑	¥1980
W22	いつか旅してみたい世界の美しい古都	¥1980
W23	世界のすごいホテル	¥1980
W24	日本の凄い神木	¥2200
W26	世界の麺図鑑	¥1980
W28	世界の魅力的な道	¥1980

地球の歩き方　旅の名言＆絶景

ALOHAを感じるハワイのことばと絶景100	¥1650
自分らしく生きるフランスのことばと絶景100	¥1650
人生観が変わるインドのことばと絶景100	¥1650
生きる知恵を授かるアラブのことばと絶景100	¥1650
心に寄り添う台湾のことばと絶景100	¥1650
道しるべとなるドイツのことばと絶景100	¥1650
共感と勇気がわく韓国のことばと絶景100	¥1650
人生を楽しみ尽くすイタリアのことばと絶景100	¥1650
今すぐ旅に出たくなる！　地球の歩き方のことばと絶景100	¥1650

地球の歩き方　旅と健康

地球のなぞり方 旅地図 アメリカ大陸編	¥1430
地球のなぞり方 旅地図 ヨーロッパ編	¥1430
地球のなぞり方 旅地図 アジア編	¥1430
地球のなぞり方 旅地図 日本編	¥1430
脳がどんどん強くなる！　すごい地球の歩き方	¥1650

地球の歩き方　gemstone

アフタヌーンティーで旅するイギリス	¥1650
キューバ　革命と情熱の島を旅する　増補改訂版	¥1760
スイス　歩いて楽しむアルプス絶景ルート　改訂新版	¥1760
とっておきのポーランド　増補改訂版	¥1760
ハノイから行ける　ベトナム北部の少数民族紀行	¥1760
ポルトガル　奇跡の風景をめぐる旅	¥1650
ヨーロッパ鉄道の旅　はじめてでもよく分かる	¥1650
ラダック　ザンスカール　スピティ　北インドのリトル・チベット　増補改訂版	¥1925
新装改訂版　ベルリンガイドブック　歩いて見つけるベルリンとポツダム１３エリア	¥1760

地球の歩き方　旅の読み物

今こそ学びたい日本のこと	¥1760
週末だけで70ヵ国159都市を旅したリーマントラベラーが教える自分の時間の作り方	¥1540

地球の歩き方　BOOKS

FAMILY TAIWAN TRIP　＃子連れ台湾	¥1518
GIRL'S GETAWAY TO LOS ANGELES	¥1760
HAWAII RISA'S FAVORITES　大人女子はハワイで美味しく美しく	¥1650
LOVELY GREEN NEW ZEALAND　未来の国を旅するガイドブック	¥1760
MAKI'S DEAREST HAWAII	¥1540
MY TRAVEL, MY LIFE Maki's Family Travel Book	¥1760
WORLD FORTUNE TRIP　イヴルルド遙華の世界開運★旅案内	¥1650
いろはに北欧	¥1760
ヴィクトリア朝が教えてくれる英国の魅力	¥1320
ダナン＆ホイアン　PHOTO TRAVEL GUIDE	¥1650
とっておきのフィンランド	¥1760
フィンランドでかなえる１００の夢	¥1760
マレーシア　地元で愛される名物食堂	¥1430
やり直し英語革命	¥1100
気軽に始める！大人の男海外ひとり旅	¥1100
気軽に出かける！　大人の男アジアひとり旅	¥1100
香港　地元で愛される名物食堂	¥1540
最高のハワイの過ごし方	¥1540
子連れで沖縄　旅のアドレス＆テクニック１１７	¥1100
純情ヨーロッパ　呑んで、祈って、脱いでみて	¥1408
食事作りに手間暇かけないドイツ人、手料理神話にこだわり続ける日本人	¥1100
親の介護をはじめる人へ　伝えておきたい１０のこと	¥1000
人情ヨーロッパ　人生、ゆるして、ゆるされて	¥1518
総予算３３万円・９日間から行く！　世界一周	¥1100
台北　メトロさんぽ　ＭＲＴを使って、おいしいとかわいいを巡る旅	¥1518
鳥居りんこ　親の介護をはじめたらお金の話で泣き見てばかり	¥1320
鳥居りんこの親の介護は知らなきゃバカ見ることだらけ	¥1320
北欧が好き！　フィンランド・スウェーデン・デンマーク・ノルウェーの素敵な町めぐり	¥1210
北欧が好き！２　建築＆デザインでめぐるフィンランド・スウェーデン・デンマーク・ノルウェー	¥1210
地球の歩き方ＪＡＰＡＮ　ダムの歩き方　全国版　初めてのダム旅入門ガイド	¥1712
日本全国　開運神社　このお守りがすごい！	¥1522

地球の歩き方　スペシャルコラボ BOOK

地球の歩き方　ムー	¥2420
地球の歩き方　JOJO　ジョジョの奇妙な冒険	¥2420

地球の歩き方 関連書籍のご案内

千葉の寺社をめぐる旅を「地球の歩き方」がサポートします!

19 御朱印でめぐる千葉の神社 改訂版

¥1540

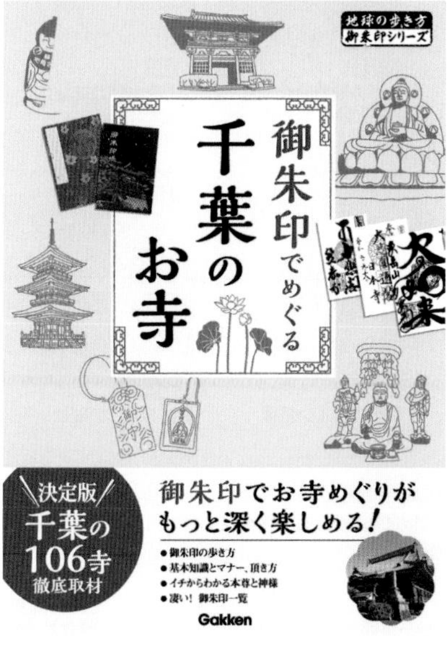

30 御朱印でめぐる千葉のお寺

¥1650

※表示価格は定価(税込)です。改訂時に価格が変更になる場合があります。

地球の歩き方 旅の図鑑シリーズ

見て読んで海外のことを学ぶことができ、旅気分を楽しめる新シリーズ。
1979年の創刊以来、長年蓄積してきた世界各国の情報と取材経験を生かし、
従来の「地球の歩き方」には載せきれなかった、
旅にぐっと深みが増すような雑学や豆知識が盛り込まれています。

W01
世界244の国と地域
¥1760

W07
世界のグルメ図鑑
¥1760

W02
世界の指導者図鑑
¥1650

W03
世界の魅力的な奇岩と巨石139選
¥1760

W04
世界246の首都と主要都市
¥1760

W05
世界のすごい島300
¥1760

W06
世界なんでもランキング
¥1760

W08
世界のすごい巨像
¥1760

W09
世界のすごい城と宮殿333
¥1760

W11
世界の祝祭
¥1760

- **W10** 世界197ヵ国のふしぎな聖地&パワースポット ¥1870
- **W13** 世界遺産　絶景でめぐる自然遺産　完全版 ¥1980
- **W16** 世界の中華料理図鑑 ¥1980
- **W18** 世界遺産の歩き方 ¥1980
- **W20** 世界のすごい駅 ¥1980
- **W22** いつか旅してみたい世界の美しい古都 ¥1980
- **W24** 日本の凄い神木 ¥2200
- **W26** 世界の麺図鑑 ¥1980
- **W12** 世界のカレー図鑑 ¥1980
- **W15** 地球の果ての歩き方 ¥1980
- **W17** 世界の地元メシ図鑑 ¥1980
- **W19** 世界の魅力的なビーチと湖 ¥1980
- **W21** 世界のおみやげ図鑑 ¥1980
- **W23** 世界のすごいホテル ¥1980
- **W25** 世界のお菓子図鑑 ¥1980
- **W28** 世界の魅力的な道 178 選 ¥1980

※表示価格は定価（税込）です。改訂時に価格が変更になる場合があります。

あなたの**旅の体験談**をお送りください

「地球の歩き方」は、たくさんの旅行者からご協力をいただいて、
改訂版や新刊を制作しています。
あなたの旅の体験や貴重な情報を、これから旅に出る人たちへ分けてあげてください。
なお、お送りいただいたご投稿がガイドブックに掲載された場合は、
初回掲載本を1冊プレゼントします！

ご投稿はインターネットから！

URL www.arukikata.co.jp/guidebook/toukou.html
画像も送れるカンタン「投稿フォーム」
※左記のQRコードをスマートフォンなどで読み取ってアクセス！

または「地球の歩き方　投稿」で検索してもすぐに見つかります

地球の歩き方　投稿　検索

▶投稿にあたってのお願い

★ご投稿は、次のような《テーマ》に分けてお書きください。

《新発見》――――ガイドブック未掲載のレストラン、ホテル、ショップなどの情報
《旅の提案》―――未掲載の町や見どころ、新しいルートや楽しみ方などの情報
《アドバイス》――旅先で工夫したこと、注意したこと、トラブル体験など
《訂正・反論》――掲載されている記事・データの追加修正や更新、異論、反論など

※記入例「○○編20XX年度版△△ページ掲載の□□ホテルが移転していました……」

★データはできるだけ正確に。
ホテルやレストランなどの情報は、名称、住所、電話番号、アクセスなどを正確にお書きください。
ウェブサイトのURLや地図などは画像でご投稿いただくのもおすすめです。

★ご自身の体験をお寄せください。
雑誌やインターネット上の情報などの丸写しはせず、実際の体験に基づいた具体的な情報をお待ちしています。

▶ご確認ください

※採用されたご投稿は、必ずしも該当タイトルに掲載されるわけではありません。関連他タイトルへの掲載もありえます。
※例えば「新しい市内交通パスが発売されている」など、すでに編集部で取材・調査を終えているものと同内容のご投稿をいただいた場合は、ご投稿を採用したとはみなされず掲載本をプレゼントできないケースがあります。
※当社は個人情報を第三者へ提供いたしません。また、ご記入いただきましたご自身の情報については、ご投稿内容の確認や掲載本の送付などの用途以外には使用いたしません。
※ご投稿の採用の可否についてのお問い合わせはご遠慮ください。
※原稿は原文を尊重しますが、スペースなどの関係で編集部でリライトする場合があります。

あとがき

高速道路を下りて５分も走れば昔ながらの里山の風景が広がる――――。そんな場所がいたるところにある千葉。取材のためそんな場所を何度も車で走りました。千葉の海の風景はもちろんすばらしいのですが、実はほっとさせられるのは里山の風景であることを実感しています。

STAFF

制作：清水裕里子
編集：有限会社オフィス・ポストイット（永岡邦彦、五箇貴子、山岸由実、朝倉めぐみ、金村朝美）、菅沼佐和子、稲垣宏樹
協力：横田麻希、朝倉智美、吉原ゆみ子、時田慎也、小山田浩明
写真：永岡邦彦（オフィス・ポストイット）、菅沼佐和子、小山田浩明
関係各市町村、関係各施設、まるごとｅ！ちば、君津フォトバンク、農林水産省、PIXTA
デザイン：エメ龍夢、株式会社明昌堂
イラスト：朝倉めぐみ
表紙：日出嶋昭男
地図：株式会社周地社、稲垣宏樹、菅沼佐和子
校正：株式会社東京出版サービスセンター

地図の制作にあたっては、国土地理院発行１万分１地形図、2.5 万分１地形図、20 万分１地勢図を加工して作成

本書についてのご意見・ご感想はこちらまで
読者投稿　〒 141-8425　東京都品川区西五反田 2-11-8
株式会社地球の歩き方
地球の歩き方サービスデスク「千葉編」投稿係
https://www.arukikata.co.jp/guidebook/toukou.html
地球の歩き方ホームページ（海外・国内旅行の総合情報）
https://www.arukikata.co.jp/
ガイドブック『地球の歩き方』公式サイト
https://www.arukikata.co.jp/guidebook/

あなたの声を お聞かせください！
毎月3名様に 読者プレゼント！

ウェブアンケートにお答えいただいた方のなかから毎月抽選で3名様に地球の歩き方オリジナル御朱印帳または地球の歩き方オリジナルクオカード（500円分）をプレゼントいたします。あなたの声が改訂版に掲載されるかも！？
（応募の締め切り：2024年12月31日）

www.arukikata.co.jp/guidebook/enq/chiba23

※個人情報の取り扱いについての注意事項はWEBページをご覧ください。

地球の歩き方 J08
千葉
2023-2024年版

2023年1月3日　初版第1刷発行

Published by Arukikata. Co., Ltd.
2-11-8 Nishigotanda, Shinagawa-ku, Tokyo, 141-8425, Japan

著作編集　地球の歩き方編集室
発行人　新井 邦弘
編集人　宮田 崇
発 行 所　株式会社地球の歩き方
〒 141-8425　東京都品川区西五反田 2-11-8
発 売 元　株式会社 Gakken
〒 141-8416　東京都品川区西五反田 2-11-8
印刷製本　開成堂印刷株式会社

※本書は基本的に 2022 年５～10 月の取材データに基づいて作られています。
発行後に料金、営業時間、定休日などが変更になる場合がありますのでご了承ください。
更新・訂正情報：https://book.arukikata.co.jp/support/

●この本に関する各種お問い合わせ先
・本の内容については、下記サイトのお問い合わせフォームよりお願いします。
URL ▶ https://www.arukikata.co.jp/guidebook/contact.html
・在庫については　Tel 03-6431-1250（販売部）
・不良品（乱丁、落丁）については　Tel 0570-000577
学研業務センター　〒 354-0045　埼玉県入間郡三芳町上富 279-1
・上記以外のお問い合わせは　Tel 0570-056-710（学研グループ総合案内）